Infrastrukturgewährleistung in der Telekommunikation zwischen Staat und Markt

Eine verfassungsrechtliche Analyse
des Universaldienstkonzepts im TKG

Inauguraldissertation
zur Erlangung der Doktorwürde
der Juristischen Fakultät der Ruprecht-Karls-Universität
Heidelberg

vorgelegt von
Klaus Cannivé
aus Bernkastel-Kues
1999

Erstberichterstatter: Prof. Dr. Dr. h.c. mult. Jochen Abr. Frowein, MCL
Zweitberichterstatter: Prof. Dr. Görg Haverkate
Tag der mündlichen Prüfung: 12. Juli 2000

KLAUS CANNIVÉ

Infrastrukturgewährleistung in der Telekommunikation zwischen Staat und Markt

Schriften zu Kommunikationsfragen

Band 29

Infrastrukturgewährleistung in der Telekommunikation zwischen Staat und Markt

Eine verfassungsrechtliche Analyse
des Universaldienstkonzepts im TKG

Von

Klaus Cannivé

Duncker & Humblot · Berlin

Die Deutsche Bibliothek – CIP-Einheitsaufnahme

Cannivé, Klaus:
Infrastrukturgewährleistung in der Telekommunikation zwischen Staat und Markt : eine verfassungsrechtliche Analyse des Universaldienstkonzepts im TKG / von Klaus Cannivé. – Berlin : Duncker und Humblot, 2001
  (Schriften zu Kommunikationsfragen ; Bd. 29)
  Zugl.: Heidelberg, Univ., Diss., 2000
  ISBN 3-428-10326-2

Alle Rechte vorbehalten
© 2001 Duncker & Humblot GmbH, Berlin
Fremddatenübernahme und Druck:
Berliner Buchdruckerei Union GmbH, Berlin
Printed in Germany

ISSN 0935-4239
ISBN 3-428-10326-2

Gedruckt auf alterungsbeständigem (säurefreiem) Papier
entsprechend ISO 9706 ♾

Vorwort

Die vorliegende Untersuchung wurde von der Juristischen Fakultät der Universität Heidelberg im Sommersemester 2000 angenommen. Sie wurde zwischenzeitlich geringfügig ergänzt und berücksichtigt den Stand von Rechtsprechung und Literatur vom Frühjahr 2000.

An dieser Stelle möchte ich mich ganz herzlich bei meinem Doktorvater Herrn Prof. Dr. Dr. hc. mult Frowein für die Betreuung und die überaus schnelle Korrektur der Arbeit sowie für die wertvollen Anregungen und Hinweise bedanken.

Für die Erstellung des Zweitgutachtens bedanke ich mich bei Herrn Prof. Dr. Haverkate.

Besonderen Dank schulde ich Herrn Prof. Dr. Burgi, zur Zeit Universität Bochum. Er hat die Arbeit angeregt und mich für die mit der Privatisierung und Entmonopolisierung von Märkten verbundenen Probleme sensibilisiert.

Für unzählige konstruktive Hinweise während der Konzeption und Realisierung der Untersuchung bedanke ich mich bei allen meinen Freunden und Kollegen, insbesondere bei Herrn Florian Bottenschein, Frau Kirsten Saßmann, Herrn Dr. Christian Storck, Herrn Markus Weber und meiner Schwester Frau Dr. Edith Cannivé- Deller.

Bei Frau Dr. Claudia Roider bedanke ich mich von ganzem Herzen für die dauernde und liebevolle Unterstützung sowohl in juristischer als auch in persönlicher Hinsicht.

Nicht vergessen möchte ich meine Eltern, die mir mein Studium ermöglicht haben und mich auch sonst mit Rat und Tat unterstützt haben. Auch sie haben großen Anteil am Gelingen dieser Arbeit.

Ferner schulde ich den Leitern des Graduiertenkollegs *„Unternehmensorganisation und unternehmerisches Handeln nach deutschem, europäischem und internationalem Recht"* an der Universität Heidelberg, insbesondere dessen Sprecher Herrn Prof. Dr. Hommelhoff, Dank für die Aufnahme in dieses. In dem Zusammenhang danke ich auch der Deutschen Forschungsgemeinschaft (DFG) für die Gewährung des damit verbundenen Promotionsstipendiums.

Letztendlich möchte ich auf diesem Wege auch der Deutschen Telekom AG, Bonn, Dank sagen, welche durch die großzügige Gewährung eines Druckkostenzuschusses die Veröffentlichung der Arbeit gefördert hat.

Lübeck, den 30. 12. 2000 *Klaus Cannivé*

Inhaltsübersicht

Einleitung   25

A. Problemstellung: Die Universaldienstfrage als Folge der Liberalisierung 25

B. Ziel und Gang der Untersuchung 27

Erstes Kapitel

Der Fernmelde- / Telekommunikationssektor in der historischen Entwicklung: Vom staatlichen Monopol zum Wettbewerb   30

A. Von den Anfängen des Telegraphenwesens bis zum Inkrafttreten des Grundgesetzes   31

B. Die ursprüngliche Postverfassung des Grundgesetzes 32

C. Die Postneuordnung von 1994 40

D. Regulierung durch das Telekommunikationsgesetz 46

Zweites Kapitel

Staatliche Verantwortung im entmonopolisierten Markt: Art. 87 f Abs. 1 GG als Infrastrukturgewährleistungsauftrag   49

A. Die Verpflichtungswirkung des Auftrages 49

B. Verfassungsrechtliche Konturierung des Versorgungsniveaus 62

C. Der Gewährleistungsmodus 68

D. Endergebnis und Zusammenfassung des zweiten Kapitels 82

Drittes Kapitel

**Das Universaldienstkonzept als Gewährleistungsinstrument:
Konzeption und Tauglichkeit** 83

A. Die Universaldienstkonzeption auf europäischer Ebene 84

B. Die Universaldienstkonzeption des TKG 93

C. Vereinbarkeit der Universaldienstkonzeption mit den Infrastrukturvorgaben 107

D. Endergebnis und Zusammenfassung des dritten Kapitels 124

Viertes Kapitel

Universaldienst und sonstiges Verfassungsrecht 126

A. Nationale Grundrechte als Prüfungsmaßstab 126

B. Verfassungsrechtlicher Schutz der betroffenen Unternehmen 133

C. Verfassungsmäßigkeit der Universaldienstpflicht 153

D. Verfassungsmäßigkeit der Abgabepflicht 187

E. Endergebnis und Zusammenfassung des 4. Kapitels 251

Fünftes Kapitel

**Reformüberlegungen – Alternative Konzepte
zur Sicherung des Universaldienstes** 252

A. Sicherung und Finanzierung des Universaldienstes über Zusammenschaltungsvereinbarungen (Access Charges) 252

B. Universaldienst als Lizenzauflage 259

C. Die „kleine Lösung": Verfassungskonforme Modifikation des bestehenden Universaldienstsystems 263

D. Endergebnis des 5. Kapitels 272

Zusammenfassende Thesen 273

Literaturverzeichnis 279

Inhaltsverzeichnis

Einleitung   25

A. Problemstellung: Die Universaldienstfrage als Folge der Liberalisierung 25

B. Ziel und Gang der Untersuchung: 27

Erstes Kapitel

Der Fernmelde- / Telekommunikationssektor in der historischen Entwicklung: Vom staatlichen Monopol zum Wettbewerb   30

A. Von den Anfängen des Telegraphenwesens bis zum Inkrafttreten des Grundgesetzes   31

B. Die ursprüngliche Postverfassung des Grundgesetzes 32

    I. Post- und Fernmeldewesen als hoheitliche Aufgabe 32

        1. Art. 87 Abs. 1 S. 1 GG a.F. als Organisationsvorgabe 32

        2. Art. 87 Abs. 1 S. 1 GG a.F. als Aufgabenzuweisungsnorm 34

        3. Die Bundespost als Monopolist 34

    II. Aufweichung der Monopolbedingungen durch die erste Postreform 36

C. Die Postneuordnung von 1994 40

    I. Hintergründe der Reform 40

        1. Europarechtliche Vorgaben 40

        2. Unternehmerische Zwänge 41

II. Verfassungsrechtliche Grundentscheidung zugunsten Privatisierung und Wettbewerb 42

    1. Die organisationsrechtliche Grundentscheidung: Umwandlung der Staatsunternehmen in Unternehmen privater Rechtsform 43

    2. Die materielle Grundentscheidung: Privatwirtschaftlichkeit der Tätigkeit 44

    3. Einfachgesetzliche Konkretisierungen 46

D. Regulierung durch das Telekommunikationsgesetz 46

Zweites Kapitel

Staatliche Verantwortung im entmonopolisierten Markt: Art. 87 f Abs. 1 GG als Infrastrukturgewährleistungsauftrag   49

A. Die Verpflichtungswirkung des Auftrages 49

    I. Art. 87 f Abs. 1 als Ausprägung staatlicher Residualverantwortung 49

    II. Infrastrukturgewährleistung als erfolgsbezogene Rechtspflicht 51

    III. Infrastrukturgewährleistung als rein objektive Garantie 55

    IV. Gestufte Bindung aller Staatsgewalt 56

        1. Bindung der Legislative 56

        2. Bindung der Exekutive 58

        3. Bindung der Judikative 60

        4. Zwischenergebnis 60

    V. Infrastrukturgewährleistung und Telekommunikationsunternehmen 61

B. Verfassungsrechtliche Konturierung des Versorgungsniveaus 62

    I. Die qualitative und quantitative Vorgabe: „angemessene und ausreichende Dienstleistungen" 63

    II. Die geographische Vorgabe: „flächendeckend" 65

Inhaltsverzeichnis 13

C. Der Gewährleistungsmodus 68

    I. Infrastrukturgewährleistung durch externe Steuerung („Regulierung") 68

        1. Regulierung als terminus technicus 68

        2. Verfassungsrechtliche Grenzen der staatlichen Regulierung 69

    II. Infrastrukturgewährleistung durch Maßnahmen der Beteiligungsverwaltung 71

        1. Verfassungsrechtliche Analyseebene 72

        2. Gesellschaftsrechtliche Aspekte 76

            a) Gesellschaftszweck und Unternehmensgegenstand im allgemeinen 76

            b) Gesellschaftszweck der Deutschen Telekom AG 78

    III. Ergebnis 81

D. Endergebnis und Zusammenfassung des zweiten Kapitels 82

Drittes Kapitel

**Das Universaldienstkonzept als Gewährleistungsinstrument:
Konzeption und Tauglichkeit**   83

A. Die Universaldienstkonzeption auf europäischer Ebene 84

    I. Einführung 84

    II. Der Begriff des Universaldienstes 85

    III. Vorgaben hinsichtlich des Umfangs des Universaldienstes 87

    IV. Vorgaben hinsichtlich des ordnungspolitischen Modells und der Finanzierung des Universaldienstes 89

    V. Zusammenfassende Bewertung 92

B. Die Universaldienstkonzeption des TKG 93

    I. Begriff und Umfang des Universaldienstes 93

    II. Sicherung des Universaldienstes 96

        1. Das Instrument der Zwangsverpflichtung 96

- a) Universaldienstverpflichtung als rein reaktives Instrument 96
- b) Marktbeherrschender Lizenznehmer als Adressat der Universaldienstpflicht 97
- 2. Das Instrument der wettbewerblichen Ausschreibung von unterversorgten Märkten 100

III. Die finanzielle Dimension des Universaldienstes 102

- 1. Defizitausgleich des Universaldiensterbringers 102
- 2. Die Universaldienstabgabe als Finanzierungsinstrument 103

C. Vereinbarkeit der Universaldienstkonzeption mit den Infrastrukturvorgaben 107

I. Der Umfang des Universaldienstes: Restriktive Basissicherung versus offensive Telekommunikationspolitik 107

- 1. Universaldienst und neue Dienste 108
- 2. Universaldienst und öffentliche Einrichtungen 111
- 3. Zwischenergebnis 113

II. Die Szenarioanalyse: Überprüfung des Systems anhand der potentiellen Wettbewerbs- und Unterversorgungskonstellationen 113

- 1. Marktversagen im lizenzpflichtigen Bereich mit dominantem Anbieter 114
- 2. Marktversagen im lizenzpflichtigen Bereich ohne dominantem Anbieter 115
- 3. Marktversagen im lizenzfreien Bereich 119

D. Endergebnis und Zusammenfassung des dritten Kapitels 124

Viertes Kapitel

Universaldienst und sonstiges Verfassungsrecht   126

A. Nationale Grundrechte als Prüfungsmaßstab 126

I. Richtlinienumsetzung und nationale Grundrechte 127

- 1. Richtlinienvorgabe ohne relevanten Umsetzungsspielraum 129
- 2. Richtlinienvorgabe mit relevantem Umsetzungsspielraum 130

II. Universaldienst und Gestaltungsfreiheit des nationalen Gesetzgebers 132

Inhaltsverzeichnis 15

B. Verfassungsrechtlicher Schutz der betroffenen Unternehmen 133

　I. Die Grundrechtsfähigkeit der rein privaten Anbieter 133

　II. Die Grundrechtsfähigkeit der Deutschen Telekom AG 134

　　1. Positivierung der Grundrechtsträgerschaft durch Art. 87 f Abs. 2 GG ? 134

　　2. Art. 19 Abs. 3 GG als sedes materiae: Wesensvorbehalt und Differenzierungsnotwendigkeit 137

　　　a) Der Ausgangspunkt: Anthropozentrischer Grundrechtsansatz 137

　　　b) Der HEW-Beschluß des Bundesverfassungsgerichts 139

　　　　aa) Restriktion des Grundrechtsschutzes unter funktionellen Gesichtspunkten 139

　　　　bb) Die Untauglichkeit des funktionellen Ansatzes 140

　　　　　(1) Der Aspekt der Rechtssicherheit 141

　　　　　(2) Die Vernachlässigung des Anlegerschutzes 142

　　　　　(3) Die dogmatische Schwäche 144

　　　　cc) Conclusio 146

　　　c) Restriktionen des Grundrechtsschutzes anhand innergesellschaftlicher Faktoren 146

　　　　aa) Das konkrete Beteiligungsverhältnis als Entscheidungskriterium 146

　　　　bb) Der konzernrechtliche Ansatz 149

　　　d) Fazit: Das gemischtwirtschaftliche Unternehmen als prinzipiell grundrechtsgeschütztes Rechtssubjekt 151

C. Verfassungsmäßigkeit der Universaldienstpflicht 153

　I. Zwangsverpflichtung eines Unternehmens als Indienstnahme Privater 154

　II. Universaldienstpflicht als Arbeitszwang ? 156

　III. Vereinbarkeit mit der Freiheit des Berufes 158

　　1. Schutz unternehmerischer Betätigungsfreiheit durch Art. 12 Abs. 1 GG 158

　　2. Die Universaldienstobligation als Beschränkung unternehmerischer Teilfreiheiten 160

　　3. Verfassungsrechtliche Eingriffslegitimation 162

　　　a) Stufentheorie als Weichenstellung und Argumentationstopos 162

　　　b) Universaldienstpflicht als Berufsausübungsregel 165

c) Materielle Verfassungsmäßigkeit des Eingriffsgesetzes: Postulat der Verhältnismäßigkeit 166
   aa) Flächendeckende Telekommunikation als legitimer Gemeinwohlaspekt 166
   bb) Zwangsverpflichtung als grundsätzlich geeignetes Instrument 167
   cc) Ausschreibungssystem oder unmittelbare staatliche Leistungsbereitstellung als mildere Mittel? 168
   dd) Zweck-Mittel-Erwägungen 170
       (1) Die Universaldienstpflicht als fremdnützige Indienstnahme Privater 171
       (2) Flächendeckende Kommunikationsinfrastruktur als „Gemeinschaftsgut höchsten Ranges" 172
       (3) Die konkrete Zumutbarkeit der Universaldienstverpflichtung 175
       (4) Finanzieller Nachteilsausgleich und Berufsfreiheit 176

5. Ergebnis 177

IV. Vereinbarkeit mit der Eigentumsgarantie 178

1. Universaldienstpflicht und Eigentum 178

2. Der Universaldienst zwischen Verfügungsfreiheit des Eigentümers und objektbezogener Sozialpflichtigkeit 180

V. Allgemeine Handlungsfreiheit als Prüfungsmaßstab 182

VI. Vereinbarkeit mit dem allgemeinen Gleichheitssatz 183

1. Universaldienstpflicht als gleichheitswidrige Sonderlast? 183

2. Beschränkung der Universaldienstpflicht auf den marktbeherrschenden Lizenznehmer als Verletzung des Gleichheitsgrundsatzes? 185

VI. Ergebnis der grundrechtlichen Analyse der Universaldienstpflicht 187

D. Verfassungsmäßigkeit der Abgabepflicht 187

I. Abgabenrechtliche Qualifikation der Universaldienstabgabe 188

1. Das System öffentlicher Abgaben 188

2. Die Universaldienstabgabe als Vorzugslast oder Verbandslast? 193

3. Die Universaldienstabgabe als Steuer oder Sonderabgabe? 194

Inhaltsverzeichnis 17

II. Verfassungsrechtliche Legitimation von Sonderabgaben im allgemeinen 197

  1. Die Sonderabgabe als Verfassungsgefahr 198

    a) Kompetenzrechtliche Problematik 198

    b) Konflikt mit Budgetgrundsätzen 199

    c) Grundrechtliche Implikationen 199

  2. Die Rechtfertigungsdogmatik des Bundesverfassungsgerichts 200

III. Legitimation der Universaldienstabgabe 202

  1. Die grundlegende Weichenstellung: Anwendbarkeit der strengen Legalitätskriterien ? 202

    a) Die Universaldienstabgabe als Abschöpfungsinstrument ? 203

    b) Die Universaldienstabgabe als Lenkungs- oder Ausgleichsinstrument ? ... 204

    c) Zwischenergebnis 207

  2. Universaldienstabgabe und strenge Rechtfertigungslehre 207

    a) Belastung einer homogenen Gruppe 208

      aa) Das Homogenitätskriterium im Recht der Sonderabgaben 208

      bb) Bestimmung der materiell Belasteten 209

      cc) Gruppenhomogenität der Telekommunikationsunternehmen 215

    b) Spezifische Sachnähe und Gruppenverantwortung 218

      aa) Konstituierung einer Verantwortungsgemeinschaft durch § 18 TKG ? 220

      bb) Die Stellung als Anbieter und die Sozialpflichtigkeit des Eigentums als Anknüpfungspunkte 222

      cc) Finanzierungsverantwortung aufgrund Gruppeninteresse und traditioneller Aufgabenwahrnehmung ? 225

      dd) Verantwortungszuweisung durch Art. 87 f GG ? 228

      ee) Zwischenergebnis 231

    c) Gruppennützige Verwendung des Abgabenaufkommens 232

    d) Temporärer Charakter der Universaldienstabgabe? 237

  3. Ergebnis der finanzverfassungsrechtlichen Untersuchung 239

Inhaltsverzeichnis

IV. Universaldienstfinanzierung und Grundrechte ... 240

    1. Vereinbarkeit mit der Freiheit des Berufes ... 240

    2. Vereinbarkeit mit der Eigentumsgarantie ... 243

        a) Der Ansatz der Rechtsprechung: Grundsätzlich kein Schutz gegenüber Geldleistungspflichten ... 243

        b) Die Ansätze der Literatur: Art. 14 GG als Schranke staatlicher Abgabengewalt ... 245

        c) Die Universaldienstabgabe als verfassungswidrige Eigentumsbeschränkung ... 248

    3. Die allgemeine Handlungsfreiheit als Prüfungsmaßstab ... 249

    4. Der allgemeine Gleichheitssatz als Prüfungsmaßstab ... 249

    5. Ergebnis der grundrechtlichen Analyse ... 250

E. Endergebnis und Zusammenfassung des 4. Kapitels ... 251

Fünftes Kapitel

Reformüberlegungen – Alternative Konzepte zur Sicherung des Universaldienstes   252

A. Sicherung und Finanzierung des Universaldienstes über Zusammenschaltungsvereinbarungen (Access Charges) ... 252

    I. Das Access Charges Konzept ... 252

    II. Kritik ... 254

        1. Wettbewerbspolitische Bedenken ... 254

        2. Verfassungsrechtliche Bedenken ... 257

            a) Die tatsächliche Bereitstellung des Universaldienstes ... 257

            b) Die Finanzierung des Universaldienstes ... 257

B. Universaldienst als Lizenzauflage ... 259

    I. Der ordnungspolitische Ansatz ... 259

    II. Wettbewerbspolitische Bedenken ... 260

    III. Verfassungs- und europarechtliche Bedenken ... 262

C. Die „kleine Lösung": Verfassungskonforme Modifikation des bestehenden Universaldienstsystems 263

    I. Der identische Ausgangspunkt: Das Universaldienstmodell als reaktives System 264

    II. Verfassungsrechtlich und wettbewerbspolitisch bedingte Modifikationen 265

        1. Primat des Ausschreibungsverfahrens 265

        2. Verpflichtungsverfahren als ultima ratio im gesamten Universaldienstbereich 266

        3. Das marktstärkste Unternehmen als Verpflichtungsadressat 268

        4. Finanzierung der Universaldienstkosten aus dem Staatshaushalt 268

D. Endergebnis des 5. Kapitels 272

Zusammenfassende Thesen 273

Literaturverzeichnis 279

Abkürzungsverzeichnis

a.A.	andere Ansicht
a.E.	am Ende
a.F.	alte Fassung
aaO	am angegebenen Ort
Abl.	Amtsblatt
Abs.	Absatz
AfP	Archiv für Presserecht
AG	Aktiengesellschaft, Amtsgericht
AktG	Aktiengesetz
Alt.	Alternative
Anl.	Anlage
AöR	Archiv des öffentlichen Rechts
Archiv PT	Archiv für Post und Telekommunikation
Art., Artt.	Artikel
AT&T	American Telephone und Telegraph Company
BAPost	Bundesanstalt für Post und Telekommunikation
BayVBl	Bayrische Verwaltungsblätter
BB	Der Betriebsberater
Bd.	Band
BGBl.	Bundesgesetzblatt
BGH	Bundesgerichtshof
BGHZ	Entscheidungen des Bundesgerichtshofs in Zivilsachen, amtliche Sammlung
BImschG	Bundes-Immisionsschutzgesetz
BMPT	Bundesministerium für Post und Telekommunikation
BMWi	Bundesministerium für Wirtschaft
BR	Bundesrat
BR-Drucks.	Drucksachen des Bundesrates
BT	Bundestag
BT-Drucks.	Drucksachen des Bundestages
BTO	Bundestarifordnung
BVerfG	Bundesverfassungsgericht
BVerfGE	Entscheidungen des Bundesverfassungsgerichts, amtliche Sammlung
BVerwG	Bundesverwaltungsgericht
BVerwGE	Entscheidungen des Bundesverwaltungsgerichts, amtliche Sammlung
bzgl.	bezüglich

ca.	circa
ChemG	Chemikaliengesetz
CR	Computer und Recht
CrLR	Creighton Law Review
DB	Der Betrieb
ders.	derse!be
DÖV	Die Öffentliche Verwaltung
Drucks.	Drucksache
DVBl.	Deutsches Verwaltungsblatt
ebd.	ebenda
EG	Europäische Gemeinschaft
EGV	Vertrag zur Gründung der Europäischen Gemeinschaft
EMRK	Europäische Konvention zum Schutz der Menschenrechte und Grundfreiheiten v. 4. 11. 1950
EnWG	Energiewirtschaftsgesetz
ET	Energiewirtschaftliche Tagesfragen
EU	Europäische Union
EuGH	Europäischer Gerichtshof
EuGRZ	Europäische Grundrechte-Zeitschrift
EuR	Europarecht (Zeitschrift)
EuZW	Europäische Zeitung für Wirtschaftsrecht
EWG	Europäische Wirtschaftsgemeinschaft
EWGV	Vertrag zur Gründung der Europäischen Wirtschaftsgemeinschaft
f.	folgende Seite
FAG	Fernmeldeanlagengesetz
FAZ	Frankfurter Allgemeine Zeitung
FCC	Federal Communications Commission
ff.	folgende Seiten
Fn.	Fußnote
FS	Festschrift
GfK	Gesellschaft für Konsumentenforschung
GG	Grundgesetz
GmbH	Gesellschaft mit beschränkter Haftung
GWB	Gesetz gegen Wettbewerbsbeschränkungen
HdbdStR	Handbuch des Staatsrechts
HdbdVerfR	Handbuch des Verfassungsrechts
HEW	Hamburger Electricitäts-Werke
hL	herrschende Lehre
hM	herrschende Meinung
Hrsg.	Herausgeber
i.d.R.	in der Regel
i.S.	im Sinne

i.V.m.	in Verbindung mit
insb.	insbesondere
ISDN	Integrated Services Digital Network
JA	Juristische Arbeitsblätter
Jura	Juristische Ausbildung
JUS	Juristische Schulung
JZ	Juristenzeitung
KJ	Kritische Justiz
KrW-/AbfG	Kreislaufwirtschafts- und Abfallgesetz
m.a.W.	mit anderen Worten
m.E.	meines Erachtens
m.w.N.	mit weiteren Nachweisen
mbH	mit beschränkter Haftung
NJW	Neue Juristische Wochenschrift
Nr.	Nummer
NTTPC	Nippon Telephone and Telegraph Public Corporation
NVwZ	Neue Zeitschrift für Verwaltungsrecht
Oftel	Office of Telecommunications
ONP	Open Network Provision
öTKG	Telekommunikationsgesetz (Österreich)
PBefG	Personenbeförderungsgesetz
PostG	Postgesetz
PostNeuOG	Gesetz zur Neuordnung des Postwesens und der Telekommunikation
PostUmwG	Postumwandlungsgesetz
PostVerfG	Postverfassungsgesetz
PostVerwG	Postverwaltungsgesetz
PSC	Public Servive Commission
PTRegG	Gesetz über die Regulierung der Telekommunikation und des Postwesens
PUC	Public Utility Commission
RAO	Reichsabgabenordnung
RdE	Recht der Energiewirtschaft
RGBl.	Reichsgesetzblatt
Rn.	Randnummer
Rs.	Rechtssache
RTkom	Zeitschrift für das gesamte Recht der Telekommunikation
S.	Satz
s.o.	siehe oben
scil.	scilicet
sFMG	Fernmeldeanlagengesetz (Schweiz)
Slg.	Sammlung der Rechtsprechung des EuGH (I) und des EuG (II)
sog.	sogenannt
TCA	Telecommunications Act

Abkürzungsverzeichnis

TEntGV	Telekommunikations-Entgeltregulierungsverordnung
TKG	Telekommunikationsgesetz
TKG-E	Entwurf zum Telekommunikationsgesetz
TUDLV	Telekommunikations-Universaldienstverordnung
u.	und
u.a.	und andere, unter anderem
VBlBW	Verwaltungsblätter für Baden-Württemberg
VerwArch	Verwaltungsarchiv
vgl.	vergleiche
Vorbem.	Vorbemerkung
VSSR	Vierteljahresschrift für Sozialrecht
VVDStRL	Veröffentlichungen der Vereinigung der Deutschen Staatsrechtslehrer
VwGO	Verwaltungsgerichtsordnung
VwVfg	Verwaltungsverfahrensgesetz
WIK	Wissenschaftliches Institut für Kommunikationsdienste
WM	Wertpapier-Mitteilungen
WRV	Weimarer Reichsverfassung
WuW	Wirtschaft und Wettbewerb
ZaöRV	Zeitschrift für ausländisches öffentliches Recht und Völkerrecht
ZfW	Zeitschrift für Wasserrecht
ZG	Zeitschrift für Gesetzgebung
ZGR	Zeitschrift für Unternehmens- und Gesellschaftsrecht
ZHR	Zeitschrift für das gesamte Handels- und Wirtschaftsrecht
Ziff.	Ziffer
ZögU	Zeitschrift für öffentliche und gemeinwirtschaftliche Unternehmen
ZRP	Zeitschrift für Rechtspolitik
ZUM	Zeitschrift für Urheber- und Medienrecht

Einleitung

A. Problemstellung: Die Universaldienstfrage als Folge der Liberalisierung

Der Telekommunikationsmarkt hat innerhalb des letzten Jahrzehnts eine als revolutionär zu bezeichnende Entwicklung erfahren. Das Zusammenspiel von technischem Fortschritt, volkswirtschaftlichen Notwendigkeiten sowie supranationaler und europäischer Rechtssetzung hat eine nahezu globale Entwicklung hervorgerufen, die mit dem Schlagwort „Vom Monopol zum Wettbewerb" umschrieben werden kann. Dieses Phänomen hat auch vor Deutschland nicht haltgemacht und in den sog. Postreformen eindrucksvoll seinen Niederschlag gefunden. Schritt für Schritt wurde das monopolistische, von staatlicher Leistungsbereitstellung geprägte System in ein wettbewerbsorientiertes Umfeld verwandelt.

Neben den unübersehbaren Vorteilen, die mit dieser Entwicklung einhergehen – in diesem Zusammenhang muß vor allem auf das erheblich gesunkene Preisniveau in nahezu allen Bereichen der Telekommunikation hingewiesen werden[1] – ist festzustellen, daß mit der ordnungspolitischen Umstrukturierung auch zahlreiche, höchst komplexe neue Problemfelder entstehen. Diese neuen Problemfelder ergeben sich primär aus den veränderten Ansatzpunkten und Motiven der Leistungsbereitstellung: Während vor den Reformen die flächendeckende Versorgung der Bevölkerung mit Dienstleistungen zu (zumindest annähernd) gleichen Preisen und identischer Qualität im Mittelpunkt der Angebotsstruktur des staatlichen Monopolisten stand, ist für den nun herrschenden Wettbewerb marktorientiertes Verhalten charakteristisch. Jedes marktorientierte Verhalten beinhaltet die Tendenz, vorhandene Ressourcen auf gewinnträchtige Sektoren zu konzentrieren und aus unrentablen Gebieten abzuziehen.[2] Langfristig wäre daher zu befürchten, daß Dienstleistungen in peripheren Räumen nur überteuert oder gar nicht angeboten würden. Das

---

[1] So sind in einzelnen Segmenten Preisstürze von über 75% feststellbar, vgl. bereits FAZ vom 16. Juli 1998, Nr. 162, S. 15; manager-magazin 9/99, S. 186; ausführlich zur Preisentwicklung seit der Liberalisierung der Telekommunikationsmärkte, *Backhaus/Stadie/Voeth*, Was bringt der Wettbewerb im Telekommunikationsmarkt?, S. 16 ff.

[2] Instruktiv aus ökonomischer Perspektive: *Blankart/Knieps,* Infrastrukturfonds als Instrumente zur Realisierung politischer Ziele, in: Berger (Hrsg.), Wettbewerb und Infrastruktur in Post und Telekommunikationsmärkten, S. 51 (56 f.); vgl. in diesem Zusammenhang auch die sogenannte „Rosinenpicker-Hypothese": *Windisch,* Privatisierung natürlicher Monopole, in: Windisch (Hrsg.), Privatisierung natürlicher Monopole im Bereich von Bahn, Post und Telekommunikationsbereich, S. 1 (40).

Schreckensgemälde einer Informationsgesellschaft „erster" und „zweiter Klasse"[3] wäre dann durchaus realistisch.

Da aufgrund der erheblichen politischen, wirtschaftlichen und sozialen Bedeutung der Telekommunikation in der sog. „Informations- oder Kommunikationsgesellschaft"[4] ein nicht zu leugnendes Interesse an einer flächendeckenden, bedarfsgerechten Versorgung der Bevölkerung mit entsprechenden Dienstleistungen besteht, stellt sich die Frage, wie diese in einem wettbewerblich organisierten Markt sichergestellt und finanziert werden kann. Im Einklang mit der europarechtlichen Terminologie hat sich für diese Versorgung auch in Deutschland die Bezeichnung *universal service* bzw. Universaldienst eingebürgert. Die Pflicht des Staates, ein solches Dienstleistungsangebot in einem kompetitiven Telekommunikationsmarkt zu gewährleisten, ergibt sich unmittelbar aus Art. 87 f Abs. 1 GG, der innerhalb der Postreform II in das Grundgesetz implementiert wurde (sog. Infrastrukturgewährleistungsauftrag).

Während die Deutsche Bundespost vor der Entmonopolisierung der Märkte die Nachfrage auch in peripheren Gebieten befriedigen mußte und die damit verbundenen Verluste durch relativ teure Tarife in anderen Bereichen (quer-) subventionieren konnte, bedarf es im heutigen liberalisierten Markt neuer Mechanismen um eine flächendeckende (Grund-)Versorgung sicherzustellen. An die Stelle der unmittelbaren Leistungsbereitstellung durch den Staat tritt nunmehr die legislative Rahmensetzung und die administrative Steuerung des Wettbewerbs mittels Regulierung. Derartige regulatorische staatliche Maßnahmen, die das freie Spiel der ökonomischen Kräfte einschränken, stellen in der Regel aber Eingriffe in die Rechtspositionen der betroffenen Unternehmen dar. Das somit schon auf verfassungsrechtlicher Ebene angelegte Spannungsfeld ist offensichtlich: Die staatlichen Maßnahmen müssen einerseits so umfangreich und gezielt sein, daß eine flächendeckende Versorgung mit Dienstleistungen entsprechend dem Infrastrukturauftrag gewährleistet ist, andererseits wird die staatliche Regulierungsbefugnis durch die verfassungsrechtlich gesicherten Rechtspositionen der am Markt tätigen Unternehmen beschränkt. Je komplexer die staatlichen Infrastruktursicherungsmaßnahmen ausfallen, um so mehr werden ökonomische Mechanismen zurückgedrängt und wird in unternehmerische Rechtspositionen eingegriffen. Das vom Staat gewählte Regulierungskonzept muß daher diese konfligierenden Pole zum Ausgleich bringen und das Spannungsfeld zwischen dem Interesse an einer flächendeckenden In-

---

[3] Zur drohenden „Zweiklassengesellschaft" im Kommunikationszeitalter: Mitteilung der Kommission, BR-Drucks. 278 / 96, S. 2; vgl. auch *Hermes*, Staatliche Infrastrukturverantwortung, S. 250, der von der Gefahr spricht, daß ein Teil der Gesellschaft zu „Informations-Habenichtsen" werden könnte.

[4] Zu diesem Begriff: *Ebsen*, DVBl. 1997, S. 1039 (1039); vgl. in diesem Kontext auch *Hoffmann-Riem*, Das öffentliche Wirtschaftsrecht der Kommunikation und der Medien, in: R. Schmidt (Hrsg.), Öffentliches Wirtschaftsrecht, BT 1, § 6 Rn. 2, der von der „globalen Informationsgesellschaft" spricht.

frastruktur und den verfassungsrechtlich geschützten Freiheiten der am Markt tätigen Unternehmen auflösen.

Das zentrale staatliche Regulierungsinstrument zur Sicherung von flächendeckenden Dienstleistungen sind die Universaldienstregelungen des Telekommunikationsgesetzes. Nach dem dort verankerten Grundkonzept werden die am Markt tätigen privaten Leistungsanbieter, in dem Falle, daß der Wettbewerb die flächendeckende Versorgung nicht von selbst leistet, als Verantwortungsgemeinschaft zur Erbringung der Grundversorgung unmittelbar herangezogen. Hierzu sieht das Gesetz, neben der Möglichkeit der wettbewerblichen Ausschreibung von unterversorgten Gebieten, als effektivstes, zugleich aber die Rechtspositionen der betroffenen Unternehmen am stärksten beschneidendes Instrument, die unmittelbare Zwangsverpflichtung von Marktteilnehmern vor. Finanziert wird der unwirtschaftliche Universaldienst durch eine Abgabe, die von den im jeweiligen Marktsegment tätigen Unternehmen geleistet werden muß.

Ob diese vom Gesetzgeber gewählte Konzeption das so eben beschriebene Spannungsfeld tatsächlich auflöst und die konfligierenden Interessen zum Ausgleich bringt, steht im Mittelpunkt dieser Untersuchung.

B. Ziel und Gang der Untersuchung

Hauptanliegen der Untersuchung ist es, die verfassungsrechtlichen Berührungspunkte des aktuellen Universaldienstsystems aufzuzeigen und zu analysieren, inwieweit das vom Gesetzgeber konzipierte Modell spezifisches Verfassungsrecht verletzt.

Ausgehend von der Erkenntnis, daß die Universaldienstregeln des Telekommunikationsgesetzes ein Produkt der sog. Postreformen sind, und sich deren Existenz und konkrete Ausgestaltung nur aus der veränderten ordnungspolitischen Situation erklären läßt, ist es für den Gang der Untersuchung notwendig, zunächst den Liberalisierungs- und Privatisierungsprozeß des Telekommunikationssektors als Interpretationshintergrund zu skizzieren. Im Mittelpunkt der Ausführungen stehen dabei die jeweiligen ordnungspolitischen Vorgaben auf Verfassungsebene (*Erstes Kapitel*).

Die anschließende, verfassungsrechtliche Überprüfung der Universaldienstkonzeption geschieht entsprechend dem eingangs beschriebenen Spannungsfeld aus zwei Perspektiven:

Im Mittelpunkt des ersten Teils der Erörterungen steht die veränderte Rolle des Staates nach der Entmonoplisierung des Telekommunikationssektors. Zu untersuchen ist, in welchem Umfang ihm im wettbewerblich orientierten Umfeld noch eine Verantwortung für eine bedarfsgerechte Versorgung der Bevölkerung zukommt. Die Antwort gibt Art. 87 f Abs. 1 GG: Danach *„gewährleistet der Bund im Bereich des Postwesens und der Telekommunikation flächendeckend angemes-*

sene und ausreichende Dienstleistungen." Dieser Infrastrukturgewährleistungsauftrag bildet den ersten entscheidenden Bezugspunkt der Arbeit. Eine detaillierte Analyse seines Regelungsgehalts und seines Tatbestandes ist unerläßlich zur exakten Bestimmung von Art und Umfang der staatlichen Verantwortung. Besonderes Augenmerk wird in diesem Zusammenhang der problematischen Frage geschenkt, welche Instrumentarien dem Staat zur Erfüllung dieser verfassungsrechtlichen Aufgabe zur Verfügung stehen. Neben den sog. regulatorischen Maßnahmen – deren grundsätzliche Anwendbarkeit unbestritten ist – bleibt zu diskutieren, ob der Bund, als Mehrheitsaktionär der Deutschen Telekom AG, zusätzlich seine gesellschaftsrechtlichen Einflußmöglichkeiten zur Erfüllung des Gemeinwohlauftrages instrumentalisieren kann (*Zweites Kapitel*).

Nach der Analyse des verfassungsrechtlichen Rahmens wird die einfachgesetzliche Ebene der Infrastrukturgewährleistung in Blick genommen. Die Konzeption des Universaldienstes im Telekommunikationsgesetz wird vorgestellt und daraufhin untersucht, ob sie den herausgearbeiteten verfassungsrechtlichen Direktiven entspricht. Den Schwerpunkt der Untersuchung bildet die Frage, inwieweit das System als solches dazu geeignet ist, langfristig die Grundversorgung der Bevölkerung mit Dienstleistungen zu sichern. Hierzu werden mögliche Wettbewerbs- und Unterversorgungsszenarien entworfen, um das System so auf konzeptionelle Mängel zu überprüfen (*Drittes Kapitel*).

Für den Fortgang der verfassungsrechtlichen Analyse findet ein Perspektivenwechsel statt, die zweite problematische Komponente des Universaldienstregimes wird beleuchtet. Im Mittelpunkt der Untersuchung steht von nun an nicht mehr der Staat und die Frage seiner Verantwortung, sondern die subjektiven Rechte der am Markt tätigen Unternehmen, sofern diese zum Universaldienst oder zu dessen Finanzierung herangezogen werden. Besondere Probleme ergeben sich hier schon auf der Ebene der Grundrechtssubjektivität. Der aktuelle Anbietermarkt im Telekommunikationssegment ist geprägt durch die exponierte Stellung des ehemaligen Monopolisten Deutsche Telekom AG, dessen materielle Privatisierung noch nicht abgeschlossen ist. Dieses Unternehmen steht auch noch nach der Kapitalerhöhung vom 28. 7. 1999, an welcher der Bund sich nicht beteiligt hat, im Mehrheitseigentum des Staates. Die Frage, ob sich ein solches gemischtwirtschaftliches Unternehmen auf Grundrechte berufen kann, ist bis heute nicht abschließend geklärt. Nachdem sich innerhalb der letzten Jahre die Diskussion hierzu etwas beruhigt zu haben schien, zeigt sich diese grundsätzliche Problematik nach der Liberalisierung und Privatisierung des Telekommunikationssektors in neuem Gewand und in neuer Schärfe. Zudem verdeutlichen der aktuelle Börsengang der Deutschen Post AG, der geplante Börsengang der Deutschen Bahn AG, sowie die neueren Entwicklungen im Energierecht, die Brisanz und die Aktualität dieser Frage.

Nach der Klärung der Grundrechtssubjektivität bleibt zu untersuchen, ob die Universaldienstkonzeption des Telekommunikationsgesetzes mit den ermittelten Rechtspositionen der Unternehmen vereinbar ist. In diesem Zusammenhang ist

B. Ziel und Gang der Untersuchung

zwischen der Verpflichtung zur Erbringung der Leistung und der Pflicht zur Zahlung der Universaldienstabgabe zu differenzieren:

Die Verpflichtung eines Unternehmens eine bestimmte Leistung tatsächlich erbringen zu müssen, stellt eine *„Indienstnahme Privater"* dar. Die besondere Eingriffsschwere liegt in diesen Fällen darin, daß dem Adressaten, statt negativ wirkender Verbote, die Last positiv wirkender Gebote zur Erbringung bestimmter Dienstleistungen aufgebürdet und somit dessen Dispositionsfreiheit über Betriebsmittel und Kapital erheblich eingeschränkt wird. Die Frage, ob die durch das Telekommunikationsgesetz begründete Verpflichtung zur Erbringung des Universaldienstes vor diesem Hintergrund verfassungsgemäß ist, soll insbesondere durch eine Analyse der einschlägigen Rechtsprechung des Bundesverfassungsgerichts zu ähnlich gelagerten Konstellationen beantwortet werden.

Neben der tatsächlichen Bereitstellung des Universaldienstes wirft auch die Finanzierung des Universaldienstes mittels der Universaldienstabgabe gravierende verfassungsrechtliche Probleme auf. Innerhalb der jüngeren Literatur sind bereits vereinzelt Zweifel an der Vereinbarkeit der Abgabe mit der bundesstaatlichen Finanzverfassung geäußert worden.[5] Diesen Zweifeln gilt es nachzugehen. Dabei kommt im vorliegenden Fall der Sonderabgabenrechtsprechung des Bundesverfassungsgerichts und dem Grundsatz der staatsbürgerlichen Lastengleichheit erhöhte Bedeutung zu. Anhand der höchstrichterlich entwickelten Zulässigkeitskriterien ist zu untersuchen, ob die Universaldienstabgabe verfassungskonform ist. Ergänzend werden noch die grundrechtlichen Konfliktmomente der Universaldienstabgabe beleuchtet *(Viertes Kapitel)*.

Der letzte Teil der Untersuchung widmet sich alternativen Modellen zur Sicherung und Finanzierung des Universaldienstes im liberalisierten Umfeld. Es werden verschiedene ordnungspolitische Systeme skizziert und sowohl auf ihre Vereinbarkeit mit den rechtlichen Vorgaben als auch auf ihre wettbewerbspolitischen Auswirkungen überprüft. Den Abschluß bildet der Entwurf eines alternativen Universaldienstmodells, dessen Ausgestaltung den juristischen und ökonomischen Vorgaben und Erkenntnissen Rechnung trägt *(Fünftes Kapitel)*.

---

[5] Ausführlich: *Pohl*, Universaldienst in der Telekommunikation, S. 79 ff.; vgl. auch *Schütz*, in Beck'scher TKG-Kommentar, § 21 Rn. 4 ff.; *Schütz/Cornils*, DVBl. 1997, S. 1146 (1153 f.); vgl. auch *Monopolkommission*, Sondergutachten 24: Die Telekommunikation im Wettbewerb, S. 18, die bereits im Vorfeld des Gesetzgebungsverfahrens auf die verfassungsrechtliche Problematik einer Universaldienstabgabe hingewiesen hat.

Erstes Kapitel

Der Fernmelde- / Telekommunikationssektor in der historischen Entwicklung: Vom staatlichen Monopol zum Wettbewerb

Der in Art. 87 f Abs. 1 GG normierte Infrastrukturgewährleistungsauftrag und die Regeln über den Universaldienst sind Produkte der Postreformen und damit Ausprägungen eines veränderten Rollenverständnisses von Staat und Gesellschaft. Während das traditionelle Fernmeldewesen durch die unmittelbare Leistungsbereitstellung des Staates charakterisiert war, beschränkt sich der Staat im modernen Telekommunikationswesen mehr und mehr auf regulatorische Aufgaben und ermöglicht die Leistungsbereitstellung durch Privatrechtssubjekte.[1] Im folgenden ist diese Entwicklung, die für das Verständnis und die Analyse des geltenden Rechts von nicht zu unterschätzender Bedeutung ist, zu skizzieren[2], wobei im Mittelpunkt der Darstellung die ordnungspolitischen Vorgaben auf Verfassungsebene stehen.

---

[1] Ausführlich zum sich wandelnden Staatsverständnis: *Schuppert*, DÖV 1995 S. 761 (767); *ders.*, Verwaltung zwischen staatlichem und privatem Sektor, in: König/Siedentopf (Hrsg.), Öffentliche Verwaltung in Deutschland, S. 269 (279); *ders.*, Die Erfüllung öffentlicher Aufgaben durch Staat, kommunale Gebietskörperschaften und Private, in: Ipsen (Hrsg.), Privatisierung öffentlicher Aufgaben, S. 17 (26); *Schmidt-Aßmann*, Zur Reform des Allgemeinen Verwaltungsrechts, in: Hoffmann-Riem/Schmidt-Aßmann/Schuppert (Hrsg.), Reform des Allgemeinen Verwaltungsrechts, S. 13 (43 f.).

[2] Auf eine grundlegende Darstellung der geschichtlichen Entwicklung kann hier verzichtet werden, da dies bereits von anderer Seite ausführlich geleistet wurde; allgemein zu den historischen Grundlagen: *Eifert*, Grundversorgung mit Telekommunikationsleistungen im Gewährleistungsstaat, S. 31 ff.; *Pohl*, Universaldienst in der Telekommunikation, S. 7 ff.; *Zydorek*, Soziale Steuerung und Koordination in der Telekommunikation, S. 97 ff.; speziell zur ursprünglichen Postverfassung und der frühen Entwicklung des Telegraphen und Fernmeldewesens: *Köbele*, Fernmeldewesen und Telematik in ihrer rechtlichen Wechselwirkung, S. 157 ff.; aus ökonomischer Perspektive: *Jäger*, Gemeinwohl, Gruppen- und Eigeninteresse: Die gradualistische Ordnungspolitik in der deutschen Telekommunikation, S. 4 ff.; *Witte*, ZögU 1997, S. 434 (435 ff.).

A. Von den Anfängen des Telegraphenwesens bis zum Inkrafttreten des Grundgesetzes

Der heute vom Begriff der Telekommunikation umfaßte Sektor war von seiner Entstehung Mitte des 19. Jahrhunderts[3] an geprägt durch die fast ausschließliche Leistungsbereitstellung durch den Staat. Dies folgte schon daraus, daß die elektrische Telegraphie ursprünglich als lediglich militärische Angelegenheit betrachtet wurde und demzufolge für private Rechtssubjekte kein Interesse an dieser Art der Nachrichtenübermittlung bestand.[4] Bereits mit der Entstehung des Norddeutschen Bundes im Jahre 1866 wurde das Telegraphenwesen gemäß Art. 48 Abs. 1 der Reichsverfassung als Materie der bundeseinheitlichen Verwaltung geführt, in der es nach Gründung des Deutschen Reiches 1871 verblieb.[5] Mit Schaffung des Telegraphengesetzes vom 6. April 1892[6] wurde das bereits praktizierte Monopol einfachgesetzlich verankert, indem das Recht zur Errichtung und zum Betreiben von Telegraphenanlagen ausschließlich dem Reich zugewiesen wurde.

An diesem organisatorischen Rahmen wurde auch zu Zeiten der Weimarer Republik festgehalten. Zum einen sah die Reichsverfassung in Art. 88 Abs. 1 eine ausschließliche Verwaltungskompetenz des Bundes für das Telegraphenwesen vor[7], zum anderen wurde das Verbot der privaten Betätigung innerhalb dieses Sektors in § 1 Fernmeldeanlagengesetz normiert.[8] Wesentliche Neuerungen gingen indes vom Reichspostfinanzgesetz vom 18. 3. 1924[9] aus: Die Reichspost wurde aus dem allgemeinen Reichsvermögen ausgegliedert und als eigenes Sondervermögen mit eigenständiger Haushalts- und Rechungsführung betrieben.[10] Der Zweck die-

---

[3] Die erste Inbetriebnahme eines elektrischen Telegraphen in Deutschland erfolgte 1843 zwischen Aachen und Ronheide, vgl. hierzu mit umfangreichen Angaben; *Köbele*, Fernmeldewesen und Telematik in ihrer rechtlichen Wechselwirkung, S. 153 ff.; vgl. auch: *Schmidli*, Das Zeitalter der Telekommunikation, S. 41 ff.

[4] Vgl. *Mayer*, Die Bundespost: Wirtschaftsunternehmen oder Leistungsbehörde, S. 47 f.; *Pohl*, Universaldienst in der Telekommunikation, S. 8.

[5] Art. 48 Abs. 1 der Reichsverfassung von 1871 bestimmte: *„Das Postwesen und das Telegraphenwesen werden für das gesamte Gebiet des Deutschen Reichs als einheitliche Staatsverkehrsanstalten eingerichtet und verwaltet."*; vgl. hierzu *Pestalozza*, in v.Mangoldt / Klein, Das Bonner Grundgesetz, Art. 73 Rn. 422 ff.; *Lerche*, in Maunz / Dürig, Grundgesetz-Kommentar, Art. 87 f. Rn. 15; *Hermes*, Staatliche Infrastrukturverantwortung, S. 269.

[6] § 1 Telegraphengesetzes von 1892; RGBl. 1892, S. 476.

[7] Art. 88 Abs. 1 WRV: *„Das Post und Telegraphenwesen samt dem Fernsprechwesen ist ausschließlich Sache des Reichs."*; vgl. hierzu auch: *Pestalozza*, in v.Mangoldt / Klein, Das Bonner Grundgesetz, Art. 73 Nr. 7 Rn. 440.

[8] § 1 FAG vom 14. 1. 1928; RGBl. I 8; vgl. hierzu auch *Gramlich*, Verwaltungsarchiv 1997, S. 599 (606).

[9] RGBl. I S. 287.

[10] Vgl. *Mayer*, Die Bundespost: Wirtschaftsunternehmen oder Leistungsbehörde, S. 50 ff.; *Hermes*, Staatliche Infrastrukturverantwortung, S. 269; *Pohl*, Universaldienst in der Telekommunikation, S. 10.

ser institutionellen Verselbständigung lag darin, der Reichspost eine flexiblere Wirtschaftsführung zu ermöglichen und gleichzeitig den allgemeinen Reichshaushalt vom Kostenfaktor Post- und Telegraphenwesen zu entlasten.[11] Diese ordnungspolitische Struktur der Postverwaltung blieb im wesentlichen auch unter der Herrschaft der Nationalsozialisten bestehen.[12]

B. Die ursprüngliche Postverfassung des Grundgesetzes

I. Post- und Fernmeldewesen als hoheitliche Aufgabe

Die Väter des Grundgesetzes ließen dieses ordnungspolitische Modell in den Grundstrukturen unangetastet. Die Regelungen des FAG und das darin verankerte Verbot für Private, im Bereich des Fernmeldewesens tätig zu werden, wurde in das Bundesrecht übernommen. Auf verfassungsrechtlicher Ebene bestimmte Art. 87 Abs. 1 S. 1 GG, daß die Bundespost und damit das Post- und Fernmeldewesen (Art. 73 Nr. 7 GG), in bundeseigener Verwaltung mit eigenem Verwaltungsunterbau zu führen sei. Entsprechend ihrer Stellung im achten Abschnitt des Grundgesetzes wurde die Norm zunächst primär als Kompetenzvorschrift verstanden. Innerhalb der Systematik der Art. 83 ff. GG normierte Art. 87 Abs. 1 S. 1 GG damit eine vom Grundsatz der Landesexekutive (Art. 83 GG) abweichende Verwaltungskompetenz des Bundes hinsichtlich der betroffenen Segmente. Darüber hinaus wurden dieser Norm aber im Laufe der Zeit Zug um Zug noch zusätzliche Bedeutungsschichten zugewiesen:[13]

1. Art. 87 Abs. 1 S. 1 GG a.F. als Organisationsvorgabe

Schon bald wurde die Vorschrift dahingehend interpretiert, daß sie über den kompetenzrechtlichen Inhalt hinaus, zusätzliche verbindliche organisationsrechtliche Entscheidungen trifft.[14] Aus dem Verfassungstext ergab sich die unmittelbare

---

[11] Ausführlich: *Mayer,* Die Bundespost: Wirtschaftsunternehmen oder Leistungsbehörde, S. 50 ff., mit zahlreichen weiteren Nachweisen.

[12] *Pohl,* Universaldienst in der Telekommunikation, S. 10; zur Reichspost während der Zeit des Nationalsozialismus, vgl. auch *Mayer,* Die Bundespost: Wirtschaftsunternehmen oder Leistungsbehörde, S. 54 f.

[13] Vgl. hierzu: *Lerche,* in Maunz/Dürig, Grundgesetz-Kommentar, Art. 87 Rn. 13 ff.; speziell hinsichtlich der Bundespost: *Köbele,* Fernmeldewesen und Telematik in ihrer rechtlichen Wechselwirkung, S. 257 ff.; *Steiner,* HdbdStR III, § 81 Rn. 35; *R. Schmidt,* in Festschrift für Lerche, S. 965 (966 ff.); hinsichtlich der Parallelproblematik im Eisenbahnrecht: *Hommelhoff/Schmidt-Aßmann,* ZHR 160 (1996), S. 521 (528 ff.); *Menges,* Die Rechtsgrundlagen für die Strukturreform der deutschen Bahnen, S. 48 ff.; *Burger,* Zuständigkeiten und Aufgaben des Bundes für den öffentlichen Personenverkehr nach Art. 87e GG, S. 96 ff.

Pflicht des Bundes, die Deutsche Bundespost in bundeseigener Verwaltung mit eigenem Verwaltungsunterbau zu führen. Der Begriff der bundeseigenen Verwaltung knüpfte dabei – so die vorherrschende Auffassung – an die Typenbildung im Rahmen des Art. 86 S. 1 GG an, die zwischen bundeseigener Verwaltung einerseits und mittelbarer Verwaltung durch bundesunmittelbare Körperschaften und öffentlich-rechtliche Anstalten, andererseits differenziert.[15] Durch die Verwendung des Terminus „bundeseigene Verwaltung" wurde explizit zum Ausdruck gebracht, daß die in Art. 87 Abs. 1 S. 1 GG a.F. verankerten Materien nicht durch bundesunmittelbare Körperschaften oder Anstalten des öffentlichen Rechts zu verwalten waren. Der Begriff „bundeseigen" zog damit die Grenze zur mittelbaren Verwaltung, bei welcher der Rechtsträger des Behördenapparats eine vom Staat verschiedene Rechtspersönlichkeit ist.[16] Ob damit im Sinne eines „erst-recht-Schlusses" ein Verbot der Übertragung von Verwaltungskompetenzen auf Private bestand, war sowohl im Grundsatz als auch im Detail umstritten. Richtigerweise wird man wohl konstatieren müssen, daß zumindest eine *umfassende* Übertragung der Verwaltungsaufgabe auf rechtlich verselbständigte Privatrechtssubjekte ausgeschlossen war. Eine davon abweichende Interpretation hätte nämlich zur Folge gehabt, daß der Organisationsbefehl zur Bundeseigenverwaltung faktisch ausgehöhlt, und die verfassungsrechtliche Intention der engen und unmittelbaren Verzahnung von Bundespost und Staat damit unterlaufen worden wäre.[17]

---

[14] Ausführlich zur organisationsrechtlichen Komponente des Art. 87 Abs. 1 GG: *Eifert*, Grundversorgung mit Telekommunikationsleistungen im Gewährleistungsstaat, S. 128 ff.; *Köbele*, Fernmeldewesen und Telematik in ihrer rechtlichen Wechselwirkung, S. 260 ff.; *Schmidt-Aßmann/Fromm*, Aufgaben und Organisation der Deutschen Bundesbahn in verfassungsrechtlicher Sicht, S. 103 f.; *Ehlers*, Verwaltung in Privatrechtsform, S. 117 ff.; *R.Schmidt*, in Festschrift für Lerche, S. 965 (969 f.).

[15] Vgl. *Dörr*, Die Privatisierung der Deutschen Bundespost, S. 101 ff.; *Menges*, Die Rechtsgrundlagen für die Strukturreform der deutschen Bahnen, S. 49: „strenge Alternativität"; a.A.: *Krüger*, DÖV 1949, S. 467 (468 f.).

[16] *R.Schmidt*, in Festschrift für Lerche, S. 965 (969 f.); *Köbele*, Fernmeldewesen und Telematik in ihrer rechtlichen Wechselwirkung, S. 260.

[17] Vgl. *Sachs*, in Sachs (Hrsg.), Grundgesetz, Art. 87 Rn. 19: „Vollends auszuschließen ist im übrigen jede Verwaltungstätigkeit durch vom Bund getragene rechtlich verselbständigte Privatrechtssubjekte oder Beliehene, nicht aber schon privatrechtsförmliches Verwaltungshandeln."; *R. Schmidt*, in Festschrift für Lerche, S. 965 (974): „Allerdings führt eine so verstandene Akzeptanz des Eigenwerts zu der Schlußfolgerung, daß eine privatrechtliche Gesamtorganisation unzulässig ist. (...). Ein Zentralbereich hat dem Organisationsbefehl des Art. 87 Abs. 1 S. 1 GG zu folgen, um den Begriff der Bundeseigenverwaltung nicht leerlaufen zu lassen."; ähnlich: *Hagemeister*, Die Privatisierung öffentlicher Aufgaben, S. 123; *Bull*, Die Staatsaufgaben nach dem Grundgesetz, S. 245; *Lerche* in Maunz/Dürig, Grundgesetz-Kommentar, Art. 87 f. Rn. 19; *Ehlers*, JZ 1990, S. 1089 (1093); *Büchner*, JA 1990, S. 194 (196); a.A.: *Dittmann*, Die Bundesverwaltung, S. 86, der von einer Gesamtüberführbarkeit der in Art. 87 Abs. 1 GG enthaltenen Agenden ausgeht; einschränkend: *Scholz/Aulehner*, Archiv PT 1993, S. 221 (251), welche die Möglichkeit einer vollständigen formellen Privatisierung bejahen, soweit eine hinreichende Staatsnähe gewährleistet wird, die Möglichkeit einer materiellen Privatisierung aber generell ablehnen.

2. Art. 87 Abs. 1 S. 1 GG a.F. als Aufgabenzuweisungsnorm

Über den föderalen und organisationsrechtlichen Charakter hinaus kam Art. 87 Abs. 1 S. 1 GG a.F. hinsichtlich des Post- und Fernmeldewesens auch eine aufgabenspezifische Dimension in der Weise zu, daß die Norm die Pflicht des Bundes begründete, eine bestimmte Kommunikationsinfrastruktur bereitzustellen.[18] Während die Existenz dieses aufgabenrechtlichen Gehalts spätestens ab den achtziger Jahren kaum noch ernsthaft bestritten wurde, war die Bestimmung der Reichweite dieser staatlichen Pflicht Gegenstand zahlreicher Kontroversen innerhalb des Schrifttums und kann bis heute nicht als abschließend geklärt angesehen werden.[19]

Aus der Tatsache, daß die Verfassungsbestimmung die Länder aus einem zentralen Bereich der Infrastruktur kompetenzrechtlich ausgeschlossen hatte und einfachgesetzlich ein Verbot für Private normiert war, sich in diesem Segment zu betätigen, kann aber geschlossen werden, daß zumindest im Kernbereich der Materie eine Pflicht des Staates zur Bereitstellung eines angemessenen Angebots an Dienstleistungen bestand.[20] Auf dieser Linie bewegten sich auch die Mehrzahl der Literaturstimmen, die aus Art. 87 GG a.F. die staatliche Pflicht zur Bereitstellung einer flächendeckenden Netzinfrastruktur und der Versorgung mit Grunddiensten der Telekommunikation herleiteten, wobei jedoch regelmäßig eine umfassende staatliche Einschätzungsprärogative und die Abhängigkeit von technischen und wirtschaftlichen Faktoren betont wurde.[21] Im wesentlichen bestand jedoch Einigkeit darüber, daß die aufgabenrechtliche Dimension des Art. 87 GG selbst die Pflicht zum Angebot unrentabler Dienste beinhaltete, sofern diese Leistungen zur unabdingbaren Grundversorgung gehörten.[22]

3. Die Bundespost als Monopolist

Für die Bundespost war wegen der in Art. 87 Abs. 1 S. 1 GG a.F. verankerten Aussagen daher eine Organisationsform festgelegt, die für den zu verwaltenden

---

[18] Vgl. etwa *Lerche*, in Festschrift für Friauf, S. 251 (252); *Mayer*, Die Bundespost: Wirtschaftsunternehmen oder Leistungsbehörde, S. 104 ff.

[19] Vgl. insbesondere zur Frage der Deckungsgleichheit von Kompetenzgehalt und Aufgabengehalt, sowie der sog. Kernbereichstheorie: *Scholz/Aulehner*, Archiv PT 1993, S. 221 (228); *Köbele*, Fernmeldewesen und Telematik in ihrer rechtlichen Wechselwirkung, S. 261 ff.; *R. Schmidt*, in Festschrift für Lerche, S. 965 (966 ff.); *Schmidt-Aßmann/Fromm*, Aufgaben und Organisation der deutschen Bundesbahn in verfassungsrechtlicher Sicht, S. 56 ff.; *Hommelhoff/Schmidt-Aßmann*, ZHR 160 (1996), S. 521 (531).

[20] *Steiner*, HdbdStR III, § 81 Rn. 12; *Hommelhoff/Schmidt-Aßmann*, ZHR 160 (1996), S. 521 (530); *Scherer*, CR 1994, S. 418 (419).

[21] Stellvertretend: *Plagemann/Bachmann*, DÖV 1987, S. 807 ff.; *Steiner*, HdbdStR III § 81 Rn. 12.

[22] Vgl. etwa *Gramlich*, WM 1989, S. 973 (980); ausführlich: *Eifert*, Grundversorgung im Gewährleistungsstaat, S. 132 ff.; *Mayer*, Die Bundespost: Wirtschaftsunternehmen oder Leistungsbehörde, S. 93 ff.

B. Die ursprüngliche Postverfassung des Grundgesetzes

Bereich keine eigene Rechtsträgerschaft vorsah und ihn der umfassenden Direktionsmacht des Bundes unterstellte. Aufgrund der im FAG verankerten ausschließlichen Rechte hinsichtlich Netzen, Diensten und Endgeräten war die Bundespost im Fernmeldesektor Monopolist. Im Rahmen ihrer Tätigkeit, die als unmittelbare Leistungsverwaltung zu qualifizieren war,[23] stand dem aufgabenspezifischen Gehalt des Art. 87 Abs. 1 GG entsprechend, die Daseinsvorsorge und damit die ausreichende Versorgung der Bevölkerung mit Dienstleistungen aus dem Fernmelde-/ Telekommunikationsbereich im Vordergrund. Wirtschaftlichkeitserwägungen spielten demgegenüber nur eine untergeordnete Rolle.[24]

Gerechtfertigt wurden die staatlichen Monopole, die im System einer ansonsten grundsätzlich freien Wirtschaft „einen gewissen Fremdkörper"[25] darstellten, primär mit der *Theorie der Gemeinwirtschaft*. Diese aus der Volkswirtschaft stammende Lehre fordert staatliche, gemeinwohlorientierte Eingriffe in sämtlichen Bereichen, in denen der Wettbewerb von privaten Anbietern nicht das Maximum an kollektivem gesellschaftlichen Nutzen herbeiführen kann. Post- und Fernmeldewesen als Industrien mit Infrastrukturcharakter wurden als klassische Aufgaben angesehen, die aufgrund ihrer sozialpolitischen Bedeutung von staatlichen Unternehmen gezielt im Interesse des öffentlichen Auftrages wahrgenommen werden mußten[26]. Ergänzend wurde die staatliche Monopolisierung dieser Märkte regelmäßig mit der Theorie des natürliches Monopols und verteilungspolitischen Argumenten begründet. Ein *natürliches Monopol* liegt aus volkswirtschaftlicher Perspektive dann vor, wenn bei Ausschöpfung des gesamten Marktvolumens ein Unternehmen kostengünstiger produziert als jede größere Anzahl von Unternehmen.[27] Wettbewerb in diesen Segmenten sei volkswirtschaftlich nicht sinnvoll, da die Zulassung eines Konkurrenten mit erneutem Kapitaleinsatz verbunden sei und daher zu einer aus ökonomischer Sicht unerwünschten Kostenduplizierung führen würde.[28] Der

---

[23] *Lerche*, in Maunz/Dürig, Grundgesetz-Kommentar, Art. 87 f. Rn. 21; *Gramlich*, Verwaltungsarchiv 1997, S. 598 (611).

[24] So ausdrücklich: *Hefekäuser*, ZGR 25 (1996), S. 385 (386).

[25] *Steiner*, in HdbdStR III § 81 Rn. 37; vgl. auch BVerfGE 21, 245 (249).

[26] Zur Gemeinwirtschaftslehre: *Püttner*, Gemeinwirtschaft im deutschen Verfassungsrecht, S. 16 ff.; *v. Loesch*, Die gemeinwirtschaftliche Unternehmung, S. 21 ff.; *Gabrisch*, Universaldienst in Deutschland, S. 15; *Eifert*, Grundversorgung mit Telekommunikationsleistungen im Gewährleistungsstaat, S. 70 ff.

[27] *V. Weizsäcker*, Möglichkeiten und Grenzen des Wettbewerbs, in: Neu/Neumann (Hrsg.), Die Zukunft der Telekommunikation, S. 21 (23); *Knorr*, Wettbewerb bei den Postdiensten und öffentlicher Infrastrukturauftrag, in: Berger (Hrsg.), Wettbewerb und Infrastruktur in Post- und Telekommunikationsmärkten, S. 68 (71 ff.); *Windisch*, Privatisierung natürlicher Monopole, in: Windisch (Hrsg.), Privatisierung natürlicher Monopole im Bereich von Bahn, Post und Telekommunikationsbereich, S. 1 (41 ff.); *Knieps*, Entstaatlichung und Wettbewerb, in: Windisch (Hrsg.), Privatisierung natürlicher Monopole im Bereich von Bahn, Post und Telekommunikationsbereich, S. 147 (155); *Klodt/Laaser/Lorz/Maurer*, Wettbewerb und Regulierung in der Telekommunikation, S. 35 ff.; *Gabrisch*, Universaldienst in Deutschland, S. 11; *Dörr*, Die Privatisierung der Deutschen Bundespost, S. 68; grundlegend zur Figur des natürlichen Monopols: *Sharkey*, The Theory of Natural Monopoly, passim.

Fernmeldebereich als Ganzes wurde aufgrund seiner technologischen Eigenart lange Zeit als Paradebeispiel eines natürlichen Monopols erachtet. Insbesondere die aus der Netzbindung dieser Industrie resultierenden Größenvorteile (*economies of scale*[29]) und Verbundvorteile (*economies of scope*[30]) wurden regelmäßig als Beleg für diese These angeführt.[31] Die daneben anzutreffende *verteilungspolitische Argumentation* basierte auf der Intention einer flächendeckenden und flächengleichen Versorgung der Bevölkerung. Insbesondere der ländlichen Bevölkerung sollte es trotz der höheren Bereitstellungskosten für das Telefonnetz möglich sein, am Telekommunikationsgeschehen teilzuhaben. Aus sozialstaatlicher Perspektive wurde zusätzlich das Erfordernis der Tarifeinheit im Raum betont. Die Verfolgung dieser Ziele sah man nur durch ein staatliches Monopol als realisierbar an.[32]

II. Aufweichung der Monopolbedingungen durch die erste Postreform

Erste ordnungspolitische Veränderungen erfolgten durch die sog. Postreform I aus dem Jahre 1989.[33] Über die Notwendigkeit einer Umstrukturierung der Bun-

---

[28] *Knieps*, Entstaatlichung und Wettbewerb, in: Windisch (Hrsg.), Privatisierung natürlicher Monopole im Bereich von Bahn, Post und Telekommunikationsbereich, S. 147 (155); *Dörr*, Die Privatisierung der Deutschen Bundespost, S. 68.

[29] Vgl. *Hermes*, Staatliche Infrastrukturverantwortung, S. 317.

[30] Vgl. *Hermes*, Staatliche Infrastrukturverantwortung, S. 317.

[31] Bei netzabhängigen Dienstleistungen entstehen die wesentlichen Kosten als fixe Kosten, die mit dem Aufbau der Netze und Verlegung der Anschlüsse verbunden sind. Das bedeutet, daß bei zunehmender Kapazität einer Leitung, die mit dieser steigenden Nachfrage verbundenen Kosten nur unterproportional steigen. Das Verkehrsaufkommen kann also verdoppelt werden, ohne daß doppelt so viel Kapital in das Netz investiert werden muß. Daraus folgt, daß die Kosten jeder Leistungsbereitstellung dann minimiert werden, wenn das Leistungsangebot sich in der Hand eines Unternehmens konzentriert; vgl. *Knieps*, Entstaatlichung im Telekommunikationsbereich, S. 25; *Klodt/Laaser/Lorz/Maurer*, Wettbewerb und Regulierung in der Telekommunikation, S. 6 ff.; *Gabrisch*, Universaldienst in Deutschland, S. 35 ff.; *Hermes*, Staatliche Infrastrukturverantwortung, S. 317; vgl. auch *Jerónimo*, Telecommunications and competition in the European Union, in Europäische Kommission (Hrsg.), The European Union in a changing world, S. 57 (62).

[32] Vgl. *Gabrisch*, Universaldienst in Deutschland, S. 17; zur Legitimation des Post- und Fernmeldemonopols, vgl. auch: *Benz*, Privatisierung und Regulierung im Post- und Fernmeldewesen, in: König/Benz (Hrsg.), Privatisierung und staatliche Regulierung, S. 262 (263); *Pohl*, Universaldienst in der Telekommunikation, S. 11 ff.; *Stern/Bauer*, in Stern (Hrsg.), Postrecht, Art. 87 f. Rn. 21; *Fehling*, AöR 121 (1996) S. 60 (76); *Wieland*, Die Verwaltung 1995, S. 315 (319 ff.); *Knauth/Husch* Archiv PT 1997 S. 5 (6); aus ökonomischer Perspektive: *Knorr*, Wettbewerb bei den Postdiensten und öffentlicher Infrastrukturauftrag, in: Berger (Hrsg.), Wettbewerb und Infrastruktur in Post- und Telekommunikationsmärkten, S. 68 (71 ff.).

[33] Allgemein zur Postreform I: *Grande*, Vom Monopol zum Wettbewerb?, S. 206 ff.; *Lerche* in Maunz/Dürig, Grundgesetz-Kommentar, Art. 87 f. Rn. 22 ff.; *Badura*, in Bonner

B. Die ursprüngliche Postverfassung des Grundgesetzes 37

despost herrschte wenig Streit. Insbesondere die gravierenden technischen Entwicklungen[34], die ersichtlichen Leistungsdefizite der politisch beherrschten Deutschen Bundespost, Erfahrungen aus dem Ausland,[35] und der zunehmende Druck des EG-Rechts[36] erforderten ein gesetzgeberisches Handeln. Da die Reform im

---

Kommentar, Art. 87 f. GG Rn. 5; *Stern/Bauer,* in Stern (Hrsg.), Postrecht Art. 87 f. Rn. 1 ff.; *Gramlich* Verwaltungsarchiv 1997, S. 598 (611 ff.); *Büchner,* CR 1996, S. 581 (582); *Büchner,* JA 1990 S. 194 ff.

[34] In diesem Kontext sei insbesondere auf die ISDN-Technik, die Entwicklung des Mobilfunks und die Digitalisierung der Nachrichtenübertragung hingewiesen; ausführlich zu den technischen Phänomenen: *Bruhn,* Die Sicherstellung öffentlicher Aufgaben im Bereich der deutschen Telekommunikation unter Einfluß der europäischen Marktöffnung, S. 102 ff.; *Grande,* Vom Monopol zum Wettbewerb?, S. 77 ff.; vgl. auch *Gabrisch,* Universaldienst in Deutschland, S. 29 ff.; *Gaumagias,* Die Stellung der Telekommunikation im Europäischen Vertrag, S. 10 ff.; *Zydorek,* Soziale Steuerung und Koordination in der Telekommunikation, S. 120 f.

[35] Eine Vorbildfunktion kam in diesem Zusammenhang insbesondere *Großbritannien* zu. Durch den British Telecommunications Act wurde bereits 1981 das Fernmeldewesen aus dem Post Office ausgegliedert und die legislativen Voraussetzungen für Liberalisierungsmaßnahmen geschaffen. Darauf basierend wurde es noch im selben Jahr der Mercury Communications Ltd. gestattet, neben dem staatlichen Unternehmen British Telecommunications Fernmeldedienste in Großbritannien zu erbringen. Aufgrund der zu erwartenden Anlaufschwierigkeiten wurde eine Duopolzeit von sieben Jahren garantiert (1984–1991), in der zum Schutz der beiden Unternehmen kein sonstiges Unternehmen zugelassen wurde. Durch den Telecommunications Act aus dem Jahre 1984 wurde ferner das öffentliche Unternehmen in eine Aktiengesellschaft (British Telecommunications plc.) umgewandelt und damit formell privatisiert und erstmals eine Regulierungsbehörde die sog. Office of Telecommunications (Oftel) gegründet, ausführlich: *Bock,* Die Regulierung der britischen Telekommunikationsmärkte, S. 25 ff.; *Gillies/Marshall,* Telecommunications law, S. 51 ff.; *Stehmann,* Network Competition for European Telecommunications, S. 238 ff.; *Strivenz,* Telecommunications law in United Kingdom, in: Scherer (Hrsg.), Telecommunications Laws in Europe, S. 164 ff.

Erwähnenswert erscheint in diesem Zusammenhang aber auch *Japan,* wo bereits 1985 die damalige staatliche Monopolgesellschaft Nippon Telegraph and Telefon Public Corporation (NTTPC) (teil)privatisiert und wesentliche Dienstleistungen im Telekommunikationsbereich für den Wettbewerb geöffnet wurden; ausführlich zur Reform des Telekommunikationswesens in Japan: *Agata,* Perspektiven der japanischen und deutschen Telekommunikationspolitik, in: Berger (Hrsg.), Wettbewerb und Infrastruktur in Post- und Telekommunikationsmärkten, S. 7 (9 ff.); *Scherer,* Telekommunikationsrecht und Telekommunikationspolitik, S. 239 ff.

Zum Deregulierungsprozeß in den *USA,* der in erster Linie durch Verwaltungs- und Gerichtsentscheidungen geprägt wurde und mit der sog. „Above 890" bereits Ende der fünfziger Jahre begonnen hatte, vgl. *Bruning,* CrLR 30 (1996/97), S. 1255 (1256 ff.); *Scherer,* Telekommunikationsrecht und Telekommunikationspolitik, S. 205 ff.; *Windthorst,* Der Universaldienst im Bereich der Telekommunikation, S. 487 ff.; ausführlich: *Haar,* Marktöffnung in der Telekommunikation, S. 29 ff.

[36] Hier ist in erster Linie an die sog. Endgeräte-Richtlinie der Kommission vom 16. 5. 1988 (Richtlinie über den Wettbewerb auf dem Markt für Telekommunikations-Endgeräte, 88/301/EWG, ABl EWG Nr. L 131, S. 73) zu denken, welche die Mitgliedsstaaten dazu verpflichtete, die bestehenden Monopole bei den Endgeräten aufzuheben und den Wettbewerb in diesen Bereichen zuzulassen; ausführlich zu dieser Richtlinie und den frühen gemeinschaftsrechtlichen Aktivitäten: *Ellger/Kluth,* Das Wirtschaftsrecht der internationalen Telekommunikation, S. 256 ff.; *Amory,* EuZW 1992, S. 75 ff.; *v. Miert,* WuW 1998, S. 7 ff.; *Jerónimo,*

Rahmen der unveränderten Verfassungsrechtslage bewerkstelligt wurde, konnte sie nur ein erster Schritt sein. Insbesondere die in Art. 87 Abs. 1 S. 1 GG a.F. enthaltene organisationsrechtliche Komponente verhinderte umfassende Privatisierungsmaßnahmen.[37]

Bedeutsamster Punkt der Reform war die Trennung der politisch-hoheitlichen Aufgaben, die vom Bundesminister für Post- und Telekommunikation wahrzunehmen waren, von den unternehmerischen und betrieblichen Aufgaben der Bundespost.[38] Die Deutsche Bundespost wurde in die drei Teilbereiche Deutsche Bundespost-Postdienst, Postbank, Telekom aufgegliedert[39], die jeweils mit einer öffentlich-rechtlichen Unternehmensverfassung ausgestattet wurden. Diese Nachfolgeorganisationen wurden als öffentliche Unternehmen durch Vorstände geführt, denen ein Aufsichtsrat zur Seite gestellt wurde. Die Führungsgrundsätze enthielten neben den leistungsstaatlichen nun auch wirtschaftlich-unternehmerische Elemente. In diesem Sinne wurden kumulativ zur „Daseinsvorsorge" (§ 25 Abs. 2 PostVerfG), die nach wie vor im Vordergrund stand, die „Grundsätze der Wirtschaftlichkeit" (§ 25 Abs. 3 PostVerfG) als Entscheidungsrationalität betont.[40]

Das vorher umfassende Fernmeldemonopol wurde auf das Monopol zur Errichtung und den Betrieb von kabelgebundenen Fernmeldenetzen, das Vermittlungsmonopol beim Telefondienst und das Monopol für Funkanlagen beschränkt.[41] Sonstige Telekommunikationsdienstleistungen, wie die Sprachvermittlung für den internen Gebrauch in Unternehmen oder Corporate Networks, unterfielen von nun an nicht mehr dem Monopolbereich. Ebenso wurde für den Bereich der Endgeräte – der einschlägigen EG-Richtlinie folgend – und für den Bereich des Satelliten- und Mobilfunks der Wettbewerb grundsätzlich zugelassen.[42]

Um eine ausreichende Infrastruktur sicherzustellen und damit dem staatlichen Auftrag der Daseinsvorsorge nachzukommen, wurde die Bundesregierung gemäß

Telecommunications and competition in the European Union, in Europäische Kommission (Hrsg.), The European Union in a changing world, S. 57 ff.; *Naftel*, Journal of Transnational law and policy, Vol. 7 (1997), S. 1 ff.

[37] Siehe oben, 1. Kapitel, B I 2.

[38] Hierzu: *Pohl*, Universaldienst in Telekommunikation, S. 19 ff.; *Stern/Bauer*, in Stern (Hrsg.), Postrecht Art. 87 f. Rn. 1; *Benz*, Privatisierung und Regulierung im Post- und Fernmeldewesen in: König/Benz (Hrsg.), Privatisierung und staatliche Regulierung, S. 262 (266); *Gramlich*, Verwaltungsarchiv 1997, S. 598 (614).

[39] § 1 Abs. 2 PostVerfG.

[40] Vgl. hierzu Begründung zu Art. 1 PostStrukturG-E, BT-Drucks. 11/2854, S. 32 ff.; *Lerche* in Maunz/Dürig, Grundgesetz-Kommentar, Art. 87 Rn. 22 m. w. N.

[41] Vgl. § 1 Abs. 2 und Abs. 4 FAG a.F.; hierzu: *Benz*, Privatisierung und Regulierung im Post- und Fernmeldewesen, in: König/Benz (Hrsg.), Privatisierung und staatliche Regulierung, S. 262 (266); *Badura*, in Bonner Kommentar, Art. 87 Rn. 5; *Windthorst* CR 1998, S. 281 (285).

[42] Ausführlich zur Liberalisierungsentscheidung im Rahmen der Postreform 1: *Benz*, Privatisierung und Regulierung im Post- und Fernmeldewesen, in: König/Benz (Hrsg.), Privatisierung und staatliche Regulierung, S. 262 (265 ff.).

§ 25 Abs. 2 PostVerfG ermächtigt, durch den zuständigen Bundesminister diejenigen Infrastrukturdienstleistungen per Rechtsverordnung zu bestimmen, welche die staatlichen Unternehmen im besonderen öffentlichen Interesse als Pflichtleistung erbringen mußten. Im Sinne einer „Quersubventionierung" konnten diese regelmäßig defizitären Pflichtleistungen durch die partiell hohen Gewinne in den Monopolbereichen finanziert werden, in denen die öffentlichen Unternehmen mangels Wettbewerber die Preise autonom festsetzen konnten.[43]

Resümierend läßt sich feststellen, daß die Postreform I nur ein erster, sehr kleiner Schritt zur Liberalisierung des Telekommunikationssektors darstellte.[44] Dies folgt insbesondere aus der Tatsache, daß in den wirtschaftlichen Kernbereichen wie dem Telefondienst und der Bereitstellung von Netzen, das Monopol zu Gunsten des staatlichen Unternehmens Deutsche Telekom fortbestand und der Markt nur in Randbereichen für Private geöffnet wurde. Mit der Postreform I war auch keine Privatisierung verbunden. Für eine materielle Privatisierung[45] wäre erforderlich gewesen, daß der Staat sich aus der Aufgabenerfüllung vollständig zurückgezogen hätte. Voraussetzung einer formellen Privatisierung[46] wäre eine Änderung der Organisationsform in der Weise gewesen, daß das öffentliche Unternehmen nunmehr in privatrechtlicher Form die Aufgabe erfüllt. Dies ist jedoch beides nicht geschehen. Der Begriff der „Jahrhundertreform", mit dem die Postreform des Jahres 1989 teilweise bezeichnet wurde,[47] erweist sich daher als wenig treffend. Die der Reform zugrundeliegenden Probleme, insbesondere die fehlende Wettbewerbs- und Leistungsfähigkeit der Deutschen Bundespost aufgrund ihrer behördenähnlichen Stellung, wurden hier nicht gelöst, da die Nachfolgeunternehmen als Teil der Verwaltung nach wie vor politisch beherrscht und zahlreichen gemeinwohlorientierten Pflichten unterworfen wurden.[48]

---

[43] *Büchner,* JA 1990, S. 194 (197); *Schütz/Cornils,* DVBl. 1997, S. 1146 (1146).

[44] Vgl. auch *Grande,* Vom Monopol zum Wettbewerb?, S. 238 ff.; *Lerche,* in Festschrift für Kreile, S. 377 (377).

[45] Zum Begriff der materiellen Privatisierung: *Schoch,* DVBl. 1994, S. 962 (963); *Di Fabio,* JZ 1999, S. 585 (585 f.); vgl. auch *Bruhn,* Die Sicherstellung öffentlicher Aufgaben im Bereich der deutschen Telekommunikation unter Einfluß der europäischen Marktöffnung, S. 145.

[46] Zum Begriff der formellen Privatisierung: *Di Fabio,* JZ 1999, S. 585 (588); vgl. auch *Bruhn,* Die Sicherstellung öffentlicher Aufgaben im Bereich der deutschen Telekommunikation unter Einfluß der europäischen Marktöffnung, S. 144.

[47] Vgl. Nachweise bei *Stern/Bauer,* in Stern (Hrsg.), Postrecht, Art. 87 f. Rn. 1.

[48] Vgl. *Windthorst,* CR 1998, S. 281 (285): „Es entstand eine intrikate Gemengelage von Gemein- und Privatnützigkeit, weil eine umfassende Privatisierung und Liberalisierung damals nicht gewollt und wegen der verfassungsrechtlichen Bindungen aus Art. 87 Abs. 1 S. 1 GG auch nicht zulässig gewesen wäre. Die Deutsche Bundespost mutierte vom schwerfälligen, aber trittsicheren Elefanten zur Chimäre."

C. Die Postneuordnung von 1994

Ein Meilenstein auf dem Weg zur Privatisierung und Liberalisierung des Telekommunikationsmarktes stellte die sog. Postreform II dar, die durch das Gesetz zur Neuordnung des Postwesens und der Telekommunikation (Postneuordnungsgesetz) vom 14. September 1994[49] verwirklicht wurde.[50] Im Gegensatz zur ersten Reform aus dem Jahr 1989 bestand nunmehr ein breiter politischer Konsens, der für den Kern der erneuten Reform – der Änderung des Grundgesetzes – im Hinblick auf Art. 79 Abs. 2 GG unabdingbar war.[51]

I. Hintergründe der Reform

1. Europarechtliche Vorgaben

Eine grundlegende Reform der ordnungspolitischen Struktur des Telekommunikationssektors war insbesondere aus gemeinschaftsrechtlichen Gründen geboten. Die europarechtlichen Maßnahmen drängten entsprechend dem Binnenmarktkonzept auf eine Liberalisierung der Märkte und den Abbau von Monopolstellungen. Grundlegend in diesem Zusammenhang war die von der Kommission auf Grundlage von Art. 90 Abs. 3[52] EGV verabschiedete Diensterichtlinie aus dem Jahr 1990, welche die Mitgliedsstaaten dazu verpflichtete, alle Dienste mit Ausnahme des Sprachtelefondienstes für den Wettbewerb zu öffnen.[53] Die vollständige Liberalisierung geschah schließlich nach umfangreichen Konsultationsverfahren und der politischen Einigung der Mitgliedsstaaten im März 1996 mittels der Richtlinie zur Änderung der Diensterichtlinie, welche die Mitgliedsstaaten dazu verpflichtete, die noch bestehenden Netz- und Sprachtelefondienstmonopole bis zum 1. 1. 1998 aufzuheben.[54]

---

[49] BGBl. I S. 2325.

[50] Allgemein zur Postreform II: *Benz,* Privatisierung und Regulierung im Post- und Fernmeldewesen, in: König/Benz (Hrsg.), Privatisierung und staatliche Regulierung, S. 262 (270 ff.); *Badura,* in Bonner Kommentar, Art. 87 f. Rn. 6; *Stern/Bauer,* in Stern (Hrsg.), Art. 87 f. GG Rn. 3 f.; *Lerche,* in Maunz/Dürig, Grundgesetz-Kommentar, Art. 87 f. GG Rn. 23 ff., *Büchner,* CR 1996, S. 583; *Gramlich* Verwaltungsarchiv 1997, S. 598 (621 ff.); *Scherer,* CR 1994, S. 418 (418 ff.).

[51] *Gramlich,* Verwaltungsarchiv 1997 S. 598 (621); zu Einzelheiten des Gesetzgebungsverfahrens: *Stern/Bauer,* in Stern (Hrsg.), Postrecht Art. 87 f. Rn. 4, m. w. N.

[52] Jetzt: Artikel 86 Abs. 3 EGV.

[53] Richtlinie der Kommission vom 28. Juni 1990 über den Wettbewerb auf dem Markt für Telekommunikationsdienste (90/388/EWG; ABl EWG Nr. L 192, S. 10 ff.).

[54] Richtlinie der Kommission vom 13. März 1996 zur Änderung der Richtlinie 90/388/EWG hinsichtlich der Einführung des vollständigen Wettbewerbs auf den Telekommunikationsmärkten (96/19/EG; Abl EG Nr. 74 S. 13 ff.); ausführlich zu den ersten Liberalisierungsmaßnahmen auf Gemeinschaftsebene: *Jerónimo,* Telecommunications and competition in

2. Unternehmerische Zwänge

Dringender Reformbedarf ergab sich zudem unter wirtschaftlich-unternehmerischen Aspekten. Die nach wie vor politisch geprägte, staatsnahe Struktur der öffentlichen Unternehmen Bundespost-Postdienst, Postbank und Telekom, war offensichtlich den steigenden Anforderungen nicht mehr gewachsen, die sich aus der technischen Entwicklung und der Globalisierung der Märkte ergaben.

Schon aus der öffentlich-rechtlichen Organisationsform der Unternehmen resultierten erhebliche Nachteile gegenüber der ausländischen Konkurrenz. Den Unternehmen war es kaum möglich sich an internationalen Kooperationen zu beteiligen, da diese in der Regel durch gesellschaftsrechtliche Beteiligungen, insbesondere im Wege des Aktientauschs, durch Fusionen oder durch Joint-Ventures abgewickelt werden.[55] Die aktuelle Entwicklung des Telekommunikationsmarktes, die durch eine weltweite Fusionswelle charakterisiert ist – man denke hier nur an die geplante und geplatzte „Elefantenhochzeit" zwischen der Deutschen Telekom AG und der Telecom Italia[56] und der Übernahme von Mannesmann durch VodaFone – belegt eindeutig, welche erhebliche Bedeutung solchen Kooperationen und den damit erhofften Synergieeffekten in der ökonomischen Realität zugemessen wird.[57] Den Bundesunternehmen war es jedoch aufgrund ihrer nach wie vor behördenähnlichen Stellung verwehrt, sich diese und ähnliche Rationalisierungspotentiale zunutze zu machen. Da den Unternehmen damit auf globaler Ebene eminent wichtige

---

the European Union, in Europäische Kommission (Hrsg.), The European Union in a changing world, S. 57 (68 ff.); *Naftel*, Journal of Transnational law and policy, Vol. 7 (1997), S. 1 (8 ff.); *Bruhn*, Die Sicherstellung öffentlicher Aufgaben im Bereich der deutschen Telekommunikation unter Einfluß der europäischen Marktöffnung, S. 68 ff.; *Windthorst*, Der Universaldienst im Bereich der Telekommunikation, S. 122 ff.; *Ordemann*, Archiv PT 1997, S. 109 ff.; vgl. auch *Scherer*, MMR-Beilage 8/1999, Editorial; erwähnenswert erscheint in diesem Zusammenhang, daß einigen Mitgliedsstaaten (Spanien, Portugal, Griechenland, Irland und Luxemburg) die Möglichkeit eingeräumt wurde, zusätzliche Übergangsfristen von bis zu fünf Jahren zu beantragen; vgl. hierzu: *van Miert*, WuW 1998, S. 7 (9).

[55] *Hefekäuser*, ZGR 25 (1996), S. 385 (390); vgl. hierzu auch die Diskussion bzgl. der Überkreuzbeteiligung von der Deutschen Telekom AG und France Telekom, FAZ vom 2. 6. 1998, S. 17; zu den aktuellen Auslandsbeteiligungen der Deutschen Telekom AG: Bericht des Geschäftsjahre 1997, S. 56 ff.

[56] Ausführlich zu den Fusionsgesprächen: Welt am Sonntag, Nr. 17, vom 25. April 1999, S. 51 f.

[57] Vgl. *Sommer*, in Welt am Sonntag, Nr. 17, vom 25. April 1999, S. 52 hinsichtlich der geplanten Großfusion: „Nach derzeitigen Schätzungen können die Synergieeffekte im Jahr 2000 bei rund 600 Millionen Euro vor Steuern liegen und bis zum Jahr 2003 auf mehr als eine Milliarde Euro ansteigen."; instruktiv zum Fusionszwang im globalen Wettbewerb: *v. Weizsäcker*, FAZ Nr. 95 vom 24. 4. 1999, S. 15; speziell zum „Fusionsfieber" in der Telekommunikationsbranche: manager-magazin 9/99, S. 180; ausführlich zur Bedeutung und zu den Motiven von Fusionen und strategischen Allianzen innerhalb der Telekommunikationsmärkte: *Schmitz-Morkramer*, Internationale strategische Allianzen in der Telekommunikation, S. 22 ff.; speziell zu Fusionen in den USA: *Pitz*, Wettbewerb auf dem US-amerikanischen Telekommunikationsmarkt, S. 96 ff.

Handlungsparameter nicht zur Verfügung standen, waren sie international kaum wettbewerbsfähig.[58] Ferner erwies sich die nach wie vor bestehende politisch geprägte Binnenstruktur der Bundesunternehmen aus ökonomischer Sicht als kontraproduktiv. Zum einen führte die Verbindung von Gewinnerzielung und Daseinsvorsorge als Unternehmenszweck zu Zielkonflikten und damit zwangsläufig zu wirtschaftlicher Ineffizienz. Zum andern verhinderte die behördenähnliche Organisation des Unternehmens eine flexible Anpassung an die sich verändernden Marktverhältnisse. Vor allem die Budgetierung von Ausgaben und die Existenz von Planstellen erwiesen sich als schier unüberwindliche Behinderungen einer an Effizienz und Flexibilität ausgerichteten Unternehmensführung.[59]

Letztendlich ergab sich die Notwendigkeit einer weiteren Reform auch aus dem dringenden Kapitalbedarf der Deutschen Bundespost-Telekom. Aufgrund der Wiedervereinigung war die Deutsche Telekom zu umfangreichen Investitionen für den Netzaufbau im Beitrittsgebiet gezwungen, deren Höhe auf über 60 Milliarden DM geschätzt wurde.[60] Wegen der angespannten Haushaltslage des Staates und der damit zusammenhängenden Schwierigkeiten, dem Unternehmen Kapital zuzuführen, mußte eine Möglichkeit gefunden werden, privates Kapital heranzuziehen.[61] Dafür schien insbesondere eine Rechtsformänderung in eine Aktiengesellschaft der geeignete Weg.[62]

II. Verfassungsrechtliche Grundentscheidung zugunsten Privatisierung und Wettbewerb

Wie bereits im Rahmen der Ausführungen zur Postreform I angesprochen, ließen sich weitere Privatisierungsschritte nur unter gleichzeitiger Änderung des Grundgesetzes realisieren. Die verabschiedete Verfassungsnovelle[63] strich den Terminus „die Bundespost" aus Art. 87 Abs. 1 S. 1 GG und implementierte mit Art. 87 f eine „Entstaatlichungs"-Vorschrift[64] in das Grundgesetz, die an die Fassung des Art. 87e GG (Eisenbahn-Neuordnung) angelehnt wurde.

---

[58] Ebenso: *Uerpmann*, in v.Münch/Kunig, Grundgesetz-Kommentar, Art. 87 f. Rn. 1; *Gramlich*, NJW 1994, S. 2785 (2785); *Scholz/Aulehner*, Archiv PT 1993, S. 221 (223); *Stern/Bauer*, in Stern (Hrsg.), Postrecht Art. 87 f. Rn. 2.

[59] Ausführlich zu den Leistungsmängeln und institutionell bedingten Schwierigkeiten der Bundesunternehmen, *Gabrisch*, Universaldienst in Deutschland, S. 40 ff.

[60] Vgl. Bericht des Abgeordneten Müller, u. a., BT-Drucks. 12/8060, S. 74; vgl. auch *Gabrisch*, Der Universaldienst in Deutschland, S. 61; ausführlich zur „Finanzkrise" der Deutschen Bundespost-Telekom: *Jäger*, Gemeinwohl, Gruppen- und Eigeninteresse: Die gradualistische Ordnungspolitik in der deutschen Telekommunikation, S. 266 ff.

[61] *Lerche*, in Maunz/Dürig, Grundgesetz-Kommentar, Art. 87 f. Rn. 24; *Hefekäuser*, ZGR 25 (1996), S. 385 (390 f.); *Gramlich*, Verwaltungsarchiv 1997, S. 598 (621).

[62] Ausführlich zu den Hintergründen der Postreform II aus volkswirtschaftlicher Perspektive: *Gabrisch*, Der Universaldienst in Deutschland, S. 60 ff.

[63] 41. Änderungsgesetz des GG vom 30. 8. 1994, BGBl. I S. 2245.

In Verbindung mit dem ebenfalls neu eingeführten Art. 143b Abs. 1 GG enthält die Verfassungsnorm des Art. 87 f. Abs. 2 S. 1 GG die Grundsatzentscheidung für Privatisierung und Wettbewerb. Die aus der Deutschen Bundespost hervorgegangenen und zur bundeseigenen Verwaltung gehörenden Unternehmen wurden danach in Unternehmen privater Rechtsform umgewandelt und erbringen ihre Dienstleistungen nunmehr als privatwirtschaftliche Tätigkeiten zusammen mit anderen Anbietern.

1. Die organisationsrechtliche Grundentscheidung: Umwandlung der Staatsunternehmen in Unternehmen privater Rechtsform

Art. 143 b Abs. 1 GG verpflichtete den Bund, nach Maßgabe eines Bundesgesetzes das Sondervermögen Deutsche Bundespost in Unternehmen privater Rechtsform umzuwandeln. Da sich der Verfassung eine Einschränkung auf eine bestimmte privatrechtliche Form nicht entnehmen ließ, standen dem einfachen Gesetzgeber zur Konkretisierung des Auftrages grundsätzlich alle Organisationstypen des Zivilrechts als potentielle Rechtsformen zur Verfügung. Frühzeitig zeichnete sich jedoch die Aktiengesellschaft als sinnvollste Organisationsform ab. Der Vorteil der Aktiengesellschaft gegenüber den sonstigen zur Auswahl stehenden Organisationsformen bestand insbesondere in der Möglichkeit, durch einen Börsengang ein breites Anlegerpublikum zu gewinnen und damit den Unternehmen dringend benötigtes Kapital zuzuführen. Demzufolge bestimmte im Anschluß an die Verfassungsänderung das Postumwandlungsgesetz[65] in § 1 Abs. 1, daß die Unternehmen der Deutschen Bundespost in Aktiengesellschaften umgewandelt werden.

Flankiert wurde der verfassungsrechtliche Umwandlungsauftrag durch eine Reihe von Regelungen, die sich aus der besonderen Problematik erklären, die mit dieser ordnungspolitischen Umstrukturierung verbunden sind. Einzig relevant im vorliegenden Zusammenhang ist Art. 143 Abs. 2 GG, wonach die vor der Umwandlung bestehenden Staatsmonopole für eine Übergangszeit per Bundesgesetz auf die Nachfolgeunternehmen übertragen werden können. Diese Absicherung der in § 2 PostG und § 1 Abs. 4 FAG einfachgesetzlich normierten Alleinrechte wurde im Hinblick auf die Privatwirtschaftlichkeit der Dienstleistungserbringung und dem damit korrespondierenden Grundrechtsschutz Privater als verfassungsrechtlich notwendig angesehen.[66]

---

[64] So: *Gramlich,* Verwaltungsarchiv 1997, S. 598 (622).
[65] BGBl. III 900-10-3; vgl. hierzu: *Rottmann,* Archiv PT 1994, S. 193 (196).
[66] BR-Drucks. 12/7269, Anl. 2 Zif. 11; vgl. *Rottmann,* Archiv PT 1994, S. 193 (196).

2. Die materielle Grundentscheidung: Privatwirtschaftlichkeit der Tätigkeit

Gemäß Art. 87 f. Abs. 2 S. 1 GG werden die *„Dienstleistungen im Sinne des Absatzes 1"* nunmehr als *„privatwirtschaftliche Tätigkeiten"* erbracht. Entgegen der mißglückten Formulierung bezieht sich der Verweis nicht nur auf die infrastrukturell erforderlichen Dienstleistungen (flächendeckend angemessen und ausreichend), sondern auf sämtliche Dienstleistungen im Post- und Telekommunikationsbereich.[67] Mit dem Begriff der Privatwirtschaftlichkeit sind dabei zwei grundsätzliche Entscheidungen verbunden: Zunächst beinhaltet der Begriff die organisationsrechtliche Vorgabe, daß die Tätigkeit durch Privatrechtssubjekte zu erbringen ist. Für den Bund ergibt sich daraus die Verpflichtung, die Nachfolgeunternehmen der Bundespost in privatrechtlicher Form zu führen.[68] Dies folgt auch ausdrücklich aus Art. 143 b Abs. 1 GG, der insoweit einen Befehl zur (zumindest formellen) Privatisierung enthält.[69]

Außerdem beinhaltet der Begriff eine modale Direktive: Das Angebot von Telekommunikationsdienstleistungen stellt nunmehr materielle Wirtschaftstätigkeit dar, die durch eine an kaufmännischen Grundsätzen ausgerichtete, gewinnorientierte Unternehmenspolitik charakterisiert ist.[70] Diese Interpretation des Terminus „Privatwirtschaftlichkeit" ergibt sich unmittelbar aus dem Gesetzgebungsverfahren. Die endgültige Formulierung des Art. 87 f Abs. 2 S. 1 GG war äußerst umstritten, alternativ wurden insbesondere die Begriffe „private" und „privatrechtliche" Tätigkeit erwogen.[71] Diese Termini wurden jedoch innerhalb des Verfahrens verworfen, weil damit nur Aussagen hinsichtlich der *Form* der Tätigkeit verbunden gewesen wären, nicht jedoch hinsichtlich der *Rechtsnatur* und des *Ziels* der Dienstleistungserbringung. Die Begriffe „private Tätigkeit" oder „privatrechtliche Tätigkeit" hätten nach allgemeiner Ansicht insbesondere einer Verwaltung in Privatrechtsform nicht zwingend entgegengestanden. Demgegenüber bringt der Begriff „privatwirtschaftlich" eindeutig zum Ausdruck, daß es sich beim Angebot von Telekommunikationsleistungen nunmehr auch materiell um Wirtschaftstätigkeit handelt.[72] Durch die Be-

---

[67] Soweit ersichtlich, wird dies von niemandem bestritten; vgl. stellvertretend aus der Literatur: *Lerche,* in Maunz/Dürig, Grundgesetz-Kommentar, Art. 87 f. Rn. 54.

[68] Vgl. statt aller: *Lerche,* in Maunz/Dürig, Grundgesetz-Kommentar, Art. 87 f. Rn. 54 und 58; *Uerpmann,* in v.Münch/Kunig, Grundgesetz-Kommentar, Art. 87 f. Rn. 10; *Müller,* DVBl. 1998, S. 1256 (1258); *Stern,* Archiv PT 1996, S. 148 (150).

[69] Siehe oben, 1. Kapitel, C II 1.

[70] Vgl. *Badura,* in Bonner Kommentar, Art. 87 f. Rn. 23; *Lerche,* in Maunz/Dürig, Grundgesetz-Kommentar, Art. 87 f. Rn. 54; *Uerpmann,* in v.Münch/Kunig, Grundgesetz-Kommentar, Art. 87 f. Rn. 11; *Windthorst,* in Sachs (Hrsg.), Grundgesetz, Art. 87 f. Rn. 30.

[71] Begründung zum Gesetzentwurf der Bundesregierung, BT-Drucks. 12/7269, S. 4; zum Unterschied der Begriffe „privatrechtlich" und „privatwirtschaftlich", *Scholz,* Anhörung vor dem Rechtsausschuß des Bundestages, BT-Rechtsauss.-Prot. 117/94, S. 19.

[72] Zum Teil wurde auch vorgeschlagen, diese oder eine ähnliche Formulierung statt dem Begriff der Privatwirtschaftlichkeit zu verwenden.; vgl. *Badura,* Anhörung vor dem Rechts-

tonung der Wirtschaftlichkeit wird das Ziel des Unternehmens klar definiert: Nicht mehr die Daseinsvorsorge, oder die Erfüllung öffentlicher Aufgaben ist das Ziel der Unternehmenstätigkeit, sondern allein der Erwerbszweck.[73] Mit dieser Gewinnorientierung des Unternehmens verbunden ist die Ausrichtung an betriebswirtschaftlichen Maximen und damit die Pflicht aller Entscheidungsträger, ihr Handeln allein an Marktgesetzlichkeiten auszurichten und das Angebot der Dienstleistungen nur von Gewinnerwartungen abhängig zu machen.[74] An Stelle der Daseinsvorsorge als Grundlage der Tätigkeit tritt nunmehr ausschließlich der Kommerzialisierungsgedanke.[75] Durch das Postulat der Privatwirtschaftlichkeit kommt eindeutig zum Ausdruck, daß eine staatliche Leistungserbringung in der Gestalt unmittelbarer oder mittelbarer Bundesverwaltung ausgeschlossen ist („negative Kompetenzschranke").[76] Die Abkehr von der hoheitlichen Leistungsverwaltung wird zusätzlich dadurch akzentuiert, daß in Art. 87 f Abs. 2 S. 1 GG die aus dem Sondervermögen Deutsche Bundespost hervorgegangenen Unternehmen parallel zu anderen privaten Anbietern als Dienstleister genannt werden. Die gleichzeitige Nennung mit der Wortwahl „und andere" macht die vom Gesetzgeber intendierte Gleichstellung mit sonstigen Anbietern deutlich.[77] Die Deutsche Telekom AG hat sich nach der hier getroffenen verfassungsrechtlichen Grundentscheidung als Wirtschaftsunternehmen unter prinzipiell gleichberechtigten Bedingungen mit anderen privaten Wettbewerbern in einem liberalisierten Markt zu messen.

Dem Gemeinwohlinteresse wird lediglich durch Art. 87 f Abs. 1 GG Rechnung getragen, der einen Infrastrukturgewährleistungsauftrag des Bundes aufrechterhält. Danach „gewährleistet der Bund im Bereich des Postwesens und der Telekommunikation flächendeckend angemessene und ausreichende Dienstleistungen."[78]

---

ausschuß des Bundestages, BT-Rechtsauss.-Prot. 117/94, S. 31 („wirtschaftliche Unternehmenstätigkeit in privatrechtlicher Form"); vgl. *Heun,* Anhörung vor dem Rechtsausschuß des Bundestages, BT-Rechtsaus.-Prot. 117/94, S. 34 („Wirtschaftstätigkeit in privatrechtlicher Unternehmensform").

[73] Vgl. *Gersdorf,* AfP 1998, S. 470 (472): „Wirtschaftlichkeit steht im Gegensatz zur Gemeinwirtschaftlichkeit"; anderer Ansicht offensichtlich *Scholz,* Archiv PT 1996, S. 95 (102), wonach sowohl die Deutsche Telekom AG, als auch die privaten Anbieter nicht rein privatnützig, sondern gemeinwohlgebunden agieren; vgl. hierzu auch die Ausführungen hinsichtlich des Unternehmenszwecks der deutschen Telekom AG: 2. Kapitel, C II 2 b.

[74] Zur Parallelproblematik im Rahmen des Art. 87e Abs. 3 GG: *Hommelhoff/Schmidt-Aßmann,* ZHR 160 (1996), S. 521 (533 f.), die in diesem Kontext vom Gebot des „marktorientierten Ressourceneinsatzes" sprechen.

[75] *Stern/Bauer,* in Stern (Hrsg.), Postrecht Art. 87 f. Rn. 51 m. w. N.

[76] Insoweit eindeutig: Begründung des Gesetzesentwurfs BT-Drucks. 12/6717, S. 3; vgl. auch *Badura,* Anhörung vor dem Rechtsausschuß des Bundestages, BT-Rechtsaus.-Prot. 117/94, S. 6 („Wirtschaftstätigkeit ohne Wenn und Aber"); *Windthorst,* in Sachs (Hrsg.), Grundgesetz, Art. 87 f. Rn. 10; *Stern,* DVBl. 1997, S. 309 (311); *ders.,* Postrecht, Art. 87 f. Rn. 50; *Rottmann,* Archiv PT 1994, 193 (194).

[77] *Wirth,* JA 1998, S. 820 (822 f.); *Stern,* Archiv PT 1996, S. 148 (150).

[78] Hierzu ausführlich, 2. Kapitel, B.

3. Einfachgesetzliche Konkretisierungen

Der Vollständigkeit halber soll im folgenden noch auf die einfachgesetzliche Ebene der Postreform II hingewiesen werden. Zur Umsetzung und Konkretisierung der neuen verfassungsrechtlichen Lage wurde das Gesetz zur Neuordnung des Postwesens und der Telekommunikation, ein Gesetzespaket mit insgesamt 15 Artikeln verabschiedet.[79]

Neben dem bereits oben erwähnten § 1 Abs. 4 FAG, der das Telefondienstmonopol der Deutschen Telekom AG für eine Übergangszeit normierte, ist im vorliegenden Zusammenhang allein das Gesetz über die Regulierung der Telekommunikation und des Postwesens[80] von Bedeutung. Darin wurden dem Bund für eine Übergangszeit Kompetenzen zur Steuerung des Post- und Telekommunikationssegments zugewiesen. Insbesondere ist hier die in § 8 PTRegG enthaltene Kompetenz der Bundesregierung zu nennen, Pflichtleistungen zu bestimmen, welche die Nachfolgeunternehmen der Deutschen Bundespost im öffentlichen Interesse zu erbringen haben.[81]

D. Regulierung durch das Telekommunikationsgesetz

Der Weg zu einer weiteren Reform war schon vorgezeichnet, mußte sich jedoch nur noch auf einfachgesetzlicher Ebene vollziehen. Sowohl das PTRegG, als auch das FAG, welche gemeinsam kurzfristig die normative Grundlage des Telekommunikationssektors bildeten, waren nur bis zum 31. 12. 1997 befristet. Die am Gesetzgebungsverfahren beteiligten Stellen wurden damit angehalten, dem Telekommunikationswesen möglichst schnell einen neuen ordnungspolitischen Rahmen zu geben. Die sonst häufig gewählte Möglichkeit, die Frist zu verlängern, konnte aufgrund der supranationalen Vorgaben nicht in Betracht gezogen werden.

Das Telekommunikationsgesetz vom 25. 7. 1996 gibt dem Telekommunikationssektor seine neue ordnungspolitische Struktur vor. Aufgrund seiner Zielsetzung und seinem umfassenden Regelungsbereich wird es zum Teil als Postreform III bezeichnet.[82] Zentrale Regelungen hinsichtlich der Liberalisierung des Telekommunikationssektors enthalten insbesondere die Schlußbestimmungen des Gesetzes.

---

[79] Ausführlich zur einfachgesetzlichen Ebene der Postreform II: *Bruhn,* Die Sicherstellung öffentlicher Aufgaben im Bereich der deutschen Telekommunikation unter dem Einfluß der europäischen Marktöffnung, S. 194 ff.

[80] Gesetz über die Regulierung der Telekommunikation und des Postwesens vom 14. 9. 1994, BGBl. I S. 2325.

[81] Ausführlich zum PTRegG: *Windthorst,* Der Universaldienst im Bereich der Telekommunikation, S. 398 ff.; *Bruhn,* Die Sicherstellung öffentlicher Aufgaben im Bereich der deutschen Telekommunikation unter dem Einfluß der europäischen Marktöffnung, S. 194 ff.

[82] *Zydorek,* Soziale Steuerung und Koordination in der Telekommunikation, S. 181; *Lerche,* in Maunz/Dürig, Grundgesetz-Kommentar, Art. 87 f. Rn. 30; *Scherer,* NJW 1996, S. 2953 (2953).

D. Regulierung durch das Telekommunikationsgesetz

Danach wurden – entsprechend den europarechtlichen Vorgaben – zum 1. 1. 1998 die noch bestehenden Monopole der Deutschen Telekom AG beseitigt.[83]

Das TKG stellt damit den legislatorischen Abschluß des langjährigen Liberalisierungs- und Privatisierungsprozesses in der Telekommunikation dar und bildet jetzt deren rechtlichen Rahmen. Im Überschwang der damals bevorstehenden Verabschiedung wurde es teilweise als das „liberalste Telekommunikationsgesetz der Welt" bezeichnet.[84] Dies bedeutet jedoch nicht, daß der Telekommunikationssektor allein dem freien Spiel der ökonomischen Kräfte überlassen wird. Im Interesse eines funktionierenden Wettbewerbs und des Allgemeinwohls[85] sieht das Telekommunikationsgesetz zahlreiche Steuerungs- und Eingriffsinstrumentarien vor.

Besondere Bedeutung kommt in diesem Zusammenhang der Stellung der Regulierungsbehörde zu, welcher durch das TKG umfassende Kompetenzen zugewiesen wurden.[86] Die Schaffung einer solchen unabhängigen Regulierungsinstanz ergab sich aus der Überlegung, daß sich kompetitive Strukturen und Verhaltensweisen in den ehemals gesetzlich monopolisierten Telekommunikationsmärkten nicht allein durch die Aufhebung der Monopolrechte entwickeln würden, sondern durch Eingriffe des Staates erst aktiv geschaffen werden müßten. Eine bloße Mißbrauchsaufsicht durch das Bundeskartellamt mittels der Regeln des Wettbewerbsrechts wurde als nicht ausreichend angesehen, weil dies – so die vorherrschende Auffassung – einen bereits funktionierenden Markt voraussetze.[87] Außerdem konnte man sich auf Erfahrungen aus den USA[88] und aus Großbritanien[89] berufen, wo eben-

---

[83] Vgl. § 99 Abs. 1 Nr. 1a (Wegfall Übertragungswegemonopol ab Verkündung TKG); § 99 Abs. 1 Nr. 1b (Wegfall Sprachtelefondienstmonopol 1. 1. 1998).

[84] So der Abgeordnete E. Müller (CDU) in der abschließenden Beratung; vgl. *Scherer*, NJW 1996, S. 2959 (2962); vgl. auch FAZ vom 10. 9. 1998, Nr. 210 S. 17: „(...) eines der liberalsten der Welt".

[85] Vgl. § 1 TKG: „Zweck des Gesetzes ist es, durch Regulierung im Bereich der Telekommunikation den Wettbewerb zu fördern und flächendeckend angemessene und ausreichende Dienstleistungen zu gewährleisten (..)."

[86] Ausführlich zu dieser Institution: *Gramlich*, CR 1998, S. 463 ff.; *Müller-Terpitz*, ZG 1997, S. 257 ff.; *Ulmen/Gump*, CR 1997, S. 396 ff.; *Müller/Schuster*, MMR 1999, S. 507 ff.

[87] Vgl. hierzu: Antrag der Abgeordneten Kiper, Nickels und der Fraktion Bündnis 90/Die Grünen, BT-Drucks. 13/3920, S. 2; Gesetzesentwurf der Bundesregierung, BT-Drucks. 12/4438, S. 1 f.; Beschlußempfehlung und Bericht des Ausschusses für Post und Telekommunikation, BT-Drucks. 13/4864, S. 73 f.; *Leo/Schellenberg*, ZUM 1997, S. 189 (189); den asymmetrischen Ansatz ablehnend: *Hefekäuser*, ZGR 25 (1996), S. 384 (394).

[88] Hier ist insbesondere an die Regulierungsbehörde auf Bundesebene, die Federal Communications Commission (FCC) zu denken. Zusätzlich bestehen aber noch Regulierungsbehörden auf der Ebene der einzelnen Bundesstaaten, sog. Public Utility Commissions (PUC) bzw. Public Service Commissions (PSC); zur Organisation der Regulierung in den USA: *Windthorst*, Der Universaldienst im Bereich der Telekommunikation, S. 526 ff.; *ders.*, CR 1998, S. 280 ff. und 340 ff.

[89] In Großbritanien stellt das Office of Telecommunications (Oftel) das Äquivalent zur deutschen Regulierungsbehörde dar; hinsichtlich der Regulierung in Großbritanien: *Bock*, Die Regulierung der britischen Telekommunikationsmärkte, S. 37 ff.

falls eine Regulierungsbehörde gegründet wurde, um den Wettbewerb zu schaffen und zu lenken. Als Mittel der Regulierung sieht das TKG vor allem die Anordnung einer Lizenzpflicht (§ 6 ff.), die Preisregulierung und die Regulierung marktbeherrschender Unternehmen (§ 23 ff.), die Vorschriften über den Netzzugang und die Zusammenschaltung (§ 33 ff.) und die in dieser Arbeit im Vordergrund stehenden Regeln über den Universaldienst (§ 17 ff.) vor.[90]

Zusammenfassend läßt sich feststellen, daß durch die Postreformen schrittweise ein grundlegender Systemwechsel von staatlicher zu privater Leistungsbereitstellung vollzogen wurde. Ergebnis der Reformen ist eine vollständige Liberalisierung eines vormals durch staatliche Regalien und Alleinrechte geprägten Sektors. Damit korrespondiert die fundamentale Änderung der Rolle des staatlichen Unternehmens. Während die frühere Bundespost, bzw. die Deutsche Telekom, als politisch beherrschter, alleiniger Leistungserbringer in erster Linie nach sozialstaatlichen Vorgaben eine flächendeckende Versorgung mit Kommunikationsdienstleistungen zu erbringen hatte, ist die Deutsche Telekom AG nunmehr ein rein nach betriebswirtschaftlicher Rationalität ausgerichtetes Wirtschaftsunternehmen,[91] an dem zudem seit dem Börsengang im November 1996[92] auch Private als Anteilseigner beteiligt sind.

---

[90] Zu den Regulierungsinstrumentarien des TKG: *Benz,* Privatisierung und Regulierung im Post- und Fernmeldewesen, in: König/Benz (Hrsg.), Privatisierung und staatliche Regulierung, S. 262 ff.; *Büchner,* CR 1996, S. 581 (586 ff.); *Hefekäuser/Wehner,* CR 1996, S. 698 ff.; *Leo/Schellenberg* ZUM 1997, S. 188 (189 ff.); *Scherer,* NJW 1996, S. 2953 (2955 ff.); *Schütz/Wellié,* AfP 1995, S. 580 (581 ff.); *Schwintowski,* CR 1997, S. 630 ff.; *Spoerr/Deutsch,* DVBl. 1997, S. 300 (302 ff.); *Windthorst,* CR 1998, S. 340 (341 ff.); ausführlich auch: *Bruhn,* Die Sicherstellung öffentlicher Aufgaben im Bereich der deutschen Telekommunikation unter Einfluß der europäischen Marktöffnung, S. 351 ff.

[91] Ausführlich zum Gesellschaftszweck der Deutschen Telekom AG: 2. Kapitel, C II 2.

[92] Die Ausgabe von 713,7 Millionen Aktien brachten der Deutschen Telekom AG mehr als 20 Milliarden DM. Der Anteil des Bundes, der sich nicht an der Kapitalerhöhung beteiligte, sank dadurch von 100% auf rund 74% ab. Durch den Börsengang wurde das Unternehmen in die Lage versetzt, seine Finanzschulden von 125,5 Milliarden DM Anfang 1995 auf 84,7 Milliarden abzubauen. Die Eigenkapitalquote verbesserte sich damit von 19,3 auf 48 Prozent; vgl. FAZ vom 26. 10. 1998, Nr. 248, S. 17.

Zweites Kapitel

Staatliche Verantwortung im entmonopolisierten Markt: Art. 87 f Abs. 1 GG als Infrastrukturgewährleistungsauftrag

Im Vordergrund der nachfolgenden Untersuchung soll die Frage stehen, inwieweit nach der Liberalisierung und Entmonopolisierung des Telekommunikationsmarktes unter Infrastrukturgesichtspunkten noch eine staatliche Verantwortung für diesen Sektor besteht.

Die Antwort gibt Art. 87 f Abs. 1 GG, wo Art und Umfang der staatlichen Residualverantwortung verfassungsrechtlich näher bestimmt wurden:

„Nach Maßgabe eines Bundesgesetzes, das der Zustimmung des Bundesrates bedarf, gewährleistet der Bund im Bereich des Postwesens und der Telekommunikation flächendeckend angemessene und ausreichende Dienstleistungen."

Diese hier im Mittelpunkt der Betrachtung stehende Klausel wird gemeinhin als *Infrastrukturgewährleistungsauftrag*[1] bezeichnet. Zur Erläuterung und Analyse des damit verbundenen Versorgungskonzepts wird im folgenden methodisch zwischen den einzelnen Ebenen Verpflichtungswirkung (A.), Gewährleistungsniveau (B.) und Gewährleistungsmodus (C.) differenziert.

A. Die Verpflichtungswirkung des Auftrages

I. Art. 87 f Abs. 1 als Ausprägung staatlicher Residualverantwortung

Die als exzeptionell[2] zu bezeichnende Aufnahme eines Infrastrukturauftrages in das Grundgesetz läßt sich nur durch den mit den Postreformen verbundenen Para-

---

[1] Zu diesem Begriff: Stellungnahme des Bundesrates, BT-Drucks. 12/7269 S. 7 f.; *Heun*, Anhörung vor dem Rechtsausschuß des Bundestages, BT-Rechtsausschuß-Prot. S. 9; *Lerche*, in Maunz/Dürig, Grundgesetz-Kommentar, Art. 87 f. Rn. 71; ausführlich: *Stern*, DVBl. 1997, S. 309 (311 ff.); vgl. auch *Windthorst*, Der Universaldienst im Bereich der Telekommunikation, S. 87, der Art. 87 f Abs. 1 mit Hinweis auf die europarechtliche Terminologie als „Universaldienstgewährleistungsauftrag" bezeichnet. Die Begrifflichkeit „Universaldienst" hat zwar einfachgesetzlich im TKG Einzug gehalten, konnte sich aber auf verfassungsrechtlicher Ebene bisher nicht durchsetzen.

digmawechsel erklären. Die ordnungspolitische Grundentscheidung der Postreform II bestand darin, das Angebot von Telekommunikationsleistungen dem Bund als Verwaltungsaufgabe zu entziehen und für den Wettbewerb zu öffnen.[3] Das damit verbundene Gefahrenpotential ist jedoch evident: Entsprechend dem Gesellschaftszweck jeder privatwirtschaftlichen Unternehmung richtet sich die Angebotsstruktur in einer wettbewerblichen Atmosphäre prinzipiell nach betriebswirtschaftlicher Rationalität. Charakteristisch für betriebswirtschaftlich effizientes Verhaltens ist es, sich sowohl sektoral als auch regional auf die Marktbereiche zu konzentrieren, die Gewinn versprechen, und gleichzeitig Leistungen einzustellen, die langfristig defizitär erscheinen. Im Ergebnis war deshalb zu befürchten, daß sich ohne gezielte staatliche Steuerung nur dort ein Wettbewerb verschiedener Anbieter etablieren würde, wo sich die einzelnen Unternehmen tatsächlich einen Gewinn versprechen. In Marktbereichen, die langfristig defizitär erscheinen, insbesondere in peripheren, strukturschwachen Gebieten, bestünde hingegen die Gefahr, daß die Versorgung mit Dienstleistungen nicht gesichert wäre oder Leistungen nur zu sozial unverträglichen Preisen angeboten würden.[4]

Die Gewährleistungsklausel enthält daher den Auftrag an den Bund, eine solche Entwicklung zu verhindern und nach Maßgabe eines Bundesgesetzes die flächendeckende Versorgung mit angemessenen und ausreichenden Dienstleistungen zu gewährleisten. Der primäre Zweck der Klausel besteht darin, dem Bund den völligen Rückzug aus diesem Gebiet zu verbieten und ihm die Handhabe dafür zu geben, das freie Spiel der ökonomischen Kräfte aus sozialstaatlichen und raumordnungspolitischen Motiven einzuschränken. Durch den Infrastrukturgewährleistungsauftrag wird damit die Letztverantwortung des Staates nach der Privatisierungsentscheidung auf (national) normativ höchster Ebene verankert. Die Verfassungsnorm des Art. 87 f Abs. 1 GG dokumentiert eine für das Recht der Privatisierung typische Entwicklung: Die Privatisierung der Aufgabe führt nicht zum völligen Rückzug des Staates, sondern lediglich zu einem Funktionswandel. Zwar wird der Staat von der Pflicht zur unmittelbaren Bereitstellung der Leistung befreit, jedoch obliegt ihm weiterhin eine spezifische Verantwortlichkeit hinsichtlich der ihm ursprünglich zugewiesenen Aufgabe, zu deren Erfüllung er sich jetzt jedoch neuer, strukturell divergierender Steuerungsmethoden zu bedienen hat.[5]

---

[2] Insbesondere für so grundlegende Bereiche, wie Energie- oder Wasserversorgung beinhaltet das Grundgesetz keinen expliziten Gewährleistungsauftrag; allenfalls die in Art. 87e Abs. 4 GG für das Eisenbahnwesen enthaltene Gemeinwohlklausel, läßt sich tendenziell mit der Infrastrukturgarantie des Art. 87 f Abs. 1 GG vergleichen; vgl. hierzu, 2. Kapitel, A II.

[3] Ausführlich zu der Zielsetzung der Postreformen, oben, 1. Kapitel, insbesondere C. I. und II.

[4] *Scherer*, NJW 1996, S. 2953 (2958); *Stern*, DVBl. 1997, S. 309 (312); *Stern/Bauer*, in Stern (Hrsg.), Postrecht Art. 87 f Rn. 21; *Wieland*, Die Verwaltung 1995, S. 315 (323).

[5] Grundlegend zum Funktionswandel des Staates nach der Privatisierungsentscheidung: *Benz*, Die Verwaltung 1995, S. 337 (353); *Grande*, Vom produzierenden zum regulierenden Staat: Möglichkeiten und Grenzen von Regulierung und Privatisierung, in: König/Benz (Hrsg.), Privatisierung und Regulierung, S. 576 (583 ff.); *Schuppert*, DÖV 1995, S. 761

In der Literatur haben sich zur Deskription dieses privatisierungstypischen Phänomens so schillernde Begriffe wie Privatisierungsfolgenverantwortung,[6] Residualverantwortung[7] oder Gewährleistungsverantwortung[8] herauskristallisiert. Es bedarf aber in diesem Zusammenhang der Feststellung, daß es sich hierbei nicht um dogmatische Begriffe handelt, sondern daß man diesen Termini allenfalls eine heuristische Funktion zubilligen kann. Aufgrund der Heterogenität der einzelnen Privatisierungstatbestände muß die verbleibende Verantwortung des Staates im konkreten Einzelfall unter Zugrundelegung des spezifischen verfassungsrechtlichen Rahmens jeweils gesondert bestimmt werden, ohne daß mit der Verwendung dieser Termini entscheidende neue Erkenntnisse verbunden wären. Für den hier im Mittelpunkt stehenden Telekommunikationssektor läßt sich in diesem frühen Stadium der Untersuchung daher lediglich festhalten, daß der Infrastrukturgewährleistungsauftrag den aufgabenspezifischen Gehalt des Art. 87 Abs. 1 GG a.F. und des darin enthaltenen Gedankens der Daseinsvorsorge in modifiziertem Umfang fortführt.[9]

II. Infrastrukturgewährleistung als erfolgsbezogene Rechtspflicht

Bei genauerer Betrachtung zeigt sich, daß der in Art. 87 f Abs. 1 GG enthaltene Auftrag eine erfolgsbezogene Rechtspflicht zugunsten einer bestimmten Kommunikationsversorgung normiert. Der Sinn und Zweck der Vorschrift liegt darin, dem Bund verbindlich und dauerhaft eine Garantenstellung zugunsten eines noch näher zu skizzierenden Versorgungsniveaus[10] aufzuerlegen. Die Gewährleistungsklausel kann insbesondere nicht als nur unverbindlicher Programmsatz qualifiziert werden:

Bei *Programmsätzen,* handelt es sich um Empfehlungen an die Adresse des Gesetzgebers. Ihre Intention besteht darin, den Gesetzgeber anzuregen und zu einer

---

(766 ff.); *ders., Vom produzierenden zum gewährleistenden Staat: Privatisierung als Veränderung staatlicher Handlungsform,* in: König/Benz (Hrsg.), Privatisierung und Regulierung, S. 539 ff.; vgl. auch: *Hermes,* Staatliche Infrastrukturverantwortung, S. 153; *Wieland,* Die Verwaltung 1995, S. 315 (332); *Stern,* DVBl. 1997, S. 309 (313); *Kämmerer,* JZ 1996, S. 1042 (1048).

[6] *Kämmerer,* JZ 1996, S. 1042 (1048); *Ruffert,* AöR 124 (1999), S. 237 (246); ähnlich auch *Stern,* DVBl. 1997, S. 309 (311), der von der „Folgeverantwortung des Staates bei der Privatisierung vormals hoheitlicher Aufgaben" spricht.

[7] So: *Schmidt-Aßmann/Röhl,* DÖV 1994, S. 577 (585) hinsichtlich der Parallelvorschrift des Eisenbahnverfassungsrechts, Art. 87e Abs. 4 GG.

[8] Ausführlich: *Eifert,* Grundversorgung mit Telekommunikationsmitteln im Gewährleistungsstaat, S. 175 ff.

[9] Zum aufgabenrechtlichen Gehalt Art. 87 Abs. 1 a.F.: 1. Kapitel, B I 2.

[10] Vgl. dazu 2. Kapitel C.

Tätigkeit bestimmten Inhalts zu veranlassen, ohne diesen dabei jedoch unmittelbar zu binden.[11] Gegen eine Qualifizierung der Gewährleistungsklausel als bloßem Programmsatz spricht schon die zwingende Formulierung der Norm. Der vom verfassungsändernden Gesetzgeber gewählte Imperativ („gewährleistet") indiziert bereits, daß hier eine konkrete staatliche Pflicht verbindlich normiert wird, und dem Gesetzgeber nicht nur unverbindlich eine bestimmte Aktivität nahegelegt werden soll. Zusätzlich wird diese Auffassung durch die Äußerungen im Gesetzgebungsverfahren gestützt: Sowohl von Seiten der Bundesregierung,[12] als auch vom Bundesrat,[13] wurde wiederholt dargelegt, daß Art. 87 f Abs. 1 GG dem Bund die *Verpflichtung* auferlege, die notwendige Infrastruktur zu gewährleisten und damit der verbindliche Charakter der Norm eindeutig hervorgehoben. Eine eventuelle Deutung, daß mittels Art. 87 f Abs. 1 GG als Programmsatz und damit quasi als „politische Leerformel" lediglich unverbindliche Empfehlungen ausgesprochen werden, erweist sich daher kaum als haltbar. Ergänzend dazu sprechen verfassungssystematische Erwägungen gegen die Qualifizierung der Norm als Programmsatz: Im Interesse juristischer Effizienz haben die Väter des Grundgesetzes auf die Verwendung unverbindlicher Anweisungen und Empfehlungen verzichtet und sich statt dessen auf rechtlich durchgeformte und justitiable Regelungen beschränkt.[14] Diese grundsätzliche verfassungspolitische Linie ist auch bei den zahlreichen Novellierungen des Grundgesetzes eingehalten worden. Es ist nicht ersichtlich, warum sich der verfassungsändernde Gesetzgeber anläßlich der Einfügung von Art. 87 f. von diesem Leitbild hätte entfernen wollen.[15]

Statt dessen wird aus dem Wortlaut der Bestimmung und aus der gesetzgeberischen Intention unmittelbar deutlich, daß mittels Art. 87 f Abs. 1 GG eine verbindliche Infrastruktur*garantie* Eingang in das Grundgesetz gefunden hat. Die so verstandene Gewährleistungspflicht erschöpft sich nicht im einmaligen Erlaß eines Gesetzes, welches infrastruktursichernde Maßnahmen zum Gegenstand hat,[16] son-

---

[11] *Lücke*, AöR 107 (1982), S. 15 (27); *Fischer*, Staatszielbestimmungen in den Verfassungen und Verfassungsentwürfen der neuen Bundesländer, S. 25, m. w. N.

[12] Gegenäußerung der Bundesregierung zur Stellungnahme des Bundesrates, BT- Drucks. 12/7269, Anlage 3, S. 10.

[13] Stellungnahme des Bundesrates, BT- Drucks. 12/7269, Anlage 2, S. 7.

[14] *Fischer*, Staatszielbestimmungen in den Verfassungen und Verfassungsentwürfen der neuen Bundesländer, S. 25; *Klein*, DVBl. 1991, S. 729 (733); *Scheuner*, in Festschrift für Forsthoff, S. 325 (329); *Stern*, DVBl. 1997, S. 309 (313); demgegenüber enthielt die Weimarer Reichsverfassung neben den klassischen Freiheitsrechten eine Reihe von programmatischen Regelungen, die lediglich Richtlinien für künftig zu erlassene Gesetze darstellten und denen keine materielle Bindungswirkung zuerkannt wurde; vgl. dazu: *Lücke*, AöR 107 (1982), S. 15 (27 f.).

[15] Ebenfalls ablehnend gegenüber der Qualifizierung der Klausel als bloßem Programmsatz: *Lerche*, in Festschrift für Friauf, S. 251 (257).

[16] So aber scheinbar *Pohl*, Universaldienst in der Telekommunikation, S. 35, der die Gewährleistungsklausel in Anlehnung an *Kemmler*, Archiv PT 1996, S. 321 (322), aufgrund ihrer hohen „Spezifizierung und Konkretheit" als Gesetzgebungsauftrag qualifiziert.

A. Die Verpflichtungswirkung des Auftrages 53

dern überträgt dem Bund dauerhaft die Pflicht, eine bestimmte Grundversorgung sicherzustellen. Der Schwerpunkt des Auftrages liegt demnach nicht darin, den Bund nur zur legislativen Aktivität zu motivieren, wie dies beim klassischen Gesetzgebungsauftrag der Fall ist,[17] sondern muß hier in der Pflicht zur Herstellung eines bestimmten Erfolges – der flächendeckend angemessenen und ausreichenden Dienstleistungsversorgung – erblickt werden.[18]

Insoweit zeigen sich hier erhebliche strukturelle Divergenzen zur Infrastrukturaussage des Art. 87e Abs. 4 GG, der die staatliche Residualverantwortung für das Eisenbahnwesen normiert. Dort beschränkt sich die Gewährleistungspflicht des Bundes darauf, daß „dem Wohl der Allgemeinheit, insbesondere den Verkehrsbedürfnissen" in den jeweiligen Betätigungsfeldern „Rechnung getragen" wird. Diese Klausel unterstreicht zwar die allgemeine rechtliche Verantwortung des Bundes, zur Befriedigung der Verkehrsbedürfnisse der Allgemeinheit beizutragen, geht jedoch nicht wesentlich darüber hinaus. Statt dessen impliziert die Formulierung „Rechnung tragen" eine gesteigerte Relativität: Sie normiert keine Garantie hinsichtlich eines bestimmten Zustandes, sondern intendiert lediglich, die Staatsgewalt programmatisch auszurichten und dem Bund bei allen relevanten Entscheidungen die Bedeutung einer funktionierenden Verkehrsinfrastruktur vor Augen zu führen.[19] Ähnlich der Staatsziele Umweltschutz (Art. 20a GG) und des Staatsziels des gesamtwirtschaftlichen Gleichgewichts (Art. 109 Abs. 2 GG) steht bei dem Infrastrukturauftrag des Eisenbahnrechts die Funktion als Abwägungsbelang und Auslegungsmaßstab bei staatlichen Entscheidungsprozessen im Vordergrund.[20]

Dies ist wie bereits dargelegt bei der Infrastrukturklausel des Art. 87 f Abs. 1 GG nicht der Fall, da der Bund aufgrund der insoweit eindeutigen Formulierung über die bloße Beachtung der Zielvorgabe hinaus, unmittelbar zur Sicherstellung eines bestimmten Erfolges verpflichtet wird.[21] Wenn man für den Post- und Tele-

---

[17] Zur Normkategorie der Gesetzgebungsaufträge vgl. die sprachlich wenig geglückte Definition im Bericht der Sachverständigenkommission Staatszielbestimmungen / Gesetzgebungs-aufträge, S. 21: „Gesetzgebungsaufträge sind Verfassungsnormen, die dem Gesetzgeber die Regelung oder die bestimmte Regelung einzelner Vorhaben oder in einzelnen Sozialbereichen vorschreiben, sei es überhaupt, sei es mit Bindung auch in zeitlicher Sicht."; ausführlich zur Abgrenzung Staatszielbestimmung, Gesetzgebungsauftrag, Programmsatz: *Sommermann,* Staatsziele und Staatszielbestimmung, S. 362 ff.

[18] In diesem Sinne auch *Müller-Using,* Archiv PT 1995, S. 46 (47): „Nach Art. 87 f GG garantiert der Bund im Endeffekt nicht nur ein infrastruktursicherndes Bundesgesetz, sondern auch eine ausreichende Fernmeldeinfrastruktur in Problemgebieten."

[19] Ausführlich zur Interpretation des Art. 87e Abs. 4 GG: *Schmidt-Aßmann/Röhl,* DÖV 1994, S. 577 (583); *Burger,* Zuständigkeiten und Aufgaben des Bundes für den öffentlichen Personenverkehr nach Art. 87e GG; S. 31 ff.; *Menges,* Die Rechtsgrundlagen für die Strukturreform der deutschen Bahnen, S. 55 ff.

[20] Zum Verpflichtungsgehalt des Art. 20a GG: *Kloepfer,* in Bonner Kommentar, Art. 20a Rn. 10; *Murswiek,* in Sachs (Hrsg.), Grundgesetz, Art. 20a Rn. 53;. zur Auslegung von Art. 109 Abs. 2 GG: *Schmidt,* Öffentliches Wirtschaftsrecht AT, S. 302 ff.; *ders.,* HdbdStR III § 83 Rn. 30; *Isensee,* HbdStR III § 57 Rn. 122.

kommunikationsbereich die staatliche Verantwortung auf die Beachtung der Zielvorgabe und der Bemühung sich diesem Ziel anzunähern hätte beschränken wollen, hätte man dies durch eine insoweit eindeutige Klausel zum Ausdruck bringen müssen.[22]

Dieser so verstandene unmittelbar erfolgsbezogene Garantiegehalt wird nicht dadurch in Frage gestellt, daß der Gesetzgeber selbst den Infrastrukturgewährleistungsauftrag als „Staatsziel" tituliert.[23] Nach der Definition der 1981 eingesetzten Sachverständigenkommission sind Staatszielbestimmungen *„Verfassungsnormen mit rechtlich bindender Wirkung, die der Staatstätigkeit die fortdauernde Beachtung oder Erfüllung bestimmter Aufgaben – sachlich umschriebener Ziele – vorschreiben."*[24] Mit dieser Begriffsbestimmung, die im wesentlichen auf allgemeine Akzeptanz gestoßen ist,[25] wurde ausdrücklich festgestellt, daß nicht nur solche Normen, welche die Staatstätigkeit zur Beachtung (1. Alternative) bestimmter Ziele verpflichten, dem Begriff der Staatszielbestimmung unterfallen, sondern auch solche, die im Sinne einer erfolgsbezogenen Garantie die unmittelbare Erfüllung (2. Alternative) einer bestimmter Aufgabe aussprechen.[26] Eine eventuelle Interpretation, daß die Titulierung als Staatsziel ein Indiz gegen den unmittelbar verbindlichen Garantiegehalt des Art. 87 f Abs. 1 GG darstellt, überzeugt daher nicht.

Es kann daher an dieser Stelle festgehalten werden, daß die Gewährleistungsklausel eine unmittelbar verbindliche Garantie hinsichtlich eines bestimmten Versorgungsniveaus normiert. Im Gegensatz zu verwandten Bestimmungen beschränkt sich der Verpflichtungsgehalt dieser Norm nicht darauf, dem Bund bestimmte Richtlinien und Maßstäbe vorzugeben, sondern ist unmittelbar erfolgsbezogen.

---

[21] So im Ansatz wohl auch *Lerche*, in Festschrift für Friauf, S. 251 (258), wonach die Gewährleistungsaussagen von Art. 87e Abs. 4 GG und Art. 87 f Abs. 1 GG zu „vergleichbarer Substanz" aber „nicht zu identischer Intensität" gelangen.

[22] Insoweit hätte es sich angeboten, auch in Anlehnung an Art. 87e Abs. 4 GG und Art. 109 Abs. 2 GG zu formulieren: „Der Bund trägt nach Maßgabe eines Gesetzes dem Interesse einer Versorgung mit flächendeckend angemessenen und ausreichenden Dienstleistungen Rechnung."

[23] Begründung zum Gesetzesentwurf, BT- Drucks. 12/7269, S. 5.

[24] Bericht der Sachverständigenkommission Staatszielbestimmungen / Gesetzgebungsaufträge, S. 21.

[25] Vgl. nur *Klein*, DVBl. 1991, S. 729 (733); *Fischer*, Staatszielbestimmungen in den Verfassungen und Verfassungsentwürfen der neuen Bundesländer, S. 4; *Graf Vietzum*, VBlBW 1991, S. 404 (405); *Ossenbühl*, DVBl. 1992, S. 468 (475); *Steinberg*, NJW 1996, S. 1985 (1991); vgl. auch *Merten*, DÖV 1993, S. 368 ff.; kritisch in diesem Zusammenhang: *Michel*, Staatszwecke, Staatsziele und Grundrechtsinterpretation, S. 112, der insbesondere die Gleichsetzung von Aufgaben und Zielen ablehnt.

[26] Dies wird insbesondere von *Müller-Using*, Archiv PT 1995, S. 46 (46 f.) verkannt, der abweichend vom vorherrschenden Begriffsverständnis offensichtlich davon ausgeht, daß der Terminus „Staatszielbestimmung" nur Verfassungsnormen mit relativer Verpflichtungswirkung erfaßt; vgl. in diesem Zusammenhang auch *Lerche*, in Festschrift für Friauf, S. 251 (259 f.), der zutreffend darauf hinweist, daß der Begriff des Staatsziels auch rechtlich unmittelbar verbindliche Verfassungsaufträge einschließt.

III. Infrastrukturgewährleistung als rein objektive Garantie

Der so verstandene Garantiegehalt zugunsten eines bestimmten Erfolges ist jedoch auf eine rein objektiv-rechtliche Dimension limitiert. Subjektive Rechte einzelner Personengruppen werden durch den Infrastrukturgewährleistungsauftrag nicht begründet.[27] Dies folgt schon aus der objektiv-rechtlichen Formulierung der Klausel, die erkennbar keinen individualbezogenen Charakter aufweist.[28] Art. 87 f Abs. 1 GG spricht lediglich von einer Gewährleistungspflicht des Bundes, ohne damit einen korrespondieren Anspruch des einzelnen auf eine bedarfsgerechte Versorgung mit Telekommunikationsmitteln zu thematisieren. Auch dem Gesetzgebungsverfahren und der Begründung zur Verfassungsänderung lassen sich keine Anhaltspunkte dafür entnehmen, daß einem bestimmten Personenkreis eigenständige Rechtspositionen zugewiesen werden sollten. Vielmehr impliziert bereits die gesetzgeberische Deskription der Klausel als Staatsziel, daß hier lediglich eine objektiv-rechtliche Gewährleistung intendiert war. Dieses Ergebnis wird außerdem dadurch belegt, daß Art. 87 f Abs. 1 GG nicht in den Kreis der Bestimmungen Aufnahme gefunden hat, deren Verletzung gemäß Art. 93 Abs. 1 Nr. 4a zur Einlegung der Verfassungsbeschwerde berechtigt.[29]

Zusätzlich untermauert eine verfassungshistorische Betrachtung diese Auffassung. Wie bereits angedeutet, führt die Gewährleistungsklausel den aufgabenrechtlichen Gehalt des Art. 87 Abs. 1 S. 1 GG a.F. in einer veränderten ordnungspolitischen Atmosphäre fort. Da diese Norm anerkanntermaßen keine subjektiven Rechtspositionen vermittelte[30] und die Verfassungsänderung eine *Reduzierung* staatlicher Verantwortlichkeit intendierte, erweist es sich nur als konsequent auch die Nachfolgevorschrift lediglich als rein objektiv-rechtliche Verbürgung auszugestalten und nicht mit zusätzlichen individualrechtlichen Inhalten aufzuladen.[31]

---

[27] Im Ergebnis ebenso: *Windthorst*, Der Universaldienst im Bereich der Telekommunikation, S. 294; *Uerpmann*, in v.Münch / Kunig, Grundgesetz-Kommentar, Art. 87 f. Rn. 7; *Badura*, in Bonner Kommentar, Art. 87 f Rn. 28; *Stern*, Archiv PT 1996, S. 148 (149).

[28] Anderer Ansicht scheinbar *Müller-Using*, Archiv PT 1995, S. 46 (46 f.), der aufgrund angeblicher Parallelen der Gewährleistungsklausel zu den Art. 1 Abs. 1, 2 Abs. 1 und 3 Abs. 1 GG offenbar auch von einer individualschützenden Wirkung dieser Norm ausgeht.

[29] Im Ergebnis ebenso: *Windthorst*, Der Universaldienst im Bereich der Telekommunikation, S. 294; vgl. auch *Bruhn*, Die Sicherstellung öffentlicher Aufgaben im Bereich der deutschen Telekommunikation unter Einfluß der europäischen Marktöffnung, S. 145, der zusätzlich noch darauf hinweist, daß die Klausel „nach Maßgabe eines Gesetzes" eindeutig gegen die Möglichkeit einer originären verfassungsrechtlichen Ableitung von Rechten spricht.

[30] *Sachs*, in Sachs (Hrsg.), Grundgesetz, Art. 87 Rn. 24.

[31] In diesem Sinne auch *Uerpmann*, in v.Münch / Kunig, Grundgesetz-Kommentar, Art. 87 f Rn. 7; vgl. *Schmidt-Aßmann / Röhl*, DÖV 1994, S. 577 (584) hinsichtlich der Parallelproblematik im Eisenbahnverfassungsrecht (Art. 87e GG).

IV. Gestufte Bindung aller Staatsgewalt

Dieser objektiv-rechtliche, erfolgsbezogene Gehalt der Gewährleistungsklausel entfaltet seine Bindungswirkung gegenüber legislativer, exekutiver und judikativer Staatsgewalt. Nach dem insoweit eindeutigen Wortlaut ist Träger der Gewährleistungspflicht „der Bund". Damit kommt im Rahmen des Art. 87 f Abs. 1 GG – entsprechend seiner Qualifikation als Staatsziel – die Verpflichtung aller Staatsgewalt[32] unmittelbar zum Ausdruck. Diese umfassende Verpflichtungswirkung wird auch nicht durch die Klausel „Nach Maßgabe eines Bundesgesetzes" derogiert. Durch diesen Zusatz wird lediglich eine bestimmte Vorrangstellung des Gesetzgebers betont, ohne jedoch die anderen Gewalten von der Pflicht zur Infrastrukturgewährleistung zu dispensieren. Ausgehend von diesem Ansatz ergibt sich eine gestufte Bindungswirkung der einzelnen Gewalten:

1. Bindung der Legislative

Die Gewährleistungsklausel richtet sich primär an den Gesetzgeber. Die gewählte Formulierung, nach der die Gewährleistung „nach Maßgabe eines Bundesgesetzes" besteht, beinhaltet einen an den Gesetzgeber gerichteten Handlungsauftrag.[33] Die Verpflichtungswirkung des Infrastrukturgewährleistungsauftrages trifft den Gesetzgeber daher insofern, daß für ihn die konkrete Pflicht begründet wird, Regelungen zu schaffen, welche die Infrastruktursicherung zum Gegenstand haben. Sein Entscheidungs- und Handlungsspielraum ist damit hinsichtlich des „ob" der Tätigkeit auf Null reduziert.

Die Formulierung „nach Maßgabe *eines* Bundesgesetzes" ist dabei nicht in dem Sinne zu verstehen, daß die Gewährleistung der Infrastruktur durch ein einziges Gesetz zu erfüllen ist.[34] Der Begriff „eines" ist nicht als Zahlwort, sondern als unbestimmter Artikel zu verstehen. Dem Grundgesetz ist die Festlegung einer bestimmte Mindest- oder Höchstzahl von Gesetzen fremd und würde im vorliegenden Kontext jedem sachlich nachvollziehbarem Grund entbehren. Dies kam innerhalb des Gesetzgebungsverfahrens auch unmittelbar zum Ausdruck, als der Vorschlag des Bundesrates die Formulierung „eines Bundesgesetzes" durch die

---

[32] Keine Verpflichtungswirkung erzielt der Infrastrukturgewährleistungsauftrag dagegen hinsichtlich den Ländern und Gemeinden; dies folgt aus der exklusiven Zuweisung der Gewährleistungsverantwortung an den „Bund".

[33] *Stern/Bauer*, in Stern (Hrsg.), Postrecht Art. 87 f Rn. 25; *Lerche*, in Maunz/Dürig, Grundgesetz-Kommentar, Art. 87 f Rn. 82; *Uerpmann*, in v.Münch/Kunig, Grundgesetz-Kommentar, Art. 87 f Rn. 9.

[34] Siehe auch *Lerche*, in Maunz/Dürig, Grundgesetz-Kommentar, Art. 87 f. Rn. 82; *Uerpmann*, in v.Münch/Kunig, Grundgesetz-Kommentar, Art. 87 f Rn. 9; *Windthorst*, in Sachs (Hrsg.), Grundgesetz, Art. 87 f Rn. 23; *ders.* Der Universaldienst im Bereich der Telekommunikation, S. 300.

A. Die Verpflichtungswirkung des Auftrages

Formulierung „von Bundesgesetzen" zu substituieren[35] mangels Klarstellungsbedürfnis mit Hinweis auf das übliche Wortverständnis als überflüssig abgelehnt wurde.[36]

Die Verpflichtungswirkung des Infrastrukturgewährleistungsauftrages erschöpft sich aber nicht hinsichtlich des „ob" der legislativen Aktivität, sondern gibt dem Gesetzgeber über die generelle Verpflichtung zum Handeln hinaus ein bestimmtes verbindlich zu verwirklichendes Programm vor. Dieses zu verwirklichende Programm besteht hier in der Gewährleistung eines mit den Attributen „flächendeckend angemessen" und „ausreichend" näher umschriebenen Versorgungsniveaus. Der Gesetzgeber ist dadurch dazu berufen, auf einfachgesetzlicher Ebene konkrete Versorgungsstandards zu normieren, d. h. zu bestimmen, welche konkreten Dienstleistungen im Interesse einer bedarfsgerechten Daseinsvorsorge mit Telekommunikationsdienstleistungen zu erbringen sind.[37] Durch den Einsatz der konkretisierungsbedürfigen Rechtsbegriffe wird das Gewährleistungsniveau dynamisch und variabel ausgestaltet und auf die Festschreibung eines bestehenden Status quo verzichtet.[38]

Keine unmittelbaren Vorgaben enthält die Gewährleistungsklausel dagegen hinsichtlich der Frage des Gewährleistungsinstrumentariums, also bezüglich der Art und Weise, wie das erforderliche Versorgungsniveau sichergestellt werden kann. Dem Gesetzgeber stehen damit hinsichtlich der einzusetzenden Instrumentarien erhebliche Handlungsspielräume und Einschätzungsprärogativen offen, die lediglich durch sonstiges Verfassungsrecht, insbesondere den Grundsatz der Privatwirtschaftlichkeit des Art. 87 f Abs. 2 GG und den Grundrechtskatalog beschränkt werden.[39] Aus dem Garantiegehalt des Infrastrukturauftrages ergibt sich aber zwingend, daß die vom Gesetzgeber geschaffenen Instrumentarien geeignet und ausreichend sein müssen, um zu jeder Zeit ein gewisses Versorgungsniveau sicherzustellen. Die Verwaltung muß vom Gesetzgeber in der Weise mit wirtschaftslenkenden Mitteln ausgestattet werden, daß diese flexibel und effektiv jeden realistisch vorstellbaren Versorgungsengpaß beheben kann. Der legislative Rahmen muß mit anderen Worten so ausgestaltet sein, daß selbst im Falle des Marktversagens ausreichende Mechanismen zur Verfügung stehen, die diesen unerwünschten Zustand beenden und die flächendeckende Basissicherung wieder herstellen.

---

[35] Stellungnahme des Bundesrates zum Gesetzesentwurf der Bundesregierung, BT-Drucks. 12/7269, S. 8.

[36] Gegenäußerung der Bundesregierung zur Stellungnahme des Bundesrates, BT-Drucks. 12/7269, S. 10; Begründung Beschlußempfehlung des BT-Rechtsausschusses, BT-Drucks. 12/8108, S. 6.

[37] Zu den europarechtlichen Vorgaben hinsichtlich der Ausgestaltung des Universaldienstes, vgl. unten 3. Kapitel, A III, IV.

[38] Ausführlich zum verfassungsrechtlich gebotenen Versorgungsniveau: 2. Kapitel, B.

[39] Zu den verfassungsrechtlichen Grenzen regulierender Staatstätigkeit: 2. Kapitel, C I 2; ausführlich zur grundrechtlichen Situation: 4. Kapitel, C.

2. Bindung der Exekutive

Die vollziehende Gewalt ist ebenfalls Adressat des Infrastrukturgewährleistungsauftrages, jedoch erweist sich diese Bindung als mediatisiert und im wesentlichen subsidiär. Die Exekutive ist zwar als unmittelbarer Adressat des Auftrages grundsätzlich dazu angehalten, im Sinne der Zielbestimmung aktiv zu werden, jedoch wird diese Möglichkeit durch den Grundsatz vom Vorbehalt des Gesetzes, der den Primat des demokratisch gewählten Gesetzgebers signifikant zum Ausdruck bringt, deutlich begrenzt.[40]

Im Geltungsbereich des Vorbehaltsprinzips darf die Exekutive nur tätig werden, sofern sie durch Gesetz dazu ermächtigt wurde.[41] Aus der in Art. 87 f GG enthaltenen Formulierung, nach der die staatliche Gewährleistungspflicht „nach Maßgabe eines Bundesgesetzes" besteht, ergibt sich schon explizit, daß die Infrastrukturgewährleistung dem Gesetzesvorbehalt unterliegt (sog. Spezialvorbehalt).[42] Selbst wenn man dieser Formulierung noch keinen expliziten Gesetzesvorbehalt entnehmen wollte,[43] so ergibt sich für infrastruktursichernde Maßnahmen der Geltungsbereich vom Vorbehalt des Gesetzes aber aus allgemeinen Grundsätzen. Obschon der Anwendungsbereich des Vorbehaltsgrundsatzes im Detail äußerst umstritten ist,[44] so herrscht zumindest Einigkeit darüber, daß davon die Fälle der Eingriffsverwaltung erfaßt werden. Staatliche Maßnahmen zum Zweck der Infrastrukturgewährleistung sind regelmäßig darauf angelegt in einer bestimmten Art und Weise, insbesondere durch Auflagen und Gebote, auf die Unternehmensführung der Telekommunikationsunternehmen einzuwirken. Solche Maßnahmen stellen daher regelmäßig Eingriffe in grundrechtlich geschützte Freiheiten der Unternehmen – spe-

---

[40] Nach vorherrschender Ansicht resultiert der Grundsatz vom Vorbehalt des Gesetzes unmittelbar aus Art. 20 Abs. 3 GG; vgl. *Schnapp*, in v.Münch / Kunig, Grundgesetz-Kommentar, Art. 20 Rn. 38; *Degenhart*, Staatsrecht I, Rn. 277; *Hesse*, Grundzüge des Verfassungsrechts der Bundesrepublik, Rn. 201; *Herzog*, in Maunz / Dürig, Grundgesetz-Kommentar, Art. 20 II Rn. 33; davon abweichend leitet *Maurer*, Allgemeines Verwaltungsrecht, § 5 Rn. 4, den Vorbehaltsgrundsatz aus dem Demokratieprinzip, dem Rechtstaatsprinzip und den Grundrechten her; eine inhaltliche Modifikation ist mit der abweichenden normativen Herleitung jedoch nicht verbunden.

[41] Diese Grundlage muß nicht zwingend ein formelles Gesetz darstellen, vielmehr genügt in diesem Zusammenhang auch eine Rechtsverordnung, die ihrerseits auf einem formellen Gesetz basiert; vgl. hierzu: *Ossenbühl*, HdbdStR III § 62 Rn. 7; *Schnapp*, in v.Münch / Kunig, Grundgesetz-Kommentar, Art. 20 Rn. 38; *Maurer*, Allgemeines Verwaltungsrecht, § 6 Rn. 3, 8.

[42] So auch *Windthorst*, Der Universaldienst im Bereich der Telekommunikation, S. 309.

[43] So hinsichtlich der ähnlichen Formulierung im Rahmen des Art. 20a GG, *Kloepfer*, in Bonner Kommentar, Art. 20 Rn. 43; *Murswiek*, in Sachs (Hrsg.), Grundgesetz, Art. 20a Rn. 60, m. w. N.

[44] Vgl. hierzu: *Degenhart*, Staatsrecht I, Rn. 277 ff.; *Ossenbühl*, HdbdStR III § 62 Rn. 15 ff..; *Schnapp*, in v.Münch / Kunig, Grundgesetz-Kommentar, Art. 20 Rn. 43 ff.; *Di Fabio*, NVwZ 1995, S. 1 (3); *Maurer*, Allgemeines Verwaltungsrecht, § 6 Rn. 9 ff., mit zahlreichen Nachweisen.

A. Die Verpflichtungswirkung des Auftrages

ziell in durch Art. 12 GG und Art. 14 GG geschützte Rechtspositionen – dar. Auch unter Bezugnahme auf die Wesentlichkeitsrechtstheorie des Bundesverfassungsgerichts,[45] wonach alle Entscheidungen in grundlegenden normativen Bereichen vom Gesetzgeber getroffen werden müssen, wird man hier regelmäßig den Geltungsbereich des Gesetzesvorbehalts bejahen müssen.[46] Festzuhalten bleibt daher, daß das Handeln der Exekutive zur Infrastrukturgewährleistung eine legislative Grundlage erfordert. Autonomes exekutives Handeln zur Infrastruktursicherung im Telekommunikationsbereich ist damit grundsätzlich ausgeschlossen.

Dem Staatsziel Infrastrukturgewährleistung kommt für die Exekutive damit nur dort eigenständige Bedeutung zu, wo ihr kraft Gesetzes Entscheidungs- und Einschätzungsspielräume eingeräumt werden. Dies ist zunächst dort der Fall, wo ein Teil der Exekutive per Gesetz zum Erlaß von Rechtsverordnungen ermächtigt wird.[47] In diesem Fall müssen zwar gemäß Art. 80 Abs. 1 S. 2 GG Inhalt, Zweck und Ausmaß der erteilten Ermächtigung gesetzlich näher bestimmt sein,[48] darüber hinaus steht dem Verordnungsgeber aber noch ein gewisses Maß an Regelungs- und Gestaltungsspielraum zu.[49] Innerhalb dieses Gestaltungsspielraums ist der Verordnungsgeber verpflichtet, im Sinne der Infrastrukturaussage tätig zu werden. Für den Fall, daß die Infrastrukturaspekte mit anderen Staatszielbestimmungen, Grundrechten oder sonstigen verfassungsrechtlichen Prinzipien in Konflikt geraten, ist die Exekutive berufen, einen schonenden Interessenausgleich unter Beachtung des Grundsatzes der praktischen Konkordanz durchzuführen.[50]

---

[45] Vgl. BVerfGE 47, 46 (79); 58, 257 (276 ff.); 61, 260 (275); ausführlich zur Wesentlichkeitstheorie des Bundesverfassungsgerichts: *v.Arnim*, DVBl. 1987, S. 1241 ff.; *Kloepfer*, JZ 1984, S. 685 ff.; *Kisker*, NJW 1977, S. 1313 ff.; *Eberle*, DÖV 1984, S. 485 ff.; *Maurer*, Allgemeines Verwaltungsrecht, § 6 Rn. 20 ff.; *Degenhart*, Staatsrecht I, Rn. 289 ff.; *Ossenbühl*, HdbdStR III § 62 Rn. 41 ff.

[46] Dadurch, daß eine bestimmte Materie als Staatsziel Aufnahme in das Grundgesetz gefunden hat, hat der Verfassungsgeber zum Ausdruck gebracht, daß die entsprechende Aufgabe für den Staat und die Gesellschaft von besonderer Bedeutung ist. Es ist daher im Regelfall auch davon auszugehen, daß die einfachgesetzliche Konkretisierung von grundlegender Bedeutung, und damit auch „wesentlich" i. S. d. Rechtsprechung des Bundesverfassungsgerichts ist; vgl. hierzu *Fischer*, Staatszielbestimmungen in den Verfassungen und Verfassungsentwürfen der neuen Bundesländer, S. 6.

[47] Vgl. zum Beispiel § 17 Abs. 2 S. 1 TKG.

[48] Nach diesem sog. Bestimmtheitsgebot muß bereits aus dem ermächtigenden Gesetz selbst hinreichend deutlich vorhersehbar sein, in welchen Fällen und mit welcher Tendenz von der Ermächtigung Gebrauch gemacht werden wird und welchen Inhalt die Verordnung haben könnte; vgl. BVerfGE 29, 198 (210); 56, 1 (12); ausführlich zum Bestimmtheitsgebot: *Ossenbühl*, HdbdStR III § 64 Rn. 17 ff.; *Degenhart*, Staatsrecht I, Rn. 241 ff.

[49] Vgl. ausführlich zum sog. Verordnungsermessen, *Ossenbühl*, HdbdStR III § 64 Rn. 33 ff.; zum Teil wird hier auch von Beurteilungsspielraum, Bewertungsspielraum, Einschätzungsspielraum, Ermessen, oder Gestaltungsfreiheit gesprochen. Inhaltliche Unterschiede sind mit der abweichenden Terminologie aber nicht verbunden; vgl. *Ossenbühl*, a. a. O.

[50] Vgl. *Stern/Bauer*, in Stern (Hrsg.), Postrecht Art. 87 f GG („Pflicht zur antezipierten Konfliktbewältigung").

Ferner kann dem Infrastrukturgewährleistungsauftrag innerhalb des Gesetzesvollzugs durch die Verwaltung unmittelbare Bedeutung zukommen, sofern dieser hier Handlungs- und Einschätzungsspielräume eröffnet werden. Solche sind sowohl auf Tatbestandsseite als auch auf Rechtsfolgenseite[51] grundsätzlich denkbar. In diesen Fällen ist die Verwaltung zu einer Wertung verpflichtet, in welche dann das Interesse an einer flächendeckend funktionierenden Kommunikationsinfrastruktur als erheblicher Abwägungsbelang miteinzubeziehen ist.

3. Bindung der Judikative

Auch die Rechtsprechung ist im Rahmen ihrer Kompetenz unmittelbar an den Infrastrukturgewährleistungsauftrag gebunden. Ähnlich der Exekutive muß sie bei der Gesetzesanwendung die dem Art. 87 f Abs. 1 GG zugrundeliegende Wertentscheidung zugunsten eines bestimmten Versorgungsniveaus beachten. Sie ist aber nicht dazu befugt, selbständig den Infrastrukturauftrag zu verwirklichen.[52] Soweit die konkrete Ausgestaltung des notwendigen Versorgungsniveaus und die Auswahl der zur Infrastruktursicherung einzusetzenden Instrumente dem Gesetz- oder Verordnungsgeber zur Konkretisierung überlassen worden sind, ist die Rechtsprechung an diese Festlegungen gebunden. Es ist den Gerichten verwehrt, eigene Vorstellungen über die Erfüllung des Staatsziels an Stelle der Entscheidung der zuständigen Staatsorgane zu setzen.[53] Die Judikative ist lediglich dazu berufen, zu überprüfen, ob das Handeln von Legislative und Exekutive sich noch im Rahmen des vorgegebenen Gestaltungsspielraums bewegt.

Darüber hinaus stellt die Gewährleistungsklausel für die Rechtsprechung ein vielseitiges Abwägungskriterium dar. Die verfassungsrechtliche Verankerung der Infrastrukturgewährleistung indiziert die herausragende Bedeutung dieser Materie und verschafft ihr innerhalb des gerichtlichen Abwägungsprozesses eine höhere Legitimation.[54]

4. Zwischenergebnis

Als Zwischenergebnis kann hier festgehalten werden, daß zwar jede einzelne der drei Gewalten unmittelbar dazu verpflichtet ist, ihre Aktivität im Sinne des In-

---

[51] Exemplarisch sei hier nur auf § 19 Abs. 2 TKG, § 19 Abs. 3 S. 1 TKG, § 19 Abs. 5 TKG hingewiesen.

[52] So allgemein hinsichtlich der Bedeutung von Staatszielbestimmungen für die Legislative *Fischer*, Staatszielbestimmungen in den Verfassungen und Verfassungsentwürfen der neuen Bundesländer, S. 7; *Kloepfer*, in Bonner Kommentar, Art. 20a Rn. 46.

[53] So hinsichtlich des Staatsziels Umweltschutz: *Murswiek*, in Sachs (Hrsg.), Grundgesetz, Art. 20a Rn. 63.

[54] Vgl. hierzu *Stern/Bauer*, in Stern (Hrsg.), Postrecht, Art. 87 f Rn. 24, („höhere Dignität"); vgl. auch *Lerche*, in Maunz/Dürig, Grundgesetz-Kommentar, Art. 87 f. Rn. 83.

frastrukturauftrages auszurichten, hinsichtlich der konkreten Handlungsmöglichkeiten jedoch gravierende Unterschiede bestehen. Die Möglichkeiten von Exekutive und Judikative, zu einer bedarfsgerechten Daseinsvorsorge mit Telekommunikationsleistungen beizutragen, sind unmittelbar von der normativen Konkretisierung des Auftrages durch den Gesetzgeber abhängig. Den Gesetzgeber trifft daher die Verpflichtung, den normativen Rahmen so auszugestalten, daß eine dauerhafte Versorgung mit Telekommunikationsleistung gesichert ist. Dies beinhaltet in erster Linie die Pflicht, die Verwaltung mit einem solchen Instrumentarium auszustatten, das sie in jeder erdenklichen Situation dazu befähigt, das vorgegebene Versorgungsniveau herbeizuführen.

V. Infrastrukturgewährleistung und Telekommunikationsunternehmen

Demgegenüber entfaltet der Infrastrukturgewährleistungsauftrag keine unmittelbare Bindungswirkung gegenüber den Telekommunikationsunternehmen. Der Wortlaut der Klausel bringt eindeutig zum Ausdruck, daß Träger der Gewährleistungspflicht des Art. 87 f Abs. 1 GG der Bund ist und nicht etwa die Deutsche Telekom AG und ihre privaten Mitbewerber. Der Auftrag begründet folglich eine Verantwortlichkeit zu Lasten des Bundes, thematisiert jedoch in keiner Weise eine besondere Pflichtigkeit der Unternehmen. Insbesondere trifft diese von Verfassungs wegen keine unmittelbare Verpflichtung, bestimmte sozialstaatlich erwünschten Dienstleistungen bereitzustellen. Statt dessen ist deren verfassungsrechtliche Stellung entscheidend durch die in Art. 87 f Abs. 2 GG enthaltene Grundentscheidung zugunsten einer privatwirtschaftlichen Dienstleistungserbringung geprägt. Mit dem Topos der Privatwirtschaftlichkeit hat das Wettbewerbsprinzip im Telekommunikationssektor Einzug gehalten und damit die grundrechtsgeschützte, rein gewinnorientierte Unternehmensführung auf Verfassungsebene verankert.[55] Zwar folgt aus Art. 87 f Abs. 1 GG, daß es sich beim Telekommunikationssektor aufgrund seiner erheblichen infrastrukturellen Bedeutung und seiner hoheitlichen Tradition um einen besonders regulierten Markt handelt, eine gesteigerte Gemeinwohlbindung der Unternehmen oder eine eingeschränkte Grundrechtsgeltung sind hiermit jedoch nicht verbunden. Dies läßt sich auch mittels der gesetzgeberischen Begründung des Art. 87 f GG belegen, in der ausdrücklich betont wurde, daß sich jede regulierende Maßnahme am privatwirtschaftlichen Charakter der Dienstleistungserbringung auszurichten hat und sich daher in vollem Umfang an den Grundrechten der regulierten Unternehmen messen lassen muß.[56] Eventuell aufkeimenden Überlegungen, wonach die Telekommunikationsunternehmen quasi als Gegenleistung zur Öffnung der Märkte gesteigerte Pflichten zu tra-

---

[55] Vgl. hierzu bereits, 1. Kapitel, C II 2.
[56] Begründung zum Gesetzesentwurf, BT- Drucks. 12/7269, S. 5.

gen hätten oder daß der vorherige Monopolbereich erst stufenweise in die private wirtschaftliche Freiheit entlassen würde und demzufolge bei infrastruktursichernden Maßnahmen nur von einer eingeschränkten Grundrechtsgeltung auszugehen sei, wurde somit eine eindeutige Absage erteilt.[57] Die Ausgestaltung des Art. 87 f GG entspricht in vollem Umfang der gesetzgeberischen Intention zugunsten eines Wettbewerbs „ohne Wenn und Aber".

Der in Art. 87 f GG enthaltene Infrastrukturauftrag beeinflußt die am Markt tätigen Wirtschaftsunternehmen daher allenfalls mittelbar, weil der durch Art. 87 f Abs. 1 GG primär angesprochene Gesetzgeber bei der Gestaltung der Rechtsordnung – speziell der ordnungspolitischen Bedingungen des Telekommunikationsmarktes – infrastrukturbezogene Pflichten für Private begründen kann. Bei der Auferlegung solcher gemeinwohlbezogenen Obligationen ist der Gesetzgeber aber, wie gerade dargelegt, an sonstiges Verfassungsrecht gebunden, namentlich wird er durch Art. 87 f GG nicht davon befreit, berührte Grundrechte der privatwirtschaftlich agierenden Anbieter uneingeschränkt zu achten.[58]

Die verfassungsrechtliche Stellung der Telekommunikationsunternehmen unterscheidet sich damit de facto nicht von der Stellung sonstiger, in anderen Wirtschaftsbranchen tätiger, Privatrechtssubjekte. Insbesondere unterliegen die Anbieter weder einer gesteigerten Gemeinwohlbindung, noch besteht eine nur eingeschränkte Grundrechtsgeltung. Der Infrastrukturgewährleistungsauftrag richtet sich ausschließlich an den Bund. Mit der Aufnahme dieser Bestimmung in das Grundgesetz wird zwar die erhebliche Bedeutung der Kommunikationsversorgung betont, jedoch wird der Bund beim Einsatz wirtschaftslenkender Instrumentarien nicht von der Pflicht zur vollständigen Beachtung der Grundrechte dispensiert.

B. Verfassungsrechtliche Konturierung des Versorgungsniveaus

Nachdem vorstehend in einem ersten Schritt der Verpflichtungsgehalt der Infrastrukturklausel analysiert wurde, bleibt zu untersuchen, welche Vorgaben das Grundgesetz hinsichtlich des zu gewährleistenden Versorgungsniveaus enthält. Diese Frage ist insofern von entscheidender Bedeutung, als die praktische Relevanz des Infrastrukturgewährleistungsauftrages unmittelbar hieraus resultiert. Bei einem sehr niedrigen verfassungsrechtlich vorgegebenen Niveau, wäre die Wahrscheinlichkeit sehr groß, daß dieser Standard vom Markt ohne hoheitliche Eingriffe umfassend geleistet wird und der Staat damit nicht aktiv in Erscheinung treten

---

[57] In diesem Sinne auch *Lerche,* in Maunz / Dürig, Grundgesetz-Kommentar, Art. 87 f Rn. 83.

[58] Ausführlich zur grundrechtlichen Situation, insbesondere zur Grundrechtssubjektivität der Deutschen Telekom AG, 4. Kapitel, B u. C.

muß. Ein hoher verfassungsrechtlich normierter Standard würde hingegen eine intensive staatliche Regulierung erfordern, da ein freier Wettbewerb eine flächendeckende Optimalversorgung kaum zu leisten vermag. Die in Art. 87 f enthaltene Aussage ist insoweit als Kompromißformel zu verstehen. Danach bezieht sich die Pflicht des Bundes auf die Gewährleistung von flächendeckend angemessenen und ausreichenden Dienstleistungen.

I. Die qualitative und quantitative Vorgabe: „angemessene und ausreichende Dienstleistungen"

Die vom Bund zu gewährleistende Versorgung muß (flächendeckend) angemessen und ausreichend sein. Die kumulative Verwendung der beiden Standards „angemessen" und „ausreichend" erscheint auf den ersten Blick teleologisch fragwürdig, da nach herkömmlichem Sprachverständnis eine ausreichende Versorgung gegenüber einer angemessenen Versorgung nur ein Minus darzustellen scheint. Der Begriff „ausreichend" würde dann keine selbständige Aussage hinsichtlich des gebotenen Versorgungsniveaus beinhalten, seine Nennung in Art. 87 f GG wäre schlichtweg überflüssig.[59] Eine eigenständige Aussage kann beiden Attributen folglich nur dann zukommen, wenn man ihnen unterschiedliche Bezugsobjekte zuordnet. Insoweit bietet es sich an, in Anlehnung an die Auffassung der Bundesregierung den Begriff der Angemessenheit auf die geforderte Qualität des zu gewährleistenden Dienstleistungsangebots („angemessene Beschaffenheit") zu beziehen und das Attribut „ausreichend" als Aussage über die Quantität („ausreichende Menge") der zu gewährleistenden Versorgung zu verstehen.[60] Die Schwäche dieses Ansatzes liegt aber darin begründet, daß eine solche Zuordnung der Bezugspunkte keine Aussagen hinsichtlich der Preis/Leistungsrelation beinhaltet. Ein Infrastrukturauftrag, der nur hinsichtlich der anzubietenden Menge und hinsichtlich der Qualität der Dienstleistungen Aussagen trifft, läuft sozialstaatlich nahezu ins Leere. Neben der Frage des gegenständlichen Angebots ist aus sozialstaatlicher Perspektive von essentieller Bedeutung, zu welchem Preis die Leistungen angeboten werden. Der soziale Effekt eines Angebot quantitativ und qualitativ hochwertiger Telekommunikationsdienstleistungen ist denkbar gering, wenn der dafür geforderte Preis eine Inanspruchnahme der Leistung für den Großteil der Bevölkerung faktisch unmöglich macht. Gerade aus der Tatsache, daß innerhalb des Gesetzgebungsverfahrens mehrfach betont wurde, daß Art. 87 f eine Ausprägung des Sozialstaatsprinzips sei,[61] läßt sich schließen, daß das Erfordernis der Erschwinglich-

---

[59] Vgl. in diesem Sinne auch *Lerche,* in Festschrift für Friauf, S. 251 (253); *ders.,* in Maunz/Dürig, Grundgesetz-Kommentar, Art. 87 f Rn. 74, der die Kopplung der Attribute als „verwirrend" bezeichnet.
[60] Gegenäußerung der Bundesregierung, BT-Drucks. 12/7269, S. 10.
[61] Vgl. Begründung zum Gesetzentwurf der Bundesregierung, BT-Drucks. 12/7269, S. 5.

keit des Preises ebenfalls Inhalt des staatlichen Infrastrukturauftrages sein muß. Daraus folgt, daß der Begriff der Angemessenheit sich nicht nur auf die Qualität der anzubietenden Dienstleistungen bezieht, sondern daß damit auch eine Aussage hinsichtlich der Relation von Leistung und Preis verbunden ist.[62] Der Bund trägt folglich nicht nur die Verantwortung dafür, daß quantitativ und qualitativ angemessene Dienstleistungen überhaupt offeriert werden, sondern muß gleichzeitig sicherstellen, daß dies flächendeckend zu einem sozialverträglichen Preis geschieht.

Damit ist jedoch noch nicht geklärt, wann ein Versorgungsniveau als „angemessen" und „ausreichend" angesehen werden kann, insbesondere ergibt sich dies explizit weder aus dem Grundgesetz, noch aus der amtlichen Begründung des Gesetzgebers. Durch die Verwendung dieser unbestimmten Rechtstermini hat der verfassungsändernde Gesetzgeber erkennbar darauf verzichtet, ein bereits vorhandenes Versorgungsniveau verbindlich festzulegen.[63] Statt dessen wird mit den konkretisierungsbedürftigen Begriffen „angemessen" und „ausreichend" der den Infrastrukturauftrag umsetzende Gesetz- bzw. Verordnungsgeber dazu berufen, eine Zweck-Mittel-Analyse durchzuführen. Bei der Bestimmung des zu gewährleistenden Versorgungsniveaus muß er einerseits die aktuellen technischen Möglichkeiten und den wirtschaftlichen Aufwand zur Bereitstellung von Dienstleistungen und andererseits die gesellschaftlichen Erwartungen und damit die kommunikationsspezifischen Bedürfnisse der Allgemeinheit gegenüberstellen und zum Ausgleich bringen.[64] Trotz der relativen Offenheit der Attribute „angemessen" und „ausreichend" wird man feststellen müssen, daß das verfassungsrechtlich gebotene Versorgungsniveau wohl eher in Richtung einer Basisversorgung denn in Richtung eines qualitativ und quantitativ hochwertigen Dienstleistungsangebotes tendiert. Dies folgt schon daraus, daß während des Gesetzgebungsverfahrens regelmäßig vom Erfordernis einer „Grundversorgung"[65] gesprochen wurde. Dieser Terminus impliziert, daß Gegenstand des Auftrages weniger die Pflicht zur Sicherstellung und Bereitstellung hochwertiger und hochspezifizierter Leistungen ist, sondern daß vielmehr die Gewährleistung einer Mindestversorgung im Vordergrund steht. Bestätigt wird diese Einschätzung dadurch, daß ausweislich der Gesetzesbegründung das Staatsziel der Infrastrukturgewährleistung *„nicht unangemessen hervortreten"*[66] soll und der staatliche Handlungsauftrag *„nicht auf den Ausbau einer op-*

---

[62] Ebenso im Ergebnis: *Lerche,* in Festschrift für Friauf, S. 251 (253); *ders.,* in Maunz/Dürig, Grundgesetz-Kommentar, Art. 87 f Rn. 75, der das Gebot Erschwinglichkeit der Preise abweichend von der hier vertretenen Auffassung im Attribut „ausreichend" verortet.

[63] Vgl. *Stern/Bauer,* in Stern (Hrsg.), Postrecht, Art. 87 f Rn. 33.

[64] Vgl. hierzu: *Stern/Bauer,* in Stern (Hrsg.), Postrecht, Art. 87 f. Rn. 35.

[65] Begründung zum Gesetzentwurf der Bundesregierung, BT-Drucks. 12/7269, S. 5; ebenso: Gegenäußerung der Bundesregierung, Anlage 3, BT-Drucks. 12/7269, S. 10; Bericht der Abgeordneten Scholz u. Wiefelspütz, BT-Drucks. 12/8108, S. 5; zum Begriff der Grundversorgung auch *Lerche,* in Maunz/Dürig, Grundgesetz-Kommentar, Art. 87 f Rn. 79, der zutreffend darauf hinweist, daß hier erhebliche Differenzen zum rundfunkrechtlichem Terminus der Grundversorgung bestehen; ähnlich: *Badura,* in Bonner Kommentar, Art. 87 f Rn. 29.

[66] Begründung zum Gesetzentwurf der Bundesregierung, BT-Drucks. 12/7269, S. 5.

timalen Infrastruktur ausgerichtet"[67] ist. Mit dieser Sentenz hat der verfassungsändernde Gesetzgeber deutlich zum Ausdruck gebracht, daß er den Infrastrukturauftrag eher restriktiv im Sinne einer Mindestversorgung interpretiert.[68]

Dabei ist jedoch zu berücksichtigen, daß den Attributen „angemessen" und „ausreichend" eine dynamische Komponente innewohnt. Diese Begriffe sind in höchstem Maße auslegungsfähig und auslegungsbedürftig und damit sowohl vom technischen und wirtschaftlichen Wandel, als auch von der stetig steigenden Erwartungshaltung der Bevölkerung in bezug auf die Ausstattung mit Kommunikationsmitteln abhängig.[69] Es ist davon auszugehen, daß in nur wenigen Jahren Formen von Kommunikationsdienstleistungen für die Allgemeinheit als selbstverständlich und als unerläßlich angesehen werden, die heute diesem Kreis noch nicht ansatzweise zur Verfügung stehen. In diesem Zusammenhang sei beispielsweise auf die bereits jetzt feststellbare explosionsartige Entwicklung der Internetverbreitung und des Moblifunkbereichs hingewiesen.[70] Aus diesem dynamischen Charakter der Bestimmung resultiert daher ein dauerhafter Anpassungs- und Modifizierungszwang des Gesetzgebers. Er ist dazu berufen, in kontinuierlichen Zyklen die technische Entwicklung und die damit einhergehende Erwartungshaltung der Bevölkerung zu beobachten und sein Infrastrukturkonzept an diesen Leitlinien auszurichten, wobei ihm die Verfassung jedoch erhebliche Einschätzungsprärogativen und Handlungsspielräume überläßt.[71]

II. Die geographische Vorgabe: „flächendeckend"

Diese so verstandene Basisversorgung muß vom Bund flächendeckend gewährleistet werden. Der Infrastrukturauftrag bezieht sich damit auf das komplette Territorium der Bundesrepublik Deutschland. Das Kriterium der Flächendeckung verlangt, daß jeder potentielle Nutzer, unabhängig von seinem jeweiligen Wohn- oder Geschäftsort Zugang zu den der Grundversorgung zugehörenden Leistungen haben

---

[67] Begründung zum Gesetzentwurf der Bundesregierung, BT-Drucks. 12/7269, S. 5; vgl. hierzu auch: *Windthorst,* in Sachs (Hrsg.), Grundgesetz, Art. 87 f Rn. 10; *Lerche,* in Maunz/ Dürig, Grundgesetz-Kommentar, Art. 87 f Rn. 79.

[68] Ebenfalls für eine restriktive Interpretation eintretend: *Bruhn,* Die Sicherstellung öffentlicher Aufgaben im Bereich der deutschen Telekommunikation unter Einfluß der europäischen Marktöffnung, S. 165 („Grundversorgung im Sinne des absolut Notwendigen"); *Lerche,* in Maunz/Dürig, Grundgesetz-Kommentar, Art. 87 f Rn. 73 („einheitlicher Grundstock"); *ders.,* in Festschrift für Kreile, S. 377 (384 f.); *Stern/Bauer,* in Stern (Hrsg.), Postrecht, Art. 87 f Rn. 33; *Rottmann,* Archiv PT 1994, 193 (194).

[69] In diesem Sinne auch *Badura,* in Bonner Kommentar, Art. 87 f Rn. 29.

[70] Zur Frage, inwieweit neue und innovative Dienste dem Universaldienst zuzuordnen sind, vgl. unten, 3. Kapitel, C I 1.

[71] In diesem Sinne auch *Hermes,* Staatliche Infrastrukturverantwortung, S. 251; jedoch gilt es bereits hier darauf hinzuweisen, daß dieser Spielraum durch die europarechtlichen Vorgaben zumindest partiell eingeschränkt wird; vgl. ausführlich dazu: Dritter Teil A II.

muß.[72] Es erscheint in diesem Zusammenhang wenig überzeugend, wenn Eifert den Begriff „flächendeckend" von einem geographisch-räumlichen Verständnis gänzlich ablösen und ausschließlich nutzergruppenspezifisch definieren will.[73] Für eine solche Auslegung läßt sich weder im Verfassungstext noch in der Genese der Norm ein Anhaltspunkt finden. Statt dessen muß man feststellen, daß schon das herkömmliche Begriffsverständnis eine rein geographische Auslegung nicht nur nahelegt, sondern unmittelbar erzwingt. Eine davon abweichende Interpretation ist von vornherein dem Vorwurf der Mißachtung des unmißverständlichen Wortlauts ausgesetzt. Die teleologische Auslegungsmethode führt ebenfalls zu keinem anderen Ergebnis: Mit der Obligation zur Gewährleistung eines flächendeckenden Angebots soll das eingangs beschriebene Szenario, daß sich das Angebot von Dienstleistungen auf die gewinnträchtigen Regionen konzentriert, während in peripheren kostenintensiveren Gebieten erhebliche Versorgungslücken bestehen, verhindert werden. Das Erfordernis der flächendeckenden Gewährleistung konkretisiert das Ziel gleichwertiger Lebensbedingungen im gesamten Bundesgebiet, das mittelbar in Art. 72 Abs. 2, Art. 106 Abs. 3 S. 4 Nr. 2 GG zum Ausdruck kommt. An einem räumlich-geographischen Interpretationsansatz des Flächendeckungskriteriums besteht daher kein begründeter Zweifel.

Problematisch erscheint in diesem Zusammenhang, ob mit dem Terminus „flächendeckend" eine *flächengleiche* Versorgung gemeint ist. Das Erfordernis einer flächengleichen Versorgung würde bedeuten, daß der Staat bundesweit ein identisches Versorgungsniveau, sowohl hinsichtlich der Quantität als auch der Qualität der Dienstleistungen gewährleisten müßte. Für eine solche Auslegung spricht, daß damit die Zielvorstellung der Gleichwertigkeit der Lebensbedingungen im gesamten Bundesgebiet – zumindest was den Telekommunikationssektor angeht – optimal erfüllt würde. Eine solche Interpretation würde vor allem den ländlichen, schwächer besiedelten Gebieten zugute kommen, weil ihnen dadurch verfassungsrechtlich dasselbe Versorgungsniveau wie den Verdichtungsregionen garantiert würde.

Auf der anderen Seite hätte das Erfordernis der möglichst gleichmäßigen Entwicklung des Angebots technischer Dienste für die auf dem Telekommunikationsmarkt tätigen Unternehmen die Konsequenz, daß neue Angebotsformen und Dienste sofort bundesweit bereitgestellt werden müßten. Die Einführung neuer Technologien würde durch ein solches Erfordernis aber spürbar gehemmt, teilweise sogar unmöglich gemacht. In der Regel ist es den Unternehmen technisch und wirtschaftlich nur schwer möglich, neue Dienste sofort bundesweit zur Verfügung zu stellen. Es ist demgegenüber häufig betriebswirtschaftlich sinnvoll, solche Leistungen vorerst nur einem kleineren Kreis anzubieten, um die Marktfähigkeit des Produktes zu

---

[72] Vgl. *Windthorst,* Der Universaldienst im Bereich der Telekommunikation, S. 248.

[73] *Eifert,* Grundversorgung mit Telekommunikationsleistungen im Gewährleistungsstaat, S. 187: „Flächendeckend heißt dann: für alle Nutzer einer Gruppe mit diesem spezifischen Bedarf verfügbar."

B. Verfassungsrechtliche Konturierung des Versorgungsniveaus

überprüfen und dann gegebenenfalls weiter zu expandieren. Zudem dienen viele technische Neuerungen allein speziellen Interessen, so daß eine flächendeckende Versorgung nicht angestrebt wird und auch nicht unbedingt ein Bedürfnis danach besteht. Das Erfordernis einer bundesweit identischen Versorgung würde Unternehmen in vielen Fällen davor abschrecken, neue Telekommunikationsdienste anzubieten. Eine solche Auslegung des Begriffs „flächendeckend" wäre damit in höchstem Maße innovationshemmend und für den Wirtschaftsstandort Deutschland, in dem die Telekommunikation eine Schlüsseltechnologie darstellt, eher schädlich.

Außerdem sprechen ordnungspolitische Erwägungen gegen eine derart extensive Interpretation des Begriffs „flächendeckend". Das Erfordernis einer flächengleichen Versorgung würde einen erhöhten Regulierungszwang mit sich bringen. Da eine flächengleiche Versorgung mit neuen Technologien für die Unternehmen in der Regel unrentabel erscheint, kann eine solches Versorgungsniveau nur mittels intensiver hoheitlicher Eingriffe erzeugt werden. Im gleichen Maße wie der Staat regulierend auf die Unternehmen einwirkt, treten aber betriebswirtschaftliche Determinanten und Marktgesetzlichkeiten in den Hintergrund. Die Vorteile, die man sich vom Marktmodell, das das Verwaltungsmodell innerhalb der Telekommunikation abgelöst hat, versprach, würden dadurch größtenteils derogiert. Das Erfordernis der flächengleichen Versorgung wäre mit dem Prinzip des freien Wettbewerbs nur schwer vereinbar.[74] Zusätzlich läßt sich noch anführen, daß ein solches Verständnis auch mit der restriktiven Interpretation der Kriterien „angemessen" und „ausreichend", die nur eine Basisversorgung erfordern, nicht im Einklang stünde.

Ebensowenig wie eine flächengleiche Versorgung fordert das Flächendeckungskriterium einen flächendeckend identischen Preis. Während diese sog. Tarifeinheit im Raum vormals von der Bundespost entsprechend ihrem Status als Behörde bundesweit gewährleistet wurde,[75] läßt sich aus Art. 87 f Abs. 1 GG keine Pflicht zur Perpetuierung dieses Zustandes entnehmen. Aus dem Zusammenspiel der Merkmale „angemessen" und „flächendeckend" folgt zwar, daß jeder potentielle Nutzer die Möglichkeit haben muß, bestimmte Basisdienste bundesweit zu einem erschwinglichen Preis zu erhalten, daraus resultiert aber nicht die Pflicht zur Garantie eines identischen Preisniveaus. Insbesondere aus der Tatsache, daß zahlreiche Unternehmen ihr Angebot regional beschränken,[76] folgt schon, daß die Garantie der Tarifeinheit im Raum sich mit einem kompetitiven System nicht vereinbaren läßt.

---

[74] Im Ergebnis ebenso: *Lerche*, in Maunz / Dürig, Grundgesetz-Kommentar, Art. 87 f Rn. 79; im Anschluß daran: *Windthorst*, Der Universaldienst im Bereich der Telekommunikation, S. 252.

[75] Ausführlich zum Prinzip der Tarifeinheit im Raum aus ökonomischer Perspektive: *Gabrisch*, Universaldienst in Deutschland, S. 87.

[76] In diesem Zusammenhang sei vor allem auf kommunale Netzbetreiber wie NetColgne (Köln), Isis (Düsseldorf) oder Tesion (Raum Baden-Württemberg) hingewiesen, die ihre Aktivität auf einen eng begrenzten regionalen Markt konzentrieren.

Festzuhalten bleibt damit, daß der Terminus „flächendeckend" keine *flächengleiche* Versorgung im Sinne einer Egalisierung von Angebots- und Preisstruktur fordert. Das Merkmal verlangt lediglich, daß eine Grundversorgung, die mit den Attributen „angemessen" und „ausreichend" näher spezifiziert wird, bundesweit bereitgestellt werden muß.

C. Der Gewährleistungsmodus

Abschließend bleibt zu untersuchen, welche Möglichkeiten dem Bund zur Verfügung stehen, um die ihm durch Art. 87 f GG auferlegte Infrastrukturverpflichtung zu erfüllen. Als grundlegend divergierende ordnungspolitische Modelle ist zwischen der externen Steuerung des Wettbewerbs (I) und internen Steuerungsinstrumenten im Rahmen der Beteiligungsverwaltung (II) zu unterscheiden.

I. Infrastrukturgewährleistung durch externe Steuerung („Regulierung")

1. Regulierung als terminus technicus

Der aus dem anglo-amerikanischen Sprachraum entstammende Begriff der Regulierung hat im Rahmen der Privatisierungsdebatte und der damit verbundenen Diskussion über die Folgeverantwortung des Staates Einzug in die deutsche Rechtsterminologie gehalten.[77] In der rechtswissenschaftlichen Literatur wird dieser schillernde Terminus zwar nahezu inflationär verwendet, jedoch unter Zugrundelegung verschiedenster Bedeutungsgehalte, so daß sich keine gesicherte, einheitliche Definition herauskristallisiert hat.[78] Zum Teil wird zwischen einem engen Regulierungsbegriff, der die Einschränkung des Geltungsbereichs des Wettbewerbsrechts bezeichnet,[79] und einem weiten Regulierungsbegriff, der die Gesamtheit des wirtschaftsrechtlichen Instrumentariums zur Steuerung des Verhaltens privater Wirtschaftssubjekte durch Handlungsverbote oder -gebote erfaßt, unterschieden.[80]

---

[77] Zum Verhältnis von Privatisierung und Regulierung: *König/Benz*, Zusammenhänge von Privatisierung und Regulierung, in: *König/Benz* (Hrsg.), Privatisierung und staatliche Regulierung, S. 13 ff.; *Wieland*, Die Verwaltung 1995, S. 315 (330 ff.); *Benz*, Die Verwaltung 1995, S. 337 (341 ff.); *Schuppert*, DÖV 1995, S. 761 (767 f.).

[78] Ebenso: *Ruffert*, AöR 124 (1999), S. 237 (241).

[79] Vgl. hierzu, *R.Schmidt*, Öffentliches Wirtschaftsrecht Allgemeiner Teil, S. 48.

[80] Vgl. hierzu, *R.Schmidt*, Öffentliches Wirtschaftsrecht Allgemeiner Teil, S. 48, m. w. N.; vgl. auch *Lerche*, in Maunz/Dürig, Grundgesetz-Kommentar, Art. 87 f Rn. 88: „Der Sache nach handelt es sich hier um normative und exekutive hoheitliche Steuerungsmaßnahmen,

In Anlehnung an diesen weiten Regulierungsbegriff wird Regulierung im folgenden als die gemeinwohlorientierte Steuerung des Wettbewerbs durch legislative Rahmensetzung und administrative Lenkung verstanden. Konstituierend für den Begriff der Regulierung ist nach dem hier zugrunde gelegten Verständnis die *externe* Steuerung von selbständigen, privatwirtschaftlichen Unternehmen, unabhängig von deren gesellschaftsrechtlicher Struktur und Teilhaberkreis.[81]

Als solche regulatorischen Maßnahmen kommen insbesondere die Einführung von Handlungs- oder Unterlassungspflichten der einzelnen Wettbewerber in Betracht. Außerdem ist in diesem Zusammenhang an Genehmigungs- und Erlaubniserfordernisse, Lizenzierungsverfahren, Auflagen, Betriebspflichten, Preiskontrollen und sonstige wirtschaftsverwaltungsrechtliche Maßnahmen zu denken.[82] Strikt von dieser hoheitlichen Steuerung abzugrenzen sind Einflußnahmemöglichkeiten, die sich nicht aus der staatlichen Rechtssetzungs- oder Verwaltungsbefugnis ergeben, sondern aus der staatlichen Gesellschafterstellung innerhalb einzelner Unternehmen. Diese internen privatrechtlichen Steuerungsmöglichkeiten unterfallen nach dem hier zugrundegelegten Verständnis nicht dem Regulierungsbegriff.[83]

2. Verfassungsrechtliche Grenzen der staatlichen Regulierung

Bei der Schaffung von Regulierungsgesetzen sind der Gestaltungsfreiheit des Gesetzgebers die obligatorischen verfassungsrechtlichen Grenzen gezogen. Durch die Staatszielbestimmung wird dem Gesetzgeber zwar verbindlich aufgetragen für die legislativen Grundlagen zugunsten einer umfassenden Infrastruktursicherung zu sorgen,[84] dies befreit ihn aber nicht von den sonstigen Verfassungsaussagen. Neben den üblichen formellen Rechtmäßigkeitsanforderungen an ein Gesetz, wie Zuständigkeit des konkreten Gesetzgebers, ordnungsgemäßes Verfahren und Ein-

---

die spezifisch für Telekommunikation und Post getroffen werden; und zwar um jene ordnungspolitischen Aufgaben des Staates zu erfüllen, die sich stellen, nachdem der grundsätzliche Schritt vom Monopol zum Wettbewerb erfolgt ist."; vgl. auch *Spoerr/Deutsch*, DVBl. 1997, S. 300 (302): „Regulierung ist gewissermaßen der Sammelbegriff für alle notwendigen staatlichen Steuerungsmechanismen und Kontrollen über die privatwirtschaftliche Leistungserbringung."; vgl. auch *v. Loesch*, Privatisierung öffentlicher Unternehmen, S. 98: „Regulierung liegt vor, wenn in einem grundsätzlich marktwirtschaftlichen System die Unternehmen eines Wirtschaftszweigs hoheitlichen Sondervorschriften unterworfen sind, welche die Freiheit ihrer wirtschaftlichen Betätigung in einer gewissen Intensität für eine gewisse Dauer einschränken, und wenn die Einhaltung dieser Vorschriften und ihre Konkretisierung der Kontrolle durch bestimmte Stellen unterliegt."

[81] Vgl. hierzu auch: *Schön*, ZGR 25 (1996), S. 429 (431).

[82] Ähnlich: *Windthorst*, Der Universaldienst im Bereich der Telekommunikation, S. 343.

[83] Vgl. *Schön*, ZGR 25 (1996), S. 429 (431), der ebenfalls zwischen der staatlichen Rechtssetzung im Wirtschaftsverwaltungsrecht und der privatrechtlichen Ausübung der allgemeinen gesellschaftsrechtlichen Befugnissen differenziert; zur Infrastrukturgewährleistung mittels Beteiligungsverwaltung, vgl. 2. Kapitel, C II.

[84] Zum Verpflichtungsgehalt des Infrastrukturgewährleistungsauftrages, 2. Kapitel, A.

haltung der Formvorschriften, sind als materielle Grenzen der gesetzgeberischen Freiheit insbesondere die Grundrechte der privaten Anbieter zu achten. Dies wurde auch im Rahmen des Gesetzgebungsverfahrens im Vorfeld der Verfassungsänderung als selbstverständlich festgestellt.[85] Einer eventuell dahingehenden Interpretation, daß der vorherige Monopolbereich erst stufenweise in die private wirtschaftliche Freiheit entlassen wird und demzufolge bei infrastruktursichernden Maßnahmen im Interesse der Allgemeinheit nur von einer eingeschränkten Grundrechtsgeltung auszugehen ist, wurde daher von vornherein jede Grundlage entzogen.[86] Regulatorische Maßnahmen müssen somit ausnahmslos und in vollem Umfang den allgemeinen Grundrechtssaussagen genügen. Da durch wirtschaftslenkende regulatorische Maßnahmen gestaltend in die sozio-ökonomische Realität eingegriffen und das freie Spiel der wirtschaftlichen Kräfte in eine bestimmte Richtung korrigiert wird, dürfte regelmäßig der Schutzbereich von zumindest einem der sog. Wirtschaftsgrundrechte der privaten Anbieter berührt sein.[87] Da für solche Eingriffe entsprechend gewichtige Sachgründe vorhanden sein müssen, kommt dem Infrastrukturgewährleistungsauftrag als Staatsziel auf der Rechtfertigungsebene erhöhte Relevanz zu.[88] Die Tatsache, daß die Gewährleistung der Grundversorgung als Staatsziel Aufnahme in das Grundgesetz gefunden hat, indiziert die hohe Bedeutung, die dieser Materie von Verfassungs wegen zugesprochen wird. Nichtsdestotrotz ist das Interesse an der flächendeckenden Versorgung jeweils im konkreten Einzelfall – die Geeignetheit und Erforderlichkeit des Eingriffs vorausgesetzt – mit dem berührten Freiheitsgrundrecht des betroffenen Unternehmens abzuwägen.[89] Dieses schon in der Verfassung angelegte Spannungsfeld zwischen der staatlichen Infrastrukturaufgabe und den grundrechtlichen Freiheiten der Wirtschaftsunternehmen ist dabei nach dem Grundsatz der Einheit der Verfassung und den Regeln der praktischen Konkordanz aufzulösen. Konfligierende verfassungsrechtliche Güter müssen so miteinander in Ausgleich gebracht werden, daß beide zu optimaler Wirksamkeit gelangen können und so die praktische Konkordanz hergestellt werden kann. Der Grundsatz der Einheit der Verfassung als Grundlage der praktischen

---

[85] Begründung zum Gesetzentwurf der Bundesregierung, BT-Drucks. 12/7269, S. 5: „Die Ausgestaltung entsprechender Maßnahmen (*scil.:* zur Infrastruktursicherung) obliegt dem einfachen Gesetzgeber. Eingriffe haben sich an dem privaten Charakter der Tätigkeit und an dem einschlägigen Grundrechtsschutz auszurichten, insbesondere Artikel 12 und 14 GG."

[86] Vgl. bereits 2. Kapitel, A V; ähnlich *Lerche,* in Maunz/Dürig, Grundgesetz-Kommentar, Art. 87 f Rn. 83.

[87] *R.Schmidt,* Öffentliches Wirtschaftsrecht, Allgemeiner Teil, S. 75; zur Grundrechtsfähigkeit der Deutschen Telekom AG als gemischtwirtschaftlichem Unternehmen, ausführlich 4. Kapitel, B.

[88] So ausdrücklich: *Lerche,* in Maunz/Dürig, Grundgesetz-Kommentar, Art. 87 f Rn. 83; vgl. auch *Stern/Bauer,* in Stern (Hrsg.), Postrecht, Art. 87 f. Rn. 24.

[89] Daher zu oberflächlich: *Lerche,* in Maunz/Dürig, Grundgesetz-Kommentar, Art. 87 f Rn. 83, der die Gewährleistung der Grundversorgung grundsätzlich als hinreichend gewichtigen Sachgrund anerkennt, und daher den Eingriff in den Schutzbereich durch Regulierungsgesetze generell als zulässig ansieht.

Konkordanz ist dabei nicht auf den Bereich widerstreitender Grundrechte beschränkt, sondern gilt allgemein bei verfassungsrechtlichen Konfliktlagen, soweit eine Freiheitsrecht-Eingriff-Kombination oder eine vergleichbare Situation vorliegt.[90] Insbesondere im Verhältnis der Normtypen Staatszielbestimmung – Grundrecht ist die Geltung des Grundsatzes von der Einheit der Verfassung anerkannt,[91] so daß hier im Entscheidungsfall eine Güterabwägung zwischen dem Interesse einer flächendeckenden, bedarfsgerechten Versorgung mit Telekommunikationsleistungen und den berührten grundrechtlichen Positionen der Telekommunikationsunternehmen durchzuführen ist.[92]

II. Infrastrukturgewährleistung durch Maßnahmen der Beteiligungsverwaltung

Problematisch ist, ob der Bund neben den aufgezeigten regulatorischen Möglichkeiten auch in seiner Funktion als Anteilseigner zur Umsetzung des Infrastrukturgewährleistungsauftrages beitragen kann, und ob gegebenenfalls sogar eine Verpflichtung dazu besteht. Der Vorteil einer solchen Option bestünde darin, daß der Bund – sofern regulatorische Maßnahmen die entsprechende Infrastruktur nicht umfassend garantieren – mittels innergesellschaftlicher Steuerung der Deutschen Telekom AG eventuelle entstehende Lücken schließen könnte. Im Extremfall könnte auf regulatorische Instrumente gänzlich verzichtet werden, wenn der Bund schon durch interne Einflußnahme das in Art. 87 f Abs. 1 GG normierte Infrastrukturziel erreichen könnte. Es ist daher zu untersuchen, inwieweit es dem Staat in seiner Funktion *als Gesellschafter* tatsächlich und rechtlich möglich ist, öffentliche Interessen durchzusetzen, insbesondere innergesellschaftlich dahingehend Einfluß zu nehmen, daß die Deutsche Telekom AG ein bestimmtes Dienstleistungsangebot aus öffentlichen Interessen aufrechterhält oder sogar ausbaut, obwohl dies aus betriebswirtschaftlichen Gesichtspunkten nicht rentabel erscheint. Wertvolle Anhaltspunkte zur Beantwortung dieser umstrittenen Frage[93] lassen sich dem Verfassungsrecht (1) und dem Gesellschaftsrecht (2) entnehmen.

---

[90] *Stern*, DVBl. 1997, S. 309 (314); grundlegend: *Hesse*, Grundzüge des Verfassungsrechts der Bundesrepublik, Rn. 72.

[91] *Kloepfer*, in Bonner Kommentar, Art. 20a Rn. 16; *Herzog*, in Maunz/Dürig, Grundgesetz-Kommentar, Art. 20 VIII Rn. 41 f.

[92] Ausführlich zum Konflikt Regulierung/Grundrechte, 4. Kapitel C, insbesondere III 3 c dd.

[93] Soweit sich bisher ansatzweise mit dieser Frage beschäftigt wurde, haben sich die Autoren zumeist für die Möglichkeit der innergesellschaftlichen gemeinwohlorientierten Einflußnahme ausgesprochen; vgl. *Lerche*, in Maunz/Dürig, Grundgesetz-Kommentar, Art. 87 f Rn. 73; *Windthorst*, Der Universaldienst im Bereich der Telekommunikation, S. 354 f.; *Menges*, Die Rechtsgrundlagen für die Strukturreform der deutschen Bahnen, S. 70; *Gramlich*, ZUM 1998, S. 365 (373, insbesondere Fußnote 100); scheinbar auch *Bruhn*, Die Sicherstellung öffentlicher Aufgaben im Bereich der deutschen Telekommunikation unter Einfluß der

1. Verfassungsrechtliche Analyseebene

Eine Antwort auf die Frage, ob der Bund den in Art. 87 f GG normierten Gewährleistungsauftrag auch durch die innergesellschaftliche Steuerung der Deutschen Telekom AG verwirklichen darf oder muß, läßt sich aus dem Wortlaut der Gewährleistungsklausel nur schwer gewinnen. Der Begriff der *Gewährleistung* trifft keine Aussage darüber, welche Mittel der Staat zur Erreichung des vorgegebenen Standards einsetzen soll. Hier zeigt sich die für eine Staatszielbestimmung typische Eigenschaft, zwar eine bestimmte Aufgabe vorzugeben, jedoch die Wahl und die Ausgestaltung der zur Aufgabenerfüllung erforderlichen Instrumentarien der Staatsgewalt zu überlassen.[94] Demnach spricht der Wortlaut und die Rechtsnatur des Art. 87 f GG zumindest nicht gegen die Möglichkeit der Infrastrukturgewährleistung mittels innergesellschaftlicher Steuerung.

Die Genese der Norm läßt ebenfalls keine eindeutigen Rückschlüsse auf die Zulässigkeit der Infrastrukturgewährleistung mittels innergesellschaftlicher Steuerung zu. Innerhalb des Gesetzgebungsverfahrens blieb es bis zum Erlaß des Änderungsgesetzes des Grundgesetzes umstritten, ob der innergesellschaftliche Einfluß des Bundes bzgl. der Nachfolgeunternehmen der Bundespost im Gemeinwohlinteresse instrumentalisiert werden darf. Der Bundesrat bezeichnete es als sein Grundanliegen, die notwendige Infrastruktur im Post- und Telekommunikationsbereich zu erhalten und sprach sich demzufolge dafür aus, diese Zwecke auch mittels privatrechtlicher Einflußnahme zu verwirklichen.[95] Dies wurde von der Bundesregierung mit dem Hinweis auf die ordnungspolitisch angestrebte strikte Trennung zwischen hoheitlichem und unternehmerischem Bereich abgelehnt. Insbesondere würde – so die Auffassung der Bundesregierung – dadurch der Wettbewerb im Bereich der Telekommunikation zu Lasten der Nachfolgeunternehmen verzerrt und der Börsengang der Deutschen Telekom AG erschwert.[96] Zu einer Annäherung der gegensätzlichen Standpunkte kam es innerhalb des Gesetzgebungsverfahrens nicht. Aus der konkreten Formulierung der Gewährleistungsklausel läßt sich nicht schließen, welche Auffassung sich letztendlich durchgesetzt hat.[97]

---

europäischen Marktöffnung, S. 235 ff.; offensichtlich anderer Ansicht: *Pohl,* Der Universaldienst in der Telekommunikation, S. 202; *Gersdorf,* AfP 1998, S. 470 (475); *Hermes,* Staatliche Infrastrukturverantwortung, S. 184.

[94] Vgl. oben, 2. Kapitel, A IV 1.

[95] Stellungnahme des Bundesrates, BT-Drucks. 12/7269, S. 7: „Der Bundesrat stellt fest, daß diese Verpflichtung des Bundes nicht nur durch hoheitliche Maßnahmen, sondern gegebenenfalls auch durch andere, beispielsweise fiskalische Maßnahmen zu erfüllen ist."; vgl. in diesem Zusammenhang auch *Schuppert,* Schriftliche Stellungnahme, BT-Rechtsauss.-Prot. 117/94, S. 77: „Jedenfalls sollen die Steuerungsmöglichkeiten aus Anteilseigentum voll ausgeschöpft werden."

[96] Gegenäußerung der Bundesregierung, BT-Drucks. 12/7269, S. 10: „Die Bundesregierung hält es aber in Anbetracht der ordnungspolitisch gewollten Trennung hoheitlicher und unternehmerischer Zielsetzungen für grundsätzlich verfehlt, Regulierungsziele mit fiskalischen Mitteln zu verfolgen."

C. Der Gewährleistungsmodus

Die Lösung dieser umstrittenen Frage ergibt sich aber aus der Analyse des verfassungsrechtlichen und des verfassungshistorischen Kontextes. Einer Infrastrukturgewährleistung mittels der Instrumentarien der Beteiligungsverwaltung steht das Postulat der *Privatwirtschaftlichkeit der Dienstleistungen* der Deutschen Telekom AG gemäß Art. 87 f Abs. 2 S. 1 GG entgegen. Mit dem Begriff der Privatwirtschaftlichkeit hat das Wettbewerbsprinzip Einzug in das Recht der Telekommunikation gehalten und eine explizite Trennung der unternehmerischen von den politisch-hoheitlichen Zielsetzungen angeordnet. Danach stellt das Angebot von Telekommunikationsleistungen sowohl für die privaten Unternehmen als auch für die Deutsche Telekom AG materielle Wirtschaftstätigkeit dar.[98] Durch die Betonung der Wirtschaftlichkeit wird das Ziel des Unternehmens klar definiert: Nicht mehr die Daseinsvorsorge, oder die Erfüllung öffentlicher Aufgaben ist das Ziel der Unternehmenstätigkeit, sondern allein der Erwerbszweck.[99] Wie oben bereits dargelegt,[100] ergibt sich aus dieser unternehmerischen Ausrichtung die Pflicht aller Entscheidungsträger ihr Handeln allein an Marktgesetzlichkeiten auszurichten und das Angebot der Dienstleistungen von den damit verbundenen Gewinnerwartungen abhängig zu machen.[101] Eine innergesellschaftliche, von erwerbswirtschaftlichen Motiven abweichende, gemeinwohlorientierte Einwirkung des Bundes auf das Unternehmen würde der verfassungsrechtlichen Grundaussage der Privatwirtschaftlichkeit und der damit verbundenen Trennung von unternehmerischen und politischen Zielen diametral entgegenstehen.[102]

---

97 Vgl. *Menges,* Die Rechtsgrundlagen für die Strukturreform der deutschen Bahnen, S. 70; *Windthorst,* Der Universaldienst im Bereich der Telekommunikation, S. 353.

98 Ausführlich bereits, 1. Kapitel, C II 2; vgl. auch *Lerche,* in Maunz/Dürig, Grundgesetz-Kommentar, Art. 87 f. Rn. 54; *Uerpmann,* in v.Münch/Kunig, Grundgesetz-Kommentar, Art. 87 f Rn. 11; *Windthorst,* in Sachs (Hrsg.), Grundgesetz, Art. 87 f. Rn. 30; *Badura,* in Bonner Kommentar, Art. 87 f. Rn. 23; *Gersdorf,* AfP 1998, S. 470 (471).

99 Vgl. hierzu auch die Ausführungen hinsichtlich des Unternehmenszwecks der deutschen Telekom AG, 2. Kapitel, C II 2 b.

100 1. Kapitel, C II 2.

101 Vgl. in diesem Zusammenhang hinsichtlich der Parallelproblematik im Rahmen des Art. 87e Abs. 3 GG: *Hommelhoff/Schmidt-Aßmann,* ZHR 160 (1996), S. 521 (533 f.:): Gebot des „marktorientierten Ressourceneinsatzes".

102 In diesem Sinne wohl auch *Pohl,* Der Universaldienst in der Telekommunikation, S. 202: „Die Trennung von regulatorischen und betrieblichen Kompetenzen, verankert in Art. 87 f GG, verhindert ein maßgebliches Eingreifen der öffentlichen Hand in die Geschäfte des ehemaligen Monopolisten. Denn jede nachhaltige Einflußnahme des Staates auf das teilprivatisierte Unternehmen müßte als Umgehung der verfassungsrechtlichen Abschichtung von Aufgabenfeldern verstanden und so als rechtswidrig eingestuft werden."; ebenfalls in diesem Sinne, *Gersdorf,* AfP 1998, S. 470 (475): „Die Verfassung selbst, nämlich Art. 87 f. Abs. 2 Satz 1 GG begründet indes einen Autonomiestatus des Unternehmens, der dem Bund die Einflußnahme auf die operative Unternehmenspolitik verbietet."; vgl. hinsichtlich der Parallelproblematik im Eisenbahnwesen, *Hommelhoff/Schmidt-Aßmann,* ZHR 160 (1996) S. 521 (534): „Der Deutschen Bahn als Wirtschaftsunternehmen kann z. B. nicht angesonnen werden, eine unrentable und bloß Kosten verursachende Strecke auf Dauer weiterzubetreiben. Wollte der Bund die Unternehmensleitung der Deutschen Bahn als ihr Eigentümer

Ein weiteres Indiz gegen die Zulässigkeit der gemeinwohlorientierten Einflußnahme des Bundes auf die Deutsche Telekom AG mittels gesellschaftsrechtlicher Steuerung ergibt sich aus der Option des Bundes zur völligen Privatisierung des Unternehmens. Im Gegensatz zu anderen öffentlichen Unternehmen, wie den sog. Infrastrukturunternehmen der Deutschen Bahn, hinsichtlich derer gemäß Art. 87 e Abs. 3 S. 3 GG eine zeitlich unbegrenzte Pflicht des Bundes besteht, die Mehrheit der Anteile zu halten, ist es dem Bund von Verfassungs wegen nicht verboten, die Anteile an der Deutschen Telekom AG aufzugeben.[103] Der Zusammenhang zwischen der verfassungsrechtlichen Pflicht, dauerhaft die Mehrheit der Anteile an einem Unternehmen zu halten und der Frage, ob die gesellschaftsinterne Einwirkung eine verfassungsrechtlich vorgesehene Steuerungsmöglichkeit darstellt, ist offensichtlich. Die Verpflichtung zum dauerhaften Mehrheitsbesitz macht nur dann Sinn, wenn von denen aus der Anteilsmehrheit resultierenden Befugnissen in einer bestimmten Weise Gebrauch gemacht werden soll. Es ist kaum davon auszugehen, daß eine solche Mehrheitspflicht auf normativ höchster Ebene festgelegt wird, allein um dem Bund dauerhaft die Erträge des Unternehmens mehrheitlich zukommen zu lassen.[104] Die Anteile an einem florierenden Unternehmen zu halten, ist bereits ein Gebot wirtschaftspolitischer Vernunft, deren verfassungsrechtliche Absicherung nicht notwendig gewesen wäre und überdies im Ermessen des zuständigen Organs stehen sollte. Selbst wenn im Rahmen der letzten Verfassungsnovellen zunehmend die Tendenz erkennbar ist, das Grundgesetz mit Einzelheiten zu überfrachten,[105] so muß doch davon ausgegangen werden, daß der Verfassungsgeber eine zwingende dauerhafte Mehrheitsbeteiligung nur dann im Grundgesetz normiert, wenn damit ein über bloße fiskalische Ziele hinausgehendes Motiv besteht. Dieses Motiv kann nur darin liegen, Gemeinwohlbelange mittels des innergesellschaftlichen Einflusses zu sichern. In Fällen, in denen die Pflicht des Bundes zur dauerhaften Mehrheitsbeteiligung besteht, kann also davon ausgegangen werden, daß die gemeinwohlorientierte, innergesellschaftliche Einflußnahme des Staates auf die Entscheidungsprozesse des Unternehmens ein verfassungsrechtlich vorgesehenes Steuerungsinstrument darstellt.[106] Ausgehend von dieser Annahme, muß

---

veranlassen, diese Strecke trotzdem auf Dauer weiterzubetreiben, so würde er gegen die modale Führungsvorgabe aus Art. 87e Abs. 3 S. 1 GG verstoßen."; ebenso: *Hermes,* Staatliche Infrastrukturverantwortung, S. 184.

[103] Lediglich hinsichtlich der Deutschen Post AG begründet Art. 143 b Abs. 2 S. 2 die Pflicht des Bundes die Kapitalmehrheit mindestens fünf Jahre (bis zum 31. 12. 1999) zu halten.

[104] Vom selben Ansatz ausgehend: *Menges,* Die Rechtsgrundlagen für die Strukturreform der deutschen Bahnen, S. 60.

[105] Vgl. allgemein zur zunehmenden Detailliertheit der Verfassung: *Badura,* Anhörung vor dem Rechtsausschuß des Bundestages, Rechtsauss-Prot. 117/94, S. 3 f.: „Es ist in neuerer Zeit üblich geworden, die Verfassung mit einer großen Zahl von Details zu belasten und damit dem Gesetzgeber in hohem Maß Fesseln anzulegen. Das zeigt sich im Asylartikel, im Europaartikel, im Eisenbahnartikel und auch im Postartikel einschließlich der Übergangsregelungen."; ebenso *Heun,* Anhörung vor dem Rechtsausschuß des Bundestages, BT-Rechtsauss.-Prot. 117/94, S. 8: „große Detailwut des Verfassungsgesetzgebers".

C. Der Gewährleistungsmodus

aber auch der Umkehrschluß erlaubt sein. Wenn verfassungsrechtlich keine Pflicht des Bundes besteht, einen bestimmter Anteil an der Gesellschaft zu halten, so deutet dies darauf hin, daß die Eigentümerstellung des Bundes zur Wahrnehmung seiner Aufgaben als nicht zwingend erforderlich angesehen wird.[107] Da es ihm von Verfassungs wegen jederzeit möglich ist, sich seiner Anteile, und damit seiner internen Einflußmöglichkeiten zu entledigen, wird unmittelbar zum Ausdruck gebracht, daß die innergesellschaftliche Steuerung kein verfassungsrechtlich vorgesehenes Steuerungsinstrument ist. Es kann daher festgehalten werden, daß die Option zur völligen Privatisierung der Deutschen Telekom AG ein weiteres Indiz dafür darstellt, daß die innergesellschaftliche gemeinwohlorientierte Einflußnahme des Bundes vom Grundgesetz nicht als Instrument zur Infrastrukturgewährleistung vorgesehen ist.

Zusätzlich sprechen verfassungshistorische Aspekte gegen die Zulässigkeit der Infrastrukturgewährleistung mittels Instrumentarien der Beteiligungsverwaltung. Wie im geschichtlichen Teil der Arbeit bereits angesprochen,[108] war ein wesentlicher Grund der Postreformen die Ineffizienz der Bundespost und ihrer Nachfolgeunternehmen. Diese Ineffizienz ergab sich insbesondere aus ihrer politisch abhängigen Stellung und den zum Teil konfligierenden Unternehmenszielen, die zu einer wenig durchsichtigen Gemengelage zwischen Gemein- und Privatnützigkeit führten. Sinn und Zweck der Postreformen war es unter anderem, diese unternehmerisch problematische Situation zu beenden und die hoheitliche von der unternehmerischen Komponente strikt zu trennen. Demzufolge sollten die Nachfolgeunternehmen vom Gemeinwohlauftrag befreit und allein dem Erwerbsprinzip unterworfen werden.[109] Mit der Bejahung der Zulässigkeit der gemeinwohlorientierten innergesellschaftlichen Einflußnahme durch den Staat würde aber quasi durch die Hintertür ein Gemeinwohlauftrag der Deutschen Telekom AG wieder eingeführt

---

106 Aufgrund dieses theoretischen Ansatzes kommt *Menges,* Die Rechtsgrundlagen für die Strukturreform der deutschen Bahnen, S. 60 f.; hinsichtlich des Eisenbahnverfassungsrechts zu dem Ergebnis, daß eine gemeinwohlorientierte innergesellschaftliche Einflußnahme des Bundes hinsichtlich der Infrastrukturunternehmen zulässig ist, hinsichtlich der Verkehrsunternehmen, bzgl. derer keine dauerhafte Mehrheitspflicht des Bundes besteht, aber ausgeschlossen ist; ähnlich: *Schmidt-Aßmann/Röhl,* DÖV 1994, S. 577 (585); zustimmend: *Hermes,* Staatliche Infrastrukturverantwortung, S. 179.

107 *Schmidt-Aßmann/Röhl,* DÖV 1994, S. 577 (585); insoweit inkonsequent: *Windthorst,* Der Universaldienst im Bereich der Telekommunikation, S. 352 f., der einerseits zur Begründung der gesellschaftsrechtlichen Ingerenzpflicht im Eisenbahnverfassungsrecht die dauerhafte Mehrheitspflicht des Bundes aus Art. 87e Abs. 3 S. 3 GG heranzieht, auf der anderen Seite aber trotz der Veräußerungsoption des Bundes an der Zulässigkeit der innergesellschaftlichen Einflußnahme im Telekommunikationsbereich festhält.

108 Vgl. 1. Kapitel, C I 2.

109 Vgl. Gegenäußerung der Bundesregierung, BT-Drucks. 12/7269, S. 10; ebenso: *Witte,* ZögU 1997, S. 434 (440): „Mit der Privatisierung der Deutschen Telekom AG kann sich die Leitung des Unternehmens ganz auf ihre betriebswirtschaftliche Aufgabe konzentrieren (...).Die Wahrung des Gemeinwohls wird also aus der Vermischung mit mikroökonomischen Aspekten herausgelöst und ausschließlich der politischen Instanz zugeordnet."

und damit die durch die Postreform zu beseitigende Zwitterstellung zwischen Wirtschaftsunternehmen und Behörde wieder aufs neue begründet.[110]

In diesem Zusammenhang ist auch zu bedenken, daß gemeinwohlmotivierte Pflichtleistungen der Postunternehmen stets mit der Gewährung reservierter Bereiche korrelierten. Aufgrund der Monopolstellung war es den Unternehmen in bestimmten Sektoren mangels Wettbewerbsdruck möglich, hohe Gewinne zu erzielen und damit unrentable Dienstleistungen im Pflichtleistungsbereich auszugleichen (sog. interne Queralimentation). Nach Abschluß der Postreformen besteht im hier relevanten Telekommunikationssektor aufgrund der umfassenden Liberalisierungsentscheidung kein reservierter Bereich zugunsten der Deutschen Telekom AG mehr.[111] Bei interner Einflußnahme des Bundes, die darauf gerichtet ist, gewisse unrentable Leistungen zu Gunsten des Gemeinwohls erbringen zu müssen, entfällt daher die Möglichkeit zur Quersubventionierung. Im Vergleich zur Situation vor den Postreformen würde die Wettbewerbsfähigkeit der Deutschen Telekom AG sogar noch verschlechtert, der Sinn der Postreformen mithin ad absurdum geführt.

Die verfassungsrechtliche Analyse spricht daher gegen die Zulässigkeit der Infrastrukturgewährleistung mittels innergesellschaftlicher Einflußnahme.

2. Gesellschaftsrechtliche Aspekte

Dieses auf verfassungsrechtlicher Ebene gefundene Ergebnis wird zusätzlich durch gesellschaftsrechtliche Überlegungen untermauert. Einer innergesellschaftlichen gemeinwohlmotivierten Einflußnahme des Staates steht die Bindung aller Entscheidungsträger der Deutschen Telekom AG an deren Gesellschaftszweck entgegen.

a) Gesellschaftszweck und Unternehmensgegenstand im allgemeinen

Der Begriff des Gesellschaftszwecks hat zwar keine gesetzliche Definition erfahren, läßt sich jedoch mit der grundsätzlichen Zielsetzung der Gesellschaft umschreiben.[112] Wenn teilweise davon gesprochen wird, daß es sich beim Gesellschaftszweck um die zusammengefaßten gemeinschaftlichen Interessen der Gesellschafter handelt,[113] so ist dies nur bedingt zutreffend. Der Gesellschaftszweck hat überindividuellen Charakter und bezeichnet nicht den Zweck der Gesellschafter,

---

[110] Im Ansatz ebenso: *Gersdorf*, AfP 1998, S. 470 (472).

[111] Seit dem 1. 1. 1998 besteht mit der Aufhebung des Netz- und Telefondienstmonopols kein zugunsten der Deutschen Telekom AG reservierter Bereich mehr; vgl. § 97 Abs. 2 TKG; § 100 Abs. 1 S. 1 TKG.

[112] *K. Schmidt,* Gesellschaftsrecht, S. 68, m. w. N.

[113] So: *Becker,* Die Erfüllung öffentlicher Aufgaben durch gemischtwirtschaftliche Unternehmen, S. 112; *Schön,* ZGR 25 (1996), S. 429 (438).

C. Der Gewährleistungsmodus

sondern den Zweck der Gesellschaft als solcher, der durchaus vom Beteiligungszweck des einzelnen Aktionärs deutlich abweichen kann.[114] Aktiengesellschaften können für jeden gesetzlich erlaubten Zweck gegründet werden, insbesondere sind die Gründer in der Entscheidung frei, ob der Gesellschaft die Gewinnerzielung als oberstes Prinzip gesetzt wird, oder ob eine davon abweichende soziale oder ideelle Zielsetzung gefällt wird. Gerade im Bereich der gemischtwirtschaftlichen Unternehmen, also solcher Zusammenschlüsse, an denen der Staat und als Private gleichzeitig beteiligt sind,[115] werden erwerbswirtschaftliche Zielsetzungen und soziale Motive häufig kombiniert, so daß die Entscheidungsträger vor die anspruchsvolle Aufgabe gestellt werden, möglichst beide Maximen zu verwirklichen oder sie zumindest zu einem gerechten Ausgleich zu bringen. Insgesamt besteht Einigkeit, daß mit der satzungsmäßigen Festlegung des Unternehmenszwecks die Grundsatzentscheidung über die Unternehmensführung und den Charakter der Gesellschaft getroffen wird.[116] Sofern es an einer ausdrücklichen Festlegung des Gesellschaftszwecks in der Satzung fehlt, und sich auch durch Auslegung kein sonstiger Zweck ermitteln läßt, wird regelmäßig von einer rein erwerbswirtschaftlichen Zielsetzung der Gesellschaft auszugehen sein.[117] Besteht der Zweck der Gesellschaft demnach in der Erzielung von Gewinnen, so sind sämtliche Gesellschaftsorgane an diese Zielsetzung gebunden, und es ist ihnen verwehrt eine karitative oder gemeinnützige Unternehmenspolitik zu betreiben.[118]

Vom Begriff des Gesellschaftszwecks ist der Gegenstand der Gesellschaft (sog. Unternehmensgegenstand) zu unterscheiden.[119] Nach § 23 Abs. 3 Nr. 2 AktG muß die Satzung einer Aktiengesellschaft den Gegenstand des Unternehmens beschreiben. Mit der Festsetzung des Unternehmensgegenstandes wird der Tätigkeitsrahmen definiert, in dem sich die Aktivität der Gesellschaft zu bewegen hat.[120] Außerdem dient die Festlegung des Unternehmensgegenstandes in der

---

[114] *K.Schmidt*, Gesellschaftsrecht, S. 62 ff.; *Roth*, Handels- und Gesellschaftsrecht, S. 135; grundlegend *Flume*, in Festschrift für Beitzke, S. 43 (62).

[115] Zum Teil wird auch synonym der Begriff der Private Public Partnership verwendet, vgl. *Habersack*, ZGR 25 (1996), S. 544 (545 f.).

[116] Stellvertretend: *Schön*, ZGR 25 (1996), S. 429 (440), m. w. N.; anderer Auffassung offensichtlich *Haverkate*, VVDStRL 46 (1988), S. 217 (228), der bei staatlich beherrschten Unternehmen prinzipiell von einem „ungeschriebenen Rangvorbehalt" zugunsten des öffentlichen Zwecks ausgeht.

[117] So die ganz herrschende Meinung innerhalb des gesellschaftsrechtlichen und des öffentlich-rechtlichen Schrifttums: *Schön*, ZGR 25 (1996), S. 429 (440); *Habersack*, ZGR 25 (1996), S. 544 (551), *Emmerich*, in Scholz, GmbHG, § 1 Rn. 2a; *Ehlers*, DVBl. 1997, S. 137 (142); *Püttner*, Die öffentlichen Unternehmen, S. 235 f.

[118] Vgl. hierzu: *Habersack*, ZGR 25 (1996), S. 544 (552.); *Menges*, Die Rechtsgrundlagen für die Strukturreform der deutschen Bahnen, S. 158.

[119] Allgemein zur Unterscheidung von Gesellschaftszweck und Unternehmensgegenstand: *Lutter/Hommelhoff*, Kommentar zum GmbHG, § 1 Rn. 2 f.; *Ulmer*, in Hachenburg/Ulmer, Kommentar zum GmbHG, § 1 Rn. 2 ff.; *K.Schmidt*, Gesellschaftsrecht, S. 67 ff.; *Habersack*, ZGR 25 (1996), S. 544 (551).

beim Handelsregister zu hinterlegenden Satzung dazu, den Rechtsverkehr über das Tätigkeitsfeld einer Gesellschaft zu unterrichten und insbesondere potentielle Aktionäre über die Risiken des Unternehmens zu informieren.[121] Ausnahmsweise kann die Beschreibung des Unternehmensgegenstandes aber auch Anhaltspunkte für einen auf die Verfolgung anderer als erwerbswirtschaftlicher Ziele gerichteten Gesellschaftszweck liefern. Dies bedarf jedoch einer Auslegung im Einzelfall, bei der insbesondere dem Schutz des Minderheitsaktionärs Rechnung getragen werden muß.[122]

b) Gesellschaftszweck der Deutschen Telekom AG

Nachfolgend ist der Gesellschaftszweck der Deutschen Telekom AG zu bestimmen. Eine explizite Festlegung des Zwecks in der Satzung der Deutschen Telekom AG fehlt. Dies ist insofern von entscheidender Bedeutung, als im Rahmen des Gesetzgebungsverfahrens mehrfach auf die Notwendigkeit der Fixierung eines von der rein erwerbswirtschaftlichen Zielsetzung abweichenden Gesellschaftszwecks hingewiesen wurde, um die Deutsche Telekom AG im Interesse des Gemeinwohls instrumentalisieren zu können.[123] Dies wäre aus gesellschaftsrechtlicher Sicht durchaus möglich gewesen, da der Bund als alleiniger Gründer der Aktiengesellschaft den Gesellschaftszweck autonom festsetzen konnte.[124] Die Entscheidung gegen die Aufnahme einer solchen gemeinwohlorientierten Zwecksetzung indiziert schon, daß die innergesellschaftliche Einflußnahme kein vorgesehenes Instrument zur Infrastrukturgewährleistung darstellt. Ein davon abweichendes Ergebnis läßt sich auch nicht durch die Auslegung sonstiger Satzungsbestimmungen, wie des Unternehmensgegenstandes, belegen. Der Gegenstand des Unternehmens ist in § 2 der Satzung der Deutschen Telekom AG wie folgt definiert:

---

[120] Vgl. in diesem Zusammenhang, *Menges,* Die Rechtsgrundlagen für die Strukturreform der deutschen Bahnen, S. 157: „Während der Gegenstand beschreibt, womit sich die Gesellschaft vermittels ihres Unternehmens beschäftigt, besagt der Zweck, warum sie dies tut."; zur Verdeutlichung dieser Unterscheidung läßt sich ein von *Lutter/Hommelhoff,* Kommentar zum GmbHG, § 1 Rn. 3, gebildetes Beispiel heranziehen: Der Unternehmensgegenstand einer fiktiven Gesellschaft läßt sich mit dem Begriff „Export von know how" umschreiben, damit ist aber noch keine Aussage zum Unternehmenszweck getroffen. Dieser kann sowohl auf Gewinnerzielung gerichtet sein, es kann aber auch ein gemeinnütziger Zweck im Sinne einer gewinnfreien Entwicklungshilfe verfolgt werden.

[121] *Schön,* ZGR 25 (1996), S. 429 (442), m. w. N.

[122] *Habersack,* ZGR 25 (1996), S. 544 (561); zur Auslegung von Satzungen und Gesellschaftsverträgen: *K. Schmidt,* Gesellschaftsrecht, S. 93 ff.

[123] *Schuppert,* Schriftliche Stellungnahme, BT-Rechtsauss.-Prot. 117/94, S. 68 (78).

[124] Von dieser (gesellschafts-) rechtlichen Ebene zu unterscheiden ist aber die wirtschaftlich-unternehmerische Ebene. Ein wesentliches Ziel des Bundes war es, die Deutsche Telekom an der Börse zu plazieren und für private Anleger zu öffnen. Eine satzungsmäßige Festlegung eines vom Erwerbsstreben abweichenden Unternehmenszwecks hätte vermutlich ein Großteil der Anleger abgeschreckt und so den Börsengang erschwert.

C. Der Gewährleistungsmodus

„Gegenstand des Unternehmens ist die Betätigung im gesamten Bereich der Telekommunikation und in verwandten Bereichen im In- und Ausland."

Die Formulierung beschreibt allein die Tätigkeit und ist zielneutral. Eine vom Erwerbszweck abweichende Zielsetzung des Unternehmens läßt sich der Bestimmung des Unternehmensgegenstandes somit nicht entnehmen.[125]

Zusätzlich verbleibt noch zu überlegen, ob sich nicht eine konkludente Gemeinwohlzielsetzung aufgrund des Beteiligteninteresses des Bundes als Mehrheitsgesellschafter ergeben kann. Dies wird insbesondere hinsichtlich der Infrastrukturunternehmen der Deutschen Bahn diskutiert, bei denen ebenfalls keine satzungsmäßige Festsetzung eines altruistischen Unternehmenszwecks existiert.[126] Basierend auf dem Gedanken, daß sich das Gesellschaftsinteresse aus dem einheitlich als vernünftig unterstellten Willen der Gesellschafter ergibt, wird innerhalb der Literatur zum Teil zwischen einer in öffentlicher Hand befindlichen Gesellschaft und einer Gesellschaft mit privaten Anteilseignern unterschieden. Hinsichtlich einer Gesellschaft von privaten Anteilseignern muß von der Standardzielsetzung des Aktiengesetzes ausgegangen werden, das eingesetzte Kapital zu vermehren.[127] Die öffentliche Hand hingegen – so die zum Teil vertretene Auffassung – ist auf öffentliche Ziele festgelegt und hat nur untergeordnetes Interesse an der Gewinnerzielung. Die Standardzielsetzung des Aktiengesetzes würde daher bei rein öffentlichen Unternehmen durch das Beteiligteninteresse des einzigen Gesellschafters widerlegt und die Gesellschaft damit konkludent der gemeinwohlorientierte Zielsetzung der öffentlichen Hand unterstellt.[128]

Ungeachtet der schon fragwürdigen dogmatischen Grundlage, scheitert ein Transfer dieses Ansatzes auf den Gesellschaftszweck der Deutschen Telekom AG schon an dem fehlenden einheitlichen Gesellschafterwillen innerhalb des Unternehmens. Im Gegensatz zur Deutschen Bahn stellt die Deutsche Telekom AG ein gemischtwirtschaftliches Unternehmen dar, an dem neben dem Bund auch private Anleger beteiligt sind. Die Motivation des privaten Anlegers ist aber rein gewinnorientiert, ein altruistisches Interesse kann ihm nicht unterstellt werden.[129] Es fehlt

---

[125] Eine andere Auslegung könnte sich beispielsweise dann ergeben, wenn der Gegenstand des Unternehmens als flächendeckende Versorgung der Bevölkerung mit Telekommunikationsleistungen beschrieben würde.

[126] *Burger,* Zuständigkeiten und Aufgaben des Bundes für den öffentlichen Personenverkehr nach Art. 87e GG, S. 78 ff.; *Menges,* Die Rechtsgrundlagen für die Strukturreform der deutschen Bahnen, S. 159.

[127] Diese Standardzielsetzung des Aktiengesetzes wird in erster Linie aus § 58 Abs. 4, § 90 Abs. 1 Nr. 2 AktG hergeleitet; zum Teil wird zur Begründung aber auch § 3 AktG herangezogen; vgl. *Menges,* Die Rechtsgrundlagen für die Strukturreform der deutschen Bahnen, S. 158, m. w. N.

[128] So ausdrücklich *Haverkate,* VVDStRL 46 (1988), S. 217 (228); zu diesem Aspekt vgl. auch *Menges,* Die Rechtsgrundlagen für die Strukturreform der deutschen Bahnen, S. 159.

[129] Ausführlich zum rein kommerziellen Interesse des Privataktionärs, 4. Kapitel, B II 2; vgl. auch *Harbarth,* Anlegerschutz in öffentlichen Unternehmen, S. 43.

damit schon am einheitlichen Gesellschafterwillen, der Voraussetzung für die Konstruktion einer konkludenten Gemeinwohlzwecksetzung ist. Außerdem würde eine bloß konkludente gemeinwohlorientierte Zielvorgabe nicht die erforderliche Schutzfunktion zugunsten des potentiellen Anlegers entfalten. Der Anlegerschutz erfordert, daß eine vom Erwerbszweck abweichende Zielsetzung expressis verbis in der Satzung festgelegt ist.[130] Eine altruistische Zwecksetzung der Deutschen Telekom AG läßt sich damit auch nicht konkludent feststellen.

Daraus folgt, daß der Gesellschaftszweck der Deutschen Telekom AG allein in der Erzielung von Gewinnen liegt. Demnach haben sämtliche Gesellschaftsorgane ihre Aktivität ausschließlich an erwerbswirtschaftlichen Zielen auszurichten. Dem Bund als Mehrheitsaktionär ist es daher verwehrt, im Rahmen der ihm unmittelbar und mittelbar zustehenden Kompetenzen, eine gemeinnützige von Rentabilitätserwägungen abweichende Unternehmenspolitik zu betreiben.[131] Für den Fall, daß er dies trotzdem tut, sieht das Aktienrecht bestimmte Sanktionsmöglichkeiten vor. Sofern der Bund auf die Willensbildung der Deutschen Telekom AG mittels seiner Stimmrechtsmacht in der Hauptversammlung einwirkt – und dies stellt seine zentrale Einflußmöglichkeit dar[132] – um dadurch spezifische öffentliche Interessen zum Nachteil der wirtschaftlichen Belange der Gesellschaft durchzusetzen, so berechtigt dies gemäß § 243 Abs. 1 und Abs. 2 AktG zur Anfechtung des Hauptversammlungsbeschlusses.[133] Außerdem stellt die politisch motivierte Stimmabgabe

---

130 So auch: *Trott zu Solz,* Die staatlich beeinflußte Aktiengesellschaft als Instrument der öffentlichen Verwaltung, S. 54 f.; *Hommelhoff,* ZGR 23 (1994), 395 (404); *Kleindiek,* Strukturvielfalt im Personengesellschafts- Konzern, S. 77 f.; dieser Aspekt wird m.E. insbesondere von *Haverkate,* VVDStRL 46 (1988), S. 217 (228 f.) zu wenig beachtet.

131 Auch die Bundesanstalt für Post- und Telekommunikation, die gemäß § 3 Abs. 1 S. 2 Nr. 1 BAPostG die Aktionärsrechte des Bundes wahrnimmt, ist bei Ausübung dieser Rechte unmittelbar an den Gesellschaftszweck gebunden. § 3 Abs. 1 S. 2 Nr. 1 BAPostG i.V.m. § 32 Satzung BAPost eröffnet nicht die Möglichkeit entgegen dem Gesellschaftszweck gemeinwohlmotiviert auf die Führung des Unternehmens einzuwirken. Dies wurde dem Verfasser auf persönliche Anfrage von einem Mitarbeiter der Bundesanstalt auch ausdrücklich mitgeteilt; deshalb verfehlt: *Windthorst,* Der Universaldienst im Bereich der Telekommunikation, S. 350.

132 Die Organisationsverfassung der Aktiengesellschaft ist durch die Trennung von Geschäftsführungsorgan auf der einen Seite und den Gesellschaftern als Eigentümern auf der anderen Seite geprägt. Die Einflußmöglichkeiten des Aktionärs bestimmen sich in erster Linie durch die Kompetenzen der Hauptversammlung. Dem Bund, der noch immer (Stand Dezember 2000) Mehrheitsgesellschafter der Deutschen Telekom AG ist, verfügt über die (einfache) Stimmrechtsmehrheit in der Hauptversammlung, die es ihm u. a. ermöglicht, die Hälfte der Aufsichtsratmitglieder zu bestimmen, über die Verwendung des Bilanzgewinns zu entscheiden, die Mitglieder des Vorstandes und die Aufsichtsrates zu entlassen und Abschlußprüfer zu bestellen (vgl. § 119 AktG). Nach der Grundentscheidung des § 76 AktG liegt die Verantwortung für die Leitung der Gesellschaft aber allein beim Vorstand. Jede unmittelbare Einwirkung sowohl der Aktionäre, als auch des Aufsichtsrates auf Entscheidungen des Vorstandes ist ausgeschlossen. Auch hinsichtlich der personellen Besetzung des Vorstandes hat der Bund als Mehrheitsaktinonär allenfalls mittelbaren Einfluß.

133 Vgl. hierzu: *Habersack,* ZGR 25 (1996), S. 544 (561); *Schön,* ZGR 25 (1996), S. 429 (448); Demnach ist die Erfüllung öffentlicher Interessen durch eine gewinnorientierte Gesell-

in der Hauptversammlung einen Verstoß gegen den in § 53a AktG verankerten Grundsatz der Gleichbehandlung der Aktionäre und einen Verstoß gegen die aktienrechtliche Treuepflicht dar, sofern durch den Beschluß die finanziellen Belange der privaten Minderheitsgesellschafter verletzt werden.[134]

Es kann damit festgehalten werden, daß auch die konkrete Ausgestaltung der Satzung der Deutschen Telekom AG gegen die Möglichkeit der gemeinwohlorientierten gesellschaftsinternen Einflußnahme zum Zweck der Infrastrukturgewährleistung spricht,[135] und damit das bereits auf verfassungsrechtlicher Ebene gefundene Ergebnis noch untermauert wird.

III. Ergebnis

Die Analyse des verfassungsrechtlichen Umfelds der Gewährleistungsklausel hat gezeigt, daß die innergesellschaftliche Einflußnahme durch den Bund als Anteilseigner kein verfassungsrechtlich vorgesehenes Instrument zur Infrastrukturgewährleistung darstellt. Einer solchen internen, am Interesse des Gemeinwohls orientierten Steuerung steht insbesondere das Postulat der Privatwirtschaftlichkeit der Dienstleistungserbringung und die mit der Postreform II bezweckte strikte Trennung zwischen unternehmerischer und hoheitlicher Ebene entgegen. Gestützt wird dieses Ergebnis noch durch die Ausgestaltung der Satzung der Deutschen Telekom AG, deren Unternehmenszweck, an den alle Entscheidungsträger gebunden sind, eindeutig rein erwerbswirtschaftlich ausgerichtet ist. Daraus ergibt sich, daß der in Art. 87 f GG verankerte Infrastrukturgewährleistungsauftrag allein durch Regulierung, und damit mittels der externen Steuerung durch Instrumente des Wirtschaftsverwaltungsrechts umzusetzen ist.

---

schaft ein Sondervorteil i. S. d. § 243 Abs. 2 AktG zugunsten des staatlichen Aktionärs, weil dies nur seinen selbstdefinierten Interessen zugute kommt.

[134] *Schön,* ZGR 3 / 1996, S. 429 (448), m. w. N.

[135] Zu überlegen wäre allenfalls ob dem Bund, die verfassungsrechtliche Zulässigkeit vorausgesetzt, Mittel des Konzernrechts zur Verfügung stehen würden. Dies wäre insbesondere der Fall, wenn die Möglichkeit zum Abschluß eines Beherrschungsvertrages bestehen würde. Dies ist dem Bund- präziser der Bundesanstalt für Post und Telekommunikation, die gemäß § 3 Abs. 1 S. 2 Nr. 1 BAPostG die Aktionärsrechte des Bundes wahrnimmt- aber ausdrücklich untersagt (vgl. § 2 Abs. 3 S. 2 Satzung BAPost). In Betracht kämen allenfalls die Grundsätze vom faktischen Konzern im Sinne der § 311 Abs. 1 AktG. Zu bedenken ist allerdings, daß selbst bei der Zahlung eines Nachteilsausgleichs durch den Staat, keine Verpflichtung des Vorstandes der Deutschen Telekom AG besteht, das für sie nachteilige Rechtsgeschäft vorzunehmen; vgl. hierzu: *Hommelhoff/Schmidt-Aßmann,* ZHR 160 (1996), S. 521 (554 ff.); *Habersack* ZGR 25 (1996), S. 545 (557); *Raiser,* ZGR 25 (1996), S. 458 ff.; zum anderen würde eine Verpflichtung der Deutschen Telekom AG eine bestimmte Dienstleistung gegen Zahlung eines Ausgleichsbeitrages anzubieten, mit den im TKG verankerten detaillierten Universaldienstregeln, die ebenfalls ein bestimmtes Ausgleichssystem vorsehen, konfligieren.

D. Endergebnis und Zusammenfassung des zweiten Kapitels

Die staatliche Infrastrukturverantwortung für den entmonopolisierten und privatisierten Telekommunikationsmarkt ergibt sich ausdrücklich aus Art. 87 f GG, der den in Art. 87 Abs. 1 GG enthaltenen Gedanken der staatlichen Daseinsvorsorge in modifizierter Form fortführt. Zur Analyse der Vorschrift wurde methodisch zwischen den Untersuchungsebenen Verpflichtungswirkung, Gewährleistungsniveau und Gewährleistungsmodus unterschieden.

Es konnte zunächst festgestellt werden, daß der Norm unmittelbare *Verpflichtungswirkung* zukommt und eine Garantie zugunsten eines bestimmten Gewährleistungsniveaus normiert. Die Gewährleistungsklausel vermittelt jedoch keine subjektive Rechte. Der Gewährleistungsauftrag wendet sich an alle Staatsgewalt des Bundes, wobei die Intensität dieser Bindungswirkung erheblich divergiert. Die primäre Umsetzungslast des Auftrages trifft den Gesetzgeber, während die Bindungswirkung von Exekutive und Judikative nur subsidiär ist. Der Auftrag vermittelt keine Bindungswirkung hinsichtlich der Telekommunikationsunternehmen. Deren verfassungsrechtliche Stellung wird statt dessen primär durch den Grundsatz der Privatwirtschaftlichkeit geprägt.

Das zu gewährleistende *Versorgungsniveau* wird mit den Attributen „flächendeckend angemessen" und „ausreichend" konturiert. Der Begriff „ausreichend" betrifft die Quantität der zu gewährleistenden Dienstleistungen, der Terminus „angemessen" die Qualität der Dienstleistungen einschließlich der Preis-Leistungs-Relation. Trotz der relativen Offenheit dieser Direktiven konnte dargelegt werden, daß sich das verfassungsrechtlich gebotene Versorgungsniveau im wesentlichen auf eine Basisversorgung beschränkt. Der Begriff „flächendeckend" betrifft die geographische Dimension des Gewährleistungsniveaus. Danach muß jeder potentielle Nutzer in der Bundesrepublik Deutschland Zugang zu den zur Basisversorgung gehörenden Leistungen haben. Dieses Kriterium fordert jedoch weder eine flächengleiche Versorgung, noch eine Garantie der Tarifeinheit im Raum.

Als Instrumente zur Zielerreichung (*Gewährleistungsmodus*) kommen allein externe Ansätze zur Steuerung des Wettbewerbs („Regulierung") in Betracht. Sowohl eine unmittelbare Erbringung der Dienstleistung durch den Staat, als auch eine Steuerung der Deutschen Telekom AG über gesellschaftsrechtliche Befugnisse ist nach der verfassungsrechtlichen Grundentscheidung ausgeschlossen. Untermauert wurde dies durch eine gesellschaftsrechtliche Betrachtung.

Demzufolge erzeugt Art. 87 f GG primär die Verpflichtung für den Gesetzgeber, Rahmenbedingungen für einen funktionierenden Wettbewerb zu schaffen und Regulierungsinstrumente bereitzustellen, die es im Falle eines partiellen Marktversagens ermöglichen, die verfassungsrechtlich gebotene Versorgung durch Steuerung der Wettbewerber sicherzustellen.

Drittes Kapitel

Das Universaldienstkonzept als Gewährleistungsinstrument: Konzeption und Tauglichkeit

Der aktuelle und zukünftige ordnungspolitische Rahmen der Telekommunikation wird durch das Telekommunikationsgesetz vom 25. 7. 1996[1] bestimmt. Es ist daher zu untersuchen, welche Instrumente dieses Gesetz zur Sicherung einer flächendeckend angemessenen und ausreichenden Infrastruktur vorsieht, und ob diese Mittel tatsächlich den vorgegebenen Standard garantieren können. Der Gesetzgeber hat sich bei der Schaffung des Telekommunikationsgesetzes für eine modifizierte Marktlösung entschieden. Ausgehend von der Annahme, daß ein freier Wettbewerb in einem zukunftsträchtigen und daher lukrativen Markt die flächendeckende (Grund-) Versorgung der Bevölkerung im wesentlichen von selbst sicherstellt, wurde auf eine ex ante Verpflichtung der Wettbewerber, in einer bestimmten Weise tätig zu werden, verzichtet.[2] Im Vertrauen auf einen funktionierenden Wettbewerb sieht das Telekommunikationsgesetz mit den sog. Universaldienstregeln (§§ 17 ff. TKG) nur einen subsidiären Mechanismus vor, der erst zum Einsatz kommt, wenn ein bestimmtes Versorgungsniveau durch das freie Spiel der Marktkräfte nicht erreicht wird. Da die Bezeichnung „Universaldienst" und die konkrete Ausgestaltung dieses Konzepts durch verschiedenste Akte des Gemeinschaftsrechts geprägt und beeinflußt sind, vollzieht sich die folgende Untersuchung systematisch in drei Schritten: Nach der Deskription des gemeinschaftsrechtlichen Umfeldes (A.) wird der Universaldienstmechanismus des Telekommunikationsgesetzes erläutert (B.) und schließlich analysiert, ob dieses Konzept tatsächlich das verfassungsrechtlich gebotene Versorgungsniveau garantiert (C.).

---

[1] BGBl. I S. 1120.

[2] Vgl. Begründung zum Gesetzentwurf, BT-Drucks. 13/2609, S. 41; vgl. auch *Etling/ Ernst*, Telekommunikationsgesetz, § 17 Rn. 2.

A. Die Universaldienstkonzeption auf europäischer Ebene

I. Einführung

Die Maßnahmen der Europäischen Union im Telekommunikationssektor waren entsprechend der wirtschafts- und wettbewerbsorientierten Zielsetzung der Gemeinschaft primär darauf ausgerichtet, zwischenstaatliche Wettbewerbshindernisse zu beseitigen und einen gemeinschaftsweiten, offenen und unverfälschten Verkehr von Waren und Dienstleistungen zu fördern. Basierend auf dem *"Grünbuch über die Entwicklung des gemeinsamen Marktes für Telekommunikationsdienstleistungen und Telekommunikationsendgeräte"*[3] konzentrierte sich das Vorgehen der Gemeinschaft zunächst auf den Abbau der Monopolstellungen von nationalen Organisationen und die vollständige Liberalisierung der Märkte. Zur Durchsetzung der Liberalisierungsziele griff die Europäische Kommission dabei auf ihre umfassenden Rechte aus Art. 90 Abs. 3 EGV (*jetzt: Art. 86 Abs. 3 EGV*) zurück und übte mittels dieser Richtlinienkompetenz weitreichenden Einfluß auf die Entwicklung der Märkte innerhalb der einzelnen Mitgliedsstaaten aus.[4]

Die Bedeutung einer flächendeckenden Telekommunikationsinfrastruktur wurde auf Gemeinschaftsebene zwar recht frühzeitig erkannt, fand jedoch, im Schatten der Liberalisierungsbestrebungen, lange Zeit nur Eingang in Grünbücher der Kommission[5] und Entschließungen des Rates,[6] also in solche Akte, die zwar rechtspolitische Zielvorstellungen zum Ausdruck bringen, jedoch für die einzelnen Mit-

---

[3] KOM (87) 290, vom 30. 6. 1987; vgl. hierzu auch *Naftel*, Journal of Transnational law and policy, Vol. 7 (1997), S. 1 (8 f.).

[4] Vgl. hierzu bereits oben, 1. Kapitel, C I 1.

[5] Vgl. etwa: Mitteilung der Kommission vom 30. 6. 1987: Auf dem Wege zu einer dynamischen Europäischen Volkswirtschaft. Grünbuch über die Entwicklung des gemeinsamen Marktes für Telekommunikationsdienstleistungen und Telekommunikationsendgeräte, Kom (87) 290, endg. Ratsdokument Nr. 7961/89, BT- Drucks. 11/93, S. 31 ff.; Mitteilung der Kommission vom 25. 10. 1994 an den Rat und an das Europäische Parlament: Grünbuch über die Liberalisierung der Telekommunikationsinfrastruktur und der Kabelfernsehnetze (Teil 1), KOM (94) 440, endg. Ratsdokument 10589/94, BR-Drucks. 1075/94, S. 30 ff.; Mitteilung der Kommission vom 25. 1. 1995 an den Rat und an das Europäische Parlament: Grünbuch über die Liberalisierung der Telekommunikationsinfrastruktur und Kabelfernsehnetze (Teil 2) – Ein gemeinsames Konzept zur Bereitstellung einer Infrastruktur für Telekommunikation in der Europäischen Union, KOM (94) 682, endg. Ratsdokument 4674/95, BR-Drucks. 101/95; S. 118 ff. Teil 1, BR-Drucks. 1075/94, S. 30 ff.

[6] Entschließung des Rates vom 30. 6. 1988 über die Entwicklung des gemeinsamen Marktes für Telekommunikationsdienste und /-geräte bis 1992 (88/C 257/01), ABl EG Nr. C 257 vom 4. 10. 1988, S. 1 ff.; Entschließung des Rates vom 7. 2. 1994 über die Grundsätze des Universaldienstes im Bereich der Telekommunikation (94/C 48/01), ABl EG Nr. C 48 vom 16. 2. 1994, S. 1; Entschließung des Rates vom 18. 9. 1995 zur Entwicklung des künftigen ordnungspoltischen Rahmens für die Telekommunikation (95/C 258/01), ABl EG Nr. C 258 vom 3.10. 1995, S. 2.

gliedsstaaten noch keine unmittelbare rechtliche Bindungswirkung erzeugen.[7] Erste zaghafte, für die Mitgliedsstaaten unmittelbar verbindliche Vorgaben hinsichtlich einer gebotenen Mindestversorgung der Bevölkerung fanden sich in der ONP-Richtlinie (Richtlinie 95/62/EG)[8], die sich noch auf eine Grundversorgung im nur teilliberalisierten Markt bezog. Verbindliche Mindeststandards und Vorschläge hinsichtlich eines Systems zur Finanzierung der Mindestversorgung im völlig liberalisierten Telekommunikationsmarkt lassen sich aber nunmehr der Wettbewerbsrichtlinie (96/19/EG)[9], der Zusammenschaltungsrichtlinie (EG/97/33)[10] und der neuen ONP- Richtlinie (EG 98/10/EG)[11] entnehmen.

II. Der Begriff des Universaldienstes

Der Einfluß des europäischen Rechts spiegelt sich schon eindrucksvoll in der Begrifflichkeit Universaldienst wieder, die im Telekommunikationsgesetz als Synonym für die flächendeckende Basisversorgung verwendet wird.[12] Der Begriff entstammt dem anglo-amerikanischen Sprachraum[13] und knüpft an den Terminus

---

[7] Zur fehlenden rechtlichen Bindungswirkung von Grünbüchern und Entschließungen, *Oppermann*, Europarecht, Rn. 586 ff.

[8] Richtlinie 95/62/EG des europäischen Parlaments und des Rates vom 13. Dezember 1995 zur Einführung des offenen Netzzugangs (ONP) beim Sprachtelefondienst, ABl. Nr. L 321/6; ausführlich zu den Vorgaben dieser Richtlinie: *Hunt*, European Public Law 1997, S. 94 (100 ff.).

[9] Richtlinie 96/19/EG der Kommission vom 13. März 1996 zur Änderung der Richtlinie 90/388/EWG hinsichtlich der Einführung des vollständigen Wettbewerbs auf den Telekommunikationsmärkten, ABl EG Nr. L 74/13.

[10] Richtlinie 97/33/EG des Europäischen Parlaments und des Rates vom 30. Juni 1997 über die Zusammenschaltung in der Telekommunikation im Hinblick auf die Sicherstellung eines Universaldienstes und der Interoperationalität durch Anwendung der Grundsätze über den offenen Netzzugang (ONP), ABl EG Nr. L 199/32, Art. 2 Abs. 1g; ausführlich zu dieser Richtlinie: *Bruhn*, Die Sicherstellung öffentlicher Aufgaben im Bereich der deutschen Telekommunikation unter Einfluß der europäischen Marktöffnung, S. 282 ff.

[11] Richtlinie 98/10/EG des Europäischen Parlaments und des Rates vom 26. Februar 1998 über die Anwendung des offenen Netzzugangs (ONP) beim Sprachtelefondienst und dem Universaldienst im Telekommunikationsbereich in einem wettbewerbsorientiertem Umfeld, ABl Nr. L 101/24; ausführlich zu dieser Richtlinie: vgl. auch *Bruhn*, Die Sicherstellung öffentlicher Aufgaben im Bereich der deutschen Telekommunikation unter Einfluß der europäischen Marktöffnung, S. 288 ff.

[12] Vgl. § 2 Abs. 2 Nr. 3 TKG: „(...) die Sicherstellung einer flächendeckenden Grundversorgung mit Telekommunikationsdienstleistungen (Universaldienstleistungen)"; vgl. auch *Gutermann*, Telecommunication law in Belgium, in: Scherer (Hrsg.), Telecommunication Laws in Europe, S. 29 (31): „Universal services are services which considered to be of universal benefit or social value to the public as a whole."

[13] Die Begrifflichkeit geht nach Angaben von *Stehmann*, Network competition for European telecommunications, S. 20, auf Theodore Vail, dem damaligen Vorstandsvorsitzenden von AT&T, im Jahresbericht von 1907 zurück.; ausführlich zu den Wurzeln des universal ser-

„universal service" an, der sich ausgehend von der britischen und amerikanischen Rechtspraxis auch auf Gemeinschaftsebene durchsetzen konnte.[14] Grundlegend für die europarechtliche Definition des Universaldienstes ist die Entschließung des Rates vom 7. Februar 1994 über die Grundsätze für den Universaldienst im Bereich der Telekommunikation. Danach bezeichnet der Terminus Universaldienst *„einen Grunddienst, bei dem es sich im wesentlichen um das Angebot eines Sprachtelefondienstes zu einem erschwinglichen Preis für alle Benutzer handelt, die einen vertretbaren Anspruch geltend machen".* Im gleichen Zusammenhang wurde jedoch ausdrücklich darauf hingewiesen, daß die Definition des Universaldienstes nur einen situativen Befund darstellt und dynamisch, entsprechend dem technologischen und wirtschaftlichen Fortschritt weiterentwickelt werden muß.[15] Diese Evolution des Universaldienstbegriffs findet sich bereits im „Grünbuch über die Liberalisierung der Telekommunikationsinfrastruktur" vom 25. 1. 1995, welches sich erstmals mit der Sicherstellung des Universaldienstes in einem kompetitiven Umfeld befaßte. Danach wurde Universaldienst abstrakter und daher konkretisierungsbedürftig als *„Zugang zu einem festgelegten Minimaldienst mit bestimmter Qualität, der für alle Benutzer zu erschwinglichen Preisen zur Verfügung steht und auf den Grundsätzen der Allgemeinheit, Gleichheit und Kontinuität beruht",* definiert.[16] Diese Definition hat mit leichten redaktionellen Veränderungen auch Eingang in die bereits oben erwähnte Zusammenschaltungsrichtlinie und die aktuelle ONP-Richtlinie gefunden, die momentan den rechtlichen Rahmen der gemeinschaftsrechtlichen Universaldienstkonzeption bilden. Universaldienst ist danach *„ein definiertes Mindestangebot an Diensten von bestimmter Qualität, das allen Benutzern unabhängig von ihrem Standort und gemessen an den landesspezifischen Bedingungen, zu einem erschwinglichen Preis zur Verfügung steht."*[17]

---

vice- Gedankens: *Dordick,* Telecommunications Policy 1990, S. 223 ff.; *Mueller,* Telecommunications Policy 1993, S. 352 ff.

[14] Erstmals: Entschließung des Rates vom 22. 07. 1993 zur Prüfung der Lage im Bereich Telekommunikation und zu den notwendigen künftigen Entwicklungen in diesem Bereich (93/C 213/01), ABl EG Nr. C 213/01; vgl. in diesem Zusammenhang auch *Windthorst,* Der Universaldienst im Bereich der Telekommunikation, S. 86.

[15] Entschließung des Rates vom 7. Februar 1994 über die Grundsätze für den Universaldienst im Bereich der Telekommunikation, ABl EG Nr. C 48 vom 7. Februar 1994.

[16] Mitteilung der Kommission vom 25. 1. 1995 an den Rat und das Europäische Parlament: Grünbuch über die Liberalisierung der Telekommunikationsinfrastruktur und der Kabelfernsehnetze (Teil 2) – Ein gemeinsames Konzept zur Bereitstellung einer Infrastruktur für Telekommunikation in der Europäischen Union, KOM (94) 682, BR-Drucks. 101/95, S. 119.

[17] Richtlinie 97/33/EG, ABl EG Nr. L 199/32, Art. 2 Abs. 1g; Richtlinie 98/10/EG, ABl EG Nr. L 101/24, Art. 2 Abs. 2 f.

III. Vorgaben hinsichtlich des Umfangs des Universaldienstes

Von praktisch weit höherer Relevanz als die abstrakte Definition des Universaldienstbegriffs sind die Vorgaben, die das Gemeinschaftsrecht hinsichtlich des zu gewährleistenden Umfangs des Universaldienstes statuiert. Aus den vorbereitenden Akten und aus den Erwägungen hinsichtlich der einschlägigen Richtlinien ergibt sich, daß das gemeinschaftsrechtliche Universaldienstkonzept nur bestimmte Mindeststandards festlegen will und keine Totalharmonisierung in der Weise anstrebt, daß ein identisches und optimales Versorgungsniveau für alle Mitgliedsstaaten verbindlich vorgeschrieben werden soll.[18] Diesem Ansatz liegt insbesondere die Erwägung zugrunde, daß die tatsächlichen Voraussetzungen in den einzelnen Staaten hinsichtlich der Verfügbarkeit von Netzinfrastruktur und der Verbreitung von Diensten sich zu sehr unterscheiden. Sehr gut ausgebaute Netze und ein quantitativ und qualitativ exponiertes Angebot von Telekommunikationsdiensten in den skandinavischen Mitgliedsstaaten steht eine zum Teil noch rudimentäre und verbesserungsbedürftige Infrastruktur beispielsweise in Spanien, Portugal und Griechenland gegenüber.[19] Eine zu weitgehende Universaldienstverpflichtung würde insbesondere diese Staaten überfordern. Des weiteren birgt eine umfassende Universaldienstverpflichtung, die auf die gemeinschaftsweite Schaffung eines hohen Versorgungsniveaus angelegt ist, die Gefahr in sich, daß eventuell Dienste bereitgestellt oder sogar subventioniert werden müßten, welche die Benutzer und Haushalte weder brauchen noch nutzen. Für den Fall, daß die Kosten eines solchen Universaldienstes durch nationale Regelungen auf die am Markt tätigen Unternehmen abgewälzt würden, entstünden für diese bei einer umfassenden Universaldienstverpflichtung erhebliche Kosten, die neue Unternehmen vom Markteintritt abhalten könnten und so den angestrebten Wettbewerb erschweren würden.[20]

Ausgehend von diesem Verständnis wurden bisher nur bestimmte Grunddienste verbindlich zum gemeinschaftsweiten Universaldienst bestimmt. Elementarer Bestandteil der für die Mitgliedsstaaten verbindlich zu gewährleistenden Mindestversorgung ist dabei der Anschluß an das feste öffentliche Telefonnetz, der es den Benutzern ermöglicht, nationale und internationale Anrufe zu tätigen und zu empfangen, wobei Sprach-, Faksimile- und/oder Datenkommunikation möglich sein muß.[21] Ergänzend dazu muß durch die nationalen Regulierungsbehörden sicherge-

---

[18] Vgl. hierzu: Entschließung des Rates vom 7. Februar 1994 über die Grundsätze für den Universaldienst im Bereich der Telekommunikation, ABl EG Nr. C 48/1; ebenso: Mitteilung der Kommission der Europäischen Gemeinschaften an den Rat, das Europäische Parlament, den Wirtschafts- und Sozialausschuß und den Ausschuß der Regionen: Der Universaldienst in der Telekommunikation im Hinblick auf ein vollständig liberalisiertes Umfeld – ein Grundpfeiler der Informationsgesellschaft, KOM (96) 73; BR-Drucks. 278/96 S. 8; ebenso: Richtlinie 98/10/1998, ABl EG Nr. L 101/24, Art. 2 Abs. 2 f. („Mindestdienst").

[19] Vgl. hierzu: Mitteilung der Kommission, BR-Drucks. 278/96 S. 3, sowie Anhang 2.

[20] Vgl. hierzu: Mitteilung der Kommission, BR-Drucks. 278/96 S. 8.

88   3. Kap.: Das Universaldienstkonzept als Gewährleistungsinstrument

stellt werden, daß den Benutzern regelmäßig zu aktualisierende Teilnehmerverzeichnisse in gedruckter oder elektronischer Form zur Verfügung gestellt werden („Telefonbücher")[22]. Außerdem werden die Mitgliedsstaaten unmittelbar dazu verpflichtet, die Bereitstellung eines Telefonauskunftsdienstes[23] und eine unter dem Aspekt der Flächendeckung angemessene Anzahl an öffentlichen Telefonen zu gewährleisten.[24]

Die gemeinschaftsrechtlichen Vorgaben hinsichtlich des Umfangs des zu gewährleistenden Dienstes erschöpfen sich in der Aufzählung dieses Mindestangebots. Sowohl zum Preisniveau als auch hinsichtlich der Qualität der anzubietenden Dienste findet sich keine Festlegung im Gemeinschaftsrecht. Es besteht die gemeinsame Überzeugung von Rat, Parlament und Kommission, daß die Frage der Erschwinglichkeit der Preise und die Bestimmung der Qualität der einzelnen Dienste keiner einheitlichen gemeinschaftsrechtlichen Regelung bedarf, sondern entsprechend dem Subsidiaritätsprinzip (Art. 5 Abs. 2 EGV[25]) unter Berücksichtigung des unterschiedlichen Entwicklungsstandes der einzelnen Mitgliedsstaaten Gegenstand nationaler Rechtssetzung bleiben soll.[26] Gleichzeitig folgt aus der Qualifizierung der gemeinschaftsrechtlichen Vorgaben zum Umfang des Universaldienstes als bloße Untergrenze, daß es jedem Mitgliedsstaat unbenommen ist, den Bereich des Universaldienstes auf andere Dienste auszudehnen und so innerhalb seines Territoriums einen höheren Versorgungsstandard zu gewährleisten.[27]

---

[21] Art. 5 der Richtlinie 98/10/EG vom 26. Februar 1998, ABl EG Nr. L 101/24.

[22] So bereits Art. 16 der Richtlinie 95/62/EG vom 13. Dezember 1995, ABl EG Nr. L 321/6; aktuell: Art. 6 Abs. 2 der Richtlinie 98/10/EG vom 26. Februar 1998, ABl EG Nr. L 101/24.

[23] Art. 6 Abs. 2 der Richtlinie 98/10/EG vom 26. Februar 1998, ABl EG Nr. L 101/24.

[24] So bereits Art. 17 der Richtlinie 95/62/EG vom 13. Dezember 1995, ABl EG Nr. L 321/6; aktuell: Art. 7 Abs. 1 der Richtlinie 98/10/EG vom 26. Februar 1998, ABl EG Nr. L 101/24.

[25] Vormals: Art. 3b Abs. 2 EGV.

[26] Erwägungsgrund Nr. 4, Gemeinsamer Standpunkt (EG) Nr. 27/97 vom Rat festgelegt am 9. Juni 1997 im Hinblick auf den Erlaß der Richtlinie 97/.../EG des Europäischen Parlaments und des Rates vom... über die Anwendung des offenen Netzzugangs (ONP) beim Sprachtelefondienst und den Universaldienst im Telekommunikationsbereich in einem wettbewerbsorientierten Umfeld, ABl EG Nr. C 234/87; ebenso: Erwägungsgründe Nr. 4 und 15 der Richtlinie 98/10/EG vom 26. Februar 1998, ABl EG Nr. L 101/24; zum Subsidiaritätsprinzip als Grenze beim ordnungspolitischen Vorgehen der Gemeinschaft beim Universaldienst in der Telekommunikation: Mitteilung der Kommission, BR-Drucks. 278/96, S. 19; vgl. auch *Geppert/Ruhle/Schuster*, Handbuch Recht und Praxis der Telekommunikation, Rn. 433.

[27] Vgl. Mitteilung der Kommission, BR-Drucks. 278/96, S. 19.

IV. Vorgaben hinsichtlich des ordnungspolitischen Modells und der Finanzierung des Universaldienstes

Auch hinsichtlich der Art und Weise, wie die Mitgliedsstaaten diese Mindestversorgung sicherstellen sollen, lassen sich dem Gemeinschaftsrecht keine expliziten Vorgaben entnehmen. Weder in den einschlägigen Richtlinien, noch in den vorbereitenden Akten ist ein konkretes ordnungspolitisches Modell festgelegt. Mit Hinweis auf das *Subsidiaritätsprinzip*[28], verzichtete die Gemeinschaft darauf, den Mitgliedsstaaten verbindliche Vorgaben hinsichtlich der Art und Weise der Universaldienstgewährleistung zu machen. Insbesondere liegt es allein in der Verantwortung der Mitgliedsstaaten zu bestimmen, welche Organisationen zur Bereitstellung des Universaldienstes heranzuziehen sind.[29]

Intensiv hat sich die Europäische Gemeinschaft jedoch mit der Finanzierung des Universaldienstes beschäftigt. Richtigerweise geht man davon aus, daß die Bereitstellung des Universaldienstes in der Mehrzahl der Fälle durch die Marktkräfte auf kommerzieller Basis erfolgen wird, so daß im Regelfall kein Finanzierungsproblem auftritt.[30] In den Fällen, in denen jedoch ausnahmsweise die gebotene Grundversorgung zum erschwinglichen Preis nicht kostendeckend geleistet werden kann („*uneconomic universal service*"), bedarf es im liberalisierten Markt jedoch neuer Finanzierungsmechanismen. Detaillierte Ausführungen und Vorschläge zur Lösung des Finanzierungsproblems finden sich in vorbereitenden, nicht unmittelbar verbindlichen Akten der Europäischen Gemeinschaft.[31] Aus Sicht der EU soll die Finanzierung dieser Universaldienstkosten möglichst nicht durch staatliche Subventionen, sondern aus dem Telekommunikationsmarkt selbst erfolgen. Die monetäre Last des Universaldienstes soll dabei aufgeteilt und gleichmäßig auf die einzelnen Wettbewerber umgelegt werden[32] (sog. externe Queralimentation[33]). Zur sachgerechten Verteilung der Kosten zeigt die EU vor allem zwei aus ihrer Sicht gangbare Wege auf, zum einen die Bildung eines nationalen Universaldienstfonds, zum anderen eine Finanzierung über sog. Zusammenschaltungsgebühren.

---

28 Vgl. Mitteilung der Kommission, BR-Drucks. 278/96, S. 19: „In der Gemeinschaft ist das ordnungspolitische Vorgehen beim Universaldienst in der Telekommunikation deutlich begrenzt durch die Anwendung des Subsidiaritätsprinzips. Demnach muß sich die Gemeinschaft auf Maßnahmen beschränken, die für den Binnenmarkt für Telekommunikationsdienste und die Aufrechterhaltung eines hohen Maßes an Verbraucherschutz erforderlich sind."

29 Erwägungsgrund Nr. 6 der Richtlinie 98/10/EG vom 26. Februar 1998, ABl EG Nr. L 101/24.

30 Mitteilung der Kommission vom 25. 1. 1995, BR-Drucks. 101/95, S. 120 ff.

31 Grundlegend: Mitteilung der Kommission vom 25. 1. 1995, BR-Drucks. 101/95, S. 120 ff.; Mitteilung der Kommission, BR-Drucks. 278/96, S. 5, 24.

32 Mitteilung der Kommission vom 25. 1. 1995, BR-Drucks. 101/95, S. 122.

33 Vgl. *Oettle*, Zur angebots-, finanz- und organisationspolitischen Problematik „universeller" Post- und Telekommunikationsdienste, in: Berger (Hrsg.), Wettbewerb und Infrastruktur in Post- und Telekommunikationsmärkten, S. 80 (88 ff.).

3. Kap.: Das Universaldienstkonzept als Gewährleistungsinstrument

- Nach dem Konzept des *Universaldienstfonds* (Universal Service Fund) erwirbt das Unternehmen, welches den unwirtschaftlichen Universaldienst erbringt, bei Glaubhaftmachung des Defizits einen Anspruch in dieser Höhe gegenüber einem von einer unabhängigen Stelle verwalteten Fonds. Dieser Fonds seinerseits wird dadurch gespeist, daß eine pauschale Universaldienstgebühr von jedem Wettbewerber entsprechend seines Marktanteils erhoben wird.[34] Innerhalb dieses Systems besteht die Möglichkeit, die unwirtschaftliche Universaldienstleistung öffentlich auszuschreiben, so daß sichergestellt werden kann, daß keine überhöhten Ansprüche geltend gemacht werden.

- Die Finanzierung des unwirtschaftlichen Universaldienstes über sog. *Zusammenschaltungsgebühren* (Access Charges)[35] weicht schon im Grundansatz von diesem Konzept ab. Adressat der Universaldienstpflicht innerhalb dieses Systems ist nur der marktbeherrschende Betreiber, im Regelfall also der vormalige Monopolist. Dieser refinanziert seine Defizite, die aus der Bereitstellung des unwirtschaftlichen Universaldienstes resultieren, durch Zuschläge zu den Entgelten, die er gegenüber den sonstigen am Markt tätigen Unternehmen für den Anschluß an sein Netz berechnet (sog. Zusammenschaltungsentgelte).[36] Diese müssen so bemessen werden, daß sie gerade die Finanzierung der Universaldiensterbringung sicherstellen.[37]

Zu betonen ist jedoch, daß es sich hierbei nur um Vorschläge handelt. Es besteht keine Verpflichtung der Mitgliedsstaaten eines dieser beiden Systeme in ihre Rechtsordnung zu implementieren, sondern es bleibt ihnen unbenommen, sich alternativer Finanzierungssysteme zu bedienen.[38] Insbesondere eine Finanzierung des unwirtschaftlichen Universaldienstes aus dem allgemeinen Staatshaushalt ist nicht ausgeschlossen, wobei dann jedoch die Grenzen staatlicher Subventionierung

---

[34] Ausführlich: Mitteilung der Kommission vom 25. 1. 1995, BR-Drucks. 101/95, S. 122 ff., insbesondere Fußnote 117; hierzu: *Gramlich,* Archiv PT 1995, S. 189 (190); allgemein zu Infrastrukturfonds: *Badura,* Archiv PT 1997, S. 277 (279 ff.); *Knauth/Husch,* Archiv PT 1997, S. 5 (6 ff.); grundlegend aus wirtschaftswissenschaftlicher Perspektive: *Blankart/Knieps,* Möglichkeiten und Grenzen eines Infrastrukturfonds, S. 2 ff.; *dies.,* Infrastrukturfonds als Instrumente zur Realisierung politischer Ziele, in: Berger, Heinz (Hrsg.), Wettbewerb und Infrastruktur in Post- und Telekommunikationsmärkten, S. 51 ff.; *Gabrisch,* Universaldienst in Deutschland, S. 135 ff.

[35] Ausführlich zu diesem Konzept und seinen wettbewerbspolitischen und juristischen Schwachstellen: 5. Kapitel, A I und II.

[36] Ausführlich zum System dieser Zugangsgebühr: Mitteilung der Kommission vom 25. 1. 1995, BR-Drucks. 101/95, S. 123 ff.; *Geppert/Ruhle/Schuster,* Handbuch Recht und Praxis der Telekommunikation, Rn. 434; *Gabrisch,* Universaldienst in Deutschland, S. 133 ff.

[37] Zur Problematik der Bestimmung und Kontrolle der relevanten Universaldienstkosten: *Gabrisch,* Universaldienst in Deutschland, S. 133 ff., m. w. N.

[38] Vgl. Mitteilung der Kommission vom 10. 4. 1996, BR-Drucks. 278/96, S. 24: „Diese Kosten *können* mit anderen Marktteilnehmern geteilt werden."; ebenso: Art. 4 der Richtlinie 98/10/EG vom 26. 2. 1998, ABl EG 101/24: " (...) so *können* die Mitgliedsstaaten Systeme zur Teilung der Kosten des Universaldienstes einrichten" (Hervorhebung durch Verfasser).

A. Die Universaldienstkonzeption auf europäischer Ebene

nach Art. 87 bis 89 EGV[39] zu beachten sind.[40] Für den Fall, daß sich ein Mitgliedsstaat jedoch dafür entscheidet, die Universaldienstkosten zwischen den einzelnen am Markt tätigen Organisationen aufzuteilen, muß dieses System bestimmten Anforderungen genügen, die in der Wettbewerbsrichtlinie[41] und in der Zusammenschaltungsrichtlinie[42] verbindlich vorgegeben sind:

- Ein System zur Aufteilung der Kosten darf nur auf Unternehmen angewendet werden, die entweder öffentliche Telekommunikationsnetze betreiben, oder der Öffentlichkeit zugängliche Sprachtelefondienste anbieten. Nach dem Konzept der Wettbewerbsrichtlinie war der potentielle Adressatenkreis noch auf öffentliche Netzbetreiber beschränkt.[43] In Anbetracht der wirtschaftlichen Realität, daß Unternehmen als Anbieter von Sprachtelefondienst eine bestimmte Marktstellung erreichen können, ohne selbst Netze zu betreiben, wurden auch diese durch die Zusammenschaltungsrichtlinie in den Kreis der möglichen Adressaten aufgenommen.[44] Nach wie vor dürfen jedoch solche Unternehmen, die sich allein auf die sog. Annexdienste, wie Telefonauskunft, das Bereitstellen von Teilnehmerverzeichnissen oder öffentlichen Telefonen spezialisiert haben, nicht zur Finanzierung der unwirtschaftlichen Universaldienste herangezogen werden.

- Die Aufteilung der Lasten ist nach objektiven und nichtdiskriminierenden Kriterien und entsprechend dem Transparenzgebot und dem Grundsatz der Verhältnismäßigkeit vorzunehmen.[45] Als ein solches objektives und nichtdiskriminierendes Kriterium kommt in erster Linie eine Aufteilung der Kosten entsprechend dem Marktanteil der einzelnen Unternehmen in Betracht.[46]

- Ein Mechanismus zur Aufteilung der Kosten darf nur für ganz bestimmte Leistungen angewendet werden. Als solche Leistungen sind in Anhang I, Abschnitt 1 der Zusammenschaltungsrichtlinie der Zugang zum öffentlichen Telefonnetz

---

[39] Vormals: Art. 92 bis 94 EGV

[40] Mitteilung der Kommission 25. 2. 1998, KOM(98) 101 endg., S. 19: „Die Rahmenbedingungen der Gemeinschaft gestatten *neben direkter Subventionierung aus dem Budget des betroffenen Landes* zwei weitere Möglichkeiten der Kostenrückerstattung." (Hervorhebung durch Verfasser; *Geppert/Ruhle/Schuster*, Handbuch Recht und Praxis der Telekommunikation, Rn. 436; vgl. auch Wissenschaftlicher Beirat beim BMWi, Orientierungen für eine Postreform III, Gutachten, S. 16.

[41] Richtlinie 96/19/EG vom 13. März 1996, ABl EG Nr. L 74/13.

[42] Richtlinie 97/33/EG vom 30. Juni 1997, ABl EG Nr. L 199/32.

[43] Art. 1 Nr. 6 der Richtlinie 96/19/EG vom 13. März 1996, ABl EG Nr. L 74/13.

[44] Art. 5 Abs. 1 der Richtlinie 97/33/EG vom 30. Juni 1997, ABl EG Nr. L 199/32.

[45] Art. 1 Nr. 6 der Richtlinie 96/19/EG vom 13. März 1996, ABl EG Nr. L 74/13; vgl. dazu Erwägungsgrund Nr. 19; Art. 5 Abs. 1 der Richtlinie 97/33/EG vom 30. Juni 1997, ABl EG Nr. L 199/32; vgl. dazu Erwägungsgrund Nr. 8.

[46] Nach der Auffassung von *Gabrisch*, Universaldienst in Deutschland, S. 131, ist der Begriff der Nichtdiskriminierung nicht adressaten- sondern dienstbezogen: Danach soll mittels des Kriteriums der Nichtdiskriminierung die einseitige Belastung eines bestimmten Dienstes verhindert werden.

und zum öffentlichen Telefondienst in einer bestimmten Qualität, einschließlich Notrufdiensten, Vermittlung, Teilnehmerverzeichnisse, öffentlicher Telefone und bestimmten Sondereinrichtungen festgelegt.[47] Darüber hinausgehende Leistungen wie zum Beispiel das Angebot von Mobilfunk oder bestimmten Mehrwertdiensten dürfen zwar von den Mitgliedsstaaten als Universaldienstleistungen bestimmt werden, eine Finanzierung beispielsweise durch einen Universaldienstfonds oder ein System mit Zusatzentgelten ist jedoch ausgeschlossen.[48]

- Verbindliche Vorgaben hinsichtlich der Berechnung der Nettokosten des Universaldienstes enthält die Wettbewerbsrichtlinie in Anhang III. Danach bestimmen sich die Kosten des Universaldienstes aus der Nettokostendifferenz, die einer Organisation mit Universaldienstpflicht gegenüber einer Organisation ohne solche Verpflichtung entsteht. Bei der Berechnung der Nettokosten sind die Einnahmen des zum Universaldienst verpflichteten Unternehmens zu berücksichtigen.[49]

V. Zusammenfassende Bewertung

Insgesamt läßt sich konstatieren, daß vom Gemeinschaftsrecht nur punktuelle Vorgaben hinsichtlich der Ausgestaltung nationaler Infrastruktursicherungssysteme in der Telekommunikation ausgehen. Verbindlich festgelegt ist lediglich ein Mindeststandard an Diensten, der innerhalb der Mitgliedsstaaten gewährleistet sein muß. Zusätzlich werden bestimmte Kriterien normiert, die eingehalten werden müssen, wenn die Kosten des unwirtschaftlichen Universaldienstes auf die am Markt tätigen Unternehmen umgelegt werden. Darüber hinaus bestehen noch weite Handlungs- und Regelungsspielräume der einzelnen Mitgliedsstaaten. Es bleibt den Staaten unbenommen, in ihrem Hoheitsbereich einen höheren Standard an Telekommunikationsleistungen zu garantieren als der auf europarechtlicher Ebene vorgesehene. Hinsichtlich der Instrumente, wie diese Versorgung zu gewährleisten ist, finden sich ebensowenig verbindliche Vorgaben wie zur Bestimmung der Qualität der Dienste und zur Bestimmung der Erschwinglichkeit der Preise. Eine Verpflichtung, die Finanzierung des unwirtschaftlichen Universaldienstes durch die von der Gemeinschaft vorgeschlagene Fondslösung oder durch Zugangsgebühren sicherzustellen, besteht nicht, sondern kann grundsätzlich auch aus dem Staatshaushalt oder mittels sonstiger Mechanismen erfolgen. Bei der Ausgestaltung der

---

[47] Art. 5 Abs. 1 in Verbindung mit Anhang 1 Abs. 1 der Richtlinie 97/33/EG vom 30. Juni 1997, ABl EG Nr. L 199/32.

[48] Vgl. Mitteilung der Kommission, BR-Drucks. 278/96, S. 4.

[49] Anhang III der Richtlinie 97/33/EG vom 30. Juni 1997, ABl EG Nr. L 199/32; bzgl. Einzelheiten der Nettokostenermittlung: *Geppert/Ruhle/Schuster*, Handbuch Recht und Praxis der Telekommunikation, Rn. 440 ff.; vgl. auch die Vorarbeiten, insbesondere zum Begriff des „unwirtschaftlichen Kunden", Mitteilung der Kommission vom 25. 1. 1995, BR-Drucks. 101/95, S. 120.

nationalen Universaldienstsysteme besteht folglich ein weitreichender (Umsetzungs-)Spielraum, der es den nationalen Rechtssetzern erlaubt, den jeweiligen ökonomischen, technischen und (verfassungs-) rechtlichen Besonderheiten Rechnung zu tragen.

B. Die Universaldienstkonzeption des TKG

Um die oben beschriebenen verfassungs- und europarechtlichen Vorgaben umzusetzen[50], hat der Gesetzgeber im zweiten Abschnitt des Telekommunikationsgesetzes (§§ 17 ff.) Regelungen zum Universaldienst normiert. Im Gegensatz zu einigen ausländischen Telekommunikationsordnungen[51] hat der Gesetzgeber darauf verzichtet, die Pflicht zur Bereitstellung des Universaldienstes einem Anbieter generell und von vornherein zuzuweisen. Nach dem in den §§ 17 ff. TKG verankerten Grundkonzept kann ein marktbeherrschendes Unternehmen nur im Falle des partiellen Marktversagens zur Erbringung des Universaldienstes herangezogen werden. Flankiert und ergänzt wird dieses Instrument der Zwangsverpflichtung durch das Verfahren der kompetitiven Ausschreibung von Regionen, welches auch Konkurrenzunternehmen mit geringerem Marktanteil die Möglichkeit eröffnet, den Universaldienst zu erbringen. Die Finanzierung des unwirtschaftlichen Universaldienstes erfolgt grundsätzlich durch die am Markt tätigen Telekommunikationsunternehmen mittels eines Abgabesystems, das dem Universal Service Fund-Konzept der Europäischen Gemeinschaft angelehnt ist.

I. Begriff und Umfang des Universaldienstes

Der Begriff des Universaldienstes wird in § 17 Absatz 1 Satz 1 als *„Mindestangebot an Telekommunikationsdienstleistungen für die Öffentlichkeit, für die eine bestimmte Qualität festgelegt ist und zu denen alle Benutzer unabhängig von ihrem Wohn- und Geschäftsort zu einem erschwinglichem Preis Zugang haben müssen"*

---

[50] Zu berücksichtigen ist in diesem Kontext, daß die einschlägigen Richtlinien zeitlich zum Teil erst nach dem TKG verabschiedet wurden. Da aber mittlerweile die jeweiligen Umsetzungsfristen abgelaufen sind, muß das TKG diesen Vorgaben in vollem Umfang genügen. Darüber hinaus kann darauf hingewiesen werden, daß die gemeinschaftsrechtlichen Vorstellungen und damit der Inhalt der verabschiedeten Richtlinien aufgrund der zahlreichen vorbereitenden Akte bereits im Vorfeld bekannt waren. Das TKG stellt bezüglich einzelner Aspekte daher eine „Vorab-Umsetzung" dar.

[51] So trifft beispielsweise in Großbritannien die BT die generelle Verpflichtung die Universaldienstleistungen flächendeckend bereitzustellen; vgl. *Strivens/McKean,* MMR-Beilage, 8/1999, S. 3 (6); auch in Belgien und Frankreich trifft die ehemaligen Monopolisten, Belgacom bzw. France Télécom, die generelle Universaldienstpflicht; vgl. zur Situation in Belgien: *Gutermann,* MMR-Beilage 8/1999, S. 10 (12); zum französischen Universaldienstkonzept: *Bricard/Urvoaz/Cabanes,* MMR-Beilage 8/1999, S. 14 (16).

legaldefiniert und ist damit identisch mit der Universaldienstdefinition der europäischen Gemeinschaft.[52]

Hinsichtlich des konkreten Umfangs und der Qualität des Universaldienstes sowie der Erschwinglichkeit der Preis trifft das Telekommunikationsgesetz selbst keine endgültige Endscheidung, sondern ermächtigt gemäß § 17 Absatz 2, Sätze 1 und 3 in Verbindung mit Absatz 1 Sätze 2 und 3 TKG die Bundesregierung dazu, dieser Aufgabe mittels Rechtsverordnung nachzukommen. Dabei wird der Gestaltungsspielraum des Verordnungsgebers jedoch insoweit eingeschränkt, als in § 17 Abs. 1 S. 2 TKG obligatorische Universaldienstleistungen vorgesehen sind. Der Verordnungsgeber ist explizit dazu verpflichtet, Dienstleistungen aus den Bereichen Sprachtelefondienst und Betrieb von Übertragungswegen zum Universaldienst zu bestimmen. Sein Konkretisierungsspielraum beschränkt sich in diesen Fällen darauf, die jeweiligen Qualitätsstandards sowie Maßstäbe zur Erschwinglichkeit der Preise festzusetzen (§ 17 Abs. 2 S. 3 TKG). Zusätzlich zu diesen obligatorischen Dienstleistungen hat der Verordnungsgeber gemäß § 17 Abs. 1 S. 2 TKG die Möglichkeit, darüber hinausgehende Dienste als Universaldienstleistungen festzusetzen, die mit den obligatorischen Leistungen in unmittelbarem Zusammenhang stehen. Bei diesen Diensten handelt es sich in erster Linie um solche mit Hilfs- und Ergänzungsfunktion (sog. Zusatz- oder Annexdienstleistungen).[53]

Ihrem gesetzlichen Auftrag ist die Bundesregierung durch die Telekommunikations- Universaldienstleistungsverordnung vom 30. 1. 1997[54] nachgekommen: Zum Universaldienst gehört danach zunächst der Sprachtelefondienst auf der Basis digital vermittelter Telekommunikationsnetze mit analogen Teilnehmeranschlüssen und bestimmten ISDN-Merkmalen,[55] sowie das Bereitstellen von Übertragungswegen im Sinne von Anhang II der Richtlinie 92/44/EWG vom 5. Juni 1992[56]. Da-

---

[52] Siehe oben, 3. Kapitel, A II; vgl. auch Begründung zum Gesetzentwurf, BT-Drucks. 13/3609, S. 35, wo ausdrücklich auf die „ordnungspolitischen Vorstellungen der Europäischen Union" hingewiesen wird.

[53] Die Verordnungsermächtigung ist aus verfassungsrechtlicher Sicht (Art. 80 Abs. 1 S. 2 GG) nicht zu beanstanden. Inhalt, Zweck und Ausmaß der Ermächtigung ergeben sich unmittelbar aus der Norm, bzw. aus dem gesetzlichen Gesamtzusammenhang. Wenn zum Teil dennoch Bedenken an der Bestimmtheit artikuliert werden (vgl. *Schütz*, in Beck'scher TKG-Kommentar, § 17 Rn. 14), so kann dem entgegengehalten werden, daß die Rechtsverordnung der Zustimmung des Bundestages und des Bundesrates bedarf, und damit eine hinreichende demokratische Kontrolle gewährleistet ist.

[54] BGBl. I S. 141.

[55] Gemäß § 1 Nr. 1 TUDLV handelt es sich hierbei um die Funktionen Anklopfen, Anrufweiterschaltung, Einzelverbindungsnachweis, Entgeltanzeige und Rückfrage/Makeln; ausführlich zur ISDN- Technik und deren wettbewerbspolitischer Bedeutung: *Stehmann*, Network competition for European telecommunications, S. 19 f.; vgl. auch *Klodt/Laaser/Lorz/Maurer*, Wettbewerb und Regulierung in der Telekommunikation, S. 28; *Grande*, Vom Monopol zum Wettbewerb?, S. 77 ff.

[56] Richtlinie 92/44/EWG des Rates vom 5. Juni 1992 zur Einführung des offenen Netzzugangs bei Mietleistungen, ABl EG Nr. L 165, S. 27.

B. Die Universaldienstkonzeption des TKG

bei handelt es sich ausschließlich um Übertragungswege im Rahmen des Festleitungsnetzes, so daß die Bereitstellung von Mobilfunkverbindungen nicht dem Universaldienst unterfällt. Außerdem wurden entsprechend der gemeinschaftsrechtlichen Vorgaben[57] die Erteilung von Rufnummerauskünften, die Herausgabe von Teilnehmerverzeichnissen („Telefonbücher") und das Bereitstellen von öffentlichen Telefonzellen zu Universaldienstleistungen im Sinne des § 17 Abs. 1 S. 3 TKG erklärt.[58] Insoweit zeigen sich erhebliche Parallelen zum Universaldienstumfang in den anderen Staaten der europäischen Gemeinschaft. Beispielsweise in Großbritannien,[59] Belgien,[60] den Niederlande[61] und Österreich[62] ist die Bestimmung des Universaldienstes nahezu identisch. Diese Staaten haben ebenfalls darauf verzichtet, über die gemeinschaftsrechtlich gebotenen Mindeststandards hinauszugehen.[63]

Hinsichtlich der Ermittlung der Erschwinglichkeit der Preise statuiert der Verordnungsgeber unterschiedliche Maßstäbe: Gemäß § 2 Abs. 1 TUDLV bestimmt sich die Erschwinglichkeit des Preises für den Sprachtelefondienst nach dem realen Preis für die Nachfrage eines Privathaushalts nach Telefondienstleistungen zum Zeitpunkt des 31. 12. 1997 außerhalb von Städten mit mehr als 100.000 Einwohnern.[64] Hinsichtlich des Betreibens von Übertragungswegen gilt gemäß § 2 Abs. 3 der Preis als erschwinglich, der von der Regulierungsbehörde genehmigt wurde. Der Preis für Zusatz- und Annexdienste (§ 1 Nr. 2 TUDLV) ist gemäß § 2 Abs. 2 TUDLV dann als erschwinglich zu qualifizieren, wenn er sich an den Kosten der effizienten Leistungsbereitstellung orientiert. Die Verordnung verweist insoweit auf § 3 Abs. 2 der Telekommunikations-Entgeltregulierungsverordnung[65] vom 1. Oktober 1996, die Maßstäbe zur Ermittlung genehmigungsfähiger Entgelte enthält.[66]

---

57 Vgl. oben, 3. Kapitel A II.

58 § 1 Nr. 2 TUDLV; zum ganzen: *Etling-Ernst,* Telekommunikationsgesetz, § 17 Rn. 7 f.; *Schütz,* in Beck'scher TKG-Kommentar, Anhang zu § 17, § 1 TUDLV Rn. 1 ff.; *Geppert/ Ruhle/Schuster,* Handbuch Recht und Praxis der Telekommunikation, Rn. 402 ff.

59 Vgl. *Strivenz/McKean,* MMR-Beilage 8/1999, S. 3 (6).

60 Vgl. *Gutermann,* MMR-Beilage 8/1999, S. 10 (12).

61 Vgl. *Tempelmann/Gijrath,* MMR-Beilage 8/1999, S. 23 (26).

62 Vgl. § 24 Abs. 2 öTKG.

63 Anders hingegen in Frankreich und Italien, in denen das Universaldienstkonzept ersichtlich sozialpolitisch motiviert ist. Die französische Telekommunikationsordnung sieht neben den gemeinschaftsrechtlich festgelegten Mindestdiensten zusätzliche Privilegien für behinderte Nutzer und Bevölkerungsschichten mit niedrigem Einkommen vor; zum französischen Universaldienstkonzept: *Bricard/Urvoaz/Cabanes,* MMR-Beilage 8/1999, S. 14 (15 f.); in Italien umfaßt das Universaldienstkonzept zusätzlich noch die Versorgung von öffentlichen Einrichtungen; vgl. *Giarda/Brunelli,* MMR-Beilage 8/1999, S. 18 (20).

64 Zur Problematik dieser hoheitlichen Preisbegrenzungsregel, insbesondere zur Vereinbarkeit mit Art. 59 EGV: *Schwintowski,* CR 1997, S. 630 (632).

65 BGBl. I S. 1492.

66 § 3 Abs. 2 TEntGV: „Die Kosten der effizienten Leistungsbereitstellung ergeben sich aus den langfristigen zusätzlichen Kosten der Leistungsbereitstellung und einem angemesse-

II. Sicherung des Universaldienstes

Zur Sicherung des soeben beschriebenen Universaldienstes beinhalten die §§ 19 ff.[67] des Telekommunikationsgesetzes einen detaillierten Mechanismus mit vielfältigen Differenzierungen. Als ordnungspolitische Instrumente zur Gewährleistung der flächendeckenden Versorgung sieht das Gesetz die Zwangsverpflichtung eines Unternehmens (1.) und die wettbewerbliche Ausschreibung von Dienstleistungen (2.) vor.

1. Das Instrument der Zwangsverpflichtung

Die Zwangsverpflichtung eines am Markt tätigen Unternehmens ist das schärfste und zugleich effektivste Instrument, welches der Gesetzgeber zur Sicherung des Universaldienstes vorgesehen hat. Die §§ 19 Abs. 2–4 TKG ermächtigen die Regulierungsbehörde dazu, ein Unternehmen unmittelbar zur Erbringung der Dienstleistung zu verpflichten. Voraussetzung einer solchen Maßnahme ist ein regionales Marktversagen und die Existenz eines lizenzpflichtigen Unternehmens, welches über eine marktbeherrschende Stellung verfügt.

a) Universaldienstverpflichtung als rein reaktives Instrument

Wie bereits angedeutet, kommt den Universaldienstsregeln im Telekommunikationsgesetz nur eine Reservefunktion zu. Die unmittelbare Verpflichtung eines Unternehmens zur Bereitstellung einer konkreten Dienstleistung, kommt nur im Falle des (drohenden) Marktversagens in Betracht. Gemäß § 19 Abs. 1 TKG ist dies

---

nen Zuschlag für leistungsmengenneutrale Gemeinkosten, jeweils einschließlich einer angemessenen Verzinsung des eingesetzten Kapitals, soweit diese Kosten jeweils für die Leistungsbereitstellung notwendig sind."; ausführlich zur Bestimmung der Erschwinglichkeit der Preise: *Geppert/Ruhle/Schuster,* Handbuch Recht und Praxis der Telekommunikation, Rn. 405 ff.; vgl. auch *Scheurle,* Was versteht man zukünftig in Deutschland unter Universal Service und wie soll er von wem festgelegt werden?, in: Kubicek, u. a. (Hrsg.), Jahrbuch Telekommunikation und Gesellschaft 1996, S. 217 (219 f.).

[67] Auf die in § 18 TKG verankerte allgemeine Beitragspflicht muß an dieser Stelle nicht eingegangen werden, da diese keine einklagbare Rechtspflicht darstellt und sich aus ihr keine Befugnisse zugunsten der Regulierungsbehörde ergeben. Die Beitragspflicht ist weder in Umfang und Ausmaß bestimmt, noch wird sie durch Sanktionsmöglichkeiten gestützt. Da die in §§ 19 TKG normierten Eingriffsmöglichkeiten jeweils spezielle Bestimmungen für den Kreis der jeweiligen Adressaten vorsehen, ist auch hinsichtlich der Frage der Verpflichtungsadressaten ein Rückgriff auf die allgemeine Beitragspflicht nach § 18 TKG ausgeschlossen. Vom rein systematischen Ansatz wäre die Bestimmung daher überflüssig. Die Aufnahme von § 18 Abs. 1 in das Telekommunikationsgesetz hat ausweislich der gesetzgeberischen Begründung im Hinblick auf die in § 21 normierte Universaldienstabgabe ausschließlich finanzverfassungsrechtliche Gründe; vgl. BT-Drucks. 13/3609, S. 41; ausführlich zur finanzverfassungsrechtlichen Relevanz von § 18 TKG, 4. Kapitel D III 2 b aa.

zum einen dann der Fall, wenn auf dem sachlich und räumlich relevanten Markt eine Universaldienstleistung aktuell nicht angemessen oder ausreichend erbracht wird, zum anderen aber auch schon dann, wenn eine solche Situation „*zu besorgen*" ist. Sinn und Zweck dieser zeitlichen Vorverlagerung ergeben sich aus dem sozialstaatlich geprägten Infrastrukturgewährleistungsauftrag des Art. 87 f Abs. 1 GG. Es wäre mit diesem Grundversorgungsauftrag nicht mehr vereinbar, zunächst eine Versorgungslücke abwarten zu müssen, um erst dann tätig zu werden. Durch diese temporäre Vorverlagerung soll eine Unterversorgungssituation schon von vornherein vermieden werden. Wann eine solche Besorgnis besteht, ist aus der Sicht eines objektiven Marktbetrachters aufgrund der vorhandenen Marktdaten und sonstiger Indizien zu bestimmen. Dies wird beispielsweise dann der Fall sein, wenn eine bestimmte Universaldienstleistung regional zum festgesetzten Höchstpreis langfristig nur mit Verlust erbracht werden kann, da in einem solchen Fall zu erwarten ist, daß ein marktwirtschaftlich handelndes Unternehmen diesen defizitären Bereich seines Dienstleistungsangebots abbaut.[68] Wesentlich erleichtert wird die Feststellung des Unterversorgungstatbestandes durch die in § 97 Abs. 1 TKG normierte Pflicht der Deutschen Telekom AG, etwaige Einstellungen von relevanten Dienstleistungen bereits ein Jahr vor Wirksamkeit anzukündigen.[69]

Eine Zwangsverpflichtung eines Unternehmens setzt gemäß § 19 Abs. 1 S. 2 TKG ferner voraus, daß nach Feststellung eines Unterversorgungstatbestandes[70] durch die Regulierungsbehörde und Veröffentlichung in deren Amtsblatt kein Unternehmen sich bereit erklärt hat, die konkrete Dienstleistung ausgleichslos zu übernehmen. Dieses Erfordernis soll dem Umstand Rechnung tragen, daß auf dem Markt Informationslücken existieren könnten. Es soll ermittelt werden, ob ein Unternehmen die Möglichkeit sieht, den Universaldienst rentabel anzubieten, so daß das komplizierte und mit erheblichem bürokratischem Aufwand verbundene förmliche Verpflichtungsverfahren umgangen werden kann.[71] Die praktische Relevanz dieser Möglichkeit dürfte indes gering sein.

b) Marktbeherrschender Lizenznehmer als Adressat der Universaldienstpflicht

Zur Erbringung von Universaldienst können gemäß § 19 Abs. 2 S. 1 TKG nur Lizenznehmer verpflichtet werden. Damit knüpft die Regelung an die grundsätzli-

---

68 Vgl. hierzu Gesetzesbegründung, BT-Drucks. 13/3609, S. 41; in diesem Sinne auch *Schütz/Cornils* DVBl. 1997, S. 1146 (1148).

69 Zu dieser Bestimmung: *Schuster*, in Beck'scher TKG-Kommentar, § 97 Rn. 2.

70 Problematisch erscheint, ob es sich bei dieser Feststellung um einen Verwaltungsakt handelt. Zum Teil wird der Feststellung die Verwaltungsaktqualität wegen fehlender Außenwirkung abgesprochen; vgl. *Leo/Schellenberg* ZUM 1997, S. 189 (193); zu diesem Problemfeld: *Scherer*, NJW 1996, S. 2953 (2959); *Schütz*, in Beck'scher TKG-Kommentar § 19 Rn. 7 ff.; *Schütz/Cornils*, DVBl. 1997, S. 1146 (1149).

71 Vgl. Begründung zum Gesetzentwurf, BT-Drucks. 13/3609, S. 41.

che Differenzierung zwischen lizenzpflichtigen und nicht-lizenzpflichtigen Leistungen an, der im Telekommunikationsgesetz zentrale Bedeutung zukommt. Das Rechtsinstitut der Lizenz hat erst mit den Postreformen Einzug in die Terminologie des Telekommunikationsrechts gehalten und stellt ein Mittel zur Marktzugangsregulierung dar. Bei der Anordnung der Lizenzpflicht handelt es sich rechtssystematisch um ein präventives Verbot mit Erlaubnisvorbehalt, d. h. es besteht grundsätzlich ein Rechtsanspruch des einzelnen auf Erteilung der Lizenz, sofern keiner der in § 8 Abs. 3 TKG enumerativ aufgeführten Versagungsgründe vorliegt.[72] Hintergrund der Einführung einer solchen Lizenzpflicht war die Überlegung, die staatlichen Monopolbereiche in einen funktionierenden privaten Wettbewerb zu überführen, sie aber gleichzeitig einer staatlichen Ordnungsaufsicht zu unterstellen. Eine solche Marktzugangsbeschränkung war aus der Sicht des Gesetzgebers notwendig, um eine abgestufte, dem Prinzip der Verhältnismäßigkeit folgende effiziente Regulierung zu gewährleisten. Insbesondere eröffnet das Lizenzierungsverfahren für die Regulierungsbehörde die Möglichkeit, bestimmte Auflagen individuell und flexibel zu erteilen, um so die spezifischen Regulierungsziele zu verwirklichen.[73] Die Lizenzpflicht des Telekommunikationsgesetzes ist von ihrem ordnungspolitischen Grundansatz am ehesten mit den wirtschaftsverwaltungsrechtlichen Genehmigungen im Güterverkehr[74] und im Personenbeförderungsrecht[75] vergleichbar, in denen ebenfalls eine wirtschaftliche Betätigung einer Marktzugangsregulierung unterworfen wird. Insoweit zeigen sich Parallelen mit ausländischen Regulierungsansätzen: So sehen beispielsweise die Telekommunikationsordnungen der USA[76] Großbritanniens[77], der Schweiz,[78] Österreichs,[79] Spanien[80] und der Niederlande[81] ein Lizenzierungssystem oder vergleichbare Institute vor.

---

[72] *Spoerr/Deutsch,* DVBl. 1997, S. 300 (304); *Schwintowski,* CR 1997, S. 630 (631); *Schütz/Wellié,* AfP 1995, S. 580 (581); *Hefekäuser/Wehner,* CR 1996, S. 698 (700); *Grzeszick,* ZUM 1997, S. 911 (913).

[73] In diesem Kontext ist insbesondere an die Aspekte der Netzsicherheit, Katastrophen- und Krisenvorsorge und des Schutzes des Fernmeldegeheimnisses zu denken; vgl. Gesetzesbegründung, BT-Drucks. 13/3609, S. 34, 37; *Leo/Schellenberg,* ZUM 1997, S. 188 (189); *Schwintowski,* CR 1997, S. 630 (631); *Grzeszick,* ZUM 1997, S. 911 (911 f.)

[74] §§ 8 ff. Güterkraftverkehrsgesetz.

[75] §§ 9 ff. Personenbeförderungsgesetz.

[76] Vgl. Sect. 214 (a) TCA; ausführlich: *Windthorst,* Der Universaldienst in der Telekommunikation, S. 517 ff.

[77] Ausführlich zum Lizenzierungssystem in Großbritanien, *Gillies/Marshall,* Telecommunications law, S. 97 ff.

[78] Das Schweizer Recht sieht in Art. 4 ff. und Art. 22 ff. FMG die Erteilung von sog. Konzessionen vor; rechtstechnisch entspricht dieses Institut aber der Lizenz im deutschen Telekommunikationsrecht.

[79] Auch in Österreich werden gemäß § 14 öTKG Konzessionen erteilt. Die Konzession im österreichischen Recht ist vom ordnungspolitischen Ansatz aber ebenfalls mit der deutschen Lizenz vergleichbar.

[80] Vgl. *Diez/Junquera/Balcells,* MMR-Beilage 8/1999, S. 35 (36 f.).

B. Die Universaldienstkonzeption des TKG

Als lizenzpflichtige Bereiche normiert § 6 Abs. 1 TKG das Betreiben von Übertragungswegen, sofern diese die Grenzen eines Grundstücks überschreiten und für die Öffentlichkeit genutzt werden, sowie das Angebot von Sprachtelefondienst auf der Basis selbstbetriebener Telekommunikationsnetze.[82] Dieser lizenzpflichtige Bereich ist identisch mit dem Bereich, in dem vormals das Netzmonopol[83] und das Telefondienstmonopol[84] der Deutschen Telekom bestand.[85] Hinsichtlich sonstiger Telekommunikationsdienstleistungen, namentlich Providerdienste, Leistungen für geschlossene Benutzergruppen wie sog. Corporate Networks, Datendienste oder die bereits oben angesprochenen Annex- und Zusatzdienste besteht keine generelle Lizenzpflicht, sondern lediglich eine Anzeigepflicht nach § 4 Absatz 1 Satz 1 TKG.[86]

Auffällig und für die weitere Prüfung von erheblicher Relevanz ist, daß die vom Lizenzbereich erfaßten Dienstleistungen und die als Universaldienst festgelegten Leistungen nicht kongruieren. Es zeigt sich, daß der Bereich des Universaldienstes extensiver definiert wurde und bestimmte Dienstleistungen beinhaltet, die zwar in unmittelbarem Zusammenhang mit den lizenzpflichtigen Leistungen stehen, selbst jedoch nicht der Lizenzpflicht unterfallen. Solche nicht lizenzpflichtigen Annexleistungen sind das Erteilen von Auskünften, die Bereitstellung von Teilnehmerverzeichnissen und der Betrieb von öffentlichen Telefonzellen.[87] Diese Divergenz hat zur Folge, daß Unternehmen, die sich nur auf das Angebot solcher Annexleistungen beschränken, mangels Lizenznehmerstellung von vornherein nicht als Adressaten der in § 19 Abs. 2 TKG vorgesehenen Zwangsverpflichtung in Betracht kommen.[88]

Ferner beschränkt sich die Gruppe der potentiellen Adressaten der Zwangsverpflichtung auf solche Unternehmen, die in dem jeweiligen Segment über eine marktbeherrschende Stellung verfügen. Durch den Verweis auf § 22 GWB[89] über-

---

[81] Art. 2 ff. Vergunning wet kabelgebonden telecommunicatie infrastructur; ausführlich: *Eijsvoogel,* Telecommunications regulation in the Netherlands, S. 12 ff., 101 ff.

[82] Zu den einzelnen Lizenzklassen, vgl. *Ettling/Ernst,* TKG, § 6 Rn. 1 ff.; *Schütz,* in Beck'scher TKG-Kommentar, § 6 Rn. 1 ff.; *Scherer,* NJW 1996, S. 2953 (2955); vgl. auch *Manssen,* in Manssen (Hrsg.), Telekommunikations- und Multimediarecht, C § 6 Rn. 6 ff.

[83] Vgl. § 1 Abs. 2 S. 2 FAG a.F.

[84] Vgl. § 1 Abs. 4 S. 4 FAG a.F.

[85] Vgl. Gesetzesbegründung, BT-Drucks. 13/3609, S. 37; allgemein zur Abgrenzung des lizenzpflichtigen vom nicht-lizenzpflichtigen Bereich: *Scherer,* NJW 1996, S. 2953 (2955); *Grzeszick,* ZUM 1997, S. 911 (912 f.); *Schütz,* in Beck'scher TKG-Kommentar, § 6 Rn. 9 ff.

[86] Instruktiv zur Anzeigepflicht: *Schuster,* in Beck'scher TKG-Kommentar, § 4 Rn. 1 ff.; *Etling-Ernst,* Telekommunikationsgesetz, § 4 Rn. 1 ff.

[87] Vgl. § 17 Abs. 1 Nr. 3 TKG i.V.m § 1 Nr. 2 TUDLV.

[88] Ausführlich zu den damit verbundenen Problemen, 3. Kapitel, C II 3.

[89] Seit der 6. Kartellrechts-Novelle aus dem Jahr 1998 hat sich die Paragraphenfolge des GWB grundlegend geändert. Der ehemalige § 22 entspricht nun § 19 GWB. Eine inhaltliche Veränderung ist mit der Novellierung für den vorliegenden Zusammenhang jedoch nicht verbunden.

nimmt das Gesetz die kartellrechtlichen Begriffsbildungen, die durch umfangreiche Rechtsprechung und Literatur hinreichend konkretisiert sind.[90] Zur Bestimmung des relevanten Marktes kann daher auf das sogenannte *Bedarfsmarktkonzept* zurückgegriffen werden. Danach ist für die Zugehörigkeit von Gütern und Dienstleistungen zu einem gemeinsamen Markt entscheidend, ob der verständige Verbraucher die Dienstleistungen nach ihren Eigenschaften, ihrem wirtschaftlichen Verwendungszweck und ihrer Preislage für die Deckung eines bestimmten Bedarfs als gegeneinander austauschbar ansieht.[91] Nach diesen Kriterien stellen die Bereiche des Sprachtelefondienstes und das Angebot von Übertragungswegen mangels Substituierbarkeit jeweils eigenständige sachliche Märkte dar. Die Bereiche Telefonauskunft, Herausgabe von Teilnehmerverzeichnissen, Bereitstellung von öffentlichen Fernsprechern als nicht lizenzpflichtige Universaldienstleistungen sind dabei ebenfalls als jeweils selbständige sachliche Märkte anzusehen.[92]

2. Das Instrument der wettbewerblichen Ausschreibung von unterversorgten Märkten

Als wettbewerbskonforme Variante zur Zwangsverpflichtung des dominanten Anbieters sieht das TKG unter bestimmten Voraussetzungen die Ausschreibung von unökonomischen Regionen vor. Der wesentliche Vorteil des Ausschreibungssystems gegenüber dem Instrument der Zwangsverpflichtung liegt grundsätzlich darin, daß durch das Ausschreibungsverfahren ein Wettbewerb um die Zuteilung des Universaldienstes initiiert wird („*competition for the field*"[93]) und einer Versteinerung der Anbieterstruktur entgegengewirkt wird.[94] Insbesondere für Newcomer kann mittels eines solchen Ausschreibungsystems die Möglichkeit eröffnet werden, relevante Marktanteile zu erreichen. Auch für die Regulierungsinstanz ist mit dem Ausschreibungssystem gegenüber dem System der Zwangsverpflichtung ein wesentlicher Vorteil verbunden. Während sie beim Verpflichtungsverfahren dazu gezwungen ist, die Kalkulation des Dienstleisters zu überprüfen, um die Höhe

---

[90] Ausführlich zum Begriff der Marktbeherrschung und zur Bestimmung des sachlich und örtlich relevanten Marktes: *Möschel,* in Immenga/Mestmäcker, GWB-Kommentar, § 22 Rn. 23 ff.; *Ruppelt,* in Langen/Bunte, Kommentar zum deutschen und europäischen Kartellrecht, § 22 GWB Rn. 9 ff.; *Bechthold,* Kartellgesetz, § 19 Rn. 5 ff., *Emmerich,* Kartellrecht, S. 178 ff.; mit jeweils ausführlichen Rechtsprechungsangaben.

[91] Vgl. stellvertretend: *Lampert,* WuW 1998, S. 27 (29 ff.).

[92] Vgl. *Lampert,* WuW 1998, S. 27 (29 ff.); mit eingehender Begründung: *Schütz* in Beck'scher TKG-Kommentar § 18 Rn. 21 – 24; zu Einzelheiten dieser Bestimmung, insbesondere zur Modifizierung kartellrechtlicher Konzepte, die sich aus den Besonderheiten des Telekommunikationssektors ergeben und zur Bestimmung relevanter Teilmärkte: *Schütz* in Beck'scher TKG-Kommentar § 18 Rn. 27 ff. m. w. N.

[93] *Klodt/Laaser/Lorz/Maurer,* Wettbewerb und Regulierung in der Telekommunikation, S. 85.

[94] Vgl. *Gabrisch,* Universaldienst in Deutschland, S. 118; *Monopolkommission,* Sondergutachten 24: Die Telekommunikation im Wettbewerb, S. 18.

B. Die Universaldienstkonzeption des TKG

des Defizitausgleichs zu bestimmen, fällt bei einem Ausschreibungssystem dieses zum Teil äußerst komplizierte Verfahren weg. Statt dessen übernimmt in diesem Fall der Markt diese Aufgabe. Sofern sich mehrere Bewerber an der Ausschreibung beteiligen, besteht für sämtliche Teilnehmer der Anreiz, die Kosten möglichst niedrig zu halten, da nur dann die Möglichkeit des Zuschlags besteht. Manipulationsmöglichkeiten bei der Bestimmung der Höhe des Defizits werden damit, zumindest bei Existenz einer relativ ausgeglichenen Anbieterstruktur, von vornherein verhindert.[95] Ausländische Erfahrungen haben ferner gezeigt, daß die Ausgleichsforderungen nach der Ablösung des Verpflichtungsverfahrens durch ein Ausschreibungssystem sukzessive minimiert wurden. Als Beispiel sei hier nur auf Australien hingewiesen, wo sich seit der Verwendung der Ausschreibungsmethode innerhalb von fünf Jahren die Ausgleichsansprüche um mehr als 50% reduzierten.[96]

Das Telekommunikationsgesetz differenziert zwischen einer sog. fakultativen und einer obligatorischen Ausschreibung. Mit der fakultativen Ausschreibung gemäß § 19 Absatz 5 Satz 1 TKG wird der Regulierungsbehörde eine zusätzliche Handlungsalternative eröffnet, ohne daß eine konkrete Verpflichtung zum Einsatz dieses Instrumentes besteht.[97] Diese Variante kommt dann in Betracht, wenn ein bestimmtes Unternehmen gemäß § 19 Absatz 2 TKG zur unmittelbaren Leistungserbringung verpflichtet werden sollte und von diesem Unternehmen glaubhaft gemacht wurde, daß die konkrete Dienstleistung nicht kostendeckend und damit ausgleichspflichtig (vgl. § 20 Absatz 2 Satz 2 TKG) erbracht werden kann.[98] Sofern der Regulierungsbehörde die angekündigte Ausgleichsforderung als zu hoch erscheint, liegt es in ihrem Ermessen („*kann*"), die Universaldienstleistung öffentlich auszuschreiben und dann gegebenenfalls an den Bewerber zu vergeben, der sich als fachkundig erweist und den geringsten finanziellen Ausgleich verlangt.

---

[95] *Klodt/Laaser/Lorz/Maurer*, Wettbewerb und Regulierung in der Telekommunikation, S. 86; *Gabrisch*, Universaldienst in Deutschland, S. 118; vgl. auch: *Blankart/Knieps*, Infrastrukturfonds als Instrumente zur Realisierung politischer Ziele, in: Berger (Hrsg.), Wettbewerb und Infrastruktur in Post und Telekommunikationsmärkten, S. 51 (62), nach deren Auffassung ein erhöhter „Innovationsdruck" entsteht, der das Subventionsvolumen langfristig senkt.

[96] Zum Ausschreibungssystem aus ökonomischer Perspektive: *Gabrisch*, Universaldienst in der Telekommunikation, S. 119; auch in den USA war nach der Implementierung des Ausschreibungsverfahrens für lokale Kabelfernsehnetze, die technologisch mit den Telekommunikationsnetzen vergleichbar sind, eine deutliche Preis- und Kostenreduzierung festzustellen; vgl. *Klodt/Laaser/Lorz/Maurer*, Wettbewerb und Regulierung in der Telekommunikation, S. 86.

[97] Vgl. Gesetzesbegründung, BT-Drucks. 13/3609, S. 42; unzutreffend: *Ruffert*, AöR 124 (1999), S. 237 (272), der von einer grundsätzlichen Pflicht zur Ausschreibung ausgeht.

[98] Instruktiv: *Etling-Ernst*, Telekommunikationsgesetz, § 19 Rn. 3 ff.; *Schütz*, in Beck-'scher TKG-Kommentar, § 19 Rn. 25 ff.; kritisch aus ökonomischer Sicht: *Klodt/Laaser/Lorz/Maurer*, Wettbewerb und Regulierung in der Telekommunikation, S. 86, die sich aber noch auf die Modalitäten des Referentenentwurfs beziehen.

Von erheblicher größerer praktischer Relevanz sind die Fälle der obligatorischen Ausschreibung gemäß § 19 Abs. 6 TKG. Danach besteht eine unmittelbare Pflicht der Regulierungsbehörde eine Universaldienstleistung auszuschreiben, wenn die Zwangsverpflichtung eines oder mehrerer Unternehmen nach oben dargestelltem System nicht möglich ist.[99] Dies ist insbesondere dann der Fall, wenn eine Unterversorgung mit einer Dienstleistung in einem bestimmten regionalen Sektor auftritt, in dem kein marktbeherrschendes Unternehmen existiert. Außerdem ist daran zu denken, daß entsprechend dem Wortlaut von § 19 Abs. 6 TKG auch Konstellationen, in denen eine Unterversorgung mit einer nicht-lizenzpflichtigen Dienstleistung festgestellt wurde, von der obligatorischen Ausschreibung erfaßt werden.[100]

III. Die finanzielle Dimension des Universaldienstes

1. Defizitausgleich des Universaldiensterbringers

Das Telekommunikationsgesetz sieht in § 20 TKG einen Defizitausgleich zugunsten des Universaldienstleisters vor. Im Falle einer unmittelbaren Zwangsverpflichtung des Unternehmens gemäß § 19 Abs. 2 bis 4 TKG gewährt das Gesetz einen Ausgleichsanspruch gegenüber der Regulierungsbehörde, wenn das Unternehmen nachweist, daß die langfristigen zusätzlichen Kosten die Erträge der Universaldienstleistung übersteigen und er diese Tatsache schon während des Auferlegungsverfahren glaubhaft gemacht hat.[101] Dieser Anspruch entsteht nach Ablauf eines jeden Kalenderjahres.[102] Die Notwendigkeit eines solchen Defizitausgleichs ergibt sich zwingend aus der Erkenntnis, daß die wirtschaftliche Betätigung auf dem Telekommunikationsmarkt eine grundrechtlich geschützte Tätigkeit ist.[103] Die Pflicht eines Unternehmens bestimmte Dienstleistungen zu festgelegten Preisen anzubieten, welche sich als nicht kostendeckend erweisen, würde ohne staatlich veranlaßten Defizitausgleich einen schwerwiegenden Wettbewerbsnachteil be-

---

[99] „Ist eine Verpflichtung nach den Absätzen 2 bis 4 nicht möglich, *wird* die Universaldienstleistung entsprechend Absatz 5 ausgeschrieben." (Hervorhebung durch Verfasser).

[100] Dazu ausführlich: 3. Kapitel, C II 3.

[101] Die Glaubhaftmachung des Anspruchs kann dadurch geschehen, daß die Tatsachen dargelegt werden, aufgrund derer das Unternehmen den Verlust erwartet. Dies kann beispielsweise eine Analyse der Marktverhältnisse und der eigenen Kostenstrukturen beinhalten. Da es sich um eine Projektion in die Zukunft handelt, reicht es aus, wenn der Eintritt eines Verlustes als wahrscheinlich anzusehen ist; vgl. hierzu: *Schütz* in Beck'scher TKG-Kommentar § 19 Rn. 28.; allgemein zum Kostenbegriff und zur Nachweisführung: *Schütz* in Beck'scher TKG-Kommentar § 20 Rn. 7 ff.; *Geppert / Ruhle / Schuster,* Handbuch Recht und Praxis der Telekommunikation, Rn. 426.

[102] § 20 Abs. 2 S. 1 TKG.

[103] Auch die Deutsche Telekom AG als potentieller Universaldienstleister kann sich seit dem ersten Börsengang auf Grundrechte berufen; ausführlich zur Grundrechtssubjektivität dieses Unternehmens, 4. Kapitel, B II.

B. Die Universaldienstkonzeption des TKG 103

deuten, der insbesondere vor dem Hintergrund des Grundsatzes der Belastungsgleichheit (Art. 3 Abs. 1 GG) kaum zu rechtfertigen wäre.[104]

Für den Fall, in dem ein Unternehmen die Universaldienstleistung nach Durchführung eines Ausschreibungsverfahrens erbracht hat, bestimmt § 20 Abs. 3 TKG lapidar, daß die Behörde einen Ausgleich entsprechend dem Ausschreibungsergebnis gewährt. Probleme treten hier dann auf, wenn sich Kosten und Erträge anders entwickeln, als dies im Ausschreibungsverfahren kalkuliert wurde. Grundsätzlich muß man in diesem Fall wohl von einer Bindung an das Ausschreibungsergebnis ausgehen. Nur in Fällen von nicht vorhersehbaren Kostenentwicklungen, die derart erheblich sind, daß das Festhalten an dem ursprünglichen Angebot gegen Treu und Glauben verstoßen und für die Beteiligten als unzumutbar zu qualifizieren wäre, ist eine Anpassung des Ausgleichsbetrages entsprechend den Grundsätzen des Wegfalls der Geschäftsgrundlage in Betracht zu ziehen.[105] Diese Fälle dürften jedoch nur von theoretischer Bedeutung sein.

2. Die Universaldienstabgabe als Finanzierungsinstrument

Zur Finanzierung dieses Defizits bedient sich das Telekommunikationsgesetz eines Abgabensystems, das dem gemeinschaftsrechtlich vorgeschlagenen Konzept des Universal-Service-Fund angelehnt ist und eine endogene Finanzierung aus dem Telekommunikationssektor vorsieht. Damit hat der Gesetzgeber den sonstigen in Betracht kommenden Finanzierungsmöglichkeiten, wie Finanzierung aus dem allgemeinen Staatshaushalt, Finanzierung über sog. Zusammenschaltungsgebühren oder direkte Inanspruchnahme der Telekommunikationskunden prinzipiell eine Absage erteilt.[106]

§ 21 Abs. 1 TKG normiert die Pflicht für bestimmte Telekommunikationsunternehmen, über die sog. Universaldienstabgabe zur Finanzierung der Leistung beizutragen. Diese Abgabe wird ex post – d. h. nach der Verpflichtung eines Unternehmens zum Universaldienst – erhoben. Von den jeweils abgabepflichtigen Unternehmen wird in der Summe exakt der Betrag eingefordert, der für den Defizitaus-

---

[104] Ausführlich zur grundrechtlichen Situation, vgl. unten, 4. Kapitel, C.

[105] Vgl. hierzu *Schütz* in Beck'scher TKG-Kommentar § 20 Rn. 23 ff.; a.A. offenbar *Scheurle*, Was versteht man zukünftig in Deutschland unter Universal Service und wie soll er von wem festgelegt werden?, in Kubicek u. a. (Hrsg.), Jahrbuch Telekommunikation und Gesellschaft 1996, S. 217 (222), der für bestimmte Konstellationen eine Nachverhandlung als möglich ansieht.

[106] Zu den verschiedenen Finanzierungsmethoden: *Pohl*, Universaldienst in der Telekommunikation S. 55 ff.; instruktiv aus ökonomischer Perspektive: *Oettle*, Zur angebots-, finanz- und organisationspolitischen Problematik „universeller" Post- und Telekommunikationsdienste, in: Berger (Hrsg.), Wettbewerb und Infrastruktur in Post- und Telekommunikationsmärkten, S. 80 (88 ff.), der zwischen Zuschüssen aus öffentlichen Haushalten, interner Queralimentation und externer Queralimentation unterscheidet; vgl. auch *Klodt/Laaser/Lorz/Maurer*, Wettbewerb und Regulierung in der Telekommunikation, S. 75 ff.

gleich des Universaldienstleisters erforderlich ist. Insoweit unterscheidet sich das Abgabenerhebungssystem des TKG von dem gemeinschaftsrechtlichen Fondsmodell, das eine ex ante Finanzierung mittels einer pauschalen Abgabe vorsah, die bereits bei Markteintritt, unabhängig vom Bestehen eines tatsächlichen Finanzbedarfs, erhoben werden sollte.

Der Kreis der Abgabepflichtigen ist beschränkt auf Lizenznehmer innerhalb des Marktes, in dem die jeweils defizitäre Universaldienstleistung erbracht wurde. Es besteht mangels Lizenznehmerstatus folglich keine Abgabepflicht für solche Unternehmen, die lediglich lizenzfreie Leistungen anbieten.[107] Außerdem sind von der Finanzierungspflicht solche Lizenznehmer befreit, deren Marktanteil bundesweit weniger als 4% beträgt.[108]

Die Beitragspflicht des einzelnen Marktteilnehmers bemißt sich nach dem Verhältnis seines Umsatzes zum Gesamtumsatz auf dem jeweiligen sachlich relevanten Markt.[109] Alternativ hätte man statt des Umsatzes den Gewinn der Unternehmen als entscheidendes Kriterium heranziehen können. Der Vorteil eines solchen Ansatzes hätte darin bestanden, daß sich die Höhe der Abgabe enger an der wirtschaftlichen Potenz der Anbieter orientiert hätte und damit dem Leistungsfähigkeitsprinzip in erhöhtem Maße Rechnung getragen worden wäre.[110] Aus praktischer Sicht hätte sich der Gewinn als Bemessungsgrundlage aber als äußerst problematisch erwiesen. Zum einen lassen sich Gewinne von den betroffenen Anbietern durch bilanzielle Kunstgriffe einfacher manipulieren als Umsatzzahlen.[111]

---

[107] Dies war europarechtlich geboten, vgl. bereits 3. Kapitel, A IV.

[108] Diese sog. Härte- oder Bagatellklausel wurde eingeführt, um insbesondere kleineren Unternehmen durch finanzielle Verpflichtungen den Marktzugang nicht unnötig zu erschweren. Die genaue Bestimmung des Marktanteils war innerhalb des Gesetzgebungsverfahrens lange Zeit umstritten. Der Gesetzesentwurf der Bundesregierung beinhaltete noch eine Befreiung von der Finanzierungsverantwortung bei einem Marktanteil von 5% (vgl. Gesetzesbegründung, BT-Drucks. 13/3609, S. 41). Letztendlich wurde aber auf Empfehlung des Bundesrates ein Anteil von 4% festgesetzt, um so eine größere Anzahl von Unternehmen zur Finanzierung heranzuziehen (vgl. Stellungnahme des Bundesrates BT-Drucks. 13/4438, S. 11; Beschlußempfehlung des Ausschusses für Post und Telekommunikation, BT-Drucks. 13/4864, S. 15; Bericht der Abgeordneten Müller, Bury, u. a., BT-Drucks. 13/4864, S. 74); Wenn innerhalb der Literatur diese Hürde als immer noch zu hoch angesehen und erwartet wurde, daß im Sprachtelefondienst „auf Jahre hinaus" kein neuer Wettbewerber diese Quote erzielen würde, so wurde diese Einschätzung jedoch durch die tatsächliche Entwicklung des Telekommunikationsmarktes widerlegt; zu den Marktanteilen der „Newcomer" seit der Liberalisierung des Telekommunikationssektors, vgl. manager-magazin, 9/1999, S. 186.

[109] § 21 Abs. 1 S. 2 TKG.

[110] Vgl. *Gabrisch,* Universaldienst in Deutschland, S. 135: „Der Gewinn erscheint aus ökonomischer Perspektive die bessere Bemessungsgrundlage, da seine Besteuerung die unternehmerischen Entscheidungen hinsichtlich der gewinnmaximalen Faktorallokation unberührt läßt und daher theoretisch keine Allokationsverzerrungen hervorruft."

[111] In diesem Zusammenhang sei nur an die effiziente Ausübung der Wahlrechte im Bilanzrecht und an die erheblichen Freiheiten bei der Gewinn- und Verlustzuweisung innerhalb eines Unternehmens zu denken.

B. Die Universaldienstkonzeption des TKG

Zum andern müßte bei Telekommunikationsanbietern, die sich in mehreren Sektoren betätigen, der Gesamtgewinn erst den einzelnen Geschäftsbereichen zugeordnet werden, was mit erheblichen Abgrenzungsschwierigkeiten und aufwendigen Berechnungen verbunden wäre.[112] Die vom Gesetzgeber vorgenommene Kopplung der Universaldienstabgabe an den Umsatz erweist sich daher vor allem unter Praktikabilitätsaspekten als geeigneter Ansatz.

Problematisch und für die verfassungsrechtliche Überprüfung des Universaldienstkonzepts von zentraler Bedeutung ist die Frage, ob das Unternehmen, welches den Universaldienst selbst erbringt, *zusätzlich* noch zur Zahlung der Abgabe verpflichtet ist. Obwohl der Wortlaut der Norm („jeder Lizenznehmer") eine solche Auslegung nahelegt,[113] erscheint dies prima vista befremdlich. Insbesondere Gründen der Verfahrensökonomie widerspricht es, einem Unternehmen zuerst einen vollen Defizitausgleich zu gewähren, zur Finanzierung dieses Ausgleichs in einem nächsten Schritt anteilig wieder auf dasselbe Unternehmen zurückzugreifen. Im Extremfall würde das dazu führen, daß ein Unternehmen, das über 100% des Marktanteils in einem bestimmten Segment verfügt und zum Universaldienst verpflichtet wurde, zwar einen vollen Defizitausgleich von der Regulierungsbehörde erhält, über die Universaldienstabgabe nach § 21 TKG diesen Ausgleich aber komplett selbst finanziert.

Bei genauer Betrachtung zeigt sich jedoch, daß nur eine solche Auslegung der Norm mit dem Grundansatz und den Regulierungszielen des Telekommunikationsgesetzes sowie dem Europarecht vereinbar ist. Das Universaldienstkonzept des Telekommunikationsgesetzes basiert auf der ordnungspolitischen Prämisse, daß die am Markt tätigen Unternehmen im Sinne einer Verantwortungsgemeinschaft den Universaldienst zu erbringen haben.[114] Demzufolge normiert § 18 Absatz 1 Satz 1 TKG die allgemeine Beitragspflicht *aller* relevanten Marktteilnehmer.[115] Eine Befreiung des die Dienstleistung erbringenden Unternehmens von der Abgabepflicht bei gleichzeitig vollem Defizitausgleich hätte zur Folge, daß dieses Unternehmen von der finanziellen Belastung des Universaldienstes vollständig befreit wäre. Die Verantwortungsgemeinschaft würde sich dann wirtschaftlich allein auf die sonstigen Unternehmen beschränken. Eine solche Auslegung würde dem in § 18 Absatz 1 Satz 1 TKG verankerten Grundgedanken der gemeinsamen Verantwortung aller relevanten Marktteilnehmer nicht gerecht. Ferner würde die Befreiung des Universaldienstleisters von der Abgabepflicht mit den Regulierungszielen des Telekommunikationsgesetzes konfligieren. § 2 Absatz 2 TKG normiert als eines der zentra-

---

[112] Zu diesem Problemfeld aus wirtschaftswissenschaftlicher Perspektive: *Gabrisch*, Universaldienst in Deutschland, S. 135 ff.

[113] Sich allein auf diese Wortlautauslegung beschränkend: *Pohl*, Universaldienst in der Telekommunikation, S. 87; ebenso: *Elicker*, Archiv PT 1997, S. 288 (291) hinsichtlich der Parallelkonstruktion im neuen Postgesetz.

[114] Ausführlich zur Idee der Verantwortungsgemeinschaft, 4. Kapitel, D III 2 b aa.

[115] Zur Bedeutung von § 18 TKG, vgl. unten, 4. Kapitel, D III 2 b aa.

len Regulierungsziele die Förderung des Wettbewerbs. Der vormals monopolistische Markt der Telekommunikation ist in Deutschland – ebenso wie in nahezu allen anderen europäischen Staaten – nach wie vor geprägt durch die exponierte Stellung des ehemaligen Monopolisten. Förderung des Wettbewerbs bedeutet daher in erster Linie die Schaffung solcher Strukturen, die es sonstigen Unternehmen ermöglichen sich gegenüber diesem marktbeherrschenden Unternehmen zu behaupten. Eine Befreiung des Universaldienstleisters – in der Regel wird dies der ehemalige Monopolist Deutsche Telekom AG sein – vom eigenen Kostenanteil würde die Finanzierungslast allein den sonstigen Unternehmen aufbürden und damit wirtschaftlich auf eine Subventionierung des marktbeherrschenden Unternehmens durch die Konkurrenten hinauslaufen. Das marktbeherrschende Unternehmen könnte dadurch seine Stellung im Wettbewerb auf Kosten der Mitbewerber weiter festigen, es würde also eine Entwicklung einsetzen, die dem Regulierungsziel diametral entgegenläuft.

Zudem wäre eine Befreiung des Leistungserbringers von der Abgabepflicht mit den europarechtlichen Vorgaben kaum vereinbar. Aus Art. 4c der Wettbewerbsrichtlinie[116] ergibt sich, daß eine Teilung der Kosten den Grundsätzen der Objektivität, der Nichtdiskriminierung und der Verhältnismäßigkeit genügen muß.[117] Der Begriff der „Teilung" in Verbindung mit dem Verhältnismäßigkeitsprinzip impliziert schon, daß nicht sämtliche Kosten auf die sonstigen Marktteilnehmer abgewälzt werden dürfen, sondern daß lediglich ein Ausgleich zwischen Leistungserbringer und den sonstigen Unternehmen angestrebt werden soll. Eine völlige Befreiung des die Universaldienstleistung erbringenden Unternehmens von der finanziellen Universaldienstlast würde über die beabsichtigte Ausgleichsfunktion hinausgehen und insbesondere neue Marktteilnehmer unverhältnismäßig stark belasten. Das Konzept würde daher gegen die europarechtlichen Vorgaben verstoßen.[118]

Es kann damit festgehalten werden, daß der den unwirtschaftlichen Universaldienst erbringende Anbieter nicht von der Abgabepflicht gemäß § 21 Abs. 1 TKG befreit ist, sondern neben der tatsächlichen Leistungserbringung auch finanziell zum Universaldienst beitragen muß.[119] Entgegen der Gesetzesbegründung[120] ist

---

[116] Richtlinie 96/19/EG der Kommission vom 13. März 1996 zur Änderung der Richtlinie 90/388/EWG hinsichtlich der Einführung des vollständigen Wettbewerbs auf den Telekommunikationsmärkten, ABl EG Nr. L 74/13.

[117] Vgl. 3. Kapitel, A IV.

[118] Damit würde dann wohl zugleich ein Verstoß gegen Art. 86 (*vormals Art. 90*) in Verbindung mit Art. 82 (*vormals Art. 86*) EGV vorliegen, wenn es sich bei dem die Dienstleistung erbringenden Unternehmen um ein öffentliches Unternehmen i. S. d. Art. 86 EGV handelt. Dies ist bei der Deutschen Telekom AG mit einer Staatsbeteiligung von zur Zeit ca. 66% der Fall (vgl. Art. 2 . Transparenzrichtlinie vom 25. 6. 1980, ABl. 1980 L 195/35); vgl. auch Erwägungsgrund Nr. 19 der Richtlinie 96/19/EG, ABl. Nr. L 74/13 (Wettbewerbsrichtlinie).

[119] Diese Interpretation wurde nach Anfrage des Verfassers von der Regulierungsbehörde mit Brief vom 9. 12. 1998 auch schriftlich bestätigt; im Ergebnis ebenso: *Schütz/Cornils*,

die Universaldienstabgabe damit kein alternatives Leistungsäquivalent, sondern eine Belastung, die *neben* eine eventuelle Pflicht zur Erbringung der Leistung tritt. Universaldienstleistungs- und Universaldienstfinanzierungspflicht stellen daher zwei voneinander unabhängige Obligationen dar. Statt eines „pay *or* play"-Konzepts, erweist sich das geschaffene Universaldienstmodell für das marktbeherrschende Unternehmen somit regelmäßig als Verpflichtung zum „pay *and* play".[121]

C. Vereinbarkeit der Universaldienstkonzeption mit den Infrastrukturvorgaben

Im folgenden ist zu analysieren, ob das beschriebene Universaldienstmodell den bereits dargestellten europarechtlichen und verfassungsrechtlichen Infrastrukturvorgaben entspricht. Zunächst stellt sich die Frage, ob die Bestimmung der Dienste den gemeinschaftsrechtlichen (Mindest-) Vorgaben entspricht und gleichzeitig angemessen und ausreichend im Sinne des verfassungsrechtlichen Infrastrukturgewährleistungsauftrages ist (I). Im Anschluß wird untersucht, ob das im TKG enthaltene Eingriffsinstrumentarium bei wechselnden Marktverhältnissen die Erbringung dieser Dienstleistungen tatsächlich garantiert (II).

I. Der Umfang des Universaldienstes: Restriktive Basissicherung versus offensive Telekommunikationspolitik

Die Bestimmung von Umfang und Inhalt des Universaldienstes ist im Hinblick auf die gemeinschaftsrechtlichen Infrastrukturvorgaben unproblematisch. Die in der ONP-Richtlinie[122] als zum Universaldienst zu bestimmenden Angebote – Anschluß an das öffentliche Telefonnetz, Bereitstellung von Teilnehmerverzeich-

---

DVBl. 1997, S:1146 (1153); *Schütz* in Beck'scher TKG-Kommentar § 20 Rn. 17; *Pohl*, Universaldienst in der Telekommunikation, S. 87; *Schwintowski*, CR 1997, S. 630 (632 f.); *Windthorst*, Der Universaldienst im Bereich der Telekommunikation , S. 477; *ders.*, CR 1998, S. 340 (345); unzutreffend dagegen: *Bruhn*, Die Sicherstellung öffentlicher Aufgaben im Bereich der deutschen Telekommunikation unter Einfluß der europäischen Marktöffnung, S. 399; *Heimlich*, NVwZ 1998, S. 122 (123); *Etling-Ernst*, Telekommunikationsgesetz, § 21 Rn. 2 („Ausgleich durch die Mitbewerber").

120 Gesetzesbegründung, BT-Drucks. 13/4438, S. 4.

121 Ausführlich zu den damit verbundenen verfassungsrechtlichen Problemen, 4. Kapitel, D III.

122 Richtlinie 98/10/EG des Europäischen Parlaments und des Rates vom 26. Februar 1998 über die Anwendung des offenen Netzzugangs (ONP) beim Sprachtelefondienst und dem Universaldienst im Telekommunikationsbereich in einem wettbewerbsorientiertem Umfeld, ABl Nr. L 101/24; siehe bereits oben, 3. Kapitel, A III.

nissen, Auskunftsdiensten und öffentlicher Telefonzellen – haben Eingang in die Telekommunikations-Universaldienstverordnung der Bundesregierung gefunden.[123] Die Tatsache, daß der Sprachtelefondienst in Deutschland sogar mit bestimmten ISDN-Merkmalen zum Universaldienst bestimmt wurde, obwohl sich eine solche Verpflichtung aus dem umfangreichen europarechtlichen Sekundärrecht nicht unmittelbar ergab, steht einer Rechtmäßigkeit der Verordnung nicht entgegen. Wie bereits oben angesprochen, legt das Gemeinschaftsrecht lediglich bestimmte Standarddienste fest, die in den Mitgliedsstaaten gewährleistet sein müssen. Verbindliche Vorgaben hinsichtlich der Qualität der Dienste existieren demgegenüber nicht, so daß erhebliche Umsetzungsspielräume der Mitgliedsstaaten verbleiben.[124]

Zu überlegen ist jedoch, ob nicht das deutsche Verfassungsrecht – speziell der in Art. 87 f Abs. 1 GG enthaltene Infrastrukturgewährleistungsauftrag – ein über diese Basissicherung hinausgehendes Versorgungsniveau erfordert. Es ist zu untersuchen, ob das Angebot der in der Verordnung bestimmten Dienste schon als *„ausreichend und angemessen"* im Sinne von Art. 87 f Abs. 1 GG angesehen werden kann. Innerhalb der politischen Diskussion wurde die Bestimmung des Universaldienstes durch § 17 Abs. 1 TKG in Verbindung mit der Telekommunikations-Universaldienstverordnung zum Teil heftig kritisiert:

1. Universaldienst und neue Dienste

Ansatzpunkt der Kritik war zunächst, daß tatsächlich nur ein Standardangebot von Diensten normiert wurde, ohne im Sinne einer innovativen Telekommunikationspolitik ein höheres Angebots- und Versorgungsniveau zu garantieren.[125] In diesem Zusammenhang wurde besonders auf das Erfordernis eines universellen Breitbandkabelnetzes und einer erschwinglichen Zugangsmöglichkeit zu dieser Einrichtung hingewiesen, was für die Entwicklung des Multimedia-Sektors von essentieller Bedeutung sei.[126]

Selbst wenn die Garantie einer solchen über das Angebot des Sprachtelefondienstes hinausgehenden Infrastruktur auf den ersten Blick politisch wünschenswert erscheint, so läßt sich eine solche Pflicht aus Art. 87 f GG nicht herleiten. Wie oben

---

[123] Vgl. 3. Kapitel, B I.

[124] Vgl. 3. Kapitel, A II.

[125] Zum Teil wird hier kritisch von „Sprachtelefonie des 19. Jahrhunderts" oder vom „Arme-Leute-Telefon" gesprochen; vgl. *Kiper,* Die Informationsgesellschaft ökologisch, sozial und demokratisch gestalten!, in: Kubicek, u. a. (Hrsg.), Jahrbuch Telekommunikation und Gesellschaft 1996, S. 227 (228); in diesem Sinne auch *Kubicek,* CR 1997, S. 1 (8).

[126] Ausführlich zu den Wechselwirkungen des Angebots von Breitbandkabelnetzen und der Verbreitung von Multimedia: *Kubicek,* CR 1997, S. 1 (3 ff.); zu den technischen Details und ökonomischen Implikationen von Breitbandkabelnetzen, vgl. auch *Klodt/Laaser/Lorz/ Maurer,* Wettbewerb und Regulierung in der Telekommunikation, S. 31 f.

C. Universaldienstkonzeption und Infrastrukturvorgaben

ausführlich erörtert[127] begründet der Infrastrukturgewährleistungsauftrag nur die Pflicht zur Gewährleistung eines Grundstocks an Infrastruktur, d. h. der Gesetz / Verordnungsgeber ist lediglich dazu berufen, solche Dienste zum Universaldienst zu bestimmen, die für die Gesellschaft unabdingbar geworden sind. Anhaltspunkte für eine so verstandene Unabdingbarkeit einer Dienstleistung lassen sich insbesondere der Marktpenetration und den Versorgungserwartungen der Bevölkerung entnehmen.[128] Keinesfalls unterfallen dieser sozialstaatlich gebotenen Grundversorgung daher neue Dienste, die bisher nur von einem Bruchteil der Bevölkerung genutzt werden. Der Gewährleistungsklausel des Art. 87 f GG läßt sich mithin nicht die Verpflichtung zu Lasten des Bundes entnehmen, das Angebot von relativ neuen und wenig verbreiteten innovativen Diensten und Netzen zu gewährleisten.

Außerdem hätte eine solche extensive Universaldienstkonzeption automatisch einen erhöhten Regulierungszwang zur Folge. Innovation und Investition würden in erster Linie staatlich und nicht mehr unternehmerisch gesteuert, der Wettbewerb würde seiner Funktion als „Entdeckungsverfahren" im v. Hayek'schen Sinne beraubt.[129] Neben diesen negativen wirtschaftspolitischen Auswirkungen würde eine offensive Universaldienstpolitik auch dem liberalen Grundansatz des Telekommunikationsgesetzes und der beabsichtigten staatlichen Zurückhaltung entgegenstehen.[130] Es entspricht sowohl der Auffassung des nationalen Gesetzgebers[131] als auch der Überzeugung der zuständigen Stellen auf europäischer Ebene,[132] daß die Entwicklung und Verbreitung neuer Dienste im Bereich der Telekommunikation

---

[127] 2. Kapitel C I.

[128] Vgl. *Etling-Ernst,* Telekommunikationsgesetz, § 17 Rn. 3; *Schütz,* in Beck'scher TKG-Kommentar, § 17 Rn. 9; vgl. auch Gesetzesbegründung der Bundesregierung, BT-Drucks. 13/3609, S. 40, wonach Dienste zum Universaldienst bestimmt werden können, sofern diese „für eine Vielzahl von Bürgern selbstverständlich" geworden sind.

[129] Grundlegend zum „Wettbewerb als Entdeckungsverfahren", der gleichlautende Aufsatz von *v. Hayek,* in: v. Hayek, Freiburger Studien, S. 249 ff.; vgl. auch *Klodt/Laaser/Lorz/Maurer,* Wettbewerb und Regulierung in der Telekommunikation, S. 71 f.: „Die Förderung neuer Technologien über eine Universaldienstverpflichtung greift allerdings massiv in den wettbewerblichen Prozeß der Innovationsdiffusion ein und ersetzt ihn weitgehend durch eine staatliche Bedarfsplanung. Die Universaldienstverpflichtung erscheint somit nicht angemessen um Innovationsdefizite infolge von Netzwerkexternalitäten zu überwinden."; ebenfalls kritisch gegenüber einer offensiven Universaldienstpolitik: *v. Wickert-Nick,* Wettbewerb im lokalen Telekommunikationsmarkt, S. 144.

[130] Vgl. *Scheurle,* Was versteht man zukünftig in Deutschland unter Universal Service und wie soll er von wem festgelegt werden?, in: Kubicek, u. a. (Hrsg.), Jahrbuch Telekommunikation und Gesellschaft 1996. S. 217 (218 f.); vgl. *Börnsen,* Zur Diskussion des neuen Telekommunikationsgesetzes, in: Kubicek, u. a., Jahrbuch Telekommunikation und Gesellschaft 1996, S. 223 (224).

[131] Vgl. Gesetzesbegründung, BT-Drucks. 13/3609, S. 40; vgl. auch Gegenäußerung der Bundesregierung zur Stellungnahme des Bundesrates, BT-Drucks. 13/4438, Anlage 3, S. 33.

[132] Mitteilung der Kommission vom 25. 1. 1995, BR-Drucks. 101/95, S. 120 ff.; vgl. auch Mitteilung der Kommission, KOM(98) 101, S. 22: „Es ist jedoch nicht Aufgabe des Universaldienstes, Technologien voranzutreiben oder im voraus zu bestimmen, welche Dienste allgemein zu gewährleisten sind."

prinzipiell dem freien Spiel der ökonomischen Kräfte zu überlassen ist und daß sich die hoheitliche Steuerung solcher Prozesse auf das Notwendigste zu beschränken hat. Das aktuelle, eher restriktive, auf Basissicherung ausgerichtete Universaldienstkonzept erweist sich daher als ordnungspolitisch konsequent und aus wettbewerbspolitischer Perspektive als vorteilhaft.

Fraglich ist dennoch, ob ausgehend von diesem Ansatz nicht zumindest ein preiswerter Zugang zum *Internet*[133] zum Universaldienst hätte erklärt werden müssen. So wird innerhalb der Literatur das Universaldienstkonzept des TKG vereinzelt als verfassungswidrig qualifiziert, weil der Bund seiner „Internet-Grundversorgungsaufgabe" nicht nachkomme.[134] Eine solche Conclusio würde aber voraussetzen, daß der Zugang zum Internet zur unabdingbaren Grundversorgung mit Telekommunikationsmitteln zugerechnet werden müßte. Es läßt sich zwar kaum leugnen, daß das Internet im Zuge der Informationalisierung[135] der Gesellschaft immer mehr an Bedeutung gewinnt und dieses Medium längst nicht mehr ein Schattendasein für ausgewiesene Spezialisten fristet, ob man aber Art. 87 f Abs. 1 GG tatsächlich eine unmittelbare Internetverpflichtung entnehmen kann, erscheint m.E. äußerst zweifelhaft. Dies wäre nach dem hier zugrunde gelegten Verständnis nur dann der Fall, wenn das Angebot des fraglichen Dienstes vom Großteil der Bevölkerung als selbstverständlich und aus sozialen Aspekten als unbedingt erforderlich angesehen würde.[136] Ein Blick auf die Marktpenetration spricht zur Zeit aber noch eine andere Sprache: Nach Angaben der Nürnberger Gesellschaft für Konsumentenforschung (GFK) nutzen in Deutschland derzeit 9.9 Millionen Bürger dieses Medium.[137] Auf die gesamte Bevölkerung hoch gerechnet entspricht dies einem Anteil etwa 12%. Auch wenn nach allgemeiner Auffassung die Benutzerzahlen erheblich steigen werden, so läßt sich zur Zeit nur schwerlich davon sprechen, daß die Nutzung der Internet-Technik für die Mehrheit der Bevölkerung schon zur Selbstverständlichkeit geworden ist. Die Verbreitung des Internets hat daher noch

---

133 Ausführlich zum Internet und den technischen Grundlagen, *Ohliger*, in Hoeren / Sieber, Multimedia-Recht, 1. Kapitel, Rn. 1 ff.; *Röger*, ZRP 1997, S. 203 ff., mit zahlreichen weiteren Nachweisen.

134 *Mecklenburg*, ZUM 1997, S. 525 (534); auch *Röger*, ZRP 1997, S. 203 (204 ff.) leitet aus Art. 87 f Abs. 1 GG einen Internetversorgungsauftrag des Staates her; kritisch: *Schoch*, VVDStRL 57 (1997), S. 158 (205).

135 Vgl. in diesem Kontext auch *Schoch*, VVDStRL 57 (1997), S. 158 (160), der von einer „Informatisierung" der Gesellschaft spricht.

136 Von einem ähnlichen Verständnis offenbar ausgehend: *Eifert*, Grundversorgung mit Telekommunikationsleistungen im Gewährleistungsstaat, S. 195, im Anschluß an *Noam*, Zur Reform des Universaldienstes, in: Kubicek u. a. (Hrsg.), Jahrbuch Telekommunikation und Gesellschaft 1996, S. 236 (237).

137 Vgl. FAZ vom 19. August 1999, Nr. 191, S. 25; vgl. auch *Scheurle*, FAZ vom 24. August 1999, Nr. 195, Beilage, S. 14, der die Zahl der Online-Nutzer mit 8 Millionen beziffert; nach Angaben von VIAG nutzen fast 20% aller Haushalte das Internet; vgl. Tagungsunterlagen zum Seminar „Grundlagen des Telekommunikationsrechts" vom 21./22. 10. 1999 in Königswinter, S. 19.

nicht die kritische Größe erreicht, um tatsächlich zur unabdingbaren Grundversorgung zugezählt werden zu müssen. Es ist daher im Hinblick auf die Infrastrukturgarantie des Art. 87 f Abs. 1 GG unbedenklich, wenn die Zugangsmöglichkeit zum Internet noch nicht zum Universaldienst erklärt wurde.[138]

Ähnliches gilt für den Bereich des Mobilfunks. Trotz erheblicher Zuwachsraten hat die Verbreitung des Mobilfunks noch nicht die für den Universaldienst erforderliche Marktdurchdringung erreicht. Obwohl sich von August 1997 bis August 1999 die Marktpenetration fast verdreifacht hat, muß man konstatieren, daß die bisher erreichte Quote von ca. 22%[139] noch nicht genügt, um zur unabdingbaren Grundversorgung für die Mehrheit der Bevölkerung gezählt werden zu können. Dies schließt aber nicht aus, daß bereits in wenigen Jahren etwas anderes gelten kann. In Anbetracht der prognostizierten Zuwachsraten und dem erheblichen Nachholbedarf in Deutschland gegenüber den anderen europäischen Staaten[140] ist davon auszugehen, daß der Mobilfunk schon mittelfristig die Festnetztelefonie in ihrer Bedeutung überholen wird und in nicht allzu ferner Zukunft vom Großteil der Bundesbürger als selbstverständliches Angebot angesehen wird. Der Gesetzgeber ist folglich dazu berufen die Marktpenetration und die Versorgungserwartung in diesem Bereich genau zu beobachten und dementsprechend zu reagieren. Es läßt sich damit festhalten, daß *zur Zeit* noch keine verfassungsrechtliche Pflicht besteht den Mobilfunk zum Universaldienst zu erklären, die tatsächlichen Entwicklung aber bereits in kurzer Zeit eine solche Pflicht begründen wird.

2. Universaldienst und öffentliche Einrichtungen

Zweiter Ansatzpunkt der Kritik ist, daß das Universaldienstkonzept keine expliziten Vorgaben und Verpflichtungen zur Versorgung öffentlicher Einrichtungen enthält.[141] Als Vorbild wird in diesem Zusammenhang zum Teil auf das Universal Service Konzept der *USA* hingewiesen, welches hinsichtlich des Ziels und des Umfangs des Universaldienstes erheblich breiter angelegt ist und zusätzliche sozial- und bildungspolitische Elemente enthält.[142] Neben dem allgemeinen für alle Nut-

---

[138] In diesem Sinne auch *Schoch,* VVDStRL 57 (1997), S. 158 (205), der die Interpretation des Art. 87 f. Abs. 1 GG als Internet-Grundversorgungsauftrag des Staates, als „überzogen" bezeichnet.

[139] Angaben nach Tagungsunterlagen zum Seminar „Grundlagen des Telekommunikationsrechts" vom 21./22. 10. 1999 in Königswinter, S. 25.

[140] So erreicht der Mobilfunk beispielsweise in Finnland eine Marktdurchdringung von 61%, in Norwegen von 57%, in Italien von 44% und in Großbritannien 30% (Stand: Juli 1999); Angaben nach Tagungsunterlagen zum Seminar „Grundlagen des Telekommunikationsrechts" vom 21./22. 10. 1999 in Königswinter, S. 26.

[141] So: *Kiper,* Die Informationsgesellschaft ökologisch sozial und demokratisch gestalten!, in Kubicek, u. a., Jahrbuch Telekommunikation und Gesellschaft 1996, S. 227 (228).

[142] *Kubicek,* CR 1995, S. 370 (371); *ders.,* CR 1997, S. 1 ff.; *Windthorst,* CR 1998, S. 340 (343 ff.); *Etling-Ernst,* Telekommunikationsgesetz, § 17 Rn. 10.

zer geltenden Universaldienst sieht der Telecommunications Act aus dem Jahr 1996 spezielle Förderungsmöglichkeiten und Privilegien für sog. *„puplic institutional telecommunications user"*[143] wie Schulen,[144] Bibliotheken oder bestimmte Gesundheitseinrichtungen („Health-care provider") vor.[145] Hinsichtlich der Versorgung dieser Einrichtungen mit Telekommunikationsdienstleistungen findet eine spezielle Preisregulierung statt. Für Schulen und Bibliotheken sind beispielsweise Rabatte in Höhe von 20- 90% auf alle Telekommunikationsdienste, einschließlich Internet und Multimediazugang, vorgesehen. Die Finanzierung dieses besonderen Angebots wird durch einen Fonds gesichert, in welchen die Anbieter von Telekommunikationsdiensten entsprechend ihrer Bruttoumsätze einzahlen müssen.[146]

Wenn zum Teil gefordert wird, die US-amerikanische Universaldienstkonzeption insoweit in Deutschland zu implementieren, so stehen dem jedoch gewichtige Bedenken entgegen. Es erscheint bereits höchst zweifelhaft, ob ein solches Universaldienstmodell mit den gemeinschaftsrechtlichen Vorgaben vereinbar wäre. Die Wettbewerbsrichtlinie bestimmt eindeutig, daß nur die Kosten für ganz bestimmte, enumerativ aufgeführte Leistungen auf die am Markt tätigen Unternehmen abgewälzt werden dürfen.[147] Als solche Leistungen sind insbesondere der Zugang zum öffentlichen Telefonnetz und damit in unmittelbarem Zusammenhang stehender Leistungen normiert, nicht jedoch eine darüber hinaus gehende Förderung öffentlicher Einrichtungen. Eine Inpflichtnahme der privaten Telekommunikationsunternehmen im Interesse des öffentlichen Bildungswesens, der Gesundheitsfürsorge oder Informationspolitik würde dem prinzipiell liberalen Grundansatz des Gemeinschaftsrechts, der nur partiell durch restriktiv zu handhabende Universaldienstverpflichtungen eingeschränkt werden soll, entgegenstehen.[148]

Außerdem wäre es mit der deutschen Finanzverfassung kaum vereinbar, die Kosten für die Vernetzung öffentlicher Einrichtungen auf die Telekommunikationsun-

---

[143] Vgl. Sect. 254 (h) (5) (B) TCA.

[144] Zu den „vernetzten Klassenzimmern": *Hundt,* Reform der Regulierung, in Kubicek, u. a. (Hrsg.), Jahrbuch Telekommunikation und Gesellschaft 1996, S. 230 (232); *Busch,* Schulen an das Netz, in Kubicek, u. a. (Hrsg.), Jahrbuch Telekommunikation und Gesellschaft 1996, S. 262 ff.; *Garbe,* Konzept der Initiative „Schulen an das Netz", in Kubicek, u. a. (Hrsg.), Jahrbuch Telekommunikation und Gesellschaft 1996, S. 268 ff.

[145] Vgl. Sect. 254 (h) (1) (A), (B) TCA; ausführlich zum Universaldienstsystem in den USA: *Bruning,* CrLR 30 (1996/97), S. 1255 (1269 ff.); kritisch zum Finanzierungsmodus: *Eriksson/Kaserman/Mayo,* Journal of law and economics 1998, S. 477 ff.

[146] Vgl. *Bruning,* CrLR 30 (1996/97), S. 1255 (1269 ff.); *Lake,* Interconnection and other key issues for the liberalization of the telecommunications markets, in: Immenga/Lübben/ Schwintowski (Hrsg.), Telekommunikation: Vom Monopol zum Wettbewerb, S. 67 (73); *Blau,* Ein Drahtseilakt in einer hochgradig verdrahteten Welt, in Kubicek, u. a.(Hrsg.), Jahrbuch Telekommunikation und Gesellschaft 1997, S. 257 (266 ff.); *Kubicek,* CR 1997, S. 1 ff.; *Windthorst,* CR 1997, S. 340 (344).

[147] Art. 5 Abs. 1 in Verbindung mit Anhang 1 Abs. 1 der Richtlinie 97/33/EG vom 30. Juni 1997, ABl EG Nr. L 199/32; ausführlich: siehe oben, 3. Kapitel A III.

[148] Vgl. hierzu auch: Mitteilung der Kommission, BT-Drucks. 278/96, S. 18.

ternehmen abzuwälzen. Bei der Ausstattung öffentlicher Institutionen wie Schulen, Büchereien und Gesundheitseinrichtungen handelt es sich um eine Aufgabe, die im Allgemeininteresse liegt und deren Finanzierung daher in die ausschließliche Verantwortung des Staates und mit Sicherheit nicht in die Gruppenverantwortung der Telekommunikationsbranche fällt.[149] Eine zwangsweise Finanzierung solcher Dienste durch die am Markt tätigen Unternehmen wäre daher schon von vornherein dem Verdikt der Verfassungswidrigkeit ausgesetzt.[150]

Neben diesen schon auf europarechtlicher und finanzverfassungsrechtlicher Ebene angelegten Konflikten, läßt sich konstatieren, daß Art. 87 f GG aber jedenfalls keine explizite Verpflichtung zur Förderung bestimmter öffentlicher Einrichtungen enthält. Der Infrastrukturgewährleistungsauftrag spricht nur von einer flächendeckend angemessenen und ausreichenden Versorgung, ohne dabei eine darüber hinausgehende Förderung von bestimmten Institutionen zu thematisieren. Auch dem Gesetzgebungsverfahren läßt sich kein dahingehender Hinweis entnehmen. Es kann daher festgehalten werden, daß gegen die vom Gesetzgeber vorgenommene Definition des Universaldienstes, die auf eine besondere Privilegierung öffentlicher Einrichtungen verzichtet, keine verfassungsrechtlichen Bedenken bestehen.[151]

3. Zwischenergebnis

Die Bestimmung der Universaldienstleistungen steht mit den nationalen und europarechtlichen Infrastrukturvorgaben im Einklang. Es besteht insbesondere keine Verpflichtung des Gesetzgebers innovative Dienste zum Universaldienst zu erklären. Ein „Internet-Grundversorgungsauftrag" des Bundes besteht zur Zeit ebensowenig wie eine Pflicht zur Gewährleistung eines flächendeckenden Mobilfunkangebotes. Aus Art. 87 f Abs. 1 GG läßt sich auch keine Pflicht zur Förderung öffentlicher Einrichtungen herleiten.

II. Die Szenarioanalyse: Überprüfung des Systems anhand der potentiellen Wettbewerbs- und Unterversorgungskonstellationen

Im folgenden ist zu untersuchen, ob das Universaldienstkonzept des Telekommunikationsgesetzes tatsächlich dazu in der Lage ist, die gebotene Grundversor-

---

[149] Ausführlich zum Problemfeld Finanzierungsverantwortung und Gruppenverantwortlichkeit: Vierter Teil, D III 2 b.

[150] Ebenfalls kritisch: *Börnsen,* Zur Diskussion des neuen Telekommunikationsgesetzes, in Kubicek, u. a. (Hrsg.), Jahrbuch Telekommunikation und Gesellschaft 1996, S. 223 (224), der die Einbeziehung öffentlicher Einrichtungen jedoch insbesondere deshalb ablehnt, weil der damit verbundene bürokratische Aufwand „unvertretbar und völlig unsachgemäß" sei.

[151] Vgl. auch *Schoch,* VVDStRL 57 (1997), S. 158 (205, Fußnote 233), der die Festlegung des Universaldienstes als „rechtlich bedenkenfrei" erachtet.

gung der Bevölkerung zu sichern. Dies wäre der Fall, wenn mittels der vorhandenen Regulierungsinstrumente alle drohenden Unterversorgungstatbestände hinsichtlich der Universaldienstleistungen verhindert oder zumindest nachträglich behoben werden können. Wie sich aus der obigen Darstellung des Universaldienstregimes ergibt, stehen der Regulierungsbehörde zur Sicherstellung des Universaldienstes verschiedene Instrumentarien zur Verfügung. Welches Verfahren im jeweiligen Einzelfall zur Anwendung gelangt, hängt zum einen von der Art der Dienstleistung, bezüglich derer die Unterversorgung besteht (*Lizenzpflichtige oder lizenzfreie Leistung?*) und zum anderen von den jeweiligen Marktverhältnissen (*Existiert ein marktbeherrschendes Unternehmen?*) ab. Zur Analyse des Konzepts wird daher anhand der denkbaren Kombinationen dieser Parameter untersucht, ob die vorhandenen Mechanismen tatsächlich diesem Anspruch gerecht werden, oder ob wesentliche konzeptionelle Mängel bestehen.

1. Marktversagen im lizenzpflichtigen Bereich mit dominantem Anbieter

Für den Fall, daß eine Unterversorgung mit einer lizenzpflichtigen Leistung – wie dem Angebot von Sprachtelefondienst oder dem Betreiben von Übertragungswegen – besteht, und auf dem jeweils relevanten Markt ein oder mehrere Unternehmen über eine marktbeherrschende Stellung verfügen, eröffnet das Gesetz der Regulierungsbehörde mehrere Optionen.

Zunächst ist in einer solchen Konstellation die unmittelbare Zwangsverpflichtung des marktbeherrschenden Anbieters möglich.[152] Sofern mehrere Unternehmen mit marktbeherrschender Stellung existieren, liegt es im Ermessen der Behörde, einen dieser Anbieter als universaldienstpflichtig zu bestimmen oder die Pflicht auf mehrere Anbieter zu verteilen.[153] Zudem kann die Regulierungsbehörde die Universaldienstleistung aber auch gemäß § 19 Abs. 4 TKG ausschreiben (fakultative Ausschreibung) und an denjenigen Bewerber vergeben, der den geringsten finanziellen Ausgleich verlangt.[154]

In dieser Konstellation erweisen sich damit die im TKG vorgesehen Instrumente zur Sicherung des Universaldienstes als ausreichend. Durch die Möglichkeit der Zwangsverpflichtung eines marktbeherrschenden Unternehmens ist das Angebot des Universaldienstes in jedem Fall gewährleistet. Die Regulierungsbehörde hat durch eine extensive Handhabung des Ausschreibungsverfahrens darüber hinaus

---

[152] § 19 Abs. 2 TKG; 3. Kapitel, B II 1.

[153] § 19 Abs. 3 TKG; instruktiv: auch *Etling-Ernst*, Telekommunikationsgesetz, § 19 Rn. 6; nach Auffassung von *Schütz*, in Beck'scher TKG-Kommentar, § 19 Rn. 41, besteht hier sowohl ein Entschließungs- als auch ein Auswahlermessen der Regulierungsbehörde, wobei unter bestimmten Voraussetzungen aber von einer Ermessensreduktion auf Null auszugehen ist.

[154] Zum Instrument der fakultativen Ausschreibung, vgl. 3. Kapitel, B II 2.

C. Universaldienstkonzeption und Infrastrukturvorgaben

die Möglichkeit, den Universaldienst für kleinere Unternehmen zu öffnen und damit einer Versteinerung der überkommenen Anbieterstruktur entgegenzuwirken.[155] Rechtspolitisch diskutabel wäre es allenfalls, die Ausschreibung des Universaldienstes nicht nur in das Ermessen der Regulierungsbehörde zu stellen, sondern eine solche Ausschreibung einer Zwangsverpflichtung des marktbeherrschenden Unternehmens *zwingend* voranzustellen. Die Zwangsverpflichtung eines Unternehmens nur als ultima ratio bei erfolglosem Ausschreibungsverfahren wäre sowohl hinsichtlich dessen subjektiver Rechtspositionen, als auch zur Förderung des Wettbewerbs ein wohl vorzugswürdiger Ansatz.[156] An der grundsätzlichen Geeignetheit des Konzeptes den Universaldienst in der hier vorliegenden Konstellation zu sichern, besteht jedoch kein Zweifel. Auch hinsichtlich der Finanzierung des Universaldienstes treten – zumindest aus systematischer Sicht[157] – keine Schwierigkeiten auf. Entsprechend der Zielvorstellung des Gesetzgebers erfolgt die Finanzierung des zu gewährenden Defizitausgleichs aus dem Telekommunikationssektor selbst. Alle Unternehmen, die sich an diesem lizenzpflichtigen Markt betätigen, tragen entsprechend ihrem Anteil am Gesamtumsatz mittels der Universaldienstabgabe zur Finanzierung bei, so daß es keiner staatlichen Zuschußfinanzierung bedarf.[158]

2. Marktversagen im lizenzpflichtigen Bereich ohne dominantem Anbieter

Wesentlich problematischer ist jedoch die Konstellation, in der ebenfalls eine Unterversorgung mit einer lizenzpflichtigen Universaldienstleistung besteht, auf dem jeweiligen räumlich und sachlich relevanten Markt jedoch kein marktbeherrschendes Unternehmen existiert. Ein solcher Fall würde dann eintreten, wenn der Wettbewerb vollständig funktioniert und aufgrund einer Vielzahl von Anbietern kein Unternehmen über eine dominante Marktstellung im Sinne des Kartellrechts verfügt oder im entgegengesetzten Fall, wenn die Unterversorgung im räumlich und sachlich relevanten Markt bereits in der Weise vollständig eingetreten ist, daß sich alle Anbieter vollständig vom Markt zurückgezogen haben.[159]

Ein Vorgehen gemäß § 19 Abs. 2 TKG kommt in diesen Fällen nicht in Betracht, weil Adressat der unmittelbaren Zwangsverpflichtung nur ein marktbeherrschendes Unternehmen sein kann.[160] Das einzige der Regulierungsbehörde zur Verfü-

---

[155] Zu den wettbewerbspolitischen Vorteilen des Ausschreibungsverfahrens: 3. Kapitel B II 2; vgl. auch *Schütz*, in Beck'scher TKG-Kommentar, § 19 Rn. 27.

[156] Ausführlich: 5. Kapitel C II 1.

[157] Ausführlich zur verfassungsrechtlichen Problematik der Universaldienstabgabe, 4. Kapitel, D.

[158] Siehe oben, Dritter Teil B III 2.

[159] Vgl. Gesetzesbegründung, BT-Drucks. 13/3609, S. 42; *Etling-Ernst*, Telekommunikationsgesetz, § 19 Rn. 11; *Schütz/Cornils*, DVBl. 1997, S. 1146 (1150).

gung stehende Instrument stellt in diesem Fall die Ausschreibung nach § 19 Abs. 6 TKG (obligatorische Ausschreibung) dar. Ob dieses Ausschreibungsverfahren ein hinreichend sicherer Weg zur Gewährleistung der verfassungs- und europarechtlich gebotenen Grundversorgung ist, erscheint aber mehr als zweifelhaft. Charakteristisch für Ausschreibungsverfahren jeder Art ist, daß sie auf einem *freiwilligen* Leistungsangebot der am Wirtschaftsleben beteiligten Subjekte basieren. In den Fällen, in denen keine Bereitschaft der Unternehmen besteht ihre Leistungen anzubieten und sich am Ausschreibungsverfahren zu beteiligen, versagt ein solches System zwangsläufig. Es sind durchaus Unterversorgungssituationen denkbar, in denen aus Sicht der privatwirtschaftlich handelnden Unternehmen kein Anreiz besteht, an der Ausschreibung zu partizipieren.[161] Dies ergibt sich insbesondere daraus, daß die Beitragspflicht im Universaldienst – zumindest was die lizenzpflichtigen Leistungen angeht – nicht dem klassischen „pay-*or*-play"-Konzept folgt, sondern daß die Abgabeverpflichtung gemäß § 21 Abs. 1 TKG auch für das den Universaldienst leistende Unternehmen besteht („pay *and* play").[162] Es ist daher durchaus vorstellbar, daß mangels wirtschaftlichen Ertragsanreizes sich kein Unternehmen am Ausschreibungsverfahren beteiligt und das Ausschreibungsverfahren deshalb versagt. Da die Zwangsverpflichtung eines Unternehmens gemäß § 19 Abs. 2 TKG nicht möglich ist und eine sonstige ordnungsrechtliche Verpflichtungsbefugnis im Telekommunikationsgesetz fehlt, würde ein Unterversorgungstatbestand vorliegen, vor dem die Regulierungsbehörde mangels Eingriffsinstrumentarien kapitulieren müßte.[163]

Wenn Schütz den Regelungsmechanismus in Hinblick auf die Infrastrukturgarantie des Art. 87 f GG schon deshalb für verfassungswidrig hält,[164] so spricht vom rechtstheoretischen Ansatzpunkt sicher einiges dafür. Bei einer genaueren Betrachtung zeigt sich jedoch, daß es sich hier um ein Problem ohne praktische Relevanz handeln dürfte. Es erscheint bei Berücksichtigung der momentanen wirtschaftlichen Realität und der darauf basierenden Prognosen kaum denkbar, daß in der Zukunft in den lizenzpflichtigen Sektoren kein marktbeherrschender Unternehmer existiert. Das Betreiben von Übertragungswegen und das Angebot von Sprachtelefondienst wurde noch vor nicht allzu langer Zeit als natürliches Monopol angesehen.[165] Wettbewerb in diesen Segmenten sei volkswirtschaftlich nicht sinnvoll,

---

[160] Siehe oben, 3. Kapitel, B II 1 b.

[161] Gerade in den Fällen, in denen sich das unterversorgte Gebiet als relativ klein und daher umsatzschwach erweist („defizitäre Inseln"), bietet selbst eine vollständige Subventionierung oftmals keinen wirklichen Anreiz; vgl. *Blankart/Knieps,* Infrastrukturfonds als Instrumente zur Realisierung politischer Ziele, in: Berger (Hrsg.), Wettbewerb und Infrastruktur in Post und Telekommunikationsmärkten, S. 51 (63).

[162] Ausführlich oben, 3. Kapitel B III 2.

[163] Zu diesem Problempunkt: *Schütz/Cornils,* DVBl. 1997, S. 1146 (1152); *Schütz,* in Beck'scher TKG-Kommentar, § 19 Rn. 35.

[164] *Schütz,* in Beck'scher TKG-Kommentar, § 19 Rn. 35; ebenso: *Schütz/Cornils,* DVBl. 1997, S. 1146 (1152).

C. Universaldienstkonzeption und Infrastrukturvorgaben 117

da die Zulassung eines Konkurrenten mit erneutem Kapitaleinsatz verbunden ist und daher zu einer aus ökonomischer Sicht unerwünschten Kostenduplizierung führen würde.[166] Selbst unter Berücksichtigung der Tatsache, daß diese Theorie hinsichtlich der hier in Frage stehenden Bereiche in der neueren volkswirtschaftlichen Literatur nicht mehr vertreten wird,[167] so ist nach wie vor anerkannt, daß die Bereitstellung von Netzen und darauf basierender Dienste aufgrund der möglichen Ausnutzung von Größen- und Verbundvorteilen nur durch wenige Anbieter wirtschaftlich erfolgen kann.[168] Zusätzlich verhindert der hohe Investitionsbedarf auf der Netzebene[169], lange „Pay-back-Zeiten" und die relativ hohen Lizenzgebühren[170] den Markteintritt einer Vielzahl von Unternehmen.[171] Es erscheint daher aus

---

[165] Zum natürlichen Monopol: *V. Weizsäcker*, Möglichkeiten und Grenzen des Wettbewerbs, in: Neu/Neumann (Hrsg.), Die Zukunft der Telekommunikation, S. 21 (23); *Knorr*, Wettbewerb bei den Postdiensten und öffentlicher Infrastrukturauftrag, in: Berger (Hrsg.), Wettbewerb und Infrastruktur in Post- und Telekommunikationsmärkten, S. 68 (71 ff.); *Windisch*, Privatisierung natürlicher Monopole, in: Windisch (Hrsg.), Privatisierung natürlicher Monopole im Bereich von Bahn, Post und Telekommunikationsbereich, S. 1 (41 ff.); *Knieps*, Entstaatlichung und Wettbewerb, in: Windisch (Hrsg.), Privatisierung natürlicher Monopole im Bereich von Bahn, Post und Telekommunikationsbereich, S. 147 (155); *Klodt/Laaser/Lorz/Maurer*, Wettbewerb und Regulierung in der Telekommunikation, S. 35 ff.; *Gabrisch*, Universaldienst in Deutschland, S. 11; *Dörr*, Die Privatisierung der Deutschen Bundespost, S. 68; grundlegend: *Sharkey*, The Theory of Natural Monopoly, S. 54 (ff.); vgl. bereits oben, 1. Kapitel, B I 3.

[166] *Knieps*, Entstaatlichung und Wettbewerb, in: Windisch (Hrsg.), Privatisierung natürlicher Monopole im Bereich von Bahn, Post und Telekommunikationsbereich, S. 147 (155); *Dörr*, Die Privatisierung der Deutschen Bundespost, S. 68.

[167] *Blankart/Knieps*, Infrastrukturfonds als Instrumente zur Realisierung politischer Ziele, in: Berger (Hrsg.), Wettbewerb und Infrastruktur in Post- und Telekommunikationsmärkten, S. 51 (52): „Es ist inzwischen unumstritten, daß der Wettbewerb in sämtlichen Teilbereichen eines Telekommunikationssystems möglich und ökonomisch sinnvoll ist (...). Allfällige Befürchtungen, Netzwettbewerb führe zu Kostenduplizierungen (...) sind unbegründet. Sie erscheinen eher Konstrukte jener Gruppen zu sein, die nicht mehrheitsfähige Interessen an der Aufrechterhaltung des Netzmonopols verfolgen."; vgl. auch *Jerónimo*, Telecommunications and competition in the European Union, in Europäische Kommission (Hrsg.), The European Union in a changing world, S. 57 (62): „The main conclusion is that economies of scale an scope are being superseeded by economies of innovation and specialization; and sunk costs and investment barriers are thought to no longer justify telecommunications as exhibiting characteristics of natural monopoly."

[168] Vgl. *Witte*, ZögU 1997, S. 434 (446), der aufgrund der „erheblichen Eintrittsbarrieren" im Ortsnetzbereich (außerhalb der Geschäftszentren) von einem „faktischen Monopol" zugunsten des Traditionsunternehmens spricht.

[169] So beträgt nach Aussage von Enzelmüller (Vorsitzender der Geschäftsleitung der Colt Telecom) der Investitionsaufwand für ein Stadtnetz in den ersten drei Jahren rund 100 Millionen DM; vgl. FAZ vom 13. 7. 1998, Nr. 98, S. 23.

[170] Ein Anbieter der in der Bundesrepublik flächendeckend Übertragungswege betreiben will, muß eine Gebühr von 10,6 Millionen DM entrichten. Für eine Sprachtelefondienstlizenz werden zur Zeit 3 Millionen DM fällig, hierzu: *Heimlich*, NVwZ 1998, S. 122 ff.; kritisch zu den Lizenzgebühren: *Schütz/Nüsken*, MMR 1998, S. 523 ff.

[171] Ausführlich zu Investitionsvolumina, Anlaufverlusten und erwarteten Pay-back-Zeiten, *Backhaus/Stadie/Voeth*, Was bringt der Wettbewerb im Telekommunikationsmarkt, S. 53 ff.

volkswirtschaftlicher Perspektive kaum denkbar, daß ein sog. idealer Wettbewerb eintreten wird, in dem kein Unternehmen über eine marktbeherrschende Stellung verfügen wird, wofür nach der Regelvermutung des § 22 Abs. 3 Nr. 1 GWB ja bereits ein Marktanteil von einem Drittel ausreicht.

Zur Zeit verfügt die Deutsche Telekom AG als ehemaliger Monopolist über eine Netzinfrastruktur, welche quantitativ die Netzinfrastruktur ihrer Mitbewerber um ein Vielfaches übersteigt.[172] Es ist nicht damit zu rechnen, daß sich an der marktbeherrschenden Stellung der Deutschen TK auf Dauer etwas ändern wird.[173] Selbst wenn die Deutsche Telekom AG im hier relevanten Netz- oder Telefondienstsegment zukünftig an Marktmacht verliert, so ist nicht damit zu rechnen, daß ihre Marktstellung unter den in § 19 Abs. 3 Nr. 1 GWB normierten Standard absinkt und gleichzeitig kein sonstiges Unternehmen diese Voraussetzungen erfüllt. Für diese Ansicht sprechen auch Erfahrungen ausländischer Staaten, in denen nach Abschluß der Liberalisierungsbestrebungen der ehemalige Monopolist trotz Wettbewerb weiterhin wesentlich den Netzwettbewerb und den Telefondienstmarkt prägt und in diesen Sektoren über eine deutlich marktbeherrschende Stellung verfügt.[174] So verfügt beispielsweise in Großbritanien, wo der Liberalisierungsprozeß bereits Anfang der achtziger Jahre in Gang gesetzt wurde, der ehemalige Monopolist British Telecom nach wie vor über einen Gesamtmarktanteil von ca. 80%.[175] Obgleich sich der Wettbewerb auf den deutschen Telekommunikationsmärkten bereits überraschend gut entwickelt hat[176], so erscheint es de facto undenkbar, daß der Marktanteil der Deutschen Telekom AG unter die kartellrechtlich relevante Quote von 1/3 absinkt. Es kann festgehalten werden, daß auf lange Sicht der Wettbewerb

---

[172] Nach Angaben der FAZ verfügt die Deutsche Telekom AG bundesweit über mehr als 1.45 Millionen km an Kupferkabel und Richtfunkstrecken sowie über 150.000 km an Glasfaserkabel. Konkurrent Mannesmann besitzt lediglich 40.000 km eigene Leitungsverbindungen, Otello lediglich 11.000 km und Viag Interkom sogar nur knapp 9.000 km eigene Netze; FAZ vom 15. 9. 1998, S. 312.

[173] Vgl. FAZ vom 15. 9. 1998, S. 312: „Die Deutsche Telekom wird (...) in den kommenden Jahren weiterhin der absolute Marktführer sein, mit weitem Abstand vor Arcor, Viag Interkom und Otello. Die letzten drei werden in absehbarer Zeit kaum über einen Anteil von jeweils sechs bis acht Prozent am gesamten Telekommunikationsmarkt hinauskommen."

[174] Eine Übersicht über die Marktverhältnisse jeweils ein Jahr nach der Liberalisierung findet sich in manager-magazin, 9/1999, S. 186.

[175] Vgl. *Geppert/Ruhle/Schuster*, Handbuch Recht und Praxis der Telekommunikation, Rn. 40; *Witte*, ZögU, 1997, S. 434 (442); vgl. auch *Strivens/McKean*, MMR-Beilage 8/1999, S. 3 (3): „British Telecommunications plc still has the overwhelming share of the market."

[176] Vgl. in diesem Zusammenhang auch die Aussage von Klaus-Dieter Scheurle, dem Präsident der Regulierungsbehörde, wonach der Wettbewerb „eindrucksvoll" in Gang gekommen ist, FAZ vom 16. Juli 1998, Nr. 162, S. 15; vgl. auch *Scheurle*, FAZ vom 24. August 1999, Nr. 195, Beilage S. 14: „Die meisten Newcomer in der Telekommunikation starteten überraschend erfolgreich."; insbesondere im Segment „Ferngespräche" waren die Newcomer erfolgreich: Bereits ein Jahr nach der Marktöffnung betrug ihr Anteil 30%; zum internationalen Vergleich: manager-magazin 9/1999, S. 186.

im Lizenzbereich durch zumindest ein marktbeherrschendes Unternehmen dominiert wird. Die oben festgestellte „Schwäche" des Systems ist daher mangels praktischer Relevanz hinzunehmen.

Sollte sich entgegen der hier vertretenen Auffassung und aller ökonomischen Prognosen der Wettbewerb in ferner Zukunft aber tatsächlich in Richtung eines völlig ausgewogenen, „vollkommenen" Wettbewerbs[177] entwickeln und aufgrund guter Rentabilitätserwartungen sich so viele Unternehmen am Markt betätigen, daß die Deutsche Telekom AG ihre marktbeherrschende Stellung verliert und gleichzeitig kein sonstiges Unternehmen über eine marktbeherrschende Stellung verfügt, so erscheint schon der Eintritt eines Unterversorgungstatbestandes kaum denkbar.[178]

Die oben aufgezeigte „Schwäche" der Universaldienstkonzeption ist daher in erster Linie ein theoretisches Problem. Die Ausführungen haben bewiesen, daß die praktische Bedeutung dieser rechtssystematischen Schwachstelle gegen Null tendiert. Das Universaldienstkonzept wegen dieser Schwäche als verfassungswidrig zu deklarieren, erscheint daher überzogen.

3. Marktversagen im lizenzfreien Bereich

Als letzte Konstellation bleibt schließlich zu erörtern, ob das Universaldienstmodell des Telekommunikationsgesetzes die Sicherstellung der nicht-lizenzpflichtigen Universaldienstleistungen garantiert. Als nicht-lizenzpflichtige Leistungen sind gemäß § 17 Nr. 2 der Telekommunikations-Universaldienstleistungsverordnung die Erteilung von Rufnummernauskünften, die Herausgabe von Teilnehmerverzeichnissen („Telefonbücher") und das Bereitstellen von öffentlichen Telefonen bestimmt worden.[179]

Ihrer Garantiefunktion kämen die Universaldienstregeln jedenfalls dann nach, wenn jederzeit eine Zwangsverpflichtung eines Unternehmens möglich wäre. § 19 Abs. 2 TKG eröffnet jedoch nur die Möglichkeit zur Zwangsverpflichtung von Lizenznehmern.[180] Aus dieser Beschränkung des potentiellen Adressatenkreises läßt sich unmittelbar schließen, daß nur lizenzpflichtige Leistungen Gegenstand des Zwangsverpflichtungsverfahrens sein können. Eine andere Auslegung des Normtextes wäre sinn- und systemwidrig. Es erschiene kaum nachvollziehbar, warum die Verpflichtungmöglichkeit eines Unternehmens zur Erbringung einer nicht-lizenzpflichtigen Leistung davon abhängen soll, ob sich dieses Unternehmen zusätz-

---

[177] Zum „vollkommenen Wettbewerb" und der „atomistischen Konkurrenz": *Gloy,* Handbuch des Wettbewerbsrechts, § 9 Rn. 4.
[178] Im Ansatz identisch: *Windhorst,* Der Universaldienst im Bereich der Telekommunikation, S. 462, Fn. 272.
[179] Vgl. oben, 3. Kapitel B I.
[180] Vgl. bereits oben, 3. Kapitel, B II 1 b.

lich im lizenzpflichtigen Bereich betätigt. Dies folgt schon daraus, daß die lizenzfreien Dienste entsprechend dem kartellrechtlichen Bedarfsmarktkonzept, eigenständige, nach sachlichen Kriterien zu unterscheidende Märkte darstellen.[181] Auch der Gesetzgeber ging bei Erlaß des Telekommunikationsgesetzes ersichtlich von diesem Verständnis aus[182] Es kann somit festgehalten werden, daß lizenzfreie Leistungen – unabhängig von den konkreten Marktverhältnissen – nie Gegenstand eines Zwangsverpflichtungsverfahrens gemäß § 19 Abs. 2–4 TKG sein können.[183]

Es ist daher zu untersuchen, ob die lizenzfreien Universaldienstleistungen zumindest Gegenstand des Verfahrens der wettbewerblichen Ausschreibung gemäß § 19 Abs. 6 TKG sein können. Der Wortlaut dieser Vorschrift scheint insoweit eindeutig zu sein. Das Ausschreibungsverfahren ist immer dann durchzuführen, wenn *„eine Verpflichtung nach den Absätzen 2 bis 4 nicht möglich"* ist. Dies ist, wie soeben erörtert, der Fall. Jedoch könnten, wie bereits von Schütz[184] angesprochen, systematische Erwägungen gegen die Ausschreibungsfähigkeit der lizenzfreien Dienstleistungen sprechen. Charakteristisch für das Ausschreibungsverfahren gemäß § 19 Abs. 6 TKG ist, daß der Anbieter, der das günstigste Angebot unterbreitet, zur Dienstleistungserbringung verpflichtet wird und einen Anspruch entsprechend des Ausschreibungsergebnisses geltend machen kann. Dieser Ausgleichsbetrag wird dann über die Universaldienstabgabe nach § 21 TKG durch die Telekommunikationsunternehmen refinanziert.[185] Im Falle der Ausschreibung von lizenzfreien Universaldiensten würde dieses Kreislauffinanzierungssystem jedoch versagen. Die Abgabepflicht bezieht sich gemäß § 21 Abs. 1 S. 1 TKG nur auf Lizenznehmer, die auf dem jeweiligen Markt der *„betreffenden lizenzpflichtigen Telekommunikationsdienstleistung"* tätig sind. Mit dieser Formulierung bringt der Gesetzestext zum Ausdruck, daß die Universaldienstabgabe nur hinsichtlich Kosten der Bereitstellung von *lizenzpflichtigen* Leistungen erhoben werden kann, nicht jedoch hinsichtlich der Kosten die mit der Bereitstellung *lizenzfreier* Leistungen verbunden sind. Eine davon abweichende Auslegung würde zu dem aus systematischer und teleologischer Perspektive wenig befriedigenden Ergebnis führen, daß Lizenznehmer zur Finanzierung des Universaldienstes im lizenzfreien Bereich beitragen müßten, obwohl sie dort unter Umständen gar nicht tätig sind, während Unternehmen, die ihre Aktivitäten auf den lizenzfreien Bereich beschränken, von der Finanzierungspflicht des Universaldienstes innerhalb ihres eigenen Marktes

---

[181] Vgl. oben, 3. Kapitel, B II 1 b.

[182] Gesetzesbegründung, BT-Drucks. 13/3609, S. 42: „Die Bestimmung (*scil.*: § 18 Abs. 6 TKG-E, entspricht § 19 Abs. 6 TKG) legt fest, daß Universaldienstleistungen ausgeschrieben werden, wenn die Verpflichtung eines Lizenznehmers nicht möglich ist, sei es (....), sei es daß eine nicht lizenzpflichtige Telekommunikationsdienstleistung als Universaldienst zu erbringen ist."

[183] Ebenso im Ergebnis: *Etling-Ernst*, Telekommunikationsgesetz, § 19 Rn. 11; *Schütz*, in Beck'scher TKG-Kommentar, § 19 Rn. 31.

[184] *Schütz*, in Beck'scher TKG-Kommentar, § 19 Rn. 31 ff.

[185] Ausführlich zum Grundkonzept des Universaldienstes, oben, 3. Kapitel, B II, III.

verschont blieben. Zudem wäre eine solche Interpretation auch aus verfassungsrechtlicher Sicht kaum haltbar.[186] Es läßt daher zunächst festhalten, daß die Basisversorgung mit lizenzfreien Leistungen nicht mittels der Universaldienstabgabe finanziert werden kann.

Die Anwendung des Ausschreibungssystems hinsichtlich der lizenzfreien Leistungen hätte damit einen Ausgleichsanspruch des Dienstleisters zu Folge, der nicht endogen, d. h. aus der Telekommunikationsbranche selbst, finanzierbar wäre.[187] Das gesetzliche Universaldienstkonzept würde damit eine Finanzierungslücke offenbaren, die mangels sonstiger Alternativen nur mittels Zuwendungen aus dem staatlichen Haushalt geschlossen werden könnte. Ein solches Ergebnis wurde vom Gesetzgeber weder vorhergesehen noch erwünscht und stünde im Widerspruch zu seiner Intention, die Universaldienstkosten ausschließlich mittels brancheninterner Kostenteilungs- und Kostenumlagemechanismen zu finanzieren.[188] Die systematische Auslegung spricht daher eigentlich gegen eine Einbeziehung der lizenzfreien Leistungen in das Ausschreibungsverfahren des § 19 Abs. 6 TKG.

Aus verfassungs- und europarechtlichen Gründen muß diese systematische Schwäche jedoch toleriert werden. Würde man die Ausschreibungsfähigkeit der lizenzfreien Universaldienste aufgrund der systematischen Bedenken generell ablehnen, so hätte dies zur Folge, daß die Qualifizierung der lizenzfreien Leistungen als Universaldienste völlig ohne Konsequenzen bliebe. Im Falle einer Unterversorgung in diesen Bereichen hätte die Regulierungsbehörde weder die Möglichkeit ein Unternehmen zur Erbringung des unwirtschaftlichen Universaldienstes zu verpflichten, noch im Wege des Ausschreibungsverfahrens einen geeigneten Leistungserbringer ausfindig zu machen. Sowohl die sich aus dem europäischen Se-

---

[186] Da die Universaldienstabgabe eine Sonderabgabe mit Finanzierungsfunktion darstellt, setzt deren Zulässigkeit die Existenz einer Gruppenverantwortung der Abgabepflichtigen voraus. Eine besondere Verantwortung eines Unternehmens bzgl. der flächendeckenden Grundversorgung in einem Bereich, in dem es selbst gar nicht tätig wird, besteht jedoch ganz offensichtlich nicht. Die Finanzierung des Universaldienstes im lizenzfreien Bereich durch die Gruppe der Lizenznehmer wäre daher verfassungswidrig; vgl. in diesem Kontext auch Gegenäußerung der Bundesregierung, BT- Drucks. 13/4438, S. 33: " Zur Finanzierung von Defiziten bei der Erbringung von Universaldienstleistungen können aus rechtlichen Gründen im übrigen nur Unternehmen herangezogen werden, die entsprechende Dienstleistungen erbringen."; allein die hier vorgenommene Auslegung entspricht daher dem Gebot der verfassungskonformen Auslegung; grundlegend zu diesem Prinzip: *Zippelius*, in Festgabe Bundesverfassungsgericht II, S. 108 ff.

[187] Ebenso: *Schütz*, Beck'scher TKG-Kommentar, § 21 Rn. 12, § 19 Rn. 31; a.A.: *Windthorst*, Der Universaldienst im Bereich der Telekommunikation, S. 484 und *Badura*, Archiv PT 1997, S. 277 (282), die ersichtlich davon ausgehen, daß der Defizitausgleich auch hinsichtlich der lizenzfreien Leistungen durch die Universaldienstabgabe finanziert wird und daher an der Verfassungsmäßigkeit zweifeln, bzw. diese ablehnen; zu den finanzverfassungsrechtlichen Problemen, vgl. 4. Kapitel, D III.

[188] Zu dieser systematischen Schwäche der Universaldienstkonzeption: *Schütz*, in Beck'scher TKG-Kommentar, § 19 Rn. 30 ff. („Systembruch"); *Schütz/Cornils*, DVBl. 1997, S. 1146 (1152) („Ungereimtheit der gesetzlichen Regelung").

kundärrecht ergebende Pflicht zur Garantie eines flächendeckenden Angebotes von öffentlichen Telefonen, Teilnehmerverzeichnissen und Auskunftsdiensten,[189] als auch der verfassungsrechtliche Infrastrukturgewährleistungsauftrag des Art. 87 Abs. 1 GG[190] würden damit ganz offensichtlich verletzt. Aufgrund der verfassungsrechtlichen und europarechtlichen Notwendigkeit und aufgrund des insoweit eindeutigen Wortlauts des § 19 Abs. 6 TKG muß daher trotz der systematischen Ungereimtheiten von der Ausschreibungsfähigkeit der lizenzfreien Leistungen ausgegangen werden.[191] Im Gegensatz zur Situation der Ausschreibung von lizenzpflichtigen Leistungen ist es der Regulierungsbehörde aber verwehrt, ihre Aufwendung durch die Erhebung der Universaldienstabgabe gemäß § 21 TKG zu refinanzieren.

Im Anschluß daran stellt sich jedoch zwangsläufig die Frage, ob die Einbeziehung der lizenzfreien Leistungen in das Ausschreibungssystem ein hinreichend sicherer Weg zur Garantie der Grundversorgung darstellt. Die bereits im Rahmen der Konstellation 2 geäußerten grundsätzlichen Bedenken[192] gegen das Ausschreibungskonzept gelten hier ebenfalls. Sofern sich kein Unternehmen am Ausschreibungsverfahren beteiligt, versagt das gesetzliche Universaldienstmodell zwangsläufig, da die Regulierungsbehörde mangels unmittelbarer Verpflichtungsbefugnis einer Versorgungslücke ohnmächtig gegenübersteht.[193]

Im Gegensatz zur Konstellation 2, als auf theoretischer Ebene ebenfalls systematische Fehler und Unzulänglichkeiten festgestellt wurden, handelt es sich jedoch hier nicht nur um ein theoretisches Problem. Eine regionale Unterversorgung mit Leistungen aus dem lizenzfreien Sektor erscheint selbst in absehbarer Zukunft durchaus realistisch, sogar erheblich wahrscheinlicher als eine Versorgungslücke auf der Netzebene oder im Sprachtelefonsegment. Während es sich bei dem Betrieb von Netzen und dem Angebot von Telefondienst um boomende Wirtschaftszweige handelt, in denen sich bereits jetzt eine Vielzahl nationaler und internationaler Anbieter betätigen, stellen das Bereitstellen von öffentlichen Telefonen und das Angebot von Verzeichnis- und Auskunftsdiensten klassisch defizitäre Bereiche dar. Als Beispiel sei an dieser Stelle nur an den Sektor der Telefonauskunft erinnert, in dem der Deutschen Telekom AG nach eigenen Angaben im Jahre 1997 ein Verlust von ca. 1 Milliarde (!) DM entstanden ist.[194] Es ist zu erwarten, daß sich mangels Rentabilitätserwartungen in den lizenzfreien Universaldienstbereichen

---

[189] Zu den europarechtlichen Vorgaben des Universaldienstes: Dritter Teil A II.

[190] Ausführlich zum Infrastrukturgewährleistungsauftrag: Zweiter Teil.

[191] Ebenso mit ausführlicher Begründung, *Schütz*, in Beck'scher TKG-Kommentar, § 19 Rn. 32 ff.; *Schütz/Cornils*, DVBl. 1997, S. 1146 (1152); vgl. auch *Etling-Ernst*, Telekommunikationsgesetz, § 19 Rn. 11, die ebenfalls von der Ausschreibungsfähigkeit der lizenzfreien Leistungen ausgeht, jedoch die damit verbundenen systematischen Schwierigkeiten nicht erkennt.

[192] Siehe oben, 3. Kapitel, C II 2.

[193] Siehe oben, 3. Kapitel, C II 2.

[194] Vgl. FAZ vom 5. Juni 1998, Nr. 128, S. 21.

langfristig kein echter Wettbewerb konkurrierender Anbieter entwickelt, sondern daß die Deutsche Telekom AG hier in wesentlichen Bereichen auf Dauer einziger Anbieter bleibt.[195] Sollte sich die Geschäftsleitung des Unternehmens dafür entscheiden sich langfristig aus einzelnen Segmenten zumindest regional zurückzuziehen[196] – dies wird insbesondere hinsichtlich der Bereitstellung von öffentlichen Telefonen in ländlichen Gebieten erwartet[197]- so hätte dies die Entstehung von Versorgungslücken zur Folge. Da der Regulierungsbehörde in diesen Bereichen, unabhängig von den Marktverhältnissen, nur das Instrument der wettbewerblichen Ausschreibung zur Verfügung steht, wäre sie darauf angewiesen, daß zumindest ein Unternehmen am Ausschreibungsverfahren partizipiert und ein akzeptables Angebot abgibt. Sofern dies nicht der Fall ist[198], steht die Regulierungsbehörde der Unterversorgung machtlos gegenüber. Die flächendeckende Infrastrukturgewährleistung im Sinne des Art. 87 f Abs. 1 GG wäre somit nicht garantiert.

Selbst wenn immerhin ein Anbieter, beispielsweise die Deutsche Telekom AG, am Ausschreibungsverfahren teilnimmt, ist die Verhandlungsposition der Regulierungsbehörde denkbar schlecht. Da sich der Anbieter bei Kenntnis des rechtlichen Rahmens der Tatsache bewußt ist, daß die Regulierungsbehörde mangels sonstiger Alternative auf ein erfolgreiches Verfahren der wettbewerblichen Ausschreibung angewiesen ist, kann er ein Angebot in beliebiger Höhe abgeben und damit den Preis diktieren. Die Regulierungsbehörde ist einem solchen Falle vor die Wahl gestellt, das Angebot anzunehmen und damit unter Umständen ein völlig überhöhtes Entgelt zu zahlen, oder die Unterversorgung in Kauf zu nehmen und damit den verfassungsrechtlichen Infrastrukturgewährleistungsauftrag zu verletzen. Insbesondere verfügt sie im Falle eines inakzeptablen Angebots nicht über die Alternative der Zwangsverpflichtung eines Unternehmens[199] oder zumindest der Kontrolle und

---

[195] Beispielsweise hinsichtlich des Bereitstellens von Telefonzellen stehen den rund 160.000 Zellen der Deutschen Telekom AG soweit ersichtlich nur etwa 40 (!) angebotene Zellen des Konkurrenten Mannesmann-Arcor im Rahmen eines Pilotversuchs gegenüber; vgl. Welt am Sonntag vom 2. August 1998, Nr. 31, S. 41.

[196] Entsprechend dem in Art. 87 f. Abs. 2 S. 1 GG verankerten Grundsatz der Privatwirtschaftlichkeit und der damit verbundenen Autonomie des Vorstandes, wäre das Unternehmen an einer solchen Entscheidung grundsätzlich nicht gehindert; ausführlich: 1. Kapitel C II 2, sowie 2. Kapitel D II 2; lediglich die Anzeigepflicht gemäß § 97 Abs. 1 wäre zu beachten.

[197] Nach eigenen Angaben existieren Telefonzellen, die bei monatlichen Unterhaltungskosten von durchschnittlich 375 DM nur einen Umsatz von 5 DM erzielen. Insgesamt sei jedes dritte der 160.000 Telefonhäuschen unrentabel; vgl. FAZ vom 19. November 1998, Nr. 269, S. 21.

[198] Das Eintreten eines solchen Falles ist auch nicht gänzlich unrealistisch. Insbesondere von wirtschaftswissenschaftlicher Seite wurde bereits darauf hingewiesen, daß gerade in den Fällen, in denen sich das unterversorgte Gebiet als relativ klein und daher umsatzschwach erweist („defizitäre Inseln"), selbst eine vollständige Subventionierung oftmals keinen wirklichen Anreiz bietet; vgl. *Blankart/Knieps,* Infrastrukturfonds als Instrumente zur Realisierung politischer Ziele, in: Berger (Hrsg.), Wettbewerb und Infrastruktur in Post und Telekommunikationsmärkten, S. 51 (63).

[199] Vgl. 3. Kapitel, B II 1 b.

Restriktion des Preises.[200] Das System zur Sicherung des Universaldienstes erweist sich daher auch unter diesem Blickwinkel als konzeptionell mißlungen, da die Position der Regulierungsbehörde unnötig schwach ausgestaltet wurde.

Man muß daher feststellen, daß hinsichtlich der lizenzfreien Leistungen unter Beachtung der besonderen Marktverhältnisse die gebotene Grundversorgung nicht umfassend garantiert ist.[201] Hinsichtlich dieser Dienstleistungen liegt damit eine partiell mangelhafte Umsetzung der gemeinschaftsrechtlichen Vorgaben und des verfassungsrechtlichen Infrastrukturgewährleistungsauftrages vor.

D. Endergebnis und Zusammenfassung des dritten Kapitels

Zur Sicherstellung der Grundversorgung mit Kommunikationsmitteln beinhaltet das TKG in den §§ 17 ff. die Regeln zum Universaldienst. Neben der Begrifflichkeit ist auch die konkrete Ausgestaltung europarechtlich geprägt. Die einschlägigen Richtlinien geben den nationalen Stellen einen Mindeststandard vor, der von diesen sichergestellt werden muß. Darüber hinaus bestehen jedoch umfassende Gestaltungsspielräume der Mitgliedsstaaten.

Als zentrale Instrumentarien zur Gewährleistung des Universaldienstes sind die unmittelbare Verpflichtung von Unternehmen und das Verfahren der wettbewerblichen Ausschreibung unterversorgter Regionen vorgesehen. Nach der gesetzlichen Grundkonzeption wird ein eventuell entstehendes Defizit des Universaldienstleisters gemäß § 20 TKG von der Regulierungsbehörde ausgeglichen. Die dafür erforderlichen Mittel werden – zumindest was die lizenzpflichtigen Leistungen angeht – gemäß § 21 TKG durch die Erhebung der Universaldienstabgabe erzielt, welche von den am Markt tätigen Unternehmen zu entrichten ist. Auch das den Universaldienst unmittelbar leistende Unternehmen ist zur Zahlung der Abgabe verpflichtet.

Die in der TUDLV vorgenommene Bestimmung der Universaldienste entspricht den gemeinschaftsrechtlich vorgegebenen Mindeststandards und steht mit dem deutschen Verfassungsrecht in Einklang. Eine Garantie zugunsten einer flächendeckenden Versorgung mit neuen, innovativen Diensten läßt sich aus Art. 87 f Abs. 1 GG ebensowenig herleiten wie eine Pflicht zur Förderung öffentlicher Einrichtungen, analog des universal service Konzepts in den USA. Zur Zeit besteht weder ein „Internet-Grundversorgungsauftrag" des Staates noch eine Verpflichtung

---

[200] Dies ergibt sich daraus, daß gemäß § 20 Abs. 3 TKG die Höhe des Defizitausgleichs sich ausschließlich nach dem Ausschreibungsergebnis richtet und eine Überprüfung der Kalkulation somit ausscheidet.

[201] Vgl. auch *Schütz/Cornils*, DVBl. 1997, S1146 (1152): lizenzfreie Universaldienste als „Universaldienstleistung zweiter Klasse".

D. Endergebnis und Zusammenfassung des dritten Kapitels

zur Garantie eines flächendeckenden Mobilfunkangebotes. Die sehr hohen Zuwachsraten in diesen Bereichen deuten jedoch darauf hin, daß sich dies in naher Zukunft ändern wird.

Im Anschluß wurde dargelegt, daß das Universaldienstkonzept als Instrument zur Sicherung der Infrastruktur an entscheidender Stelle mangelhaft ist. Die verfassungs- und europarechtlich gebotene Grundversorgung ist nur bzgl. des Angebots von Sprachtelefondienst und der Bereitstellung von Übertragungswegen umfassend gewährleistet. Hinsichtlich der lizenzfreien Leistungen – wie der Bereitstellung öffentlicher Telefone und des Angebots von Teilnehmerverzeichnissen und Auskunftsdiensten – sind die Instrumentarien, die das Telekommunikationsgesetz der Regulierungsbehörde zur Verfügung stellt, unzureichend. Bezüglich dieser Dienste sieht das Telekommunikationsgesetz nicht die Möglichkeit zur Zwangsverpflichtung eines Unternehmens vor. Die einzig zur Verfügung stehende Option der Regulierungsbehörde diese Dienstleistungen auszuschreiben, kann die Versorgung nicht garantieren. Vor dem Hintergrund der verfassungsrechtlichen Infrastrukturgarantie und den europarechtlichen Universaldienstvorgaben ist das bestehende Universaldienstkonzept nachbesserungsbedürftig.

Viertes Kapitel

Universaldienst und sonstiges Verfassungsrecht

Das nachfolgende Kapitel widmet sich der zweiten problematischen Komponente des Universaldienstkonzepts. Zu beantworten ist die Frage, inwieweit die vorgesehenen Regulierungsinstrumente mit sonstigem Verfassungsrecht, insbesondere mit den verfassungsrechtlich verbürgten Rechtspositionen der Telekommunikationsunternehmen, im Einklang stehen.

Schwierigkeiten zeigen sich hier bereits auf der Ebene des Prüfungsmaßstabs: Es ist in einem ersten Schritt zu erörtern, inwieweit aufgrund der europarechtlichen Prägung der Universaldienstregeln die nationalen Grundrechte überhaupt als Kontrollmaßstäbe heranzuziehen sind (A). Zudem ist auch beim Aspekt der Grundrechtsfähigkeit der betroffenen Unternehmen den Besonderheiten des Telekommunikationssektors Rechnung zu tragen: Der Telekommunikationssektor wird entscheidend durch die exponierte Stellung des ehemaligen Monopolisten Deutsche Telekom AG geprägt, der sich von der Unternehmensstruktur erheblich von seinen Konkurrenten unterscheidet. Während hinsichtlich der privaten Telekommunikationsgesellschaften die Grundrechtsfähigkeit außer Streit steht, muß hinsichtlich der Deutschen Telekom AG geklärt werden, ob die hohe staatliche Beteiligung eine davon abweichende Beurteilung rechtfertigt (B). Im Anschluß werden die Universaldienstleistungspflicht (C) und die Abgabepflicht (D), die voneinander unabhängige Obligationen darstellen,[1] einer getrennten verfassungsrechtlichen Prüfung unterzogen.

A. Nationale Grundrechte als Prüfungsmaßstab

Die Universaldienstregeln als Bestandteile des Telekommunikationsgesetzes stellen einen Akt deutscher Staatsgewalt dar, der im Grundsatz der uneingeschränkten Verfassungsbindung der Artikel 1 Abs. 3 GG und Artikel 20 Abs. 3 GG unterliegt und damit einer umfassenden Kontrolle durch das Bundesverfassungsgericht hinsichtlich der Vereinbarkeit mit den Grundrechten des Grundgesetzes unterzogen werden kann. Zweifel an diesem Befund könnten sich jedoch daraus ergeben, daß die Vorschriften über den Universaldienst durch die bereits angesprochenen Vorgaben gemeinschaftsrechtlich initiiert waren.[2]

---

[1] Vgl. 3. Kapitel, B. III. 2.

I. Richtlinienumsetzung und nationale Grundrechte

Da der nationale Gesetzgeber bei der Transformation einer Richtlinie in gewisser Weise als „gemeinschaftsrechtlicher Erfüllungsgehilfe"[3] fungiert, stellt sich die Frage, ob in diesen Fällen die nationalen Verfassungsaussagen überhaupt uneingeschränkt herangezogen werden können, oder ob hinsichtlich des umgesetzten Rechts ausschließlich das Gemeinschaftsrecht als materieller Prüfungsmaßstab in Betracht kommt. So wird innerhalb der europarechtlichen Literatur zum Teil vertreten, daß für das materielle nationale Verfassungsrecht im Falle der Richtlinienumsetzung kein Anwendungsbereich mehr verbleibt, da dieses von den allgemeinen europäischen Rechtsgrundsätzen vollständig überlagert wird.[4] Sofern der nationale Gesetzgeber in Ausführung europäischen Rechts handelt, hätte dies zur Folge, daß nicht mehr der nationale Grundrechtsstandard, sondern einzig die Gemeinschaftsgrundrechte als Prüfungsmaßstäbe heranzuziehen wären.[5] Zur Begründung dieses Ansatzes wird insbesondere angeführt, daß dies die notwendige Konsequenz des Grundsatzes vom Anwendungsvorrang des Gemeinschaftsrechts sei.[6] Außerdem wird argumentiert, daß die Anwendung des jeweiligen nationalen Grundrechtskatalogs aufgrund divergierender Schutzintensitäten zu unterschiedlichen Ergebnissen führen könnte und daher die notwendige Einheitlichkeit des europäischen Gemeinschaftsrechts nicht mehr gewährleistet wäre.[7]

Richtig ist an diesem Ansatz, daß, sofern man den Grundsatz des Anwendungsvorrangs des Gemeinschaftsrechts ernst nimmt, daraus unter bestimmten Voraussetzungen tatsächlich eine Relativierung der nationalen Verfassungsbindung für den Gesetzgeber resultieren kann. Aus der Rechtsprechung des EuGH ergibt sich unmißverständlich, daß das europäische Primär- und Sekundärrecht grundsätzlich Vorrang vor dem nationalem Recht – einschließlich der Verfassungen der Mitgliedsstaaten – besitzt.[8] Dies hat auch das Bundesverfassungsgericht prinzipiell an-

---

[2] Vgl. 3. Kapitel, A. III. und IV.

[3] So: *Wetter*, Die Grundrechtscharta des Europäischen Gerichtshofes, S. 94, in Anlehnung an *Riegel*, NJW 1974, S. 1585 (1589).

[4] *Wetter*, Die Grundrechtscharta des Europäischen Gerichtshofes, S. 91 ff.; *Ipsen*, Europäisches Gemeinschaftsrecht, S. 737 f.; *Claudi*, Die Bindung der EWG an die Grundrechte, S. 488; *Riegel*, NJW 1974, S. 1585 (1589); scheinbar auch *Bleckmann*, Europarecht, Rn. 614 f.

[5] *Wetter*, Die Grundrechtscharta des Europäischen Gerichtshofes, S. 91 ff.; vgl. auch *Bleckmann*, Europarecht, Rn. 614 f.; instruktiv zum Grundrechtsschutz auf europäischer Ebene: *Frowein/Hilf/Meesen/Rupp/Zuleeg*, Die Grundrechte in der Europäischen Gemeinschaft; *Rengeling*, Grundrechtsschutz in der Europäischen Gemeinschaft; *Pernice*, Grundrechtsgehalte im Europäischen Gemeinschaftsrecht; *Kutscher/Rogge/Matscher*, Der Grundrechtsschutz im Europäischen Gemeinschaftsrecht.

[6] So insbesondere: *Wetter*, Die Grundrechtscharta des Europäischen Gerichtshofes, S. 96.

[7] *Wetter*, Die Grundrechtscharta des Europäischen Gerichtshofes, S. 93; *Bleckmann*, Europarecht, Rn. 614 ff.

[8] Grundlegend: EuGH Rs. 6/64 „Costa/Enel" Slg. 1964, S. 1251 (1269 ff.); daran anknüpfend: EuGH Rs. 301/81 „Kommission/Belgien" Slg. 1983, S. 467 (477); zum Prinzip

erkannt und hat seit dem *Solange II-* Beschluß[9] zumindest im Grundsatz[10] darauf verzichtet, europäisches Recht an den nationalen Grundrechten zu messen.[11] Daraus folgt aber in einem nächsten Schritt, daß die nationalen Grundrechte auch für die in Umsetzung des europäischen Rechts erlassenen nationalen Regelungen nicht mehr uneingeschränkt als Prüfungsmaßstab herangezogen werden können, sofern das europäische Recht verbindliche Vorgaben enthält.[12] Eine davon abweichende Auffassung wäre rechtspolitisch inkonsequent, weil sonst auf der Ebene der Umsetzung die Pflicht zur Beachtung des sekundären Gemeinschaftsrechts von nationalen Gegebenheiten abhängig wäre und damit materiell ausgehöhlt würde.[13]

Diese Befreiung von den Bindungen des nationalen Verfassungsrechts kann jedoch nur innerhalb des zwingenden Normbefehls der gemeinschaftsrechtlichen Vorgabe gelten.[14] Hinsichtlich der Frage, inwieweit die nationalen Grundrechte bei der Transformation einer Richtlinie als Prüfungsmaßstab noch in Betracht kommen, muß daher differenziert werden:

---

des Anwendungsvorranges und seiner dogmatischen Begründung vgl. bereits *Frowein,* Festgabe Bundesverfassungsgericht Bd. II, S. 187 (196 ff.); *Isensee,* in Festschrift für Stern, S. 1239 (1242 ff.); *Ipsen,* HdbdStR VII § 181 Rn. 58 f.; *Neßler,* DVBl. 1993, S. 1240 (1243); *Jarass,* DVBl. 1995, S. 954 (958 f.); *Bauer/Kahl,* JZ 1995, S. 1077 (1078); *Zuleeg,* in von der Groeben/Thiesing/Ehlermann, Kommentar zum EU-/EG- Vertrag, Art. 1 EGV, Rn. 40; *Oppermann,* Europarecht, Rn. 528 ff.

[9] BVerfGE 73, 339 ff.

[10] Dies gilt nur solange wie die Europäischen Gemeinschaften „einen wirksamen Schutz der Grundrechte generell gewährleisten, der dem vom Grundgesetz als unabdingbar gebotenen Schutz im wesentlichen gleichzuachten ist"; vgl. BVerfGE 73, 339 (387); vgl. hierzu auch *Frowein,* ZaöRV 54 (1994), S. 1 (2 ff.); *Stein,* in Festschrift für Zeidler, S. 1712 ff.; *Tomuschat,* EuR 1990, S. 340 (340 f.); *Selmer,* Die Gewährleistung der unabdingbaren Grundrechtsstandards durch den EuGH, passim.

[11] BVerfGE 73, 339 (387); vgl. hierzu: *Stein,* in Festschrift für Zeidler, S. 1711 ff.; *Tomuschat,* EuR 1990, S. 340 ff.; *Neßler,* DVBl. 1993, S. 1240 ff.; problematisch erscheint, inwieweit das Maastricht-Urteil des Bundesverfassungsgerichts (BVerfGE 89, 155) diesen Grundansatz bestätigt, oder wesentlich relativiert; eingehend: *Frowein,* ZaöRV 54 (1994), S. 1 (2 ff.); *Selmer,* Die Gewährleistung der unabdingbaren Grundrechtsstandards durch den EuGH, S. 23 ff.

[12] *Tomuschat,* EuR 1990, S. 340 (345); *Bleckmann,* Europarecht, Rn. 445; *Scholz,* in: Friauf/Scholz, Europarecht und Grundgesetz, S. 53 (60); *Everling,* EuR, 1990, S. 210 (213); in diesem Sinne auch: *Al. Weber,* Rechtsfragen der Durchführung des Gemeinschaftsrechts in der Bundesrepublik, S. 98 f.

[13] *Klein,* VVDStRL 50 (1991), S. 56 (83); *Rengeling/Middeke/Gellermann,* Rechtsschutz in der Europäischen Union, Rn. 1039; ausführlich *Tomuschat,* EuR 1990, S. 340 (343 ff.); vgl. auch *Everling,* EuR 1990, S. 210 (213): „Andernfalls würde sich ein unlösbarer Konflikt zwischen dem Gemeinschaftsrecht und dem innerstaatlichen Vollzug ergeben."

[14] In diesem Sinne auch: *Chwolik- Lanfermann,* Grundrechtsschutz in der EU, S. 191.

A. Nationale Grundrechte als Prüfungsmaßstab

1. Richtlinienvorgabe ohne relevanten Umsetzungsspielraum

Soweit der Inhalt des nationalen Gesetzes zwingend von der Richtlinie vorgegeben ist, entzieht sich dieser einer verfassungsgerichtlichen Kontrolle anhand der nationalen Grundrechte. Insbesondere Umsetzungsgesetze von „perfekten"[15] Richtlinien, die detaillierte Vorgaben enthalten und der Umsetzungsspielraum des nationalen Gesetzgebers somit gegen Null tendiert, können daher regelmäßig nicht anhand des Grundrechtskatalogs des Grundgesetzes überprüft werden. Dies folgt, wie bereits angedeutet, mittelbar aus dem Anwendungsvorrang des Gemeinschaftsrechts. Wenn das Bundesverfassungsgericht Gemeinschaftsrecht nicht auf seine Vereinbarkeit mit den Grundrechten des Grundgesetzes überprüft, so muß dies auch zwangsläufig für die nationalen Rechtsakte gelten, die durch das Gemeinschaftsrecht zwingend determiniert sind. Könnte man diesen Umsetzungsakten in vollem Umfang die Vorschriften der nationalen Verfassungen entgegenhalten, so würde das Vorrangprinzip auf einen nahezu wirkungslosen Normativvorrang beschränkt und damit der Vollzug des Gemeinschaftsrechts entscheidend gehemmt.[16]

Innerhalb des zwingenden Normbefehls der Richtlinie, bzgl. dessen keine nationalen Ausgestaltungs- und Umsetzungsspielräume bestehen, scheidet eine Prüfung anhand des nationalen Verfassungsrechts damit prinzipiell[17] aus.[18]

---

[15] *Baumgartner*, EU-Mitgliedschaft und Grundrechtsschutz, S. 194; kritisch zur zunehmenden Regelungsintensität europäischer Richtlinien und der damit korrespondierenden „Verwischung" zwischen dem Instrument der Richtlinien und der Verordnung: *Chwolik-Lanfermann*, Grundrechtsschutz in der EU, S. 173; ausführlich zu diesem Aspekt: *Bleckmann*, Europarecht, Rn. 420 ff.

[16] Ausführlich zu diesem Befund: *Tomuschat*, EuR 1990, S. 340 (343 ff.); vgl. auch *Klein*, VVDStRL 50 (1991), S. 56 (83); *Rengeling/Middeke/Gellermann*, Rechtsschutz in der Europäischen Union, Rn. 1039; *Everling*, EuR 1990, S. 210 (213).

[17] In dieser Situation kann vom Bundesverfassungsgericht allenfalls im Sinne einer negativen Evidenzkontrolle noch überprüft werden, ob der unabdingbare Grundrechtsstandard in genereller Weise verletzt wird (vgl. BVerfGE 89, 155, 175 unter Bezugnahme auf BVerfGE 73, 339). Die praktische Bedeutung dieses Vorbehalts ist jedoch denkbar gering; vgl. *Kahl*, in R. Schmidt, Kompendium Öffentliches Wirtschaftsrecht, § 1 Rn. 21; ausführlich zu den grundrechtlichen Kernaussagen des Maastricht-Urteils: *Frowein*, ZaöRV 54 (1994), S. 1 ff.; *Selmer*, Die Gewährleistung des unabdingbaren Grundrechtsstandards durch den EuGH, S. 23 ff.; *Ehlermann*, EuR 1991, Beiheft 1, S. 27 (29).

[18] Dies entspricht der wohl herrschenden Meinung innerhalb des Schrifttums; vgl. *Rengeling/Middeke/Gellermann*, Rechtsschutz in der Europäischen Union, Rn. 1039 ff.; *Streinz*, HdbdStR VII § 182 Rn. 33; ders., Bundesverfassungsgerichtliche Kontrolle über die deutsche Mitwirkung am Entscheidungsprozeß im Rat der Europäischen Gemeinschaften, S. 18 f.; *Pieper*, in Bleckmann, Europarecht, Rn. 127; *Rengeling*, Grundrechtsschutz in der Europäischen Gemeinschaft, S. 190; *Friauf*, in Friauf/Scholz, Europarecht und Grundgesetz, S. 9 (27); *Klein*, VVDStRL 50 (1991), S. 56 (83); *Al. Weber*, Rechtsfragen der Durchführung des Gemeinschaftsrechts in der Bundesrepublik, S. 98 f.; kritisch: *Di Fabio*, NJW 1990, S. 947 (948); ablehnend: *Baumgartner*, EU-Mitgliedschaft und Grundrechtsschutz, S. 196; indes ist zu beachten, daß sich der individuelle Grundrechtsschutz dann an den Gemeinschaftsgrundrechten orientiert.

2. Richtlinienvorgabe mit relevantem Umsetzungsspielraum

Anders ist jedoch dort zu entscheiden, wo aufgrund des niedrigeren Konkretisierungsgrades der Richtlinie noch umfassende Umsetzungsspielräume des nationalen Legislativorgans verbleiben. In diesen Fällen besteht kein Anlaß die verfassungsrechtlichen Bindungen des Umsetzungsgesetzgebers zu relativieren. Wenn für diese Konstellationen zum Teil vertreten wird, daß das nationale Verfassungsrecht von den allgemeinen europarechtlichen Grundsätzen verdrängt wird, so kann dies nicht überzeugen. Es läßt sich kein triftiger Grund feststellen, warum der Gesetzgeber bei Umsetzung einer Richtlinie *prinzipiell* von der Beachtung der nationalen Grundrechte befreit sein soll. Vielmehr entspricht es gerade dem Institut der Richtlinie, daß aufgrund der mit ihr verbundenen Gestaltungsfreiheit zugunsten des nationalen Gesetzgebers den besonderen Gegebenheiten innerhalb des Mitgliedstaates – einschließlich der besonderen verfassungsrechtlichen Vorgaben – Rechnung getragen werden kann.[19] Mit Recht wird in der Literatur konstatiert, daß dem in Art. 189 Abs. 3 EGV angelegten Gestaltungsspielraum bei der Umsetzung einer Richtlinie in nationales Recht eine grundrechtssichernde Funktion zukommt.[20] Sofern es die Richtlinienvorgabe dem nationalen Gesetzgeber also ermöglicht eine Regelung zu treffen, die mit seinem verfassungsrechtlichen System konform ist, so trifft ihn auch eine dementsprechende Pflicht.[21] Das bedeutet, daß sofern die europarechtliche Vorgabe dem nationalen Umsetzungsorgan einen Transformationsspielraum einräumt, der ihn in die Lage versetzt, die nationalen Besonderheiten – auch auf der Ebene des Individualschutzes – zu achten, dieser an das nationale Verfassungsrecht uneingeschränkt gebunden ist.[22] Dem läßt sich nur schwerlich entge-

---

[19] *Chwolik-Lanfermann,* Grundrechtsschutz in der EU, S. 173; *Roider,* Perspektiven einer europäischen Rundfunkordnung (Manuskript), Dritter Teil II c aa; vgl. auch *Nicolaysen,* EuR 1989, S. 215 (220 f.), hinsichtlich der Tabaketikettierungsrichtlinie.

[20] Vgl. *Pieper,* in: Bleckmann, Europarecht, Rn. 127.

[21] Vgl. in diesem Zusammenhang *Stein,* in Festschrift für Zeidler, S. 1711 (1727), der insoweit von einer verfassungsrechtlichen „Bemühungspflicht" der öffentlichen Gewalt spricht, das „gemeinschaftsrechtlich Mögliche und das verfassungsrechtlich Nötige" zu erreichen.

[22] Ebenso: *Chwolik-Lanfermann,* Grundrechtsschutz in der EU, S. 191; *Rengeling,* Grundrechtsschutz in der Europäischen Gemeinschaft, S. 189 f.; *Rengeling/Middeke/Gellermann,* Rechtsschutz in der Europäischen Union, S. 522 ff.; *Streinz,* HdbdStR VII § 182 Rn. 33; *ders.,* Bundesverfassungsgerichtliche Kontrolle über die deutsche Mitwirkung am Entscheidungsprozeß im Rat der Europäischen Gemeinschaften, S. 18 f., 28 f.; *Al. Weber,* Rechtsfragen der Durchführung des Gemeinschaftsrechts in der Bundesrepublik, S. 98 f.; *Klein,* VVDStRL 50 (1991), S. 56 (83); *Friauf,* in Friauf/Scholz, Europarecht und Grundgesetz, S. 9 (27); *Scholz,* in: Friauf/Scholz, Europarecht und Grundgesetz, S. 53 (60 f.); *Stein,* in Festschrift für Zeidler, S. 1711 (1727); *Gerstner/Goebel,* Jura 1993, S. 626 (632); *Neßler,* DVBl. 1993, S. 1240 (1243 f.); *Ehlermann,* EuR 1991, Beiheft 1, S. 27 (29); so auch *Nicolaysen,* EuR 1989, S. 215 (221): „Ob der deutsche Gesetzgeber innerhalb dieses Rahmens durch die Wahl der Form und der Mittel (Art. 189 Abs. 3 EWGV) deutsche Grundrechte und Verfassungsprinzipien verletzt kann in vollem Umfang vom BVerfG nachgeprüft werden."; zu berücksichtigen ist in diesem Zusammenhang, daß der nationale Gesetzgeber in diesen Konstellationen sowohl an die nationalen, als auch an die europäischen Grundrechte gebunden ist. *Pernice,* NJW 1990,

A. Nationale Grundrechte als Prüfungsmaßstab

genhalten, daß dieser verbleibende Anwendungsbereich der nationalen Grundrechte aufgrund eventuell divergierender Schutzintensitäten die notwendige Einheitlichkeit des Gemeinschaftsrechts gefährden könnte.[23] Dort wo die europäischen Vorgaben Gestaltungsspielräume für die nationalen Organe vorsehen, hat der europäische Rechtssetzer bewußt auf eine Harmonisierung en détail verzichtet und damit eine unterschiedliche, an die nationalen Begebenheiten angepaßte Umsetzungstätigkeit der einzelnen Mitgliedsstaaten in Kauf genommen. Eine Befreiung der Umsetzungsorgane von der nationalen Grundrechtsbindung würde damit auf eine „Herunterharmonisierung" des Grundrechtsschutzes auf Integrationsniveau hinauslaufen, für die jedoch weder ein Anlaß, noch ein wirklich überzeugender Grund besteht.[24]

Der Rechtsprechung des Bundesverfassungsgerichts liegt dieser dogmatische Ansatz offenbar ebenso zugrunde. Als beispielhaft erweist sich hierbei die Diktion im Beschluß zur Etikettierungsrichtlinie bezüglich Tabakwaren[25]:

„Die Etikettierungsrichtlinie verpflichtet die Mitgliedstaaten, ihren Inhalt in nationales Recht umzusetzen, und eröffnet dabei einen erheblichen Gestaltungsspielraum. Der nationale Gesetzgeber ist bei der Umsetzung an die Vorgaben des Grundgesetzes gebunden. Die Frage ob er bei der Umsetzung im Rahmen des ihm von der Richtlinie eingeräumten Gestaltungsspielraums Grundrechte oder grundrechtsgleiche Rechte (...) verletzt, unterliegt in vollem Umfang verfassungsgerichtlicher Überprüfung."[26]

Innerstaatliche Transformationsakte können daher insoweit am Maßstab der nationalen Grundrechte gemessen werden, wie ein Umsetzungsspielraum verbleibt. Eine Kontrolle des Umsetzungsaktes anhand der Grundrechte des Grundgesetzes

---

S. 2409 (2417), spricht in diesem Zusammenhang zutreffend von einer „doppelten Grundrechtsloyalität" der Mitgliedsstaaten. Als besonders problematisch erweist sich dies jedoch regelmäßig nicht, da die Grundrechtsstandards auf deutscher und europäischer Ebene im wesentlichen kongruieren; a.A. in diesem Zusammenhang, *Baumgartner,* EU-Mitgliedschaft und Grundrechtsschutz, S. 195, wonach die zusätzliche Bindung an die Gemeinschaftsgrundrechte entfallen soll, soweit den Mitgliedsstaaten ein Transformationsspielraum verbleibt.

[23] So aber ohne nähere Begründung: *Wetter,* Die Grundrechtscharta des Europäischen Gerichtshofes, S. 93.

[24] So ausdrücklich: *Stein,* in Festschrift für Zeidler, S. 1711 (1727).

[25] BVerfG, Beschluß der 2. Kammer des Zweiten Senats vom 12. Mai 1989, abgedruckt in: EuGRZ 1989, S. 339 ff.; zu diesem Beschluß, vgl. auch: *Nicolaysen,* EuR 1989, S. 215 ff.; *Streinz,* HdbdStR VII, § 182 Rn. 33; *Scholz,* NJW 1990, S. 941 (942, 946); zustimmend: *Ehlermann,* EuR 1991, Beiheft 1, S. 27 (29).

[26] BVerfG in EuGRZ 1989, S. 339 (340); fraglich erscheint aber, ob das BVerfG im bisher wenig beachteten Kammerbeschluß vom 22. 1. 1997, EuGRZ 1997, S. 205, zu den Kennzeichnungspflichten des § 3 I Nr. 1 und 2 TabKTHmV eine Rechtsprechungsumkehr vollzogen hat. In diesem Beschluß hat das BVerfG nicht die Frage des Gestaltungsspielraums thematisiert, sondern ausschließlich darauf abgestellt, daß die Verordnungen auf der „vom EG-Recht unabhängigen" Ermächtigungsgrundlage des § 21 LMBG beruhen; vgl. *Selmer,* Die Gewährleistung des unabdingbaren Grundrechtsstandards durch den EuGH, S. 25.

ist dagegen insoweit ausgeschlossen, wie der zwingende Normbefehl der gemeinschaftsrechtlichen Vorgabe reicht.

II. Universaldienst und Gestaltungsfreiheit des nationalen Gesetzgebers

Wie bereits an anderer Stelle der Untersuchung dargelegt, enthält das Gemeinschaftsrecht nur punktuelle Vorgaben hinsichtlich des Universaldienstes.[27] Zwar wurden Mindeststandards hinsichtlich des gebotenen Versorgungsniveaus festgelegt, bezüglich des ordnungspolitischen Modells zur Gewährleistung des Universaldienstes enthalten die einschlägigen Richtlinien aber nur marginale Vorgaben.[28] Von besonderer Bedeutung erweist sich, daß die Kommission in diesem Kontext ausdrücklich auf das Subsidiaritätsprinzip verwiesen hat und infolgedessen darauf verzichtet, den Mitgliedsstaaten verbindliche Vorgaben zu erteilen.[29] Es liegt insbesondere allein in der Verantwortungssphäre der Mitgliedsstaaten, die zur Bereitstellung des Universaldienstes verpflichteten Unternehmen zu bestimmen.[30] Auch das Modell zur Finanzierung des Universaldienstes ist nicht vollständig gemeinschaftsrechtlich determiniert. Zwar hat die Gemeinschaft eine Finanzierung des Universaldienstes über einen sog. Universaldienstfonds oder über Zusammenschaltungsentgelte vorgeschlagen, eine Verpflichtung zur Adaption eines solchen Systems existiert jedoch nicht. Den einzelnen Staaten ist es unbenommen, davon abweichende Systeme einzuführen, soweit diese den Grundsätzen der Nichtdiskriminierung und der Verhältnismäßigkeit genügen.[31]

Bei Ausgestaltung der nationalen Universaldienstsysteme besteht folglich ein umfassender Transformationsspielraum, der es den nationalen Stellen erlaubt, die jeweiligen tatsächlichen und verfassungsrechtlichen Besonderheiten zu beachten. Die zum Teil vorgebrachte Ansicht, das Telekommunikationsrecht sei *„europarechtlich durchnormiert"*[32] ist bezüglich des Universaldienstes zumindest dann schwer haltbar, wenn damit die Vorstellung verbunden ist, daß aufgrund des Vorrangs des Europarechts den nationalen, verfassungsrechtlichen Besonderheiten keine Bedeutung mehr zukommt. Da die technische Realisierung des gemeinschaftsrechtlichen Universaldienstauftrages quasi zur völlig freien Disposition der

---

[27] Ausführlich: 3. Kapitel, A.

[28] 3. Kapitel, A III und IV.

[29] Mitteilung der Kommission, BR-Drucks. 278/96, S. 19.

[30] Erwägungsgrund Nr. 6 der Richtlinie 98/10/EG vom 26. Februar 1998, ABl EG Nr. L 101/24.

[31] Vgl. 3. Kapitel, A II; insbesondere ist es den Mitgliedsstaaten nicht verwehrt, eine Finanzierung des Universaldienstes aus dem allgemeinen Staatshaushalt vorzunehmen, vgl. 5. Kapitel, C II 4.

[32] *Ebsen*, DVBl. 1997, S. 1039 (1040).

Mitgliedsstaaten steht, unterliegt diese der vollständigen Kontrolle anhand der nationalen Grundrechte. Die Universaldienstregeln des TKG können daher sowohl hinsichtlich der Pflicht zur Erbringung der Dienstleistung, als auch hinsichtlich der Abgabepflicht einer unbeschränkten Prüfung anhand der deutschen Grundrechte unterzogen werden.

B. Verfassungsrechtlicher Schutz der betroffenen Unternehmen

Ein von der Geltung der nationalen Grundrechte zu unterscheidendes Problemfeld besteht auf der Ebene der Grundrechtssubjektivität. Da die am Markt operierenden Anbieter von Telekommunikationsleistungen mehrheitlich als Großunternehmen in der Rechtsform einer Aktiengesellschaft oder einer GmbH organisiert sind[33], richtet sich diese nach Art. 19 Abs. 3 GG.

I. Die Grundrechtsfähigkeit der rein privaten Anbieter

Hinsichtlich der Telekommunikationsunternehmen, die im ausschließlichen Eigentum Privater stehen, ist die verfassungsrechtliche Lage eindeutig. Die Gründung und Führung von rein privaten Unternehmen stellt einen Sachverhalt dar, der individualrechtlich auf den Freiheiten der Art. 12 Abs. 1 GG, Art. 14 Abs. 1 GG und Art. 9 Abs. 1 GG basiert und sich damit unmittelbar auf die freie Entfaltung von natürlichen Personen zurückführen läßt.[34] Da diese Grundrechtsausübung im Kollektiv materiell nicht schlechter gestellt werden darf, als die individuelle Grundrechtsausübung, „verlängert" Art. 19 Abs. 3 GG den Grundrechtsschutz auf die juristische Person. Hinsichtlich der Unternehmen, deren Gründung und Führung sich ausschließlich auf den Willen von privaten Gesellschaftern zurückführen läßt, ist die Geltung der hier im Mittelpunkt des Interesses stehenden Wirtschaftsgrundrechte, wie Art. 12 GG, Art. 14 GG und Art. 2 Abs. 1 GG daher unproblematisch.[35]

---

[33] Vgl. nur: Deutsche Telekom AG, Teldafax AG, MobilCom AG, Viag Interkom GmbH, o.tel.o GmbH.

[34] Vgl. in diesem Zusammenhang auch *Harbarth*, Anlegerschutz in öffentlichen Unternehmen, S. 53, der in Anlehnung an *Hommelhoff/Schmidt-Aßmann*, ZHR 160 (1996), S. 521 (541), von der sog. Beteiligungsfreiheit als Ausfluß der Privatautonomie spricht.

[35] Vgl. allgemein zur Grundrechtsträgerschaft von juristischen Personen des Privatrechts ohne Staatsbeteiligung: *Krebs*, in v.Münch/Kunig, Grundgesetz-Kommentar, Art. 19 Rn. 40; *Stern*, Staatsrecht III/1, § 71 IV, S. 1130 ff.

II. Die Grundrechtsfähigkeit der Deutschen Telekom AG

Schwierigkeiten bereitet demgegenüber die Frage, ob auch die Deutsche Telekom AG Träger von Grundrechten ist. Dieses Unternehmen ist, wie hinlänglich bekannt, durch eine nicht unerhebliche Staatsbeteiligung geprägt. Zur Zeit, d. h. nach Abschluß der Kapitalerhöhung vom 28. 7. 1999, an dem sich der Bund nicht beteiligte, beträgt die Staatsquote innerhalb der Deutschen Telekom AG knapp 66%.[36] Es drängt sich daher die Frage auf, ob sich ein solches, sog. gemischtwirtschaftliches Unternehmen[37] auf Grundrechte berufen kann.

Zweifel könnten sich insbesondere daraus ergeben, daß ausgehend vom klassischen Grundrechtsverständnis die Grundrechte als Rechte gegen den Staat zu verstehen sind und nicht dem Schutz des Staates dienen.

1. Positivierung der Grundrechtsträgerschaft durch Art. 87 f Abs. 2 GG ?

Die grundsätzliche dogmatische Frage der Grundrechtsträgerschaft von Unternehmungen mit Staatsbeteiligung bedürfte für die vorliegende Untersuchung keiner eingehenden Erörterung, wenn für die Deutsche Telekom AG die Grundrechtsträgerschaft unabhängig von ihrer Binnenstruktur schon auf verfassungsrechtlicher Ebene explizit verankert wäre.

Als denkbarer Ansatzpunkt für eine Positivierung der Grundrechtsfähigkeit der Deutschen Telekom AG käme Art. 87 f Abs. 2 GG in Betracht. Danach werden die Dienstleistungen im Post- und Telekommunikationsbereich *„durch die aus dem Sondervermögen Deutsche Bundespost hervorgegangenen Unternehmen und andere private Anbieter erbracht."* Aus der parallelen Aufzählung der ehemaligen Monopolunternehmen und der privaten Anbieter wird in Verbindung mit dem Grundsatz der Privatwirtschaftlichkeit zum Teil ein verfassungsrechtliches Gleichbehandlungsgebot hergeleitet.[38] Ausgehend von diesem Ansatz sollen den Nach-

---

[36] Diese Angabe beruht auf der Grundlage einer telefonischen Anfrage des Verfassers vom 28. 10. 1999 bei der Zentrale der Deutschen Telekom AG; zu berücksichtigen ist in diesem Zusammenhang, daß darin auch die Anteile der Kreditanstalt für Wiederaufbau (KfW) enthalten sind.

[37] Als gemischtwirtschaftlich bezeichnet man solche Unternehmen, die in der Rechtsform einer privatrechtlichen Gesellschaft betrieben werden und an denen mindestens ein öffentlicher Rechtsträger und ein privater Rechtsträger beteiligt ist. Auf die Frage des konkreten Beteiligungsverhältnisses kommt es ebensowenig an, wie auf die Frage, ob mittels dieses Unternehmens öffentliche oder rein erwerbswirtschaftliche Ziele verfolgt werden; vgl. *Scholz,* in Festschrift für Lorenz, S. 213 (218); *Schmidt-Aßmann,* in Festschrift für Niederländer, S. 383 (384); *Spannowsky,* ZHR 1996, S. 560 (563); *Becker,* Die Erfüllung öffentlicher Aufgaben durch gemischtwirtschaftliche Unternehmen, S. 23; *Harbarth,* Anlegerschutz in öffentlichen Unternehmen, S. 36.

[38] So: *Stern/Bauer,* in Stern (Hrsg.), Art. 87 f Rn. 52 f.; *Windthorst,* Der Universaldienst im Bereich der Telekommunikation, S. 201; *Wirth,* JA 1998, S. 820 (822).

B. Verfassungsrechtlicher Schutz der betroffenen Unternehmen

folgeunternehmen der Deutschen Bundespost unabhängig vom jeweiligen Gesellschafterbestand der gleiche Grundrechtsschutz gegenüber regulierenden Maßnahmen wie ihren Konkurrenten zukommen.[39] Der Vorteil dieser Auffassung liegt in der auf den ersten Blick durchaus vernünftigen Konsequenz: Durch die Annahme eines generellen Grundrechtsschutzes der Nachfolgeunternehmen wird die rechtssystematisch als unbefriedigend erscheinende Folge vermieden, daß eine hoheitliche Regulierungsmaßnahme gegenüber diesen Unternehmen an anderen verfassungsrechtlichen Kriterien gemessen werden muß, als die identische Maßnahme gegenüber einem privatem Wettbewerber. Auch unter dem Aspekt der Wettbewerbsfähigkeit der Nachfolgeunternehmen würde der Ansatz eines generellen Grundrechtsschutzes der Nachfolgeunternehmen vorzugswürdig erscheinen. Aufgrund des identischen verfassungsrechtlichen Schutzes könnten diesen Unternehmen nur im selben (beschränkten) Maße gemeinwohlorientierte Pflichten aufgebürdet werden, wie den privaten Konkurrenten. Das in Art. 87 f Abs. 2 GG festgelegte Prinzip der Privatwirtschaftlichkeit würde damit hinsichtlich der ehemaligen Monopolunternehmen subjektiv-rechtlich untermauert.

Bei näherer Betrachtung überzeugt dieser Ansatz jedoch nicht. Bereits die Herleitung dieses generellen Grundrechtsschutzes erscheint äußerst zweifelhaft, da sich dem Wortlaut des Art. 87 f Abs. 2 GG kein eindeutiges Bekenntnis zugunsten der Grundrechtssubjektivität der aus dem Sondervermögen Deutsche Bundespost hervorgegangenen Gesellschaften entnehmen läßt. Die Primäraussage dieser Bestimmung liegt vielmehr darin, den Telekommunikationssektor dem Wettbewerb zu öffnen und damit besonders den privaten Anbietern die Möglichkeit der wirtschaftlichen Betätigung zu geben.[40] Zugunsten der ehemaligen Monopolunternehmen läßt sich aus Art. 87 f Abs. 2 GG zwar herleiten, daß deren Aktivitäten materielle Wirtschaftstätigkeit und nicht Verwaltungshandeln in Privatrechtsform darstellt,[41] die explizite Zuweisung einer generellen Grundrechtssubjektivität ist damit jedoch nicht verbunden. Auch die gesetzgeberische Begründung läßt sich zugunsten einer solchen Argumentation nur schwerlich nutzbar machen. Nach Auffassung der Bundesregierung haben sich infrastruktursichernde Eingriffe „*an dem privaten Charakter der Tätigkeit und an dem einschlägigen Grundrechtsschutz auszurichten*".[42] Der Sinn dieser Formulierung erschöpft sich jedoch darin, den mit der

---

[39] *Stern/Bauer*, in Stern (Hrsg.), Postrecht, Art. 87 f. Rn. 52 f.; *Stern/Dietlein*, Archiv PT 1998, S. 309 (313); *Wirth*, JA 1998, S. 820 (822); im Ansatz auch *Pohl*, Der Universaldienst in der Telekommunikation, S. 202; auch das VG Köln scheint in seinem Urteil vom 5. 11. 1998 zum entbündelten Netzzugang von einem solchen Verständnis auszugehen: „Vielmehr gebietet es die hinter den Bestimmungen des Telekommunikationsgesetzes stehende gesetzgeberische Intention, faire Wettbewerbsbedingungen auf den Märkten der Telekommunikation zu schaffen, daß die Klägerin (*scil.: Deutsche Telekom AG*) mit Blick auf ihre Grundrechtsfähigkeit nicht anders beurteilt wird, als ihre Mitbewerber." Nach der hier vertretenen Auffassung erscheint schon äußerst fragwürdig, ob man aus der Absicht, die einem einfachen Bundesgesetz zugrunde lag, verfassungsrechtliche Schlüsse ziehen kann.

[40] Ausführlich dazu 1. Kapitel, C II 2.

[41] Ausführlich dazu 1. Kapitel, C II 2; vgl. aber auch 2. Kapitel C II 1.

Verfassungsänderung verbundenen Paradigmawechsel vom Verwaltungs- zum Wettbewerbsmodell zu betonen. Dies ergibt sich insbesondere daraus, daß diese Sentenz im Rahmen der Begründung zu Abs. 1 von Art. 87 f GG und nicht zu Art. 87 f Abs. 2 GG Eingang gefunden hat. Wenn es tatsächlich die Intention des verfassungsändernden Gesetzgebers gewesen wäre, die Grundrechtsträgerschaft der ehemaligen Monopolunternehmen unabhängig von dem in Art. 19 Abs. 3 GG geltenden Grundsatz zu regeln, so hätte dies explizit verdeutlicht werden müssen. Eine solche Verdeutlichungspflicht ergibt sich insbesondere aus der Tatsache, daß das Grundgesetz die ausdrückliche Positivierung der Grundrechtssubjektivität bestimmter Organisationen nicht kennt und eine solche als exzeptionell zu bezeichnende Vorgehensweise der besonderen Rechtfertigung bedurft hätte.

Schließlich sprechen aber auch grundrechtsdogmatische Erwägungen gegen diese Auffassung. Die Annahme einer in Art. 87 f Abs. 2 GG unmittelbar positivierten Grundrechtssubjektivität der Nachfolgeunternehmen, hätte zur Folge, daß selbst die Deutsche Post AG und die Deutsche Postbank AG, die zur Zeit zu 100% in staatlichem Eigentum stehen, als Grundrechtsträger anzusehen wären. Diese Schlußfolgerung wird vereinzelt auch tatsächlich gezogen.[43] Vor dem Hintergrund der traditionellen Grundrechtslehre wonach die Grundrechte den einzelnen vor dem Staat schützen, erweist sich der Schutz solcher staatlicher Eigengesellschaften aber geradezu als paradox. Der Grundrechtsschutz juristischer Personen des Privatrechts basiert auf dem Schutzbedürfnis privater Initiative gegenüber dem Staat als Hoheitsträger und ist daher Ausdruck der freiheitlichen Ordnung. Ein materieller Grundrechtsschutz kann sich damit aber nur für solche juristischen Personen ergeben, deren Existenz und Betätigung sich direkt oder indirekt aus dem Individualwillen originärer Grundrechtsträger ableiten läßt.[44] Bei einer staatlichen Eigengesellschaft ist eine solche Ableitung aber unmöglich. Wo der Staat in Gestalt von Eigengesellschaften auftritt, erscheint er lediglich in einem anderen Gewand, ein besonderes Schutzbedürfnis besteht hier nicht. Selbst die Wahl einer privatrechtlichen Rechtsform kann nichts an dem Befund ändern, daß solche Gebilde der Staatsgewalt und nicht der gesellschaftlichen Sphäre zuzuordnen sind.[45] Der Grundrechtsschutz von staatlichen Eigengesellschaften würde der Grundrechtsidee und dem ihr zugrundeliegenden Dualismus von grundrechtsgeschützter Individualfreiheit und kompetenzbestimmter Staatsfunktion zuwiderlaufen.[46] Es läßt sich da-

---

[42] Begründung zum Gesetzesentwurf der Bundesregierung, BT-Drucks. 12/7269, S. 5.

[43] *Stern/Bauer*, in Stern (Hrsg.), Postrecht, Art. 87 f. Rn. 52 f.; im Ergebnis ebenso, jedoch mit leicht divergierender Begründung: *Wirth*, JA 1998, S. 820 (823).

[44] *Isensee*, HdbdStR V § 118, Rn. 4, 24; *Scholz*, in Festschrift für Lorenz, S. 213 (227); *Seidl*, in Festschrift für Zeidler, S. 1459 (1463); vgl. in diesem Sinne auch die Rechtsprechung des BVerfG zu der Frage der Grundrechtssubjektivität öffentlich-rechtlicher Sparkassen, BVerfG NJW 1995, S. 582 f.

[45] *Badura*, DÖV 1990, S. 353 (354); vgl. auch *Pieroth/Schlink*, Staatsrecht II, Rn. 185.

[46] In diesem Sinne auch *R. Schmidt*, Öffentliches Wirtschaftsrecht, Allgemeiner Teil, S. 522 f.; zum Dualismus von grundrechtsgeschützter Individualfreiheit und kompetenz-

her festhalten, daß auch grundrechtsdogmatische Erwägungen gegen die Auffassung sprechen, nach der sich die Grundrechtssubjektivität der ehemaligen Monopolunternehmen unabhängig von ihrer Binnenstruktur bereits direkt aus Art. 87 f Abs. 2 GG herleiten läßt. Die Frage der Grundrechtsträgerschaft der Deutschen Telekom AG muß daher aus den allgemeinen Grundsätzen, d. h. gemäß Art. 19 Abs. 3 GG, ermittelt werden.

2. Art. 19 Abs. 3 GG als sedes materiae: Wesensvorbehalt und Differenzierungsnotwendigkeit

a) Der Ausgangspunkt: Anthropozentrischer Grundrechtsansatz

Die Deutsche Telekom AG als inländische juristische Person kann sich gemäß Art. 19 Abs. 3 GG auf Grundrechte berufen, *„soweit sie ihrem Wesen nach auf diese anwendbar sind."* Aufgrund des offenen, inhaltlich nur begrenzt aussagekräftigen Charakters dieser Bestimmung, ist es wenig verwunderlich, daß die Interpretation dieser Vorbehaltsklausel seit jeher Gegenstand zahlreicher Kontroversen innerhalb der Literatur war und die Gerichte mehrfach beschäftigte.[47] Ungeachtet einzelner Zuordnungsschwierigkeiten im Detail muß Ausgangspunkt jeder Interpretation der Sinn und Zweck der Grundrechte sein. Dieser besteht zuvörderst in der freiheitssichernden Funktion zugunsten des Individuums. Wenn die Verfassung den Grundrechten eine zusätzliche Dimension dadurch erschließt, daß sie diese nicht ihren originären Trägern, den Menschen und Bürgern, vorbehält, sondern zusätzlich auf juristische Personen ausdehnt, so bedeutet dies eine weitere Verstärkung dieser Rechte.[48] Der entscheidende Gesichtspunkt für die Auslegung des Art. 19 Abs. 3 GG und die Grundrechtsfähigkeit einer juristischen Person ist daher die Frage, inwiefern sich innerhalb dieses Gebildes der Individualwille originärer Grundrechtsträger manifestiert.[49] Auf dieser Ebene bewegt sich auch die Auffas-

---

bestimmter Staatstätigkeit: *Isensee*, HdbdStR V § 118, Rn. 24 ff., *Rüfner*, HdbdStR V § 116, Rn. 68 ff.; *Stern*, Staatsrecht III/1, § 71 II 6, S. 1097 ff.

[47] Ausführlich zur Interpretation des in Art. 19 Abs. 3 GG verankerten Wesensvorbehalts: *Bethge*, Die Grundrechtsberechtigung juristischer Personen nach Art. 19 Abs. 3 GG, S. 15 f., 26 ff.; *Zimmermann*, Der grundrechtliche Schutzanspruch juristischer Personen des öffentlichen Rechts, S. 72 ff.; *Krebs*, in v.Münch/Kunig, Grundgesetz-Kommentar, Art. 19 Rn. 22 ff.; *Isensee*, HdbdStR V § 118 Rn. 1 ff., 54 ff.; *Stern*, Staatsrecht III/1, § 71 II 6, S. 1097 ff.; vgl. auch die umfangreiche Rechtsprechungsübersicht bei *Leibholz/Rinck/Hesselberger*, Grundgesetz, Art. 19 GG, Rn. 116 ff.

[48] *Rüfner*, HdbdStR V § 116, Rn. 66; *Scholz*, Koalitionsfreiheit als Verfassungsproblem, S. 133 ff.; *ders.;* in Festschrift für Lorenz, S. 213 (227); *Isensee*, HdbdStR V § 118 Rn. 5; *Bethge*, Die Grundrechtsberechtigung juristischer Personen nach Art. 19 Abs. 3 GG, S. 13 f.; *ders.*, AöR 1979, S. 54 ff.

[49] *Seidl*, in Festschrift für Zeidler, S. 1459 (1463); *Schmidt-Aßmann*, in Festschrift für Niederländer, S. 383 (386); *Scholz*, in Festschrift für Lorenz, S. 213 (227); auf dieser Ebene bewegen sich auch die Ausführungen des Bundesverfassungsgerichts hinsichtlich der (fehlen-

sung des Bundesverfassungsgerichts, welches die Einbeziehung von juristischen Personen in den Schutzbereich der Grundrechte dann als gerechtfertigt ansieht, *„wenn ihre Bildung und Betätigung Ausdruck der freien Entfaltung der natürlichen Person sind, besonders wenn der „Durchgriff" auf die hinter den juristischen Personen stehenden Menschen dies als sinnvoll und erforderlich erscheinen läßt."*[50] Dies ist evident dann nicht der Fall, wenn kein Bezug zu einem originären Grundrechtsträger ersichtlich ist, sondern mittels einer juristischen Person Staatsgewalt ausgeübt wird.[51] Daher scheiden juristische Personen des öffentlichen Rechts regelmäßig als Grundrechtsträger aus.[52] Ausnahmen hat das Bundesverfassungsgericht lediglich für solche Gebilde anerkannt, die Bürgern unmittelbar zur Verwirklichung ihrer individuellen Grundrechte dienen und als eigenständige, vom Staat unabhängige oder jedenfalls distanzierte Einrichtungen bestehen. Als solche sind zuvörderst Kirchen,[53] Rundfunkanstalten[54] und Hochschulen[55] zu nennen.[56]

Ausgehend von diesem anthropozentrischen Grundverständnis kann aber für juristische Personen des Privatrechts die Frage der Grundrechtssubjektivität ebenfalls nicht einheitlich beantwortet werden, sondern bedarf einer differenzierten Betrachtung. Dies gilt insbesondere vor dem Hintergrund, daß dem Staat bei der Erfüllung seiner Aufgaben ein erheblicher Spielraum hinsichtlich der Wahl der Rechtsform zusteht (sog. Grundsatz der Formenfreiheit der öffentlichen Verwaltung).[57] So sind Aktiengesellschaften und Gesellschaften mit beschränkter Haftung

---

den) Grundrechtsfähigkeit öffentlich-rechtlicher Sparkassen; vgl. BVerfG NJW 1995, S. 582 (583) in Anlehnung an BVerfGE 75, 192 (200).

[50] Vgl. nur BVerfGE 21, 362 (369); 61, 82 (101); 68, 193 (205); 75, 192 (195 f.); vgl. auch *Badura,* DÖV 1990, S. 353 (359); *Seidl,* in Festschrift für Zeidler, S. 1459 (1463).

[51] *Stober,* Handbuch des Wirtschaftsverwaltungs- und Umweltrechts, S. 411; *Isensee,* HdbdStR V § 118 Rn. 24; *Rüfner,* HdbdStR V § 116, Rn. 68; *Krebs,* in v.Münch/Kunig, Grundgesetz-Kommentar, Art. 19 Rn. 40; *Seidl,* in Festschrift für Zeidler, S. 1459 (1469) m.w.N

[52] *Badura,* DÖV 1990, S. 353 (354); *Schmidt-Aßmann,* in Festschrift für Niederländer, S. 383 (390); *Rüfner,* HdbdStR V § 116, Rn. 64; *Tettinger,* DVBl. 1999, S. 679 (685); *Krebs,* in v.Münch/Kunig, Grundgesetz-Kommentar, Art. 19 Rn. 40 m. w. N.; vgl. insoweit auch den Beschluß des BVerfG vom 15. 8. 1994, in dem die Grundrechtsfähigkeit öffentlich-rechtlicher Sparkassen auch außerhalb des Bereichs der Wahrnehmung öffentlicher Aufgaben abgelehnt wurde; vgl. BVerfG NJW 1995, S. 582 f.

[53] BVerfGE 19, 1 (5); 30, 112 (119 f.); 70, 138 (160 f.).

[54] BVerfGE 31, 314 (322); 34, 154 (162); 59, 231 (254).

[55] BVerfGE 15, 256 (261 f.); 31, 314 (322).

[56] Ausführlich zur „Ausnahmetrias" des Bundesverfassungsgerichts: *Zimmermann,* Der grundrechtliche Schutzanspruch juristischer Personen des öffentlichen Rechts, S. 131 ff.; vgl. auch *Rüfner,* HdbdStR V § 116, Rn. 71 ff.; *Stober,* Handbuch des Wirtschaftsverwaltungs- und Umweltrechts, S. 412; vgl. auch *Schmidt-Aßmann,* in Festschrift für Niederländer, S. 383 (390), der den Grundrechtsschutz auch auf Sparkassen, Jagdgenossenschaften sowie Wasser- und Bodenverbände ausdehnen will.

[57] *Ehlers,* Verwaltung in Privatrechtsform, S. 74 ff.; 251 ff.; *Rüfner,* Formen öffentlicher Verwaltung, S. 235 ff.; *Kempen,* Die Formenwahlfreiheit der Verwaltung, S. 91 ff

in ausschließlich staatlicher Hand keine Seltenheit. Unabhängig davon, ob mit diesen Organisationen materielle Verwaltungstätigkeiten oder rein erwerbswirtschaftliche Aktivitäten ausgeübt werden, fehlt diesen Gebilden jeglicher Bezug zur Freiheitsverwirklichung eines originären Grundrechtsträgers. Der „Durchgriff" oder „Durchblick" auf die hinter der Fassade stehenden Rechtsträger offenbart statt dessen eine rein staatliche Aktivität, so daß prinzipiell kein Bedürfnis besteht diesen Grundrechtsschutz zukommen zu lassen.[58]

Die besondere Schwierigkeit, die mit der Stellung der gemischtwirtschaftlichen Unternehmen verbunden ist, tritt hier deutlich zu Tage. Aufgrund der gleichzeitigen Beteiligung von staatlichen und privaten Gesellschaftern lassen sich diese Gebilde weder dem staatlichen noch dem privaten Sektor eindeutig zuordnen. Genaugenommen befindet sich das gemischtwirtschaftliche Unternehmen in einer juristisch nur schwer faßbaren Grauzone zwischen den entgegengesetzten Polen Staat-Gesellschaft.

b) Der HEW-Beschluß des Bundesverfassungsgerichts

aa) Restriktion des Grundrechtsschutzes
unter funktionellen Gesichtspunkten

Von einer gefestigten Rechtsprechung des BVerfG zur Frage der Grundrechtsfähigkeit gemischt-wirtschaftlicher Unternehmen kann nicht gesprochen werden. Insbesondere liegen noch keine ausdrücklichen Stellungnahmen der beiden Senate zu dieser Problematik vor. Einzig im Beschluß der dritten Kammer des ersten Senats vom 16.5. 1989 anläßlich einer Verfassungsbeschwerde der Hamburger Electricitäts-Werke AG (HEW)[59] wurde bisher auf höchstrichterlicher Ebene die Grundrechtssubjektivität einer juristischen Person des Privatrechts mit Staatsbeteiligung thematisiert.

Die beschwerdeführende Aktiengesellschaft ist ein im Bereich der Energieversorgung tätiges Unternehmen und hielt zum fraglichen Zeitpunkt zudem zahlreiche Beteiligungen an weiteren privatrechtlich organisierten Gesellschaften. Mehrheitsaktionär der HEW mit ca. 72% der Anteile war die Hamburger Gesellschaft für Beteiligungsverwaltung mbH, die ihrerseits im Alleineigentum der Stadt Hamburg stand. Die verbleibenden 28% der Anteile an der HEW wurde von einer Vielzahl privater Anleger gehalten. Das Unternehmen machte aus hier nicht weiter relevan-

---

[58] In diesem Sinne auch: *Krebs,* in v.Münch/Kunig, Grundgesetz-Kommentar, Art. 19 Rn. 42; *Badura,* DÖV 1990, S. 353 (354); *Seidl,* in Festschrift für Zeidler, S. 1459 (1469); *Tettinger,* DVBl. 1999, S. 679 (685).

[59] BVerfGE in NJW 1990, S. 1783; ausführlich zu diesem Beschluß: *Zimmermann,* JuS 1991, S. 294 ff.; *ders.,* Der grundrechtliche Schutzanspruch juristischer Personen des öffentlichen Rechts, S. 50 ff.; *Kühne,* JZ 1990, S. 330 f.; vgl. auch *Burgi,* Funktionale Privatisierung und Verwaltungshilfe, S. 324.

ten Gründen eine Verletzung der Art. 2 Abs. 1 GG, Art. 3 Abs. 1 GG, Art. 20 Abs. 3 GG sowie des Rechts auf rechtliches Gehör nach Art. 103 Abs. 1 GG geltend. Diese Beschwerde wurde von der Dritten Kammer jedoch einstimmig nicht zur Entscheidung angenommen, weil sie hinsichtlich der geltend gemachten Grundrechte unzulässig sei und unter dem Blickwinkel eines Verstoßes gegen Verfahrensgrundrechte keine hinreichende Aussicht auf Erfolg habe. Die für den vorliegenden Zusammenhang relevante Kernaussage liegt in der generellen Verweigerung des Grundrechtsschutzes zugunsten der HEW.

Zur Beantwortung der entscheidenden Frage, inwieweit sich juristische Person des Privatrechts mit staatlicher Beteiligung auf Grundrechte berufen können, hat sich die Kammer eines funktionellen Ansatzes bedient:

„Auch die Befugnis einer juristischen Person des Privatrechts zur Erhebung einer Verfassungsbeschwerde hängt namentlich von der Funktion ab, in der sie von dem beanstandeten Akt der öffentlichen Gewalt betroffen ist. Besteht die Funktion in der Wahrnehmung gesetzlicher zugewiesener und geregelter öffentlicher Aufgaben der Daseinsvorsorge, so ist die juristische Person (...) nicht grundrechtsfähig."[60]

Da sich die HEW nach der Auffassung des Gerichts als Energieversorger in einem zentralen Bereich staatlicher Daseinsvorsorge betätigte, verneinte es die Grundrechtssubjektivität des Unternehmens. Auch die Tatsache, daß das Unternehmen nicht vollständig, sondern nur zu 72% im Besitz der öffentlichen Hand lag, vermochte an dieser Konsequenz nichts zu ändern:

„Gehört die Durchführung der Wasser- und Energieversorgung zu den typischen Aufgaben der kommunalen Gebietskörperschaften ...(und) stellt die Versorgung mit Strom eine öffentliche Aufgabe dar, dann erfüllt die freie Stadt Hamburg diese Aufgabe mit Hilfe der Beschwerdeführerin auch dann, wenn sich letztere nur etwa zu 72% in öffentlicher Hand befindet. Denn auch bei diesem Beteiligungsverhältnis ist davon auszugehen, daß (sie)... die Möglichkeit hat, auf die Geschäftsführung entscheidenden Einfluß zu nehmen."[61]

Ergänzend wies das Gericht noch darauf hin, daß die HEW aufgrund der Bestimmungen des Energiewirtschaftsgesetzes und darauf basierenden Verordnungen erheblichen Versorgungspflichten und sonstigen Bindungen unterliege, so daß *„von einer privatrechtlichen Selbständigkeit nahezu nichts mehr übrig bleibt."*[62]

bb) Die Untauglichkeit des funktionellen Ansatzes

Die auf die Funktion des Unternehmens fokussierte Betrachtungsweise des Bundesverfassungsgerichts begegnet jedoch erheblichen Bedenken. Die Kritikpunkte lassen sich mittels der Schlagworte Rechtsunsicherheit (1), Vernachlässigung des Anlegerschutzes (2) und dogmatische Inkonsequenz (3) zusammenfassen.

---

[60] BVerfG in NJW 1990, S. 1783.
[61] BVerfG in NJW 1990, S. 1783.
[62] BVerfG in NJW 1990, S. 1783.

B. Verfassungsrechtlicher Schutz der betroffenen Unternehmen

(1) Der Aspekt der Rechtssicherheit

Die Tauglichkeit des funktionellen Ansatzes des Bundesverfassungsgerichts würde voraussetzen, daß eine definitive Abgrenzung von öffentlichen Aufgaben und Daseinsvorsorge einerseits und gesellschaftlicher, individueller Freiheit andererseits überhaupt möglich ist. Dies erscheint jedoch mehr als zweifelhaft. Sowohl der Begriff der öffentlichen Aufgabe, als auch der parallel verwendete Begriff der Daseinsvorsorge sind zu konturenlos um daraus konkrete Rechtsfolgen ableiten zu können.[63] Dies ergibt sich bereits aus der rein deskriptiven Natur[64] dieser Begriffe, die nicht dazu geeignet ist konkrete Zuordnungsentscheidungen zwischen staatlichem und gesellschaftlichem Sektor zu treffen. Gerade die aktuellen Privatisierungstendenzen[65] führen eindrucksvoll vor Augen, daß der leistungsstaatliche Verwaltungsbereich und der gesellschaftlich- kommerzielle Sektor sich immer mehr verzahnen und eine genaue Trennlinie zwischen diesen Bereichen kaum noch erkennbar ist. Statt dessen läßt sich feststellen, daß die herkömmlicherweise mit dem Begriff der Daseinsvorsorge bezeichneten Aufgaben, wie Energieversorgung, Abfallentsorgung oder der Betrieb von Krankenhäusern, sowohl vom Staat, als auch von Privaten wahrgenommen werden.[66] Obwohl hier öffentliche Aufgaben – also solcher an deren Erfüllung die Allgemeinheit ein erhebliches Interesse hat[67] – in

---

[63] In diesem Sinne auch *Schmidt-Aßmann*, BB, Beilage 34 zu Heft 27 / 1990, S. 1 (14); *ders.*, in Festschrift für Niederländer, S. 383 (385); *Scholz*, in Festschrift für Lorenz, S. 213 (222); *Ossenbühl*, DÖV 1971, S. 513 (517); *Hartung*, DÖV 1992, S. 393 (398); *Menges*, Die Rechtsgrundlagen für die Strukturreform der deutschen Bahnen, S. 114; *Gröttrup*, Die kommunale Leistungsverwaltung, S. 76; *Püttner*, Die öffentlichen Unternehmen, S. 31 f.; *Scheidemann*, Der Begriff der Daseinsvorsorge, S. 233; *Harbarth*, Anlegerschutz in öffentlichen Unternehmen, S. 170; ebenfalls kritisch zum Terminus der Daseinsvorsorge: *Zimmermann*, Der grundrechtliche Schutzanspruch juristischer Personen des öffentlichen Rechts, S. 235, m. w. N.

[64] *Schmidt-Aßmann*, BB, Beilage 34 zu Heft 27 / 1990, S. 1 (14) spricht in diesem Zusammenhang von einer „beschreibend-analytischen" Natur; vgl. auch *ders.*, in Festschrift für Niederländer, S. 383 (385); nach der Auffassung von *Scholz*, in Festschrift für Lorenz, S. 213 (222) ist der Terminus „Daseinsvorsorge" ein rein „soziologischer" Begriff; in diesem Sinne auch *Hartung*, DÖV 1992, S. 393 (398); *Büdenbender*, Energierecht, Rn. 971.

[65] Zur Privatisierung öffentlicher Unternehmen in Deutschland, vgl. *Möschel*, FAZ vom 30. 5. 1998, S. 15; *Harbarth*, Anlegerschutz in öffentlichen Unternehmen, S. 39 m. w. N.

[66] Vgl. in diesem Kontext *Schmidt-Aßmann*, BB, Beilage 34 zu Heft 27 / 1990, S. 1 (14), der neben dem Betrieb von privaten Krankenhäusern insbesondere auf Altenheime und Wohnungsbaugesellschaften verweist; ebenso *ders.*, in Festschrift für Niederländer, S. 393 (385); ähnlich: *Zimmermann*, Der grundrechtliche Schutzanspruch juristischer Personen des öffentlichen Rechts, S. 235; *Scholz*, in Festschrift für Lorenz, S. 213 (222); ausführlich zur zunehmenden Verzahnung von staatlichem und gesellschaftlichem Sektor am Beispiel der Abfallentsorgung: *Tettinger*, in Festschrift für Friauf, S. 569 ff.

[67] So das nicht unumstrittene aber vorherrschende Verständnis des Begriffs der öffentlichen Aufgabe, vgl. nur: *Burgi*, Funktionale Privatisierung und Verwaltungshilfe, S. 43; *Isensee*, HdbdStR III § 57 Rn. 135 f.; *Müller*, Rechtsformenwahl bei der Erfüllung öffentlicher Aufgaben, S. 6; *Seidl*, in Festschrift für Zeidler, S. 1459 (1469); kritisch zu den bisherigen Versuchen den Begriff der öffentlichen Aufgabe dogmatisch zu bewältigen, *Di Fabio*, JZ 1999, S. 585 (586).

Rede stehen, handelt es sich regelmäßig nicht um staatlich delegierte Tätigkeiten, sondern um solche, für die sich die privaten Wirtschaftssubjekte frei und aus primär kommerziellen Gesichtspunkten entschieden haben. Daraus wird bereits deutlich, daß sich die Wahrnehmung öffentlicher Aufgaben und die Ausnutzung individueller Freiheiten nicht stringent voneinander abgrenzen lassen, sondern daß hier erhebliche Schnittmengen bestehen.[68]

Gerade das Beispiel der Deutschen Telekom AG dokumentiert die begriffliche Unsicherheit die mit dem Funktionskriterium der Rechtsprechung einhergeht. Einerseits stellt das Angebot von Telekommunikationsleistungen eine Tätigkeit dar, die aufgrund der Infrastruktureigenschaft und des erheblichen sozialen Bezugs im öffentlichen Interesse liegt.[69] Es wäre daher durchaus naheliegend diese Betätigung als öffentliche Aufgabe und als Maßnahme der Daseinsvorsorge zu bezeichnen.[70] Andererseits wird durch die Verankerung des Privatwirtschaftlichkeitsgebots in Art. 87 f Abs. S. 1 GG explizit betont, daß es sich hier um einen kommerziellen, wettbewerbsorientierten Bereich handelt, der nicht mehr materielle Verwaltungstätigkeit darstellt, sondern einen Sektor freier wirtschaftlicher Betätigung.[71] Ausgehend vom funktionalen Ansatz des Bundesverfassungsgerichts wäre eine definitive Zuordnungsentscheidung kaum zu treffen.

(2) Die Vernachlässigung des Anlegerschutzes

Des weiteren würde ein Verständnis, das allein die Funktion der betroffenen Gesellschaft als Anknüpfungspunkt zur Bestimmung der Grundrechtssubjektivität wählt, dem Interesse und dem Schutzbedürfnis des privaten Anteilseigners nicht gerecht werden. Die private Beteiligung an einem gemischtwirtschaftlichem Unternehmen verfolgt typischerweise dieselben Interessen, die auch mit anderen Beteiligungen verknüpft sind, nämlich die Erzielung einer maximalen Rendite hinsichtlich des eingesetzten Kapitals.[72] Davon abweichende Zielsetzungen, insbeson-

---

[68] Vgl. *Scholz,* in Festschrift für Lorenz, S. 213 (222): „Denn die schlichte Wahrnehmung einer entsprechenden öffentlichen Aufgabe sagt über deren Qualität als staatliche Zuständigkeit oder gesellschaftliche Freiheit noch nichts aus."; auch *Burgi,* Funktionelle Privatisierung und Verwaltungshilfe, S. 74, weist zutreffend darauf hin, daß die Wahrnehmung öffentlicher Aufgaben nicht automatisch die Grundrechtsträgerschaft ausschließt.

[69] Ausführlich zur sozialen Bedeutung der Telekommunikation, unten, 4. Kapitel, C III 3 c dd.

[70] So ausdrücklich *Pohl,* Universaldienst in der Telekommunikation, S. 198 f.; ebenso *Gramlich,* ZUM 1998, S. 365 (366); auch historisch wurde der Bereich der Telekommunikation, bzw. der Sektor des Fernmeldewesens als klassischer Bereich der Daseinsvorsorge verstanden, vgl. nur *Eifert,* Grundversorgung mit Telekommunikationsleistungen im Gewährleistungsstaat, S. 58 ff.

[71] Vgl. hierzu bereits, 1. Kapitel, C II 2.

[72] Ausführlich: *Harbarth,* Anlegerschutz in öffentlichen Unternehmen, S. 43; *von Trott zu Solz,* Die staatlich beeinflußte Aktiengesellschaft als Instrument der öffentlichen Verwaltung, S. 58.

dere solche rein ideeller Natur, sind nur in den seltensten Ausnahmefällen feststellbar. Speziell bei der Deutschen Telekom AG kann das Interesse des privaten Anteilseigners als rein kommerzielle Kapitalanlage kaum geleugnet werden. Es würde gänzlich der ökonomischen Realität widersprechen, den Anlegern hier eine darüber hinausgehende gemeinwohlorientierte Motivation zu unterstellen. Aus der Perspektive des einzelnen Aktionärs spielt es keine Rolle, ob das Unternehmen Aufgaben der Daseinsvorsorge wahrnimmt. Einzig die Entwicklung des Aktienkurses und die Höhe der Dividendenausschüttung sind die für ihn bei der Anlageentscheidung relevanten Parameter. Diesem Befund trägt die funktionelle Betrachtungsweise des Bundesverfassungsgerichts jedoch nicht in ausreichendem Maße Rechnung. Dadurch, daß den auf dem Gebiet der Daseinsvorsorge tätigen gemischtwirtschaftlichen Unternehmen der Grundrechtsschutz generell vorenthalten werden soll, wird die Beteiligung der privaten Rechtssubjekte vollkommen vernachlässigt.[73] Mangels Grundrechtssubjektivität würde das Unternehmen hoheitlichen Maßnahmen nahezu schutzlos gegenüberstehen, beispielsweise wäre die öffentliche Hand bei eigentumsrelevanten Maßnahmen nicht an die Schranken des Art. 14 Abs. 3 GG, d. h. die eigentumsrechtliche Gemeinwohlklausel und die Entschädigungsjunktim, gebunden.[74] Die privaten Anteilseigner könnten sich einer „kalten Enteignung"[75] nicht erwehren. Selbst gegenüber kompetenzwidrigen oder in sonstiger Weise verfahrensfehlerhaften hoheitlichen Maßnahmen bestünde – folgt man der funktionellen Betrachtungsweise des Bundesverfassungsgerichts – kein effektiver Schutz. Mangels Grundrechtssubjektivität könnte sich das Unternehmen nicht auf Art. 2 Abs. 1 GG, der regelmäßig einen Abwehranspruch gegen objektiv verfassungswidrige Akte begründet, berufen.[76] Insofern wäre aber, wie bereits von Schmidt-Aßmann überzeugend dargelegt, eine Schutzlücke festzustellen, die man als systemwidrig bezeichnen muß.[77] Die Systemwidrigkeit dieses Ergebnisses wird insbesondere dann offensichtlich, wenn man sich vergegenwärtigt, daß sich selbst öffentliche Verwaltungsträger, gestützt auf ihre Kompetenzgarantien (Art. 30, 70, 28 Abs. 2 GG) gegen objektiv verfassungswidrige Maßnahmen zur Wehr setzen können.[78] Da sich aber das im Bereich der Daseinsvorsorge tätige

---

[73] Ebenso: *Koppensteiner,* NJW 1990, S. 3105 (3109); *Kühne* JZ 1990, S. 335 (336); *Scholz,* in Festschrift für Lorenz„ S. 213 (226 ff.); *Schmidt-Aßmann,* BB, Beilage 34 zu Heft 27/1990, S. 1 (11); *Kremser,* AöR 1996, S. 406 (425); im Ansatz auch *Pohl,* Der Universaldienst in der Telekommunikation, S. 202 f.; *Harbarth,* Anlegerschutz in öffentlichen Unternehmen, S. 252; *Menges,* Die Rechtsgrundlagen für die Strukturreformen der Deutschen Bahn, S. 148 ff.

[74] *Schmidt-Aßmann,* BB, Beilage 34 zu Heft 27/1990, S. 1 (12).

[75] So treffend: *Scholz,* in Festschrift für Lorenz, S. 213 (226).

[76] Grundlegend: BVerfGE 6, 32 (36 ff.)-Elfes-; zu diesem extensiven Verständnis des Art. 2 Abs. 1 GG: *Stern,* Staatsrecht III/1, § 75 IV 4c („Grundrecht mit umfassender prozessualer Hebelwirkung"); *Kunig,* in v.Münch/Kunig, Grundgesetz-Kommentar, Art. 2 Rn. 12 ff.; *Pieroth/Schlink,* Staatsrecht II, Rn. 421 ff.; *Erichsen,* HdbdStR VI, § 152 Rn. 1 ff.

[77] *Schmidt-Aßmann,* BB, Beilage 34 zu Heft 27/1990, S. 1 (12).

[78] *Schmidt-Aßmann,* BB, Beilage 34 zu Heft 27/1990, S. 1 (12).

gemischtwirtschaftliche Unternehmen nicht auf solche Kompetenzgarantien berufen kann und nach Auffassung des Bundesverfassungsgerichts auch die Berufung auf Art. 2 Abs. 1 GG ausgeschlossen ist, säße es, was den verfassungsrechtlichen Schutz angeht, metaphorisch gesprochen „zwischen den Stühlen". Die Zwitterstellung des gemischtwirtschaftlichen Unternehmens zwischen staatlichem und privatem Sektor würde ihm in diesem Kontext zum Verhängnis. Es kann somit festgehalten werden, daß auch Schutzzweckerwägungen gegen den funktionellen Ansatz des Bundesverfassungsgerichts sprechen.

(3) Die dogmatische Schwäche

Bei genauerer Betrachtung zeigt sich, daß die funktionelle Betrachtungsweise des Bundesverfassungsgerichtes dessen eigener, anthropozentrischer Grundrechtsdogmatik widerspricht. Wie bereits dargelegt, rekurriert das Bundesverfassungsgericht in Fragen der Grundrechtssubjektivität juristischer Personen traditionell auf den „Durchgriffsgedanken": Die Einbeziehung solcher Gebilde in den Schutzbereich der Grundrechte soll dann gerechtfertigt sein, wenn deren Bildung und Betätigung Ausdruck der freien Entfaltung privater natürlicher Personen ist, insbesondere wenn der „Durchgriff" auf die hinter ihnen stehenden Menschen dies als sinnvoll und erforderlich erscheinen läßt.[79] Hinsichtlich der privaten Anteilseigner kann jedoch kein Zweifel bestehen, daß dies der Fall ist. Wie bereits angedeutet, liegt deren Motivation nicht darin, im Sinne materieller Verwaltung öffentliche Aufgaben zu erfüllen, sondern beschränkt sich auf rein kommerzielle Aspekte. In diesem Sinne ist die Beteiligung an einer gemischtwirtschaftlichen Organisation identisch mit einer sonstigen Beteiligung und damit als typisch grundrechtsgeschützte Aktivität zu qualifizieren.[80] Das einseitige Abstellen des Bundesverfassungsgerichts auf die Funktion der Daseinsvorsorge läßt diesen Aspekt völlig außer Acht. Insbesondere läßt sich im Hinblick auf die Motivation des privaten Anteilseigners nur schwerlich davon sprechen, daß es sich beim gemischtwirtschaftlichen Unternehmen der Sache nach um eine bloß konstruktiv anders gewählte Form der staatlichen Aufgabenerfüllung handelt.[81] Der funktionelle Ansatz des Bundesverfassungsgerichts erscheint nur dann sachgerecht, wenn die Grundrechtsträgerschaft eines rein öffentlichen Unternehmens zur Disposition steht. In der Tat wird man konstatieren müssen, daß der Staat dann lediglich in „anderem Gewand" auftritt und weiterhin Staatsfunktionen ausübt, die keines Grundrechtsschutzes be-

---

[79] Vgl. nur BVerfGE 21, 362 (368 f.); 68, 193 (206); 75, 192 (196).

[80] *Koppensteiner,* NJW 1990, S. 3105 (3109); *Menges,* Die Rechtsgrundlagen für die Strukturreform der deutschen Bahnen, S. 148 ff.; ausführlich zum Grundrechtsschutz des Anlegers bei gemischtwirtschaftlichen Unternehmen, *Harbarth,* Anlegerschutz in öffentlichen Unternehmen, S. 83 ff., 257 ff.

[81] So auch: *Stern,* Staatsrecht III / 1, S. 1170.; *Koppensteiner,* NJW 1990, S. 3105 (3109); in diesem Sinne auch *Ehlers,* Verwaltung in Privatrechtsform, S. 85; *Püttner,* Die öffentlichen Unternehmen, S. 120.

B. Verfassungsrechtlicher Schutz der betroffenen Unternehmen

dürfen.[82] Der Transfer dieser Argumentation auf das gemischtwirtschaftliche Unternehmen wird aber dessen Erscheinungsbild als Schmelztiegel staatlicher und privater Interessen keineswegs gerecht. Ausgehend vom ursprünglichen anthropozentrischen Ansatz der Grundrechte stellt die private Kapitalbeteiligung eine klassische Ausübung wirtschaftlicher Individualfreiheiten und damit einen Ausdruck der freien Persönlichkeitsentfaltung natürlicher Personen dar. Wenn man den „Durchgriffsgedanken" hier konsequent anwendet, so kann das Ergebnis kaum in der Verneinung der Grundrechtssubjektivität des gemischtwirtschaftlichen Unternehmens liegen.[83] Die Kapitalbeteiligung des privaten Gesellschafters stellt auch dann die Ausübung wirtschaftlicher Individualfreiheit dar, wenn neben und unabhängig von ihm, der Staat sich im selben Unternehmen engagiert. Besonders deutlich wird dies, wenn man sich vor Augen führt, daß die staatliche Beteiligung am gemischtwirtschaftlichen Unternehmen der privaten Beteiligung nicht notwendigerweise zeitlich vorausliegen muß. Es ist ohne weiteres denkbar und entspricht durchaus der ökonomischen Realität, daß sich der Staat in ein ursprünglich rein privates Unternehmen nachträglich „einkauft" und das Unternehmen erst dadurch zu einem gemischtwirtschaftlichen Unternehmen mutiert.[84] Für den verbleibenden privaten Anteilseigner hätte dieser Gesellschafterwechsel – auf den er selbst grundsätzlich keinen Einfluß hat – zur Folge, daß er gegebenenfalls den bis zu diesem Zeitpunkt über Art. 19 Abs. 3 GG vermittelten Grundrechtsschutz verliert. Durch die Übertragung von Gesellschafteranteilen eines Gesellschafters an den Staat würde also letztendlich über den mittelbaren Grundrechtsschutz der verbleibenden Anteilseigner verfügt.[85] Diese Konsequenz steht in deutlichem Widerspruch zur traditionellen Durchgriffstheorie: Aus der Perspektive des verbleibenden privaten Gesellschafters stellt seine Kapitalbeteiligung nach wie vor eine Ausprägung der freien Entfaltung der natürlichen Person dar, die den Grundrechtsschutz über Art. 19 Abs. 3 GG verdient. Dieser Befund wird nicht dadurch derogiert, daß an seiner Seite ein anderer Gesellschafter mit potentiell abweichenden Interessen steht.

---

[82] Grundlegend zur Verweigerung des Grundrechtsschutzes für Staatsfunktionen: *Zimmermann*, Der grundrechtliche Schutzanspruch juristischer Personen des öffentlichen Rechts, S. 109 ff.; in diesem Sinne wohl auch *Erichsen/Ebber*, Jura 1999, S. 373 (376).

[83] Ebenso: *Hartung*, DÖV 1992, S. 393 (398); *Vollmöller*, in R.Schmidt, Kompendium Öffentliches Wirtschaftsrecht, § 5 Rn. 17.; *Schmidt-Aßmann* in Festschrift für Niederländer S. 394 m. w. N.

[84] In diesem Zusammenhang sei stellvertretend auf die Hamburger Electricitäts-Werke hingewiesen, die als rein private Gesellschaft gegründet wurde, und an der sich die Hansestadt Hamburg erst später durch Ankauf von Gesellschaftsanteilen beteiligt hat; vgl. *Zimmermann*, JuS 1991, S. 294 (300).

[85] Vgl. auch *Scholz*, in Festschrift für Lorenz, S. 213 (227 f.), der den Übertragungsakt pointiert als „Grundrechtsvertrag zu Lasten Dritter bezeichnet"; in diesem Sinne auch *Erichsen/Ebber*, Jura 1999, S. 373 (377).

cc) Conclusio

Resümierend kann festgehalten werden, daß die funktionale Betrachtungsweise des Bundesverfassungsgerichts nicht überzeugt. Sie erweist sich aufgrund der Unschärfe der Abgrenzungskriterien als äußerst unpraktikabel, trägt dem Schutzbedürfnis des privaten Gesellschafters nicht in ausreichendem Maße Rechnung und läßt sich auch mit der traditionell die Interpretation des Art. 19 Abs. 3 GG bestimmenden anthropozentrischen Grundrechtsidee kaum vereinbaren. Sie ist daher abzulehnen.[86]

c) Restriktionen des Grundrechtsschutzes anhand innergesellschaftlicher Faktoren

Zur Lösung der Streitfrage inwiefern sich gemischtwirtschaftliche Unternehmen auf Grundrechte berufen können, erscheint es durchaus naheliegend die innergesellschaftlichen Verhältnisse zu beleuchten. Sowohl das konkrete Anteilsverhältnis zwischen staatlichen und privaten Gesellschaftern (aa), als auch die Frage der Beherrschung, und damit konzernrechtliche Grundsätze (bb) könnten hier taugliche Differenzierungsansätze darstellen.

aa) Das konkrete Beteiligungsverhältnis als Entscheidungskriterium

Ein am konkreten Beteiligungsverhältnis orientiertes Verständnis findet sich vermehrt innerhalb der rechtswissenschaftlichen Literatur. Zur konkreten Grenzziehung und damit der Frage, ab welcher staatlichen Beteiligungsquote dem Unternehmen die Grundrechtsträgerschaft versagt werden soll, gehen die Auffassungen, unter Zugrundelegung verschiedener normativer Bezugspunkte, jedoch erheblich auseinander. Während beispielsweise Maser bereits bei einer Staatsbeteiligung von 25% dem Unternehmen die Grundrechtsträgerschaft absprechen will,[87] wird zum Teil in Anlehnung an die Transparenzrichtlinie der EG[88] eine Staatsquote von mehr als 50%,[89] vereinzelt sogar von mehr als 90%[90] gefordert.

---

[86] Ebenso: *Scholz,* in Festschrift für Lorenz, S. 213 (216 f.); *Schmidt-Aßmann,* in Festschrift für Niederländer, S. 383 (394 f.); *ders.,* BB, Beilage 34 zu Heft 27/1990, S. 1 (10); ausführlich auch: *Altrock,* Subventionierende Preisregelungen (Manuskript), C III.

[87] *Maser,* Die Geltung der Grundrechte für juristische Personen und teilrechtsfähige Verbände, S. 158 ff.; kritisch zu diesem Ansatz: *Zimmermann,* Der grundrechtliche Schutzanspruch juristischer Personen des öffentlichen Rechts, S. 58.

[88] Nach Art. 2a dieser Richtlinie (Nr. 80/723/EWG vom 25. Juni 1980, ABl. Nr. L 195/35 vom 29. Juli 1980) wird vermutet, daß ein beherrschender Einfluß ausgeübt wird, wenn die öffentliche Hand unmittelbar oder mittelbar die Mehrheit des gezeichneten Kapitals des Unternehmens besitzt.

B. Verfassungsrechtlicher Schutz der betroffenen Unternehmen

Eine allein auf das innergesellschaftliche Beteiligungsverhältnis abstellende Betrachtungsweise offenbart jedoch mehrere Schwachstellen. Wie die Bandbreite der vorgeschlagenen Quoten eindrucksvoll zum Ausdruck bringt, erweist sich bereits die numerische Festlegung der relevanten Grenze als äußerst diffizil und wenig zwingend.[91] Nicht ohne Grund werden etwaige Versuche der Grenzziehung mangels tauglicher normativer Grundlage als „willkürlich"[92] oder gar als „generell unmöglich"[93] bezeichnet.

Ohne die Tauglichkeit der einzelnen in Betracht kommenden Grenzwerte hier diskutieren zu wollen, so muß man doch feststellen, daß vor dem Hintergrund der ökonomischen Realität und des deutschen Gesellschaftsrechts eine allein an der Kapitalverteilung orientierte Abgrenzung das zugrundeliegende Problem kaum zu lösen vermag. Bereits aus Praktikabilitätserwägungen erweist sich dieser Ansatz als nur bedingt sinnvoll. Wie innerhalb der rechtswissenschaftlichen Literatur schon mehrfach dargelegt,[94] bereitet die genaue Ermittlung von innergesellschaftlichen Beteiligungsverhältnissen aufgrund dynamischer und hierarchischer Unternehmensstrukturen oftmals erhebliche Mühe. Insbesondere in den Fällen, in denen die einzelnen Anteilseigner ihrerseits gemischtwirtschaftliche Unternehmen mit verschachtelten Anteilsverhältnissen sind, wären komplizierte, gesellschaftsrechtliche Analysen erforderlich, um die exakten Beteiligungsverhältnisse und damit die Grundrechtsfähigkeit der Unternehmung zu bestimmen.[95] Verstärkt wird die damit korrespondierende Rechtsunsicherheit durch die ständige Fluktuation der Anteile, die gerade für börsennotierte Unternehmen charakteristisch ist. Vor allem bei mehrstufig verflochtenen, gemischtwirtschaftlichen Unternehmen kann eine Verschiebung der Beteiligungsquote zwischen privatem und staatlichem Kapital auf

---

[89] So offensichtlich *Badura*, DÖV 1990, S. 353 (354), der im Falle der staatlichen „Mehrheitsbeteiligung" die Grundrechtsträgerschaft ablehnt; vgl. auch *Jarass*, Wirtschaftsverwaltungsrecht und Wirtschaftsverfassungsrecht, § 16 Rn. 1.

[90] So offenbar *Schmidt-Aßmann*, BB, Beilage 34 zu Heft 27/1990, S. 1 (10), der bei einer privaten Beteiligung von weniger als 10% „in vorsichtiger Erweiterung der Ausnahmerechtsprechung zu den 100% beherrschten öffentlichen Unternehmen" über eine Restriktion des Grundrechtsschutzes nachdenken will; nicht minder vertretbar erscheint es jedoch auch, eine Staatsbeteiligung von 75% zu fordern, da das Aktienrecht an die Mehrheit entscheidende Rechte knüpft, vgl. § 179 Abs. 2, § 262 Abs. 1 Nr. 2; § 319 Abs. 2 AktG.

[91] Auf dieses Problem wird ebenfalls von *Schmidt-Aßmann*, BB, Beilage 34 zu Heft 27/1990, S. 1 (5) und *Scholz*, in Festschrift für Lorenz, S. 213 (221) hingewiesen.

[92] *Hartung*, DÖV 1992, S. 393 (397).

[93] *Zimmermann*, Der grundrechtliche Schutzanspruch juristischer Personen des öffentlichen Rechts, S. 60

[94] *Schmidt-Aßmann*, in Festschrift für Niederländer, S. 383 (394); ders., BB, Beilage 34 zu Heft 27/1990, S. 1 (11); *Scholz*, in Festschrift für Lorenz, S. 213 (221); ebenso: *v. Mutius*, in Bonner Kommentar, Art. 19 III, Rn. 147; *Klein*, Die Teilnahme des Staates am wirtschaftlichen Wettbewerb, S. 234.

[95] Vgl. hierzu: *Schmidt-Aßmann*, in Festschrift für Niederländer, S. 383 (394); ders., BB, Beilage 34 zu Heft 27/1990, S. 1 (11); *Hartung* DÖV 1992 S. 393 (397).

verschiedenen Ebenen und daher oft beiläufig und unbemerkt eintreten.[96] Die Grundrechtsfähigkeit eines Unternehmens und die gemäß Art. 93 Abs. 1 Nr. 4a GG damit korrespondierende Befugnis zur Verfassungsbeschwerde, darf aber sinnvollerweise weder von detaillierten mathematischen Berechnungen noch von jederzeit möglichen Kapitalverschiebungen innerhalb des Konzerns abhängig gemacht werden.[97] Schon der Aspekt der Rechtssicherheit verbietet daher eine allein an den Beteiligungsverhältnissen orientierte Betrachtungsweise.

Außerdem muß man konstatieren, daß sich aus der Beteiligungsquote als solcher noch keine zwingenden Aussagen über die Machtverhältnisse innerhalb eines Unternehmens ableiten lassen.[98] Dies gilt besonders für die hier im Mittelpunkt des Interesses stehende gemischtwirtschaftliche Aktiengesellschaft. Das deutsche Aktienrecht normiert zum einen in § 139 Abs. 1 AktG die Möglichkeit der Ausgabe sogenannter Vorzugsaktien, also solcher Papiere, die zwar bei der Verteilung des Gewinns berücksichtigt werden, denen jedoch kein Stimmrecht zusteht. Da solche Vorzugsaktien bis zur Hälfte des Grundkapitals ausgegeben werden können, ist es durchaus möglich, daß ein Gesellschafter mit mehr als 50% der Aktien nicht über die Mehrheit in der Hauptversammlung verfügt. Ebenso muß die Möglichkeit in Betracht gezogen werden – und diese Möglichkeit ist bei einem gemischtwirtschaftlichen Unternehmen noch wahrscheinlicher –, daß ein Gesellschafter, der weniger als 50% der Aktien besitzt, über die Stimmrechtsmehrheit in der Hauptversammlung verfügt, da die sonstigen Aktionäre zum Großteil nur mit Vorzugsaktien ausgestattet wurden.[99] Zum andern sei noch auf die Möglichkeit des Abschlusses sogenannter Beherrschungsverträge gemäß § 291 AktG hingewiesen, die selbst einen Minderheitsgesellschafter dazu befähigen können, beherrschenden Einfluß auf die Gesellschaft auszuüben.[100] Die Kapitalverteilung kann daher schon aus ge-

---

[96] *Schmidt-Aßmann*, in Festschrift für Niederländer, S. 383 (394); *ders.*, BB, Beilage 34 zu Heft 27/1990, S. 1 (11).

[97] So ausdrücklich: *Schmidt-Aßmann*, in Festschrift für Niederländer, S. 383 (394); ebenso: *Spannowsky*, ZHR 1996, S. 560 (571); vgl. in diesem Kontext auch *Scholz*, in Festschrift für Lorenz, S. 213 (221): „Dies wäre jedoch schlechterdings unverträglich, erlaubte also keine juristisch saubere Lösung."

[98] Im Ansatz ebenso: *Scholz*, in Festschrift für Lorenz, S. 213 (221); vgl. hierzu auch *Koppensteiner*, NJW 1990, S. 3105 (3109), der den beherrschenden Einfluß schon aufgrund der in § 76 Abs. 1 AktG verankerten Autonomie des Vorstandes in Zweifel zieht.

[99] Vgl. hierzu: *Harbarth*, Anlegerschutz in öffentlichen Unternehmen, S. 276; *Spannowsky*, ZHR 1996, S. 560 (571); im Ansatz so auch *Scholz*, in Festschrift für Lorenz, S. 213 (219); wenn dieser jedoch die Möglichkeit von Mehrstimmrechtsaktien anspricht, so ist dem aus heutiger Sicht zu widersprechen, da § 12 Abs. 2 AktG eindeutig die Unzulässigkeit solcher Mehrstimmrechte normiert. Das deutsche Aktienrecht folgt insoweit dem Grundsatz „One share, one vote"; lediglich die bereits angesprochene Möglichkeit von Vorzugsaktien und der Möglichkeit der Einräumung von Höchststimmrechten von Aktienpaketen (§ 134) machen eine Ausnahme von diesem Grundsatz; vgl. *K. Schmidt*, Gesellschaftsrecht, S. 785, 856.

[100] Instruktiv zum Beherrschungsvertrag und den sonstigen Unternehmensverträgen, *K. Schmidt*, Gesellschaftsrecht, S. 952 ff.; vgl. hierzu auch *Harbarth*, Anlegerschutz in öffent-

sellschaftsrechtlichen Gründen kein taugliches Entscheidungskriterium darstellen.[101]

bb) Der konzernrechtliche Ansatz

Ein alternativer Ansatz zur Klärung der Frage, ob der Staat auf das gemischtwirtschaftliche Unternehmen einen beherrschenden Einfluß ausübt, könnte sich aber – losgelöst von festen Quoten – in Anlehnung an die Grundsätze des Konzernrechts ergeben. Hier wird das Bestehen eines Abhängigkeitsverhältnisses und damit die Existenz eines beherrschenden Einflusses, über die Regelung des § 17 Abs. 2 AktG gelöst, wonach die Kapitalmehrheit lediglich ein *Indiz* für die Beherrschung darstellt.[102] Der Vorzug dieser Lösung liegt in ihrer erhöhten Flexibilität. Da die Anknüpfung an die Kapitalmehrheit nur eine Vermutungswirkung auslöst, können sonstige Faktoren wie die Verteilung von Vorzugsaktien, Be- oder Entherrschungsverträge oder gesellschaftsvertragliche Abreden berücksichtigt und in eine Gesamtabwägung miteinbezogen werden.[103]

Der entscheidende Nachteil dieses Ansatzes liegt aber auch hier in der fehlenden Rechtssicherheit zugunsten von Anlegern und des gesamten Rechtsverkehrs. Anders als das Konzernrecht, das allein gesellschaftsrechtliche Probleme, insbesondere das Verhältnis zwischen herrschendem und beherrschtem Unternehmen regelt und daher flexibel selbst auf marginale innergesellschaftliche Veränderungen reagieren muß, ist bei der Frage der Grundrechtsträgerschaft das Bedürfnis nach Rechtsklarheit und Transparenz als entscheidend zu erachten. Es erscheint kaum sinnvoll, wenn für die essentielle Frage der Grundrechtsträgerschaft einer Organisation gesellschaftsinterne Beteiligungsstrukturen und sonstige Verflechtungen analysiert werden müssen. Sowohl aus der Perspektive des privaten Anlegers als auch aus der Perspektive der Unternehmensführung wäre es wenig vorteilhaft, die Konzernstruktur des Unternehmens durchleuchten zu müssen, um festzustellen, ob das Unternehmen den über Art. 19 Abs. 3 GG vermittelten Grundrechtsschutz genießt. In diesem Kontext muß ferner berücksichtigt werden, daß der konzernrechtlichen Betrachtung – ebenso wie dem an einer konkreten Beteiligungsquote anknüpfenden Ansatz – eine dynamische Komponente innewohnt. Strukturelle Ver-

---

lichen Unternehmen, S. 286 und *Raiser*, ZGR 25 (1996), S. 458 (461), die dem Vertragskonzern im Zusammenhang mit der öffentlichen Hand nur eine geringe Bedeutung zumessen.

[101] In diesem Sinne auch *Scholz*, in Festschrift für Lorenz, S. 213 (219).

[102] Stellvertretend aus der gesellschaftsrechtlichen Literatur: *K. Schmidt*, Gesellschaftsrecht, S. 945 ff. In diesem Zusammenhang sei vor allem auf die Rechtsprechung des BGH in der Entscheidung VEBA-Gelsenberg (BGHZ 69, 334 ff.) hingewiesen. Hier hat das Gericht die Abhängigkeit der VEBA AG von der Bundesrepublik Deutschland bejaht, weil der Bund bei einer Anzahl von 1,25 Millionen freier Aktionäre mit 43,7% über die faktische Hauptversammlungsmacht verfügte und zudem ein Entsendungsrecht in den Aufsichtsrat besaß.

[103] Es sei in diesem Kontext aber darauf hingewiesen, daß es sich um eine gesellschaftsrechtliche Abhängigkeit handeln muß. Abhängigkeiten sonstiger Art, wie insbesondere wirtschaftliche, reichen nicht aus; vgl. BGHZ 90, 381; *K. Schmidt*, Gesellschaftsrecht, S. 946.

änderungen innerhalb der Gesellschaft könnten die Beherrschungsverhältnisse jederzeit tangieren und damit die Frage der Grundrechtssubjektivität jeweils aufs neue stellen. Es bestünde damit – ähnlich wie bei dem allein auf die Beteiligungsverhältnisse fokussierten Ansatz – die Gefahr, daß sich die grundrechtliche Situation des Unternehmens von heute auf morgen verändert. Damit ist der konzernrechtliche Ansatz ebenfalls dem Vorwurf der Unpraktikabilität ausgesetzt und unter dem Aspekt der Rechtssicherheit als äußerst problematisch zu bewerten.

Zudem spricht das Schutzbedürfnis der privaten Anteilseigner gegen einen auf innergesellschaftliche Machtverteilung abstellenden Ansatz. Wie bereits dargelegt,[104] ist die private Beteiligung an einem gemischtwirtschaftlichen Unternehmen regelmäßig durch eine rein kommerzielle Motivation bestimmt und stellt sich daher als klassische Ausübung der individuellen wirtschaftlichen Betätigungsfreiheit dar. Sofern dem gemischtwirtschaftlichen Unternehmen der Grundrechtsschutz aber aufgrund der dominierenden Staatsbeteiligung abgesprochen wird, würde es de facto wie ein rein öffentliches Unternehmen behandelt und damit das Schutzbedürfnis des privaten Aktionärs gänzlich vernachlässigt. Mangels Grundrechtsschutz stände das Unternehmen hoheitlichen Maßnahmen mit Regulierungseffekt wehrlos gegenüber, der Wert der Gesellschaft und damit auch der Wert der einzelnen Beteiligung wäre erheblich gefährdet.

Dem kann man kaum entgegenhalten, der private Gesellschafter sei nicht schutzbedürftig, da er sich über die Struktur des Unternehmens vorab informieren und gegebenenfalls auf sein Engagement verzichten kann. Zunächst spricht gegen eine solche Auffassung, daß diese Information insbesondere in Fällen der gestuften Gemischtwirtschaftlichkeit nur schwer zu erhalten ist. Wie bereits angesprochen, setzt die Ermittlung der exakten Beteiligungs- und Machtverhältnisse oftmals eine komplizierte gesellschaftsrechtliche Analyse voraus, die aufgrund möglichen Gesellschafterwechsels noch dauernden Schwankungen unterliegen kann. Eine solche diffizile Untersuchung ist dem privaten Anleger aber kaum zuzumuten. Außerdem sei in diesem Kontext wiederum darauf hingewiesen, daß die staatliche Beteiligung der privaten Beteiligung zeitlich nicht notwendig vorausliegen muß. In den Fällen, in denen ein privater Anleger in ein rein privates Unternehmen investiert und die staatliche Mehrheitsbeteiligung, die zum Verlust der Grundrechtsträgerschaft führen würde, erst nachträglich eintritt, kann dem verbleibenden privaten Gesellschafter ein Schutzbedürfnis kaum abgesprochen werden. Daraus folgt, daß das Schutzbedürfnis zugunsten des einzelnen Aktionärs eine auf innergesellschaftliche Machtverhältnisse abstellende Betrachtungsweise generell verbietet.[105] Es kann

---

[104] Vgl. 4. Kapitel, B II 2 a.
[105] Im Ergebnis ebenso: *Zimmermann*, JuS 1991, S. 294 (300); *Bleckmann*, Staatsrecht II – Die Grundrechte, S. 100; *Schmidt-Aßmann*, in Festschrift für Niederländer, S. 383 (394); *ders.*, BB, Beilage 34 zu Heft 27/1990, S. 1 (10 f.); *Scholz*, in Festschrift für Lorenz, S. 213 (221); *Hartung*, DÖV 1992, S. 393 (397); *v.Mutius*, in Bonner Kommentar, Art. 19 Abs. 3 Rn. 147; *Vollmöller*, in: R. Schmidt, Kompendium Öffentliches Wirtschaftsrecht, § 5 Rn. 17; in diesem Sinne wohl auch *Harbarth*, Anlegerschutz in öffentlichen Unternehmen, S. 252.

daher festgehalten werden, daß weder die Kapitalverteilung zwischen privaten Anlegern und öffentlicher Hand, noch die Regeln des Konzernrechts taugliche Ansatzpunkte zur Bestimmung der Grundrechtsträgerschaft gemischtwirtschaftlicher Unternehmen sind.

d) Fazit: Das gemischtwirtschaftliche Unternehmen als prinzipiell grundrechtsgeschütztes Rechtssubjekt

Die vorangegangenen Erörterungen haben gezeigt, daß weder die Funktion des Unternehmens, noch die innergesellschaftlichen Machtverhältnisse als Kriterien herangezogen werden können, um die Grundrechtssubjektivität von gemischtwirtschaftlichen Unternehmen zu ermitteln. Statt dessen folgt zwingend aus der Schutzbedürftigkeit des privaten Anlegers, daß gemischtwirtschaftlichen Unternehmen über Art. 19 Abs. 3 GG der Grundrechtsschutz generell zugestanden werden muß.[106] Ergänzend kann noch auf den Aspekt der Rechtssicherheit hingewiesen werden, dem mit einer solchen Auffassung am besten Rechnung getragen wird.[107]

Einem solchen Ergebnis kann man auch nicht entgegenhalten, daß dies im Endeffekt zu einem Grundrechtsschutz für Staatsfunktionen führt.[108] Sofern ein ehemals rein staatliches Unternehmen in der Weise privatisiert wird, daß das Unternehmen für private Anleger geöffnet wird, liegt schon materiell keine Erfüllung rein staatlicher Aufgaben im engeren Sinne mehr vor. Durch die Beteiligung der Privaten werden neben dem öffentlichen Interesse zusätzliche individuelle, profitorientierte Motive in den Entscheidungsprozeß der Gesellschaft inkorporiert. Die Privatisierungsentscheidung führt damit nicht nur zu einer Veränderung der Gesellschafterstruktur, sondern darüber hinaus zu einer grundsätzlichen Modifikation der gesamten Unternehmensstruktur.[109] Selbst bei einer dominanten Stellung des Staates läßt sich dann kaum noch davon sprechen, daß hier lediglich eine konstruktiv anders gewählte Form der Erfüllung von Staatsaufgaben vorliegt.[110] Eine solche Betrachtung würde der Mehrdimensionalität des gemischtwirtschaftlichen Unternehmens nicht gerecht. Da jedes gemischtwirtschaftliche Unternehmen auch private Interessen verkörpert, betrifft jede gegen das Unternehmen gerichtete, staatliche Maßnahme mittelbar auch die privaten Gesellschafter.[111] Gerade die Deutsche Telekom AG ist ein signifikantes Beispiel für diesen Befund: Obwohl das Unterneh-

---

[106] Zum Schutzbedürfnis des privaten Anteilseigners, vgl. bereits 4. Kapitel, B II 2 a.
[107] Zum Aspekt der Rechtssicherheit, vgl. 4. Kapitel B II 2 a und b.
[108] Zum Verbot des Grundrechtsschutzes von Staatsfunktionen, vgl. 4. Kapitel, B II 1 und 2.
[109] In diesem Sinne wohl auch *Scholz,* in Festschrift für Lorenz, S. 213 (220).
[110] Ebenso: *Stern,* Staatsrecht III / 1, S. 1170; *Koppensteiner,* NJW 1990, S. 3105 (3109).
[111] Vgl. *v. Arnauld,* DÖV 1998, S. 437 (450).

men noch im Mehrheitseigentum des Staates steht, ist es europaweit die Aktiengesellschaft mit den meisten privaten Aktionären. In diesem Zusammenhang davon zu sprechen, daß mittels dieses Unternehmens primär Staatsfunktionen wahrgenommen werden, wäre daher kaum überzeugend. Man wird kaum ernstlich sagen können, daß sich die über 2 Millionen Privatanleger freiwillig und bewußt in die staatliche Sphäre inkorporiert haben und unter Verzicht auf ihren mittelbaren Grundrechtsschutz sich an einem Träger materieller Verwaltung beteiligen wollten. Aus der Tatsache, daß die private Beteiligung an einem gemischtwirtschaftlichen Unternehmen eine Ausprägung der individuellen grundrechtlichen Freiheiten darstellt, folgt, daß diese Freiheiten auch für die juristische Person als Sammelbecken der Anlegerinteressen gewährleistet werden müssen.[112]

Dem könnte man indes entgegnen, daß der Staat durch die Aufnahme von privaten Minderheitsgesellschaftern sich die Grundrechtsträgerschaft „erschleichen" könnte und damit der staatlichen Manipulation Tür und Tor geöffnet sei.[113] Vor diesem Hintergrund wird daher von einigen Autoren gefordert, den gemischtwirtschaftlichen Unternehmungen den Grundrechtsschutz dann zu versagen, wenn der privaten Beteiligung nur eine „Alibifunktion" zukommt.[114] Wenn insbesondere Schmidt-Aßmann eine solche Lösung scheinbar favorisiert und eine 10% Marge als maßgebliche Grenze vorschlägt,[115] so überrascht dies jedoch. Die Inkonsequenz seiner Auffassung resultiert daraus, daß er sich an anderer Stelle ausdrücklich gegen an festen Quoten oder innergesellschaftlichen Beteiligungsverhältnissen orientierte Betrachtungsweisen ausgesprochen hat, da die Grundrechtsträgerschaft sonst zum Teil von komplizierten gesellschaftsrechtlichen Analysen abhängig wäre.[116] Wenn er aus Gründen der Rechtssicherheit daher zwar prinzipiell den gemischtwirtschaftlichen Unternehmen den Grundrechtsschutz zugestehen will, jedoch bei Bestehen einer „Alibibeteiligung" davon wieder eine Ausnahme machen will, so verlagert er die höchst problematische Quotenbestimmung nur auf eine andere Ebene. Die Feststellung ob eine 10%-Beteiligung oder ob eine Beteiligung von mehr als 25%, 50% oder 75% vorliegt, unterliegt denselben Schwierigkeiten. Wenn man – wie hier und auch von Schmidt-Aßmann vertreten – eine nach Mehrheitsverhältnissen differenzierende Betrachtung zur Bestimmung der Grundrechtssubjektivität der gemischtwirtschaftlichen Unternehmung aufgrund der damit korrespondierenden Rechtsunsicherheit ablehnt, so kann konsequenterweise auch zur

---

[112] In diesem Sinne schon *Scholz*, in Festschrift für Lorenz, S. 213 (227); ähnlich: *Vollmöller*, in Kompendium Öffentliches Wirtschaftsrecht, § 5 Rn. 17.

[113] Vgl. *Zimmermann*, Der grundrechtliche Schutzanspruch juristischer Personen des öffentlichen Rechts, S. 60, der in diesem Zusammenhang von der Möglichkeit staatlicher „Taschenspielertricks" spricht.

[114] *Stern*, Staatsrecht III / 1, S. 1170; vgl. auch *Schmidt-Aßmann*, BB, Beilage 34 zu Heft 27 / 1990, S. 1 (5).

[115] *Schmidt-Aßmann*, BB, Beilage 34 zu Heft 27 / 1990, S. 1 (10).

[116] *Schmidt-Aßmann*, in Festschrift für Niederländer, S. 383 (394); *ders.*, BB, Beilage 34 zu Heft 27 / 1990, S. 1 (11).

Bestimmung einer nicht schutzbedürftigen Alibibeteiligung nicht auf konkrete Quoten rekurriert werden.

Außerdem erweist sich die vielbeschworene Gefahr, daß sich der Staat die Grundrechtsträgerschaft durch eine minimale Privatbeteiligung erschleicht, sofern man die Grundrechtsträgerschaft gemischtwirtschaftlicher Unternehmen prinzipiell bejaht, als nicht besonders realistisch. Die Beteiligung von privaten Anlegern an einem solchen Unternehmen hat erhebliche Konsequenzen für die Struktur des Unternehmens. Selbst mit einer Minimalbeteiligung von wenigen Prozenten sind nicht unerhebliche Rechte der privaten Anteilseigner[117] und damit korrespondierend ein Verlust von Kompetenzen und innergesellschaftlichen Möglichkeiten des ehemaligen Alleingesellschafters verbunden. Es ist kaum davon auszugehen, daß der Bund oder eine sonstige Gebietskörperschaft dies in Kauf nehmen würden, einzig um die Grundrechtsträgerschaft zugunsten des Unternehmens reklamieren zu können.

Sofern dennoch offensichtliche Mißbräuche auftreten würden, bestünde noch die Möglichkeit diesen auf anderen Ebenen entgegenzutreten. So bietet es sich insbesondere an, eine eventuell geringere Schutzbedürftigkeit des Unternehmens im Rahmen der Verhältnismäßigkeitsprüfung eines Grundrechtseingriffs zu berücksichtigen.

Daraus folgt, daß im Interesse der Rechtssicherheit und zum Schutze der privaten Anteilseigner den gemischtwirtschaftlichen Unternehmen der Grundrechtsschutz gegenüber hoheitlichen Eingriffen generell zugesprochen werden muß.[118] Die Beteiligung von privaten, individuell grundrechtsgeschützten Rechtssubjekten führt damit automatisch zur Grundrechtssubjektivität des Unternehmens. Die Deutsche Telekom AG ist daher als Grundrechtsträger anzusehen.[119] Sie kann sich insbesondere auf die hier im Mittelpunkt des Interesses stehenden Grundrechte mit Wirtschaftsbezug wie Art. 12, Art. 14, Art. 3 und Art. 2 Abs. 1 GG berufen.

C. Verfassungsmäßigkeit der Universaldienstpflicht

Im Mittelpunkt der folgenden Erörterungen steht die Frage, inwieweit die Pflicht zur Leistung des Universaldienstes mit den verfassungsrechtlich garantierten un-

---

[117] In diesem Zusammenhang sei besonders auf das Recht zur Teilnahme an der Hauptversammlung (§ 118 AktG), das Vorschlags- und Antragsrecht (§ 126, 127, 137 AktG), das Auskunftsrecht (§ 131 AktG), das Stimmrecht in der Hauptversammlung (§ 134 AktG) sowie das Anfechtungsrecht (§ 243 AktG) hingewiesen.

[118] Vgl. auch *Bleckmann*, Staatsrecht II – Die Grundrechte, S. 131: „Wenn auch nur ein einziger Privatmann überdies sehr geringe Anteile am Unternehmen besitzt, verlangt Art. 19 Abs. 3 GG den mittelbaren Schutz seiner Grundrechte."

[119] Im Ergebnis ebenso: *v. Arnauld*, DÖV 1998, S. 437 (450 f.); *Fuhr/Kerkhoff*, MMR 1998, S. 6 (9); *Ruffert*, AöR 124 (1999), S. 237 (270).

ternehmerischen Freiheiten im Einklang steht. Dabei beschränkt sich die grundrechtliche Analyse auf die Verfassungsmäßigkeit der Zwangsverpflichtung eines Unternehmens im Sinne des § 19 Abs. 2–4 TKG. Bei der daneben in Frage kommenden Möglichkeit der Dienstleistungsvergabe nach Ausschreibung handelt es sich aus der Perspektive des betroffenen Anbieters um eine freiwillige Leistungsübernahme. Daraus folgt, daß mangels Eingriffswirkung eine relevante Grundrechtsbeeinträchtigung des Dienstleistungserbringers nicht in Betracht kommt.

I. Zwangsverpflichtung eines Unternehmens als Indienstnahme Privater

Durch die Verpflichtung zum Universaldienst wird der betroffene Anbieter zu einer bestimmten Dienstleistung herangezogen, die er im Rahmen seiner privatwirtschaftlichen Tätigkeit zu erbringen hat. Diese Instrumentalisierung von Privatrechtssubjekten[120] zur Erfüllung einer öffentlichen Aufgabe wird herkömmlicherweise unter dem Schlagwort „Indienstnahme Privater" diskutiert.[121]

Die Indienstnahme Privater ist neben der Beleihung und der Verwaltungsherrschaft eine der klassischen und anerkannten Formtypen der Beteiligung Privater an öffentlichen Aufgaben. Im Gegensatz zur Beleihung wird der Private bei der Indienstnahme nicht durch einen organisationsrechtlichen Akt mit hoheitlichen Befugnissen ausgestattet und damit dem staatlichen Sektor angegliedert, sondern bleibt autonomes Privatrechtssubjekt, auch soweit er in Erfüllung ihm (zwangsweise) übertragener Aufgaben handelt. Als solches ist er weiterhin grundrechtsgeschützter Individualrechtsträger und weder formell noch materiell als Teil der Verwaltung anzusehen.[122] Das besondere Charakteristikum der Indienstnahme – im

---

[120] Auch die Deutsche Telekom AG ist aufgrund ihrer Organisation als juristische Person des Privatrechts und der nicht unerheblichen Anzahl privater Anteilseigner als Privater in diesem Sinne zu bezeichnen; ausführlich zur Grundrechtsträgerschaft dieses Unternehmens, oben 4. Kapitel, B II.

[121] Vgl. *Ebsen*, DVBl. 1997, S. 1039 (1051); *Gramlich*, Archiv PT 1995, S. 189 (201); allgemein zu diesem Rechtsinstitut: *Breuer*, HdbdStR VI § 148, Rn. 28; *Plewa*, Die Verfassungsmäßigkeit der Indienstnahme Privater, S. 4 ff.; *Jani*, Die partielle verwaltungsrechtliche Inpflichtnahme Privater zu Handlungs- und Leistungspflicht, S. 58 ff.; *v. Heimburg*, Verwaltungsaufgaben und Private, S. 38 ff.; *Waechter*, Verwaltungsarchiv 87 (1996), S. 68 (76); grundlegend: *H.P. Ipsen*, in Festschrift für E. Kaufmann, S. 141 ff.; *ders.*, AöR 90 (1965), S. 393 (426 ff.); *Friauf*, in Festschrift für Jahrreiß, S. 45 (56 ff.); vgl. auch *Eschenbach*, Jura 1998, S. 401 (402), der von der Rechtsfigur der „Inanspruchnahme Privater" spricht.

[122] *Jani*, Die partielle verwaltungsrechtliche Inpflichtnahme Privater zu Handlungs- und Leistungspflicht, S. 88; *Breuer*, HdbdStR VI § 148, Rn. 981; ausführlich zur terminologischen Abgrenzung zwischen Beleihung und Indienstnahme, insbesondere zu den Beleihungstheorien: *v. Heimburg*, Verwaltungsaufgaben und Private, S. 30 ff.; *Plewa*, Die Verfassungsmäßigkeit der Indienstnahme Privater, S. 23 ff.; *Gause*, Die öffentliche Indienststellung Privater als Rechtsinstitut des Staates, S. 60 ff.; ein abweichendes Begriffsverständnis zeigt sich insbe-

C. Verfassungsmäßigkeit der Universaldienstpflicht

Gegensatz zur Beleihung – liegt darin, daß der Private lediglich in eine besondere öffentlich-rechtliche Pflichtenstellung versetzt wird, ohne gleichzeitig mit besonderen hoheitlichen Kompetenzen ausgestattet zu werden.[123] Vom Verwaltungshelfer unterscheidet sich der Indienstgenomme grundlegend dadurch, daß er seine organisatorische Selbständigkeit behält und nicht als integrierter Teil des staatlichen Funktionsbereiches in untergeordneter, streng weisungsabhängiger Stellung Verwaltungsaufgaben wahrnimmt.[124]

Mit der Deskription der Universaldienstpflicht als Indienstnahme Privater ist jedoch für den hier relevanten Zusammenhang nur relativ wenig gewonnen. Sofern sich die rechtswissenschaftliche Literatur überhaupt mit der Beteiligung Privater an öffentlichen Aufgaben befaßt hat, lag der Schwerpunkt der Erörterungen in erster Linie auf staatsorganisationsrechtlichen Aspekten, während die subjektiven Rechtspositionen der betroffenen Privatrechtssubjekte nur sporadisch und bezüglich ganz konkreter Lebenssachverhalte beleuchtet wurden.[125] Da sich auch das Bundesverfassungsgericht nur vereinzelt[126] mit der subjektivrechtlichen Problematik der Inpflichtnahme Privater zu beschäftigen hatte, mangelt es an einer dogmatischen Durchdringung dieses Problemfeldes. Insbesondere fehlt es an abstrakten Kriterien um die verfassungsrechtliche Zulässigkeitsfrage beantworten zu können. Insoweit bestehen auffällige Divergenzen zum Phänomen der rein finanziellen Heranziehung Privater, die mittels der Sonderabgabenrechtsprechung des Bundesverfassungsgerichts einem detaillierten Anforderungsprofil unterworfen wurde.[127] Der Entscheidung des Bundesverfassungsgericht zur Erdölbevorratungspflicht läßt sich lediglich entnehmen, daß die Indienstnahme Privater nicht generell verfassungswidrig ist und daß sich deren Grenzen vor allem aus den Grundrechten ergeben.[128]

---

sondere bei *Steiner*, Öffentliche Verwaltung durch Private, S. 184, 187, der ausgehend von einem extensiven Beleihungsbegriff die Inpflichtnahme als Unterfall der Beleihung ansieht.

[123] *Gause*, Die öffentliche Indienststellung Privater als Rechtsinstitut des Staates, S. 61; einschränkend hingegen *Plewa*, Die Verfassungsmäßigkeit der Indienstnahme Privater, S. 23 ff., der darauf hinweist, daß die Übertragung hoheitlicher Befugnisse der Kategorisierung einer bestimmten Maßnahme als Indienstnahme nicht entgegensteht, sofern diese Befugnisse zur Erfüllung der Pflicht unentbehrlich und im Verhältnis zur übertragenen Pflicht nur von eindeutig untergeordneter Bedeutung sind.

[124] Vgl. *Jani*, Die partielle verwaltungsrechtliche Inpflichtnahme Privater zu Handlungs- und Leistungspflicht, S. 60.

[125] Als Beispiel sei hier auf *Plewa*, Die Verfassungsmäßigkeit der Indienstnahme Privater, S. 74 ff., verwiesen, der im Anschluß an die Entscheidung des Bundesverfassungsgerichts zur Bevorratungspflicht für Erdölerzeugnisse (BVerfGE 30, 292) ausführlich die Vereinbarkeit der Indienstnahme mit den Grundrechten der betroffenen Unternehmen problematisiert; vgl. auch *Depenheuer*, BB 1996, S. 1218 ff., hinsichtlich der Indienstnahme privater Arbeitgeber zur Auszahlung des Kindergeldes; grundlegend: *Ossenbühl*, VVDStRL 29 (1971), S. 137 (176 f.).

[126] BVerfGE 22, 380 (Kuponsteuerentscheidung); BVerfGE 30, 292 (Bevorratungspflicht für Erdölerzeugnisse); BVerfGE 54, 251 (Vormundschaftsentscheidung); BVerfGE 68, 155 (Pflicht zur Beförderung Schwerbehinderter).

[127] Ausführlich zur Zulässigkeit von Sonderabgaben, 4. Kapitel, D II.

Wenn zum Teil innerhalb der neueren öffentlich-rechtlichen Literatur[129] einzelne Indienstnahmesachverhalte unter die Kategorie „*staatlich veranlaßte gesellschaftliche Selbstregulierung*" subsumiert werden, so führt auch diese neue – nicht unbedingt widerspruchsfreie – Begrifflichkeit nicht weiter, da mit dieser Qualifizierung weder konkrete Rechtsfolgen noch verfassungsrechtliche Maßstäbe verbunden sind.

Demzufolge muß die hier im Zentrum der Untersuchung stehende Universaldienstverpflichtung konkret an den jeweils einschlägigen Rechtspositionen der betroffenen Unternehmen gemessen werden, ohne daß sich aus der Qualifizierung als Indienstnahme oder staatlich veranlaßte gesellschaftliche Selbstregulierung bereits konkrete Maßstäbe oder gar Zulässigkeitskriterien herleiten ließen.

II. Universaldienstpflicht als Arbeitszwang?

Die Universaldienstverpflichtung wäre insbesondere dann verfassungswidrig, wenn sie sich als Arbeitszwang im Sinne des Art. 12 Abs. 2 GG qualifizieren ließe.[130] Ausgehend vom eindeutigen Wortlaut dieses selbständigen Grundrechts scheint ein Rückgriff auf diese Bestimmung hinsichtlich der Verpflichtung zum Universaldienst nahezuliegen. Insbesondere erweist sich die Subsumtion der Universaldienstpflicht unter den Begriff der „Arbeit" als unproblematisch: Der verfassungsrechtliche Begriff der Arbeit im Sinne des Art. 12 Abs. 2 GG beinhaltet jede körperliche oder geistige Tätigkeit, die nicht nur notwendige Nebenwirkung einer anderen Pflicht ist und einen nicht nur unbedeutenden Aufwand verursacht.[131] Diesem weiten Arbeitsbegriff unterfällt daher grundsätzlich jede berufsspezifische oder gewerbliche Tätigkeit. Durch die Universaldienstpflicht werden die jeweiligen in § 19 Abs. 2 bis 4 TKG näher konkretisierten Adressaten unmittelbar dazu gezwungen, bestimmte Dienstleistungen bereitzustellen.[132] Da es sich hierbei um

---

128 BVerfGE 30, 292, Leitsatz 1 und 2.

129 So: *Ebsen*, DVBl. 1997, S. 1039 (1051); grundlegend: *Schmidt-Preuß*, VVDStRL 56 (1996), S. 160 ff.; *Di Fabio*, VVDStRL 56 (1996), S. 235 ff.; in diesem Zusammenhang sei insbesondere auf die Habilitationsschrift von *Burgi*, Funktionelle Privatisierung und Verwaltungshilfe, S. 90 ff., hingewiesen, der die Inpflichtnahmephänomene unter besonderer Berücksichtigung der funktionellen Privatisierung behandelt.

130 Daß es sich bei der Universaldienstpflicht nicht um eine herkömmliche allgemeine, für alle gleiche öffentliche Dienstleistungspflicht handelt, für die gemäß Art. 12 Abs. 2 HS. 2 GG eine Ausnahme vom Verbot des Arbeitszwangs besteht, liegt auf der Hand. Mit dieser Klausel sollten im wesentlichen nur traditionelle Naturalleistungspflichten wie gemeindliche Hand- und Spanndienste, Pflicht zur Deichhilfe sowie Feuerwehrdienstpflichten zugelassen werden; vgl. BVerfGE 22, 380 (383).

131 *Gubelt*, in v.Münch / Kunig, Grundgesetz-Kommentar, Art. 12 Rn. 79; *Scholz*, in Maunz / Dürig, Grundgesetz-Kommentar, Art. 12 Rn. 481; *Breuer*, HdbdStR VI § 147 Rn. 89; *Bleckmann*, Staatsrecht II- Die Grundrechte, § 33 Rn. 62.

C. Verfassungsmäßigkeit der Universaldienstpflicht   157

berufsspezifische Tätigkeiten handelt, die einen nicht nur unbedeutenden Aufwand verursachen, wäre der Tatbestand des Art. 12 Abs. 2 GG an sich einschlägig. Jedoch sprechen die Entstehungsgeschichte der Vorschrift und die ratio legis gegen die Anwendung von Art. 12 Abs. 2 GG hinsichtlich solcher betriebsspezifischen Zwangsverpflichtungen von Wirtschaftsunternehmen. Dem historischen Verfassungsgeber des Jahres 1949 stand die moderne „Arbeitsversklavung" durch das nationalsozialistische Regime sowie vergleichbare Entwicklungen in anderen totalitär geleiteten Staaten vor Augen. Erklärtes Ziel des Gesetzgebers war es, diese Form von Zwangsarbeit und der damit einhergehenden Herabwürdigung der menschlichen Persönlichkeit, für die Zukunft definitiv auszuschließen.[133] Das durch Art. 12 Abs. 2 GG geschützte Rechtsgut ist daher primär die Menschenwürde und nicht der Schutz der Erwerbstätigkeit. Ausgehend von diesem Schutzzweck wendet sich das spezielle Verbot des Arbeitszwangs lediglich dagegen, daß jemand *dem Grunde nach* zu einer bestimmten Tätigkeit verpflichtet wird. Einzelne berufsspezifische Handlungen, die einem Selbständigen oder Unselbständigen im Rahmen seiner frei gewählten Berufstätigkeit auferlegt werden, unterfallen dagegen nicht dem Schutzbereich des Art. 12 Abs. 2 GG, sondern müssen sich primär an Art. 12 Abs. 1 bzw. Art. 2 Abs. 1 GG messen lassen.[134] Bei der Verpflichtung der Telekommunikationsgesellschaften zum Universaldienst handelt es sich eindeutig um eine solche berufsspezifische Pflicht im Rahmen einer ausgeübten Tätigkeit und nicht um eine Verpflichtung, die in die individuelle arbeitsbezogene Grundentscheidung eingreift und die Gefahr in sich trägt, mit der Menschenwürde zu konfligieren. Die Universaldienstpflicht stellt daher keinen verbotenen Arbeitszwang im Sinne des Art. 12 Abs. 2 GG dar.[135]

---

[132] Vgl. zum Begriff des Zwangs im Sinne des Art. 12 Abs. 2 GG: *Breuer,* HdbdStR VI § 147 Rn. 89; *Manssen,* in: v.Mangoldt/Klein, Das Bonner Grundgesetz, Art. 12, Anm. VII 5 b.

[133] Vgl. den schriftlichen Bericht des Hauptausschusses zum Entwurf des Grundgesetzes, Anlage zum stenografischen Bericht der 9. Sitzung des Parlamentarischen Rates vom 6. Mai 1949, S. 11; BVerfGE 74, 102 (118); 22, 380 (383); *Breuer,* HdbdStR VI § 147 Rn. 88; *Schmidt-Bleibtreu,* in Schmidt-Bleibtreu/Klein, Kommentar zum Grundgesetz, Art. 12 Rn. 28; *Bleckmann,* Staatsrecht II, § 33 Rn. 61; aufgrund des engen Bezugs des Grundrechts zur Menschenwürde erscheint es naheliegend, den persönlichen Schutzbereich der Norm nur auf natürliche Personen zu beziehen, da eine Beeinträchtigung der Menschenwürde bei juristischen Personen nicht denkbar ist; diesen Ansatz verfolgend: *Gramlich,* Archiv PT 1995, S. 189 (201); insofern inkonsequent: *Gubelt,* in v.Münch/Kunig, Grundgesetz-Kommentar, Art. 12 Rn. 77, der den engen Bezug zur Menschenwürde betont, jedoch ohne nähere Begründung auch juristischen Personen des Privatrechts als Grundrechtsberechtigte anerkennt.

[134] Gesicherte Rechtsprechung des Bundesverfassungsgerichts: BVerfGE 22, 380 (383); BVerfGE 30, 292 (312); ausführlich: BVerfGE 74, 102 (118); im Ergebnis ebenso: BVerwGE 41, 261 (264 ff.); 65 (362 ff.); *Plewa,* Die Verfassungsmäßigkeit der Indienstnahme Privater, S. 79; *Gubelt,* in v.Münch/Kunig, Grundgesetz-Kommentar, Art. 12 Rn. 81; *Gramlich,* Archiv PT 1995, S. 189 (201); *Breuer,* HdbdStR VI § 147 Rn. 88; *Schmidt-Bleibtreu,* in Schmidt-Bleibtreu/Klein, Kommentar zum Grundgesetz, Art. 12 Rn. 28.

[135] Im Ergebnis ebenso: *Ruffert,* AöR 124 (1999), S. 237 (271).

III. Vereinbarkeit mit der Freiheit des Berufes

1. Schutz unternehmerischer Betätigungsfreiheit durch Art. 12 Abs. 1 GG

Da das Grundgesetz – anders als beispielsweise die spanische Verfassung[136] – keine ausdrückliche Garantie und Gewährleistung der Unternehmensfreiheit kennt, stellt bei wirtschaftsrelevanten Sachverhalten regelmäßig die Berufsfreiheit das zentrale Abwehrrecht gegen staatliche Ingerenzen dar. Ausgehend von einem ursprünglich primär personalen Ansatz hat das Bundesverfassungsgericht den Konzentrationsentwicklungen des modernen Wirtschafts- und Arbeitsablaufs Rechnung getragen und den Schutzbereich der Berufsfreiheit über „jede auf Dauer angelegte Tätigkeit, die der Schaffung und Erhaltung einer Lebensgrundlage dient" auch auf bestimmte Aspekte überindividueller unternehmerischer Tätigkeit ausgedehnt.[137]

So ist spätestens seit dem sog. Mitbestimmungsurteil[138] anerkannt, daß das Grundrecht der Berufsfreiheit auch die unternehmerische Freiheit im Sinne der freien Gründung und Führung von Unternehmen beinhaltet und korporativ ausgeübt werden kann. Damit steht die grundsätzliche Geltung von Art. 12 Abs. 1 GG für Großunternehmen und Konzerne außer Frage. Sofern die Berufsfreiheit zum Teil als ein „Grundrecht des Mittelstandes"[139] bezeichnet wird, liegt dies in erster Linie am grundlegenden System des Grundrechtsschutzes. Das Bundesverfassungsgericht urteilt nur über solche Grundrechtseingriffe, die an es herangetragen werden. Da die Mehrzahl der ihm zugetragenen Konflikte aus der staatlichen Reglementierung mittlerer Gewerbe resultierten, während die Rechtspositionen der Großunternehmen das Gericht weniger zu beschäftigen hatten, liegt es auf der Hand, daß auch die „landmark-cases" dieses Grundrechts in erster Linie die subjektiven Rechte des Mittelstandes zum Gegenstand hatten. Falls mit der Etikettierung „Grundrecht des Mittelstandes" aber die Assoziation verbunden sein sollte, daß große Kapitalgesellschaften und Wirtschaftskonzerne als Nutznießer der in Art. 12 Abs. 1 GG verankerten Freiheiten ausscheiden, geht dieser Gedanke fehl. Eine Begrenzung der grundrechtlichen Betätigungsfreiheit auf kleine oder mittlere Unternehmen ist dem Grundgesetz fremd.[140] Auch der Rechtsprechung des Bundesverfassungsgerichts läßt sich eine solche Interpretation kaum entnehmen. Gerade die Entscheidung zur Erdölbevorratungspflicht ist deutlicher Beleg dafür, daß

---

[136] Vgl. Art. 38 Abs. 1 der spanischen Verfassung, wonach die Unternehmensfreiheit im Rahmen der Marktwirtschaft ausdrücklich anerkannt ist; vgl. *Tettinger*, DVBl. 1999, S. 679 (687).

[137] *Breuer*, HdbdStR VI § 147 Rn. 23, m. w. N.

[138] BVerfGE 50, 290 (363).

[139] *Ossenbühl*, AöR 1990, S. 1 (6 f.), in Anlehnung an *Breuer*, HdbdStR VI § 147 Rn. 29.

[140] *Stern/Dietlein*, Archiv PT 1998, 309 (319); *Papier*, HdbdVerfR § 18 Rn. 49.

auch Großunternehmen, bei denen der personale Grundzug kaum noch spürbar ist, der Grundrechtsschutz des Art. 12 I GG zuteil wird.[141]

Die so verstandene „Unternehmerfreiheit" beinhaltet die Freiheit der Gründung und Führung eines Unternehmens. Als zentrale Aspekte dieses umfassenden Schutzes wurden innerhalb der rechtswissenschaftlichen Literatur neben der Gründungsfreiheit vor allem die Freiheit des Marktzutritts, die unternehmerische Organisationsfreiheit, die Dispositionsfreiheit über Betriebsmittel und Kapital sowie die Vertragsfreiheit als relevante Teilfreiheiten des Art. 12 Abs. 1 GG hervorgehoben.[142] Nach wie vor ungeklärt ist hingegen die Frage, ob sog. „Wettbewerbsfreiheit"[143], deren grundsätzlicher verfassungsrechtlicher Schutz außer Frage steht, dogmatisch in Art. 12 Abs. 1 GG oder in Art. 2 Abs. 1 GG zu verorten ist. Die praktische Relevanz dieser Streitfrage ist jedoch denkbar gering. Da eine Beeinträchtigung der Wettbewerbsfreiheit im Regelfall nur einen Eingriff in die Berufsausübungsfreiheit darstellt und daher nach dem Stufenmodell des BVerfG bereits durch vernünftige Erwägungen des Allgemeinwohls unter Berücksichtigung des Übermaßverbots gerechtfertigt werden kann, ergeben sich kaum nennenswerte Differenzen gegenüber dem Rechtfertigungsmaßstab staatlicher Eingriffe im Rahmen des Art. 2 Abs. 1 GG.[144] Ausgehend von der Erkenntnis, daß der Wettbewerb gerade die Folge der Ausübung des Berufs bzw. des jeweiligen Gewerbes ist und das Verhalten im Wettbewerb einen funktionstypischer Bestandteil der beruflichen Betätigung darstellt, erscheint es jedoch systematisch am überzeugendsten, die Wettbewerbsfreiheit in dem zu Art. 2 I GG spezielleren Grundrecht des Art. 12 Abs. 1 GG zu lokalisieren.[145]

---

[141] BVerfGE 30, 292.

[142] *Breuer*, HdbdStR VI § 147 Rn. 62 ff.; *Scholz*, in Maunz / Dürig, Grundgesetz-Kommentar, Art. 12 Rn. 123; *Wieland*, in Dreier (Hrsg.), Grundgesetz-Kommentar, Art. 12 Rn. 61; *Tettinger*, DVBl. 1999, S. 678 (685); vgl. auch *Lecheler*, VVDStRL 43 (1985), S. 48 (55): „Unternehmerische Berufsausübung bedeutet privatautonome Gründungs-, Planungs- und Leitungsmacht des Unternehmers." ausführlich: *Ossenbühl*, AöR 1990, S. 1 (12 ff.).

[143] Die sog. Wettbewerbsfreiheit gewährleistet privaten Wirtschaftssubjekten das Recht, sich im Wettbewerb mit anderen möglichst ohne hoheitliche Beeinträchtigungen und ohne staatlich bewirkte Wettbewerbsverzerrungen wirtschaftlich zu betätigen; vgl. *R. Schmidt*, in R. Schmidt, Kompendium Öffentliches Wirtschaftsrecht, § 2 Rn. 38, m. w. N.; vgl. auch sogleich 4. Kapitel, C II 2.

[144] Zur vergleichbaren Schutzintensität von Art. 2 Abs. 1 GG und Art. 12 Abs. 1 GG, sofern nur eine Berufsausübungsregel vorliegt: *Ossenbühl*, VVDStRL 29 (1971), S. 137 (177); ebenso: *Lecheler*, VVDStRL 43 (1985), S. 48 (55).

[145] Im Ergebnis ebenso: *Erichsen*, HdbdStR VI § 152 Rn. 62; *Wieland*, in Dreier (Hrsg.), Grundgesetzkommentar, Art. 12 Rn. 61; *Ossenbühl*, AöR 1990, S. 1 (22); *Jarass* in Jarass / Pieroth, Grundgesetz, Art. 12 Rn. 14; vgl. auch BVerfGE 32, 311 (317); 46, 120 (137); für eine Verortung in Art. 2 Abs. 1 GG: *Gubelt*, in v.Münch / Kunig, Grundgesetz-Kommentar, Art. 12 Rn. 93; *Badura*, DÖV 1990, S. 353 (356).

2. Die Universaldienstobligation als Beschränkung unternehmerischer Teilfreiheiten

Durch die Pflicht zur Leistung eines Universaldienstes könnte in erster Linie die *unternehmerische Dispositionsfreiheit* betroffen sein, welche die freie wirtschaftliche Planung, die Personalpolitik und die Verfügung über Produktionsmittel als wesentliche Parameter beinhaltet.[146] Der Dispositionsfreiheit unterfällt sowohl die freiverantwortliche Entscheidung über den Kapitaleinsatz (sog. Investitionsfreiheit[147]) als auch über Art und Umfang der Produktion (sog. Produktionsfreiheit[148]). Der Schutzgegenstand dieser umfassenden unternehmensbezogenen Freiheit ist vor allem dann betroffen, wenn durch staatliche Regelungen mittelbar oder unmittelbar die Bestimmung der Produkt- und Dienstleistungspalette gesteuert wird. Dies ist nicht nur der Fall, wenn aufgrund staatlicher Regelung bestimmte Leistungen nicht mehr angeboten werden dürfen, sondern auch, wenn aufgrund der hoheitlichen Intervention eine Pflicht zum Angebot einer Leistung begründet wird. In solchen Indienstnahmefällen werden die Betriebsmittel sogar wesentlich stärker gebunden als im Falle eines negativ wirkenden Verbots. Die Verfügungsbefugnis eines Unternehmers wird sowohl hinsichtlich des Personaleinsatzes, besonders aber hinsichtlich des Kapitaleinsatzes in erheblichen Maße beschnitten. Durch die Universaldienstpflicht wird der betroffenen Telekommunikationsgesellschaft verbindlich vorgeschrieben, konkrete Leistungen in einer näher spezifizierten Region bereitzustellen, die eigentlich nicht Gegenstand der unternehmerischen Betätigung sein sollten. Für die Führung des Unternehmens hat dies zur Folge, daß die Entscheidung bezüglich des Einsatzes der vorhandenen wirtschaftlichen und personellen Ressourcen nicht mehr alleine nach markt- und damit rentabilitätsorientierten Gesichtspunkten gefällt werden kann, sondern daß ein bestimmter Anteil der Betriebsmittel aufgrund der staatlichen Intervention bereits im voraus der eigenen Disposition entzogen, quasi „sozialisiert" wird. Die Universaldienstpflicht stellt daher eine erhebliche Beschränkung der unternehmerischen Dispositionsfreiheit dar.[149]

---

[146] Vgl. *Ossenbühl,* AöR 1990, S. 1 (18 f.); *Tettinger,* DVBl. 1999, S. 678 (685); zur Bedeutung der Dispositionsfreiheit als Schutzgegenstand der Eigentumsgarantie: unten, 4. Kapitel, C IV.

[147] Vgl. *Müller- Graff,* Unternehmensinvestitionen und Investitionssteuerung im Marktrecht, S. 464; *Breuer,* HdbdStR VI § 147 Rn. 63.

[148] Vgl. *Ossenbühl,* AöR 1990, S. 1 (19 f.); *Breuer,* HdbdStR VI § 147 Rn. 63.

[149] Wenn zum Teil innerhalb der rechtswissenschaftlichen Literatur die Beschränkung der unternehmerischen Dispositionsfreiheit nur bei der Auferlegung *berufsspezifischer* Pflichten an Art. 12 Abs. 1 GG gemessen wird (*Ossenbühl,* VVDStRL 29 (1971), S. 137 (176 f.)), so vermag dieser Ansatz im vorliegenden Fall keine unterschiedlichen Ergebnisse zu erzeugen. Bei der Obligation, einen Universaldienst zu leisten, wird der Adressat ja gerade dazu verpflichtet, seine originäre gewerbliche Betätigung, nämlich das Angebot bestimmter Telekommunikationsleistungen, aus sozialstaatlichen Motiven auf bestimmte Regionen auszudehnen. Es liegt damit also auch eine berufsspezifische Tätigkeit im engeren Sinne vor, die mit der „normalen" Unternehmenstätigkeit (teil-)identisch ist.

C. Verfassungsmäßigkeit der Universaldienstpflicht

Im unmittelbaren Zusammenhang mit der unternehmerischen Dispositionsfreiheit steht die sog. *Vertragsfreiheit*. Diese Freiheit betrifft die autonome Entscheidung darüber, sich vertraglich mit einem Kontrahenten eigener Wahl entsprechend einer gemeinsamen Vereinbarung zu binden. Die Kontrahierungsfreiheit als Kernelement der Privatautonomie ist ein wesentlicher Grundsatz der liberalen und marktwirtschaftlich orientierten Wirtschaftsverfassung und ist zumindest insoweit Schutzobjekt des Art. 12 Abs. 1 GG, als ein unmittelbarer Bezug zur beruflichen Tätigkeit besteht.[150] Die Pflicht, eine Universaldienstleistung zu erbringen, greift auch in diese unternehmerische Teilfreiheit des Adressaten ein. Durch die Obligation, im sozialstaatlichen Interesse Leistungen in bestimmten Regionen zugunsten bestimmter Personengruppen bereitzustellen, wird die eigenverantwortliche Entscheidung und Wahl des Vertragspartners elementar beschnitten. Die Universaldienstpflicht stellt damit auch im Hinblick auf die grundrechtlich gewährleistete Vertragsfreiheit einen rechtfertigungsbedürftigen Eingriff dar.

Ferner ist Universaldienstobligation als Eingriff in die *Wettbewerbsfreiheit* zu qualifizieren. Ein Konflikt mit der Wettbewerbsfreiheit ist nach der Rechtsprechung des Bundesverfassungsgerichts stets dann festzustellen, wenn der Staat das Verhalten von Unternehmen im Wettbewerb regelt und die staatliche Maßnahme den Wettbewerb derart beeinflußt, daß die Ausübung einer beruflichen Tätigkeit behindert wird.[151] Aufgrund dieser weiten Definition ist grundsätzlich jede regulierende Maßnahme, welche die konkurrierende Ausübung der wirtschaftlichen Freiheit und das freie Spiel der ökonomischen Kräfte partiell einschränkt, als Eingriff in die Wettbewerbsfreiheit anzusehen. Die hier im Mittelpunkt der Untersuchung stehende Universaldienstpflicht als Teilaspekt der hoheitlichen Regulierung im Bereich der Telekommunikation geht sogar über die nur mittelbare Steuerung des Wettbewerbs hinaus, da hier unmittelbarer Einfluß auf das Angebotsverhalten privater Wirtschaftssubjekte ausgeübt wird. In gleichem Maße wie der Staat hier hoheitlich steuert, werden jedoch markt- und wettbewerbstypische Prozesse und Axiome zurückgedrängt. Die Universaldienstobligation ist im Hinblick auf die Wettbewerbsfreiheit besonders problematisch, da es sich hierbei nicht um eine generelle Regelung zur Förderung des Wettbewerbs handelt, sondern um eine spezifische Wirtschaftslenkung im Einzelfall, die asymmetrisch nur das marktbeherrschende Unternehmen betrifft. Eine solche regulierende Maßnahme ist daher als gravierender Eingriff in die Wettbewerbsfreiheit zu werten.

Eine Kategorisierung der Universaldienstpflicht als Eingriff in die *unternehmerische Organisationsfreiheit* kommt hingegen nicht in Betracht. Unter der unternehmerischen Organisationsfreiheit versteht man die Freiheit, die Rechtsform eines Unternehmens privatautonom auszuwählen oder zu ändern und im Rahmen einer gewählten Rechtsform die Einzelheiten der betrieblichen Organisation eigen-

---

[150] *Scholz*, in Maunz/Dürig, Grundgesetz-Kommentar, Art. 12 Rn. 131; *Stern/Dietlein*, Archiv PT 1998, S. 309 (319), m. w. N.
[151] Vgl. nur BVerfGE 32, 311 (317); 46, 120 (137 f.); 82, 209 (223 f.); 86, 28 (37).

verantwortlich zu gestalten.[152] Wesentliche Elemente dieser Organisationsfreiheit sind neben der Wahl einer adäquaten Unternehmens- oder Gesellschaftsform, die Standortwahl sowie die grundsätzlich freie Bildung und Zusammensetzung von Unternehmensorganen.[153] Die Pflicht, einen Universaldienst zu leisten, berührt zwar die wirtschaftliche Dispositionsfreiheit des Unternehmens, eine Auswirkung auf die Binnenorganisation des Unternehmens geht hiervon aber nicht aus. Die Pflicht eine bestimmte Leistung zu erbringen, gestaltet lediglich imperativ die Geschäftstätigkeit „nach außen", berührt jedoch in keiner Weise interne gesellschaftliche Funktionsabläufe, wie die Zusammensetzung der einzelnen Organe oder die Organisationsform des Unternehmens als solche.

Auch die *Freiheit des Marktzutritts* und die *Freiheit zur Gründung eines Unternehmens,* die als Teilfreiheiten ebenfalls dem Schutz des Art. 12 Abs. 1 GG unterfallen, werden durch die Universaldienstobligation nicht berührt. Da nur das marktbeherrschende Unternehmen als Adressat der Universaldienstpflicht des § 19 Abs. 2 TKG in Betracht kommt, erscheint es kaum denkbar, daß aufgrund einer drohenden Universaldienstpflicht ein Unternehmen davon abgehalten wird, sich auf dem entsprechenden Markt zu etablieren.

Es kann somit festgehalten werden, daß unter den Aspekten unternehmerische Dispositionsfreiheit, Vertragsfreiheit und Wettbewerbsfreiheit ein rechtfertigungsbedürftiger Eingriff in Art. 12 Abs. 1 GG vorliegt. Die ebenfalls durch Art. 12 Abs. 1 GG geschützten Teilfreiheiten der unternehmerischen Organisationsfreiheit, der Unternehmensgründungsfreiheit und Marktzutrittsfreiheit werden durch die Universaldienstobligation jedoch nicht berührt.

3. Verfassungsrechtliche Eingriffslegitimation

a) Stufentheorie als Weichenstellung und Argumentationstopos

Zur verfassungsrechtlichen Rechtfertigung[154] eines Eingriffs in durch Art. 12 Abs. 1 GG geschützte Rechtspositionen steht seit dem Apothekenurteil[155] des Bun-

---

[152] Vgl. *Scholz,* in Maunz / Dürig, Grundgesetz-Kommentar, Art. 12 Rn. 124, 185; *Breuer,* HdbdStR VI § 147 Rn. 62.

[153] Ausführlich: *Ossenbühl,* AöR 1990, S. 1 (16 ff.); von einem offensichtlich extensiveren Begriffsverständnis ausgehend: *Stern/Dietlein,* Archiv PT 1998, S. 309 (320 f.); grundlegend: BVerfGE 50, 290 (364).

[154] Der in Art. 12 Abs. 1 S. 2 verankerten Gesetzesvorbehalt muß an dieser Stelle nicht ausführlich thematisiert werden. Das TKG stellt ein Parlamentsgesetz dar, an dessen formeller Verfassungsmäßigkeit im übrigen kein Zweifel besteht. Sofern die Regulierungsbehörde also gemäß § 19 Abs. 2–4 TKG ein Unternehmen zum Universaldienst verpflichtet, geschieht dies " auf Grund eines Gesetzes" im Sinne des Art. 12 Abs. 1 S. 2 GG. In diesen Zusammenhang sei ferner darauf hingewiesen, daß sich dieser Regelungsvorbehalt nach ständiger Rechtsprechung sowohl auf Berufsausübungs- als auch auf Berufswahlregelungen bezieht; vgl. nur *Gubelt,* in v.Münch / Kunig, Grundgesetz-Kommentar, Art. 12 Rn. 41.

C. Verfassungsmäßigkeit der Universaldienstpflicht

desverfassungsgerichts die sog. Drei-Stufentheorie im Zentrum aller gerichtlichen und wissenschaftlichen Erörterungen. Als besondere Ausprägung des Verhältnismäßigkeitsprinzips[156] hat das Bundesverfassungsgericht in der angesprochenen Entscheidung ein Prüfungsschema entwickelt, nach welchem die betroffene subjektive Rechtsposition und der den Eingriff legitimierende Gemeinwohlbelang, in einem nach Eingriffsintensität und Wertigkeit des zu schützenden Gemeininteresses differenzierenden Verfahren zu einander in Beziehung gesetzt werden. Dabei unterscheidet das Gericht bei der Legalitätsprüfung eines Eingriffs zwischen drei Stufen: Während Berufsausübungsregeln schon als gerechtfertigt gelten, wenn sie durch „vernünftige Erwägungen des Allgemeinwohls" getragen werden (Stufe 1), bedürfen subjektive Zulassungsvoraussetzungen für die Berufswahl der Rechtfertigung durch „besonders wichtige Gemeinschaftsgüter" (Stufe 2). Objektive Zulassungsvoraussetzungen der Berufswahl (Stufe 3) sind im Hinblick auf Art. 12 Abs. 1 GG dagegen nur dann verfassungsrechtlich ausreichend legitimiert, wenn sie dem Schutz vor „nachweisbaren und schweren Gefahren für ein überragendes Gemeinschaftsgut" dienen.[157]

Entgegen der ursprünglichen Konzeption im Apothekenurteil hat sowohl das Bundesverfassungsgericht in den folgenden Urteilen[158] als auch der Großteil der Literatur[159] die Prämissen der Stufenlehre nicht als kunstvoll ausgestaltetes Schema mit stringent abgrenzbaren Stufen verstanden, sondern zunehmend als flexibles Muster unterschiedlich starker Schutzzonen gedeutet. So zeigt bereits die Formulierung in der Erdölbevorratungsentscheidung *„Je empfindlicher die Berufsausübenden in ihrer Berufsfreiheit beeinträchtigt werden, desto stärker müssen die Interessen des Allgemeinwohls sein, denen diese Regelung zu dienen bestimmt ist,"*[160] daß im Zentrum der Überlegungen nicht eine stringent abgrenzbare Stufenprüfung steht, sondern daß es sich eher um ein flexibles und kontinuierlich wachsendes Anforderungsprofil an die Proportionalität des Eingriffs handelt. Der Interpretation der Stufentheorie als flexibles Muster entspricht es auch, wenn das Bundesverfassungsgericht in zahlreichen Entscheidungen aufgrund einer atypischen Betroffenheit bestimmte Berufsausübungsregelungen an den Maßstäben der freien Berufswahl gemessen hat oder eine auf abstrakter Ebene festgestellte subjektive

---

[155] BVerfGE 7, 377 (405 ff.).

[156] Daß es sich bei der Drei-Stufentheorie um eine spezielle Ausprägung des allgemeinen Verhältnismäßigkeitsgrundsatzes handelt, wird durch das BVerfG regelmäßig betont: vgl. nur: BVerfGE 13, 97 (104); 25,1 (12); 46, 120 (138).

[157] Ausführlich zur Drei-Stufentheorie: *Breuer,* HdbdStR VI, § 148 Rn. 6 ff.; *Wieland,* in Dreier (Hrsg.), Grundgesetz-Kommentar, Art. 12 Rn. 101 ff.; *Gubelt,* in v.Münch/Kunig, Grundgesetz-Kommentar, Art. 12 Rn. 41 ff.; *Jarass,* in Jarass/Pieroth, Grundgesetz, Art. 12 Rn. 20 ff.

[158] Insbesondere: BVerfGE 11, 30 (42); 25, 1 (12); vgl. auch BVerfGE 82, 209 (223 ff.), dazu: *Rüssel,* JA 1998, S. 406 (410).

[159] Vgl. *Wallerath,* Öffentliche Bedarfsdeckung und Verfassungsrecht, S. 273, m. w. N.

[160] BVerfGE 30, 292 (316).

Berufswahlregelung aufgrund ihrer besonderen Schwere der Legitimationsprüfung einer objektiven Zulassungsregel unterzogen hat.[161]

Die konkrete Anwendung der Stufenlehre wird jedoch dadurch erschwert, daß das Bundesverfassungsgericht mit den Kriterien „vernünftiger Gemeinwohlbelang", „wichtige Gemeinschaftsgüter" und „überragende Gemeinschaftsgüter" äußerst abstrakte Maßstäbe verwendet. Tatsächliche Kriterien zur Beurteilung, ob ein Gemeinschaftsgut „wichtig" oder „überragend" ist, existieren nicht, insbesondere unterläßt es das Bundesverfassungsgericht seit jeher, die Relevanz des jeweiligen Gemeinschaftsgutes dezidiert aus dem Grundgesetz abzuleiten.[162] Nicht zu Unrecht wird daher in der Literatur zum Teil kritisiert, daß sich mittels der Drei-Stufentheorie das Gericht auf eine Plausibilitätsprüfung der gesetzgeberischen Motive beschränkt und daß sich aufgrund des Fehlens rationeller Maßstäbe bezüglich der Bestimmung der Wertigkeit der Gemeinschaftsgüter die Stufentheorie als „inhaltsleer" erweist.[163]

Aus diesen Ausführungen folgt bereits, daß es sich bei der Stufenlehre des Bundesverfassungsgerichts lediglich um ein Argumentationsschema handelt und der Differenzierung der einzelnen Stufen für die Eingriffsschwere nur eine indiziell-symptomatische Bedeutung[164] zukommt. Insbesondere muß auch eine bloße Berufsausübungsregelung den Grundsätzen der Geeignetheit und Erforderlichkeit genügen und bei einer Gesamtabwägung zwischen der Schwere des Eingriffs und dem Gewicht der ihn rechtfertigenden Gründe die Grenze der Zumutbarkeit gewahrt sein. Im Rahmen der Zumutbarkeit ist daher in jedem Falle zu prüfen, ob die Interessen des Gemeinwohls so schwer wiegen, daß sie den Vorrang vor den Interessen des Betroffenen verdienen.[165] Wenn im folgenden untersucht wird, ob die Universaldienstpflicht als Berufsausübungs- oder als Berufswahlregelung zu kategorisieren ist, so geschieht dies allein unter dem Gesichtspunkt, daß eine Qualifizierung als Berufswahlregelung ein *Indiz* für eine erhöhte Eingriffsschwere darstellt und daher im Regelfall strengeren Legitimationserfordernissen ausgesetzt wäre.

---

[161] Vgl. BVerfGE 11, 30 (42 ff.); BVerfGE 77, 84 (106); ausführlich zu diesen Modifikationen der Stufenlehre: *Breuer*, HdbdStR VI, § 148 Rn. 10; *Wieland*, in Dreier (Hrsg.), Grundgesetz-Kommentar, Art. 12 Rn. 106 ff.; vgl. auch: *Ossenbühl*, AöR 1990, S. 1 (10).

[162] Insbesondere *Ossenbühl*, AöR 1990, S. 1 (10) fordert, daß sich ein entsprechender Gemeinwohlbelang auf eine verfassungsrechtliche Grundentscheidung zurückführen lassen muß; zu diesem Problemfeld: *Gubelt*, in v.Münch / Kunig, Grundgesetz-Kommentar, Art. 12 Rn. 56 ff.; *Scholz*, in Maunz / Dürig, Grundgesetz-Kommentar, Art. 12 Rn. 315.

[163] So ausdrücklich: *Lecheler*, VVDStRL 43 (1985), S. 48 (55 ff.).

[164] Im Ergebnis ebenso: *Ossenbühl*, AöR 1990, S. 1 (12); *Papier*, Fälle zum Wahlfach Wirtschaftsverwaltungsrecht, S. 15.

[165] BVerfGE 16, 147 (167); 17, 232 (242), 17, 269 (276); 30, 336 (351); ausführlich: AG Plön, Vorlagebeschluß, NJW 1997, S. 591 (592) im Hinblick auf die Verfassungsmäßigkeit des Stromeinspeisungsgesetzes; grundlegend zum Begriff der Zumutbarkeit als verfassungsrechtlichem Topos: *Ossenbühl*, Zumutbarkeit als Verfassungsmaßstab, in: Schröder, u. a. (Hrsg.), Fritz Ossenbühl: Freiheit. Verantwortung. Kompetenz., S. 271 ff.

C. Verfassungsmäßigkeit der Universaldienstpflicht

b) Universaldienstpflicht als Berufsausübungsregel

Daß die Universaldienstverpflichtung in die Freiheit der Berufs*ausübung* eingreift, ist evident. Wie oben ausführlich dargelegt, berührt die Zwangsverpflichtung eines Telekommunikationsanbieters auf Grundlage des § 19 Abs. 2 TKG sowohl die unternehmerische Dispositionsfreiheit als auch die Vertrags- und Wettbewerbsfreiheit, die sämtlich als Teilaspekte der Berufsausübungsfreiheit zu qualifizieren sind.

Eine Kategorisierung als Berufs*wahlregelung* kommt hingegen nicht in Betracht. Wie bereits ausgeführt, stellt die Universaldienstpflicht keine explizite Marktzugangsschranke dar.[166] Eine Qualifizierung als „faktische" Berufswahlregelung scheidet ebenfalls aus, da die Rückwirkung einer Berufsausübungsregel auf die Berufswahl nach der gefestigten Rechtsprechung des Bundesverfassungsgerichts rechtlich nur dann relevant wird, wenn die betroffenen Unternehmen „in aller Regel" genötigt werden, den eingeschlagenen Beruf aufzugeben.[167] Bei der Universaldienstpflicht handelt es sich um eine Regelung, die lediglich die Modalität der unternehmerischen Tätigkeit betrifft. Ein „Umschlagen" in eine Regelung der Berufswahl ist ausgeschlossen, weil als potentieller Adressat der Pflicht nur das marktbeherrschende Unternehmen in Betracht kommt und somit „Newcomer" nicht vom Marktzutritt abgehalten werden. Auch für die bereits am Markt tätigen Unternehmen scheidet eine Qualifizierung als Berufswahlregelung aus, da die Regulierungsbehörde gemäß § 20 TKG entstehende Defizite ausgleicht. Dem Unternehmen entstehen also aufgrund der Universaldienstpflicht keine direkten wirtschaftlichen Einbußen,[168] die ihm die gewählte Betätigung wirtschaftlich unmöglich machen und daher „faktisch" in die Freiheit der Berufswahl eingreifen.

Als Ergebnis kann festgehalten werden, daß die Universaldienstpflicht als Berufsausübungsregel zu qualifizieren ist. Die Freiheit der Berufswahl wird hingegen nicht beeinträchtigt.[169]

---

[166] Vgl. oben 4. Kapitel, III 2.

[167] BVerfGE 13, 181 (187); 16, 147 (165); 30, 297 (314); 38, 61 (85); vgl. auch: *Wallerath*, Öffentliche Bedarfsdeckung und Verfassungsrecht, S. 273; *Plewa*, Die Verfassungsmäßigkeit der Indienstnahme Privater, S. 85 ff.

[168] Entsprechend der gesetzlichen Konzeption wird das Defizit des Universaldienstleisters von der Regulierungsbehörde vollständig ausgeglichen. Die Tatsache, daß das Unternehmen über die Universaldienstabgabe wiederum zur Finanzierung herangezogen wird, berührt die Rechtmäßigkeit der Dienstleistungspflicht nicht, sondern ist allein eine Frage der Verfassungsmäßigkeit der Abgabe.

[169] Im Ergebnis ebenso: *Bruhn*, Die Sicherstellung öffentlicher Aufgaben im Bereich der deutschen Telekommunikation unter dem Einfluß der europäischen Marktöffnung, S. 404.

c) Materielle Verfassungsmäßigkeit des Eingriffsgesetzes: Postulat der Verhältnismäßigkeit

Die Universaldienstpflicht wäre nur verfassungskonform, wenn sich der eben festgestellte Eingriff als verhältnismäßig erweist. Nach der ständigen Rechtsprechung des Bundesverfassungsgerichts ist dies bei Berufs*ausübungs*regelungen der Fall, wenn der Eingriff durch vernünftige Gründe des Allgemeinwohls gerechtfertigt wird, das gewählte Mittel zur Erreichung des verfolgten Zwecks geeignet und erforderlich ist und bei einer Gesamtabwägung zwischen der Schwere des Eingriffs und dem Gewicht der ihn rechtfertigenden Gründe die Grenzen der Zumutbarkeit noch gewahrt sind.[170] An der grundsätzlichen Anwendung dieser Formel kann festgehalten werden, da spätestens im Rahmen der Zumutbarkeit, der jeweiligen Eingriffsintensität des konkreten Einzelfalles Rechnung getragen werden kann und damit ein flexibler, von abstrakten Zuordnungsfragen unabhängiger und effektiver Grundrechtsschutz in jedem Fall gewährleistet ist.

aa) Flächendeckende Telekommunikation als legitimer Gemeinwohlaspekt

Entsprechend der soeben aufgeworfenen Formel bedarf jeder Eingriff in die Berufsausübung eines rechtfertigenden „vernünftigen" Gemeinwohlaspekts. Wenn innerhalb der Literatur zum Teil danach differenziert wird, ob der legitimierende Gemeinwohlaspekt ein vorstaatliches Rechtsgut darstellt, sozialstaatlich fundiert ist oder nur „gesetzlich konstituiert" ist,[171] kann dem allenfalls deskriptive Funktion zukommen. Eine Gewichtung oder Rangordnung ist mit dieser Unterscheidung nicht verbunden, da die tatsächliche Bedeutung eines Rechtsgutes unabhängig von der normativen Quelle, allein aus der Materie heraus bestimmt werden muß.[172] Insgesamt muß man feststellen, daß der Gesetzgeber bei der Rechtfertigung eines Eingriffs durch vernünftige Gründe des Allgemeinwohls eine sehr weite Einschätzungsprärogative besitzt. Bei gesetzlichen Eingriffen in das Wirtschaftsleben obliegt es ihm, auf der Grundlage seiner wirtschaftspolitischen Vorstellungen und Ziele und unter Beachtung der Sachgesetzlichkeiten des betreffenden Gebiets zu entscheiden, welche Maßnahmen er im Interesse des Gemeinwohls ergreifen will. Eine Überschreitung dieses Spielraums kann nur dann konstatiert werden, wenn die Erwägungen so offensichtlich fehlsam sind, daß sie vernünftigerweise keine Grundlage für gesetzgeberische Maßnahmen abgeben können.[173]

---

[170] BVerfGE 68, 155 (171); 71, 183 (196 f.); 77, 308 (332); 85, 248 (259).
[171] So die Differenzierung bei *Breuer,* HdbdStR VI § 148 Rn. 21 ff.
[172] Vgl. hierzu auch die Ausführungen von *Wieland,* in Dreier, (Hrsg.), Grundgesetz-Kommentar, Art. 12 Rn. 113.
[173] Vgl. BVerfGE 25, 1 (12 f., 17); 30, 293 (317).

C. Verfassungsmäßigkeit der Universaldienstpflicht

Die Verpflichtung zum Universaldienst bezweckt unmittelbar die Sicherstellung der flächendeckenden Versorgung mit bestimmten Telekommunikationsleistungen. Dabei handelt der Gesetzgeber in Erfüllung gemeinschafts-[174] und verfassungsrechtlicher[175] Vorgaben, die sowohl sozialpolitisch als auch wirtschaftspolitisch motiviert sind. An der Qualifizierung der flächendeckenden Versorgung mit Telekommunikationsleistungen als legitimerer Gemeinwohlaspekt besteht somit kein Zweifel.[176]

bb) Zwangsverpflichtung als grundsätzlich geeignetes Instrument

Auf objektiver Ebene verlangt der Grundsatz der Verhältnismäßigkeit, daß die in Frage stehende Regelung dazu geeignet ist, das gesetzliche Schutzziel zu erreichen. Das Bundesverfassungsgericht hat sich in seiner bisherigen Praxis im Rahmen der Geeignetheitsprüfung im wesentlichen auf eine Evidenzkontrolle beschränkt und dem Gesetzgeber insbesondere in Fragen der Wirtschafts,- Arbeits- und Sozialpolitik eine erhebliche Einschätzungsprärogative zugebilligt. Im Sinne einer begrenzten Prognosekontrolle prüft das Gericht demzufolge nur, ob das gesetzliche Mittel der Berufsregelung und Wirtschaftslenkung von vornherein *„objektiv untauglich"*[177], *„objektiv ungeeignet"*[178] oder *„schlechthin ungeeignet"*[179] ist. Nach der Rechtsprechung des Bundesverfassungsgerichts soll es an der prinzipiellen Geeignetheit einer Regelung selbst dann nicht fehlen, wenn sich die gesetzgeberische Prognose später partiell oder gänzlich als Irrtum erwiesen hat, sofern die Prognose des Gesetzgebers in Anbetracht der verfügbaren und zu berücksichtigenden Erfahrungen und Einsichten als „vertretbar" anzusehen war.[180] Angesichts dieses weiten Prognosespielraums und der umfassenden Konsultationen und Beratungen, die der Verabschiedung eines Gesetzes vorangehen, dürfte eine Regelung, die dem Maßstab der Geeignetheit nicht entspricht, relativ selten sein.[181]

Auch die in § 19 TKG vorgesehene Universaldienstpflicht genügt diesem Anforderungsprofil. Die konkrete Verpflichtung, eine bestimmte Dienstleistung erbringen zu müssen, führt den anzustrebenden Erfolg unmittelbar herbei. Die objektive

---

[174] Vgl. 3. Kapitel, A III und IV.
[175] Vgl. 2. Kapitel.
[176] Ausführlich zur Bedeutung einer flächendeckenden Kommunikationsinfrastruktur: 4. Kapitel, C III 3 c aa.
[177] BVerfGE 16, 147 (181); 30, 250 (263).
[178] BVerfGE 17, 306 (317).
[179] BVerfGE 19, 119 (126 f.); vgl. auch BVerfGE 19, 330 (337); 30, 292 (316): „Ein Mittel ist geeignet, wenn mit seiner Hilfe der gewünschte Zweck gefördert werden kann".
[180] BVerfGE 50, 290 (331 ff.).
[181] So auch *Schneider*, in Festgabe Bundesverfassungsgericht II, S. 390 (398), in Anlehnung an BVerfGE 30, 250 (263).

Geeignetheit der Zwangsverpflichtung wird auch nicht dadurch in Frage gestellt, daß im ersten Teil der Arbeit bestimmte konzeptionelle Mängel festgestellt wurden.[182] Diese Mängel lassen sich in erster Linie darauf zurückführen, daß der Tatbestand des § 19 Abs. 2 TKG bestimmte Konstellationen nicht umfaßt und eine extensivere Tatbestandsformulierung aus Infrastrukturaspekten wünschenswert wäre. Sofern die Norm jedoch tatbestandlich einschlägig ist, wird das gesetzliche Schutzziel erreicht, so daß nicht davon gesprochen werden kann, daß die Regelung „schlechthin ungeeignet" ist.

cc) Ausschreibungssystem oder unmittelbare staatliche Leistungsbereitstellung als mildere Mittel?

Problematischer könnte hingegen sein, ob die Universaldienstpflicht auch dem Kriterium der Erforderlichkeit (Gebot des Interventionsminimums) entspricht. Erforderlich ist ein Eingriff nach der Rechtsprechung des Bundesverfassungsgerichts nur dann, wenn ein anderes, die Berufsfreiheit *„weniger fühlbar einschränkendes Mittel"* nicht ersichtlich ist.[183] In diesem Zusammenhang muß allerdings wiederum berücksichtigt werden, daß dem Gesetzgeber bei wirtschaftsordnenden Maßnahmen eine großzügige Einschätzungsprärogative zusteht. Ein einzelner Vorzug eines Alternativinstruments gegenüber der vom Gesetzgeber gewählten Lösung führt nicht automatisch zu deren Verfassungswidrigkeit, sondern es muß feststehen, daß das „mildere" Alternativmodell in jeder Hinsicht mit gleicher Sicherheit zum intendierten Erfolg führt.[184]

Aus diesem Grunde steht die Alternative eines *reinen Ausschreibungsmodells,* die aus der Perspektive der Telekommunikationsunternehmen zweifellos eine weniger fühlbare Beeinträchtigung darstellen würde, der Erforderlichkeit der Zwangsverpflichtung nicht entgegen. Wie bereits an anderer Stelle ausführlich dargelegt,[185] garantiert ein Ausschreibungssystem, das auf dem Grundgedanken einer freiwilligen Leistungsübernahme basiert, nicht in gleicher Weise die Erbringung der Dienstleistung wie die unmittelbare Zwangsverpflichtung eines Unternehmens. Die Zwangsverpflichtung eines Unternehmens stellt die sicherere Variante dar, da die Regulierungsbehörde in diesen Fällen nicht auf die Kooperation der privatwirtschaftlich handelnden Wirtschaftssubjekte angewiesen ist.[186] Mangels gleicher

---

[182] Vgl. oben, 3. Kapitel, C II 2 und 3.

[183] BVerfGE 30, 292 (316); 53, 135 (145); 69, 209 (218 f.); 75, 246 (269); 80, 1 (30).

[184] Vgl. etwa: BVerfGE 30, 292 (319); *Wieland,* in Dreier (Hrsg.), Grundgesetz-Kommentar, Art. 12 Rn. 11; *Jarass,* in Jarass / Pieroth, Grundgesetz, Art. 12 Rn. 26; so hat das Bundesverfassungsgericht beispielsweise die Erforderlichkeit eines Verkehrsverbots für bestimmte Waren verneint, wenn der beabsichtigte Gesundheits- oder Verbraucherschutz auch durch eine Kennzeichnungspflicht erreicht werden kann; vgl. BVerfGE 53, 135 (145 f.).

[185] Vgl. 3. Kapitel, C II 2 und 3.

[186] Ausführlich zu den Schwächen des Ausschreibungssystems: 3. Kapitel, C II 2 und 3.

C. Verfassungsmäßigkeit der Universaldienstpflicht

Eignung kann ein reines Ausschreibungsmodell die Erforderlichkeit der Zwangsverpflichtung nicht berühren.

Fraglich ist aber, ob in Fällen, in denen der Markt die Versorgung nicht von selbst leistet, eine *unmittelbare staatliche Leistungserbringung* ein gleich geeignetes, aber aus der Perspektive der Unternehmen milderes Mittel darstellen könnte. Insofern kann auf Erfahrungen im Rundfunksektor verwiesen werden, in dem die verfassungsrechtlich gebotene Grundversorgung in erster Linie durch die öffentlich-rechtlichen Rundfunkanstalten geleistet wird.[187] Eine solche unmittelbare staatliche Betätigung könnte aus der Sicht der Telekommunikationsunternehmen ein milderes Mittel darstellen, weil ihnen dadurch die Universaldiensterbringungslast abgenommen würde und sie sich ausschließlich auf rentable Märkte konzentrieren könnten. Ungeachtet der Tatsache, daß eine unmittelbare staatliche Bereitstellung durch eine staatliche Verwaltungsorganisation einen erheblichen organisatorischen und finanziellen Aufwand bedeuten würde und daher bereits aus Praktikabilitätsgesichtspunkten kaum eine realistische Alternative darstellt, so steht schon der Verfassungstext einer solchen Möglichkeit eindeutig entgegen. Nach der hier vertretenen Auffassung begründet der Terminus der Privatwirtschaftlichkeit in Art. 87 f Abs. 2 S. 1 GG eine „negative Kompetenzschranke" für die Verwaltung. Nach der dort getroffenen Grundentscheidung stellt das Angebot von Dienstleistungen im Telekommunikationsbereich sowohl formell als auch materiell Wirtschaftstätigkeit dar, die durch unternehmerische Maximen charakterisiert ist. Einer unmittelbaren staatlichen, gemeinwohlorientierten Aktivität sowohl in öffentlich-rechtlicher als auch in privatrechtlicher Organisationsform wurde damit bewußt der Boden entzogen.[188] Eine unmittelbare staatliche Leistungsbereitstellung wäre daher verfassungswidrig und kann gegenüber der Universaldienstpflicht des § 19 Abs. 2 TKG kein milderes Mittel darstellen.

Eng verbunden mit der unmittelbaren staatlichen Leistungsbereitstellung ist die Frage, ob nicht eine Instrumentalisierung der staatlich beherrschten Deutschen Telekom durch innergesellschaftliche Einflußnahme als ein gleich geeignetes, aber milderes Mittel angesehen werden könnte. In diesem Zusammenhang erscheint aber schon fraglich, ob die innergesellschaftliche Einflußnahme überhaupt ein ebenso effektives Instrument wie die in § 19 Abs. 2 TKG vorgesehene Zwangsverpflichtung sein kann. Erhebliche Zweifel an der Eignung dieses Instruments ergeben sich bereits aus der gewählten Rechtsform der Deutschen Telekom. Wie bereits mehrfach angesprochen, handelt es sich bei der Deutschen Telekom um eine Ak-

---

[187] Vgl. *Gramlich,* ZUM 1998, S. 365 ff.; grundlegend zur Grundversorgungspflicht der öffentlich-rechtlichen Rundfunkanstalten: BVerfGE 73, 118 (157 f.); vgl. auch *Ricker/Schiwy,* Rundfunkverfassungsrecht, S. 318 ff.; *Niepalla,* Die Grundversorgung als Aufgabe des öffentlich-rechtlichen Rundfunks, passim.

[188] Im Ergebnis ebenso: *Ebsen,* DVBl. 1997, S. 1039 (1042); *Gramlich,* Archiv PT 1995, 189 (202); *ders.,* ZUM 1998, S. 365 (373); *Badura,* Archiv PT 1997, S. 277 (278); ausführlich zur Interpretation des Begriffs „privatwirtschaftlich" und dem damit korrespondierenden Verbot der staatlichen Eigenbetätigung: 1. Kapitel, C II 2.

tiengesellschaft, mithin um die Organisationsform, die durch die strikte Trennung von Geschäftsführung und Eigentümern geprägt ist. § 76 AktG normiert die originäre Geschäftsführungskompetenz des Vorstandes unter gleichzeitigem Ausschluß der Anteilseigner vom operativem Geschäft. Insbesondere stehen den Anteilseignern keine unmittelbaren Einwirkungs- oder Weisungsrechte auf die Entscheidungen des Vorstands zur Verfügung.[189] Aufgrund der nur beschränkten Einflußnahmemöglichkeit erscheint es daher höchst problematisch, ob die gesellschaftsinterne Steuerung überhaupt ein ebenso geeignetes Instrument wie die Zwangsverpflichtung nach § 19 TKG darstellen kann. Indes bedarf es an dieser Stelle keiner weiteren Erörterung dieses Problems, da nach der hier vertretenen Ansicht eine gemeinwohlorientierte innergesellschaftliche Einflußnahme der auf verfassungsrechtlicher Ebene angelegten Trennung zwischen unternehmerischer Tätigkeit und hoheitlich-administrativen Aufgaben diametral entgegenstehen würde. Die Auslegung der einschlägigen Verfassungsbestimmungen und des historischen Kontextes hat ergeben, daß sich der Bund zur Erfüllung seiner Infrastrukturverantwortung allein externen, regulatorischen Steuerungsinstrumenten bedienen bedarf.[190] Da die innergesellschaftliche Einflußnahme auf die Deutsche Telekom AG mit dieser verfassungsrechtlichen Zentralaussage kollidieren würde, kommt sie ebenfalls nicht als legitimes gleich geeignetes Mittel in Betracht.

Auch sonst sind keine Instrumentarien ersichtlich, die aus der Perspektive der betroffenen Unternehmen ein milderes Mittel darstellen würden und mit gleicher Sicherheit die flächendeckende Infrastruktur sicherstellen könnten, als die konkrete Zwangsverpflichtung eines Anbieters.[191] Das Instrument der Zwangsverpflichtung ist damit erforderlich im Sinne der verfassungsrechtlichen Terminologie.

dd) Zweck-Mittel-Erwägungen

Als noch problematischer stellt sich die Frage dar, ob die Universaldienstpflicht auch verhältnismäßig im engeren Sinne ist. Bei Berufsausübungsregeln ist dies nach der insoweit gefestigten Rechtsprechung des Bundesverfassungsgerichts der Fall, wenn bei einer Gesamtabwägung zwischen der Schwere des Eingriffs und dem Gewicht der ihn rechtfertigenden Gründe die Grenzen der Zumutbarkeit noch gewahrt sind.[192] Das Bundesverfassungsgericht hat diese Zweck-Mittel-Analyse in

---

[189] Stellvertretend aus dem gesellschaftsrechtlichem Schrifttum: *Roth,* Handels- und Gesellschaftsrecht, S. 200; zur Parallelproblematik bei der Deutschen Bahn AG: *Hommelhoff/ Schmidt-Aßmann,* ZHR 160 (1996), S. 521 (554 ff.).

[190] Zu dieser Problematik, ausführlich: 2. Kapitel, C II.

[191] Vgl. hierzu auch die Reformüberlegung im 5. Kapitel der Untersuchung, wo das Instrument der Zwangsverpflichtung als Bestandteil des Universaldienstkonzepts erhalten bleibt; 5. Kapitel, C II 2.

[192] BVerfGE 68, 155 (171); 71, 183 (196); 77, 308 (332): 85, 248 (259); vgl. auch BVerwG NVwZ 1995, S. 484 (486).

der Erdölbevorratungsentscheidung auf die Formel gebracht: „*Je empfindlicher die Berufsausübenden in ihrer Berufsfreiheit beeinträchtigt werden, desto stärker müssen die Interessen des Gemeinwohls sein, denen die Regelung zu dienen bestimmt ist.*"[193] Im folgenden ist daher die Intensität der Freiheitsbeeinträchtigung dem zu verwirklichenden Gemeinwohlbelang gegenüberzustellen und die Qualität der konfligierenden Positionen gegeneinander abzuwägen.

(1) Die Universaldienstpflicht als fremdnützige Indienstnahme Privater

Die besondere Eingriffsschwere der Universaldienstpflicht ergibt sich aus der Qualifizierung als Indienstnahme Privater. Wie bereits an anderer Stelle[194] dargelegt, handelt es sich bei der Universaldienstverpflichtung nicht um eine „klassische" wirtschaftsverwaltungsrechtliche Lenkungsmaßnahme, die im Sinne eines negativ wirkenden Verbots der unternehmerischen Betätigung die Grenzen zieht, sondern um einen hoheitlichen Akt, der dem betroffenen Unternehmen im Gemeinwohlinteresse die Last eines positiv wirkenden Gebots zur Erbringung von Dienstleistungen aufbürdet. Hierin kann und muß eine besondere Eingriffsschwere gesehen werden, da die unternehmerische Dispositionsfreiheit, die Vertragsfreiheit und die Wettbewerbsfreiheit gravierend eingeschränkt werden.[195] Die erhebliche Eingriffswirkung der Universaldienstpflicht wird insbesondere dann offensichtlich, wenn man sich vergegenwärtigt, daß ein Unternehmen gemäß § 19 Abs. 2 TKG beispielsweise dazu verpflichtet werden kann, entgegen seiner ökonomischen Absicht komplette Netzverbindungen aufzubauen und zu unterhalten. Mit einer solchen Obligation wäre eine umfassende Bindung sowohl personeller, als auch sachlicher Betriebsmittel verbunden;[196] eine gravierende Beschränkung unternehmerischer Freiheiten wäre festzustellen.

Die hier vorgenommene Indienstnahme muß im Vergleich zu sonstigen Indienstnahmesachverhalten als besonders problematisch erachtet werden: Obgleich im Zuge der allgemeinen Privatisierungsdebatte bisher schon in zahlreichen Bereichen Verantwortungsabschichtungen zwischen Staat und Gesellschaft stattgefunden haben und in diesem Rahmen auch Positivpflichten auf Private übertragen wurden, so betreffen diese Verantwortungsbeiträge in erster Linie die Eigenüberwachung und die Eigensicherung oder sonstige Aspekte, die dem Interessen- oder Verantwortungsbereich des Betroffenen unmittelbar zugerechnet werden können.[197] Aus

---

[193] BVerfGE 30, 292 (319).
[194] Vgl. oben, 4. Kapitel, C I.
[195] Vgl. oben, 4. Kapitel, C III 2; allgemein zur staatlichen Heranziehung Privater: *Burgi*, Funktionelle Privatisierung und Verwaltungshilfe, S. 87 ff.; zur besonderen Eingriffsschwere von Indienstnahmesachverhalten: *Breuer*, HdbdStR VI § 148 Rn. 28.
[196] Nach Angaben von Börnsen, dem Vizepräsident der Regulierungsbehörde entstehen allein bei der Verlegung einer Teilnehmeranschlußleitung in ländlichen Gebieten zum Teil Kosten von bis zu 15.000 DM; vgl. FAZ vom 9. 2. 1999, Nr. 33, S. 17.

diesem Grunde sind solche Aspekte der Aufgabenabwälzung auf Private im Hinblick auf die in Art. 12 Abs. 1 GG verankerten Rechtspositionen regelmäßig kaum zu beanstanden. Bei der Universaldienstpflicht handelt es sich jedoch um eine fremdnützige Indienstnahme, die in erster Linie dem öffentlichen Interesse an einer flächendeckenden Versorgung mit Telekommunikationsleistungen dient, ohne einen direkten Bezug zur Interessenssphäre oder dem unmittelbaren Verantwortungsbereich des betroffenen Privatrechtssubjekts aufzuweisen.[198] Solche fremdnützigen Positivpflichten stellen Fremdkörper[199] in einer liberalen, auf dem Grundsatz des marktorientierten Ressourceneinsatzes basierenden Wettbewerbsordnung dar und bedürfen der besonderen Rechtfertigung.

(2) Flächendeckende Kommunikationsinfrastruktur als „Gemeinschaftsgut höchsten Ranges"

Der rechtfertigende Gemeinwohlbelang hinsichtlich der Universaldienstpflicht ist in dem Interesse an einem flächendeckenden Angebot von Telekommunikationsleistungen zu sehen.[200] Die Sicherung der telekommunikativen Versorgung muß entsprechend der flächendeckenden Energieversorgung als „Gemeinschaftsinteresse höchsten Ranges" bzw. als ein „von der jeweiligen Politik des Gemeinwesens unabhängiges absolutes Gemeinschaftsgut" erachtet werden. Dies folgt aus der herausragenden gesellschaftspolitischen und wirtschaftspolitischen Bedeutung, die der Versorgung mit Telekommunikationsleistungen in der heutigen Gesellschaft zugestanden wird und eindrucksvoll in der Beschreibung des Status quo als „Informationsgesellschaft" oder „Kommunikationsgesellschaft" zum Ausdruck kommt.

Die *gesellschaftspolitische Dimension* der flächendeckenden Telekommunikationsversorgung resultiert aus der Bedeutung von Information und Kommunikation für die demokratische Verfassung und die individuelle Persönlichkeitsentwicklung.

---

[197] In diesem Zusammenhang ist insbesondere an Überwachungs- und Mitteilungspflichten (vgl. § 52a BImSchG; § 16, 16a, 16b ChemG; § 53 KrW-/AbfG) im Umwelt- und Technikrecht, an die Eigensicherung von Flughäfen (§ 19 b Abs. 1 Ziffer 3, § 20a Abs. 1 Ziffer 3) oder an die Pflicht zur Rücknahme und Verwertung von Verpackungen im Abfallrecht (§ 24 KrW-/AbfG i.V.m der „Verpackungsverordnung") zu denken; vgl. zu diesen Problemfeldern: *Burgi,* Funktionelle Privatisierung und Verwaltungshilfe, S. 92 ff.; *Reinhardt,* AöR 118 (1993), S. 617 ff.; *Waechter,* Verwaltungsarchiv 87 (1996), S. 68 (82 f.); instruktiv zur Verpackungsverordnung: *Bender/Sparwasser/Engel,* Umweltrecht § 10 Rn. 182.

[198] Auf diese Frage wird später noch ausführlich zurückzukommen sein; vgl. 4. Kapitel, D III 2 b.

[199] Neben der Universaldienstpflicht nach § 19 TKG sei hier noch auf die Betriebspflichten im Personenbeförderungsrecht (§ 21, 22 PBefG) und die im Energiewirtschaftsrecht (§ 4 Abs. 1 EnWG), hingewiesen, die Private ebenfalls fremdnützig zu bestimmten Tätigkeiten verpflichten; zu diesen Konstellationen, *Burgi,* Funktionelle Privatisierung und Verwaltungshilfe, S. 95.

[200] Vgl. bereits, 4. Kapitel, C III 3 c aa.

C. Verfassungsmäßigkeit der Universaldienstpflicht

Die Ausstattung mit Kommunikationsmitteln ist unabdingbare Voraussetzung für die Verwirklichung der verfassungsrechtlich gewährleisteten Kommunikationsfreiheiten und der geistigen Auseinandersetzung, welche ihrerseits für ein freiheitliches demokratisches Gemeinwesen konstituierend sind.[201] Dies zeigt auch ein Vergleich mit totalitären Staaten, in denen aus politischen Gründen typischerweise der Zugang zu Fernsprechnetzen, Fernsehnetzen oder sonstigen Kommunikationsmitteln systematisch eingeschränkt wird.[202] In demokratisch verfaßten Staaten dominiert dagegen die Auffassung, daß alle Menschen Zugang zu den Netzen und Diensten erhalten sollen, um so die verfassungsrechtlich bestehenden Kommunikationsfreiheiten effektiv in Anspruch nehmen zu können.

In unmittelbarem Zusammenhang mit dieser demokratischen Komponente der Kommunikationsinfrastruktur steht deren soziale Komponente. Einhellig wird sowohl auf nationaler, als auch auf internationaler Ebene betont, daß die Entstehung einer Zweiklassengesellschaft in der viele in den Genuß neuer Kommunikationsformen kommen (sog. *„information-haves")*, während andere aus bestimmten Gründen von der Nutzung dieser Medien ausgeschlossen bleiben (sog. *„information-not haves")* zu verhindern ist.[203] In diesem Kontext muß vor allem berücksichtigt werden, daß die Schaffung und Erhaltung individueller Kommunikationsmöglichkeiten zur gesellschaftlichen Integration und zur Erhaltung und Vertiefung persönlicher Bindungen beiträgt und so vor sozialer Ausgrenzung und Vereinsamung schützt. Gerade im Hinblick auf ältere Menschen, bei denen die persönliche Mobilität nicht mehr in ausreichenden Maße gewährleistet ist, spielt die Verfügbarkeit von Telekommunikationsmitteln eine zentrale Rolle, um eine drohende Isolierung zu verhindern.

Daneben ist auch die *wirtschaftspoltische Bedeutung* einer flächendeckenden Kommunikationsinfrastruktur nicht zu unterschätzen. Diese resultiert aus der Funktion der Netzverbindungen als „Lebensadern" der globalen Informationsgesellschaft. Da der Faktor Information in der voll technisierten Gesellschaft mit den klassischen Wirtschaftsfaktoren Arbeit, Grundbesitz und Kapital in der ökonomi-

---

[201] Vgl. *Jarass,* in Jarass/Pieroth, Grundgesetz, Art. 5 Rn. 1; allgemein zur demokratischen Bedeutung der Kommunikationsfreiheiten: *Frowein,* in Frowein/Peukert, EMRK-Kommentar, Art. 10 Rn. 1 ff.; *Ricker/Schiwy,* Rundfunkverfassungsrecht, S. 82 ff., m. w. N.

[202] Vgl. *Kubicek,* CR 1997, S. 1 (2).

[203] Vgl. Bericht Info 2000 der Bundesregierung (S. 50 f.): „Menschen aller Altersstufen und Bildungsgrade müssen die Chance erhalten, an den Entwicklungen teilzuhaben, die durch den Einsatz der Informations- und Kommunikationstechnik im privaten, gesellschaftlichen, kulturellen, politischen und beruflichen Bereich möglich werden. (...). Der Entwicklung zu einer Gesellschaft, in der viele die neuen Techniken nutzen können und andere nicht dazu befähigt sind, soll entgegengewirkt werden."
Vgl. G7- Erklärung (Brüssel 1995): „The information infrastructure will be vitally important for social and economic interaction and integration. The benefits of the information society should not be limited to business but should be available to society as a whole. Social cohesion both in a national context as well as on a world scal requires that all citizens, wherever they live, can benefit from essential information services at an affordable price."

schen Bedeutung mittlerweile gleichgezogen hat, kommt der Kommunikationsinfrastruktur bei der Entwicklung der modernen Volkswirtschaft eine Schlüsselfunktion zu. Während früher die Anbindung an ein Schienennetz oder an bestimmte Wasserstraßen für unternehmerische Standortentscheidungen von zentraler Bedeutung waren, wird in Zukunft die Verfügbarkeit modernster Telekommunikationstechnik einen, wenn nicht sogar *den* entscheidenden Standortfaktor darstellen.[204] Ein qualitatives Gefälle der Kommunikationsinfrastruktur innerhalb Deutschlands würde die Ausgangslage der sozial ohnehin schwächeren peripheren Gebiete noch verstärken und zu einer Abwanderung dort noch bestehender Industrie- und Gewerbezweige in aus- oder inländische Ballungszentren führen.

Akzentuiert wird diese erhebliche sozial- und wirtschaftspolitische Bedeutung der flächendeckenden Kommunikationsinfrastruktur durch die in Art. 87 f Abs. 1 GG erfolgte verfassungsrechtliche Verankerung als Staatsziel. Durch die Aufnahme des Infrastrukturauftrages in die Verfassung wurde diese Materie der freien Disposition des jeweiligen Gesetzgebers entzogen und ungeachtet wechselnder Mehrheiten eine Garantenpflicht des Bundes begründet.[205] Nur die Qualifizierung dieser Materie als Gemeinschaftsgut höchsten Ranges rechtfertigt eine solche, als außergewöhnlich zu bezeichnende, Vorgehensweise. Diese Einschätzung wird auch durch die Rechtsprechung des Bundesverfassungsgerichts gestützt, nach welcher sogar „der Bestand und die Leistungsfähigkeit der Bundesbahn"[206] und „die Funktionsfähigkeit des örtlichen Taxengewerbes"[207] als überragend wichtige Gemeinschaftsgüter angesehen wurden. Wenn bereits diesen Interessen eine „überragend wichtige Bedeutung" zugemessen wird, obwohl es an einer ausdrücklichen verfassungsrechtlichen Verankerung fehlt, so kann für die flächendeckende Versorgung mit Kommunikationsmitteln kaum etwas anderes gelten.

Es kann daher festgehalten werden, daß die flächendeckende Versorgung mit Telekommunikationsleistungen ein eminent wichtiges Gemeinschaftsinteresse darstellt, das grundsätzlich auch intensivste Beeinträchtigungen der Berufsfreiheit rechtfertigen kann.

---

[204] Zur wirtschaftspolitischen Bedeutung der Kommunikationsinfrastruktur: *Hoffmann-Riem,* Öffentliches Wirtschaftsrecht der Kommunikation und der Medien, in R. Schmidt (Hrsg.): Öffentliches Wirtschaftsrecht, Besonderer Teil 1, § 6 S. 563 (568); *Hefeköuser / Wehner,* CR 1996, S. 698 (698); *Kubicek,* CR 1997, S. 1 (3); *Pohl,* Universaldienst in der Telekommunikation, S. 42 ff.; vgl. auch *Sommer,* Editorial MMR 3 / 1998: „Sie (*scil.:* die Telekommunikationsbranche) steht symbolisch für eine neue Ära an der Schwelle des 21. Jahrhunderts: dem Zeitalter der Informationsgesellschaft. Und in dieser Gesellschaft des 21. Jahrhunderts stellt die Telekommunikation eine der entscheidenden Schlüsseltechnologien dar."; ergänzend kann hier noch auf die Bedeutung der Telekommunikation für den Arbeitsmarkt hingewiesen werden. Nach Prognosen der EG-Kommission erzeugt der Telekommunikationssektor bis zum Jahre 2010 in Europa ca. 6 Millionen neue Arbeitsplätze, wovon 1,5 Millionen auf Deutschland entfallen sollen; vgl. *Rexrodt,* Editorial MMR 5 / 1998.
[205] Vgl. hierzu ausführlich, 2. Kapitel, A.
[206] BVerfGE 11, 168 (184); 40, 196 (218).
[207] BVerfGE 11, 168 (190).

(3) Die konkrete Zumutbarkeit der Universaldienstverpflichtung

Vor diesem Hintergrund erweist sich die Universaldienstpflicht trotz der erheblichen Eingriffsschwere als zumutbar für die betroffenen Telekommunikationsunternehmen.

Dies folgt zum einen aus der Sachnähe der auferlegten Verpflichtung. Das Kriterium der Sachnähe, das bei Indienstnahmesachverhalten schon vermehrt als Argumentationstopos im Rahmen der Verhältnismäßigkeit diskutiert wurde[208], umschreibt das Näheverhältnis, in dem die auferlegte Verpflichtung mit der originären unternehmerischen Betätigung des Adressaten steht.[209] Um so enger der Bezug zwischen der staatlich auferlegten Verpflichtung und der autonom gewählten gewerblichen Aktivität ist, um so eher erscheint eine solche Obligation dem Adressaten als zumutbar und verhältnismäßig. Mit anderen Worten: Eine Maßnahme wird dann kaum als verhältnismäßig angesehen werden können, wenn sie keinen Bezug zur originären wirtschaftlichen Betätigung des Betroffenen hat, mithin unternehmensfremd ist. Die Unzumutbarkeit einer unternehmensfremden Obligation ergibt sich im Regelfall bereits daraus, daß der Betroffene auf die spezifische Tätigkeit organisatorisch nicht eingestellt ist und sie mittels den vorhandenen Betriebsmitteln nur schwer erfüllen kann.[210] Während man bei der Pflicht der Banken die Kuponsteuer einzuziehen[211] oder bei der Pflicht zur Erdölbevorratung von Raffineriegesellschaften und Ölimporteuren[212] über die Sachnähe trefflich streiten kann, steht die Sachnähe bei der Universaldienstpflicht außer Frage. Durch die Universaldienstobligation wird die betroffene Telekommunikationsgesellschaft verpflichtet, die ohnehin ausgeübte wirtschaftliche Betätigung quantitativ auszudehnen. Die in § 19 Abs. 2–4 TKG vorgesehene Verpflichtungsmöglichkeit bezieht sich gegenständlich nur auf solche Leistungen, die von dem Unternehmen prinzipiell im Wettbewerb angeboten werden. Das Wesen der auferlegten Verpflichtung ist daher in der Relation zur originären Betätigung nicht untypisch, sondern sogar mit dieser identisch, so daß keinesfalls von einer unternehmensfremden Tätigkeit gesprochen werden kann.

Zum andern spricht aber auch der (voraussichtlich eher geringe) Anteil, der den erzwungenen Universaldienstleistungen an der gesamten vom Grundrechtsschutz erfaßten Dienstleistungstätigkeit des Betroffenen zukommen wird, für eine Zumut-

---

[208] Vgl. *Waechter*, Verwaltungsarchiv 87 (1996), S. 67 (81 ff.); *Burgi*, Funktionelle Privatisierung und Verwaltungshilfe, S. 258 ff.; *Gramlich*, Archiv PT 1995, S. 189 (202).

[209] Vgl. auch *Burgi*, Funktionelle Privatisierung und Verwaltungshilfe, S. 259, wonach der Begriff der Sachnähe den Grad „der Verflochtenheit des abverlangten Verwaltungshelferdienstes mit einzelnen Tatbestandsmerkmalen aus dem normativen Gesamtkonzept innerhalb des betroffenen Aufgabenfeldes" bezeichnet.

[210] Vgl. *Burgi*, Funktionelle Privatisierung und Verwaltungshilfe, S. 258 ff.; *Gramlich*, Archiv PT 1995, S. 189 (202).

[211] Die Verfassungsmäßigkeit bejahend: BVerfGE 22, 380 (384 ff.).

[212] Die Verfassungsmäßigkeit bejahend: BVerfGE 30, 292.

barkeit des Eingriffs. Entsprechend der wirtschaftswissenschaftlichen Vorarbeiten ging der Gesetzgeber davon aus, daß die Grundversorgung der Bevölkerung primär durch den Markt selbst erfolgt, so daß im wesentlichen auf intensive hoheitliche Eingriffe verzichtet werden kann.[213] Die ersten Erfahrungen im liberalisierten Markt bestätigen diese Erwartungen: Es ist zwar schon jetzt unübersehbar, daß bezüglich einzelner Dienstleistungen in Ballungsgebieten eine höhere Wettbewerbsintensität und damit zusammenhängend ein niedrigeres Preisniveau als in peripheren Räumen besteht; ein partielles Marktversagen in den Flächenregionen und damit eine Unterversorgung, konnte aber noch nicht festgestellt werden.[214] Selbst wenn – wie aus wirtschaftswissenschaftlicher Perspektive erwartet[215] – in Zukunft eine Bereinigung der Anbieterstruktur auf dem Telekommunikationsmarkt bevorsteht und dies zu einem Rückzug einiger Anbieter aus bestimmten Segmenten führen wird, so ändert dies nichts an der Einschätzung. Auch langfristig ist davon auszugehen, daß die gebotene Grundversorgung im wesentlichen durch die Marktkräfte erfolgen wird und eine Unterversorgung und die sich erst dann aktualisierende Universaldienstpflicht nur eine Ausnahmesituation darstellt. Daraus folgt, daß der Umfang der staatlich veranlaßten Universaldienstpflicht in der Relation zu der freien wirtschaftlichen Betätigung des betroffenen Unternehmens tendenziell eher gering sein wird. In Anbetracht der erheblichen Bedeutung einer flächendeckenden Kommunikationsinfrastruktur erscheint die Zwangsverpflichtung zur Leistung des Universaldienstes daher als zumutbar.

Ergänzend kann noch darauf hingewiesen werden, daß als Betroffener der Universaldienstpflicht einzig ein marktbeherrschendes Unternehmen in Betracht kommt. Durch diese Restriktion der Adressatenstellung wird sichergestellt, daß nur ein Anbieter mit einer bestimmten wirtschaftlichen Potenz und einer ausreichenden Ausstattung mit sachlichen und personellen Mitteln in die Pflicht genommen wird. Aus der Gesamtschau dieser Aspekte in Verbindung mit der extremen Relevanz einer flächendeckenden Kommunikationsinfrastruktur folgt daher die Verhältnismäßigkeit des Eingriffs.

(4) Finanzieller Nachteilsausgleich und Berufsfreiheit

Kein entscheidendes Kriterium für die Verhältnismäßigkeit des Eingriffs im Hinblick auf Art. 12 Abs. 1 GG stellt dagegen die Tatsache dar, ob und in welchem Umfang für die staatlich veranlaßte Verpflichtung ein Nachteilsausgleich gewährt wird. Die zum Teil anzutreffende Vorgehensweise des Bundesverfassungsgerichts, die Frage der staatlichen Kostenerstattung für eine Indienstnahme im Zusammen-

---

[213] Vgl. Begründung zum Gesetzentwurf, BT-Drucks. 13/2609, S. 41; vgl. auch *Etling/ Ernst*, Telekommunikationsgesetz, § 17 Rn. 2; *v.Wichert-Nick,* Wettbewerb im lokalen Telekommunikationsmarkt, S. 212.

[214] Zu den ersten Erfahrungen im liberalisierten Markt: *Backhaus/Stadie/Voeth,* Was bringt der Wettbewerb im Telekommunikationsmarkt?, S. 7 ff. (insb. 140).

[215] Vgl. zu dieser prognostizierten Entwicklung, manager-magazin, 9/1999, S. 186.

hang mit der Berufsfreiheit – wenn auch mehr oder weniger deutlich abgetrennt – zu erörtern, kann unter dogmatischen Gesichtspunkten nicht überzeugen. Bei genauerer Betrachtung offenbart sich nämlich, daß es sich bei der Frage, ob ein Defizit- oder Nachteilsausgleich gewährt wird um eine von der Zulässigkeit der Inanspruchnahme zu trennende Problemebene handelt.[216] Die Frage, inwieweit für eine staatliche Inanspruchnahme eine Kompensation gewährt werden muß, betrifft im Gegensatz zur Frage der Zulässigkeit der Inanspruchnahme als solcher, primär nicht die freiheitsrechtliche, sondern die gleichheitsrechtliche Dimension des Grundrechtsschutzes.[217] Ein finanzieller Nachteilsausgleich ist dann erforderlich, wenn die Indienstnahme für den Betroffenen gegenüber anderen Privaten sonst eine gleichheitswidrige Sonderlast darstellen würde. Da also das Prinzip der staatsbürgerlichen Lastengleichheit[218] den zentralen Topos der Argumentation bildet, erscheint es rechtsdogmatisch vorzugswürdig, ausschließlich den allgemeinen Gleichheitssatz des Art. 3 Abs. 1 GG als relevanten Prüfungsmaßstab für die Frage des Nachteilsausgleichs heranzuziehen.[219] Bei Lichte betrachtet zeigt sich, daß auch das Bundesverfassungsgericht die Frage der Kompensation zwar formell im Rahmen der Berufsfreiheit thematisiert, inhaltlich jedoch primär darauf abstellt, ob eine Ungleichbehandlung gegenüber sonstigen Gruppen vorliegt. Das Bundesverfassungsgericht stellt damit der Sache nach ebenfalls Gleichheitserwägungen an.[220]

Es kann daher festgehalten werden, daß die Frage, ob und in welchem Umfang ein finanzieller Ausgleich gewährt wird, keine direkte Auswirkung auf das Grundrecht der Berufsfreiheit hat. Die Zwangsverpflichtung wäre nach der hier vertretenen Auffassung daher auch dann mit Art. 12 Abs. 1 GG vereinbar, wenn kein Defizitausgleich geleistet würde.[221]

5. Ergebnis

Die in § 19 Abs. 2 TKG vorgesehene Möglichkeit, im Falle des partiellen Marktversagens das marktbeherrschende Unternehmen unmittelbar zur Leistungs-

---

[216] Grundlegend zur strikten Differenzierung zwischen der Zulässigkeit der Inanspruchnahme als solcher und der Frage des Nachteilsausgleichs: *Gallwas*, BayVBl. 1971, S. 245 (247); *Ossenbühl*, VVDStRL 29 (1971), S. 137 (182); *Friauf*, in Festschrift für Jahrreiß, S. 45 (65); aus dem neueren Schrifttum: *Burgi*, Funktionale Privatisierung und Verwaltungshilfe, S. 255 ff.; *Elicker* Archiv PT 1997, S. 288 (295).
[217] In diesem Sinne auch: *Eschenbach*, Jura 1998, S. 401 (402).
[218] Zum Grundsatz der Lastengleichheit: *Wallerath*, Öffentliche Bedarfsdeckung und Verfassungsrecht, S. 243; *Friauf*, in Festschrift für Jahrreiß, S. 45 (62 ff.); *Depenheuer*, BB 1996, S. 1218 (1220).
[219] Ebenso: *Friauf*, in Festschrift für Jahrreiß, S. 45 (65); *Burgi*, Funktionale Privatisierung und Verwaltungshilfe, S. 260 f.
[220] Vgl. etwa: BVerfGE 54, 251 (271); instruktiv: *Eschenbach*, Jura 1998, S. 401 (402).
[221] Jedoch würde dann ein Verstoß gegen Art. 3 Abs. 1 GG festzustellen sein; vgl. sogleich 4. Kapitel, C V.

bereitstellung zu verpflichten, stellt zwar einen erheblichen Eingriff in durch Art. 12 Abs. 1 GG geschützte unternehmerische Rechtspositionen dar, aufgrund der überragenden Bedeutung einer flächendeckenden Infrastruktur an Kommunikationsmitteln, der Sachnähe der Verpflichtung zur originären unternehmerischen Betätigung und des zu erwartenden eher geringen Umfangs der Universaldienstpflicht, ist dieser jedoch verhältnismäßig. Die universaldienstbezogene Indienstnahme der privaten Telekommunikationsunternehmen ist im Hinblick auf den Schutz der Berufsfreiheit verfassungsrechtlich nicht zu beanstanden.

IV. Vereinbarkeit mit der Eigentumsgarantie

1. Universaldienstpflicht und Eigentum

Neben der Berufsfreiheit kommt im vorliegenden Zusammenhang der Eigentumsgarantie gesteigerte Bedeutung zu. Die innerhalb der rechtswissenschaftlichen Literatur zum Teil vertretene Auffassung, wonach bei Indienstnahmesachverhalten die Anwendbarkeit von Art. 14 GG aufgrund einer angeblichen Spezialität von Art. 12 GG ausgeschlossen sein soll,[222] kann nicht überzeugen. Insbesondere die von Wittig geprägte Sentenz, wonach Art. 12 GG „den Erwerb", Art. 14 GG dagegen „das Erworbene" schützt,[223] erweist sich in diesem Kontext als nicht besonders aussagekräftig.[224] Die Rechtspraxis hat gezeigt, daß eine scharfe Abgrenzung zwischen tätigkeitsbezogenen Gewährleistungen („Erwerb") und objektbezogenen Gewährleistungen („das Erworbene") aufgrund ihrer funktionellen Verzahnung nicht möglich ist, sondern daß sich diese beiden Schutzbereiche sachlich überschneiden. Besonders deutlich wird diese enge Verbindung zwischen Tätigkeits- und Objektbezug am Beispiel der sog. Dispositionsfreiheit. Die unternehmerische Dispositionsfreiheit stellt, wie bereits an anderer Stelle dargelegt, ein Schutzgut des Art. 12 GG dar, da sie einen Teilbereich der persönlichen, berufsbezogenen Tätigkeit erfaßt.[225] Zusätzlich ist jedoch auch der Objektbezug dieser Freiheit unübersehbar: Dispositionsfreiheit bedeutet die autonome Entscheidung über den Einsatz der Produktionsmittel. Da neben dem tatsächlichen Bestand auch die recht-

---

[222] So bzgl. der Universaldienstpflicht: *Gramlich*, Archiv PT 1995, S. 189 (203); *Ruffert*, AöR 124 (1999), S. 237 (271); offensichtlich auch *Bruhn*, Die Sicherstellung öffentlicher Aufgaben im Bereich der deutschen Telekommunikation unter dem Einfluß der europäischen Marktöffnung, S. 411; allgemein: *Burgi*, Funktionale Privatisierung und Verwaltungshilfe, S. 256 f.; ähnlich: BVerfGE 30, 292 (335); in diesem Sinne wohl auch: *Jarass*, in Jarass / Pieroth, Grundgesetz, Art. 12 Rn. 3.

[223] *Wittig*, in Festschrift für Müller, S. 575 (590).

[224] Ebenfalls kritisch: *Wallerath*, Öffentliche Bedarfsdeckung und Verfassungsrecht, S. 230, 233 f.; *Ossenbühl*, AöR 1990, S. 1 (25); *Breuer*, HdbdStR VI § 147 Rn. 100; *Scholz*, in Maunz / Dürig, Grundgesetz-Kommentar, Art. 12 Rn. 140; *Plewa*, Die Verfassungsmäßigkeit der Indienstnahme Privater, S. 175 ff.; *Stern / Dietlein*, Archiv PT 1998, S. 309 (322).

[225] Vgl. oben, 4. Kapitel, C III 1.

C. Verfassungsmäßigkeit der Universaldienstpflicht

liche Herrschaft des Eigentümers im Sinne der freien Bestimmung und Nutzung der entsprechenden Rechtsposition dem Schutz des Art. 14 GG unterfällt,[226] wird augenscheinlich, daß eine Beschränkung der Dispositionsfreiheit regelmäßig auch eigentumsrechtlich relevant ist.[227] Zu Recht hat daher das Bundesverfassungsgericht insbesondere im Mitbestimmungsurteil[228] die selbständige Bedeutung der Eigentumsgarantie neben dem Grundrecht der Berufsfreiheit betont.

Die hier im Mittelpunkt des Interesses stehende Universaldienstpflicht beschränkt, wie bereits mehrfach erörtert, die freie Bestimmung und Nutzung vorhandener Produktionsmittel und besitzt daher neben dem Tätigkeitsbezug auch den für Art. 14 GG erforderlichen Objektbezug, so daß unter diesem Aspekt eine Verletzung der Eigentumsgarantie durchaus möglich erscheint. Einer Heranziehung der Rechtsfigur des eingerichteten und ausgeübten Gewerbebetriebs[229] bedarf es hier nicht, um die Betroffenheit der Eigentumsgarantie aufzuzeigen.

Wenn die Eigentumsgarantie hier als betroffen angesehen werden muß, so kann es sich bei der Universaldienstpflicht jedoch nur um eine Inhalts- und Schrankenbestimmung handeln. Eine Qualifizierung als Enteignung scheidet aus, da durch die Verpflichtung, den Universaldienst zu leisten, nicht gezielt eine konkrete Eigentumsposition entzogen wird, sondern lediglich die freie Disposition über bestimmte Produktionsfaktoren partiell eingeschränkt wird.[230] Insoweit stellt die Universaldienstobligation eine Nutzungs- und Verfügungsbeschränkung ohne Enteignungscharakter dar, deren verfassungsrechtliche Rechtfertigung sich in erster Linie am Verhältnismäßigkeitsprinzip zu orientieren hat.[231]

---

[226] *P. Kirchhof,* Verwalten durch „mittelbares" Einwirken, S. 218; *Wallerath,* Öffentliche Bedarfsdeckung und Verfassungsrecht, S. 234; *Papier,* Die Regelung von Durchleitungsrechten, S. 20; *Pieroth/Schlink,* Staatsrecht II, Rn. 1007; *Ossenbühl,* AöR 1990, S. 1 (25).

[227] So ausdrücklich: *Wallerath,* Öffentliche Bedarfsdeckung und Verfassungsrecht, S. 234; *Plewa,* Die Verfassungsmäßigkeit der Indienstnahme Privater, S. 180, m. w. N.

[228] BVerfGE 50, 290 (361 f.): „Art. 12 Abs. 1 GG wird durch Art. 14 Abs. 1 GG nicht verdrängt. Zwar sind beide Grundrechte funktionell aufeinander bezogen; sie haben jedoch selbständige Bedeutung."

[229] Inwiefern das Recht am ausgeübten und eingerichteten Gewerbebetrieb dem Eigentumsbegriff unterfällt, ist nach wie vor nicht abschließend geklärt. Während der Bundesgerichtshof, das Bundesverwaltungsgericht und ein Großteil der Literatur dieses Recht in den Begriff des Eigentums mit einbezieht (vgl. BGHZ 23, 157 (162 f.), 92, 34 (37); BVerwGE 62, 224 (226); *Papier,* in Maunz/Dürig, Grundgesetz-Kommentar, Art. 14 Rn. 96 ff. u. a.), läßt das Bundesverfassungsgericht diese Frage offen (BVerfGE 51, 193 (221); 74, 129 (148)); zum Problemkreis: *Pieroth/Schlink,* Staatsrecht II, Rn. 1001; *Bryde,* in v.Münch/Kunig, Grundgesetz-Kommentar, Art. 14 Rn. 18; *Leisner,* HdbdStR VI § 149 Rn. 108; *Wieland,* in: Dreier (Hrsg.), Grundgesetz-Kommentar, Art. 14 Rn. 42 ff.

[230] Zur Qualifizierung von Nutzungs- und Verfügungsbeschränkungen als Inhalts- und Schrankenbestimmungen: *Maurer,* Allgemeines Verwaltungsrecht, § 26 Rn. 47; *Pieroth/Schlink,* Staatsrecht II, Rn. 1016; allgemein zur Abgrenzung zwischen Inhalts- und Schrankenbestimmungen einerseits und Enteignung andererseits: *Jarass,* in Jarass/Pieroth, Grundgesetz, Art. 14 Rn. 52 ff.; *Wieland,* in: Dreier (Hrsg.), Grundgesetz-Kommentar, Art. 14 Rn. 69 ff.

2. Der Universaldienst zwischen Verfügungsfreiheit des Eigentümers und objektbezogener Sozialpflichtigkeit

Die Prüfung der Verhältnismäßigkeit von Inhalts- und Schrankenbestimmungen wird entscheidend durch die in Art. 14 Abs. 1 GG und Art. 14 Abs. 2 GG verankerten gegensätzlichen Pole der persönlichen Freiheit einerseits und der Sozialpflichtigkeit des Eigentums andererseits geprägt. Es ist zu untersuchen, inwiefern der Gesetzgeber bei der Ausgestaltung des Sozialmodells den konfligierenden Elementen in gleicher Weise Rechnung getragen hat und sie durch den Erlaß der konkreten Regelung einem gerechten Ausgleich zugeführt hat.[232]

Bei den Regelungen zum Universaldienst handelt es sich um Verpflichtungen, die den betroffenem Unternehmen durch die Neuordnung eines Rechtsgebietes im Rahmen der Liberalisierung des Telekommunikationsmarktes auferlegt worden sind. Dies ist insoweit von entscheidender Bedeutung, als daß nach der Rechtsprechung des Bundesverfassungsgerichts dem Gesetzgeber bei der Neuordnung eines ordnungspolitischen Sektors hinsichtlich des Erlasses von Inhalts- und Schrankenbestimmungen ein besonders weiter Gestaltungsspielraum zukommt.[233]

In diesem Zusammenhang bedarf zunächst die Frage nach dem sozialen Bezug und der sozialen Funktion des jeweils betroffenen Eigentumsobjekts der besonderen Analyse. Gerade hinsichtlich der Deutschen Telekom AG, die als marktbeherrschendes Unternehmen potentieller Adressat der Universaldienstpflicht ist, könnte hier von einer erhöhten Sozialpflichtigkeit auszugehen sein. Insbesondere von *Fuhr/Kerkhoff* wird eine erhöhte soziale Gebundenheit des (Netz-) Eigentums der Deutschen Telekom AG behauptet, da das Unternehmen dieses Eigentum nicht durch eigene Leistung erwirtschaftet habe, sondern im Zuge der Postumwandlung als Rechtsnachfolgerin des Sondervermögens Deutsche Bundespost-Telekom übernommen hat.[234] Aus der Tatsache, daß die Errichtung und der Betrieb der Netzinfrastruktur durch öffentliche Mittel finanziert wurden, folgern die Autoren eine erhöhte Sozialpflichtigkeit des Betriebsvermögens und einen nur eingeschränkten durch Art. 14 GG vermittelten Schutz.[235] Dem kann jedoch nicht zugestimmt wer-

---

[231] Zur verfassungsrechtlichen Rechtfertigung von Inhalts- und Schrankenbestimmungen: *Pieroth/Schlink*, Staatsrecht II, Rn. 1021; *Wieland*, in: Dreier (Hrsg.), Grundgesetz-Kommentar, Art. 14 Rn. 78 ff.

[232] Vgl. etwa: BVerfGE 52, 1 (29); 71, 230 (246 f.); 81, 208 (220); 87, 114 (138); *Papier*, Die Regelung von Durchleitungsrechten, S. 19; *Jarass*, in Jarass/Pieroth, Grundgesetz, Art. 14 Rn. 31; *Pieroth/Schlink*, Staatsrecht II, Rn. 1022; *Bryde*, in v.Münch/Kunig, Grundgesetz-Kommentar, Art. 14 Rn. 59.

[233] Vgl. etwa: 83, 201 (211 f.); ebenfalls den weiten Gestaltungsspielraum bei wirtschaftslenkenden Maßnahmen betonend: BVerfGE 8, 71 (80); 53, 257 (293).

[234] *Fuhr/Kerkhoff*, MMR 1998, S. 6 (11); ausführlich zur Postreform II und der Umwandlung der Sondervermögen in Unternehmen privater Rechtsform: 1. Kapitel, C II.

[235] *Fuhr/Kerkhoff*, MMR 1998, S. 6 (11); vgl. in diesem Zusammenhang auch *Moritz*, CR 1998, S. 13 (16), der den Eigentumserwerb der Deutschen Telekom AG sogar als verfassungswidrig qualifiziert.

C. Verfassungsmäßigkeit der Universaldienstpflicht

den. Zum einen muß dieser Ansicht entgegengehalten werden, daß der Schutz des Art. 14 GG jegliches Eigentum unabhängig von der Modalität des Erwerbs umfaßt. Neben entgeltlich erworbenen Gegenständen und sonstigen eigentumsrechtlich relevanten Positionen genießen auch unentgeltliche Positionen wie geschenktes oder geerbtes Vermögen den vollen verfassungsrechtlichen Schutz. Die Tatsache, daß die Deutsche Telekom AG ihre Betriebsmittel im Wege der Rechtsnachfolge erworben hat, kann daher keine Restriktion des Eigentumsschutzes zur Folge haben. Auch die Tatsache, daß dieses Netzeigentum ursprünglich durch öffentliche Mittel finanziert wurde, kann keine gesteigerte Sozialpflichtigkeit begründen. Dies folgt schon daraus, daß die deutsche Telekom AG nicht nur die Aktiva, sondern auch die Passiva des Teilsondervermögens erworben hat. In diesem Zusammenhang ist insbesondere an Finanzschulden in Höhe von ca. 120 Milliarden DM und Pensionslasten in Höhe von ca. 100 Milliarden DM zu erinnern, die dem Unternehmen im Zuge der Postumwandlung aufgebürdet wurden.[236] Es kann daher ernstlich nicht von einer einseitigen Begünstigung der Deutschen Telekom AG gesprochen werden, die eine besondere Sozialpflicht nach sich ziehen könnte.[237]

Zum andern spricht auch die konkrete Ausgestaltung des verfassungsrechtlichen Rahmens der Telekommunikation eindeutig gegen eine gesteigerte Sozialpflichtigkeit der Deutschen Telekom AG. Durch die in Art. 87 f Abs. 2 GG enthaltene Klausel, wonach Dienstleistungen im Bereich der Telekommunikation von den aus dem Sondervermögen Deutsche Bundespost hervorgegangenen Unternehmen und durch andere private Anbieter erbracht werden, wurde die Gleichstellung der ehemaligen Staatsunternehmen mit den rein privaten Unternehmen im Bezug auf die unternehmerische Ausrichtung und die Stellung im Wettbewerb verfassungsrechtlich verankert.[238] Einer gesteigert sozialgebundenen oder gemeinwohlorientierten Sonderstellung der Deutschen Telekom AG wurde damit eine eindeutige Absage erteilt. Das Eigentum der Deutschen Telekom AG unterliegt folglich keiner gesteigerten sozialen Bindung.[239]

Trotzdem wird man von einer Verfassungsmäßigkeit der Universaldienstpflicht auch im Hinblick auf Art. 14 GG ausgehen müssen. Dies folgt vor allem aus der erheblichen sozialen und wirtschaftlichen Bedeutung der flächendeckenden Infrastruktur mit Kommunikationsmitteln,[240] die bei der Abwägung der widerstreitenden Interessen gegenüber dem Interesse der Telekommunikationsunternehmen an der freien Disposition über ihre Betriebsmittel überwiegt. Zusätzlich kommt im Rahmen der eigentumsrechtlichen Problematik dem Defizitausgleich eine gewich-

---

[236] Vgl. Begründung zum Gesetzentwurf PostUmwG, BT-Drucks. 12/6718, S. 88; vgl. auch *Stern/Dietlein*, RTkom, 1999, S. 2 (5); *Burmeister/Röger*, in: Stern (Hrsg.), Postrecht, § 2 PostUmwG, Rn. 76 ff.

[237] Ebenso: *Stern/Dietlein*, RTkom 1999, S. 2 (5).

[238] Ausführlich: 1. Kapitel, C II 2 sowie 2. Kapitel, A V.

[239] Ebenso: *Stern/Dietlein*, RTkom 1999, S. 2 (5).

[240] Vgl. bereits 4. Kapitel, C III 3 c dd (2).

tige Rolle zu: Die Ausgleichsregelung des § 20 Abs. 1 TKG sieht vor, daß das den Universaldienst leistende Unternehmen die dadurch entstehenden zusätzlichen Kosten, einschließlich einer angemessenen Kapitalverzinsung, gegenüber der Regulierungsbehörde geltend machen kann.[241] Durch dieses Ausgleichssystem ist gewährleistet, daß die betroffene Telekommunikationsgesellschaft aufgrund der Erbringung des Universaldienstes keine wirtschaftlichen Einbußen erleidet und dadurch die Symmetrie zwischen Leistungsverpflichtung und Rentabilität gewährleistet bleibt. Die Tatsache, daß das Unternehmen auf der Sekundärebene durch die Abgabepflicht zur Finanzierung dieses Ausgleichsbetrages erneut herangezogen wird[242], ändert nichts an diesem Befund. Wie bereits eingangs erläutert, muß strikt zwischen der Verfassungsmäßigkeit der Universaldienstleistungspflicht und der Abgabepflicht unterschieden werden.[243] Die finanzielle Beteiligung der Telekommunikationsgesellschaften an den Universaldienstkosten betrifft alleine die Verfassungsmäßigkeit der Abgabe, berührt jedoch nicht die Verfassungsmäßigkeit der Dienstleistungspflicht. Bei wertender Betrachtung zeigt sich damit, daß durch die Universaldienstverpflichtung zwar eigentumsrelevante Positionen des jeweiligen Unternehmens betroffen sind, damit aber keine nennenswerte Verschlechterung der Vermögenssituation korrespondiert.[244] An der Verhältnismäßigkeit der Universaldienstobligation im Hinblick auf Art. 14 GG bestehen daher keine ernsthaften Bedenken. Ein Verstoß gegen Art. 14 GG kann nicht festgestellt werden.

V. Allgemeine Handlungsfreiheit als Prüfungsmaßstab

Fraglich ist, ob neben den speziellen Freiheitsgewährleistungen des Art. 12 Abs. 1 und Art. 14 GG der durch Art. 2 Abs. 1 gewährleisteten allgemeinen Handlungsfreiheit noch eigenständige Bedeutung zukommt. Dies muß im vorliegenden Zusammenhang verneint werden, da die in Betracht kommenden unternehmerischen Teilfreiheiten, wie Vertrags,- Dispositions- oder Wettbewerbsfreiheit sämtlich dem Schutzbereich des Art. 12 Abs. 1 GG zugeordnet wurden.[245] Auch sonst sind keine Aspekte ersichtlich, die eine Anwendung der allgemeinen Handlungsfreiheit neben Art. 12 und Art. 14 legitimieren könnten. Entsprechend dem Grundsatz vom Vorrang der spezielleren Gewährleistung[246] scheidet die allgemeine Handlungsfreiheit hier als Prüfungsmaßstab aus.

---

[241] Vgl. 3. Kapitel, B III 1.
[242] Vgl. hierzu: 3. Kapitel, B III 2.
[243] Vgl. bereits 3. Kapitel, B III 2.
[244] Vgl. zum Verhältnis Eigentum / Schutz des Vermögens, 4. Kapitel, D IV 2.
[245] Siehe oben, 4. Kapitel, C III 1.
[246] Auch das Bundesverfassungsgericht geht mittlerweile von einer eher restriktiven Anwendung des Art. 2 Abs. 1 GG im Bereich der wirtschaftlichen Entfaltung aus, vgl. BVerfGE 77, 84 (118): „Soweit Art. 2 Abs. 1 GG die wirtschaftliche Betätigungsfreiheit schützt, ist für eine Prüfung am Maßstab dieses Grundrechts kein Raum. Betrifft die beanstandete Regelung

VI. Vereinbarkeit mit dem allgemeinen Gleichheitssatz

Dem allgemeinen Gleichheitssatz kann im Hinblick auf die Universaldienstpflicht in doppelter Weise Bedeutung zukommen. Zum einen ist zu analysieren, ob die Universaldienstpflicht, die eine Sonderbelastung der Telekommunikationsunternehmen darstellt, mit dem Grundsatz der staatsbürgerlichen Lastengleichheit vereinbar ist (1). Zum andern erscheint erörterungsbedürftig, ob die Beschränkung der Pflicht auf das marktbeherrschende Unternehmen im Sektor der lizenzpflichtigen Leistungen gegen den Gleichheitsgedanken verstößt (2).

1. Universaldienstpflicht als gleichheitswidrige Sonderlast?

Die Universaldienstpflicht könnte eine gegen den allgemeinen Gleichheitssatz verstoßende Sonderbelastung der Telekommunikationsunternehmen darstellen. Als besondere Ausprägung des allgemeinen Gleichheitssatzes fordert der *Grundsatz der Lastengleichheit* die Gleichheit der Bürger bei der Auferlegung öffentlicher Pflichten. Entgegen einer zum Teil in der Literatur vertretenen Auffassung[247] ist der Geltungsbereich des Grundsatzes der Lastengleichheit nicht auf das Abgabenrecht beschränkt, sondern gilt als allgemeines Prinzip hinsichtlich öffentlicher Lasten aller Art und damit auch hinsichtlich Natural- und Dienstleistungspflichten.[248] Da der Staat des Grundgesetzes ein sog. Steuerstaat ist, erweist sich jede über die allgemeine Steuerpflicht hinausgehende Belastung gesellschaftlicher Gruppen unter dem Gleichheitspostulat als besonders problematisch. Aus dem Konzept „Steuerstaat" folgt, daß sich die staatsbürgerliche Solidarität grundsätzlich in der Pflicht zur Zahlung von Steuern erschöpft.[249] Durch die Konzentration auf die Steuerpflicht wird die Belastungsgleichheit der Bürger gewährleistet, da sich die Höhe der Steuern nach der individuellen Leistungsfähigkeit richtet. Diese relativ gleiche

---

die Handlungsfreiheit im Bereich des Berufsrechts, die ihre spezielle Gewährleistung in Art. 12 Abs. 1 GG gefunden hat, scheidet Art. 2 Abs. 1 GG als Prüfungsmaßstab aus."; vgl. ferner zur Anwendbarkeit von Art. 2 Abs. 1 GG im Hinblick auf wirtschaftslenkende Maßnahmen: *Stern/Dietlein,* Archiv PT 1998, S. 309 (327), m. w. N.

[247] *Burgi,* Funktionale Privatisierung und Verwaltungshilfe, S. 263; ebenfalls kritisch: *Götz,* VVDStRL 41 (1983), S. 7 (34 f.).

[248] *Depenheuer,* BB 1996, S. 1218 (1220); *Heun,* in Dreier (Hrsg.), Grundgesetz-Kommentar, Art. 3 Rn. 80; *Wallerath,* Öffentliche Bedarfsdeckung und Verfassungsrecht, S. 256 f.; *Scholz,* in Maunz/Dürig, Grundgesetz-Kommentar, Art. 12 Rn. 155; *Plewa,* Die Verfassungsmäßigkeit der Indienstnahme Privater, S. 170; *Schlink,* Abwägung im Verfassungsrecht, S. 94; *P. Kirchhof,* HdbdStR IV § 88 Rn. 46; *Blanke/Peilert,* RdE 1999, S. 96 (100); grundlegend: *Friauf,* in Festschrift für Jahrreiß, S. 45 (64 ff.); *Gallwas,* BayVBl 1971, S. 245 (247); *Ossenbühl,* VVDStRL 29 (1971), S. 137 (182).

[249] Zum „Steuerstaatsprinzip": *Vogel,* in HdbdStR I § 27 Rn. 1 ff.; *Scholz,* in Maunz/Dürig, Grundgesetz-Kommentar, Art. 12 Rn. 155; *Depenheuer,* BB 1996, S. 1218 (1220 f.); *Isensee,* in Festschrift für Ipsen, S. 409 ff.; kritisch: *Götz,* VVDStRL 41 (1983), S. 7 (34).

Teilnahme aller Staatsbürger am Staatsaufkommen würde aber zu einem bloßen Formalprinzip entwertet, wenn der Staat einzelnen gesellschaftliche Gruppen über ihre allgemeine Steuerpflichtigkeit hinaus, unbeschränkt bestimmte Sonderlasten aufbürden könnte.[250] Solche Sonderlasten, die als Sonderabgaben, Dienstleistungspflichten oder Naturalleistungspflichten denkbar sind, bedürfen daher regelmäßig einer besonderen Rechtfertigung. Während für den Bereich der Sonderabgaben durch die rechtswissenschaftliche Literatur und die Rechtsprechung des Bundesverfassungsgerichts bereits deutliche dogmatische Konturen erarbeitet wurden[251], besteht unter dem Aspekt der Lastengleichheit für die verfassungsrechtliche Legitimation von Natural- und Dienstleistungspflichten noch erheblicher Klärungsbedarf.[252]

Bei Lichte betrachtet erweist sich der Grundsatz der Lastengleichheit für die in § 19 Abs. 2 TKG verankerte Universaldienstverpflichtung jedoch nicht als wirkliches Problem. Zwar handelt es sich hierbei um eine Dienstleistungspflicht, die neben die allgemeine Steuerzahlungspflicht der Telekommunikationsunternehmen tritt und daher in gewisser Weise eine Sonderlast darstellt, jedoch wird durch den gemäß § 20 Abs. 1 TKG zu gewährenden Defizitausgleich eine verfassungsrechtlich relevante Ungleichbehandlung der Telekommunikationsunternehmen gegenüber sonstigen gesellschaftlichen Gruppen vermieden. Da die mit der Zwangsverpflichtung verbundenen finanziellen Einbußen voll ausgeglichen werden, stellt die Universaldienstobligation keine wirtschaftliche Sonderbelastung der Telekommunikationsunternehmen dar. Die Pflicht, den Universaldienst zu leisten, kann daher nicht als Verstoß gegen das Prinzip der Lastengleichheit gewertet werden.

---

[250] Vgl. *Friauf,* in Festschrift für Jahrreiß, S. 45 (48).

[251] Ausführlich zu den Zulässigkeitskriterien für Sonderabgaben, 4. Kapitel, D II 2 und III 2.

[252] Für die problematische Fallkonstellation der *unentgeltlichen* Dienstleistungspflichten wird insbesondere vorgeschlagen die vom Bundesverfassungsgericht zur Erhebung von Sonderabgaben entwickelten Kriterien (in leicht modifizierter Form) zu übernehmen. Eine Verpflichtung zur unentgeltlichen Erbringung einer Dienstleistung wäre demnach nur dann zulässig, wenn der Verpflichtete in einer gewissen Sachnähe zu der Aufgabe steht und aus dieser Sachnähe eine konkrete Verantwortung des Betroffenen resultiert; vgl. *Isensee,* HdbdStR III § 57 Rn. 175; *Waechter,* Verwaltungsarchiv 87 (1996), S. 74 ff.; *Papier,* in Maunz / Dürig, Grundgesetz-Kommentar, Art. 14 Rn. 514; ähnlich: *Ossenbühl,* RdE 1997, S. 46 (51); kritisch: *Wallerath,* Öffentliche Bedarfsdeckung und Verfassungsrecht, S. 257 ff.; zum Teil werden auch die Parameter „Interessenkongruenz" oder „Mitverantwortung" als zentrale Kriterien herangezogen; vgl. *Burgi,* Funktionale Privatisierung und Verwaltungshilfe; S. 266 ff.; *Ossenbühl,* VVDStRL 29 (1971), S. 137 (182); bzw. ein „spezifischer Zurechnungsgrund" als notwendig erachtet; vgl. *Wallerath,* Öffentliche Bedarfsdeckung und Verfassungsrecht, S. 256.

2. Beschränkung der Universaldienstpflicht auf den marktbeherrschenden Lizenznehmer als Verletzung des Gleichheitsgrundsatzes?

Die in § 19 Abs. 2 TKG vorgesehene Möglichkeit zur Zwangsverpflichtung eines Anbieters betrifft nur Unternehmen mit einer marktbeherrschenden Stellung im lizenzpflichtigen Bereich. Vor dem Hintergrund des allgemeinen Gleichheitssatzes könnte problematisch sein, warum das Gesetz einerseits keine solche Verpflichtung von weniger marktmächtigen Unternehmen vorsieht und andererseits, warum hinsichtlich der lizenzfreien Leistungen auf ein solches Instrument verzichtet wurde.[253]

Unzweifelhaft liegt hier eine Ungleichbehandlung zwischen dem marktbeherrschenden Unternehmen – regelmäßig Deutsche Telekom AG – und den sonstigen Telekommunikationsanbietern vor. Während die übrigen Marktteilnehmer ihr Dienstleistungsangebot ausschließlich nach Rentabilitätserwägungen bestimmen können, kann das marktbeherrschende Unternehmen unter bestimmten Voraussetzungen zu einer konkreten Dienstleistung zwangsweise veranlaßt werden. Abweichend von Ruffert kann die Rechtfertigung dieser Ungleichbehandlung aber nicht in der „privatisierungsfolgenrechtlichen Staatsaufgabe des Monopolabbaus"[254] gesehen werden. Das in § 2 Abs. 2 Nr. 2 TKG vorgesehene Regulierungsziel „Sicherung des Wettbewerbs" fordert zwar einen ordnungspolitischen Rahmen, der insbesondere den neuen Anbietern Chancen und Betätigungsmöglichkeiten eröffnet,[255] rechtfertigt jedoch nicht eine zielgerichtete asymmetrische Telekommunikationspolitik, die zwecks Nivellierung des wirtschaftlichen Gefälles primär auf Belastung des ehemaligen Monopolisten ausgerichtet ist. Statt dessen folgt aus dem in Art. 87 f Abs. 1 GG verankerten Gleichbehandlungsgebot, daß die ehemalige Monopolstellung als solche noch kein Argument für eine gesteigerte Gemeinwohlbindung oder für eine regulatorische Ungleichbehandlung darstellt. Der sachgerechte Differenzierungsgrund kann damit nicht in der ehemaligen Monopolstellung gesehen werden.

Statt dessen muß zur Rechtfertigung der Ungleichbehandlung ausschließlich auf das Kriterium der Marktstellung rekurriert werden: Das marktbeherrschende Unternehmen unterscheidet sich von den sonstigen Anbietern elementar durch seine Ausstattung und Verfügbarkeit an sachlichen und personellen Mitteln. Der Gesetzgeber war bei der Verabschiedung des Telekommunikationsgesetzes ersichtlich der Auffassung, daß es gerechtfertigt sei, ausschließlich dieses Unternehmen zum Uni-

---

[253] Kritisch: *Wieland*, Rechtliche Probleme der Privatisierung und Regulierung im Bereich Post und Telekommunikation, in: König / Benz (Hrsg.), Privatisierung und staatliche Regulierung, S. 235 (245).

[254] *Ruffert*, AöR 124, S. 234 (272).

[255] Ausführlich: *Schuster*, in Beck'scher TKG-Kommentar, § 2 Rn. 8 ff.; vgl. auch *Ruffert*, AöR 124, S. 234 (247).

versaldienst zu verpflichten.[256] Da sich aus der Marktpräsenz eines Unternehmens sichere Rückschlüsse auf die Leistungsfähigkeit ziehen lassen, handelt es sich hierbei um einen sachgerechten Differenzierungsgrund, der, selbst wenn man die sog. neue Formel des Bundesverfassungsgerichts[257] heranzieht, die festgestellte Ungleichbehandlung grundsätzlich rechtfertigt.

Klarstellungsbedürftig erscheint aber in diesem Zusammenhang, daß dies allein vor dem Hintergrund des gewährten Defizitausgleichs gilt. Durch den Defizitausgleich wird die wirtschaftliche Einbuße des Universaldienstleisters vollständig kompensiert und damit das Lastengefälle innerhalb der Gruppe der Telekommunikationsanbieter nivelliert. Die Differenzierungsansätze Marktpräsenz und Leistungsfähigkeit würden es hingegen nicht rechtfertigen, das marktbeherrschende Unternehmen ausgleichslos in Anspruch zu nehmen, weil damit eine nachhaltige Verschlechterung seiner Wettbewerbsfähigkeit in der Relation zu den sonstigen Unternehmen korrespondieren würde.

Es kann daher festgehalten werden, daß aufgrund des zu gewährenden Defizitausgleichs die Beschränkung der Universaldienstpflicht auf marktbeherrschende Unternehmen nicht gegen den allgemeinen Gleichheitssatz verstößt.

Auch die unterschiedliche Regulierung von lizenzpflichtigen und lizenzfreien Segmenten erweist sich vor dem Hintergrund des allgemeinen Gleichheitssatzes als kaum problematisch. Die Ungleichbehandlung liegt hier darin, daß Unternehmen, die sich in den lizenzfreien Bereichen betätigen, nicht zum Universaldienst verpflichtet werden können und daher aus wettbewerbspolitischer Perspektive in gewisser Weise gegenüber den Unternehmen in lizenzpflichtigen Sektoren privilegiert sind. Wie bereits mehrfach betont, besitzt der Gesetzgeber insbesondere in wirtschaftspolitischen Fragen jedoch eine weite Einschätzungsprärogative. Er ging

---

[256] Vgl. Gegenäußerung des Bundestages zur Stellungnahme des Bundesrates, BT-Drucks. 13/4438, S. 34: „Die im Vorschlag des Bundesrates vorgesehene Option nicht marktbeherrschende Unternehmen zu verpflichten (...) widerspricht dem Gebot der Verhältnismäßigkeit und überschätzt den Handlungsspielraum eines nicht marktbeherrschenden Unternehmens."

[257] Das Bundesverfassungsgericht hatte sich im Rahmen des allgemeinen Gleichheitssatzes ursprünglich auf eine Prüfung des Willkürverbots beschränkt. Danach wurde eine Verletzung von Art. 3 I GG nur dann konstatiert, „wenn sich ein vernünftiger sich aus der Natur der Sache ergebender oder sonstwie sachlich einleuchtender Grund für die gesetzliche Differenzierung oder Gleichbehandlung nicht finden läßt" (vgl. BVerfGE 1, 14 (52)). Mit der sog. „neuen Formel" hat das Gericht die Kontrolldichte erhöht, indem das Verhältnismäßigkeitsprinzip auf die Ungleichbehandlung angewendet wird und über eine bloße Evidenzprüfung hinaus eine Abwägung erfolgt. Der Gleichheitssatz ist demnach verletzt, „wenn eine Gruppe von Normadressaten im Vergleich zu anderen Normadressaten anders behandelt wird, obwohl zwischen beiden Gruppen keine Unterschiede von solcher Art und solchem Gewicht bestehen, daß sie die ungleiche Behandlung rechtfertigen könnten" (grundlegend: BVerfGE 55, 72 (88)). Unter welchen Voraussetzungen die neue Formel, bzw. die bloße Willkürkontrolle zur Anwendung kommen, wird jedoch weder durch die Rechtsprechung noch durch die Literatur einheitlich beantwortet; zum Meinungsstand: *Osterloh*, in: Sachs (Hrsg.), Grundgesetz, Art. 3 Rn. 25 ff.; *Heun*, in Dreier (Hrsg.), Grundgesetz-Kommentar, Art. 3 Rn. 19 f.; *Jarass*, in Jarass/Pieroth, Grundgesetz, Art. 3 Rn. 13 ff.

bei Erlaß des Telekommunikationsgesetzes ersichtlich davon aus, daß eine verschärfte Regulierung bestimmter Segmente erforderlich ist, während in anderen Bereichen aus seiner Perspektive diese Notwendigkeit nicht bestand. Diese verschärfte Regulierung der sog. lizenzpflichtigen Bereiche (Bereitstellung von Übertragungswegen, Angebot des Sprachtelefondienstes) ist auch sachlich vertretbar, da die volkswirtschaftliche und soziale Bedeutung dieser Segmente erheblich höher einzuschätzen ist als die Bedeutung der sonstigen Leistungen (Auskunftsdienst, Teilnehmerverzeichnisse, öffentliche Telefone). Ergänzend kann auch in diesem Zusammenhang angeführt werden, daß aufgrund des Defizitausgleichs die Verpflichtung zum Universaldienst keine wirtschaftlichen Einbußen auslöst und daher die Ungleichbehandlung zwischen lizenzpflichtigem und lizenzfreiem Sektor relativiert wird. Festzuhalten bleibt, daß die konkrete Ausgestaltung der Universaldienstpflicht für die Betroffenen keine gleichheitswidrige Belastung darstellt.

VI. Ergebnis der grundrechtlichen Analyse der Universaldienstpflicht

Die verfassungsrechtliche Analyse hat ergeben, daß die in § 19 Abs. 2 TKG vorgesehene Möglichkeit zur Zwangsverpflichtung eines Unternehmens grundrechtskonform ist. Die Universaldienstpflicht greift zwar elementar insbesondere in durch Art. 12 Abs. 1 GG geschützte unternehmerische Freiheiten ein, aufgrund der erheblichen sozialpolitischen und wirtschaftspolitischen Bedeutung des Universaldienstes, ist dieser Eingriff aber verfassungsrechtlich legitimiert. Ferner wird durch die Universaldienstpflicht auch die Eigentumsgarantie und der allgemeine Gleichheitssatz berührt. Aufgrund des zu gewährenden Defizitausgleichs wird eine Verletzung dieser Grundrechte aber verhindert.

D. Verfassungsmäßigkeit der Abgabepflicht

Nachdem in einem ersten Schritt die in § 19 Abs. 2 TKG vorgesehene Zwangsverpflichtung von Telekommunikationsunternehmen als verfassungskonform beurteilt wurde, stellt sich im folgenden die Frage, ob die *Finanzierung der Universaldienstkosten* mit dem Grundgesetz vereinbar ist. Dabei steht im Zentrum der Erörterungen, inwieweit die in § 21 TKG vorgesehene Universaldienstabgabe der bestehenden Finanzverfassung entspricht. Ausgehend von der Prämisse, daß an jeden Abgabetyp spezifische Rechtmäßigkeitsanforderungen zu stellen sind, wird im folgenden methodisch zwischen abgabenrechtlicher Qualifikation und verfassungsrechtlicher Legitimation differenziert. Im Anschluß daran werden die grundrechtlichen Konfliktmomente der Abgabe beleuchtet.

I. Abgabenrechtliche Qualifikation der Universaldienstabgabe

Die abgabenrechtliche Kategorisierung der Universaldienstabgabe geschieht nachfolgend in zwei Stufen: Zunächst werden die verschiedenen von der Rechtsordnung vorgesehenen Geldleistungspflichten skizziert. Im Anschluß wird die Universaldienstabgabe in das Raster dieses Abgabesystems eingeordnet.

1. Das System öffentlicher Abgaben

Wie bereits in anderem Zusammenhang erwähnt, handelt es sich bei der Bundesrepublik Deutschland um einen sog. Steuerstaat.[258] Das Grundgesetz geht davon aus, daß der Finanzbedarf des Gemeinwesens im wesentlichen durch Steuern finanziert wird. Dementsprechend enthält der X. Abschnitt als „verfassungsrechtlicher Mikrokosmos innerhalb des Grundgesetzes"[259] eine von sonstigen Aufgaben und Kompetenzen separierte Finanzverfassung, die detaillierte Regelungen über die Erhebung, Verteilung und Verwaltung von Steuern enthält. Obwohl es an einer Definition des Steuerbegriffs auf verfassungsrechtlicher Ebene fehlt, besteht sowohl innerhalb der Rechtsprechung als auch innerhalb der rechtswissenschaftlichen Literatur Einigkeit über die wesentlichen konstituierenden Merkmale des verfassungsrechtlichen Steuerbegriffs. Ausgangspunkt aller Definitionsansätze ist die einfachgesetzliche Steuerdefinition des § 1 Abs. 1 RAO, an der sich die Väter des Grundgesetzes bei den abgabenrechtlichen Regelungen orientiert haben:[260] *„Steuern sind einmalige oder laufende Geldleistungen, die nicht eine Gegenleistung für eine besondere Leistung darstellen und von einem öffentlichen Gemeinwesen zur Erzielung von Einkünften allen auferlegt werden, bei denen der Tatbestand zutrifft, an den das Gesetz die Leistungspflicht knüpft. "*[261] Wenn auch zum Teil von einzelnen Autoren diese Definition mit zusätzlichen Negativmerkmalen angereichert

---

[258] Vgl. oben, 4. Kapitel, C V 1.

[259] So treffend: *Kluth,* JA 1996, S. 260 (260).

[260] Vgl. BVerfGE 7, 244 (251): „Wenn das Grundgesetz den Begriff „Steuer" gebraucht, so muß davon ausgegangen werden, daß es ihn in der Bedeutung meint, die er im deutschen Steuerrecht ausdrücklich erhalten hat. § 1 der Reichsabgabenordnung enthält eine Definition der Steuer (...). Diese seit Jahrzehnten eingebürgerte Begriffsbestimmung des gemeindeutschen Steuerrechts muß auch den Kompetenzvorschriften des Grundgesetzes zugrundegelegt werden."; daran anknüpfend: BVerfGE 29, 402 (408 f.); 36, 66 (70); 38, 61 (79); zuletzt: BVerfGE 93, 319 (346); stellvertretend aus der Literatur: *Friauf,* in Festgabe Bundesverfassungsgericht II, S. 300 (303 ff.); *Henseler,* Begriffsmerkmale und Legitimation von Sonderabgaben, S. 16, 27; *Wilms,* Das Recht der Sonderabgaben nach dem Grundgesetz, S. 7; *Köck,* Die Sonderabgabe als Instrument des Umweltschutzes, S. 25; *Brockmeyer,* in Schmidt-Bleibtreu / Klein, Kommentar zum Grundgesetz, Art. 105 Rn. 7; *Heun,* DVBl. 1990, S. 666 (667); kritisch: *Bodenheim,* Der Zweck der Steuer, S. 95 ff.

[261] RGBl 1931 I, S. 161; vgl. in diesem Zusammenhang auch die insoweit identische Definition in § 3 Abs. 1 der aktuellen Abgabenordnung.

wird, bestimmte Aspekte konkretisiert oder Schwerpunkte leicht verschoben werden,[262] so werden doch allgemein die Kriterien „hoheitlich auferlegte Geldleistungspflicht," „zur Erzielung von Einnahmen für den allgemeinen Finanzbedarf" und „fehlende Gegenleistung (=voraussetzungslos)" als kennzeichnend erachtet.[263]

Neben der Steuer kennt das deutsche Abgabenrecht als zweite traditionelle Einnahmequelle die sog. *Vorzugslast*, welche als Oberbegriff die Abgabeformen der Gebühr und des Beitrages umfaßt. Mit der Steuer hat die Vorzugslast gemeinsam, daß Geldleistungspflichten durch den Staat, also „hoheitlich", auferlegt werden und diese an ein öffentlich-rechtliches Gemeinwesen zu erbringen sind. Im Gegensatz zur Steuer ist die Erhebung einer Vorzugslast jedoch nicht voraussetzungslos, sondern hat Entgeltcharakter.[264] Bei einer *Gebühr* besteht die besondere Zweckbestimmung darin, die Kosten einer individuell zurechenbaren öffentlichen Leistung ganz oder teilweise zu decken.[265] Der Belastungsgrund dieses Abgabentyps liegt in der besonderen Finanzierungsverantwortlichkeit des einzelnen, die entweder aus der Vorteilsgewährung durch einen Hoheitsträger oder aus einer individuell zurechenbaren Kostenverursachung resultiert. Auch für *Beiträge* ist es charakteristisch, daß mit ihnen ein Sondervorteil oder besonders verursachte Kosten abgegolten werden. Der zentrale Unterschied zur Gebühr besteht darin, daß mit dem Beitrag nicht der Empfang, bzw. die konkrete Nutzung, sondern schon das bevorzugende Angebot einer staatlichen Leistung finanziert wird. Der zu kompensierende Sondervorteil des Individuums liegt beim Beitrag also bereits in der Möglichkeit, die staatliche Leistung in Anspruch zu nehmen.[266] Im Gegensatz zu Steuern richtet sich die Kompetenz zur Erhebung von Beiträgen und Gebühren nicht nach den

---

[262] Vgl. insbesondere die detaillierten Begriffsbestimmungen von *Vogel*, HdbdStR IV § 87 Rn. 54; *Birk*, in Alternativkommentar zum Grundgesetz, Art. 105 Rn. 13; *Stern*, Staatsrecht II, § 46 I 3; *Wilms*, Recht der Sonderabgaben nach dem Grundgesetz, S. 8.

[263] Vgl. nur: *An. Weber*, Finanzierung der Wirtschaftsverwaltung durch Abgaben, S. 58 ff.; *Wilms*, Recht der Sonderabgaben nach dem Grundgesetz, S. 9 ff.; *Henseler*, Begriffsmerkmale und Legitimation von Sonderabgaben, S. 27 ff.; *Köck*, Die Sonderabgabe als Instrument des Umweltschutzes, S. 26.; *Heun*, DVBl. 1990, S. 666 (667 ff.); *Selmer*, Gewerbearchiv 1981, S. 41 (41).

[264] Vgl. BVerfGE 93, 319 (344); *Brockmeyer*, in Schmidt-Bleibtreu/Klein, Kommentar zum Grundgesetz, Art. 105 Rn. 7; ausführlich zum Entgeltcharakter von Vorzugslasten: *Friauf*, in Festgabe Bundesverfassungsgericht II, S. 300 (311 ff.); *Puwalla*, Qualifikation von Abgaben, S. 98 ff.; *P. Kirchhof*, HdbdStR IV § 88 Rn. 181 ff.; *Henseler*, Begriffsmerkmale und Legitimation von Sonderabgaben, S. 81 ff.; *Wilke*, Gebührenrecht und Grundgesetz, S. 16 ff.; *Heun*, DVBl. 1990, S. 666 (673).

[265] Vgl. BVerfGE 7, 244 (254); 18, 392 (396); 20, 257 (269); 50, 217 (226); stellvertretend aus der Literatur: *Selmer*, Sonderabfallabgaben und Verfassung, S. 30; *Siekmann*, in Sachs (Hrsg.), Grundgesetz, vor Art. 104a Rn. 68; *Wilke*, Gebührenrecht und Grundgesetz, S. 16; *P. Kirchhof*, Jura 1983, S. 505 (511 f.).

[266] Vgl. BVerfGE 9, 291 (297); 91, 207 (224); *P. Kirchhof*, HdbdStR IV § 88 Rn. 213; *Siekmann*, in Sachs (Hrsg.), Grundgesetz, vor Art. 104a Rn. 70; *Wilms*, Das Recht der Sonderabgaben nach dem Grundgesetz, S. 19; grundlegend: *Ubber*, Der Beitrag als Instrument der Finanzverfassung, S. 281 ff.

Art. 104 a ff. GG, sondern ist der Sachgesetzgebungskompetenz für die den jeweiligen Aufwand oder Vorteil begründende Verwaltungsmaßnahme nach Art. 70 ff. GG als Annex zugeordnet.[267]

Eng verwandt mit dem Beitrag ist die sog. *Verbandslast,* die der Finanzierung einer öffentlich-rechtlichen Körperschaft durch ihre Mitglieder dient. Während die Beitragspflicht aber aus dem Angebot eines konkreten, individuellen Vorteils an den Bürger resultiert, ist die Verbandslast grundsätzlich unabhängig von einem solchen Angebot. Statt dessen knüpft sie an die Mitgliedschaft in einer korporativen Organisation an.[268] Diese korporative Organisation auf Seiten des Abgabegläubigers rechtfertigt es auch, die Verbandslast als eigenständige Finanzierungsform zu qualifizieren und nicht als Unterfall der Sonderabgabe anzusehen.[269]

Als vierte Finanzierungsform hat sich parallel zu den Steuern, den Vorzugslasten und Verbandslasten die sog. *Sonderabgabe* entwickelt. Obwohl sich dem Grundgesetz keinerlei Anhaltspunkte hinsichtlich des Abgabentyps „Sonderabgabe" entnehmen lassen, hat sowohl die Rechtsprechung des Bundesverfassungsgerichts als auch die rechtswissenschaftliche Literatur sie als zusätzliche Finanzierungsform im Grundsatz anerkannt.[270] Ob es sich bei der Sonderabgabe jedoch um einen nur negativ abgrenzbaren Auffangtatbestand für anderweitig nicht zuordnungsfähige Geldleistungspflichten – so das originäre Begriffsverständnis – oder um eine eigenständige Abgabenkategorie mit positiv bestimmbaren Merkmalen handelt, ist von der höchstrichterlichen Rechtsprechung nicht abschließend geklärt und wird auch innerhalb des Schrifttums äußerst kontrovers beurteilt.[271]

Eine Analyse der Rechtsprechung zeigt, daß Ausgangspunkt der verfassungsrechtlichen Prüfung regelmäßig die Negativabgrenzung zu den Kategorien der

---

[267] *Kluth,* JA 1996, S. 260 (260); *Jarass,* DÖV 1989, S. 1013 (1014); *P. Kirchhof,* HdbdStR IV § 88 Rn. 210.

[268] Vgl. *F. Kirchhof,* Grundriß des Abgabenrechts, S. 9; *Rottländer,* Haushaltspolitische Bedeutung und Verfassungsmäßigkeit von Sonderabgaben, S. 18; *P. Kirchhof,* HdbdStR IV § 88 Rn. 277 ff.

[269] Mittlerweile ganz herrschende Meinung, vgl. nur *P. Kirchhof,* HdbdStR IV § 88 Rn. 280.

[270] Vgl. nur: BVerfGE 55, 274 (297) – Berufsausbildungsabgabe; BVerfGE 57, 139 (166) – Schwerbehindertenabgabe; BVerfGE 67, 256 (274 f.) – Investitiosnshilfeabgabe; stellvertretend aus dem Schrifttum: *P. Kirchhof,* HdbdStR IV § 88 Rn. 221 ff.; ablehnend: *Siekmann,* in Sachs (Hrsg.), Grundgesetz, vor Art. 104a, Rn. 126.

[271] Zum ursprünglichen Verständnis der Sonderabgabe als „Restkategorie", vgl. *Pietzcker,* DVBl. 1987, S. 774 (780) oder „Auffangtatbestand", vgl. *P. Kirchhof,* ZIP 1984, S. 1423 (1428); *ders.,* Jura 1983, S. 505 (514); ebenso: *An. Weber,* Finanzierung der Wirtschaftsverwaltung durch Abgaben, S. 163; *Puwalla,* Qualifikation von Abgaben, S. 80; *F. Kirchhof,* Grundriß des Abgabenrechts, S. 10 f.; offensichtlich auch *Gramlich,* Archiv PT S. 189 (208); zur Sonderabgabe als positiv definierbare Abgabeform: *Osterloh* NJW 1982, S. 1617 (1619 f.); *Köck,* Die Sonderabgabe als Instrument des Umweltschutzes, S. 68 f.; *Wilms,* Das Recht der Sonderabgaben nach dem Grundgesetz, S. 49; *Pohl,* Universaldienst in der Telekommunikation, S. 104 f.; *Lerche,* DB, 1995 Beilage Nr. 10 zu Heft 30, S. 1 (5).

D. Verfassungsmäßigkeit der Abgabepflicht   191

Steuer und der Vorzugslast ist.[272] Im Gegensatz zur Frage der *Legitimität* von Sonderabgaben, für die ein detailliertes Prüfungsraster entwickelt wurde, verhält sich das Bundesverfassungsgericht hinsichtlich der konkreten Begriffsbestimmung – sich der Schwierigkeit dieses Unterfangens offenbar bewußt – denkbar zurückhaltend.[273] Sofern vereinzelt davon gesprochen wird, daß das Gericht bereits im Berufsausbildungsurteil den Begriff der Sonderabgabe definiert und damit die bestehenden Unsicherheiten beseitigt hat,[274] so kann dies keinesfalls überzeugen. Zum einen ist die dort verwandte Definition (*„Sonderabgaben sind Geldleistungspflichten, die einem begrenzten Personenkreis im Hinblick auf vorgegebene besondere wirtschaftliche oder soziale Zusammenhänge gesetzlich auferlegt worden sind"*[275]) inhaltlich zu unbestimmt, und zum anderen hat das BVerfG in den nachfolgenden Entscheidungen nicht mehr auf diese Begriffsbestimmung rekurriert.[276]

Auch den, in ihrer Anzahl kaum noch überschaubaren Systematisierungsversuchen[277] der Literatur, ist es bisher nicht überzeugend gelungen, den Terminus „Sonderabgabe" positiv zu bestimmen. Den meisten Autoren ist ebenso wie der neueren höchstrichterlichen Rechtsprechung vorzuwerfen, daß nicht strikt zwischen der Begriffsbestimmung einerseits und der Zulässigkeitsprüfung andererseits differenziert wird.[278] Jedoch soll an dieser Stelle nicht der Versuch unternommen werden, diesem Dilemma abzuhelfen und der „Überfülle"[279] von bereits vorhande-

---

[272] Vgl. BVerfGE 55, 274 (297 ff.); 92, 91 (114);

[273] Einen Überblick über die fragmentarischen Ansätze des BVerfG dem Begriff der Sonderabgabe zu bestimmen, liefert *Lerche*, DB, Beilage 10 zu Heft Nr. 30, S. 6.

[274] So: *Pohl*, Universaldienst in der Telekommunikation, S. 105.

[275] BVerfGE 55, 274 (297).

[276] Vgl. insoweit die ausführliche Darstellung der Rechtsprechung bei *Wilms*, Das Recht der Sonderabgaben nach dem Grundgesetz, S. 21 ff.; vgl. auch die Zusammenfassung der einschlägigen Judikate bei: *Lerche*, DB, Beilage 10 zu Heft Nr. 30, S. 6, Fn. 38.

[277] *Henseler*, Begriffsmerkmale und Legitimation von Sonderabgaben, S. 15 ff.; *Rottländer*, Haushaltspolitische Bedeutung und Verfassungsmäßigkeit von Sonderabgaben, S. 15 ff.; *Köck*, Die Sonderabgabe als Instrument des Umweltschutzes, S. 17 ff.; *Wilms*, Das Recht der Sonderabgaben nach dem Grundgesetz, S. 21 ff.; *Puwalla*, Qualifikation von Abgaben, S. 57 ff.; *Richter*, Zur Verfassungsmäßigkeit von Sonderabgaben, S. 41 ff.; *An. Weber*, Finanzierung der Wirtschaftsverwaltung, S. 159 ff.; *P. Kirchhof*, HdbdStR IV § 88 Rn. 221 ff.; *Heun*, DVBl. 1990, S. 666 ff.; *Jarass*, DÖV 1989, S. 1013 ff.

[278] Insbesondere *P. Kirchhof*, HdbdStR IV § 88 Rn. 221 ff., sieht es offensichtlich bereits für den Begriff – und nicht für die Zulässigkeit – der Sonderabgabe als entscheidend an, ob die belastete Gruppe eine spezifische Verantwortlichkeit für die konkrete Sachaufgabe trifft; auch *Pohl*, Universaldienst in der Telekommunikation, S. 135 ff., 172 ff., durchbricht die von ihm selbst postulierte strikte Abgrenzung zwischen Definitionsmerkmalen und Zulässigkeitskriterien, wenn er die Homogenität der belasteten Gruppe sowohl im Rahmen der Qualifikation, als auch im Rahmen der Legitimation der Abgabe prüft; ebenfalls kritisch: *Lerche*, DB, Beilage 10 zu Heft Nr. 30, S. 5; *Heun*, DVBl. 1990, S. 666 (666); *An. Weber*, Finanzierung der Wirtschaftsverwaltung durch Abgaben, S. 162; *Henseler*, Begriffsmerkmale und Legitimation von Sonderabgaben, S. 26; *Kim*, Rechtfertigung von Sonderabgaben, S. 70; *Götz*, in Festschrift für Friauf, S. 37 (42); *Siekmann*, in Sachs (Hrsg.), Grundgesetz, vor Art. 104a, Rn. 130.

[279] So: *Lerche*, DB, Beilage 10 zu Heft Nr. 30, S. 5 (Fn. 35).

nen Differenzierungsansätzen einen weiteren hinzuzufügen. Dies geschieht insbesondere aufgrund der Einsicht, daß wegen der Heterogenität der einzelnen Fallgestaltungen, die bisher unter dem Topos „Sonderabgabe" diskutiert wurden, eine positive und konkret subsumtionsfähige Definition auch kaum möglich erscheint.[280]

Im folgenden wird der Begriff der Sonderabgabe daher entsprechend dem ursprünglichen Begriffsverständnis als Sammelbegriff für alle Abgaben verwendet, die nicht als Vorzugslast, Verbandslast oder Steuer qualifiziert werden können, und im Hinblick auf bestimmte soziale und wirtschaftliche Zusammenhänge nur eine bestimmte Gruppe als (formelle) Abgabeschuldner belasten.[281] Dieses extensive Begriffsverständnis hat zur Folge, daß auch sog. Lenkungs- und Ausgleichsabgaben[282], sowie Abschöpfungsabgaben[283] der Kategorie der Sonderabgaben zuzurechnen sind. Eine pauschalisierte Behandlung dieser in Konzeption und Ausgestaltung stark divergierender Abgabeformen kann jedoch dadurch vermieden werden, daß auf der Ebene der Legalitätsprüfung den Umständen des Einzelfalles Rechnung getragen wird und zur rechtlichen Würdigung unterschiedliche Maßstäbe herangezogen werden.[284]

---

[280] Ebenso: *Köck*, Die Sonderabgabe als Instrument des Umweltschutzes, S. 68; ähnlich: *An. Weber*, Finanzierung der Wirtschaftsverwaltung durch Abgaben, S. 163; vgl. auch *Pohl*, Universaldienst in der Telekommunikation, S. 102: „Wie zu zeigen sein wird, ähnelt kaum eine Sonderabgabe der anderen."; vgl. auch *Siekmann*, in Sachs (Hrsg.), Grundgesetz, vor Art. 104a, Rn. 136: „Das Rechtsinstitut Sonderabgaben umfaßt zudem ein außerordentlich heterogenes Konglomerat verschiedener Geldleistungspflichten, das im wesentlichen nur negativ abgegrenzt werden kann oder eine reine Restkategorie darstellt."

[281] Vgl. etwa die Ansätze von *Köck*, Die Sonderabgabe als Instrument des Umweltschutzes, S. 69; *Wilms*, Das Recht der Sonderabgaben nach dem Grundgesetz, S. 49; *Pohl*, Universaldienst in der Telekommunikation, S. 105, in Anlehnung an BVerfGE 55, 274 (297); im Sinne einer reinen Negativabgrenzung: *Rottländer*, Haushaltspolitische Bedeutung und Verfassungsmäßigkeit von Sonderabgaben, S. 22.

[282] Die Funktion einer Lenkungs- und Ausgleichsabgabe besteht darin, bestimmte Gruppen zu einem politisch erwünschten Verhalten zu bewegen und / oder Belastungen oder Vorteile innerhalb eines bestimmten Erwerbs- oder Wirtschaftszweiges auszugleichen. Klassisches Beispiel für eine solche Abgabe ist die sog. Schwerbehindertenabgabe, welche den Abgabeschuldner zum Bereitstellen von Arbeitsplätzen für behinderte Menschen veranlassen will (vgl. BVerfGE 57, 139 ff.). Der erste Senat hat in diesem Urteil festgestellt, daß es sich bei einer solchen Abgabe um einen (privilegierten) Unterfall der Sonderabgabe handelt (BVerfGE 57, 139 (166 ff.); zu dieser Abgabeform: *P. Kirchhof*, HdbdStR IV § 88 Rn. 242 ff.; vgl. auch: 4. Kapitel, D III 1 b.

[283] Das Bundesverfassungsgericht hat die sog. Fehlbelegungsabgabe im Wohnungsbaurecht als Abschöpfungsabgabe qualifiziert (BVerfGE 78, 249). In der Terminologie des Gerichts handelt es sich dabei offensichtlich um eine Abgabe eigener Art und nicht um einen Unterfall der Sonderabgabe. Ähnlich verhält es sich mit dem sog. Wasserpfennig (BVerfGE 93, 319), der vom zweiten Senat ausdrücklich nicht als Sonderabgabe, sondern als entgeltähnliche „Vorteilsabschöpfungsabgabe" qualifiziert wurde; zu dieser Entscheidung: *Britz*, JuS 1997, S. 404 ff.; vgl. auch: 4. Kapitel, D III 1 a.

[284] Insofern kann auf die Entscheidung des Bundesverfassungsgerichts zur Schwerbehindertenabgabe verwiesen werden, in der das Gericht exakt diese Vorgehensweise wählt; vgl. BVerfGE 57, 139 (166 ff.).

Im folgenden bleibt zu erörtern, inwieweit die im Mittelpunkt des Interesses stehende Universaldienstabgabe einer der klassischen Abgabeformen zugeordnet werden kann, oder ob sie der Gruppe der Sonderabgaben unterfällt.

2. Die Universaldienstabgabe als Vorzugslast oder Verbandslast?

Die Universaldienstabgabe könnte möglicherweise eine Vorzugslast darstellen. Dies wäre der Fall, wenn sie als Gebühr oder Beitrag qualifizierbar wäre. Wie sich aus dem oben Gesagten ergibt, liegt das besondere Charakteristikum einer *Gebühr* darin, die Kosten einer individuell zurechenbaren öffentlichen Leistung ganz oder teilweise zu decken. Ähnlich einem vertraglichen Synallagma stehen sich bei einer Gebühr die staatliche Leistung und die Abgabepflicht unmittelbar gegenüber.[285] Bei der Universaldienstabgabe fehlt es aber an diesem spezifischen Entgeltcharakter: Die mittels der Universaldienstabgabe erzielten Mittel werden ausschließlich zum Ausgleich des Defizits des Universaldienstleisters aufgewendet.[286] Daraus folgt, daß aus der Gruppe der Abgabeschuldner lediglich ein einziges Unternehmen von der Universaldienstabgabe unmittelbar profitiert. Hinsichtlich der übrigen Abgabeschuldner fehlt es an einer staatlichen Leistung, für welche die Universaldienstabgabe ein Entgelt darstellen könnte.

Auch die Bereitstellung des Universaldienstes stellt keine staatliche Leistung dar, die als unmittelbar zurechenbaren Vorteil des einzelnen Abgabeschuldners mittels einer Gebühr ausgeglichen werden könnte. Zunächst mangelt es an der Hoheitlichkeit, da die Erbringung des Universaldienstes keine Leistung des Staates, sondern die Leistung eines privatwirtschaftlich organisierten Unternehmens ist.[287] Außerdem ist zu berücksichtigen, daß der Universaldienst für die einzelnen Abgabenpflichtigen auch kein individuell zurechnungsfähiger Vorteil darstellt. Unmittelbar Begünstigte des Universaldienstes sind ausschließlich die einzelnen Bürger, welche nunmehr die bereitgestellten Telekommunikationsmittel nutzen können. Dem einzelnen Abgabeschuldner entsteht jedoch kein konkreter individuell bestimmbarer Vorteil als Äquivalent zu seiner Abgabepflicht.

Selbst unter Berücksichtigung des Aspekts, daß Gebühren nicht nur zum Ausgleich eines Vorteils, sondern auch zum Ausgleich von sonstigen individuell zurechenbaren staatlichen Kosten erhoben werden können,[288] kann die Universal-

---

[285] Vgl. 4. Kapitel, D I 1.
[286] Vgl. 3. Kapitel, B III 2.
[287] Dieser Aspekt wird insbesondere von *Pohl*, Universaldienst in der Telekommunikation, S. 93, im Hinblick auf die verfassungsrechtliche Grundentscheidung des Art. 87 f. Abs. 2 GG betont.
[288] Sog. doppelgliedriger Gebührenbegriff, vgl. BVerfGE 91, 207 (224); 93, 319 (330); *Vogel*, in Festschrift für Geiger, S. 518 (524 f.); *Wilms*, Das Recht der Sonderabgaben nach dem Grundgesetz, S. 18; *P. Kirchhof*, HdbdStR IV § 88 Rn. 181 ff.; *Siekmann*, in Sachs (Hrsg.), Grundgesetz, vor Art. 104a Rn. 69.

dienstabgabe nicht als Gebühr qualifiziert werden. Individuelle Zurechenbarkeit bedeutet in diesem Zusammenhang, daß eine konkrete Verantwortlichkeit des einzelnen für die entstandenen staatlichen Kosten bestehen muß.[289] Die Verantwortlichkeit der Gruppe welcher der einzelne Abgabenpflichtige angehört, genügt nicht, vielmehr muß der Abgabenpflichtige die ihm auferlegten Kosten individuell verursacht haben.[290] Da die Universaldienstkosten nicht aus einer dem jeweiligen Schuldner speziell gewidmeten Amtshandlung resultieren, fehlt es an dieser individuellen Verantwortlichkeit. Die Universaldienstabgabe kann mangels Entgeltcharakter daher nicht als Gebühr qualifiziert werden kann.[291]

Obwohl beim *Beitrag* die gebotene Verknüpfung von Leistung und Gegenleistung im Vergleich zur Gebühr gelockert ist, scheidet auch dieser als einschlägiger Abgabetyp für die Universaldienstabgabe aus. Wie bereits an anderer Stelle erwähnt, ist es beim Beitrag nicht erforderlich, daß eine staatliche Leistung tatsächlich genutzt oder empfangen wird, es reicht vielmehr die tatsächliche Möglichkeit der Inanspruchnahme aus.[292] Bei einer genaueren Betrachtung der Universaldienstabgabe zeigt sich jedoch, daß diese Abgabe auch kein Entgelt für die Möglichkeit der Inanspruchnahme einer staatlichen Leistung ist. Die Kosten des Universaldienstes entstehen dadurch, daß bestimmten Bevölkerungsschichten ein konkretes Dienstleistungsangebot offeriert wird. Zugunsten der abgabepflichtigen Telekommunikationsunternehmen liegt jedoch keine wirtschaftlich vorteilhafte öffentliche Leistung vor, an der sie nutzbringend teilhaben können. Es fehlt also der, auch für den Begriff des Beitrags konstituierende, Nexus von Leistung und Gegenleistung. Eine Qualifikation als Beitrag kommt daher ebenfalls nicht in Betracht.

Die Universaldienstabgabe stellt mangels korporativer Organisation auf seiten des Abgabegläubigers auch keine *Verbandslast* dar. Die Regulierungsbehörde, durch welche die Abgabe erhoben wird, ist nicht als öffentlich-rechtliche Vereinigung der Telekommunikationsunternehmen organisiert, die mittels der Abgabe, im Sinne öffentlicher Selbstverwaltung, mitgliedschaftlich zu erfüllende Aufgaben finanziert, sondern als staatliche Behörde, die hoheitlich-administrativ handelt.

3. Die Universaldienstabgabe als Steuer oder Sonderabgabe?

Da die Universaldienstabgabe somit nicht gegenleistungsabhängig erhoben wird, kommt eine Kategorisierung als Steuer oder Sonderabgabe in Betracht. Aus

---

[289] Vgl. *P. Kirchhof,* HdbdStR IV § 88 Rn. 185 ff.

[290] *Jarass,* DÖV 1989, S. 1013 (1015); zur höchst problematischen Frage, ob die betroffenen Telekommunikationsunternehmen als Gruppe eine bestimmte Finanzierungsverantwortung trifft, vgl. 4. Kapitel, D III 2 b.

[291] Im Ergebnis ebenso: *Pohl,* Universaldienst in der Telekommunikation, S. 94; erstmals: *Schütz/Esser-Wellié,* AfP 1995, S. 580 (584), hinsichtlich des Entwurfs zum TKG.

[292] Vgl. 4. Kapitel, D I 1

D. Verfassungsmäßigkeit der Abgabepflicht 195

der Gesetzesbegründung zum TKG ergibt sich zwar eindeutig, daß der Gesetzgeber die Abgabe als Sonderabgabe verstanden und dementsprechend bezeichnet hat,[293] jedoch lassen sich daraus keine zwingenden Rückschlüsse auf die tatsächliche Rechtsnatur der Abgabe ziehen. Es entspricht sowohl der ständigen Rechtsprechung des Bundesverfassungsgerichts, als auch der unbestrittenen Auffassung innerhalb der Literatur, daß für die abgabenrechtliche Kategorisierung einer Geldleistungspflicht allein der materielle Gehalt und nicht die Bezeichnung des Legislativorgans entscheidend ist.[294] Dementsprechend ist im folgenden zu analysieren, inwiefern die Universaldienstabgabe die für die Steuer konstituierenden Merkmale aufweist, oder ob ihre konkrete Ausgestaltung eine Kategorisierung als Sonderabgabe zur Folge hat.

Der verfassungsrechtliche Begriff der Steuer wurde eingangs als hoheitlich auferlegte Geldleistungspflicht zur Erzielung von Einnahmen für den allgemeinen Staatshaushalt ohne entsprechende Gegenleistung definiert.[295] Da hinsichtlich der Universaldienstabgabe das Bestehen einer Gegenleistung bereits verneint wurde,[296] und auch die Qualifikation als hoheitlich auferlegte Geldleistungspflicht keine Schwierigkeiten bereitet, entscheidet das Kriterium „zur Erzielung von Einnahmen für den allgemeinen Staatshaushalt" über die Steuereigenschaft und damit auch für die Abgrenzung zur Sonderabgabe. Zur Konkretisierung und Interpretation dieses Merkmals lassen sich der Rechtsprechung des Bundesverfassungsgerichts in der Entscheidung zur Berufsausbildungsabgabe[297], wertvolle Anhaltspunkte entnehmen. Danach ist eine Qualifizierung als Steuer zumindest dann ausgeschlossen, wenn die Abgabe „zur Bewältigung einer besonderen Aufgabe", „streng zweckgebunden" und „getrennt vom öffentlichen Haushalt" verwendet wird.[298] Ausgehend von diesem Ansatz wurde die Steuerqualität der Berufsausbil-

---

[293] BT-Drucks. 13/3609, S. 33 (41).

[294] Vgl. nur BVerfGE 55, 274 (305); 65, 325 (344); 67, 256 (276); stellvertretend aus der Literatur: *Wilms,* Das Recht der Sonderabgaben nach dem Grundgesetz, S. 11, m. w. N.

[295] Siehe oben, 4. Kapitel, D I 1.

[296] Vgl. 4. Kapitel, D I 2.

[297] BVerfGE 55, 274 ff.

[298] BVerfGE 55, 274 (309 ff.); In den folgenden Entscheidungen hat das Gericht darauf verzichtet, sich grundlegend mit der Abgrenzung von Steuer und Sonderabgabe zu beschäftigen. Sofern sich überhaupt Ausführungen zu diesem Problemkreis finden lassen, scheinen diese die wesentlichen Aussagen der Entscheidung zur Berufsausbildungsabgabe zu bestätigen. So wird beispielsweise der Schwerbehindertenabgabe die Steuerqualität abgesprochen, weil „ihr Aufkommen zweckgebunden verwaltet wird und keinem öffentlich-rechtlichen Gemeinwesen zufällt" (BVerfGE 57, 139 (169). Auch in der Entscheidung zur Verfassungsmäßigkeit des „Kohlepfennigs" begnügt sich das Gericht mit dem Hinweis, daß das Aufkommen der Abgabe einem Sonderfonds und nicht dem Staatshaushalt zugeführt wird und daher allenfalls als Sonderabgabe gerechtfertigt sein kann (BVerfGE 91, 186 (201)). Auch die aktuelle Entscheidung zum Stromeinspeisungsgesetz bestätigt diesen Ansatz: Danach liegt eine Sonderabgabe, in der Abgrenzung zur Steuer zumindest dann vor, wenn die öffentliche Hand durch einen Sonderfonds eine einmalige oder laufende Geldleistung erhebt und dieser die Einnahmen an den vorgesehenen Kreis der Begünstigten verteilt (BVerfGE NJW 1997, S. 590

dungsabgabe folgerichtig verneint, da deren Aufkommen als zweckgebundene Vermögensmasse ausschließlich zur Sicherstellung eines ausreichenden Angebots an Ausbildungsplätzen diente und damit eine hochspezifische Zweckbindung zugunsten einer besonderen Aufgabe vorlag.[299]

Die Parallelen zwischen Berufsausbildungsabgabe und Universaldienstabgabe sind hinsichtlich dieser Aspekte offensichtlich: Ebenso wie die Berufsausbildungsabgabe dient die Universaldienstabgabe nicht der Mittelbeschaffung für den allgemeinen Finanzbedarf eines öffentlichen Gemeinwesens. Die konkrete Ausgestaltung des Finanzierungsmechanismus dokumentiert, daß der Gesetzgeber die Abgabe nicht als Einnahmeerzielungsinstrument für allgemeine staatliche Zwecke konzipiert hat, sondern ausschließlich eine bestimmte Aufgabe- die Sicherung der Grundversorgung mit Telekommunikationsmitteln- zu finanzieren beabsichtigt. Zugunsten dieser speziellen Aufgabe liegt auch eine strikte Zweckbindung vor: Die Universaldienstabgabe wird nur dann erhoben, wenn tatsächlich eine Unterversorgung eingetreten ist, und ein zum Universaldienst verpflichtetes Unternehmen einen Anspruch auf Ausgleich des Defizits geltend gemacht hat.[300] Aus § 21 Abs. 1 TKG folgt zwingend, daß lediglich die Finanzierung dieses Defizitausgleichs ermöglicht wird. Die Systematik des Gesetzes stellt damit sicher, daß durch die Abgabenerhebung keine Überschüsse erzielt werden können und daß eine Verwendung des Mittelaufkommens für andere Zwecke von vornherein ausgeschlossen ist. Von einer für den Begriff der Steuer typischen freien Dispositionsbefugnis der öffentlichen Hand über die erzielten Einnahmen, kann daher hier nicht gesprochen werden. Die Universaldienstabgabe erweist sich statt dessen als einzelnes Element eines geschlossenen Finanzkreislaufs innerhalb des Telekommunikationssektors ohne in sonstiger Weise zur Deckung des allgemeinen Finanzbedarfs beizutragen. Es kann also festgehalten werden, daß die Universaldienstabgabe analog der Berufsausbildungsabgabe nur zur Bewältigung einer besonderen Aufgabe dient und getrennt vom öffentlichen Haushalt streng zweckgebunden verwendet wird. Die Universaldienstabgabe dient daher nicht „zur Erzielung von Einnahmen für den allgemeinen Staatshaushalt" im Sinne der finanzverfassungsrechtlichen Terminologie. Eine Kategorisierung als Steuer ist damit ausgeschlossen.

Im Einklang mit der gesetzgeberischen Intention muß die Universaldienstabgabe folglich als Sonderabgabe qualifiziert werden. Neben der strengen Zweckbindung

---

(590)); in der Literatur wird diese Vorgehensweise zum Teil kritisiert: vgl. etwa: *Köck,* Die Sonderabgabe als Instrument des Umweltschutzes, S. 26 ff.; *Heun,* DVBl. 1990, S. 666 (667); allgemein zur Abgrenzung von Steuer und Sonderabgabe: *Rottländer,* Haushaltspolitische Bedeutung und Verfassungsmäßigkeit von Sonderabgaben, S. 19 ff.; *Henseler,* Begriffsmerkmale und Legitimation von Sonderabgaben, S. 27 ff.; *Jarass,* DÖV 1989, S. 1013 (1017 f.); *Selmer,* Gewerbearchiv 1981, S. 41 (41 ff.); ausführlich im Hinblick auf die hier im Vordergrund stehende Universaldienstabgabe: *Pohl,* Universaldienst in der Telekommunikation, S. 119 ff.

[299] BVerfGE 55, 274 (309 ff.).

[300] Vgl. oben, 3. Kapitel, B III 2.

zugunsten einer festgelegten Aufgabe und der Trennung vom öffentlichen Haushalt deutet auch der Kreis der Abgabenpflichtigen auf diese Finanzierungsform hin: Die bisher unter dem Begriff der Sonderabgabe zusammengefaßten Geldleistungspflichten zeichnen sich dadurch aus, daß sie im Hinblick auf bestimmte soziale und wirtschaftliche Zusammenhänge nur eine spezielle Gruppe als (formelle) Abgabeschuldner belasten. Dies ist auch bei der Universaldienstabgabe der Fall, da sie nur von ganz bestimmten, in der Telekommunikationsbranche tätigen, Unternehmen zu bestreiten ist. Bei den betroffen Wirtschaftssubjekten handelt es sich damit um einen eng begrenzten Personenkreis und nicht um die Allgemeinheit der Steuerzahler.[301] Der Gesetzgeber hat genau diese Gruppe als Financiers der Universaldienstkosten vorgesehen, weil *aus seiner Sicht* diese als Anbieter der Leistungen und Nutznießer des Wettbewerbs eine gesteigerte Verantwortlichkeit für diese Kosten trifft.[302] Die Belastung der Unternehmen erfolgt demnach auch im Hinblick auf gewisse soziale und wirtschaftliche Zusammenhänge. Die Universaldienstabgabe unterfällt daher der Gruppe der Sonderabgaben.[303]

II. Verfassungsrechtliche Legitimation von Sonderabgaben im allgemeinen

Bevor in concreto die materielle Verfassungsmäßigkeit der Universaldienstabgabe untersucht werden kann, ist es für den Fortgang der Untersuchung unerläßlich, zunächst die besondere verfassungsrechtliche Problematik zu beleuchten, die mit der Erhebung von Sonderabgaben verbunden ist (1.). Im Anschluß daran ist aufzuzeigen, wie das Bundesverfassungsgericht in seiner bisherigen Rechtsprechung dieses verfassungsrechtliche Konfliktpotential bewältigt hat (2.).[304]

---

[301] Im Ansatz ähnlich: *Pohl,* Universaldienst in der Telekommunikation, S. 135; es erscheint jedoch inkonsequent, wenn er bereits im Rahmen der abgabenrechtlichen Qualifikation die Homogenität des Schuldnerkreises problematisiert.

[302] Vgl. Begründung zum Gesetzesentwurf, BT-Drucks. 1373609, S. 41; ausführlich zur Frage, ob die Telekommunikationsunternehmen eine Verantwortung für die Kosten des Universaldienstes trifft: 4. Kapitel, D III 2 b.

[303] Ob es sich bei der Gruppe der Belasteten um eine homogene Gruppe handelt und ob diese Gruppe tatsächlich eine gesteigerte Verantwortlichkeit trifft, ist indes keine Frage der abgabenrechtlichen Qualifikation, sondern eine Frage der verfassungsrechtlichen Zulässigkeit, die sich im Anschluß stellt; vgl. hierzu: 4. Kapitel, D III 2 a; zur Problematik der Vermischung von Begriffs- und Zulässigkeitsebene, bereits oben, 4. Kapitel, D I 1.

[304] Da die generelle Problematik hinsichtlich der besonderen Rechtfertigungsbedürftigkeit von Sonderabgaben bereits mehrfach grundlegend erarbeitet wurde, und auch die Rechtsprechung des Bundesverfassungsgerichts in diesem Kontext im wesentlichen als gesichert anzusehen ist, erscheint es für die vorliegende Untersuchung ausreichend, diese Komplexe nur insoweit zu skizzieren, wie dies als Verständnis- und Interpretationshintergrund für den Fortgang der Untersuchung unerläßlich ist; stellvertretend aus der Literatur: *Henseler,* Begriffsmerkmale und Legitimation von Sonderabgaben, S. 103 ff.; *Rottländer,* Haushaltspolitische Bedeutung und Verfassungsmäßigkeit von Sonderabgaben, S. 43 ff.; *Köck,* Die Sonderabgabe

1. Die Sonderabgabe als Verfassungsgefahr

Das Bundesverfassungsgericht hat die grundsätzliche Legitimität von Sonderabgaben zwar bestätigt, jedoch in einem Atemzug wiederholt dargelegt, daß diese Form der Geldleistungspflicht aufgrund prinzipieller verfassungsrechtlicher Bedenken nur als „*seltene Ausnahme*"[305] für zulässig erachtet werden kann. Vor allem in der Entscheidung zur Berufsausbildungsabgabe[306] und im Beschluß zum Kohlepfennig[307] hat der zweite Senat dezidiert dargelegt, daß mit der Erhebung parafiskalischer Abgaben elementare kompetenzrechtliche (a), haushaltsrechtliche (b) und grundrechtliche (c) Konfliktpotentiale verbunden sind.

a) Kompetenzrechtliche Problematik

Verfassungsrechtliche Schwierigkeiten ergeben sich daraus, daß die Erhebung von Sonderabgaben auf die Gesetzgebungszuständigkeiten nach den Art. 70 ff. GG gestützt wird. Bedeutsam ist in diesem Kontext, daß es sich dabei nicht um originäre Abgabenkompetenzen handelt, sondern um Kompetenzen zur Regelung bestimmter Sachmaterien, die ihrer Art nach nicht auf Geldleistungspflichten bezogen sind.[308] Die besondere Problematik dieser Vorgehensweise liegt in der Gefahr, die speziellen Abgabenerhebungskompetenzen des Grundgesetzes faktisch auszuhöhlen. Da das Grundgesetz als zentrales Instrument zur Finanzierung öffentlicher Aufgaben die Steuer vorsieht, enthält es in den Art. 104 a ff. detaillierte Regelungen über die Gesetzgebungs-, Ertrags-, und Verwaltungskompetenzen bezüglich Steuern im Verhältnis zwischen Bund, Ländern und Gemeinden. Die uneingeschränkte Kompetenz des einfachen Gesetzgebers über allgemeine, sachmaterienbezogene Zuständigkeitsnormen Geldleistungspflichten zu erheben, würde die dort getroffenen Grundentscheidungen, die nach Auffassung des Bundesverfassungsgerichts einen „Kernbereich der bundesstaatlichen Struktur"[309] darstellen, überspielen und damit die Entwicklung einer „apokryphen Finanzverfassung" fördern.[310]

---

als Instrument des Umweltschutzes, S. 71 ff.; *P. Kirchhof,* HdbdStR § 88, Rn. 221; auch *Pohl,* Universaldienst in der Telekommunikation, S. 147 ff. setzt sich ausführlich mit der allgemeinen verfassungsrechtlichen Problematik von Sonderabgaben auseinander; grundlegend und die Rechtsprechung des BVerfG entscheidend beeinflussend: *Mußgnug,* in Festschrift für Forsthoff, S. 259 ff.; *Friauf,* in Festschrift für Jahrreiß, S. 45 ff.; *ders.,* in Festschrift für Haubrichs, S. 103 ff.

[305] BVerfGE 55, 274 (308); 91, 186 (203); in diesem Sinne auch: BVerfGE 67, 256 (276); 92, 91 (113).

[306] BVerfGE 55, 274 (299 ff.).

[307] BVerfGE 91, 186 (202 f.).

[308] Vgl. BVerfGE 89, 132 in Anlehnung an BVerfGE 81, 156 (187).

[309] BVerfGE 55, 274 (301); in derselben Entscheidung spricht das BVerfG auch von einem Kernbereich „der politischen Machtverteilung in der Bundesrepublik Deutschland" (S. 301) und in Anlehnung an *Friauf,* in Festschrift für Haubrichs, S. 103 (106 f.), von „einem der am

D. Verfassungsmäßigkeit der Abgabepflicht 199

b) Konflikt mit Budgetgrundsätzen

Zusätzlich hat das Bundesverfassungsgericht mehrfach betont, daß die Existenz von Sonderabgaben den Grundsatz der Vollständigkeit des Haushaltsplans berührt und damit das Budgetrecht des Parlaments elementar gefährdet.[311] Das in Art. 110 Abs. 1 S. 1 GG verankerte Prinzip der Vollständigkeit des Haushaltsplans garantiert, daß das Parlament in regelmäßigen Abständen den vollen Überblick über das verfügbare Finanzvolumen besitzt und periodisch über *sämtliche* Einnahmen und Ausgaben entscheiden kann.[312] Der Grundsatz sichert das parlamentarische Bewilligungsrecht und damit die demokratische Legitimation der staatlichen Haushaltsführung. Indem der Gesetzgeber mittels Sonderabgaben parafiskalische Einnahme- und Ausgabekreisläufe außerhalb dieses Budgets organisiert, führt dies zur Entstehung „*schwarzer Kassen*"[313], über die bestimmte Organe ohne regelmäßige parlamentarische Kontrolle und Anleitung verfügen können.[314] Daneben ist noch zu berücksichtigen, daß durch den haushaltsflüchtigen Ertrag von Sonderabgaben auch die an den Staatshaushalt anknüpfenden Regelungen über den Finanzausgleich, die Stabilitätspolitik, die Verschuldungsgrenze, Rechnungslegung und Rechnungsprüfung partiell umgangen werden.[315]

c) Grundrechtliche Implikationen

Der uneingeschränkten Einsatzfähigkeit des Instruments der Sonderabgabe steht auch das Erfordernis des Individualschutzes zugunsten der jeweiligen Abgabe-

---

sorgfältigst behauenen und in einer Kette von Verfassungsänderungen mehrfach modifizierten Ecksteine aus dem Gefüge der bundesstaatlichen Verfassung" (S. 302).

[310] So: *P. Kirchhof*, HdbdStR IV § 88 Rn. 225; *ders.*, Jura 1983, S. 505 (515); *Selmer*, Steuerinterventionismus und Verfassungsrecht, S. 183; vgl. auch BVerfGE 91, 186 (202); *An. Weber*, Finanzierung der Wirtschaftsverwaltung durch Abgaben, S. 180 f.; grundlegend zu dieser Problematik: *Friauf*, in Festschrift für Haubrichs, S. 103 (106 f.); *ders.*, in Festschrift für Jahrreiß, S. 45 (48 f.); vgl. auch *Isensee*, in Festschrift für Ipsen, S. 409 (428 ff.).

[311] Grundlegend: BVerfGE 55, 274 (302 f.); daran anknüpfend: BVerfGE 91, 186 (202); 92, 91 (113); 93, 319 (343).

[312] Vgl. BVerfGE 55, 274 (303); 82, 159 (178 f.); 91, 186 (202); *Isensee*, in Festschrift für Ipsen, S. 409 (429 f.); *Kluth*, JA 1996, S. 260 (262); ausführlich zu dieser Problematik: *Rottländer*, Haushaltspolitische Bedeutung und Verfassungsmäßigkeit von Sonderabgaben, S. 43 ff.; *Pohl*, Universaldienst in der Telekommunikation, S. 147 ff.; allgemein zur Funktion von Bundeshaushalt und Haushaltsplan: *Puhl*, Budgetflucht und Haushaltsverfassung, S. 3 ff.

[313] So die prägnante Formulierung von *P. Kirchhof*, HdbdStR IV § 88 Rn. 224.

[314] Vgl. in diesem Zusammenhang auch die grundlegenden Ausführungen von *Mußgnug*, in Festschrift für Forsthoff, S. 259 (280 f.) und aus neuerer Zeit: *Puhl*, Budgetflucht und Haushaltsverfassung, passim.

[315] BVerfGE 91, 186 (202); 93, 319 (343); ausführlich zur Haushaltskontrolle durch den Bundesrechnungshof: *Rottländer*, Haushaltspolitische Bedeutung und Verfassungsmäßigkeit von Sonderabgaben, S. 57 ff.

schuldner entgegen. Der in Art. 3 Abs. 1 GG verankerte Grundsatz der Lastengleichheit erfordert eine möglichst gleichmäßige Belastung aller Bürger unter Wahrung des Verhältnismäßigkeitsprinzips. In einem Steuerstaat wird diese Belastungsgleichheit dadurch gewährleistet, daß sich die Pflicht des einzelnen prinzipiell darin erschöpft, Steuern zu zahlen, deren Höhe sich nach dem Leistungsfähigkeitsprinzip bemessen.[316] Unter dem Gesichtspunkt der Belastungsgleichheit erscheint es daher höchst problematisch, den einzelnen Bürger neben seiner Steuerpflichtigkeit, mit weiteren finanziellen Pflichten zu belasten. Mit Recht formuliert daher das Bundesverfassungsgericht in der Entscheidung zur Berufsausbildungsabgabe in Anlehnung an Friauf:[317]

„Die relativ gleiche Teilnahme aller Staatsbürger an den die Gemeinschaft treffenden Lasten nach Maßgabe der vom Steuergesetz getroffenen Belastungsentscheidung würde zu einem bloßen Formalprinzip entwertet, wenn nicht zugleich gewährleistet wäre, daß diese Lasten auch tatsächlich aus den von allen gemeinsam aufgebrachten Steuermitteln getragen werden. In dem Maße, in dem der Staat bestimmte öffentliche Aufgaben nicht aus Steuergeldern finanziert, sondern sie einzelnen Bürgern oder Gruppen neben ihrer Steuerlast und ohne Rücksicht auf diese aufbürdet, hebt der Sache nach die Lastengleichheit wieder auf."[318]

Es kann daher festgehalten werden, daß neben der kompetenzrechtlichen und haushaltsrechtlichen Problematik, die Existenz von Sonderabgaben auch regelmäßig den Grundsatz der Lastengleichheit tangiert und damit auch aus grundrechtlicher Perspektive eine Verfassungsgefahr darstellt.[319]

2. Die Rechtfertigungsdogmatik des Bundesverfassungsgerichts

Das Bundesverfassungsgericht hat auf der Grundlagen dieser Krisensymptome im Anschluß an Vorarbeiten in der Literatur eine Rechtfertigungslehre entwickelt, die mittlerweile gefestigte Konturen erkennen läßt. Die wesentlichen dogmatischen Kernaussagen wurden dabei insbesondere in den Entscheidungen zur Berufsausbildungsabgabe[320], zur Schwerbehindertenabgabe[321], zur Investitionshilfeabgabe[322], sowie in der Entscheidung zum Kohlepfennig[323] herausgearbeitet. Das Leitmotiv der verfassungsgerichtlichen Judikatur stellt dabei die Einsicht dar, daß das Instrument der Sonderabgabe gegenüber der Steuer die „seltene Ausnahme"[324]

---

[316] Siehe oben, 4. Kapitel, C V 1.
[317] Vgl. *Friauf*, in Festschrift für Jahrreiß, S. 45 (48).
[318] BVerfGE 55, 274 (303).
[319] Vgl. hierzu auch : *Isensee*, in Festschrift für Ipsen, S. 409 (430); *Ossenbühl*, ET 1996, S. 94 (95); *ders.*, RdE 1997, S. 46 (47); *Blanke / Peilert*, RdE 1999, S. 96 (99).
[320] BVerfGE 55, 274 (297 ff.).
[321] BVerfGE 57, 139 (153).
[322] BVerfGE 67, 256 (275 ff.).
[323] BVerfGE 91, 186 (203 ff.).

D. Verfassungsmäßigkeit der Abgabepflicht

bleiben muß. Daraus resultiert die zwingende Konsequenz, daß die entwickelten Rechtfertigungskriterien restriktiv auszulegen sind. Nach dem derzeitigen Stand der Rechtsprechung darf eine gesellschaftliche Gruppe nur dann mit einer Sonderabgabe belegt werden, wenn diese Gruppe homogen im Sinne der verfassungsrechtlichen Judikatur ist, eine spezifische Sachnähe zwischen ihr und dem mit der Abgabe verfolgten Zweck besteht, diese Sachnähe eine spezifische Gruppenverantwortung begründet und das Aufkommens der Abgabe gruppennützig verwendet wird. Zusätzlich wird noch gefordert, daß die Erforderlichkeit der Abgabenerhebung periodisch überprüft wird.[325]

Diese sog. strengen Legalitätsanforderungen gelten nach der Rechtsprechung des Bundesverfassungsgerichts und nahezu einhelliger Ansicht im Schrifttum uneingeschränkt jedoch nur bzgl. solcher Sonderabgaben, denen ein Finanzierungszweck immanent ist.[326] Für Sonderabgaben mit ausschließlicher Lenkungs- oder Ausgleichsfunktion findet der soeben dargestellte Zulässigkeitskatalog dagegen nur partiell Anwendung. In der insofern grundlegenden Entscheidung zur Schwerbehindertenabgabe hat der erste Senat nur den Aspekt der Gruppenhomogenität thematisiert und auf die Prüfung von Sachnähe, Gruppenverantwortung und gruppennütziger Verwendung verzichtet.[327] Diese Vorgehensweise erscheint auch sachgerecht, da sich solche reinen Lenkungs- und Ausgleichsabgaben, deren Intention nicht darin besteht, Einnahmen zu erzielen, grundlegend von der Steuer unterscheiden und die Gefahr der Aushöhlung der Finanzverfassung nicht besteht.[328] Die nur eingeschränkte Geltung der strengen Maßstäbe betrifft jedoch nur Lenkungs- und Ausgleichsabgaben ohne jeglichen Finanzierungszweck. In der Investitionshilfeentscheidung hat der zweite Senat explizit dargelegt, daß ein der Abgabe innewohnendes Finanzierungselement selbst dann die Geltung der strengen Maßstäbe nach sich zieht, wenn die Einnahmeerzielung nur die Nebenintention darstellt.[329]

---

324 Vgl. nur BVerfGE 55, 274 (308); vgl. auch *P. Kirchhof*, in Festschrift für Friauf, S. 669 (671); *ders.*, HdbdStR IV § 88 Rn. 223; *F. Kirchhof*, Die Verwaltung 1988, S. 137 (143).

325 Stellvertretend: BVerfGE 55, 274 (308); instruktiv: *P. Kirchhof*, HdbdStR IV § 88 Rn. 231 ff.; *ders.*, in Festschrift für Friauf, S. 669 (674 f.); *ders.*, Jura 1983, S. 505 (515 ff.); *Selmer*, Sonderabfallabgabe und Verfassungsrecht, S. 35 ff.; *Kluth*, JA 1996, S. 260 (262 ff.).

326 Stellvertretend aus der Literatur: *Rottländer*, Haushaltspolitische Bedeutung und Verfassungsmäßigkeit von Sonderabgaben, S. 110 f.; *Werner/Zacharias*, DB 1984, S. 1283 (1284 f.); *Jarass*, DÖV 1989, S. 1013 (1021 ff.); *An. Weber*, Finanzierung der Wirtschaftsverwaltung durch Abgaben, S. 185 ff.; *Kluth*, JA 1996, S. 260 (264).

327 BVerfGE 57, 139 (167).

328 Ebenso: *Friauf*, JA 1981, 261 (266); *Werner/Zacharias*, DB 1984, S. 1283 (1285); *Jarass*, DÖV 1989, S. 1013 (1021); *An. Weber*, Finanzierung der Wirtschaftsverwaltung durch Abgaben, S. 185 f.; *Heimlich*, NVwZ 1998, S. 122 (124); ausführlich: *Hendler*, Die Sonderabfallabgabe, S. 70 ff.; kritisch: *Elicker*, Archiv PT 1998, S. 201 (212 ff.).

329 Vgl. BVerfGE 67, 256 (278): „Verfolgt eine Sonderabgabe jedoch einen Finanzierungszweck – sei es als Haupt- oder Nebenzweck –, so gelten die angeführten Kriterien in vollem Umfang. Hinzutretende Lenkungszwecke, seien sie dominant oder nur beiläufig, ändern daran nichts."

Neben den Lenkungs- und Ausgleichsabgaben müssen sich auch die sog. Abschöpfungsabgaben nicht an den strengen Legalitätsanforderungen messen lassen.[330] Dies wurde vom Bundesverfassungsgericht erstmals in der Entscheidung zur Fehlbelegungsabgabe judiziert, als es über die Rückerstattung einer fehlgeleiteten Subvention zu entscheiden hatte.[331] Auch in der relativ aktuellen Entscheidung zum Wasserpfennig wird dieser Ansatz bestätigt und die sog. „Vorteilsabschöpfungsabgabe"[332] als privilegierter Abgabentypus vom Geltungsbereich der strengen Legalitätsprüfung ausgenommen. Zur Begründung verweist das Gericht in beiden Entscheidungen darauf, daß der jeweiligen Abgabe keine Finanzierungsfunktion zukommt, sondern daß der Ausgleichsgedanke, der in der Abschöpfung eines gewährten Sondervorteils unmittelbar zum Ausdruck kommt, der Abgabe ihr besonderes Gepräge verleiht.[333]

III. Legitimation der Universaldienstabgabe

Ausgehend von der allgemeinen verfassungsrechtlichen Problematik, die jeder parafiskalischen Abgabe innewohnt und unter Zugrundelegung der Grundsätze des Bundesverfassungsgerichts hinsichtlich dieses Problemkreises, bleibt zu untersuchen, inwieweit die Universaldienstabgabe materiell[334] verfassungskonform ist.

1. Die grundlegende Weichenstellung: Anwendbarkeit der strengen Legalitätskriterien?

Eine entscheidende Weichenstellung liegt bereits in der Frage, ob die vom Bundesverfassungsgericht in der Entscheidung zur Berufsausbildungsabgabe entwickelten strengen Kriterien Anwendung finden, oder ob in Anlehnung an die Entscheidungen zur Schwerbehindertenabgabe und zur Fehlbelegungsabgabe nur eine eingeschränkte Legalitätsprüfung durchzuführen ist. Dies hängt unmittelbar davon ab, ob die konkrete Ausgestaltung der Universaldienstabgabe eine Qualifizierung

---

[330] Zu beachten ist in diesem Zusammenhang, daß die sog. Abschöpfungsabgaben vom BVerfG als eigene Abgabeform und nicht als Unterfall der Sonderabgabe angesehen werden. Terminologisch kann dies jedoch kaum überzeugen, da diese Abgabeform nur schwerlich von sog. Lenkungs- und Ausgleichsabgaben unterschieden werden kann, welche ihrerseits zur Gruppe der Sonderabgaben gezählt werden.

[331] BVerfGE 78, 249.

[332] So: BVerfGE 93, 319 (345).

[333] BVerfGE 78, 249 (267 ff.); BVerfGE 93, 319 (345 ff.).

[334] Die nachfolgende Prüfung beschränkt sich allein auf die höchst problematische materielle Verfassungsmäßigkeit der Abgabe. Die formelle Verfassungsmäßigkeit erweist sich demgegenüber als unproblematisch. Insoweit kann auf die Ausführungen von *Pohl*, Universaldienst in der Telekommunikation, S. 141 ff., verwiesen werden.

als Abschöpfungs- oder als Lenkungs- und Ausgleichsabgabe möglich macht. Letzteres hätte eine nur eingeschränkte Zulässigkeitsprüfung zur Folge.

a) Die Universaldienstabgabe als Abschöpfungsinstrument?

Die vom Bundesverfassungsgericht in den Entscheidungen zur Fehlbelegungsabgabe und zum Wasserpfennig[335] als eigener Abgabentypus verstandene Abschöpfungsabgabe ist dadurch gekennzeichnet, daß mittels ihrer Erhebung ein bestimmter Sondervorteil auf Seiten des Schuldners korrigiert wird.[336] Eine Konkurrenzsituation zur Steuer und die damit verbundene Gefahr der Aushöhlung der Finanzverfassung ist – so die Auffassung des Gerichts – mit der Existenz solcher Abgaben nicht verbunden, da diese nicht voraussetzungslos erhoben werden, sondern begriffsnotwendig an einen bereits gewährten spezifischen Vorteil anknüpfen.[337] Die Abgabenerhebung verfolgt den Zweck, diesen Sonderposten abzuschöpfen und damit ein Vorteils-/Nachteilsgefälle innerhalb der Gesellschaft auszugleichen. Charakteristisch für eine Abschöpfungsabgabe ist, daß sie bedarfsunabhängig erhoben wird und sich ihre Höhe unmittelbar am Wert des bestehenden Sondervorteils orientiert.

Zu überlegen ist daher, ob mittels der Universaldienstabgabe ein spezifischer Sondervorteil auf seiten des Schuldners rückabgewickelt wird. Denkbarer Ansatzpunkt wäre, daß mittels dieser Geldleistungspflicht die von der Deutschen Telekom während der Monopolära erzielten Gewinne abgeschöpft werden. Die Annahme eines spezifischen Vorteils wäre durchaus diskutabel, da das Unternehmen aufgrund der in § 1 FAG verankerten Monopole vor Wettbewerbern geschützt wurde, und gerade deshalb in bestimmten Bereichen nicht unerhebliche Gewinne erzielen konnte.[338] Zweiter denkbarer Ansatzpunkt für die Existenz eines Sondervorteils wäre das umfassende Netzeigentum der Deutschen Telekom AG. Die Besonderheit dieses Eigentums liegt darin, daß es aus staatlichen Mitteln finanziert und im Zuge der Postumwandlung vom Sondervermögen Deutsche Bundespost-Telekom ohne Gegenleistung übernommen wurde.[339] In der Verfügungsbefugnis über diese komplexen Netzverbindungen liegt auch fraglos ein Sondervorteil, der dem Unternehmen gegenüber sonstigen privaten Anbietern größere Wettbewerbschancen eröffnet.

---

[335] BVerfGE 93, 319 (346 f.); vgl. auch *Britz*, JuS 1997, S. 404 (408 ff.); ausführlich zu Umweltabgaben: *Köck*, Die Sonderabgabe als Instrument des Umweltschutzes, passim.

[336] Ausführlich zu dieser Abgabeform: *Puwalla*, Qualifikation von Abgaben, S. 27 ff., 141 ff.; vgl. auch *Kim*, Rechtfertigung von Sonderabgaben, S. 67 ff.

[337] Vgl. nur BVerfGE 78, 249 (267 ff.); 93, 319 (345 ff.); vgl. auch *P. Kirchhof*, HdbdStR IV § 88 Rn. 281; *Britz*, JuS 1997, S. 404 (408 ff.).

[338] Vgl. oben, 1. Kapitel, B I 3.

[339] Ausführlich zu der Frage, ob sich aus dieser Tatsache gesteigerte Pflichten der Deutschen Telekom AG herleiten lassen, 4. Kapitel, C IV 2.

Aus der konkreten Ausgestaltung der Universaldienstabgabe ergibt sich jedoch eindeutig, daß deren Intention nicht darin besteht, diese Vorteile abzuschöpfen. Dies wird schon aus dem potentiellen Adressatenkreis deutlich: Zahlungspflichtig sind alle Lizenznehmer, welche einen bestimmten Mindestumsatz erreichen.[340] Daraus folgt, daß neben der Deutschen Telekom AG auch die privaten Konkurrenzunternehmen von der Geldleistungspflicht getroffen werden, obwohl diese nicht Nutznießer der beschriebenen Vorteile sind. Da hinsichtlich dieses Schuldnerkreises kein Sondervorteil besteht, scheidet die Annahme einer Abschöpfungsabgabe aus.

Auch eine eventuelle Interpretation, daß die Öffnung des Marktes ein Sondervorteil zugunsten der Telekommunikationsanbieter darstellt, der mittels der Universaldienstabgabe abgeschöpft wird, kann nicht überzeugen. Dagegen spricht schon die konkrete Ausgestaltung des Verfahrens: Die Universaldienstabgabe wird nur erhoben, sofern eine Unterversorgung vorliegt und ein zum Universaldienst verpflichtetes Unternehmen gemäß § 20 TKG den Defizitausgleich geltend macht. Die Abgabenhöhe richtet sich dann ausschließlich nach dem damit verbundenen Finanzbedarf.[341] Eine derartige Ausgestaltung ist aber untypisch für eine Abschöpfungsabgabe, da eine solche bedarfsunabhängig erhoben wird und sich deren Höhe ausschließlich am wirtschaftlichen Wert des gewährten und abzuschöpfenden Sondervorteils orientiert. Selbst wenn man die Marktöffnung als solche schon als gewährten Sondervorteil zugunsten der Telekommunikationsunternehmen ansehen würde, so fehlt es doch an der Konnexität zwischen der Mittelerhebung und diesem Sondervorteil. Eine Qualifizierung der Universaldienstabgabe als Abschöpfungsabgabe kommt folglich nicht in Betracht.

b) Die Universaldienstabgabe als Lenkungs- oder Ausgleichsinstrument?

Auch eine Kategorisierung als Lenkungsabgabe scheidet aus: Die Funktion von Lenkungsabgaben besteht vornehmlich darin, bestimmte Gruppen zu einem politisch erwünschten Verhalten zu motivieren.[342] Im Gegensatz zur Finanzierungssonderabgabe intendiert eine solche Geldleistungspflicht nicht die Aufbringung von Finanzmitteln, sondern will den Normadressaten zur Herbeiführung eines bestimmten Zustands veranlassen. Dieser Effekt soll erreicht werden, indem bestimmte, aus der Perspektive des Staates unerwünschte, Verhaltensweisen finan-

---

340 Vgl. oben, 3. Kapitel, B III 2.

341 Ausführlich zur Konzeption der Universaldienstabgabe: 3. Kapitel, B III 2.

342 Vom BVerwG wird diese Abgabeform regelmäßig als Sonderabgabe mit Lenkungs- und Antriebsfunktion bezeichnet, ohne daß damit materiell-rechtliche Unterschiede verbunden sind; vgl. BVerwGE 74, 308 (310); *Pohl,* Der Universaldienst in der Telekommunikation, S. 115 ff., differenziert hier zwischen handlungspflichtabhängigen Lenkungsabgaben und reinen Lenkungsabgaben. Der tiefere Sinn dieser Unterscheidung für den relevanten Zusammenhang bleibt jedoch leider im Dunkeln.

D. Verfassungsmäßigkeit der Abgabepflicht

ziell belastet werden.[343] Demzufolge erreicht sie ihr Ziel idealtypisch bei einem Nullaufkommen.[344]

Aus dem Zweck einer handlungsbezogenen Lenkungsabgabe folgt daher schon begriffsnotwendig eine bestimmte Relation zwischen Handlungs- und Geldleistungspflicht. Wie bei der Schwerbehindertenabgabe – dem Prototyp einer Sonderabgabe mit Lenkungsfunktion – muß zwischen diesen beiden Ebenen ein strenges Alternativverhältnis bestehen. Eine relevante Lenkungs- oder Antriebsfunktion kann folglich nur dann festgestellt werden, wenn sich der Normadressat durch Erbringung der Leistung der monetären Verpflichtung entziehen kann.[345] Die Schwerbehindertenabgabe war insofern typisch für eine Lenkungsabgabe, da durch den konkreten gesetzliche Mechanismus sichergestellt wurde, daß sich die Zahlungspflicht nur dann aktualisierte, wenn der Betroffene nicht der Primärpflicht zur Beschäftigung Schwerbehinderter nachkam („pay or play").[346]

An dieser Koppelung zwischen Leistungspflicht und Abgabepflicht fehlt es bei der Universaldienstabgabe. Eine genau konkretisierte und individualisierte universaldienstbezogene Primärpflicht für ein bestimmtes Unternehmen existiert erst dann, wenn die Regulierungsbehörde gemäß § 19 Abs. 2–4 TKG ein förmliches Verpflichtungsverfahren durchgeführt hat. Ab diesem Zeitpunkt besteht jedoch für das betroffene Unternehmen kein wirkliches Alternativverhältnis zwischen Handlungs- und Zahlungspflicht mehr. Aus der gesetzlichen Systematik ergibt sich, daß die Verpflichtung eines Unternehmens zum Universaldienst regelmäßig die Abgabeverpflichtung aller Marktteilnehmer[347] nach sich zieht. Ob ein Unternehmen finanziell zum Universaldienst beitragen muß, richtet sich ausschließlich nach seinem Marktanteil und ist unabhängig davon, von welchem Unternehmen die tatsächliche Leistung erbracht wurde.[348] Die Folge dieses Ansatzes ist, daß auch das den Universaldienst leistende Unternehmen nicht von der Finanzierungspflicht befreit wird und kumulativ zum Adressaten von Handlungs- und Abgabepflicht wird. Da also aus der Erbringung der Leistung nicht zwangsläufig die Befreiung von der Geldleistungspflicht folgt, fehlt es schon an einem relevanten Lenkungsanreiz.[349]

---

[343] Vgl. zur Lenkungsabgabe: *Hendler*, Die Sonderabfallabgabe, S. 70 ff.; *Rottländer*, Haushaltspolitische Bedeutung und Verfassungsmäßigkeit von Sonderabgaben, S. 110 f.; *P. Kirchhof*, in Festschrift für Friauf, S. 669 (678); *ders.*, Jura 1983, S. 505 (517); *Jarass*, DÖV 1989, S. 1013 (1018); *Werner/Zacharias*, DB 1984, S. 1283 (1284 f.).

[344] *P. Kirchhof*, HdbdStR IV § 88 Rn. 245.

[345] *Gramlich*, Archiv PT 1995, S. 189 (209 f.); *Badura*, Archiv PT 1997, S. 277 (286 f.); *Elicker*, Archiv PT 1997, S. 288 (290 f.); ausführlich zu rechtspflichtbezogenen Sonderabgaben: *Köck*, Die Sonderabgabe als Instrument des Umweltschutzes, S. 117 ff.

[346] Vgl. BVerfGE 57, 139 (167 ff.); vgl. auch: *Wilms*, Das Recht der Sonderabgaben nach dem Grundgesetz, S. 26 f.

[347] Ausgenommen von der Finanzierungspflicht sind lediglich solche Unternehmen, deren Marktanteil weniger als 4 % beträgt; vgl. 3. Kapitel, B III 2.

[348] Vgl. oben 3. Kapitel, B III 2.

Im übrigen kann darauf hingewiesen werden, daß auch die sonstige Ausgestaltung des gesetzlichen Modells gegen die Kategorisierung „Lenkungsabgabe" spricht. Typisch für Geldleistungspflichten mit Lenkungsfunktion ist, daß die Höhe des jeweiligen Ertragsvolumens nicht durch den konkreten Finanzbedarf, sondern durch die verhaltenssteuernde Intention bestimmt wird.[350] Es ist daher allenfalls von sekundärer Relevanz, ob die erzielten Einnahmen für den Verwendungszweck ausreichen. Die Konzeption der Universaldienstabgabe ist demgegenüber ersichtlich dadurch geprägt, einen ganz speziellen monetären Bedarf zu decken. Die Höhe des Abgabenaufkommens richtet sich exakt nach den der Regulierungsbehörde entstandenen Kosten. Durch die in § 21 Abs. 1 S. 3 TKG vorgesehene Ausfallhaftung,[351] wird sogar sichergestellt, daß im Falle der Insolvenz eines Unternehmens, die übrigen Abgabeschuldner entsprechend ihres Marktanteils für dessen Verbindlichkeit aufkommen müssen. Es ist daher offensichtlich, daß sich die Höhe des Ertragsvolumens eindeutig nach dem zu finanzierenden Finanzbedarf und nicht nach Lenkungsgesichtspunkten richtet. Die Universaldienstabgabe kann daher auch aufgrund dieser Überlegung nicht als Sonderabgabe mit Lenkungsfunktion qualifiziert werden.

Eine Qualifizierung der Universaldienstabgabe als Ausgleichsabgabe scheidet bei näherer Betrachtung ebenfalls aus. Die Annahme einer Ausgleichsabgabe käme nur in Betracht, wenn durch die Geldleistungspflicht bestimmte staatlich zu verantwortende Vor- und Nachteile innerhalb eines bestimmten Erwerbs- oder Wirtschaftsbereichs ausgeglichen würden. Ausgleichsabgaben sollen regelmäßig die materielle Gleichheit innerhalb eines konkreten Sektors wiederherstellen, indem sie einer durch staatliche Intervention bewirkte Belastungsungleichheit gegensteuern. Der Zweck solcher Geldleistungspflichten liegt demnach – ähnlich wie bei der Abschöpfungsabgabe – allein in der gleichheitsstiftenden Umverteilung nach staatlich zurechenbaren Fehlwirkungen, ohne einen Finanzierungszweck zu verfolgen.[352]

---

[349] Ausführlich hinsichtlich der identischen Problematik im Postbereich: *Elicker,* Archiv PT 1997, S. 288 (290 f.); auch von *Badura,* Archiv PT 1997, S. 277 (286 f.) wird dieser Aspekt besonders betont, und die konkrete Verfassungsmäßigkeit des Konzepts aufgrund der doppelten Inanspruchnahme des betroffenen Unternehmens bezweifelt.

[350] *Jarass,* DÖV 1989, S. 1013 (1020); *Heimlich,* NVwZ 1998, S. 122 (124); in diesem Zusammenhang sei wiederum auf die auf Schwerbehindertenabgabe hingewiesen, bei der sich das Ertragsvolumen ohne Rücksicht auf den Verwendungszweck, allein danach richtete, in welchem Umfang die Arbeitgeber der Pflicht zur Beschäftigung Schwerbehinderter nachkamen.

[351] Instruktiv: *Schütz,* in Beck'scher TKG-Kommentar, § 21 Rn. 16.

[352] Vgl. *Rottländer,* Haushaltspolitische Bedeutung und Verfassungsmäßigkeit von Sonderabgaben, S. 24; *P. Kirchhof,* in Festschrift für Friauf, S. 669 (678); *ders.,* Jura 1983, S. 505 (517); als eine solche Ausgleichsabgabe ohne Finanzierungszweck wurde seinerzeit die Feuerwehrabgabe (BVerfGE 13, 167 (170 f.)), und der Konjunkturzuschlag (BVerfGE 29, 402 (409)) bezeichnet. Auch die Abgabe nach dem Schwerbehindertengesetz (BVerfGE 57, 139 (153)) wurde außer durch die bereits erwähnte Lenkungsfunktion entscheidend durch die

D. Verfassungsmäßigkeit der Abgabepflicht

In gewisser Weise kommt der Universaldienstabgabe zwar auch eine gleichheitsstiftende Funktion zu, da sich die Höhe der Abgabe exakt an den Umsätzen der Telekommunikationsunternehmen orientiert und damit eine proportionale, dem Gleichheitsprinzip entsprechende Aufteilung der finanziellen Universaldienstlast gewährleistet ist;[353] dies kann jedoch nicht darüber hinwegtäuschen, daß der Primärzweck der Abgabe in der Finanzierung einer ganz bestimmten Aufgabe liegt. Wie bereits angesprochen, ist der Abgabentatbestand so ausgestaltet, daß die Regulierungsbehörde genau die finanziellen Mittel erzielt, die sie für den sog. Defizitausgleich nach § 20 TKG benötigt. Auf diese Weise wird sichergestellt, daß die Finanzierung unrentabler Universaldienstleistungen aus dem Telekommunikationsmarkt selbst erfolgt, ohne den allgemeinen Staatshaushalt zu belasten. Die Finanzierungsfunktion der Universaldienstabgabe kann daher nicht ernstlich bezweifelt werden.[354] Sie stellt daher keine Ausgleichsabgabe im klassischen Sinne dar, sondern muß als Sonderabgabe mit Finanzierungsfunktion qualifiziert werden.

c) Zwischenergebnis

Der erste Teil der abgabenrechtlichen Legitimationsprüfung hat ergeben, daß die Universaldienstabgabe weder als Abschöpfungsabgabe, noch als Sonderabgabe mit Lenkungs- und Ausgleichsfunktion qualifiziert werden kann. Da die Abgabe in erster Linie durch ihre Finanzierungsfunktion geprägt wird, ist sie nur dann mit der Finanzverfassung vereinbar, wenn sie den vom Bundesverfassungsgericht entwickelten, sogenannten „strengen Legitimationskriterien" entspricht.[355]

2. Universaldienstabgabe und strenge Rechtfertigungslehre

Die mit der Universaldienstabgabe belasteten Subjekte müßten eine homogene Gruppe darstellen (a), die eine spezifische Gruppenverantwortung zugunsten der

---

Ausgleichsfunktion geprägt; grundlegend zur Abgrenzung der Ausgleichsabgabe eigener Art zur Ausgleichs-Finanzierungsabgabe: BVerfGE 67, 256 (277 f.).

[353] So auch: *Heimlich,* NVwZ 1998, S. 122 (124); *Pohl,* Der Universaldienst in der Telekommunikation, S. 114.

[354] In diesem Zusammenhang sei auch auf die Begründung zum Entwurf des TKG hingewiesen, in der ausdrücklich betont wird, daß die Universaldienstabgabe zur „Finanzierung von Defiziten" erhoben wird, vgl. BT-Drucks. 13/3609, S. 33 (42).

[355] Dies wurde, soweit ersichtlich, innerhalb der rechtswissenschaftlichen Literatur auch noch von niemandem ernstlich bestritten; vgl. *Pohl,* Der Universaldienst in der Telekommunikation, S. 119; *Schütz,* in Beck'scher TKG-Kommentar, § 21 Rn. 5 ff.; *Schütz/Cornils,* DVBl. 1997, S. 1146 (1153); *Heimlich,* NVwZ 1998, S. 122 (124); erstmals: *Schütz/Esser-Wellié,* AfP 1995, S. 580 (584); ebenso hinsichtlich der identischen Ausgestaltung der Grundversorgungsabgabe im Postwesen: *Elicker,* Archiv PT 1997, S. 288 (291); *Badura,* Archiv PT S. 277, S. 277 (286 f.).

zu finanzierenden Aufgabe besitzt (b). Ferner müßte das Aufkommen der Abgabe gruppennützig verwendet werden (c) und die Abgabe nur einen temporären Charakter besitzen (d).

a) Belastung einer homogenen Gruppe

aa) Das Homogenitätskriterium im Recht der Sonderabgaben

Die Erhebung von Sonderabgaben mit Finanzierungsfunktion setzt nach der nunmehr gefestigten Rechtsprechung des Bundesverfassungsgerichts zunächst voraus, daß die belastete Gruppe *homogen* im Sinne der verfassungsgerichtlichen Terminologie ist. Grundlegende Ausführungen zu diesem Kriterium lassen sich dabei der Entscheidung des Bundesverfassungsgerichts zur Berufsausbildungsabgabe entnehmen:

„Eine gesellschaftliche Gruppe kann nur dann mit einer Sonderabgabe in Anspruch genommen werden, wenn sie durch eine gemeinsame, in der Rechtsordnung oder in der gesellschaftlichen Wirklichkeit vorgegebene Interessenlage oder durch besondere Gemeinsamkeiten von der Allgemeinheit und anderen Gruppen abgrenzbar ist, wenn es sich also um eine in diesem Sinne homogene Gruppe handelt."[356]

Das Erfordernis der Gruppenhomogenität erklärt sich aus dem bereits skizzierten Konkurrenzverhältnis zur Steuer. Eine Sonderabgabe ist neben diesem klassischen Finanzierungsinstrument allenfalls dann finanzverfassungsrechtlich unbedenklich, wenn nicht die Allgemeinheit der Steuerzahler zusätzlich belastet wird, sondern sich diese Belastungswirkung auf einen ganz bestimmten eng umgrenzten Personenkreis beschränkt.[357] Das Bundesverfassungsgericht hat ebenso wie die rechtswissenschaftliche Literatur mehrfach betont, daß diese so verstandene Gruppenhomogenität der Auferlegung der Abgabe zeitlich und sachlich vorausliegen muß. Der Gesetzgeber darf also für die beabsichtigte Abgabenerhebung nicht beliebig Gruppen nach Gesichtspunkten normativ bilden, die nicht bereits in der Rechts- oder Sozialordnung materiell vorgegeben sind.[358]

---

[356] BVerfGE 55, 274 (305 f.); vgl. auch BVerfGE 67, 256 (276); 82, 159 (180); BVerwGE 74, 308 (311), *Friauf*, in Festschrift für Jahrreiß, S. 45 (55); *An. Weber*, Finanzierung der Wirtschaftsverwaltung durch Abgaben, S. 184; *Stober*, Handbuch des Wirtschaftsverwaltungs- und Umweltrechts, S. 315; *Ricker*, Filmabgabe und Medienfreiheit, S. 28; *Hendler*, Die Sonderabfallabgabe, S. 65 f.; *Heimlich*, NVwZ 1998, S. 122 (133).

[357] Vgl. *P. Kirchhof*, HdbdStR IV § 88 Rn. 233; *Friauf*, in Festschrift für Haubrichs, S. 45 (54); *Kluth*, JA 1996, S. 260 (262).

[358] BVerfGE 55, 274 (306); 67, 256 (276); 82, 159 (180); 91, 186 (205 f.); *Köck*, Die Sonderabgabe als Instrument des Umweltschutzes, S. 100 f.; *Pohlmann*, Rechtsprobleme der Stromeinspeisung nach dem Stromeinspeisungsgesetz, S. 99; *Ricker*, Filmabgabe und Medienfreiheit, S. 28, *Hendler*, Die Sonderabfallabgabe, S. 65 f.; *P. Kirchhof*, HdbdStR IV § 88 Rn. 232; *Siekmann*, in Sachs (Hrsg.), Grundgesetz, vor Art. 104a, Rn. 146

Schwierigkeiten bereitet in diesem Zusammenhang allerdings die Frage, welche inhaltlichen Anforderungen man an die Gemeinsamkeiten der einzelnen Gruppenmitglieder zu stellen hat. Wenn der sonderabgabenspezifische Terminus der Gruppenhomogenität vereinzelt mit dem Begriff der sozialversicherungsrechtlichen Gruppensolidarität gleichgesetzt wird,[359] so kann dies kaum überzeugen. Gruppensolidarität bedeutet, daß sich die einzelnen Mitglieder quasi als soziologische Einheit begreifen und sich ihr Zusammengehörigkeitsgefühl auch darin manifestiert, daß wirtschaftlich potente Gruppenmitglieder Leistungen an leistungsschwache Mitglieder mitfinanzieren.[360] Die Existenz eines derartigen „Wir-Gefühls" und solidarischen Gruppenverhaltens wird jedoch nur in seltenen Fällen tatsächlich festzustellen sein. Ein so strenges Verständnis der Gruppenhomogenität würde folglich dazu führen, daß es dem Gesetzgeber fast unmöglich gemacht wird, bestimmte Gruppen zur Finanzierung einer konkreten Aufgabe heranzuziehen. Auch vom dogmatischen Ansatz erscheint eine solche Interpretation des Homogenitätskriteriums äußerst fragwürdig: Die Gruppensolidarität im Sozialversicherungsrecht ist der Anknüpfungspunkt für bestimmte gruppeninterne Umverteilungsmaßnahmen. Die Sonderabgabe intendiert jedoch in erster Linie nicht die Umverteilung bestimmter Mittel oder Lasten *innerhalb der Gruppe,* sondern bezweckt die Finanzierung einer konkreten Aufgabe *durch die Gruppe.* Demzufolge müssen die Anforderungen an die Gruppenhomogenität im Recht der Sonderabgaben eine Ebene unterhalb der sozialversicherungsrechtlichen Gruppensolidarität angesiedelt werden.[361] Diesen Weg beschreitet offensichtlich auch das Bundesverfassungsgericht, wenn es zur Bestimmung der Homogenität in erster Linie auf die Zugehörigkeit zu derselben Wirtschaftsbranche, einen gemeinsamen Tätigkeitsbereich oder eine gemeinsame Interessenlage[362] rekurriert. Ausgehend von diesem Verständnis des Homogenitätskriteriums muß aber vorab geklärt werden, wer mittels der Universaldienstabgabe überhaupt materiell belastet wird.

bb) Bestimmung der materiell Belasteten

Die besondere Schwierigkeit und Brisanz dieser Frage ergibt sich insbesondere vor dem Hintergrund der höchstrichterlichen Rechtsprechung zum „Kohlepfennig"[363]. In dieser Entscheidung hat das Bundesverfassungsgericht hervorgehoben, daß die materiell belastete Gruppe nicht notwendig mit den formellen Abgabeschuldnern identisch sein muß. Ausgehend von dieser Prämisse hat das Gericht

---
[359] So offensichtlich *Henseler,* Begriffsmerkmale und Legitimation von Sonderabgaben, S. 132; vgl. auch *Kim,* Rechtfertigung von Sonderabgaben, S. 96 ff.
[360] Vgl. *Degenhart,* BayVBl 1984, S. 65 (67 f.); *Krause,* VSSR 8 (1980), S. 115 (135).
[361] Vom Ansatz ebenso: *Pohl,* Universaldienst in der Telekommunikation, S. 137.
[362] BVerfGE 55, 274 (311 f.) hinsichtlich der Gruppe der Arbeitgeber.
[363] BVerfGE 91, 186 ff.

nicht die Energieversorgungsunternehmen, welche die unmittelbaren Adressaten der Abgabepflicht des § 10 Verstromungsgesetz waren, sondern die Endverbraucher von Strom als materielle Abgabenbetroffene angesehen und untersucht, inwiefern diese Gruppe dem Homogenitätskriterium entspricht.[364] Begründet wurde dies damit, daß das Verstromungsgesetz „von seiner Zielsetzung, seinem Regelungsgehalt und seinen flankierenden Vorkehrungen"[365] explizit darauf angelegt war, daß die Abgabe im Sinne eines „durchlaufenden Postens"[366] auf die Endverbraucher überwälzt wird. Hinsichtlich der Energieversorgungsunternehmen sei demgegenüber keine materielle Belastungswirkung feststellbar.[367]

Für die vorliegende Untersuchung muß daher geklärt werden, ob die Ausgestaltung der Universaldienstabgabe mit dem Konzept des Kohlepfennigs vergleichbar und eine Differenzierung zwischen formell Belasteten und materiell Endbetroffenen gerechtfertigt ist. Insbesondere Pohl glaubt in seiner Untersuchung zur Verfassungsmäßigkeit der Universaldienstabgabe diesen Nachweis führen zu können und unterscheidet dementsprechend auch hier zwischen formellen Abgabeschuldnern (Gruppe der Telekommunikationsunternehmen) und materiell Endbetroffenen (Gruppe der Telekommunikationskunden).[368] In konsequenter Analogie zur Kohlepfennig-Entscheidung qualifiziert er anschließend die Telekommunikationskunden als nicht homogene Gruppe, da ihr Kreis ebenso wie der Kreis der Stromverbraucher nahezu konturenlos und mit der Allgemeinheit der Steuerzahler im wesentlichen identisch ist.[369] Diese fehlende Gruppenhomogenität der materiell Belasteten hat nach der Auffassung von Pohl die Verfassungswidrigkeit der Universaldienstabgabe zur Folge.[370]

Bei einer näheren Betrachtung offenbaren sich jedoch erhebliche Zweifel an der Richtigkeit dieses Ansatzes. Es läßt sich zwar kaum leugnen, daß durch die Erhebung der Universaldienstabgabe mittelbar auch die Kunden der Telekommunikationsunternehmen belastet werden, jedoch handelt es sich bei dieser potentiellen Kostenüberwälzung auf den Endverbraucher um einen alltäglichen betriebswirtschaftlichen Prozeß. Man muß sich in diesem Zusammenhang vergegenwärtigen, daß grundsätzlich jede Geldleistungspflicht mit der ein Unternehmen belastet wird, aus ökonomischer Perspektive einen Kostenfaktor darstellt, der bei der Festsetzung der Preise des produzierten Gutes oder der angebotenen Dienstleistung in die Gesamtkalkulation miteinbezogen wird. Daraus folgt, daß in der Regel jeder finanziellen Belastung eines Unternehmens die Gefahr innewohnt, über die Erhöhung der Endpreise auf den Verbraucher umgelegt zu werden.[371] Mit Recht konstatierten daher

---

[364] BVerfGE 91, 186 (203 ff.).
[365] BVerfGE 91, 186 (203).
[366] BVerfGE 91, 186 (205).
[367] BVerfGE 91, 186 (205).
[368] *Pohl*, Universaldienst in der Telekommunikation, S. 173 ff.
[369] *Pohl*, Universaldienst in der Telekommunikation, S. 182 ff.
[370] *Pohl*, Universaldienst in der Telekommunikation, S. 184, 196 f.

D. Verfassungsmäßigkeit der Abgabepflicht 211

das Bundesverfassungsgericht und die juristische Literatur, daß eine solche marktabhängige Kostenüberwälzung nicht automatisch die Verschiebung der materiellen Belastung zur Folge hat.[372] In Anlehnung an die Kohlepfennig-Entscheidung des zweiten Senats kann eine Verschiebung der materiellen Belastung und damit des Anknüpfungspunktes der Gruppenhomogenität demgegenüber nur dann festgestellt werden, wenn das Abgabengesetz über die Eröffnung der marktabhängigen Möglichkeiten hinaus, nach seiner Zielsetzung, Regelungsgehalt und Flankierung auf eine Überwälzung tatsächlich angelegt ist.[373]

Nach der zutreffenden Auffassung des Gerichts war dies bei der Abgabe nach dem 3. Verstromungsgesetz der Fall. Schon aus der Begründung des Gesetzes ergab sich, daß die Weitergabe der Belastung der Energieversorgungsunternehmen auf die Verbraucher intendiert war.[374] Dies wurde durch die konkrete gesetzliche Ausgestaltung auch sichergestellt: Zum einen beschränkte sich die Abgabepflicht nur auf solche Versorgungsunternehmen, welche an Letztverbraucher lieferten, zum andern sah § 10 des Verstromungsgesetzes die Weitergabe der Belastung ausdrücklich vor. Die Norm ermöglichte es den Energieversorgern sogar, bei bereits bestehenden Verträgen gegenüber Stromkunden ein erhöhtes Entgelt zu verlangen, um einer materiellen Belastung durch die zahlende Abgabe zu entgehen.[375] Die Abgabe wurde auch in der formellen Rechnungslegung gegenüber dem Verbraucher als eigenständige Belastung bewußt gemacht, indem gemäß § 10 Abs. 3 Verstromungsgesetz der Anteil des einzelnen Verbrauchers an der Abgabe separat ausgewiesen wurde.[376] Zusätzlich wurde die intendierte Belastung des Endverbrau-

---

[371] In diesem Sinne auch: *Pohlmann*, Rechtsprobleme der Stromeinspeisung nach dem Stromeinspeisungsgesetz, S. 100; *Gabrisch*, Universaldienst in der Telekommunikation, S. 172; *Leisner*, Gewerbearchiv 1990, S. 265 (268); *Studenroth*, DVBl. 1995, S. 1216 (1218);.

[372] BVerfGE 91, 186 (203 ff.); *Pohlmann*, Rechtsprobleme der Stromeinspeisung nach dem Stromeinspeisungsgesetz, S. 101; *ders.*, NJW 1997, S. 545 (549); *Leisner*, Gewerbearchiv 1990, S. 265 (268); *Elicker*, Archiv PT 1997, S. 288 (292); *Studenroth*, DVBl. 1995, S. 1216 (1218); regelmäßig wird sowohl seitens der Rechtsprechung, als auch innerhalb der Literatur, die Frage der materiellen Belastung nicht ausdrücklich problematisiert, sondern an die Stellung als formelle Abgabeschuldner angeknüpft; exemplarisch: BVerfGE 55, 274 (311); 82, 159 (183 f.); BVerwG 45, 1 (7); *Lerche*, DB, 1995 Beilage Nr. 10 zu Heft 30, S. 1 (7); *Ricker*, Filmabgabe und Medienfreiheit, S. 27 f.; hinsichtlich der Universalabgabe: *Heimlich*, NVwZ 1998, S. 122 (123); *Schütz/Cornils*, DVBl. 1997, S. 1146 (1157); *Schütz*, in Beck'scher TKG-Kommentar, § 21 Rn. 7 ff.; hinsichtlich der Grundversorgungsabgabe nach dem Postgesetz: *Badura*, Archiv PT 1997, S. 277 (286).

[373] BVerfGE 91, 186 (203).

[374] „Den von der Ausgleichsabgabe betroffenen Unternehmen wird die Weitergabe dieser Belastung an ihre Abnehmer ermöglicht."; BT-Drucks. 7/1991, S. 16.

[375] § 10 Abs. 1: „Beruht die Lieferung von Elektrizität an Endverbraucher auf einem Vertrag, der vor dem Inkrafttreten dieses Gesetzes oder einer Rechtsverordnung § 8 Abs. 4 Satz 1 oder Satz 3 abgeschlossen worden ist, so kann das Elektrizitätsunternehmen im Falle der erstmaligen Festsetzung oder der Heraufsetzung der Ausgleichsabgabe eine Anhebung des Entgelts für die Elektrizitätslieferung verlangen, für die die erstmalig festgesetzte oder erhöhte Ausgleichsabgabe zu errichten ist (...)"; vgl. BVerfGE 91, 186 (204).

chers auch durch die Härteregelung des § 11 des Verstromungsgesetzes bestätigt, da diese bei Vorliegen einer unbilligen Härte den Endverbraucher und nicht etwa den Energieversorger von einer Abgabepflicht befreite.[377]

Die Interpretation der Abgabe als durchlaufendem Posten, der materiell ausschließlich den Endverbraucher belastet, war jedoch nur aufgrund der besonderen ordnungspolitischen Situation des Energiemarktes zum Zeitpunkt der Entscheidung möglich. Das 3. Verstromungsgesetz betraf einen Markt, der durch die Existenz von Gebietsmonopolen, Versorgungs- und Abnahmeverpflichtungen charakterisiert war.[378] Mangels Wettbewerb bestand für die einzelnen Versorgungsunternehmen nicht die Gefahr, bei einer Preiserhöhung Kunden und damit relevante Marktanteile an Konkurrenten zu verlieren. Der Gesetzgeber konnte aufgrund dieser ordnungspolitischen Sondersituation davon ausgehen, daß die Unternehmen die Kosten der Abgabe „ungefiltert" und in vollem Umfang auf den Endverbraucher überwälzen[379] und die Abgabe daher einen *„durchlaufenden Posten"*[380] darstellt. Aus diesen Ausführungen wird bereits deutlich, daß die Rechtsprechung des Bundesverfassungsgerichts in der Kohlepfennig-Entscheidung eine ganz bestimmte Sondersituation betraf und daß demzufolge eine Verschiebung der materiellen Belastung entsprechend dieser Entscheidung nur unter sehr engen Voraussetzungen tatsächlich in Betracht gezogen werden kann.

Unter Berücksichtigung dieser Prämissen erweist sich die Universaldienstabgabe als nicht vergleichbar mit dem Kohlepfennig. Eine Überwälzung der Universaldienstkosten auf die Telekommunikationskunden ist im Telekommunikationsgesetz weder ausdrücklich vorgesehen, noch wird diese aufgrund flankierender Regelungen erleichtert. Auch den Materialien des Telekommunikationsgesetzes läßt sich nicht entnehmen, daß eine materielle Belastung der Endverbraucher intendiert ist. Ferner sieht das Telekommunikationsgesetz nicht vor, daß die Universaldienstkosten in den jeweiligen Rechnungen an die Kunden separat ausgewiesen werden. Zusätzlich bestätigt die in § 21 Abs. 1 TKG vorgesehene Härtefallregelung die hier

---

[376] § 10 Abs. 3: „Gibt das Elektrizitätsversorgungsunternehmen die sich aus der Ausgleichsabgabe ergebende Belastung an Endverbraucher weiter, so sind der nach § 8 Abs. 5 maßgebende Prozentsatz und der absolute Betrag der Belastung unter der Bezeichnung „Ausgleichsabgabe zur Sicherung der Elektrizitätsversorgung nach dem Dritten Verstromungsgesetz" in den Rechnungen über Elektrizitätslieferungen gesondert auszuweisen."; vgl. BVerfGE 91, 186 (204).

[377] § 11 Abs. 1: „Das Elektrizitätsversorgungsunternehmen darf eine Anhebung des Entgelts nach § 10 Abs. 1 nicht verlangen, wenn ein Unternehmen, das als Endverbraucher Elektrizität abnimmt, durch eine Bescheinigung des Bundesamtes nachweist, daß die sich aus der Anhebung des Entgelts ergebende Belastung eine unbillige Härte bedeuten würde."; BVerfGE 91, 186 (205).

[378] Das Bundesverfassungsgericht spricht insofern von einer „rechtlichen Sonderstellung" der Energieversorgungsunternehmen, vgl. BVerfGE 91, 186 (205).

[379] BVerfGE 91, 186 (203 f.); so auch *Pohl*, Universaldienst in der Telekommunikation, S. 177.

[380] BVerfGE 91, 186 (205).

D. Verfassungsmäßigkeit der Abgabepflicht   213

vertretene Ansicht. Danach werden Lizenznehmer von der Pflicht zur Zahlung der Abgabe befreit, sofern ihr Marktanteil weniger als 4% beträgt. Der Sinn dieser Klausel liegt darin, wie auch von Pohl bestätigt,[381] kleineren, oft jungen Unternehmen den Start zu erleichtern und ihnen den Marktzugang nicht von vornherein mit bestimmten Zahlungspflichten unnötig zu erschweren.[382] Wenn es sich aber bei der Universaldienstabgabe tatsächlich um einen „*durchlaufenden Posten*" handeln würde, der nicht die Telekommunikationsgesellschaften, sondern den Endverbraucher materiell belastet,[383] wäre eine solche Regelung zugunsten der kleineren Unternehmen überflüssig. Statt dessen müßte das Telekommunikationsgesetz in Anlehnung an § 11 des 3. Verstromungsgesetzes eine Härtefallregelung zugunsten der Endverbraucher vorsehen. Dies ist jedoch nicht der Fall.

Ausgehend von dieser normativen Realität räumt auch Pohl ein, daß die Überwälzung der Abgabenlast auf den Endverbraucher im Telekommunikationsgesetz zwar keine gesetzlich vorgesehene und vom Gesetzgeber intendierte Regelfolge darstellt,[384] daß jedoch die „*faktischen Verhältnisse*"[385] eine Parallelisierung von Kohlepfennig und Universaldienstabgabe erlauben. Zur Begründung dieser These verweist er in erster Linie darauf, daß die Marktstrukturen des aktuellen Telekommunikationssektors in gewisser Weise mit den Strukturen vergleichbar sind, die dem 3. Verstromungsgesetz zugrunde lagen. Mit Recht wird festgestellt, daß im modernen Telekommunikationssektor zwar keine gesetzlich monopolisierten Absatzgebiete mehr bestehen, daß die Deutsche Telekom AG als Eigentümerin eines flächendeckenden Telekommunikationsnetzes aber über eine exponierte Marktstellung und erhebliche Wettbewerbsvorteile gegenüber den Mitbewerbern verfügt.[386] Aus dieser Tatsache schließt Pohl, daß sich die Preisbildung „für lange Zeit"[387] nicht an den Parametern der Marktgerechtigkeit und Konkurrenzfähigkeit orientieren wird, sondern daß dieses Unternehmen mangels wettbewerblich ausgeglichener Marktstruktur die Entgelte im wesentlichen autonom festsetzen kann und daher die Möglichkeit besitzt, die Kosten der Universaldienstabgabe in vollem Umfang auf die Telekommunikationsnutzer abzuwälzen.[388] Pohl sieht die Deutsche Telekom AG demnach in einer ordnungspolitisch vergleichbaren Situation wie die Energieversorgungsunternehmen zur Zeit der Kohlepfennig-Entscheidung.[389]

---

[381] *Pohl*, Universaldienst in der Telekommunikation, S. 87 f.
[382] Vgl. nur: *Ickenroth*, WIK Nr. 154, S. 64.
[383] So: *Pohl*, Universaldienst in der Telekommunikation, S. 181.
[384] *Pohl*, Universaldienst in der Telekommunikation, S. 177.
[385] *Pohl*, Universaldienst in der Telekommunikation, S. 178.
[386] *Pohl*, Universaldienst in der Telekommunikation, S. 179.
[387] *Pohl*, Universaldienst in der Telekommunikation, S. 181.
[388] *Pohl*, Universaldienst in der Telekommunikation, S. 179, 181.
[389] „Die faktische Überbürdung der Abgabenlast kommt der gesetzlich vorgesehenen gleich. Es ist unerheblich, ob das Gesetz unmittelbar im Wortlaut oder erst durch die ökonomische Realität Finanzierungsverantwortlichkeiten statuiert."; *Pohl*, Universaldienst in der Telekommunikation, S. 181.

Diese Argumentation überzeugt indes nicht. Zum einen verkennt Pohl, daß die Deutsche Telekom AG nicht der alleinige Adressat der Abgabepflicht ist. Wie bereits an anderer Stelle dargelegt,[390] normiert § 21 TKG die Obligation *aller* Lizenznehmer, sofern diese über einen bestimmten Marktanteil verfügen. Daraus folgt, daß neben der Deutschen Telekom AG auch die sonstigen Telekommunikationsgesellschaften abgabepflichtig sind. Hinsichtlich dieser Unternehmen versagt das Argumentationsschema von Pohl aber bereits im Ansatz. Diese Unternehmen verfügen definitiv nicht über eine exponierte Marktposition, die es ihnen erlaubt, die Preise autonom und unabhängig von der Frage der Konkurrenzfähigkeit festzusetzen. Parallelen zu den Elektrizitätsversorgungsunternehmen sind bezüglich dieser Anbieter nicht ansatzweise feststellbar, da zu ihren Gunsten weder eine gesetzliche, noch eine faktische Monopolstellung besteht.

Bei näherer Betrachtung zeigt sich jedoch, daß auch hinsichtlich der Deutschen Telekom AG die *„faktischen Verhältnisse"* keine Analogie zur Kohlepfennig-Entscheidung erlauben. Wie bereits dargelegt, bestanden im Energiesektor Gebietsmonopole, Versorgungs- und Abnahmepflichten, die es den Unternehmen ermöglichten, die Preise autonom und unabhängig von bestehendem Konkurrenzdruck zu bestimmen.[391] Der aktuelle Telekommunikationssektor ist jedoch durch Wettbewerb und Preiskampf geprägt. Die von Pohl vertretene Auffassung, daß die Marktgerechtigkeit und Konkurrenzfähigkeit der Telekom-Preise im liberalisierten Markt auf lange Zeit nicht im Vordergrund stehen werden,[392] ist durch die tatsächlichen Entwicklungen des Telekommunikationsmarktes eindeutig widerlegt worden. Die im Telekommunikationsgesetz vorgesehene Verpflichtung der Deutschen Telekom AG, ihre Netze mit denen der Konkurrenten zusammenschalten zu müssen[393], sowie die Möglichkeit des *Resales*[394] hat in Verbindung mit der wettbewerbsorientierten Politik der Regulierungsbehörde ein ordnungspolitisches Umfeld geschaffen, welches es auch kleineren Unternehmen erlaubt, sich aktiv am Markt zu betätigen. Als Beispiel sei in diesem Zusammenhang insbesondere auf Service Provider wie *MobilCom* und *Teldafax* hingewiesen, die schon frühzeitig mit attraktiven Call by Call-Angeboten relevante Marktanteile insbesondere bei Ferngesprächen erobern konnten.[395] Der Marktzutritt dieser neuen Anbieter hatte einen erhöhten

---

[390] Vgl. 3. Kapitel, B III 2.

[391] BVerfGE 91, 186 (205); hinsichtlich der sogenannten Tarifkunden wurde – und wird zum Teil noch immer – die Preisautonomie partiell eingeschränkt. Hier sieht die BTO Elektrizität bestimmte Höchstpreise vor; vgl. *Büdenbender,* Energierecht, Rn. 757 ff.

[392] *Pohl,* Universaldienst in der Telekommunikation, S. 181.

[393] Vgl. § 35 Abs. 1 TKG; instruktiv *Piepenbrock,* in Beck'scher TKG-Kommentar, § 35 Rn. 1 ff.; ausführlich zur grundrechtlichen Problematik des offenen Netzzugangs, *Stern/Dietlein,* Archiv PT 1998, S. 309 ff.

[394] Unter Resale versteht man den Wieder- bzw. Weiterverkauf von Leistungen des Netzbetreibers durch ein anderes Unternehmen, ohne notwendigerweise das Netz oder Teile davon zu besitzen; synonym für den Terminus Resale werden auch die Begriffe „Wiederverkauf" oder „Service Providing" verwendet; ausführlich zu Idee und Bedeutung des Resales: *Geppert/Ruhle/Schuster,* Handbuch Recht und Praxis der Telekommunikation, Rn. 328 ff.

D. Verfassungsmäßigkeit der Abgabepflicht 215

Wettbewerb zur Folge, der sich in erster Linie als Preiswettbewerb entpuppte.[396] Auch die Deutsche Telekom AG konnte sich diesem Preiskampf nicht entziehen und war aufgrund des drohenden Verlusts erheblicher Marktanteile nunmehr ebenfalls gezwungen, mittels extremer Preissenkungen sich gegenüber den Newcomern zu behaupten.[397] Es kann daher kaum davon gesprochen werden, daß die Deutsche Telekom AG ihre Entgelte autonom und unabhängig eines bestehenden Konkurrenzdrucks bestimmen kann. Statt dessen haben die ersten Erfahrungen im liberalisierten Markt bewiesen, daß die Konkurrenzfähigkeit eines Unternehmens fast ausschließlich von der Preispolitik bestimmt wird. Die aktuelle Marktstruktur des Telekommunikationssektors und die Preisbildung der Deutschen Telekom AG sind folglich kaum vergleichbar mit dem ordnungspolitischen Umfeld des 3. Verstromungsgesetzes.

Es kann damit festgehalten werden, daß auch die *„faktischen Verhältnisse"* keine Analogie der Universaldienstabgabe zum Kohlepfennig rechtfertigen. Die Universaldienstabgabe stellt im Gegensatz zum Kohlepfennig keinen *„durchlaufenden Posten"* dar, sondern hat eine materielle Belastung der betroffenen Telekommunikationsunternehmen zur Folge. Daher ist entgegen der Auffassung von Pohl keine Divergenz von formeller Schuldnerstellung und materieller Endbetroffenheit festzustellen. Zur Ermittlung der Gruppenhomogenität muß somit auf die betroffenen Telekommunikationsunternehmen und nicht auf die Gruppe der Telekommunikationskunden abgestellt werden.

cc) Gruppenhomogenität der Telekommunikationsunternehmen

Die von der Abgabepflicht betroffenen Telekommunikationsunternehmen müßten also als gesellschaftliche Gruppe durch besondere gemeinsame Gegebenheiten, insbesondere durch eine gemeinsame, in der Rechtsordnung oder in der gesellschaftlichen Wirklichkeit vorgegebene Interessenlage, von der Allgemeinheit und anderen Gruppen abgrenzbar sein.[398] Unmittelbar abgabepflichtig sind die Lizenz-

---

[395] Vgl. in diesem Zusammenhang, manager-magazin 9/1999, S. 186.

[396] Vgl. *Rexrodt,* Editorial MMR 5/1998: „Mit jedem neuen Anbieter wächst der Druck auf die Preise. Dies zeigt, daß der Wettbewerb auf diesem Markt bereits kräftig in Gang gekommen ist. Die Preise für Ferngespräche liegen heute bis zu 70 Prozent unter den Preisen, die noch Ende des letzten Jahres gezahlt werden mußten. Gespräche im Nahbereich sind bis zu 40 Prozent billiger geworden."

[397] Vgl. Handelsblatt, Nr. 80, 27. 4. 1999: „Der Kampf um die billigsten Telefonminuten wird immer gnadenloser. (...). Die Preise sinken auf immer neue Tiefststände. (...). Telekom-Chef Sommer hat die Preise kräftig gesenkt, um seinen Konkurrenten das Wasser abzugraben."

[398] Vgl. BVerfGE 55, 274 (305); 67, 256 (276); 82, 159 (180); BVerwGE 74, 308 (311); *Friauf,* in Festschrift für Jahrreiß, S. 45 (55); *An. Weber,* Finanzierung der Wirtschaftsverwaltung durch Abgaben, S. 184; *Stober,* Handbuch des Wirtschaftsverwaltungs- und Umweltrechts, S. 315; *Ricker,* Filmabgabe und Medienfreiheit, S. 28; *Heimlich,* NVwZ 1998, S. 122 (133); *P. Kirchhof,* in Festschrift für Friauf, S. 669 (674).

nehmer, welche auf den ersten Blick eine klar abgrenzbare Gruppe darstellen. Das besondere Gruppenspezifikum liegt im gemeinsamen wirtschaftlichen Tätigkeitsbereich, der das Betreiben von Übertragungswegen, sowie das Angebot von Sprachtelefondienst umfaßt.[399] Die Gruppenhomogenität wird nicht dadurch beeinträchtigt, daß die einzelnen Mitglieder in unmittelbarer Konkurrenz zueinander stehen.[400] Auch die Tatsache, daß das Gruppenmitglied Deutsche Telekom AG staatlich beherrscht ist und aufgrund des umfassenden Netzeigentums eine wirtschaftliche Sonderstellung besitzt, ändert nichts an diesem Befund. Entscheidend ist allein, daß sich alle Gruppenmitglieder auf demselben wirtschaftlichen Markt engagieren und eine gemeinsame Interessenlage besitzen.[401] Da die Deutsche Telekom AG ebenso wie die rein privaten Unternehmen ein unternehmerisch-profitorientiertes Gesellschaftsziel verfolgt,[402] ist neben dem Betätigungsfeld auch die grundsätzliche Interessenlage aller Gruppenmitglieder identisch.

Selbst die vorgesehene Härteregelung, wonach solche Unternehmen, welche über einen Marktanteil von weniger als 4% verfügen, von der Abgabepflicht befreit sind, stellt die Gruppenhomogenität nicht in Frage. Ausgehend vom dogmatischen Ansatz, daß das sonderabgabenrechtliche Homogenitätskriterium neben seiner finanzverfassungsrechtlichen Bedeutung auch ein besonderer Ausfluß des allgemeinen Gleichheitssatzes darstellt,[403] erscheint es durchaus gerechtfertigt, dem Gesetzgeber die Möglichkeit zu belassen, einzelne Teilgruppen von der Abgabepflicht auszunehmen, sofern hierfür hinreichende Rechtfertigungsgründe bestehen. Die Rechtfertigung der Härtefallregelung ist offensichtlich: Den kleinen, gerade der Gründungsphase entwachsenen Unternehmen soll der Marktzutritt und die Marktbehauptung nicht durch Abgabepflichten unnötig erschwert werden. Außerdem wäre zu befürchten, daß der Verwaltungsaufwand, der mit der Bestimmung und Einziehung der Abgabe hinsichtlich der kleinen, umsatzschwachen Unternehmen verbunden wäre, in keinem Verhältnis zu dem erwarteten Ertrag der Abgabe stünde. Daher erweist sich die Härtefallklausel als durchaus sinnvoll und vor dem Hintergrund des Homogenitätskriteriums als unbedenklich.[404]

---

[399] Vgl. § 6 Abs. 1 TKG; ausführlich oben, 3. Kapitel, B II 1 b.

[400] Vgl. BVerfGE 82, 159 (186): „Eine Wettbewerbssituation spricht für sich alleine daher noch nicht dagegen, konkurrierende Betriebe als homogene Gruppe zu einer Sonderabgabe heranzuziehen."

[401] Im diesen Sinne: BVerfGE 55, 274 (311): „Branchenbedingte, strukturbedingte, organisatorische oder quantitative Unterschiede innerhalb der Gruppe (...) sind im vorliegenden Zusammenhang nicht erheblich. Denn sie ändern nichts an der prinzipiell gleichen Interessenlage (...)"; vgl. auch BVerfGE 82, 159 (182): „Die Homogenität der (...) Abgabeschuldner folgt aus ihrer gemeinsamen Betroffenheit als Wettbewerber innerhalb der Europäischen Gemeinschaft."

[402] 1. Kapitel, C II 2 und 2. Kapitel, C II 2 b.

[403] *Gramlich,* Archiv PT 1997, S. 189 (212); *Pohl,* Universaldienst in der Telekommunikation, S. 139; ausführlich 4. Kapitel, D IV 4.

[404] Im Ergebnis ebenso: *Gramlich,* Archiv PT 1997, S. 189 (212); *Pohl,* Universaldienst in der Telekommunikation, S. 139.

D. Verfassungsmäßigkeit der Abgabepflicht

Schwierigkeiten bereitet jedoch die Frage, ob es sich bei den Lizenznehmern um eine *bereits existente,* das heißt dem Abgabengesetz zeitlich vorausliegende, abgrenzbare Gruppe handelt. Dies wäre nur dann der Fall, wenn diese Gruppe schon in der Rechts- oder Sozialordnung materiell vorgegeben war, und nicht erst vom Gesetzgeber im Hinblick auf die beabsichtigte Abgabenerhebung gebildet wurde.[405] Von besonderem Interesse ist in diesem Zusammenhang, daß das Institut der Lizenz und damit auch der Begriff des Lizenznehmers erst mit dem Telekommunikationsgesetz Eingang in dieses Rechtsgebiet gefunden hat. § 6 TKG definiert erstmals die sogenannten lizenzpflichtigen Bereiche und konstituiert damit auch erstmals die Gruppe der Lizenznehmer. Man könnte daher im Anschluß an Elicker argumentieren, daß die Bildung der Gruppe nicht durch die Rechtsordnung oder soziale Realität vorgegeben war, sondern erst normativ durch das Abgabengesetz im Hinblick auf die Abgabenerhebung geschehen ist.[406]

Eine solche Argumentation greift jedoch zu kurz. Sinn und Zweck des Verbots der rein normativen Gruppenbildung ist es, daß der Gesetzgeber nicht nach beliebigen Kriterien die Gruppe der Abgabepflichtigen bilden und so das Homogenitätskriterium unterwandern kann. Das Erfordernis der bereits existenten Gruppenhomogenität soll gewährleisten, daß sich die Gemeinsamkeiten der Gruppenmitglieder nicht nur in der gemeinsamen Betroffenheit durch Regelungen des Abgabengesetzes erschöpfen.[407]

Hinsichtlich der „Lizenznehmer" beschränken sich die gruppeninternen Gemeinsamkeiten jedoch nicht auf die gemeinsame Betroffenheit durch belastende Regelungen des Telekommunikationsgesetzes. Wie bereits angesprochen, ist das den Begriff des Lizenznehmers konstituierende Gruppenspezifikum die Tätigkeit in einem bestimmten wirtschaftlichen Sektor und die gemeinsame Interessenlage. Die Bestimmung des lizenzpflichtigen Bereichs und damit die Abgrenzung von sonstigen, nicht abgabepflichtigen Gruppen ist auch nicht „beliebig"[408] im Sinne der verfassungsgerichtlichen Judikatur. Zwar werden gemäß § 6 TKG erstmals bestimmte Dienstleistungen einer Lizenzpflicht unterworfen, jedoch knüpft die Norm exakt an die Leistungen an, die, im Gegensatz zu den sonstigen Kommunikationsleistungen, bis zuletzt dem Netz- und Telefondienstmonopol der Deutschen Telekom unterfielen.[409] Daraus wird deutlich, daß das Angebot dieser

---

[405] Vgl. *Köck,* Die Sonderabgabe als Instrument des Umweltschutzes, S. 100 f.; *Pohlmann,* Rechtsprobleme der Stromeinspeisung nach dem Stromeinspeisungsgesetz, S. 99; *Ricker,* Filmabgabe und Medienfreiheit, S. 28; *P. Kirchhof,* HdbdStR IV § 88 Rn. 232; *Selmer,* Gewerbearchiv 1981, S. 41 (43 f.).

[406] So *Elicker,* Archiv PT 1997, S. 288 (292), hinsichtlich der identischen Situation bei der Infrastrukturabgabe des neuen Postgesetzes. Nach seiner Auffassung ist diese Abgabe daher- mangels Gruppenhomogenität- verfassungswidrig.

[407] Ähnlich *Ossenbühl,* BB 1995, S. 1805 (1809): „Dieses Kriterium soll lediglich bewirken, daß der Kreis der Abgabepflichtigen nicht beliebig gezogen wird in dem Sinne, daß Bevölkerungskreise in einen Topf geworfen werden, die miteinander nichts verbindet."

[408] Vgl. BVerfGE 55, 274 (305); 67, 256 (276); 82, 159 (180).

Leistungen schon vor Erlaß des TKG anderen Voraussetzungen unterlag als die sonstigen Dienste. Man muß daher feststellen, daß die Abgrenzung zwischen den einzelnen telekommunikationsspezifischen Betätigungsfeldern in der Rechtsordnung bereits vorgegeben war und damit ein materieller Anknüpfungspunkt zur Gruppenbildung bestand. Es lag somit keine rein normative Gruppenbildung nach beliebigen Gesichtspunkten vor. Die von der Universaldienstabgabe betroffene Gruppe ist damit als homogen im Sinne der sonderabgabenrechtlichen Terminologie zu qualifizieren.[410]

b) Spezifische Sachnähe und Gruppenverantwortung

Die Auferlegung einer Sonderabgabe setzt nach der gefestigten Rechtsprechung des Bundesverfassungsgerichts eine spezifische Beziehung zwischen dem Kreis der Abgabepflichtigen und dem mit der Abgabe verfolgten Zweck voraus. Mit dem Erfordernis eines solchen besonderen Zurechnungszusammenhangs zwischen Abgabeschuldner und zu finanzierender Aufgabe gewährleistet das Bundesverfassungsgericht primär, daß der Grundsatz der staatsbürgerlichen Lastengleichheit nicht durchbrochen wird. Wie an anderer Stelle bereits dargelegt,[411] wird in einem Steuerstaat eine verhältnismäßige, dem Leistungsfähigkeitsprinzip entsprechende Beteiligung aller Bürger am Finanzaufwand des Staates durch das Instrument der Steuer erreicht. Da bei hinzutretenden parafiskalischen Abgaben stets die Gefahr einer Verletzung des Grundsatzes der Lastengleichheit besteht, sind solche Abgaben vor dem Hintergrund des allgemeinen Gleichheitssatzes daher nur unter besonderen Voraussetzungen zu rechtfertigen. Die verfassungsrechtlichen Anforderungen, die das Bundesverfassungsgericht an diesen Zurechnungszusammenhang stellt, kreisen um die Begriffe „Sachnähe" und „Gruppenverantwortung".[412] Paradigmatisch sind in diesem Kontext die Aussagen des zweiten Senats anläßlich der Entscheidung zur Berufsausbildungsabgabe:

> „Die mit der Abgabe belastete Gruppe muß dem mit der Abgabenerhebung verfolgten Zweck evident näherstehen als jede andere Gruppe oder die Allgemeinheit der Steuerzahler(...). Aus dieser zu fordernden Sachnähe der Abgabepflichtigen zum Abgabezweck muß eine besondere Gruppenverantwortung für die Erfüllung der mit der außersteuerlichen Abgabe zu finanzierenden Aufgabe entspringen. Die Aufgabe, die mit Hilfe des Abgabeaufkommens erfüllt werden soll, muß demnach ganz überwiegend in die Sachverant-

---

[409] Vgl. § 1 Abs. 2 S. 2 FAG (Netzmonopol); § 1 Abs. 4 S. 4 FAG (Telefondienstmonopol); vgl. bereits 1. Kapitel, B II.

[410] Im Ergebnis ebenso, jedoch ohne nähere Begründung: *Schütz/Esser-Wellié*, AfP 1995, S. 580 (584); *Schütz/Cornils* DVBl. 1997, S. 1146 (1154); *Schütz*, in Beck'scher TKG-Kommentar, § 21 Rn. 8; a.A. hinsichtlich der identisch ausgestalteten Abgabe nach dem Postgesetz, *Elicker*, Archiv PT 1997, S. 288 (292); *ders.*, Archiv PT 1998, S. 201 (217).

[411] 4. Kapitel, C V 1 und 4. Kapitel, D II 1 c.

[412] Vgl. nur: BVerfGE 55, 274 (306); 67, 256 (276); 82, 159 (180).

D. Verfassungsmäßigkeit der Abgabepflicht

wortung der belasteten Gruppe, nicht in die der staatlichen Gesamtverantwortung fallen."[413]

Die Begriffe der Sachnähe und der Gruppenverantwortung sind inhaltlich eng aufeinander bezogen und terminologisch kaum voneinander abgrenzbar.[414] Bei einer näheren Betrachtung der Judikatur des Gerichts zeigt sich, daß regelmäßig der Begriff der Gruppenverantwortung oder Finanzierungsverantwortung[415] den zentralen Topos der Argumentation bildet, während der Terminus der Sachnähe demgegenüber zumeist zurücktritt.[416] Ausgehend von diesem Ansatz stellt sich zwangsläufig die Frage, wie der hier im Mittelpunkt stehende Begriff der Verantwortung zu verstehen ist. Die besondere Schwierigkeit ergibt sich in diesem Zusammenhang daraus, daß dem Begriff „Verantwortung" ethische und philosophische Elemente anhaften und seine Verwendung für den juristischen Umgang daher nicht unproblematisch erscheint.[417]

Als nicht minder diffizil erweist sich die Frage, nach welchen Maßstäben eine bestimmte Aufgabe der Verantwortungssphäre des Staates, oder der Sphäre einer bestimmten gesellschaftlichen Gruppe zugewiesen werden kann.[418] Das darin zum Ausdruck kommende Wertungsproblem stellt sich als äußerst komplex dar, wie die Diskussion über den Begriff und den Katalog von Staatsaufgaben eindeutig belegt. Eine positive Bestimmung des Staatsaufgabenkatalogs und damit eine Abschichtung zwischen gesellschaftlichem und staatlichen Verantwortungsbereich ist bis heute nicht gelungen und wird auch kaum zu bewerkstelligen sein.[419] Die Unmög-

---

[413] BVerfGE 55, 274 (306).

[414] Auch von *Ossenbühl*, BB 1995, S. 1805 (1809), wird der enge Bezug zwischen Sachnähe und Gruppenverantwortlichkeit betont.

[415] BVerfGE 91, 186 (206).

[416] BVerfGE 55, 274 (312 ff.); 91, 186 (206); auch innerhalb der Literatur wird der Schwerpunkt der Erörterungen regelmäßig auf die Frage der Verantwortlichkeit gelegt; vgl. *Pohlmann*, Rechtsprobleme der Stromeinspeisung nach dem Stromeinspeisungsgesetz, S. 103; *Henseler*, Begriffsmerkmale und Legitimation von Sonderabgaben, S. 125; *Köck*, Die Sonderabgabe als Instrument des Umweltschutzes, S. 99 ff.; *Hendler*, Die Sonderabfallabgabe, S. 77 ff.; *P. Kirchhof*, HdbdStR IV § 88 Rn. 234 ff..; *Heimlich*, NVwZ 1998, S. 122 (124).

[417] Grundlegend zum Terminus Verantwortung und dem Problem der Begriffsbestimmung: *Saladin*, Verantwortung als Staatsprinzip, S. 26 ff.; aus rechtsphilosophischer Perspektive: *Jonas*, Das Prinzip Verantwortung, passim; zum Verantwortungsbegriff im sonderabgabenrechtlichen Kontext: *Köck*, Die Sonderabgabe als Instrument des Umweltschutzes, S. 98 ff.; *Kim*, Rechtfertigung von Sonderabgaben, S. 73 ff.; kritisch zum Rechtscharakter des Verantwortungsbegriffs: *Ossenbühl*, AöR 1974, S. 369 (407); *Röhl*, Verwaltung 1999, Beiheft 2, S. 33 (42).

[418] Grundlegend zu diesem Problemfeld: *Hermes*, Staatliche Infrastrukturverantwortung, S. 146 ff.

[419] Allgemein zum Fehlen einer gesicherten Staatsaufgabenlehre: *Hermes*, Staatliche Infrastrukturverantwortung, S. 135 ff.; *Schulze-Fielitz*, Staatsaufgabenentwicklung und Verfassung, S. 11 ff.; *Burgi*, Funktionelle Privatisierung und Verwaltungshilfe, S. 41 ff.; *Osterloh*, VVDStRL 1995, S. 204 (207); *Bauer*, VVDStRL 1995, S. 243 (249 f.); *Di Fabio*, JZ 1999, S. 585 (587 f.);. grundlegend: *Bull*, Die Staatsaufgaben nach dem Grundgesetz, S. 5 ff.

lichkeit der Bestimmung von Staatsaufgaben resultiert dabei primär aus der Dynamik des Staatsverständnisses und der Erkenntnis, daß der Bestand von Aufgaben unmittelbar von gesellschaftlichen und politischen Faktoren beeinflußt wird und damit dem stetigen Wandel unterliegt.[420] Dieses Dilemma hat entgegen Köck[421] jedoch nicht zur Folge, daß eine Differenzierung zwischen der Finanzierungsverantwortlichkeit des Staates oder einer bestimmten gesellschaftlichen Gruppe von vornherein nicht durchführbar ist. Vielmehr muß von der widerlegbaren Vermutung ausgegangen werden, daß eine Finanzierungsverantwortlichkeit des Staates besteht, sofern die zu finanzierende Aufgabe eine öffentliche Angelegenheit darstellt.[422] Eine davon abweichende Betrachtung ist demgegenüber dann gerechtfertigt, wenn die soziale Realität oder die Rechtsordnung bestimmte materielle Anknüpfungspunkte liefert, aus denen sich eine besondere sektorale gesellschaftliche Verantwortung herleiten läßt.

Im folgenden ist daher zu analysieren, ob sich der bestehenden Rechts- und Sozialordnung Anhaltspunkte hinsichtlich einer besonderen Verantwortlichkeit des Schuldners für den mit der Abgabenerhebung verfolgten Zweck entnehmen lassen, oder ob mit der Universaldienstabgabe eine Gemeinlast finanziert wird. Wäre letzteres Fall, so wäre die Universaldienstabgabe verfassungswidrig.[423]

aa) Konstituierung einer Verantwortungsgemeinschaft durch § 18 TKG?

Ein erster Ansatz zur Herleitung einer besonderen Gruppenverantwortung der betroffenen Telekommunikationsunternehmen könnte sich aus § 18 Abs. 1 TKG ergeben, der eine allgemeine Pflichtigkeit der Lizenznehmer hinsichtlich der flächendeckenden Grundversorgung begründet:

> (1) Wird eine Universaldienstleistung nach § 17 nicht ausreichend und angemessen erbracht oder ist zu besorgen, daß eine solche Versorgung nicht gewährleistet sein wird, ist jeder Lizenznehmer,(...), verpflichtet, dazu beizutragen, daß die Universaldienstleistung

---

[420] Vgl. hierzu: *Müller*, Rechtsformenwahl bei der Erfüllung öffentlicher Aufgaben, S. 8.

[421] *Köck*, Die Sonderabgabe als Instrument des Umweltschutzes, S. 102: „Hier entscheiden zu wollen, ob Aufgaben, für deren Erfüllung Mittel benötigt werden, eher in die staatliche Gesamtverantwortung oder in eine sektorale gesellschaftliche Verantwortung fallen, ist unmöglich."

[422] In diesem Sinne auch *P. Kirchhof*, HdbdStR IV § 88 Rn. 236; *ders.*, in Festschrift für Friauf, S. 669 (674 f.); *Friauf*, in Festschrift für Haubrichs, S. 103 (118 f.).

[423] Das generelle Verbot, Gemeinlasten über Sonderabgaben zu finanzieren, wird sowohl von Bundesverfassungsgericht, als auch innerhalb der Literatur ausdrücklich betont; vgl. BVerfGE 55, 274 (300, 302 ff.); 67, 256 (275); 75, 108 (147); 82, 159 (178); stellvertretend aus der Literatur: *Hendler*, Die Sonderabfallabgabe, S. 33; *Kim*, Rechtfertigung von Sonderabgaben, S. 90.; *Ricker*, Filmabgabe und Medienfreiheit, S. 27; *P. Kirchhof*, in Festschrift für Friauf, S. 669 (675); *Ossenbühl*, BB 1995, S. 1805 (1809); *Wilms*, NVwZ 1995, S. 550 (551).

D. Verfassungsmäßigkeit der Abgabepflicht

erbracht werden kann. Die Verpflichtung nach Satz 1 ist nach Maßgabe der Bestimmungen dieses Abschnitts zu erfüllen.

§ 18 Abs. 1 TKG normiert damit in gewisser Weise eine Gesamtschuld[424] der Lizenznehmer zum Universaldienst beizutragen. Den betroffenen Lizenznehmern wird als Gruppe die Verantwortung für die flächendeckende Versorgung mit Telekommunikationsleistungen aufoktroyiert. Die Vorschrift selbst begründet keine unmittelbar einklagbare Rechtspflicht, weil sie weder in Umfang und Ausmaß hinreichend bestimmt ist, noch durch Sanktionsmöglichkeiten gestützt wird.[425] Da die in §§ 19 ff. TKG normierten Eingriffsmöglichkeiten jeweils spezielle Bestimmungen für den Kreis der jeweiligen Adressaten vorsehen, ist auch hinsichtlich der Frage der Verpflichtungsadressaten ein Rückgriff auf die allgemeine Beitragspflicht nach § 18 TKG ausgeschlossen.[426]

Der Gesetzgeber ließ sich bei der Schaffung dieser Norm ausschließlich von finanzverfassungsrechtlichen Überlegungen leiten. § 18 Abs. 1 TKG sollte nach seiner Intention die Gruppenverantwortung der betroffenen Telekommunikationsunternehmen für die flächendeckende Kommunikationsversorgung konstruieren und damit der in § 21 TKG vorgesehenen Universaldienstabgabe den Weg bereiten. Dies wird auch aus der amtlichen Gesetzesbegründung unmittelbar deutlich:

„Aus finanzverfassungsrechtlichen Gründen ist es notwendig, den betroffenen Unternehmen eine allgemeine Verpflichtung aufzuerlegen, zum Universaldienst beizutragen, die erst später zu einer Dienstleistungs- oder Abgabepflicht konkretisiert wird. Voraussetzung für die Erhebung einer Sonderabgabe ist u. a., daß zwischen einer homogenen Gruppe potentieller Abgabeschuldner – die in dieser Vorschrift bezeichneten Lizenzunternehmen bilden eine solche – und dem mit der Abgabeerhebung verfolgten Zweck ein Verantwortungszusammenhang besteht. Diesen Zusammenhang stellt die durch diese Regelung begründete allgemeine rechtliche Verpflichtung bestimmter Lizenznehmer her."[427]

Fraglich ist aber, ob dieser Argumentation tatsächlich gefolgt werden kann. Würde man die abstrakte Begründung der Gruppenverantwortung durch das Abgabengesetz selbst als ausreichend erachten um den erforderlichen Verantwortungszusammenhang zwischen belasteter Gruppe und zu finanzierender Aufgabe feststellen zu können, so würde damit das Kriterium der Gruppenverantwortung der freien Disposition des Gesetzgebers überlassen. Es wäre dann aus der Perspektive des Gesetzgebers ein Leichtes, der jeweiligen Abgabenregelung des Gesetzes eine Norm voranzustellen, die abstrakt die Verantwortlichkeit der betroffenen Gruppe hinsichtlich der zu finanzierenden Aufgabe normiert. Dies hätte zur Folge, daß das von der Rechtsprechung entwickelte Kriterium der Gruppenverantwortlichkeit – welches insbesondere dem fundamentalen Prinzip der staatsbürgerlichen Lasten-

---

[424] *Gramlich*, Archiv PT 1995, 189 (205); vgl. auch *Schütz*, in Beck'scher TKG-Kommentar, § 18 Rn. 2, der von einer „Verantwortungsgemeinschaft" spricht.
[425] Vgl. *Elicker*, Archiv PT 1997, S. 288 (291): „Pro- Forma- Naturalleistungspflicht".
[426] Zur Systematik der Universaldienstregeln, vgl. bereits oben, 3. Kapitel, B II.
[427] Begründung zum Gesetzesentwurf, BT- Drucks. 13/3609, S. 41.

gleichheit Rechnung trägt – materiell entwertet und zum bloßen Formalprinzip degradiert würde. Aufgrund dessen entspricht es sowohl der ständigen Rechtsprechung des Bundesverfassungsgerichts, als auch der einhelligen Ansicht des Schrifttums, daß der erforderliche Verantwortungszusammenhang zwischen Abgabeschuldner und zu finanzierender Aufgabe allein nach materiellen Kriterien zu bestimmen ist, *„die sich einer gezielten Normierung des Gesetzgebers aus Anlaß der Einführung der Abgabe entziehen."*[428] Eine rein normative Konstituierung einer Gruppenverantwortung durch das Abgabengesetz selbst, kann daher als möglicher Anknüpfungspunkt für eine sonderabgabenspezifische Gruppenverantwortlichkeit nicht in Betracht kommen.[429]

Die vom Gesetzgeber intendierte Konstruktion einer allgemeinen Gruppenverantwortung durch Determinierung in § 18 Abs. 1 TKG ist daher mißlungen. Der für die Zulässigkeit der Universaldienstabgabe erforderliche Verantwortungszusammenhang zwischen Abgabeschuldner und zu finanzierender Aufgabe läßt sich aus dieser Norm nicht ableiten.

bb) Die Stellung als Anbieter und die Sozialpflichtigkeit
des Eigentums als Anknüpfungspunkte

Denkbar wäre, daß sich für die Telekommunikationsunternehmen schon aus der Stellung als Anbieter einer bestimmten Leistung eine besondere Verantwortung für ein flächendeckendes Angebot in diesem Sektor ergibt. Eine solche Verantwortung ist einem Unternehmen in einem marktwirtschaftlichen System jedoch fremd.[430]

---

[428] BVerfGE 55, 274 (307); 67, 256 (276); 82, 159 (172); *Selmer,* Steuerinterventionismus und Verfassungsrecht, S. 184, 198 f.; *Pohlmann,* Rechtsprobleme der Stromeinspeisung nach dem Stromeinspeisungsgesetz, S. 99; *Friauf,* in Festschrift für Jahrreiß, S. 45 (54 f.); *P. Kirchhof,* HdbdStR IV § 88 Rn. 236; *ders.,* in Festschrift für Friauf, S. 669 (674); hinsichtlich der Universaldienstabgabe: vgl. auch *Bruhn,* Die Sicherstellung öffentlicher Aufgaben im Bereich der deutschen Telekommunikation unter Einfluß der europäischen Marktöffnung, S. 430 f.; *Wieland,* Rechtliche Probleme der Privatisierung und Regulierung im Bereich Post und Telekommunikation, in König/Benz (Hrsg.), Privatisierung und Regulierung, S. 235 (245); *Schütz/Cornils,* DVBl. 1997, S. 1146 (1157); *Schütz,* in Beck'scher TKG-Kommentar, § 21 Rn. 8; hinsichtlich der konzeptionell identischen Abgabe nach dem Postgesetz: *Elicker,* Archiv PT 1997, S. 288 (291).

[429] Vgl. nur: *P. Kirchhof,* in Festschrift für Friauf, S. 669 (674).

[430] Grundlegend in diesem Zusammenhang: *Friauf,* in Festschrift für Haubrichs, S. 103 (118): „Der besondere Verantwortungs-Nexus zwischen der Gruppe der Abgabepflichtigen und der zu finanzierenden Sachaufgabe läßt sich nicht einfach damit begründen, daß die Pflichtigen eine wirtschaftliche Aufgabe übernommen haben. Aus dem Sachbezug der jeweiligen Wirtschaftstätigkeit folgt noch nicht ohne weiteres ein Verantwortungszusammenhang. Falls etwa ein Unternehmen eine bestimmte, auch im öffentlichen Interesse liegende Versorgungsaufgabe übernommen hat und sie im Rahmen seines Betriebs sachgerecht erfüllt, so darf daraus nicht gefolgert werden, es sei auch für darüber hinaus gehende, nach Ansicht der staatlichen Organe gebotene Maßnahmen der Versorgungssicherheit verantwortlich und

D. Verfassungsmäßigkeit der Abgabepflicht

Auch wenn das Grundgesetz keine explizite Wirtschaftsverfassung enthält und allgemein als wirtschaftspolitisch neutral bezeichnet wird,[431] so ist eine deutliche Asymmetrie zwischen den Rechten der Wirtschaftssubjekte einerseits, und deren Pflichten anderseits, unübersehbar. Das Grundgesetz gewährleistet vor allem durch seinen Grundrechtskatalog einen umfassenden Freiheitsstatus des einzelnen Unternehmens und zwingt zu einer gesetzlichen Ordnung, welche insbesondere die Vertragsautonomie zwischen Wirtschaftssubjekten gewährt, die Institution des privaten Eigentums mit substantieller Verfügungs- und Nutzungsfreiheit des Eigentümers anerkennt und den Gesetzgeber auf Regelungen verpflichtet, welche die individuelle Berufswahl und Berufsausübung gewährleisten.[432] Demgegenüber existiert ein konkreter verfassungsmäßiger Pflichtenstatus von Unternehmen de facto nicht.[433] Insbesondere haben die Väter des Grundgesetzes im Gegensatz zur Weimarer Verfassung[434] und bestimmten sozialistischen Verfassungen[435] im we-

---

könne deshalb durch Sonderabgaben einseitig zur Finanzierung dieser Maßnahmen herangezogen werden."

[431] Grundlegend BVerfGE 4, 7 (18): „Die gegenwärtige Wirtschafts- und Sozialordnung ist zwar eine nach dem Grundgesetz mögliche Ordnung, keineswegs aber die allein mögliche. Sie beruht auf einer vom Willen des Gesetzgebers getragenen wirtschafts- und sozialpolitischen Entscheidung, die durch eine andere Entscheidung ersetzt oder durchbrochen werden kann."; vgl. außerdem: BVerfGE 7, 377 (400); 25, 1 (19); 30, 292 (315 ff.); 50, 290 (336); stellvertretend aus der Literatur: *Jarass*, Wirtschaftsverwaltungsrecht, S. 20 f.; *Frotscher*, Wirtschaftsverfassungs- und Wirtschaftsverwaltungsrecht, S. 17 ff.; zum Teil wird die wirtschaftspolitische Neutralität des Grundgesetzes noch mit dem Attribut „relativ" versehen, da wegen der Grundentscheidung für Freiheit und Sozialstaatlichkeit sowohl die Errichtung einer Zentralverwaltungswirtschaft, als auch eine völlig unkorrigierte Wettbewerbswirtschaft ausgeschlossen ist; vgl. *Badura*, JuS 1976, 205 (208); *R.Schmidt*, Öffentliches Wirtschaftsrecht, Allgemeiner Teil, S. 89 ff.; nach anderer Ansicht schreibt das Grundgesetz das System der sozialen Marktwirtschaft verbindlich vor, vgl. *Nipperdey*, Wirtschaftsverfassung und Bundesverfassungsgericht, S. 10 ff.; *ders.*, Soziale Marktwirtschaft und Grundgesetz, S. 21 ff.; jüngst zu diesem Problemfeld unter besonderer Berücksichtigung gemeinschaftsrechtlicher Implikationen: *Tettinger*, DVBl. 1999, S. 679 ff.

[432] Vgl. *Saladin*, VVDStRL 35 (1977), S. 7 (14); Nach *Tettinger*, DVBl. 1999, S. 679 (687) vermittelt zuvörderst Art. 12 GG „funktionstypische Elemente einer marktorientierten und wettbewerblich organisierten Wirtschaftsordnung. Freiheit der Berufsausübung heißt eben in der Tat notwendig Wettbewerb."

[433] Grundlegend zum verfassungsrechtlichen Pflichtenstatus von Wirtschaftsunternehmen: *Saladin*, VVDStRL 35 (1977), S. 7 (15 ff.); diskutiert wird in diesem Kontext lediglich eine Grundpflicht zur Zahlung von Steuern. Eine solche glaubt insbesondere P. *Kirchhof*, JZ 1982, 305 (307 ff.), aus Art. 14 Abs. 2 GG i.V.m. dem finanzstaatlichen Steuerkonzept herleiten zu können.

[434] Zu den Grundpflichten der Weimarer Reichsverfassung, vgl. *Hofmann*, HdbdStR V § 114 Rn. 15 f.; *Kim*, Rechtfertigung von Sonderabgaben, S. 75; *Badura*, DVBl. 1982, S. 864 ff., m. w. N.

[435] Exemplarisch sei hier auf die Verfassung der UdSSR von 1977 hingewiesen, welche neben der Grundpflicht zur Landesverteidigung, zur Arbeit und zur Achtung des sozialistischen Eigentums, auch die Pflicht enthielt, zum Schutz der öffentlichen Ordnung beizutragen, die Kinder zu würdigen Mitgliedern der sozialistischen Gesellschaft zu erziehen, sowie die Natur und Denkmäler zu schützen; vgl. *Götz*, VVDStRL 41 (1983), S. 7 (18).

sentlichen auf die Aufnahme sogenannter Grundpflichten[436] verzichtet. Treffend beschreibt daher Saladin die Systematik des Grundgesetzes als eine „hinkende Verfassungsregelung", in der den umfassenden Freiheitsverbürgungen keine expliziten und kohärenten verfassungsrechtlichen Pflichten gegenüberstehen.[437]

Basierend auf dieser verfassungsrechtlichen Ausgangslage hat sich ein marktwirtschaftliches System entwickelt, das im wesentlichen durch einen liberalen Grundansatz geprägt ist, und in dem die freie wirtschaftliche Betätigung im Vordergrund steht. Ein wesentlicher Bestandteil des liberalen Konzepts ist es, daß Unternehmen autonom und ausschließlich nach ökonomischen Gesichtspunkten über ihre Betätigungsfelder entscheiden. Selbst wenn derartige Verhaltensmuster oftmals kritisch mit Begriffen wie „Rosinenpicken"[438] oder „cream-skimming"[439] belegt werden, so kann dies nicht darüber hinwegtäuschen, daß dies die logische und aus Rentabilitätsgesichtspunkten zwingende Konsequenz marktwirtschaftlichen Denkens ist. Eine allgemeine rechtliche Pflicht von Unternehmern, entgegen betriebswirtschaftlicher Rationalität, aus sozialpolitischen Gründen bestimmte Leistungen anzubieten, existiert demgegenüber nicht. Sofern zum Teil eine soziale Verantwortlichkeit des Unternehmers eingefordert wird, die sich über das Arbeitgeber-Arbeitnehmer-Verhältnis hinaus, auf jede unternehmerische Entscheidung beziehen soll,[440] kann dieser Gedanke an dem festgestellten Befund nichts ändern. Der Begriff der sozialen Verantwortung oder „corporate social responsibility" erweist sich primär als ethisch-moralische Anforderung an unternehmerisches Handeln und ist damit ersichtlich politisch geprägt. Eine Verantwortung im juristischen Sinne ist hiermit jedoch nicht verbunden, da dieser Topos zu obskur und schemenhaft ist, um daraus konkrete rechtliche Schlüsse ziehen zu können.[441]

---

[436] Ausführlich zu den Grundpflichten im Verfassungsstaat: *Stober*, Grundpflichten und Grundgesetz, passim; *Götz*, VVDStRL 41 (1983), S. 7 ff.; *Hofmann*, VVDStRL 41 (1983), S. 42 ff.; *ders.*, HbdbStR V § 114 Rn. 17 ff.; *Badura*, DVBl. 1982, S. 861 ff.; *Bethge*, NJW 1982, S. 2145 ff.; vgl. auch *Saladin*, Verantwortung als Staatsprinzip, S. 74 ff.

[437] *Saladin*, VVDStRL 35 (1977), S. 7 (19); grundsätzlich zur Asymmetrie zwischen Rechten und Pflichten im Bonner Grundgesetz: *Hofmann*, VVDStRL 41 (1983), S. 42 ff.; *ders.*, HbdbStR V § 114 Rn. 17 ff.; vgl. auch *Kämmerer*, JZ 1996, S. 1042 (1045): „Private Aufgaben, deren Erfüllung das Individuum dem Staat schuldet, kennt die Rechtsordnung dagegen kaum. Die Stellung des Privaten zum Staat ist vielmehr dadurch geprägt, daß er ihm gegenüber Rechte hat."

[438] *Windisch*, Privatisierung natürlicher Monopole, in: ders. (Hrsg.), Privatisierung natürlicher Monopole im Bereich von Bahn, Post und Telekommunikationsbereich, S. 1 (40); *v. Weizsäcker*, Wirtschaftspolitische Begründung und Abgrenzung des Fernmeldemonopols, in: Mestmäcker, Kommunikation ohne Monopole, S. 127 (129).

[439] *Windisch*, Privatisierung natürlicher Monopole, in: ders. (Hrsg.), Privatisierung natürlicher Monopole im Bereich von Bahn, Post und Telekommunikationsbereich, S. 1 (40).

[440] Vgl. *Kim*, Rechtfertigung von Sonderabgaben, S. 89; ausführlich zur „social responsibility" von Unternehmen: *Saladin*, VVDStRL 35 (1977), S. 7 (15 ff.).

[441] In diesem Sinne wohl auch *Saladin*, VVDStRL 35 (1977), S. 7 (17); ähnlich: *Röhl*, Die Verwaltung 1999 Beiheft 2, S. 33 (42).

D. Verfassungsmäßigkeit der Abgabepflicht

Auch aus den Besonderheiten des Telekommunikationsmarktes läßt sich eine solche Pflicht nicht herleiten. Wie in den ersten beiden Kapiteln der Untersuchung ausführlich dargelegt, handelt es sich bei dem Angebot von Telekommunikationsleistungen seit der Postreform II um eine Wirtschaftstätigkeit „ohne Wenn und Aber"[442], so daß mit der Stellung als Anbieter einer Dienstleistung auch hier noch keine besondere Verantwortung einhergeht.

Die in Art. 14 Abs. 2 verankerte Sozialpflichtigkeit des Eigentums, die von der rechtswissenschaftlichen Literatur zum Teil als Grundpflicht qualifiziert wird,[443] ist ebenfalls nicht dazu geeignet eine rechtlich faßbare unternehmerische Verantwortung hinsichtlich eines flächendeckenden Angebots von Dienstleistungen zu begründen. Das in der Norm zum Ausdruck kommende „Sozialgebot" stellt in erster Linie eine besondere Ausprägung des allgemeinen Sozialstaatsprinzips dar[444] und ist aufgrund seiner abstrakten Formulierung primär als Generalklausel zu verstehen. Aus dem Grundsatzcharakter der Norm ergibt sich bereits, daß aus ihr als solcher, ohne durch die Vermittlung der gesetzlichen Eigentumsordnung, keine justitiablen, konkret einforderbaren Eigentümerpflichen abgeleitet werden können.[445] Statt dessen richtet sich die Bestimmung vor allem an den Gesetzgeber, bei der Ausgestaltung der Rechtsordnung, neben der Gewährleistung des Eigentums auch dessen gesteigerte Sozialpflichtigkeit zu beachten.[446] Es kann daher festgehalten werden, daß sich auch aus der in Art. 14 Abs. 2 GG normierten Sozialpflichtigkeit des Eigentums keine unmittelbare (Finanzierungs-) Verantwortung zugunsten eines flächendeckenden Angebots von bestimmten Leistungen herleiten läßt.

cc) Finanzierungsverantwortung aufgrund Gruppeninteresse und traditioneller Aufgabenwahrnehmung?

In Anlehnung an das Urteil des zweiten Senats zur Berufsausbildungsabgabe könnte die erforderliche Gruppenverantwortung der Telekommunikationsunternehmen aber aus einem überwiegenden Gruppeninteresse resultieren. In der angesprochenen Entscheidung hat das Gericht die Sachnähe und Gruppenverantwortung der

---

[442] Ausführlich: 1. Kapitel, C II 2 und 2. Kapitel, A V.

[443] *Bryde*, in v. Münch / Kunig, Grundgesetz-Kommentar, Art. 14 Rn. 67; *Stober*, Grundpflichten und Grundgesetz, S. 50; *Götz*, VVDStRL 41 (1983), S. 7 (30); *Hofmann*, HdbdStR V § 114 Rn. 18; *Wieland*, in Dreier (Hrsg.), Grundgesetz-Kommentar Art. 14 Rn. 82.

[444] *Bryde*, in v.Münch / Kunig, Grundgesetz-Kommentar, Art. 14 Rn. 67; *Götz*, VVDStRL 41 (1983), S. 7 (30).

[445] In diesem Sinne auch *Isensee*, DÖV 1982, 609 (613): „Die Verfassungsnorm (...) enthält für den Eigentümer kein Rechtsgebot solange der Gesetzgeber nicht bestimmt, wozu es verpflichten soll. Ohne ein solches Gesetz ist die Sozialpflichtigkeit, die Art. 14 Abs. 2 GG statuiert, für den einzelnen ein moralischer Appell, nicht mehr."

[446] *Bryde*, in v.Münch / Kunig, Grundgesetz-Kommentar, Art. 14 Rn. 68.

Arbeitgeber bezüglich eines gut ausgebildeten Nachwuchses an Arbeitskräften insbesondere deshalb bejaht, weil nach seiner Auffassung, ein erhebliches Interesse der Arbeitgeber an qualifizierten Kräften besteht.[447]

Der Argumentation des Gerichts läßt sich eindeutig die Tendenz entnehmen, daß schon das Interesse einer belasteten Gruppe an der zu finanzierenden Aufgabe zur Begründung der Finanzierungsverantwortlichkeit ausreicht, sofern dieses Interesse gegenüber dem Allgemeininteresse oder dem Interesse sonstiger Gruppen eindeutig überwiegt.[448] Ausgehend von diesem Ansatzpunkt erscheint die Rechtsprechung des Gerichts in der Berufsausbildungsentscheidung aber schon äußerst fragwürdig. Es kann zwar nicht geleugnet werden, daß ein generelles Interesse der Arbeitgeber an einem Reservoir an gut ausgebildetem Nachwuchs besteht, ob dieses Interesse gegenüber dem Interesse der Allgemeinheit und sonstiger Gruppen eindeutig überwiegt, ist jedoch äußerst zweifelhaft. Wie in der Stellungnahme der Richter Rinck, Steinberger und Träger überzeugend dargelegt, lag die Intention der Berufsausbildungsabgabe darin, ausbildungswilligen Jugendlichen ein möglichst ausreichendes Angebot an Ausbildungsplätzen zu gewährleisten.[449] Die Erhebung der Abgabe lag dementsprechend vor allem im Interesse der Ausbildungswilligen selbst, sich als Person – auch beruflich – frei entfalten zu können. Ergänzend kann noch auf das kultur- und sozialpolitische Interesse der Allgemeinheit am Bildungsstand des Nachwuchses und an der Bekämpfung der Jugendarbeitslosigkeit hingewiesen werden.[450] Es erscheint daher bedenklich und offensichtlich von der Motivation bestimmt, die Berufsausbildungsabgabe „zu retten", wenn das Gericht ausführt, daß das Interesse der Allgemeinheit und der Ausbildungswilligen gegenüber

---

[447] Das Bundesverfassungsgericht spricht in diesem Zusammenhang von einer „erzwungenen Selbsthilfe" der Wirtschaft; vgl. BVerfGE 55, 274 (314).

[448] Vgl. auch BVerfGE 67, 256 (280), wo der Begriff der Gruppenverantwortung offensichtlich mit dem Begriff des Gruppeninteresses gleichgesetzt wird; ebenso: BGH NJW 1997, 574 (578); Entscheidend ist in diesem Zusammenhang aber, daß das Gruppeninteresse gegenüber dem Interesse der Allgemeinheit deutlich überwiegen muß. Mit Recht formuliert daher P. Kirchhof, in Festschrift für Friauf, S. 669 (675): „Überlagern sich das Allgemein- und das Gruppeninteresse an der Finanzierung einer Aufgabe, so handelt es sich um eine öffentliche Angelegenheit, deren Lasten nur die Allgemeinheit treffen und deshalb nur mit von der Allgemeinheit zu erbringenden Mitteln, d. h. im wesentlichen durch Steuern, finanziert werden dürfen."; ähnlich: Wilms, NVwZ 1995, S. 550 (551); kritisch gegenüber der Herleitung einer Gruppenverantwortung aus der Gruppennützlichkeit: Henseler, Begriffsmerkmale und Legitimation von Sonderabgaben, S. 93: „Die Nützlichkeit der staatlicherweise aus dem Abgabenaufkommen finanzierten Maßnahmen begründet jedoch keine Verantwortung der begünstigten Gruppe (...). Wer durch die Erledigung einer Aufgabe, zu deren Durchführung der Staat sich entschlossen hat, tatsächlich bevorteilt wird, ist nicht deshalb für diese Aufgabe verantwortlich."

[449] Abweichende Meinung der Richter Rinck, Steinberger und Träger, BVerfGE 55, 274 (331).

[450] Ebd., S. 331; vgl. auch, Henseler, Begriffsmerkmale und Legitimation von Sonderabgaben, S. 92; Kim, Rechtfertigung von Sonderabgaben, S. 90; Osterloh, JuS 1982, S. 421 (423); Selmer, Gewerbearchiv 1981, S. 41 (44 f.).

dem Interesse der Arbeitgeber „deutlich geringer"[451] sei und die Abgabe daher als zulässig qualifiziert.

Wenn man über die Existenz eines überwiegenden Gruppeninteresses im Rahmen der Berufsausbildungsabgabe auch trefflich streiten kann, so ist die Situation im Hinblick auf die Universaldienstabgabe eindeutig. Ein überwiegendes Interesse der Gruppe der Abgabeschuldner an der zu finanzierenden Aufgabe kann hier definitiv nicht festgestellt werden: Mit der Universaldienstabgabe wird die flächendeckende Versorgung der Bevölkerung mit bestimmten Kommunikationsmitteln finanziert. Das aus dem Prinzip der Daseinsvorsorge[452] entwickelte Universal Service Konzept basiert auf dem Gedanken des regulativ umverteilenden Sozialstaates, der einen möglichst gleichen Zugang aller Bevölkerungsgruppen zu den wesentlichen infrastrukturellen Leistungen und Einrichtungen gewährleistet. An anderer Stelle wurde bereits dargelegt, daß die flächendeckende Versorgung mit Dienstleistungen aus dem Bereich der Telekommunikation von erheblicher wirtschafts- und sozialpolitischer Relevanz für die Gesamtheit der Bevölkerung ist.[453] Die Parallelen von Kommunikations- und Energieversorgung sind in diesem Kontext unübersehbar:[454] Ebenso wie an der flächendeckenden Versorgung mit Strom hat die Allgemeinheit in einem modernen Staat auch an der Versorgung mit einem Grundstock an Telekommunikationsmitteln ein erhebliches Interesse. In Anlehnung an die Aussagen des Bundesverfassungsgerichts im Kohlepfennig-Beschluß zum Staatsaufgabencharakter der Stromversorgung muß man konstatieren, daß auch das Interesse an einem funktionierenden flächendeckenden Telefonnetz *„so allgemein wie das Interesse am täglichen Brot"*[455] ist. Die Infrastruktursicherung im Telekommunikationsbereich stellt damit ein Allgemeininteresse *„par excellence"*[456] dar, und nicht ein spezifisches Interesse der Telekommunikationsunternehmen.[457]

Die zur Legitimation der Universaldienstabgabe erforderliche Gruppenverantwortung kann somit nicht aus einem überwiegenden Gruppeninteresse der Abgabeschuldner hergeleitet werden.

---

[451] BVerfGE 55, 274 (314).

[452] Grundlegend zum Prinzip der Daseinsvorsorge: *Forsthoff*, Die Verwaltung als Leistungsträger; *ders.*, Lehrbuch des Verwaltungsrechts, S. 3 ff.; *Huber*, in Festschrift für Forsthoff, S. 139 ff.; aus dem neuerem Schrifttum: *Rüfner*, HdbdStR III § 80 Rn. 3 ff.

[453] Ausführlich, 3. Kapitel, C III 3 c cc (2).

[454] *Pohl*, Universaldienst in der Telekommunikation, S. 168 ff.

[455] So BVerfGE 91, 186 (206).

[456] So treffend: *Schütz/Cornils*, DVBl. 1997, S. 1146 (1154).

[457] Dieser Befund ist, soweit ersichtlich, auch bisher in der Literatur noch nicht in Zweifel gezogen worden; vgl. nur: *Schütz/Cornils*, DVBl. 1997, S. 1146 (1154); *Schütz*, in Beck'scher TKG-Kommentar, § 21 Rn. 7; *Schütz/Esser-Wellié*, AfP 1995, S. 580 (584); *Gramlich*, Archiv PT 1995, S. 189 (202); *Pohl*, Universaldienst in der Telekommunikation, S. 168 f.; *Stern*, DVBl. 1997, S. 309 (312), gleiches muß auch für den Postbereich gelten: vgl. *Elicker*, Archiv PT 1998, S. 201 (231).

Neben dem (angeblich) überwiegenden Gruppeninteresse hat der zweite Senat des Bundesverfassungsgerichts in der Entscheidung zur Berufsausbildungsabgabe die erforderliche Gruppenverantwortung mit der „*geschichtlich gewachsenen Aufgabenteilung*"[458] zwischen Staat und Gesellschaft begründet. Nach Auffassung des Gerichts handelt es sich bei der Berufsausbildung um eine Aufgabe, die schon seit dem Mittelalter durch die Betriebe erfüllt worden sei und nie in einem engeren Sinne der staatlichen Sphäre überantwortet wurde.[459] Dieser historische Zusammenhang rechtfertige es, die Arbeitgeber künftig auch finanziell zur Verbesserung der Ausbildungssituation in Anspruch zu nehmen. Obschon bereits der dogmatische Ansatz, der einseitig auf historische Begebenheiten rekurriert, ohne auf materielle Kriterien Bezug zu nehmen, kaum zu überzeugen weiß, läßt sich die Argumentation auch inhaltlich nicht auf die Universaldienstabgabe transferieren. Im Gegensatz zur Berufsausbildung ist die Bereitstellung der Kommunikationsinfrastruktur seit jeher eine staatliche Aufgabe gewesen.[460] Erste Möglichkeiten der privatwirtschaftlichen Betätigung wurden erst durch die Postreform I im Jahre 1989 eröffnet.[461] Einer historischen Argumentation, die von einer traditionellen Verantwortung privater Telekommunikationsunternehmen zugunsten eines flächendeckenden Dienstleistungsangebots ausgeht, ist damit von vornherein der Boden entzogen.[462]

dd) Verantwortungszuweisung durch Art. 87 f GG?

Schließlich käme als denkbarer Anknüpfungspunkt zur Herleitung einer spezifischen Gruppenverantwortung die Verfassungsbestimmung des Art. 87 f GG in Betracht. Insbesondere Gramlich glaubt aus dem Verfassungstext eine unmittelbare Rechtspflicht und eine damit korrespondierende Gruppenverantwortung der Telekommunikationsanbieter ableiten zu können.[463] Zur Begründung dieser These ver-

---

[458] BVerfGE 55, 274 (313).
[459] BVerfGE 55, 274 (313).
[460] Vgl. hierzu ausführlich 1. Kapitel, A.
[461] Vgl. 1. Kapitel, B II.
[462] Auch das Argument, daß die Telekommunikationsunternehmen quasi als Gegenleistung zur Marktöffnung eine bestimmte Infrastrukturverantwortung trifft, kann nicht überzeugen. Wie bereits im zweiten Kapitel festgestellt (2. Kapitel, A V), verkennt eine solche Argumentation die Hintergründe der Postreformen. Nach der in Art. 87 f Abs. 2 S. 1 GG getroffenen Grundentscheidung ist die Betätigung auf den Telekommunikationsmärkten eine Wettbewerbstätigkeit „ohne Wenn und Aber" (so: *Badura*, Anhörung vor dem Rechtsausschuß des Bundestages, BT-Rechtsaus.-Prot. 117/94, S. 6). Der verfassungsändernde Gesetzgeber hat sich bewußt gegen eine besondere Gemeinwohlbindung der Anbieter entschieden. Aus der in Art. 87 f. GG vorgenommenen Verantwortungsverteilung ergibt sich deutlich, daß die Verantwortung für das Gemeinwohl allein beim Staat liegt (vgl. oben, 2. Kapitel A V und sogleich 4. Kapitel, D III 2 b dd).
[463] *Gramlich*, Archiv PT 1995, S. 189 (205, 208).

D. Verfassungsmäßigkeit der Abgabepflicht 229

weist er auf den Wortlaut des Art. 87 f Abs. 2 S. 1 GG, wonach Dienstleistungen im Sinne des Absatzes 1 von den Unternehmen „erbracht" werden. Nach seiner Auffassung stellt diese Formulierung nicht nur die bloße Beschreibung eines bestimmten wirtschaftlichen Verhaltens dar, sondern begründet eine Rechtspflicht der Telekommunikationsunternehmen, für ein flächendeckendes Angebot an Kommunikationsmitteln zu sorgen.[464]

Ausgehend vom Wortlaut der Bestimmung erscheint eine solche Interpretation auch durchaus diskutabel. Insbesondere der Vergleich mit der insoweit ähnlichen Formulierung des verfassungsrechtlichen Vorgängers Art. 87 Abs. 1 a. F. („werden geführt"), der nach zutreffender Ansicht eine aufgabenrechtliche Komponente enthielt,[465] untermauert auf den ersten Blick eine solche Deutung.

Die Entstehungsgeschichte und die systematische Auslegung der Verfassungsnorm sprechen jedoch eine deutlich andere Sprache. Weder aus der Begründung des verfassungsändernden Gesetzgebers, noch aus dem Gesetzgebungsverfahren läßt sich nur der kleinste Hinweis dahingehend entnehmen, daß mittels der Norm eine besondere Pflichtigkeit der Telekommunikationsunternehmen begründet werden sollte.[466] Die Kernaussage von Art. 87 f Abs. 2 S. 1 liegt, wie an anderer Stelle bereits dargelegtm,[467] vielmehr im „Rechtsbefehl zur Privatisierung".[468] Die vom verfassungsändernden Gesetzgeber angeordnete Privatwirtschaftlichkeit der Dienstleistungserbringung bringt deutlich zum Ausdruck, daß sich der Post- und Telekommunikationssektor dem freien Wettbewerb öffnet und sich die Dienstleistungserbringung nicht in Form von Verwaltungstätigkeit, sondern in Form von kaufmännischem wettbewerbsorientierten Handeln in privatrechtlicher Unternehmensform realisiert.[469] Gleichzeitig folgt aus diesem Begriff, daß auch die Nachfolgeunternehmen der Deutschen Bundespost vom Gemeinwohlauftrag befreit sind und als Wirtschaftsunternehmen in einem kompetitiven Umfeld allein nach marktwirtschaftlichen Gesichtspunkten zu agieren haben.[470] Eine spezifische Verantwortung der Telekommunikationsunternehmen zugunsten einer flächendeckend funktionierenden Infrastruktur ist hiermit gerade nicht verbunden. Aus der Systematik des Art. 87 f GG folgt eindeutig, daß diese Verantwortung nach wie vor beim Staat liegt. Im ersten Absatz der Norm wurde die Pflicht des Bundes zur Gewährleistung einer flächendeckend funktionierenden Infrastruktur explizit determiniert und da-

---

[464] *Gramlich*, a. a. O., S. 205.

[465] Wie oben ausführlich dargelegt, beinhaltete Art. 87 Abs. 1 a.F. GG zugunsten des Bundes die Rechtspflicht, eine bestimmte Grundversorgung sicherzustellen, vgl. 2. Kapitel, A II.

[466] Begründung zum Gesetzesentwurf der Bundesregierung, BT- Drucks. 12/7269 S. 4 ff.; auch von *Elicker*, Archiv PT 1998, S. 201 (223), wird richtigerweise auf diese Tatsache hingewiesen. Innerhalb der Kommentarliteratur wird, soweit ersichtlich, auch von niemandem eine solche Ansicht vertreten.

[467] Ausführlich zum Terminus der Privatwirtschaftlichkeit, oben, 1. Kapitel, C II 2.

[468] *Lerche*, in Maunz/Dürig, Grundgesetz-Kommentar, Art. 87 f. Rn. 54.

[469] Vgl. bereits 1. Kapitel, C II 2.

[470] Vgl. 1. Kapitel, C II 2 und 2. Kapitel, A V.

mit ausdrücklich festgehalten, daß mit der Privatisierung der Dienstleistungserbringung nicht ein vollständiger Rückzug des Staates aus dem Telekommunikationssegment einher geht.[471]

Die Gewährleistungsklausel des Art. 87 f. Abs. 1 GG dokumentiert damit eine für die gesamte Privatisierungsdiskussion typische Situation: Die abstrakte Aufgabenverantwortung des Staates bleibt im Grundsatz bestehen, lediglich der Modus der Aufgabenerfüllung wird durch die Privatisierungsentscheidung modifiziert. Insbesondere Schuppert[472] hat eindrucksvoll dargelegt, daß weder im Telekommunikations- und Postbereich, noch in der Mehrzahl der sonstigen Privatisierungssektoren tatsächlich von einem Rückzug des Staates und einem damit korrespondierendem Verantwortungsverlust gesprochen werden kann. Statt dessen erweist sich in diesem Zusammenhang der Begriff des staatlichen Funktionswandels als aussagekräftiger und im Hinblick auf das Rollenverständnis von Staat und Gesellschaft als treffender.[473] Durch die in Art. 87 f Abs. 2 S. 1 GG getroffene Grundsatzentscheidung zugunsten der privatwirtschaftlichen Dienstleistungserbringung hat sich der Bund zwar der sogenannten Erfüllungsverantwortung entledigt, d. h. ihn trifft nicht mehr die Pflicht die Leistungen selbst bereitzustellen, jedoch besteht eine staatliche Gewährleistungspflicht in Form einer besonderen Garantenstellung[474] aufgrund der expliziten Verankerung in Art. 87 f Abs. 1 GG, unverändert fort.

Die Aufnahme des Infrastrukturgewährleistungsauftrages in das Grundgesetz stellt eindeutig klar, daß die Letztverantwortung zugunsten einer flächendeckenden Versorgung beim Staat verbleibt.[475] Lediglich die Instrumente zur Erfüllung dieser Verantwortung verändern sich: An Stelle der unmittelbaren Leistungserbringung ist der Staat im privatisierten Markt dazu verpflichtet, durch legislative Rahmensetzung und externe Steuerung des Wettbewerbs auf das Dienstleistungsangebot Einfluß zu nehmen.[476] Diese so verstandene Residualverantwortung nach der Privatisierung beinhaltet auch die Finanzierungsverantwortung im Sinne der sonderabgabenrechtlichen Terminologie.

Aufgrund dieser eindeutigen verfassungsrechtlichen Verantwortungszuweisung ist auch einer eventuellen Interpretation, wonach die Unternehmen quasi als Ge-

---

[471] Vgl. oben, 2. Kapitel, A I.

[472] *Schuppert,* DÖV 1995, S. 761 (766 ff.).

[473] *Schuppert,* DÖV 1995, S. 761 (766 ff.), vgl. auch *Kämmerer,* JZ 1996, S. 1042 (1948): „Privatisierung wirkt sich damit – jedenfalls als aufgabenbezogene – kaum auf den staatlichen Aufgabenkreis aus; insoweit läßt sich ein „Staatsaufgabenerhaltungssatz" aufstellen. Verändert wird jedoch die Wahrnehmungsform staatlicher Aufgaben."

[474] Zum Begriff der Garantenstellung: *Kämmerer,* JZ 1996, S. 1042 (1948); grundlegend: *Gallwas,* VVDStRL 29 (1971), S. 221 ff.

[475] Vgl. bereits oben, 2. Kapitel, A.

[476] Zum Wandel des Staates vom Leistungserbringer zur Regulierungsinstanz; vgl. *Hermes,* Staatliche Infrastrukturverantwortung, S. 153; *Wieland,* Die Verwaltung 1995, S. 315 (332); *Benz,* Die Verwaltung 1995, S. 337 (353); *Schuppert,* DÖV 1995, S. 761 (768); *Kämmerer,* JZ 1996, S. 1042 (1048); *Stern,* DVBl. 1997, S. 309 (313).

genleistung zur Marktöffnung von nun an gesteigerte Grundversorgungspflichten zu tragen hätten,[477] die Grundlage entzogen. Aus Art. 87 f folgt unmittelbar, daß das Angebot von Telekommunikationsleistungen eine Wettbewerbstätigkeit „ohne Wenn und Aber"[478], d. h. ohne gesteigerte Gemeinwohlverpflichtung der Unternehmen darstellt[479], und die Verantwortung für eine flächendeckende Kommunikationsinfrastruktur gemäß Art. 87 f. Abs. 1 GG beim Bund verbleibt. Dieser hat zwar die Möglichkeit, die Pflicht zur flächendeckenden Dienstleistungs*erbringung* auf die privatwirtschaftlichen Wirtschaftssubjekte zu übertragen, seiner Garantenstellung und damit seiner Finanzierungsverantwortlichkeit, kann er sich indes nicht entledigen. Die Finanzierung des Universaldienstes fällt daher von Verfassungs wegen in die staatliche Gesamtverantwortlichkeit, eine besondere Gruppenverantwortung der Telekommunikationsunternehmen besteht nicht.

ee) Zwischenergebnis

Die vorangegangenen Überlegungen haben gezeigt, daß keine spezifische Gruppenverantwortung der Telekommunikationsunternehmen hinsichtlich des flächendeckenden Angebots mit Telekommunikationsdienstleistungen festgestellt werden kann. Der vom Gesetzgeber unternommene Versuch, mittels § 18 TKG die erforderliche Gruppenverantwortlichkeit normativ zu bestimmen, erwies sich vor dem Hintergrund der Sonderabgabenrechtsprechung des Bundesverfassungsgerichts als untauglich. Aus der Stellung als Anbieter einer bestimmten Leistung resultiert in einer marktwirtschaftlichen Ordnung ebenfalls keine besondere Verantwortung für ein flächendeckendes Angebot. Die in Art. 14 Abs. 2 GG verankerte Sozialpflichtigkeit des Eigentums war, ebenso wie der Gedanke einer allgemeinen sozialen Verantwortlichkeit des Unternehmens, nicht geeignet, konkrete Rechtspflichten und Verantwortlichkeiten zu begründen. Auch ein überwiegendes Interesse der Abgabepflichtigen an der zu finanzierenden Aufgabe- was nach der Rechtsprechung des Bundesverfassungsgerichts zur Begründung einer spezifischen Gruppenverantwortung ausreichen soll- konnte bei den betroffenen Telekommunikationsunternehmen nicht festgestellt werden. Statt dessen muß man konstatieren, daß die Sicherstellung der Grundversorgung mit Kommunikationsmitteln vergleichbar mit der flächendeckenden Stromversorgung ein Interesse der Allgemeinheit darstellt und daher auch nur mit von der Allgemeinheit zu erbringenden Mitteln finanziert werden kann.[480] Bestätigt wird dieser Befund durch die Verfassungsnorm des

---

[477] Vgl. etwa *Waechter*, Verwaltungsarchiv 87 (1996), S. 68 (94); ebenfalls ablehnend: *Burgi*, Funktionelle Privatisierung und Verwaltungshilfe, § 9 II 2 b.

[478] So ausdrücklich: *Badura*, Anhörung vor dem Rechtsausschuß des Bundestages, BT-Rechtsausschuß- Prot. 117/94, S. 6.

[479] Vgl. hierzu bereits, 2. Kapitel, A V.

[480] Vgl. BVerfGE 91, 186 (206): „ Die Sicherstellung der Strom- und Energieversorgung aber ist ein Interesse der Allgemeinheit, das deshalb als Gemeinlast – durch Steuern – finan-

Art. 87 f Abs. 1 GG, der dem Bund die Verantwortung für eine flächendeckende Kommunikationsversorgung explizit zuweist. Die Finanzierung des Universaldienstes fällt somit von Verfassungs wegen nicht in den Verantwortungsbereich der Telekommunikationsunternehmen, sondern in die staatliche Gesamtverantwortung. Die Erhebung einer Sonderabgabe zur Finanzierung dieser Staatsaufgabe ist daher mangels Gruppenverantwortung der Telekommunikationsunternehmen verfassungswidrig.

Obgleich die Universaldienstabgabe bereits am verfassungsrechtlichen Hindernis der Gruppenverantwortung gescheitert ist und ihre Verfassungswidrigkeit damit feststeht, ist es angebracht die sonstigen Zulässigkeitskriterien noch zu thematisieren. Möglicherweise lassen sich noch weitere Gründe finden, mit denen sich eine Verfassungswidrigkeit der Abgabe belegen läßt.

c) Gruppennützige Verwendung des Abgabenaufkommens

Neben der bereits thematisierten Gruppenhomogenität und der spezifischen Gruppenverantwortlichkeit der betroffenen Abgabeschuldner verlangt das Bundesverfassungsgericht zur Legitimation von Sonderabgaben zusätzlich noch eine sachgerechte Verknüpfung zwischen der aus der Sonderabgabe resultierenden Belastung und der mit der Abgabe verbundenen Begünstigung. Nach der insoweit gefestigten Judikatur ist dieser erforderliche Zusammenhang erfüllt, wenn das Aufkommen der Abgabe im Interesse der Abgabepflichtigen und damit „gruppennützig" verwendet wird.[481] Die Pflicht zur gruppennützigen Verwendung des Aufkommens von Sonderabgaben folgt wiederum aus der verfassungsrechtlich notwendigen Abgrenzung zur Steuer und der damit korrespondierenden Pflicht zur Gewährleistung der staatsbürgerlichen Belastungsgleichheit. Da sich die Beteiligung der Bürger an der Finanzierung der Gemeinlasten in einem „Steuerstaat" prinzipiell in der Zahlung von Steuern erschöpft, kollidiert eine zusätzliche Inanspruchnahme des einzelnen zur Bestreitung der Gemeinlasten automatisch mit dem allgemeinen Gleichheitssatz.[482] Bei gruppennützigen Sonderabgaben besteht eine solche Kollisionsgefahr jedoch nicht, da die mit der Abgabe erzielten Mittel nicht zur Bestreitung von Gemeinlasten verwendet werden, sondern der belasteten Gruppe selbst unmittelbar zugute kommen.[483] In diesem Zusammenhang sei insbe-

---

ziert werden muß."; zum Verbot der Finanzierung allgemeiner Angelegenheiten durch Sonderabgaben: BVerfGE 55, 274 (298, 300 ff.); 67, S. 256 (275); *P. Kirchhof*, in Festschrift für Friauf, S. 669 (675); *Kim,* Rechtfertigung von Sonderabgaben, S. 90; *Ricker,* Filmabgabe und Medienfreiheit, S. 27; *Wilms,* NVwZ 1995, S. 550 (551).

[481] BVerfGE 55, 274 (306); 67, 256 (276); vgl. auch schon BVerfGE 18, 315 (327 f.), 37, 1 (16 f.); grundlegend und wegweisend für die verfassungsrechtliche Rechtsprechung: *Mußgnug*, in Festschrift für Forsthoff, S. 259 (288 ff.); *Friauf*, in Festschrift für Jahrreiß, S. 45 (53 ff.).

[482] Zu dieser Problematik vgl. 4. Kapitel, D II 1 c.

D. Verfassungsmäßigkeit der Abgabepflicht

sondere auf Mußgnug verwiesen: *"Wo der Gesetzgeber mit zweckgebundenen Abgaben die Aufbringungsschuldner lediglich dazu zwingt, öffentliche Maßnahmen, die in ihrem eigenem Interesse getroffenen werden, selbst zu finanzieren, sind daher keine verfassungsrechtlichen Bedenken anzumelden."*[484]

Bereits in der Entscheidung zur Berufsausbildungsabgabe hat der zweite Senat aber betont, daß diese so verstandene Gruppennützigkeit nicht voraussetzt, daß das Abgabenaufkommen im Interesse *aller* Abgabenpflichtigen verwendet werden muß, sondern daß bereits das überwiegende Interesse der Gesamtgruppe ausreicht.[485] Ferner wird der Gruppennützigkeit der Abgabenverwendung auch dann nicht derogiert, wenn *sekundär*[486] auch andere Gruppen oder die Allgemeinheit gewisse Vorteile von der Verwendung der Abgabe haben.[487] Da nach der ständigen Rechtsprechung des Gerichts aufgrund des Ausnahmecharakters der Sonderabgabe, die Zulässigkeitskriterien strikt anzuwenden sind, muß der notwendige Gruppennutzen aber über einen nicht greifbaren immateriellen Nutzen hinausgehen und konkret nachweisbar sein. Ein entfernter, nur theoretischer Reflexnutzen reicht demnach nicht aus.[488]

Die Frage der Gruppennützigkeit der Universaldienstabgabe stellt sich ausgehend von diesen Vorgaben als äußerst problematisch dar. Soweit insbesondere von Schütz[489] und daran anschließend auch von Bruhn[490] die Gruppennützigkeit der Abgabe mit dem Hinweis bejaht wird, daß das Aufkommen der Abgabe an den Erbringer der Universaldienstleistung (über den Umweg der Regulierungsbehörde) zurückfließt und daher innerhalb der Gruppe der Telekommunikationsunternehmen verbleibt, so kann dies kaum überzeugen. Unter Zugrundelegung der Rechtsprechung des Bundesverfassungsgerichts und der dogmatischen Vorarbeiten von Mußgnug[491] erweist sich dieser formale Anknüpfungspunkt, der allein auf den ge-

---

[483] Vgl. *Friauf*, in Festschrift für Jahrreiß, S. 45 (53); *Kim*, Rechtfertigung von Sonderabgaben, S. 102; *Pohlmann*, Rechtsprobleme der Stromeinspeisung nach dem Stromeinspeisungsgesetz, S. 107; *Kirchhof*, HdbdStR IV § 88 Rn. 238.

[484] *Mußgnug*, in Festschrift für Forsthoff, S. 259 (290); ähnlich auch *P. Kirchhof*, HdbdStR IV § 88 Rn. 238: „Veranlaßt eine zweckgebundene Abgabe die Abgabeschuldner sodann, öffentliche Maßnahmen, die in ihrem eigenen Interesse getroffen werden, selbst zu finanzieren, so zwingt die Abgabe zur finanziellen Selbsthilfe. Die Privatnützigkeit der Zweckabgabe rechtfertigt die Sonderlast und die Zweckbindung."

[485] BVerfGE 55, 274 (307 f.); ebenso: BVerfGE 67, 256 (276 f.); 82, 159 (180); zustimmend: *Kirchhof*, HdbdStR IV § 88 Rn. 237; *Pohlmann*, Rechtsprobleme der Stromeinspeisung nach dem Stromeinspeisungsgesetz, S. 107; *Hendler*, Die Sonderabfallabgabe, S. 83.

[486] Hervorhebung unmittelbar durch das Gericht.

[487] BVerfGE 55, 274 (317).

[488] Vgl. *Ossenbühl*, BB 1995, S. 1805 (1810).

[489] *Schütz*, in Beck'scher TKG-Kommentar, § 21 Rn. 8; ebenso: *Schütz/Cornils*, DVBl. 1997, S. 1146 (1154).

[490] *Bruhn*, Die Sicherstellung öffentlicher Aufgaben im Bereich der deutschen Telekommunikation unter Einfluß der europäischen Marktöffnung, S. 432 ff.

[491] *Mußgnug*, in Festschrift für Forsthoff, S. 259 (290).

schlossenen Finanzkreislauf innerhalb der Gruppe der Abgabeschuldner abstellt, als verfehlt. Aus dem dogmatischen Hintergrund des Gruppennützigkeitskriteriums folgt, daß der entscheidende Anknüpfungspunkt zur Bestimmung der sonderabgabenrechtlichen Gruppennützigkeit nicht die Frage sein kann, wem das Aufkommen der Abgabe mittelbar oder unmittelbar zufließt, sondern welche Aufgabe mittels des Abgabevolumens finanziert wird. Das Merkmal der Gruppennützigkeit ist demzufolge dann erfüllt, wenn die mit der parafiskalischen Abgabe finanzierte Aufgabe im überwiegenden Interesse der Abgabeschuldner liegt, unabhängig davon, welchem Personenkreis die finanziellen Mittel unmittelbar zugewendet werden. Fremdnützig ist die Abgabe hingegen dann, wenn die mit der Abgabe finanzierte Aufgabe primär im Interesse der Allgemeinheit oder im Interesse einer anderen, nicht mit der Gruppe der Abgabeschuldner identischen, gesellschaftlichen Gruppe liegt.[492] Als klassisches Beispiel, in dem das Aufkommen einer Sonderabgabe gruppennützig verwendet wurde, obwohl das Abgabenvolumen nicht an die Gruppe der Abgabeschuldner zurückgeflossen ist, ist die Abgabe nach dem Stabilisierungsfonds für Wein zu nennen. Mit dieser Abgabe, die sowohl von Weinerzeugern als auch von Weinhändlern zu bestreiten war, wurde ein Fonds gespeist, mit dessen Volumen neben der Förderung der Qualität des Weines vor allem die Weinwerbung finanziert wurde. Obwohl das Bundesverfassungsgericht in seiner Entscheidung zur Verfassungsmäßigkeit dieser Abgabe[493] die Frage der Gruppennützigkeit nicht ausdrücklich thematisiert hat, ist hier offensichtlich, daß die mit der Abgabe finanzierten Maßnahmen in einem besonderen Interesse der Abgabepflichtigen und nicht primär im Interesse der Allgemeinheit oder einer sonstigen gesellschaftlichen Gruppe lagen.[494]

Hinsichtlich der Universaldienstabgabe fehlt es aber an einem solchen besonderen Interesse der Abgabeschuldner an der zu finanzierenden Aufgabe. Mit der Universaldienstabgabe wird die flächendeckende Grundversorgung mit Telekommunikationsleistungen finanziert. Diese Aufgabe liegt jedoch nicht im „überwiegenden Interesse" der Abgabeschuldner.[495] Statt dessen muß man feststellen, daß es sich hier um eine Aufgabe handelt, die primär im Interesse der Allgemeinheit liegt.[496]

---

[492] In diesem Sinne wohl auch *Friauf*, in Festschrift für Haubrichs, S. 103 (119): „Bei der Anwendung des Prinzips der Gruppennützigkeit darf auch nicht übersehen werden, daß Gruppennützigkeit in dem hier verstandenen Sinne das Gegenprinzip zu Allgemein- und Fremdnützigkeit bildet. Gruppennützigkeit bedeutet m.a.W. „Sondernützigkeit" der zu finanzierenden Maßnahmen in bezug auf die Gruppe der potentiell Abgabepflichtigen."

[493] BVerfGE 37, 1.

[494] Vgl. BVerfGE 37, 1 (19 ff.); zur Bedeutung dieser Entscheidung: *Friauf*, in Festschrift für Haubrichs, S. 103 (113); *ders.*, in Festgabe Bundesverfassungsgericht II, S. 300 (310); *P. Kirchhof*, HdbdStR IV § 88 Rn. 261; *Kim*, Rechtfertigung von Sonderabgaben, S. 103.

[495] Offensichtlich a.A., jedoch ohne ausführliche Begründung: *Ruffert*, AöR 124 (1999), S. 237 (274), wonach die Abgabeschuldner „von der durch Ausgleichszahlungen begünstigten Tätigkeit des verpflichteten Unternehmens profitieren."

[496] Vgl. bereits 4. Kapitel, D III 2 b cc; selbst wenn man eine etwas formalere Betrachtungsweise wählt, und nicht die Finanzierung des Universaldienstes, sondern den Defizitaus-

D. Verfassungsmäßigkeit der Abgabepflicht

Ausgehend von dem hier zugrundegelegten materiellen Verständnis, wonach die Frage der Gruppennützigkeit in erster Linie davon abhängt, ob die belastete Gruppe ein überwiegendes Interesse an der mittels der Sonderabgabe zu finanzierenden Aufgabe hat, muß die Universaldienstabgabe als fremdnützige parafiskalische Geldleistungspflicht qualifiziert werden.[497]

Entgegen einer zum Teil vertretenen Auffassung[498] sind solche fremdnützigen Sonderabgaben jedoch nicht generell unzulässig.[499] Das Bundesverfassungsgericht hat sowohl in der Entscheidung zur Berufsausbildungsabgabe, als auch in der Entscheidung zum Absatzfondsgesetz anklingen lassen, daß unter bestimmten, äußerst restriktiv zu handhabenden Voraussetzungen auch fremdnützige Sonderabgaben verfassungskonform sein können. Dies sei dann der Fall, wenn *„die Natur der Sache eine finanzielle Inanspruchnahme zugunsten fremder Begünstigter aus triftigen Gründen eindeutig rechtfertigt."*[500] Mit einer solchen Auffassung zeigt sich das Gericht wiederum exakt auf einer Linie mit den dogmatischen Vorarbeiten von Mußgnug, der eine fremdnützige Zweckbindung von Sonderabgaben *„ausnahmsweise"* als zulässig ansieht, sofern *„gewichtige Argumente"* diese Abgabe rechtfertigten.[501]

---

gleich des Universaldienstleisters als die Aufgabe versteht, die mit der Abgabe finanziert wird, so kann dies zu keinem anderen Ergebnis führen. Es läßt sich kaum begründen, warum der Defizitausgleich des Universaldienstleisters im überwiegenden Interesse der Gruppenmitglieder liegen soll. Bei der Berücksichtigung der ökonomischen Gegebenheiten auf den Telekommunikationsmärkten zeigt sich, daß als Universaldienstleister aufgrund des Erfordernisses der marktbeherrschenden Stellung (vgl. § 19 Abs. 3 TKG) im Prinzip einzig die Deutsche Telekom AG in Betracht kommt. Die mit der Erhebung der Sonderabgabe erzielten Mittel kommen damit nur einem einzigen Gruppenmitglied zugute. Es ist zwar anerkannt, daß nicht jedes Gruppenmitglied unmittelbar vom Aufkommen der Sonderabgabe profitieren muß (vgl. BVerfGE 55, 274 (307 f.); 67, 256 (276 f.); 82, 159 (180)), jedoch ist zumindest ein Nutzen für die Mehrzahl der Gruppenmitglieder erforderlich, um tatsächlich noch von einem gemeinschaftlichen Interesse der Gruppe sprechen zu können. Hinsichtlich der Mehrheit der Abgabeschuldner entsteht durch die Verwendung der Abgabe jedoch sogar ein Schaden, da mit dem Finanzvolumen letztlich die Konkurrenz, regelmäßig die Deutsche Telekom AG, unterstützt und gleichzeitig die eigene Wettbewerbsposition geschwächt wird.

[497] Auch *Pohl,* Der Universaldienst in der Telekommunikation, S. 193 f., verneint die Gruppennützigkeit der Universaldienstabgabe. Zu beachten ist jedoch in diesem Zusammenhang, daß er von der Gruppe der Telekommunikationsnutzer als belastete Gruppe ausgeht; zur Bestimmung der belasteten Gruppe, vgl. ausführlich oben, 4. Kapitel, D III 2 a bb.

[498] Vgl. *Pohl,* Universaldienst in der Telekommunikation, S. 190.

[499] Daß es sich beim Verbot der fremdnützigen Sonderabgabe um einen Grundsatz handelt, der unter bestimmten Voraussetzungen auch Ausnahmen läßt, entspricht der wohl herrschenden Meinung innerhalb der Literatur. Zu beachten ist in diesem Zusammenhang jedoch, daß die Annahme einer solchen Ausnahmesituation in Anbetracht der besonderen Bedeutung der Finanzverfassung nur unter sehr engen Voraussetzungen möglich ist; vgl. etwa: *Kim,* Rechtfertigung von Sonderabgaben, S. 104 („die Ausnahme von der Ausnahme"); *Jarass,* DÖV 1989, S. 1013 (1018); *P. Kirchhof,* HdbdStR IV § 88 Rn. 238; *Lerche,* DB, Beilage 10 zu Heft Nr. 30/1995, S. 1 (8); *Hendler,* Die Sonderabfallabgabe, S. 84; *Pohlmann,* Rechtsprobleme der Stromeinspeisung nach dem Stromeinspeisungsgesetz, S. 110; *Selmer,* Sonderabfallabgaben und Verfassungsrecht, S. 68; *Kluth,* JA 1996, S. 260 (264).

[500] BVerfGE 55, 274 (307); 82, 159 (180).

Wie die „Natur der Sache" beschaffen sein soll, welche auch die fremdnützige Inspruchnahme von Abgabeschuldnern legitimiert, ist jedoch bis heute nicht hinreichend geklärt. Als denkbare Rechtfertigungsgründe wurden bisher die besondere soziale Verpflichtung des Abgabeschuldners gegenüber der begünstigten Gruppe[502] und – insbesondere im Umweltrecht – die Stellung als Kostenverursacher[503] diskutiert. Hinsichtlich der Universaldienstabgabe sind jedoch beide Aspekte nicht einschlägig. Es wurde bereits dargelegt, daß für die Telekommunikationsunternehmen keine besondere soziale Verpflichtung gegenüber der Allgemeinheit besteht. Aus der in Art. 87 f Abs. 2 GG getroffenen Grundentscheidung ergibt sich, daß die Telekommunikationsunternehmen vom Gemeinwohlauftrag befreit sind und ihre Leistungspalette ausschließlich nach Rentabilitätsaspekten bestimmen können.[504] Auch der Verursachungsgedanke läßt sich in diesem Zusammenhang nicht nutzbar machen. Die Tätigkeit im Telekommunikationssektor als solche, verursacht keine schädliche Effekte, zu deren finanzieller Kompensation die Unternehmen herangezogen werden können.[505] Man könnte allenfalls argumentieren, daß das *Unterlassen* der Unternehmen bestimmte Leistungen im Wettbewerb frei anzubieten, die Universaldienstkosten verursacht hat und dies einen triftigen Grund für die finanzielle Inanspruchnahme der Unternehmen darstellen könnte. Unabhängig davon, daß eine solche Konstruktion eines Verursachungszusammenhangs äußerst gekünstelt wirkt und daher kaum einen „eindeutigen, triftigen Grund" im Sinne der verfassungsrechtlichen Judikatur darstellen kann, überzeugt dieser Ansatz auch materiell-rechtlich nicht: Es kann als allgemeingültiger Grundsatz angesehen werden, der sowohl im Straf- und Zivilrecht als auch im öffentlichen Recht Geltung hat, daß ein Unterlassen nur dann belastende Rechtsfolgen nach sich zieht, sofern eine konkrete Handlungspflicht des Betroffenen bestand.[506] Eine konkrete Rechtspflicht, flächendeckend auch solche Dienstleistungen bereitzustellen, die nicht kostendeckend sind, ist einem marktwirtschaftlichen System jedoch fremd. Auch im Telekommunikationssektor, der seit der Postreform II nicht mehr dem Verwal-

---

[501] *Mußgnug*, in Festschrift für Forsthoff, S. 259 (292).

[502] Vgl. *Mußgnug*, in Festschrift für Forsthoff, S. 259 (292); *P. Kirchhof*, HdbdStR IV § 88 Rn. 238; *Pohlmann*, Rechtsprobleme der Stromeinspeisung nach dem Stromeinspeisungsgesetz, S. 110; *Kim*, Rechtfertigung von Sonderabgaben, S. 105; in diesem Sinne wohl auch BVerfGE 11, 105 (116); 23, 12 (22 f.).

[503] So OVG Münster, ZfW 1984, S. 293 (303); vgl. auch *Jarass*, DÖV 1989, S. 1018; *Hendler*, Die Sonderabfallabgabe, S. 83 ff.; *Kim*, Rechtfertigung von Sonderabgaben, S. 76, 91 ff.; kritisch: *Selmer*, Sonderabfallabgaben und Verfassungsrecht, S. 68 ff.; ablehnend: *Lerche*, DB, Beilage 10 zu Heft Nr. 30/1995, S. 1 (8, insbesondere Fn. 69).

[504] Ausführlich bereits 1. Kapitel, C II 2; außerdem 2. Kapitel, A V und 4. Kapitel, D III 2 b dd.

[505] Vgl. in diesem Zusammenhang auch *Elicker*, Archiv PT 1998, S. 201 (222 f.), hinsichtlich der Infrastrukturabgabe nach dem Postgesetz.

[506] Stellvertretend: Zur rechtlichen Relevanz des Unterlassens im Strafrecht: *Wessels*, Strafrecht- Allgemeiner Teil, S. 222 ff.; im Zivilrecht: *Heinrichs*, in Palandt, Bürgerliches Gesetzbuch, Kommentierung Vorbem. zu § 249, Rn. 84.

tungsbereich unterfällt, existiert eine solche Pflicht nicht.[507] Es fehlt damit also an einem qualifizierten Unterlassen, welches Voraussetzung zur Annahme eines Verursachungszusammenhanges gewesen wäre.

Auch sonst sind keine triftigen, aus der Natur der Sache resultierenden Gründe ersichtlich, welche die Erhebung einer fremdnützigen Sonderabgabe ausnahmsweise rechtfertigen könnten. Im Ergebnis läßt sich daher festhalten, daß es sich bei der Universaldienstabgabe um eine unzulässige fremdnützige Sonderabgabe handelt. Die Verfassungswidrigkeit der Universaldienstabgabe resultiert damit sowohl aus der fehlenden Finanzierungsverantwortlichkeit der Abgabeschuldner als auch aus der fehlenden Gruppennützigkeit der Abgabe.

d) Temporärer Charakter der Universaldienstabgabe?

Aufgrund des Ausnahmecharakters des Finanzierungsinstruments Sonderabgabe fordert das Bundesverfassungsgericht ferner, daß eine solche Abgabe einer periodischen parlamentarischen Überprüfung unterliegen muß. Das Gericht hat sowohl in der Entscheidung zur Berufsausbildungsabgabe, als auch in der Entscheidung zum Absatzfondsgesetz betont, daß die Sonderabgabe „grundsätzlich temporär"[508] sei und daß es daher dem Gesetzgeber obliegt, in angemessenen Zeitabständen zu überprüfen, ob die tatsächlichen Verhältnisse die Erhebung einer solchen Abgabe noch rechtfertigen.[509] Der tiefere Sinn dieses Kriteriums liegt darin, dem Mißbrauch des „Ausnahmeinstruments"[510] Sonderabgabe als dauerhaft staatliche Ertragsquelle entgegenzuwirken und damit der Institutionalisierung „schwarzer Kassen"[511] außerhalb des parlamentarisch kontrollierten staatlichen Haushaltes vorzubeugen. Durch die Verpflichtung zur periodischen Überprüfung soll verhindert werden, daß die Abgabeschuldner weiter belastet werden, obwohl aufgrund veränderter Umstände der mit der Abgabeerhebung intendierte Finanzierungszweck bereits weggefallen ist, oder in sonstiger Weise das ursprünglich avisierte Ziel des Gesetzgebers bereits erfüllt wurde.[512]

---

[507] Vgl. bereits oben, bereits 1. Kapitel, C II 2; außerdem 2. Kapitel, A V und 4. Kapitel, D III 2 b dd; Eine Pflicht zur Erbringung einer solchen Leistung existiert erst in dem Moment, in dem ein Unternehmen gemäß § 19 Abs. 3 TKG förmlich zum Universaldienst verpflichtet wurde. Aber selbst in diesem Fall konzentriert sich die Pflicht auf ein einziges Unternehmen, während die Abgabe von allen Marktteilnehmern erhoben wird.

[508] BVerfGE 55, 274 (308); 82, 159 (181).

[509] BVerfGE 55, 274 (308); 72, 330 (423); 73, 40 (94); 82, 159 (181).

[510] So: *P. Kirchhof*, in Festschrift für Friauf, S. 669 (675).

[511] *P. Kirchhof*, HbdStR IV § 88 Rn. 224.

[512] In diesem Sinne: BVerfGE 55, 274 (308); 82, 159 (181); *P. Kirchhof*, in Festschrift für Friauf, S. 669 (675); *ders.*, HbdStR IV § 88 Rn. 239; *Hendler*, Die Sonderabfallabgabe, S. 90; *Pohl*, Der Universaldienst in der Telekommunikation, S. 194 ff.; *Pohlmann*, Rechtsprobleme der Stromeinspeisung nach dem Stromeinspeisungsgesetz, S. 111.

Demnach ist das Kriterium des „temporären" Charakters zumindest dann erfüllt, wenn das Abgabengesetz selbst zeitlich befristet ist.[513] Eine solche Befristung hat zur Folge, daß der Gesetzgeber bei Ablauf der Frist neu darüber entscheiden muß, ob die aktuellen rechtstatsächlichen Umstände die Perpetuierung der Abgabenerhebung rechtfertigen. Der Gesetzgeber hat bei der Kreation des TKG die Erhebung der Universaldienstabgabe entgegen des Vorschlags von Gramlich in seinem Rechtsgutachten für das BMPT[514] jedoch nicht explizit mit einer zeitlichen Befristung versehen. Aus dieser Tatsache wird innerhalb der rechtswissenschaftlichen Literatur, die sich bisher mit diesem Problemfeld befaßt hat, zum Teil ein weiterer Grund für die Verfassungswidrigkeit der Abgabe gesehen.[515]

Eine solche Argumentation, die einseitig auf das Fehlen einer normativ verankerten zeitlichen Befristung abstellt, erscheint jedoch zu formalistisch und wird dem Wesen des in Frage stehenden Kriteriums nicht gerecht. Zunächst erscheint es bereits äußerst zweifelhaft, ob es sich beim Kriterium der temporären Geltung tatsächlich um ein strenges Legalitätskriterium im Sinne der verfassungsgerichtlichen Literatur handelt. Dagegen spricht vor allem, daß das Bundesverfassungsgericht noch nie eine Sonderabgabe wegen des fehlenden temporären Charakters für verfassungswidrig erklärt hat und diesem Kriterium auch in jüngerer Rechtsprechung offensichtlich keine besondere Bedeutung zugemessen hat.[516] Auch die sonderabgabenrechtliche Literatur neigt bisweilen dazu, bei der verfassungsrechtlichen Überprüfung von Sonderabgaben das Kriterium der temporären Geltung schlichtweg zu „unterschlagen".[517]

Zusätzlich muß man jedoch feststellen, daß bereits die konkrete Ausgestaltung der Abgabenerhebung der Universaldienstabgabe den temporären Charakter verleiht. Das Telekommunikationsgesetz sieht vor, daß die Abgabe nur erhoben wird,

---

[513] Vgl. BVerfGE 55, 274 (310).

[514] *Gramlich*, Archiv PT 1995, S. 189 (213).

[515] *Pohl*, Der Universaldienst in der Telekommunikation, S. 195 f. *Bruhn*, Die Sicherstellung öffentlicher Aufgaben im Bereich der deutschen Telekommunikation unter Einfluß der europäischen Marktöffnung, S. 433 ff., in Anlehnung an *Schütz/Cornils*, DVBl. 1997, S. 1146 (1155); außerdem: *Schütz*, in Beck'scher TKG-Kommentar, § 21 Rn. 9; zum selben Ergebnis hinsichtlich der konzeptionell identischen Abgabe nach dem Postgesetz kommt auch *Elicker*, Archiv PT 1998, S. 201 (232), jedoch mit abweichender Begründung.

[516] Hier sei besonders auf die Absatzfondsentscheidung hingewiesen, in der das Gericht zwar den temporären Charakter von Sonderabgaben im Grundsatz betont hat (BVerfGE 82, 159 (181)), hinsichtlich der streitgegenständlichen Abgabe aber keine verfassungsrechtlichen Bedenken angemeldet hat, obwohl diese nicht befristet war (BVerfGE 82, 159 (189 f.)); vgl. in diesem Zusammenhang auch *Hendler*, Die Sonderabfallabgabe, S. 90.

[517] Vgl. *Ossenbühl*, BB 1995, S. 1805 (1807 ff.); *Selmer*, Sonderabfallabgaben und Verfassungsrecht, S. 55 ff.; *Lerche*, DB, Beilage 10 zu Heft Nr. 30/1995, S. 1 (7 ff.); *Ricker*, Filmabgabe und Medienfreiheit, S. 24 ff.; die jeweils ohne Begründung auf die Prüfung des Kriteriums „temporäre Geltung" verzichten; vgl. in diesem Zusammenhang auch *Kluth*, JA 1996, S. 260 (264): „In der Praxis spielt dieser Gesichtspunkt allerdings eine sehr untergeordnete Rolle. Es dominiert die Beharrungskraft einmal erschlossener Ertragsquellen."

D. Verfassungsmäßigkeit der Abgabepflicht   239

wenn eine Unterversorgung mit einer bestimmten Dienstleistung bestand, ein Unternehmen zur Leistung verpflichtet wurde und dieses Unternehmen einen Defizitausgleich geltend gemacht hat.[518] Die Universaldienstabgabe wird somit reaktiv nur bei der Existenz eines tatsächlichen Kapitalbedarfs fällig. Die Höhe der Abgabe erschöpft sich mit dem Ausgleich des entstandenen Defizits. Solange von keinem Unternehmen Ausgleichsansprüche wegen Universaldienstkosten geltend gemacht werden, findet keine Abgabenerhebung statt. Im Gegensatz zu einem reinen Fondsmodell, in dem Abgaben in pauschalisierter Höhe schon im voraus einzuzahlen sind, wird durch das reaktive Abgabenerhebungssystem des TKG eine bedarfsgerechte, ausschließlich an dem konkreten Finanzierungserfordernis orientierte, Kapitalaufbringung sichergestellt. Es ist aufgrund der tatsächlichen Ausgestaltung des Finanzierungssystems daher schon gar nicht denkbar, daß trotz Wegfalls des Finanzierungszwecks oder sonstiger Erreichung des gesetzgeberischen Ziels, weiter eine Belastung der Abgabeschuldner stattfindet.[519] Der temporäre Charakter der Universaldienstabgabe ergibt sich folglich bereits aus dem Modus der Abgabenerhebung. Die Verfassungswidrigkeit der Universaldienstabgabe läßt sich somit nicht mit dem Fehlen dieses Kriteriums erklären.

3. Ergebnis der finanzverfassungsrechtlichen Untersuchung

Die Universaldienstabgabe konnte nicht als Lenkungs,- Ausgleichs- oder Abschöpfungsabgabe qualifiziert werden. Aufgrund der ihr innewohnenden Finanzierungsfunktion mußte sich die Abgabe an den sogenannten „strengen" Legalitätskriterien, die das Bundesverfassungsgericht in der Entscheidung zur Berufsausbildungsabgabe entwickelt und seither in ständiger Rechtsprechung verwendet, messen lassen. Im Gegensatz zur Entscheidung zum „Kohlepfennig" war bei der Universaldienstabgabe nicht zwischen formellen Abgabeschuldnern und materiell Endbelasteten zu differenzieren. Die von der Abgabepflicht betroffene Gruppe der Lizenznehmer erwies sich als homogen im Sinne der verfassungsrechtlichen Terminologie. Auch im Hinblick auf das Erfordernis der temporären Geltung von Sonderabgaben konnte kein Verfassungsverstoß festgestellt werden. Jedoch fehlt es an der erforderlichen Finanzierungsverantwortung der Abgabeschuldner. Es konnte festgestellt werden, daß die Finanzierung des Universaldienstes eine Gemeinlast darstellt und nicht in die besondere Gruppenverantwortung der betroffenen Telekommunikationsunternehmen fällt. Außerdem fehlt es an der gruppennützigen Verwendung des Abgabenaufkommens. Die Abgabe mußte als unzulässige fremdnützige Geldleistungspflicht qualifiziert werden.

---

[518] Siehe 3. Kapitel, B III 2.
[519] Im Ansatz scheinbar auch *Heimlich*, NVwZ 1998, S. 122 (125).

Die Universaldienstabgabe entspricht damit nicht den Zulässigkeitsanforderungen, die vom Bundesverfassungsgericht an die Erhebung von Sonderabgaben gestellt werden. Sie ist daher verfassungswidrig.

IV. Universaldienstfinanzierung und Grundrechte

Die Finanzierung des Universaldienstes durch die Universaldienstabgabe könnte ferner auch gegen Grundrechte verstoßen. Als potentiell verletzte Grundrechtsträger kommen vorliegend die von der Abgabepflicht unmittelbar betroffenen Telekommunikationsunternehmen in Betracht. Eine Grundrechtsverletzung der Telekommunikations*nutzer* ist demgegenüber von vornherein ausgeschlossen, da diese weder formell noch materiell als Abgabenbelastete anzusehen sind.[520] Ebenso wie hinsichtlich der Verfassungsmäßigkeit der Dienstleistungspflicht kommen auch hinsichtlich der Abgabepflicht die Berufsfreiheit, die Eigentumsgarantie, die allgemeine Handlungsfreiheit und der Gleichheitssatz als relevante Prüfungsmaßstäbe in Frage.

1. Vereinbarkeit mit der Freiheit des Berufes

Unter welchen Voraussetzungen und in welchem Umfang die Belastung einer bestimmten Gruppe mit einer Sonderabgabe neben der finanzverfassungsrechtlichen Problematik noch zusätzliche Konflikte mit der Berufsfreiheit aufwirft, ist weitgehend ungeklärt. Die Rechtsprechung des Bundesverfassungsgerichts ist in diesem Zusammenhang äußerst zurückhaltend, regelmäßig beschränkt sich die Sonderabgabenjudikatur des Gerichts auf die finanzverfassungsrechtliche Prüfung, ohne die Freiheitsgrundrechte explizit zu thematisieren.[521] Hinsichtlich *Steuergesetzen* hat das Gericht dagegen bereits in seinem Beschluß zur Schankerlaubnissteuer aus dem Jahr 1961 ausgeführt, daß diese dann an Art. 12 Abs. 1 GG zu messen sind, *„wenn sie infolge ihrer Gestaltung in einem engen Zusammenhang mit der Ausübung eines Berufes stehen und – objektiv – eine berufsregelnde Tendenz deutlich erkennen lassen."*[522] Diese Sentenz ist auch von der rechtswissenschaftlichen Literatur[523] nahezu einhellig als Leitthese des Verhältnisses von Steuerrecht

---

[520] Ausführlich: 4. Kapitel, D III 2 a bb; a.A.: *Pohl,* Universaldienst in der Telekommunikation, S. 197.

[521] Vgl. nur: BVerfGE 55, 274 ff.; 57, 139 ff.; 91, 186 ff.; als Ausnahme kann hier die Entscheidung zum Absatzfondsgesetz angesehen werden, in der das Gericht zumindest Art. 14 GG und Art. 2 Abs. 1 GG am Rande thematisiert; Art. 12 Abs. 1 GG als Prüfungsmaßstab wird dagegen auch hier nicht angesprochen.

[522] BVerfGE 13, 181 (186); bestätigt durch: BVerfGE 16, 147 (162); 38, 61 (79); 42, 374 (384); 47, 1 (21).

[523] Stellvertretend: *Selmer,* Steuerinterventionismus und Verfassungsrecht, S. 246; *Schuppert,* in Festschrift für Zeidler, Bd. I, S. 691 (705 ff.); *Scholz,* in Maunz/Dürig,

D. Verfassungsmäßigkeit der Abgabepflicht 241

und Berufsfreiheit rezipiert worden und hat sich eindeutig gegenüber der Auffassung durchgesetzt, wonach das Grundrecht der Berufsfreiheit prinzipiell als Prüfungsmaßstab für Steuergesetze ausscheiden soll.[524] Mit diesem dogmatischen Ansatz hat das Bundesverfassungsgericht der Einsicht Rechnung getragen, daß aus der Perspektive eines Gewerbetreibenden bestimmte wirtschaftliche Schranken, die aus der Auferlegung von Steuern resultieren, in ihrer Belastungswirkung durchaus mit gezielten ordnungspolitischen Eingriffen wie Geboten, Verboten oder Auflagen, vergleichbar sein können.[525] Insbesondere in den Fällen, in denen der Gesetzgeber durch die Ausgestaltung der Steuer, über den Einnahmeerzielungszweck hinaus, sonstige Ziele, insbesondere Lenkungszwecke, verfolgt, erweist sich die Judikatur als konsequent. Es würde dem Postulat des umfassenden Grundrechtsschutzes vor jeder Art staatlicher Gewaltausübung zuwiderlaufen, wenn der Gesetzgeber sich den grundrechtlichen Bindungen dadurch entziehen könnte, daß er einen konkreten wirtschaftspolitischen Zweck nicht durch die Errichtung *rechtlicher* Schranken, sondern mit Hilfe ebenso wirksamer *wirtschaftlicher* - in concreto steuerlicher – Schranken erreichen könnte.[526]

Diese Rechtsprechung zum Verhältnis Steuergesetze/Berufsfreiheit läßt sich auch für das hier relevante Verhältnis von Sonderabgaben/Berufsfreiheit nutzbar machen.[527] Da die Sonderabgabe, ebenso wie die Steuer voraussetzungslos, d. h. ohne konkrete Gegenleistung erhoben wird, besteht auch bei der Auferlegung von Sonderabgaben die Möglichkeit, daß die mit der Abgabenerhebung verbundene Belastungswirkung für die jeweils Betroffenen eine unmittelbare Beeinträchtigung der beruflichen Betätigung zur Folge hat. Bei der Sonderabgabe besteht diese Ge-

---

Grundgesetz-Kommentar, Art. 12 Rn. 415; *Friauf*, Verfassungsrechtliche Grenzen der Wirtschaftslenkung und Sozialgestaltung durch Steuergesetze, S. 41; *F. Kirchhof*, Grundriß des Abgabenrechts, S. 28; *Gubelt*, in v. Münch/Kunig, Art. 12 Rn. 43.

[524] Die Unanwendbarkeit der Berufsfreiheit im Abgabenrecht wurde damit begründet, daß mittels Steuergesetzen keine rechtlichen, sondern allenfalls wirtschaftliche Schranken errichtet würden. Zwar müsse der Abgabenbetroffene diese bei seinen Entscheidungen berücksichtigen, jedoch unterscheide sich diese Belastung nicht von den zahlreichen sonstigen Kostenfaktoren, die bei jeder wirtschaftlichen Entscheidung zwangsläufig in Rechnung gestellt werden müsse; vgl. *Bachof*, in Bettermann/Nipperdey/Scheuner (Hrsg.), Die Grundrechte, Bd. III 1, S. 155 (196 f.); zu Recht kritisch: *Friauf*, Verfassungsrechtliche Grenzen der Wirtschaftslenkung und Sozialgestaltung durch Steuergesetze, S. 39 f.

[525] Vgl. *Friauf*, Verfassungsrechtliche Grenzen der Wirtschaftslenkung und Sozialgestaltung durch Steuergesetze, S. 41: „Wo mittelbare Lenkungsmaßnahmen in ihrer sachlichen Intensität den unmittelbaren staatlichen Eingriffen entsprechen, haben sie infolgedessen in gleicher Weise wie diese die Grundrechte zu respektieren. Gezielte steuerliche Maßnahmen berufsregelnden Charakters, wie sie hier in Frage stehen, kommen in ihrer Wirkung unmittelbaren Eingriffsnormen weitgehend gleich. Sie müssen deshalb am Grundrecht des Art. 12 GG gemessen werden."

[526] *Friauf*, Verfassungsrechtliche Grenzen der Wirtschaftslenkung und Sozialgestaltung durch Steuergesetze, S. 40.

[527] Ebenso: *Pohl*, Der Universaldienst in der Telekommunikation, S. 203; *Hendler*, Die Sonderabfallabgabe, S. 92; auch *Scholz*, in Maunz/Dürig, Grundgesetz-Kommentar, Art. 12 Rn. 419, scheint von der Übertragbarkeit dieses Ansatzes auszugehen.

fahr sogar in einem erhöhten Ausmaß, da diese sich regelmäßig nicht in der Intention erschöpft Einnahmen zu erzielen, sondern hier oft dirigistische Funktionen hinzutreten. Außerdem beschränken sich Sonderabgaben regelmäßig gezielt auf bestimmte Berufsgruppen, so daß daher eine Berührung berufsspezifischer Momente bei Sonderabgaben prinzipiell eher denkbar ist, als bei Steuerlasten.

Dies darf jedoch nicht darüber hinwegtäuschen, daß auch hinsichtlich der Auferlegung von Sonderabgaben die Betroffenheit von Art. 12 Abs. 1 GG wohl nur selten ernsthaft in Betracht zu ziehen ist. Von einer objektiv berufsregelnden Tendenz im Sinne der verfassungsrechtlichen Judikatur kann schwerlich schon dann gesprochen werden, wenn die Abgabe nur *formal* an bestimmte Merkmale anknüpft, die, wie Gewinn, Umsatz und Marktstärke, in mehr oder weniger engem Zusammenhang mit der beruflichen Betätigung stehen.[528] Statt dessen wird man zur Annahme einer objektiv berufsregelnden Tendenz fordern müssen, daß die Abgabenerhebung in gewisser Weise gestaltend auf den jeweiligen Sachbereich einwirkt, etwa wirtschaftliche Funktionsabläufe steuert, bestimmte Wirtschaftsbranchen über die Belastungswirkung der Abgabe bewußt reguliert oder einzelne unternehmerische Aktivitäten gezielt sanktioniert oder privilegiert.[529] Ferner wird man eine objektiv berufsregelnde Tendenz auch dann annehmen müssen, wenn aufgrund der Abgabenerhebung für einen nicht unerheblichen Anteil der Betroffenen die Betätigung auf dem relevanten Markt mangels Rentabilitätserwartungen faktisch unmöglich gemacht wird.[530]

Ausgehend von diesen Prämissen läßt sich für die Universaldienstabgabe kein objektiv berufsregelnder Charakter erkennen. Im Gegensatz zu Lenkungsabgaben – wie der Sonderabfallabgabe im Umweltrecht[531] – steht bei der Universaldienstabgabe eindeutig die Finanzierungsfunktion im Vordergrund, während dirigistische, unmittelbar die berufliche Betätigung betreffende Effekte kaum feststellbar sind. Zwar werden mit der Abgabepflicht nur Unternehmen aus ganz bestimmten wirtschaftlichen Betätigungsfeldern belastet, eine Sanktionierung dieser Tätigkeitsfelder ist damit aber weder intendiert, noch wirkt sich die Abgabe in der Praxis als eine solche aus. Auch ein Lenkungszweck in der Form, daß eine bestimmte Aktivität gefördert oder unterlassen werden soll, ist mit der Erhebung der Universal-

---

[528] Vgl. *Scholz*, in Maunz/Dürig, Grundgesetz-Kommentar, Art. 12 Rn. 415; in diesem Sinne auch *Hendler*, Die Sonderabfallabgabe, S. 92.

[529] Als Abgaben mit objektiv berufsregelnder Tendenz hat das Bundesverfassungsgericht insbesondere die Besteuerung des Werkfernverkehrs (BVerfGE 16, 147 (161 f.) und den sog. „Leber-Pfennig", der den Straßengüterverkehr besonders besteuerte (BVerfGE 38, 61 (79)) anerkannt; zu diesen Entscheidungen: *Selmer*, Steuerinterventionismus und Verfassungsrecht, S. 256 ff.; *Scholz*, in Maunz/Dürig, Grundgesetz-Kommentar, Art. 12 Rn. 417 ff.; *Schuppert*, in Festschrift für Zeidler, S. 691 (706 f.); hinsichtlich Sonderabgaben wurde dieser Aspekt vom Bundesverfassungsgericht jedoch bisher noch nicht thematisiert.

[530] Sog. „Erdrosselungsabgabe", vgl. *Selmer*, Steuerinterventionismus und Verfassungsrecht, S. 249; *Scholz*, in Maunz/Dürig, Grundgesetz-Kommentar, Art. 12 Rn. 416.

[531] Ausführlich zum berufsregelnden Charakter der Sonderabfallabgabe: *Hendler*, Die Sonderabfallabgabe, S. 91.

dienstabgabe nicht verbunden.[532] Die konkrete Ausgestaltung der Abgabe dokumentiert eindeutig, daß die Deckung eines ganz bestimmten Finanzbedarfs erreicht werden soll, ohne darüber hinausgehende wirtschaftslenkende Ziele zu verfolgen.[533]

Schließlich sei noch angemerkt, daß auch unter dem Aspekt der Existenzgefährdung oder Erdrosselungswirkung die Annahme einer objektiv berufsregelnden Tendenz ausscheidet: Zum einen sind, wie bereits dargelegt, die zu erwartenden Universaldienstkosten relativ gering, so daß auch die von den einzelnen Unternehmen zu bestreitenden Abgaben in der Relation zum Umsatz einen nur geringfügigen Kostenfaktor darstellen werden. Zum andern sieht das Telekommunikationsgesetz in § 21 Abs. 1 TKG die Befreiung von solchen Unternehmen vor, die über weniger als 4% des Marktanteils verfügen. Dadurch wird gewährleistet, daß die Universaldienstkosten nur von solchen Unternehmen zu bestreiten sind, die bereits über eine bestimmte wirtschaftliche Potenz verfügen. Hinsichtlich dieser Unternehmen erscheint es kaum denkbar, daß sich die relativ geringen Universaldienstkosten existenzgefährdend auswirken könnten. Es kann daher festgehalten werden, daß die Universaldienstabgabe keine objektiv berufsregelnde Tendenz erkennen läßt. Eine Betroffenheit des Grundrechts der Berufsfreiheit scheidet somit aus.

2. Vereinbarkeit mit der Eigentumsgarantie

Inwieweit die Auferlegung einer Geldleistungspflicht überhaupt an der verfassungsrechtlichen Garantie des Eigentums gemessen werden kann, erscheint äußerst problematisch. Insbesondere bestehen bei der Beantwortung dieser Frage grundlegende Differenzen zwischen Rechtsprechung und Staatsrechtswissenschaft:

a) Der Ansatz der Rechtsprechung:
Grundsätzlich kein Schutz gegenüber Geldleistungspflichten

Der erste Senat des Bundesverfassungsgerichts hat bereits im Investitionshilfe-Urteil aus dem Jahre 1954 festgestellt, daß Art. 14 GG nicht das Vermögen als solches schützt und hat damit die Auferlegung von Geldleistungspflichten eindeutig vom Schutzbereich der Eigentumsgarantie ausgegrenzt.[534] Diese kategorische Ab-

---

[532] Vgl. hierzu bereits oben, 4. Kapitel, D III 1 b; a.A.: *Bruhn*, Die Sicherstellung öffentlicher Aufgaben im Bereich der deutschen Telekommunikation unter Einfluß der europäischen Marktöffnung, S. 419, der die Betroffenheit des Grundrechts unter Hinweis auf die „verhaltensbeeinflußende Tendenz" bejaht.
[533] Vgl. hierzu bereits oben, 4. Kapitel, D III 1 b.
[534] BVerfGE 4, 7 (17): „Wenngleich der Umfang der durch Art. 14 GG geschützten Objekte in Schrifttum und Rechtsprechung umstritten ist, besteht doch Einmütigkeit darüber, daß Art. 14 GG nicht das Vermögen gegen Eingriffe durch Auferlegung von Geldleistungs-

lehnung des Vermögensschutzes hat das Gericht in seiner Anschlußjudikatur aber dadurch relativiert, daß ein Verstoß gegen Art. 14 GG unter Umständen dann in Betracht zu ziehen wäre, wenn die Geldleistungspflicht den Betroffenen „*übermäßig belasten und seine Vermögensverhältnisse grundlegend beeinträchtigen*"[535] würde. Dies sei jedoch nur dann der Fall, wenn die Geldleistungspflicht eine „*Erdrosselungswirkung*"[536] entfaltet oder eine „*Konfiskation*"[537] darstellt.

Auch die neuere Rechtsprechung entspricht im wesentlichen diesem dogmatischem Ansatz. Der zweite Senat des Bundesverfassungsgerichts hat zwar in seinem Beschluß zur Steuerfreiheit des Existenzminimums angedeutet, daß die verfassungsrechtlichen Grenzen der Abgabenerhebung möglicherweise nach Steuerart und Steuergegenstand divergieren könnten, und gleichzeitig festgestellt, „*daß Steuergesetze in die allgemeine Handlungsfreiheit gerade in deren Ausprägung als persönliche Entfaltung im vermögensrechtlichen und beruflichen Bereich (Art. 14 I, Art. 12 I GG) eingreifen*"[538], ein grundlegender Rechtsprechungswandel ist mit dieser Diktion jedoch nicht verbunden. Insbesondere kann man dieser Formulierung nicht entnehmen, daß das Vermögen nunmehr prinzipiell dem Schutz der Eigentumsgarantie unterfallen soll und daher die Auferlegung von Geldleistungspflicht stets als Eingriff in Art. 14 GG zu werten ist.[539] Auch mit der nachfolgenden Rechtsprechung desselben Senates zu den Einheitswerten[540] war kein grundlegender Kurswechsel verbunden. Dieser Entscheidung läßt sich keine verbindliche Aussage dahingehend entnehmen, daß die Erhebung von Steuern und sonstigen Abgaben grundsätzlich den Schutzbereich der Eigentumsgarantie berühren. Statt dessen findet sich auch in diesem Beschluß nur der Hinweis, daß die Zuordnung der vermögenswerten Rechtsposition zum Eigentümer und die Substanz des Eigentums gewahrt bleiben müßten und daß die Vermögensbesteuerung nicht im Ergebnis zur schrittweisen Konfiskation führen dürfe, die den Steuerpflichtigen übermäßig belastet und seine Vermögensverhältnisse grundlegend beeinträchtigt.[541] Bei genauerer Betrachtung zeigt sich, daß damit der ursprüngliche Ansatz, wonach die

---

pflichten schützt. Solche Geldleistungspflichten, (...), berühren nicht die Eigentumsgarantie des Grundgesetzes. Daran kann auch die Überlegung nichts ändern, daß durch die Erfüllung einer Zahlungspflicht die Liquidität des Betriebsvermögens vermindert wird. Das gehört zum Wesen jeder Geldleistungspflicht. Die Liquidität des Betriebes ist zwar eine wirtschaftliche Position, aber kein selbständiges Recht; die Frage der Eigentumsgarantie kann daher überhaupt nicht aufgeworfen werden."

535 Vgl. BVerfGE 14, 221 (241); 19, 119 (129).

536 Vgl. BVerfGE 30, 250 (272), ähnlich: 63, 343 (368); in diesem Sinne wohl auch *Bleckmann*, Staatsrecht II, S. 1048 f.

537 BVerfGE 23, 288 (315).

538 BVerfGE 87, 153 (169).

539 Ebenso: *Wieland*, in: Dreier (Hrsg.), Grundgesetz-Kommentar, Art. 14 Rn. 46.

540 BVerfGE 93, 121; vgl. zu dieser Entscheidung auch *Bruhn*, Die Sicherstellung öffentlicher Aufgaben im Bereich der deutschen Telekommunikation unter Einfluß der europäischen Marktöffnung, S. 416.

541 BVerfGE 93, 121 (136 ff.).

D. Verfassungsmäßigkeit der Abgabepflicht   245

Eigentumsgarantie grundsätzlich nicht vor der Auferlegung von Geldleistungspflichten schützt, sondern allenfalls in Extremfällen als Prüfungsmaßstab aktiviert werden kann, eher bestätigt, denn negiert wird. Eventuell bestehende Zweifel hat der Erste Senat aber in der Entscheidung zu den Altschulden der Landwirtschaftlichen Produktionsgenossenschaften der DDR vom 8. April 1997 endgültig ausgeräumt.[542] In dieser Entscheidung hat der Senat unter Berufung auf die Rechtsprechung im Investitionshilfe-Urteil in apodiktischer Weise erneut dargelegt, daß die Eigentumsgarantie nicht das Vermögen als solches schützt und daß daher die Auferlegung von Geldleistungspflichten nicht an Art. 14 GG zu messen ist. Allenfalls bei Feststellung einer erdrosselnden Wirkung kann auf das Grundrecht rekurriert werden.[543] Auch dem aktuellen Beschluß des Gerichts zu den öffentlich-rechtlichen Rundfunkgebühren liegt dieses Verständnis zugrunde.[544]

Für die hier im Mittelpunkt des Interesses stehende Universaldienstabgabe hätte dies zur Folge, daß eine Betroffenheit von Art. 14 GG ausscheidet. Durch die Pflicht die Universaldienstabgabe zu entrichten, wäre nur das Vermögen der Abgabeschuldner betroffen. Gegenüber dieser Beeinträchtigung gewährt die Eigentumsgarantie nach Auffassung der Rechtsprechung jedoch keinen Schutz. Da aufgrund der relativ geringen Höhe der Universaldienstabgabe eine Erdrosselungswirkung oder Konfiskation generell auszuschließen ist, käme auch unter diesen Aspekten eine Betroffenheit dieses Grundrechtes nicht in Frage.

b) Die Ansätze der Literatur:
Art. 14 GG als Schranke staatlicher Abgabengewalt

Ein gänzlich anderes Bild zeigt sich jedoch innerhalb der rechtswissenschaftlichen Literatur. Die Rechtsprechung des Bundesverfassungsgerichts zum Verhältnis Geldleistungspflichten / Eigentum wird hier überwiegend abgelehnt. Wenn zum Teil auch eingeräumt wird, daß die höchstrichterliche Judikatur praktisch durchaus vernünftige Ergebnisse liefert[545], so wird die dogmatische Vorgehensweise – zu Recht – als unbefriedigend und widersprüchlich kritisiert.[546] Der wesentlichste Kritikpunkt liegt in der fehlenden Konsequenz der Judikatur. Exemplarisch sei hier nur auf die treffenden Ausführungen von Friauf verwiesen:

„Es bedeutet einen unauflöslichen Widerspruch, wenn das BVerfG einerseits in seiner Grundthese die Abgabenerhebung aus dem Schutzbereich der Eigentumsgarantie heraus-

---

[542] BVerfGE 95, 267.
[543] BVerfGE 95, 267 (300).
[544] Beschluß vom 6. September 1999 – 1 BvR 1013/99); vgl. hierzu FAZ Nr. 226 vom 29. September 1999, S. 7.
[545] So ausdrücklich; *Schuppert*, in Festschrift für Zeidler, S. 690 (693).
[546] Vgl. nur: *Schuppert*, in Festschrift für Zeidler, S. 690 (693); *Friauf*, DÖV 1980, S. 480 (485); *Schmidt- Bleibtreu/Schäfer*, DÖV 1980, S. 589 (590 ff.); *Meesen*, BB 1971, S. 928 (930); *Wendt*, NJW 1980, S. 2111 (2114).

fallen läßt, andererseits aber in der Übermaßklausel bei einer bestimmten Intensität des Abgabenzugriffs eine Verletzung dieses Grundrechts annehmen will. Wo ein Grundrecht thematisch nicht betroffen ist, da kann es ungeachtet der Intensität des Eingriffs nicht verletzt sein."

Statt dessen wird innerhalb der Literatur Art. 14 GG mehrheitlich auch als relevanter Prüfungsmaßstab im Abgabenrecht angesehen. Während bezüglich dieses Ergebnisses spätestens seit der Staatsrechtslehrertagung 1980 in Innsbruck mittlerweile wohl weitgehende Einigkeit herrscht,[547] so existieren sowohl bei der dogmatischen Begründung, als auch bei der Frage der Reichweite dieses Schutzes eine Vielzahl divergierender Ansätze. Ohne die einzelnen Ansichten hier im Detail nachzeichnen zu wollen, so verdienen insbesondere drei grundlegende Strömungen hier einer Erwähnung:

Die weitgehendste Auffassung unterstellt das „Vermögen als solches" dem Schutz der Eigentumsgarantie.[548] Rechtstheoretischer Ausgangspunkt dieser Ansicht ist die -oftmals gestellte- provokativ formulierte Frage, ob es denn wirklich richtig sein könne, *„daß das, was beim Eigentum relativ sorgfältig geschützt wird, beim Vermögen als der Summe der vermögenswerten Rechte um so reichhaltiger und schamloser abkassiert werden dürfe."*[549] Es kann- so die Vertreter dieser Auffassung- vor dem verfassungsrechtlichen Hintergrund der Eigentumsgarantie keinen Unterschied machen, ob der Staat dem belasteten Bürger einen bestimmten Gegenstand direkt entzieht, oder über den Umweg der Geldschuld den Bürger dazu verpflichtet diesen oder andere unter dem Schutz der Eigentumsgarantie stehende Gegenstände zu verkaufen, um die Geldleistungspflicht erfüllen zu können.[550] Bei

---

[547] Als Meilenstein in dieser Entwicklung können insbesondere die grundlegenden Referate von *P. Kirchhof,* VVDStRL 39 (1981), S. 213 ff., und *v.Arnim,* VVDStRL 39 (1981), S. 286 ff., angesehen werden; vgl. *Mußgnug,* VVDStRL 39 (1981), S. 381 (Aussprache): „ Kirchhof et v.Arnim locuti, causa finita. Die alte These, daß Eigentum und Steuern nichts miteinander zu tun hätten, ist jedenfalls mit ihren Referaten erledigt. Mit dieser These ist kein Staat mehr zu machen."

[548] So insbesondere: *Friauf,* DÖV 1980, S. 480 (488); *Schmidt- Bleibtreu/Schäfer,* DÖV 1980, S. 589 (594); *Meesen,* BB 1971, S. 928 (930); *ders.,* DÖV 1973, 812 (816 f.); *Martens,* VVDStRL 30 (1972), S. 7 (15 f.); *Wendt,* NJW 1980, S. 2111 (2114); kritisch: *Papier,* VVDStRL 39 (1981), S. 370 f. (Aussprache).

[549] Vgl. nur: *Schuppert,* in Festschrift für Zeidler, S. 690 (696); *Friauf,* DÖV 1980, S. 480 (488), m. w. N.

[550] In diesem Sinne: *Friauf,* DÖV 1980, S. 480 (488); *Schmidt- Bleibtreu/Schäfer,* DÖV 1980, S. 589 (591); *P. Kirchhof,* VVDStRL 39 (1981), S. 213 (236): „Ebenso macht es für einen Kraftfahrzeughändler kaum einen Unterschied, ob der Staat ihm nach der Veräußerung von 100 Fahrzeugen 13 wegnimmt oder ob er seinen Umsatz mit 13% Steuern belastet." v.*Arnim,* VVDStRL 39 (1981), S. 286 (301): „Es ist nämlich nicht einzusehen, warum die Entziehung einer Gläubigerstellung in den Schutzbereich des Art. 14 GG fällt, dies aber für die Auferlegung einer Schuldnerstellung nicht ebenfalls gelten solle. Entziehung einer Forderung und Auferlegung einer Schuld sind gleichwertige Vorgänge (...). Der Betroffene muß zugunsten des Staates auf reale Gegenstände verzichten, die durch die Höhe der Forderung bzw. der Schuld nur ihrem Gesamtwert nach bestimmt sind und deren konkrete Auswahl ihm überlassen bleibt."

D. Verfassungsmäßigkeit der Abgabepflicht

einer wertenden Betrachtung zeige sich daher, daß sich die Auferlegung einer Geldleistungspflicht vom Einzelzugriff auf einen bestimmten Gegenstand nur in der Modalität, nicht aber in der Intensität des Eingriffs unterscheidet.[551]

Davon abweichend wird von gewichtigen Stimmen in der Literatur die Betroffenheit der Eigentumsgarantie im Abgabenrecht damit begründet, daß die Auferlegung der Abgabe regelmäßig an den wirtschaftlichen Wert oder die Nutzung von Gegenständen anknüpft, die ihrerseits durch Art. 14 GG geschützt werden.[552] Da der Gesetzgeber auf diese Weise Einfluß auf Gebrauch und Ausnutzbarkeit der Gegenstände nimmt, sei dies als *mittelbarer Eingriff* in diese Eigentumspositionen zu werten.[553]

Ein dritter Weg die Relevanz von Art. 14 GG im Recht der Abgaben zu begründen, liegt schließlich in der Heranziehung des Eigentums in seiner objektiven Funktion als Institutsgarantie. Dieser Ansatz wird von solchen Autoren vertreten, die den subjektiven Grundrechtsschutz in Anlehnung an die höchstrichterliche Rechtsprechung mit der Erwägung abgelehnt haben, daß das Vermögen als solches nicht dem Schutzbereich des Art. 14 GG unterfällt.[554] Nach dieser Auffassung ergibt sich aus der objektiven Wertentscheidung des Art. 14 GG zugunsten des privaten Eigentums, daß dessen Privatnützigkeit generell gewährleistet sein muß. Die Eigentumsgarantie beschränkt die staatliche Abgabengewalt daher insoweit, daß nicht der gesamte Ertrag aus der Eigentumsnutzung entzogen werden darf, das Eigentum mithin zu einem „*nudum ius*" degeneriert.[555]

Wenngleich die Argumente zugunsten der einzelnen Ansichten hier nicht ausführlich erörtert und gegeneinander abgewogen werden können, so erweist sich der Weg über den generellen Schutz des Vermögens doch als der konsequenteste und damit vorzugswürdigste Ansatz. Der entscheidende Vorteil dieser Auffassung liegt in dem umfassenden Schutz des Bürgers vor einer Abgabenbelastung. Sowohl die Theorie des mittelbaren Eingriffs, als auch der Weg über die objektiv-rechtliche Funktion des Eigentums offenbaren bei näherer Betrachtung erhebliche Lücken im Grundrechtsschutz. Der Mangel der Theorie des mittelbaren Eingriffs liegt darin,

---

[551] Grundlegend: *Friauf*, DÖV 1980, S. 480 (488): „Das betroffene Schutzgut ist bei der Steuer kein anderes als beim Einzelzugriff auf einen bestimmten Gegenstand. Auch die Steuer kann der Pflichtige nicht aus einem Abstraktum Vermögen leisten, sondern nur dadurch, daß er einzelne Gegenstände aufgibt, von denen jeder für sich unter dem Schutz der Eigentumsgarantie steht. (...) Hinsichtlich des *Ob* des Opfers zwingt die Steuer mit gleicher Intensität wie der direkte Zugriff auf einen einzelnen Gegenstand, nur hinsichtlich des „Wie" ist sie geschmeidiger."

[552] *Bryde*, in v.Münch/Kunig, Grundgesetz-Kommentar, Art. 14 Rn. 23; *Schuppert*, in Festschrift für Zeidler, S. 690 (696, 700) ausführlich: *Faehling*, Die Eigentumsgewährleistung des Art. 14 als Schranke der Besteuerung, S. 49 ff.

[553] *Schuppert*, in Festschrift für Zeidler, S. 690 (696), m. w. N.

[554] Ausführlich: *Selmer*, Steuerinterventionismus und Verfassungsrecht, S. 309 f.

[555] In diesem Sinne wohl auch: *Papier*, in Maunz/Dürig, Grundgesetz-Kommentar, Art. 14 Rn. 172 ff.

daß sie dann versagt, sofern die Geldleistungspflicht nicht konkret an ein einzelnes Eigentumsobjekt anknüpft, wie dies bei zahlreichen Steuern, z. B. der Lohnsteuer, der Fall ist.[556] Aber auch bei Sonderabgaben tritt diese Schwäche regelmäßig zu Tage, da diese regelmäßig nicht den wirtschaftlichen Wert oder die Nutzung eines konkreten Gegenstandes belasten.

Auch die Einwände gegenüber der Auffassung, daß Art. 14 GG nur in seiner objektiven Gewährleistungsfunktion als Institutsgarantie nutzbar gemacht werden kann, liegen auf der Hand: Der Schutz des Art. 14 GG aktualisiert sich nach dieser Auffassung nur dann, wenn die Grundlagen der privaten Eigentumsordnung als solche in Frage gestellt werden. Das bedeutet, daß der einzelne Grundrechtsträger im Vorfeld einer solchen Entwicklung der staatlichen Finanzhoheit schutzlos gegenüberstehen würde.[557] Mit Recht ist in der Staatsrechtswissenschaft schon mehrfach dargelegt worden, daß eine solche Konsequenz mit der primären Schutzfunktion der Grundrechte nur schwerlich vereinbar sei.[558]

Dementsprechend erweist sich der dogmatische Ansatzpunkt, das Vermögen als solches dem Schutz des Art. 14 GG zu unterstellen, am ehesten als geeignet, die „offene Flanke" der Eigentumsgarantie zu schließen.

c) Die Universaldienstabgabe als verfassungswidrige Eigentumsbeschränkung

Auf dieser Grundlage ergibt sich für die Universaldienstabgabe folgendes Bild: Als Geldleistungspflicht stellt sie eine Beschränkung des Eigentums der Telekommunikationsunternehmen dar. Als solche wäre sie nur dann mit Artikel 14 GG vereinbar, wenn sie der verfassungsmäßigen Ordnung entspricht. Dies ist jedoch nicht der Fall. Die Universaldienstabgabe als parafiskalische Geldleistung widerspricht wesentlichen finanzverfassungsrechtlichen Prinzipien des Grundgesetzes, insbesondere läuft sie der in den Art. 104a ff. niedergelegten Kompetenzverteilung und haushaltsrechtlichen Grundsätzen zuwider. Daraus folgt, daß sie keine verfassungsmäßige Schranke des Eigentums darstellen kann. Die Betroffenheit des Grundrechts hat daher hier automatisch dessen Verletzung zur Folge.

Ob die Universaldienstabgabe daneben auch in materieller Hinsicht die Freiheitssphäre unzulässig beeinträchtigt, kommt es vor diesem Hintergrund nicht

---

[556] So: *Schuppert*, in Festschrift für Zeidler, S. 690 (700); *Friauf*, DÖV 1980, S. 480 (488, insb. Fn. 111); ebenfalls kritisch: *Selmer*, Steuerinterventionismus und Verfassungsrecht, S. 306 ff.

[557] Vgl. *Schuppert*, in Festschrift für Zeidler, S. 690 (700): „Die Institutsgarantie des Eigentums als einziger Schutzwall gegenüber der Besteuerung ist ein sehr schwacher Schutzwall."; in diesem Sinne auch: *Friauf*, DÖV 1980, S. 480 (487); *ders.*, Jura 1970, S. 299 (315).

[558] Vgl. Fn. 557.

D. Verfassungsmäßigkeit der Abgabepflicht 249

mehr entscheidend an. Man dürfte dies aber im übrigen zu verneinen haben. Als Geldleistungspflicht kann die Abgabe nur als Inhalts- und Schrankenbestimmung qualifiziert werden, so daß ihre Zulässigkeit von der Abwägung zwischen den konfligierenden Polen der Privatnützigkeit und der Sozialbindung des Eigentums abhängt. Wie bereits mehrfach angesprochen, ist das zu erwartende Volumen der Universaldienstabgabe relativ gering, während der finanzierte Zweck, die Gewährleistung des Universaldienstes, von erheblicher Relevanz ist. Einer Vertiefung dieser Frage bedarf es jedoch nicht, da die Unvereinbarkeit mit der Eigentumsgarantie schon feststeht.

Ausgehend von dem hier zugrundegelegten Verständnis, daß das Vermögen als solches dem Schutz der Eigentumsgarantie unterfällt, läßt sich daher festhalten, daß die Auferlegung der Universaldienstabgabe nicht mit den durch Art. 14 GG geschützten Rechtspositionen der Abgabenbetroffenen vereinbar ist.

3. Die allgemeine Handlungsfreiheit als Prüfungsmaßstab

Einer Heranziehung der allgemeinen Handlungsfreiheit als Prüfungsmaßstab, wie dies vom BVerfG regelmäßig im Zusammenhang mit Abgaben praktiziert wird, bedarf es hier nicht. Aus dem subsidiären Charakter dieses Grundrechts folgt, daß es nur dann als Prüfungsmaßstab in Betracht zu ziehen ist, sofern kein spezielles Freiheitsrecht betroffen ist. Da nach der hier vertretenen Auffassung die Eigentumsgarantie betroffen und verletzt ist, erübrigen sich weitere Ausführungen.

4. Der allgemeine Gleichheitssatz als Prüfungsmaßstab

Neben der freiheitsrechtlichen Dimension wird bei der Universaldienstabgabe auch die gleichheitsrechtliche Problematik aufgeworfen. Der in Art. 3 Abs. 1 GG verankerte Gleichheitssatz aktualisiert sich im Abgabenrecht vor allem in seiner Ausprägung als Grundsatz der staatsbürgerlichen Lastengleichheit. Wie bereits mehrfach darauf hingewiesen, wird in einem Steuerstaat diese erforderliche Belastungsgleichheit durch die Konzentration auf die am Leistungsfähigkeitsprinzip orientierte allgemeine Steuerpflicht gewährleistet.[559] Darüber hinausgehende Abgabepflichten stellen per se Ungleichbehandlungen dar, die der besonderen Rechtfertigung bedürfen. Die vom Bundesverfassungsgericht in Kooperation mit der Staatsrechtswissenschaft entwickelten Zulässigkeitskriterien für Sonderabgaben tragen diesem Befund Rechnung. Gerade die Kriterien der Gruppenverantwortung und der Gruppennützigkeit sind neben ihrer finanzverfassungsrechtlichen Motivation entscheidend durch ihren individualschützenden, speziell gleichheitsrechtlichen Ursprung geprägt. Insbesondere unter Berücksichtigung der dogmatischen

---

[559] Vgl. bereits oben, 4. Kapitel, D II 1 b.

Vorarbeiten von Friauf läßt sich konstatieren, daß diese Kriterien eine Konkretisierung des allgemeinen Gleichheitssatzes darstellen.[560] Ein Verstoß der Abgabe gegen diese Grundsätze stellt daher auch automatisch eine Verletzung von Art. 3 Abs. 1 GG dar.[561]

Die finanzverfassungsrechtliche Analyse der Universaldienstabgabe hat ergeben, daß diese nicht dem Erfordernis der besonderen Gruppenverantwortung und der gruppennützigen Verwendung des Abgabenaufkommens Rechnung trägt. Daraus folgt, daß auch unter dem Aspekt der staatsbürgerlichen Lastengleichheit ein Verfassungsverstoß vorliegt. Die Universaldienstabgabe ist folglich auch mit dem allgemeinen Gleichheitssatz unvereinbar.

5. Ergebnis der grundrechtlichen Analyse

Die grundrechtliche Analyse hat gezeigt, daß die Universaldienstabgabe erhebliche freiheitsrechtliche und gleichheitsrechtliche Probleme in sich birgt. Als relevante Prüfungsmaßstäbe konnten Art. 12 GG, Art. 14 GG und Art. 3 Abs. 1 GG herangezogen werden. Der Schutzbereich der Berufsfreiheit wird durch die Auferlegung der Universaldienstabgabe jedoch nicht berührt, da diese keine objektiv berufsregelnde Tendenz besitzt. Demgegenüber konnte ein Verstoß gegen die Eigentumsgarantie festgestellt werden. Nach der hier vertretenen – von der Rechtsprechung des Bundesverfassungsgerichts abweichenden – Auffassung, ist die Auferlegung von Geldleistungspflichten grundsätzlich an Art. 14 GG zu messen. Da die Universaldienstabgabe sowohl kompetenzrechtlichen, als auch haushaltsrechtlichen Prinzipien der Verfassung widerspricht, kann sie schon aus diesem Grunde keine Basis für einen recht- und verfassungsmäßigen Eingriff in Freiheitsrechte der Abgabenpflichtigen darstellen. Auf die Frage, ob die Universaldienstabgabe auch aus materiellen Gesichtspunkten mit der Eigentumsgarantie konfligiert, kam es dementsprechend nicht mehr an.

Schließlich konnte auch ein Verstoß gegen den allgemeinen Gleichheitssatz festgestellt werden. Diese Schlußfolgerung ergab sich zwingend aus der Erkenntnis, daß die von Rechtsprechung entwickelten Zulässigkeitskriterien hinsichtlich parafiskalischer Abgaben neben der haushalts- und kompetenzrechtlichen Dimension auch Konkretisierungen des allgemeinen Gleichheitssatzes in seiner Ausprägung als Grundsatz der staatsbürgerlichen Belastungsgleichheit darstellen. Die fehlende Finanzierungsverantwortung der belasteten Gruppe und die mangelnde Gruppennützigkeit der Abgabe begründen daher auch einen Verstoß gegen Art. 3 Abs. 1 GG.

---

[560] *Friauf*, in Festschrift für Jahrreiß, S. 45 (50); ebenso: *Ossenbühl*, ET 1996, S. 94 (95); ders., RdE 1997, S. 46 (47); *Blanke / Peilert*, RdE 1999, S. 96 (99).

[561] Ebenso: *Selmer*, Sonderabfallabgaben und Verfassungsrecht, S. 73; *F. Kirchhof*, Grundriß des Abgabenrechts, S. 25; ausführlich auch: *Pohl*, Universaldienst in der Telekommunikation, S. 216.

E. Endergebnis und Zusammenfassung des 4. Kapitels

Die vorangegangenen Erörterungen haben bewiesen, daß das Universaldienstkonzept des TKG nicht mit geltendem Verfassungsrecht vereinbar ist.

In einem ersten Schritt wurde dargelegt, daß trotz der europarechtlichen Prägung der Regelungen die nationalen Verfassungsaussagen, insbesondere die Grundrechte, uneingeschränkt anwendbar sind. Auch die Deutsche Telekom AG, als gemischtwirtschaftliches Unternehmen kann sich auf die Grundrechte berufen. Dies folgt zwingend aus dem Schutzbedürfnis der Privatanleger.

Hinsichtlich der Verfassungsmäßigkeit des Universaldienstregimes wurde zwischen der Verpflichtung zur Erbringung des Universaldienstes und der Pflicht zur Finanzierung des Universaldienstes mittels der Universaldienstabgabe differenziert. Die unmittelbare Heranziehung zur Dienstleistungspflicht wurde als Eingriff in die Freiheit des Berufes und als Eingriff in die Eigentumsgarantie qualifiziert. Aufgrund der erheblichen Bedeutung des Regulierungsziels „flächendeckende Grundversorgung mit Kommunikationsmitteln" ist dieser Eingriff aber verhältnismäßig und damit verfassungsrechtlich legitimiert. Auch ein Verstoß gegen den allgemeinen Gleichheitssatz konnte nicht festgestellt werden. Insbesondere aufgrund des zu gewährenden Defizitausgleichs liegt keine Verletzung des Grundsatzes der Belastungsgleichheit vor.

Ein gänzlich anderes Bild zeigt sich dagegen hinsichtlich der Verfassungsmäßigkeit der Universaldienstabgabe. Diese wurde als Sonderabgabe qualifiziert. Aufgrund der ihr immanenten Finanzierungsfunktion mußte sie sich an den strengen Legitimationskriterien des Bundesverfassungsgerichts messen lassen. Diesen Kriterien entsprach sie jedoch nicht. Es fehlte an einer besonderen Gruppenverantwortung der Telekommunikationsunternehmen hinsichtlich der zu finanzierenden Aufgabe und an der Gruppennützigkeit der Abgabenverwendung. Die Abgabe ist daher nicht mit geltendem Finanzverfassungsrecht vereinbar. Ergänzend konnte noch festgestellt werden, daß die Erhebung der Abgabe auch gegen Grundrechte (Art. 14 GG, Art. 3 Abs. 1 GG) der betroffenen Unternehmen verstößt.

Fünftes Kapitel

Reformüberlegungen – Alternative Konzepte zur Sicherung des Universaldienstes

Die vorangegangenen Kapitel haben gezeigt, daß das vom Gesetzgeber geschaffene Universaldienstsystem des Telekommunikationsgesetzes als Infrastruktursicherungsinstrument konzeptionell mangelhaft ist[1] und daß die Finanzierung des Universaldienstes mittels der Universaldienstabgabe mit geltendem Verfassungsrecht nicht im Einklang steht.[2] Vor diesem Hintergrund sollen nachfolgend alternative Konzepte zur Sicherung und Finanzierung des Universaldienstes vorgestellt werden. Als mögliche Modelle kommen dabei zunächst die Sicherung des Universaldienstes über Zusammenschaltungsvereinbarungen (A) sowie die Einführung einer Lizenzauflage (B) in Betracht. Nach Analyse und Bewertung dieser Konzepte wird im Anschluß der Versuch unternommen, ein eigenes Universaldienstmodell zu entwerfen, welches verfassungsrechtlich unbedenklich ist und auch den wettbewerbspolitischen Erkenntnissen Rechnung trägt (C).

A. Sicherung und Finanzierung des Universaldienstes über Zusammenschaltungsvereinbarungen (Access Charges)

I. Das Access Charges Konzept

Insbesondere die Europäische Kommission hat auf die Möglichkeit hingewiesen, den Universaldienst über ein System mit Zusammenschaltungsvereinbarungen und Zusammenschaltungsgebühren (*Access Charges*) sicherzustellen.[3] Während sich die meisten europäischen Staaten des Modells des Universaldienstfonds oder eines verwandten Systems bedienen, hat sich insbesondere Frankreich für diese Alternative entschieden.[4] Das Konzept der Access Charges steht in engem Zusam-

---

[1] Vgl. 3. Kapitel C. II.

[2] Vgl. 4. Kapitel D. III.

[3] Vgl. insbesondere: Mitteilung der Kommission vom 25. 1. 1995, BR-Drucks. 101/95, S. 123 ff.

[4] *Bricard/Urvoaz/Cabanes*, MMR-Beilage 8/1999, S. 14 (16); auch in den USA wird in beschränktem Ausmaße neben der Finanzierung aus einem Universaldienstfonds und aus

menhang mit dem Grundsatz des freien Netzzugangs und der Zusammenschaltung von Übertragungswegen (*Interconnection*): Ausgangspunkt des Ansatzes ist die in allen nationalen Telekommunikationsordnungen bestehende Pflicht des jeweils marktbeherrschenden Unternehmens, den sonstigen Anbietern- gegen ein leistungsgerechtes Entgelt[5]- den Zugang zum eigenen Netz und die Zusammenschaltung von Verbindungspunkten zu gestatten.[6] Beim Konzept der Access Charges wird diesem Unternehmen darüber hinaus die generelle Pflicht zugewiesen, den Universaldienst bereitzustellen, d. h. aktiv für die flächendeckende Grundversorgung der Bevölkerung zu sorgen. Als Ausgleich wird ihm die Möglichkeit eröffnet, die dadurch entstandenen Kosten durch Zuschläge auf die Zusammenschaltungsgebühren zu refinanzieren.[7]

Ein Vorteil des Access Charges Modells liegt in der hohen Versorgungssicherheit. Da eine generelle Universaldienstleistungspflicht des marktbeherrschenden Netzbetreibers besteht, sind Unterversorgungstatbestände nicht denkbar. Insbesondere besteht hier auch nicht die Notwendigkeit, auf seiten der Regulierungsinstanz über komplexe Ausschreibungs- und Verpflichtungsmaßnahmen auf drohende oder bestehende Unterversorgunsszenarien reagieren zu müssen. Der zweite erhebliche Vorteil dieses Modells liegt im geringen Verwaltungsaufwand und in den niedrigen Transaktionskosten. Für den Universaldienstleister stellen die Universaldienstkosten nur einen zusätzlichen Kostenfaktor dar, den er gemeinsam mit den Zusammenschaltungsentgelten allen Unternehmen in Rechnung stellen kann, die seine Netzkapazitäten beanspruchen.[8] Durch diese unmittelbare Abwicklung der Kosten-

---

staatlichen Mitteln zusätzlich auch von diesem Konzept Gebrauch gemacht; vgl. *Bruning,* CrLR 30 (1996/97), S. 1255 (1271).

[5] Vgl. § 39 TKG; instruktiv zu den Netzzugangs- und Zusammenschaltungsentgelten, *Piepenbrock,* in Beck'scher TKG-Kommentar, § 39 Rn. 1 ff.; *Gramlich,* CR 1997, S. 65 ff.

[6] Dieses Prinzip hat in Deutschland in den §§ 33 ff. TKG Eingang in das Recht der Telekommunikation gefunden; ausführlich zum „offenen Netzzugang" im verfassungsrechtlichen und europarechtlichen Kontext: *Stern/Dietlein,* Archiv PT 1998, S. 309 (314); *Hefekäuser,* MMR 1999, S. 144 (145 ff.); *Wieland/Enderle,* MMR 1999, S. 379 ff.; *Moritz,* in Hoeren/Sieber (Hrsg.), Handbuch Multimedia- Recht, Kapitel 3.1, Rn. 77.; *Piepenbrock,* in Beck-'scher TKG-Kommentar, § 33 Rn. 1 ff.; zum Prinzip des Interconnection, vgl. auch *Lake,* Interconnection and other key issues for the liberalization of the telecommunications markets, in: Immenga/Lübben/Schwintowski (Hrsg.), Telekommunikation: Vom Monopol zum Wettbewerb, S. 67 (70); *Pitz,* Wettbewerb auf dem US-amerikanischen Telekommunikationsmarkt, S. 70 ff.; *Märkl,* Netzzusammenschaltung in der Telekommunikation, S. 29 ff.; zur Interconnection- Pflicht in Großbritanien: *Strivens/McKean,* MMR-Beilage 8/1999, S. 3 (5 ff.).

[7] So trifft in Frankreich den marktbeherrschenden Anbieter France Telekom die Pflicht den Universaldienst unmittelbar bereitzustellen. Im Gegenzug erhält das Unternehmen ein Zusatzentgelt (im Jahre 1997 betrug diese 1,7 centimes pro Minute) von jedem Telekommunikationsanbieter, der deren Netz in Anspruch nimmt; vgl. *Geppert/Ruhle/Schuster,* Handbuch Recht und Praxis der Telekommunikation, Rn. 459; *Bricard/Urvoaz/Cabanes,* MMR-Beilage 8/1999, S. 14 (16); ausführlich zum System dieser Zugangsgebühr: Mitteilung der Kommission vom 25. 1. 1995, BR-Drucks. 101/95, S. 123 ff.; *Gabrisch,* Universaldienst in Deutschland, S. 133 ff.; *Bruning,* CrLR 30 (1996/97), S. 1255 (1271).

frage zwischen den einzelnen Unternehmen werden komplizierte Umverteilungsmaßnahmen unter Beteiligung öffentlicher Stellen, wie sie beispielsweise die Universaldienstkonzeption des TKG vorsieht oder die mit einer Bildung eines unabhängigen nationalen Fonds verbunden sind, vermieden.

II. Kritik

Bei näherer Beschäftigung mit diesem Mechanismus treten jedoch sowohl aus wettbewerbspolitischer als auch aus juristischer Sicht nicht unerhebliche Schwierigkeiten auf.

1. Wettbewerbspolitische Bedenken

Erhebliche volkswirtschaftliche Nachteile resultieren bereits aus der Tatsache, daß das Access Charges Modell die unmittelbare Bereitstellung des Universaldienstes einem einzigen Anbieter exklusiv zuweist. Da die Verpflichtung dem bereits marktbeherrschenden Unternehmen auferlegt wird, besteht die Gefahr der Versteinerung der Anbieterstrukturen und der Schaffung eines neuen, faktischen Monopols.[9] Diese Befürchtung gründet insbesondere auf der Tatsache, daß der Telekommunikationssektor in nahezu allen Staaten durch die dominante Stellung des ehemaligen staatlichen Monopolunternehmens geprägt ist.[10] Sofern ausschließlich diesem Unternehmen mittels des Access Charges Systems die Universaldienstpflicht zugewiesen würde, hätte dies eine weitere Stärkung dessen marktbeherrschender Position zur Folge. Dies läßt sich zwar noch nicht unmittelbar mit der Zuweisung der Universaldienstpflicht an sich begründen, da diese keine positiven Effekte herbeiführt – sondern im Gegenteil, einen Eingriff in unternehmerische Freiheiten darstellt – wird aber offensichtlich, wenn man sich das System der finanziellen Lastenverteilung im Access Charges Modell vergegenwärtigt: Charakteristisch für dieses System ist, daß das marktbeherrschende, universaldienstpflichtige Unternehmen die Möglichkeit hat, sich über die Access Charges seine Defizite von den übrigen Anbietern finanzieren zu lassen. Diese unmittelbare „Subventionierung" des marktbeherrschenden Anbieters durch die Konkurrenzunternehmen hätte zur Folge, daß diesem keine wirtschaftlichen Einbußen entstehen, während seine Konkurrenten mit zusätzlichen Kosten belastet werden. Das ohnehin bereits

---

[8] *Gabrisch,* Universaldienst in Deutschland, S. 133 f.; Mitteilung der Kommission vom 25. 1. 1995, BT- Drucks. 101/95, S. 123.

[9] In diesem Sinne auch: Wissenschaftlicher Beirat beim BMWi, Orientierung für eine Postreform III, Gutachten, S. 14; vgl. auch *Gabrisch,* Universaldienst in Deutschland, S. 118, der m.E. zu Unrecht primär auf den Informationsvorsprung des marktbeherrschenden Unternehmens abstellt und daher von einem „Informationsmonopol" spricht.

[10] Vgl. hierzu bereits, oben 3. Kapitel, C II 2, sowie manager-magazin, 9/1999, S. 186.

A. Sicherung und Finanzierung des Universaldienstes   255

dominante Unternehmen kann folglich seine Marktpräsenz auf Kosten der sonstigen Anbieter weiter steigern oder zumindest erhalten. Das System der Zugangsgebühren protegiert damit das ehemalige Monopolunternehmen und errichtet zusätzliche Marktzutrittsbarrieren für die privaten Gesellschaften.[11]

Die exklusive Zuweisung der Universaldienstobligation an den dominanten Anbieter hätte ferner zur Folge, daß keinem anderen Anbieter die Möglichkeit eröffnet würde, den unwirtschaftlichen Universaldienst effizienter und damit preisgünstiger zu offerieren. Da das Access Charges Modell die Newcomer von vornherein vom Zuschuß- und Ausgleichssystem ausschließt, besteht für diese kein Anreiz, in kostenintensiveren Marktbereichen mit dem marktbeherrschenden Unternehmen zu konkurrieren. Daraus folgt, daß sich über Jahre hinaus kein Wettbewerb um den unwirtschaftlichen Universaldienst („competition *for* the field") etablieren wird.[12] Statt dessen ist zu befürchten, daß unter Zugrundelegung des Access Charges Modells die Kosten des Universaldienstes kontinuierlich steigen werden. Dies ergibt sich vor allem aus der Tatsache, daß auf Seiten des marktbeherrschenden Unternehmens kein Anreiz zum sparsamen und effizientem Ressourceneinsatz besteht.[13] Weil diesem Unternehmen quasi ein Monopol über die defizitären Versorgungsgebiete zugesprochen würde, bestünde nicht die Notwendigkeit Kosten zu senken, um sich relevante Marktanteile zu erkämpfen oder zu halten.[14] Genaugenommen verführt die Tatsache, daß die Kosten des universal service von den Konkurrenzunternehmen getragen werden, sogar dazu, diese bewußt hoch zu veranschlagen. Dies wird noch dadurch erleichtert, daß die konkrete Kostenberechnung im Rahmen des Access Charges Konzepts auf der Preisstruktur des dominanten Anbieters beruht und diese unternehmensinterne Kalkulation von zahlreichen Faktoren abhängt, die durch interne Zuweisungen relativ leicht steuerbar sind.[15] Mittels überhöhter Uni-

---

[11] Vgl. in diesem Kontext auch *Gabrisch,* Universaldienst in Deutschland, S. 118, der von einer Diskriminierung der Mitbewerber spricht, da nur deren Zuleitungen belastet werden, während die eigenen Leistungen des etablierten Anbieters von einer solchen Belastung verschont bleiben.

[12] Vgl. Mitteilung der Kommission vom 25.1 1995, BT-Drucks. 101/95, S. 123; in diesem Sinne auch *Klodt/Laaser/Lorz/Maurer,* Wettbewerb und Regulierung in der Telekommunikation, S. 76.

[13] *Gabrisch,* Universaldienst in Deutschland, S. 118; vgl. auch Mitteilung der Kommission vom 25. 1. 1995, BT-Drucks. 101/95, S. 123: „Er (*scil.:* der marktbeherrschende Anbieter) hat keine Veranlassung, seine Kosten für die Bereitstellung des universellen Dienstes zu reduzieren."

[14] Vgl. Mitteilung der Kommission vom 25. 1. 1995, BT-Drucks. 101/95, S. 123; *Gabrisch,* Universaldienst in Deutschland, S. 118.

[15] Die Schwierigkeit der Berechnung der tatsächlichen Kosten im Telekommunikationsbereich ist insbesondere beim Streit um die Höhe der Teilnehmeranschlußmiete zwischen Deutsche Telekom AG und Regulierungsbehörde deutlich zu Tage getreten. Die Auffassungen, denen unterschiedliche Berechnungsmethoden zugrunde lagen, bewegten sich in einem Spektrum zwischen 20,65 DM und 47,26 DM. Letztendlich wurde ein Preis von 25,40 DM festgelegt; vgl. FAZ Nr. 31 vom 6.2 1999, S. 13, 16; FAZ Nr. 33 vom 9. 2. 1999, S. 17.

versaldienstforderungen könnten bei geschickter Bilanzierung und Kalkulation somit über den bloßen Kostenausgleich hinaus erhebliche Gewinne erzielt werden.[16]

Die Geltendmachung hoher Universaldienstkosten hätte aus der Perspektive des dominanten Anbieters damit zwei positive Effekte: Einerseits würde durch die Erzielung hoher Zusatzentgelte der Cash flow des Unternehmens erhöht und damit die wirtschaftliche Position des Unternehmens, absolut betrachtet, verbessert. Andererseits würde sich aber auch die relative Wettbewerbsfähigkeit deutlich steigern, da die Konkurrenzunternehmen mit überhöhten Access Charges belastet werden und damit deren Position im Wettbewerb weiter geschwächt würde. Die aus wettbewerbspolitischer Perspektive ohnehin schon problematischen Marktverhältnisse würden zusätzlich verschärft.[17] Das Modell der Access Charges würde dem Ziel des offenen und diskriminierungsfreien Wettbewerbs und dem intendierten Abbau von Monopolen folglich zuwiderlaufen.

Schließlich sei noch darauf hingewiesen, daß bei einem System mit Zusatzentgelten nur solche Anbieter zur Zahlung von Universaldienstkosten in Anspruch genommen werden, die auch Zusammenschaltungsdienste in Anspruch nehmen. Das bedeutet, daß Unternehmen, die primär mit eigenen Netzen arbeiten und daher in nur unwesentlichem Maße auf die Zusammenschaltung mit dem Netz des dominanten Anbieters angewiesen sind, finanziell nur marginal zum Universaldienstlast beitragen müssen.[18] Die Finanzierung der Universaldienstkosten über Access Charges würde damit erhebliche allokative Verzerrungen innerhalb des Telekommunikationssektors hervorrufen.[19]

---

[16] Vgl. Mitteilung der Kommission vom 25.1 1995, BT- Drucks. 101/95, S. 123: „Auf Grund des komplexen Verrechnungssystems und der subjektiven Wahl im Hinblick auf die Kostenzuweisung werden die tatsächlichen Kosten des universellen Dienstes nie sicher sein. Zugangsgebühren könnten eher Gewinne erzeugen statt Kosten auszugleichen."; nach der Auffassung von *Gabrisch,* Universaldienst in Deutschland, S. 118, bestünde zusätzlich die Gefahr, daß diese Gewinne in der Weise zweckentfremdet würden, daß sonstige Sektoren des Unternehmens intern quersubventioniert würden und damit ein Verdrängungswettbewerb auf umstrittenen Märkten entstünde. Dem ist aber entgegenzuhalten, daß die strenge Preiskontrolle der Regulierungsbehörde gemäß 23 ff. TKG ein solches Verhalten nicht zuläßt. Ein „Dumpingpreis", der einzig die Verdrängung von Wettbewerbern intendiert, wäre nicht genehmigungsfähig i. S. d. § 25 TKG.

[17] Vgl. auch *Geppert/Ruhle/Schuster,* Handbuch Recht und Praxis der Telekommunikation, Rn. 434: „Ein System der Zusatzentgelte (...) kann zu erheblichen Verzerrungen führen, die sich auf die Marktzutrittsmöglichkeiten neuer Anbieter auswirken."

[18] In diesem Zusammenhang sei auch auf das Problem des „bypassing" hingewiesen: Mittels eines direkten Anschlusses des Kunden an ein eigenes Netz lassen sich die Access Charges umgehen. Da diese Variante jedoch nur für Großkunden attraktiv erscheint, wäre zu erwarten, daß Privatkunden und kleingewerbliche Kunden einen überproportionalen Anteil der Universaldienstlast tragen; vgl. *Klodt/Laaser/Lorz/Maurer,* Wettbewerb und Regulierung in der Telekommunikation, S. 76; auch *Pohl,* Universaldienst in der Telekommunikation, S. 56 weist zutreffend auf dieses Problem hin.

[19] Nach Auffassung des Wissenschaftlichen Beirates beim Bundesministerium für Wirtschaft erweist sich das Access Charges Konzept auch langfristig als untauglich: „Wenn sich einmal leistungsfähige Konkurrenten mit eigenen Netzen im Markt etabliert haben, wird das

2. Verfassungsrechtliche Bedenken

Neben den Bedenken aus der wettbewerbspolitischen Perspektive erscheint das Modell der Access Charges auch aus juristischer Perspektive äußerst problematisch. Besondere Schwierigkeiten treten hinsichtlich der Frage auf, ob das System in Einklang mit den subjektiven Rechten der Telekommunikationsunternehmen steht. Dabei ist auch hinsichtlich der Verfassungsmäßigkeit dieses Modells zwischen der Pflicht zur tatsächlichen Bereitstellung des Universaldienstes (a) und der Finanzierung des Universaldienstes (b) zu differenzieren.

a) Die tatsächliche Bereitstellung des Universaldienstes

Hinsichtlich der Grundrechte des marktbeherrschenden Unternehmens, welches ex ante zum Universaldienst verpflichtet wird, erweist sich das System der Access Charges als nicht besonders problematisch. Zwar stellt die generelle Universaldienstobligation einen Eingriff in die durch Art. 12 Abs. 1 GG und Art. 14 Abs. 1 GG geschützten Rechtspositionen dar, jedoch sind diese Eingriffe verfassungsrechtlich in ausreichendem Maße legitimiert. Aufgrund der erheblichen Bedeutung einer flächendeckenden Telekommunikationsversorgung, der Sachnähe der Verpflichtung und des vollständigen Nachteilsausgleichs, der auch im Modell der Access Charges geleistet wird, stellt die Universaldienstverpflichtung einen verhältnismäßigen Eingriff in die durch Art. 12 und 14 GG gewährleisteten Freiheiten dar.[20] Es kann insoweit auf die Ausführungen zur Verfassungsmäßigkeit der Universaldienstleistungspflicht im 4. Teil der Untersuchung verwiesen werden.[21]

Auch der allgemeine Gleichheitssatz wird durch diese Pflicht nicht verletzt. Es liegt zwar eine Ungleichbehandlung gegenüber den sonstigen Anbietern vor, da diese den Universaldienst nicht aktiv leisten müssen, jedoch ist diese Differenzierung gerechtfertigt, da das marktbeherrschende Unternehmen über erheblich größere wirtschaftliche und technische Ressourcen verfügt.[22] Außerdem ist zu berücksichtigen, daß ihm keine wirtschaftlichen Einbußen entstehen.

b) Die Finanzierung des Universaldienstes

Als erheblich schwieriger entpuppt sich die Rechtslage bezüglich der finanziellen Komponente des Access Charges Konzepts. Die Erhebung der Zugangsentgelte

---

Netz der Deutschen Telekom wegen seiner Zugangsgebühren gemieden werden."; Wissenschaftlicher Beirat beim BMWi, Orientierungen für eine Postreform III, Gutachten, S. 15.

20 Vgl. oben, 4. Kapitel C III und IV.
21 Vgl. oben, 4. Kapitel C.
22 Vgl. oben, 4. Kapitel, C V.

würde, insbesondere vor dem Hintergrund des allgemeinen Gleichheitssatzes, in seiner Ausprägung als Grundsatz der Belastungsgleichheit erhebliche Probleme aufwerfen. Zwar stellen die zu erhebenden Entgelte keine Sonderabgaben im Sinne der verfassungsrechtlichen Terminologie dar, da sie weder unmittelbar vom Staat erhoben noch in irgendeiner Weise staatlich organisierten Finanzkreisläufen zufließen; jedoch wäre die Belastungswirkung für die betroffenen Telekommunikationsunternehmen identisch. Ob mittels einer Sonderabgabe ein staatlich organisierter Fonds finanziert wird, dessen Mittel letztendlich dem Universaldienstleister zufließen, oder ob mittels Access Charges der Universaldiensterbringer direkt unterstützt wird, kann vor dem Hintergrund des Grundsatzes der Belastungsgleichheit kein relevanter Unterschied sein. In beiden Fällen werden die betroffenen Unternehmen zur Finanzierung einer bestimmten Aufgabe herangezogen, lediglich die Modalität der Zwangsfinanzierung unterscheidet sich. Ausgehend von der anerkannten Prämisse, daß die zum Institut der Sonderabgabe entwickelte Rechtfertigungslehre in nicht nur unerheblichen Maße auch dem Schutz der Lastengleichheit dient,[23] ist es durchaus angebracht, diese Kriterien auch im Rahmen staatlich veranlaßter Entgeltpflichten zwischen Privaten heranzuziehen.[24] Da den Telekommunikationsunternehmen nach der hier vertretenen Auffassung aber keine besondere Verantwortung hinsichtlich der flächendeckenden Kommunikationsinfrastruktur zukommt,[25] wären auch die Access Charges als verfassungswidrig zu qualifizieren. Die Parallelen zwischen dem Modell der Access Charges und der Preisregelung der § 2, 3 Stromeinspeisungsgesetz sind insoweit unübersehbar.[26] Die dort äußerst kontrovers geführte Diskussion über die Verfassungsmäßigkeit dieser Form staatlich veranlaßter „Zwangssubventionierung" zwischen Privaten belegt deutlich, welche Schwierigkeiten mit solchen „verkappten" Sonderabgaben verbunden sind.[27]

---

[23] *Friauf,* in Festschrift für Jahrreiß, S. 45 (50); ebenso: *Ossenbühl,* ET 1996, S. 94 (95); *ders.,* RdE 1997, S. 46 (47); *Blanke / Peilert,* RdE 1999, S. 96 (99); *Selmer,* Sonderabfallabgaben und Verfassungsrecht, S. 73; *F. Kirchhof,* Grundriß des Abgabenrechts, S. 25; vgl. auch: *Pohl,* Universaldienst in der Telekommunikation, S. 216; ausführlich zu diesem Aspekt: 4. Kapitel, D II 1 c und 4. Kapitel D IV 3.

[24] In diesem Sinne: *Ossenbühl,* ET 1996, S. 94 (98); *ders.,* RdE 1997, S. 46 (50): „Legitim ist die Vergütungsregelung, die sich in ihrer Wirkung als Sonderbelastung einer bestimmten Gruppe darstellt, nur dann, wenn sich für diese Sonderbelastung ein rechtfertigender Grund nachweisen läßt. (...) Insoweit lassen sich an dieser Stelle die zentralen Kriterien verwenden, die das Bundesverfassungsgericht für die Zulässigkeit von Sonderabgaben definiert hat. Denn diese sind, (...), nichts weiter als Konkretisierungen des verfassungsrechtlichen Grundsatzes der Lastengleichheit der Bürger."; ebenso: *Arndt,* RdE 1995, S. 41 ff.

[25] Ausführlich zur Frage der Finanzierungsverantwortung: 4. Kapitel, D III 2 b.

[26] § 2 des Gesetzes über die Einspeisung von Strom aus erneuerbaren Energien begründet eine Verpflichtung der Energieversorgungsunternehmen, den in ihrem Versorgungsgebiet erzeugten Strom aus erneuerbaren Energien abzunehmen und den eingespeisten Strom zu vergüten. Die zu entrichtende Vergütung liegt dabei erheblich über dem Betrag, den die Versorgungsunternehmen unter marktmäßigen Bedingungen hätten erzielen können. Der Abnahmezwang in Verbindung mit der Preisfestsetzung erweist sich daher als staatlich angeordnete Subventionierung Privater durch Private; vgl. nur *Blanke / Peilert,* RdE 1999, S. 96 (98).

Neben den grundlegenden Einwänden aus wettbewerbspolitischer Perspektive erweist sich das Modell der Access Charges daher auch aus verfassungsrechtlichem Blickwinkel als äußerst problematisch Es scheidet daher als taugliches System zur Sicherung und Finanzierung des Universaldienstes aus.[28]

B. Universaldienst als Lizenzauflage

I. Der ordnungspolitische Ansatz

Als denkbares Modell zur Sicherstellung der flächendeckenden Grundversorgung könnte aber ein System in Betracht kommen, welches das Institut der Lizenz als entscheidenden Anknüpfungspunkt wählt. Wie an anderer Stelle der Untersuchung bereits angesprochen, sind zentrale Betätigungsfelder des Telekommunikationsmarktes einer generellen Lizenzpflicht unterzogen.[29] Ausgehend von dieser ordnungspolitischen Realität erscheint es prima vista naheliegend, bestimmte infrastrukturbezogene Pflichten an die Erteilung einer Lizenz zu knüpfen. In diesem Sinne könnte man die Lizenzerteilung zugunsten eines Unternehmens davon abhängig machen, ob das Unternehmen auch die flächendeckende Versorgung garantiert. Das heißt, schon der Marktzugang würde nur unter der Bedingung des flächendeckenden Dienstleistungsangebotes gewährt. Insbesondere der Bundesrat hat bereits während des Gesetzgebungsverfahrens ein solches Modell aus Infrastrukturgesichtspunkten befürwortet.[30] Die Vorzüge eines solchen Lizenzierungsmodells liegen auf der Hand: Zum einen würde ein solches System die flächendeckende Versorgung tatsächlich gewährleisten. Das flächendeckende Angebot der in

---

[27] Die Verfassungsmäßigkeit unter Heranziehung der Sonderabgabenkriterien verneinend: AG Plön, Vorlagebeschluß, NJW 1997, S. 591 (594); *Pohlmann*, NJW 1997, S. 545 (549 ff.); *ders.*, Rechtsprobleme der Stromeinspeisung nach dem Stromeinspeisungsgesetz, S. 94 ff.; ebenso *Ossenbühl*, ET 1996, S. 94 (98); *ders.*, RdE 1997, S. 46 (50); *Arndt*, RdE 1995, S. 41 ff.; *Blanke/Peilert*, RdE 1999, S. 96 (100), die zum Teil diese Frage bereits im Rahmen von Art. 12 Abs. 1 GG problematisieren und damit freiheitsrechtliche und gleichheitsrechtliche Dimension des Grundrechtsschutzes vermischen; die Verfassungsmäßigkeit unter Heranziehung der Sonderabgabenkriterien bejahend: *Studenroth*, DVBl. 1995, S. 1216 (1219 ff.); *Theobald*, NJW 1997, S. 550 (553 f.); ablehnend gegenüber der Heranziehung der Sonderabgabenkriterien: LG Karlsruhe, NJW 1997, S. 570 (571); ausführlich zu diesem Problemfeld: *Altrock*, Sunventionierende Preisregelungen (Manuskript), C I und C V.

[28] Ebenfalls ablehnend, jedoch ausschließlich aufgrund wettbewerbspolitischer Aspekte: Wissenschaftlicher Beirat beim BMWi, Orientierungen für eine Postreform III, Gutachten, S. 14 f. („Der falsche Weg"); dem folgend: *Gabrisch*, Universaldienst in Deutschland, S. 149.

[29] Vgl. bereits 3. Kapitel, B II 1 b.

[30] Stellungnahme des Bundesrates, BT-Drucks. 13/4438, Anlage 2, S. 5: „In das TKG müssen deshalb Regelungen aufgenommen werden, die der Regulierungsbehörde die Möglichkeit geben, bei der Lizenzerteilung Auflagen hinsichtlich des Flächendeckungsgrades für das Angebot an Universaldienstleistungen (...) zu machen."

Frage stehenden Dienstleistung wäre garantiert, da dem Unternehmen bei Zuwiderhandlung der Entzug der Lizenz und damit der Verlust der wirtschaftlichen Existenzgrundlage drohen würde. Vor allem das oft beklagte sog. „Rosinenpicken" würde mittels eines solchen Ansatzes effektiv bekämpft. Durch die generelle Pflicht zum flächendeckenden Angebot würde sich der Wettbewerb nicht nur auf Ballungsräume und lukrative Kunden konzentrieren, sondern sich in gleichem Maße auch auf periphere Gebiete erstrecken. Mittels eines solchen Modells würde daher insbesondere der Forderung nach Chancengleichheit von ländlichen Räumen und Ballungszentren Rechnung getragen.[31] Zum andern wäre mit einem solchen Lizenzierungssystem nur ein geringer administrativer Aufwand verbunden. Im Gegensatz zur bestehenden Gesetzeslage wäre die Aktivität der Regulierungsinstanz auf das Lizenzierungsverfahren beschränkt, ohne daß zusätzliche komplexe Ausschreibungs- und Verpflichtungsverfahren durchgeführt werden müßten. Schließlich würde ein solches System auch keine Konflikte mit der Finanzverfassung aufwerfen, da hier weder unmittelbar noch mittelbar Abgabepflichten oder sonstige Entgeltpflichten entstünden. Auch aus haushaltsrechtlicher Perspektive erscheint eine solche Alternative attraktiv, da die öffentlichen Finanzen von Subventionsleistungen und ähnlichem verschont blieben.

II. Wettbewerbspolitische Bedenken

Bei näherer Betrachtung zeigt sich jedoch, daß die wettbewerbspolitischen Folgen eines solchen Systems fatal wären. Die Pflicht zum flächendeckenden Dienstleistungsangebot würde den Wettbewerb bereits im Ansatz ersticken, da eine solche Obligation gerade für kleinere und mittlere Anbieter eine kaum zu überwindende Marktzugangsbarriere darstellen würde. In der Regel ist es vielen jungen, wenig kapitalkräftigen Unternehmen weder technisch noch wirtschaftlich möglich, ihr Dienstleistungsangebot sofort bundesweit zur Verfügung zu stellen. Statt dessen entspricht es oft der betriebswirtschaftlichen Vernunft, das Dienstleistungsangebot vorerst regional zu beschränken, um die eigene Wettbewerbsfähigkeit zu überprüfen und bei einem erfolgreichen regionalen Engagement gegebenenfalls sukzessiv weiter zu expandieren. Mittels einer solchen Vorgehensweise wird das unternehmerische Risiko deutlich begrenzt und die regelmäßig anfallenden Anlaufverluste überschaubar gehalten. Eine originäre Verpflichtung zum flächendeckenden Dienstleistungsangebot würde eine Strategie, die auf dem Prinzip der gestuften Expansion basiert, jedoch unmöglich machen. Ein potentieller Anbieter wäre schon zu Beginn seiner Aktivität vor die Alternative gestellt, entweder in erheblichem Maße zu investieren, um eine flächendeckende Dienstleistungserbringung sicherstellen zu können oder auf den Marktzugang gänzlich zu verzichten.[32] Es wäre zu

---

[31] Vgl. in diesem Kontext: Stellungnahme des Bundesrates, BT-Drucks. 13/4438, Anlage 2, S. 5.

B. Universaldienst als Lizenzauflage

erwarten, daß ein Großteil möglicher Interessenten aufgrund des erheblichen unternehmerischen Risikos von der zweiten Alternative Gebrauch macht und von der intendierten Betätigung im Telekommunikationssektor absieht.[33] Eine solche Konsequenz würde aber dem avisierten Ziel, auch kleineren und mittleren Unternehmen Betätigungsmöglichkeiten zu eröffnen und Regional- und Nischenangebote im Interesse des Wettbewerbs zu ermöglichen, diametral entgegenstehen.[34]

Aber auch die risikobereiten Unternehmen, die sich trotz der Universaldienstauflage für den Marktzugang entscheiden, hätten einen schweren Stand innerhalb des jeweiligen Sektors. Die bisherige Erfahrung hat gezeigt, daß die Betätigung auf dem entmonopolisierten Telekommunikationsmarkt mit erheblichen Anlaufverlusten verbunden ist.[35] Sofern von den einzelnen Unternehmen aber ein flächendeckendes Angebot gefordert wird, zwingt dies noch zu zusätzlichen Investitionen. Da diese oft nur mit der Aufnahme von Fremdkapital finanzierbar sind, wäre zu befürchten, daß die damit einhergehenden Zinsforderungen gerade kleinere und mittlere Unternehmen existenzbedrohend belasten könnten. Mittel- bis langfristig würden sich auf dem Telekommunikationsmarkt daher nur wenige besondere kapitalkräftige Gesellschaften durchsetzen. Die wettbewerbspolitischen Folgen einer solchen Entwicklung wären äußerst negativ: Statt dem Wettbewerb einer Vielzahl konkurrierender „player" mit divergierender Angebotspalette wären oligopolistische Verhältnisse, die in der Regel zu einem höheren Preisniveau führen, die mögliche Konsequenz.[36] Die Sicherstellung der flächendeckenden Grundversorgung über eine generelle Universaldienstauflage bei der Lizenzvergabe würde den angestrebten Wettbewerb daher erheblich behindern und wäre für die Entwicklung der Informations- und Kommunikationsindustrie äußerst nachteilig.

---

[32] In diesem Sinne auch *Klodt/Laaser/Lorz/Maurer,* Wettbewerb und Regulierung in der Telekommunikation, S. 77 f., die zusätzlich noch darauf hinweisen, daß mittels einer allgemeinen Universaldienstpflicht volkswirtschaftlich unnötige Überkapazitäten geschaffen würden.

[33] So auch die Gegenäußerung der Bundesregierung zur Stellungnahme des Bundesrates, BT-Drucks. 13/4438, Anlage 3, S. 29; vgl. bereits die Ausführungen zum Terminus „flächendeckend", 2. Kapitel, B II.

[34] In diesem Sinne auch Begründung zum Gesetzesentwurf der Bundesregierung, BT-Drucks. 13/3609, S. 33 (34).

[35] Ausführlich zu Investitionsvolumina und Anlaufverlusten und erwarteten Pay-back-Zeiten auf den verschiedenen Telekommunikationsmärkten, *Backhaus/Stadie/Voeth,* Was bringt der Wettbewerb im Telekommunikationsmarkt, S. 53 ff.; nach eigenen Angaben betrugen beispielsweise die Anlaufverluste von VIAG Intercom im Jahr 1998 ca. 1.17 Milliarden DM.

[36] Gegenäußerung der Bundesregierung zur Stellungnahme des Bundesrates, BT-Drucks. 13/4438, Anlage 3, S. 29: „Diese Auflagen (*scil.:* Auflagen hinsichtlich des Flächendeckungsgrades bei Universaldienstleistungen) würden sich im übrigen keinesfalls wettbewerbs-, sonder allenfalls konzentrationsfördernd auswirken."

III. Verfassungs- und europarechtliche Bedenken

Aber auch aus juristischer Sicht erscheint ein solcher Ansatz nicht unproblematisch. Sowohl aus der Perspektive des europäischen Primärrechts als auch aus der Sicht des nationalen Verfassungsrechts bestehen ernsthafte Bedenken gegen ein Lizenzsystem mit Infrastrukturauflagen. Die Lösung des Universaldienstproblems über ein solches Modell würde einen erheblichen Eingriff in die unternehmerischen Freiheiten und in den Wettbewerb als solchen darstellen. Aus verfassungsrechtlicher Sicht wäre insbesondere Art. 12 Abs. 1 GG der relevante Prüfungsmaßstab. Da eine solche Auflage eine gravierende Beschränkung der Berufsausübungsfreiheit bedeuten würde und darüber hinaus sogar die Freiheit der Berufswahl beeinträchtigen könnte, wäre die Verfassungskonformität äußerst fragwürdig. Es erscheint insbesondere sehr zweifelhaft, ob eine Regelung, die *jeden* einzelnen Anbieter mit einem Flächendeckungsauftrag belastet, obwohl zur Sicherung der Grundversorgung bereits das Angebot *eines* Unternehmens ausreicht, tatsächlich dem innerhalb des Art. 12 Abs. 1 GG zu berücksichtigenden Erforderlichkeitsgrundsatz genügt.[37] Gerade die auf den konkreten Fall der Unterversorgung beschränkte Zwangsverpflichtung eines Unternehmens würde ein weniger belastendes Mittel darstellen.

Entsprechende Überlegungen lassen sich auch im Rahmen der europarechtlich garantierten Dienstleistungsfreiheit nutzbar machen.[38] Die Bedeutung der Dienstleistungsfreiheit im Telekommunikationsrecht resultiert aus der Tatsache, daß in Zukunft mit einer verstärkten Betätigung ausländischer Unternehmen auf dem deutschen Markt zu rechnen ist, die sich unmittelbar auf diese Freiheit berufen können.[39] Da die Dienstleistungsfreiheit über das Verbot der offenen und versteckten Diskriminierung hinaus, sowohl vom EuGH,[40] als auch von der Mehrzahl der Literaturstimmen,[41] als umfassendes Verbot aller den freien Dienstleistungsver-

---

[37] Vgl. Gegenäußerung der Bundesregierung, BT-Drucks. 13/4438, BT-Drucks. 13/4438, Anlage 3, S. 29, die Flächendeckungsauflagen sowohl mit Art. 12, als auch mit Art. 14 GG als unvereinbar absieht; zustimmend: Bericht der Abgeordneten Müller, Bury u. a., BT-Drucks. 13/4484, S. 70 (71).

[38] Zur Telekommunikation als Dienstleistung im Sinne des EGV: *Goumagias,* Die Stellung der Telekommunikation im Europäischen Vertrag, S. 73 ff.

[39] In diesem Zusammenhang sei darauf hingewiesen, daß sich auch gemischtwirtschaftliche Unternehmen und rein öffentliche Unternehmen prinzipiell auf die Dienstleistungsfreiheit des EGV berufen können. Ausnahmen sieht Art. 48 Abs. 2 EGV (ex Art. 58) in Verbindung mit Art. 55 EGV (ex Art. 66) lediglich für solche juristische Personen vor, die keinen Erwerbszweck verfolgen; zur Interpretation dieses Vorbehalts: *Bleckmann,* Europarecht, Rn. 1613 ff., m. w. N.

[40] Stellvertretend: EuGH Rs. 352/85 „Bond van Adverteerders/Niederlande", Slg. 1988, S. 2085 ff.; EuGH Rs. C-353/89, „Mediawet", Slg. 1991, S. 4069; EuGH Rs. C-79/90, „Säger/Dennemeyer", Slg. 1991, S. 4221.

[41] Stellvertretend: *Troberg,* in: von der Groeben/Thiesing/Ehlermann, Kommentar zum EU-/EG-Vertrag, Art. 59 EGV, Rn. 4; *Bauer/Kahl,* JZ 1995, S. 1077 (1081); *Kahl,* in: R. Schmidt, Kompendium Öffentliches Wirtschaftsrecht § 1 Rn. 63.

kehr behindernden Maßnahmen und Tatbestände verstanden wird, stellt eine solche Flächendeckungsauflage aufgrund des erheblichen Abschreckungspotentials auch eine Beschränkung im Sinne des Art. 49 EGV[42] dar. Da sich eine derartige Beschränkung am europarechtlichen Grundsatz der Verhältnismäßigkeit messen lassen muß, spielt auch hier das Prinzip der Erforderlichkeit eine entscheidende Rolle.[43] Gegen die Vereinbarkeit mit der europarechtlichen verbürgten Dienstleistungsfreiheit bestehen daher dieselben Bedenken, wie gegen die Vereinbarkeit mit Art. 12 Abs. 1 GG.[44]

Ferner muß berücksichtigt werden, daß sich der Wettbewerb auf den Telekommunikationsmärkten bereits im vollen Gange befindet. Hinsichtlich der einzelnen Marktsegmente sind bereits eine Vielzahl von Lizenzen ohne Flächendeckungsauftrag vergeben worden. Daraus folgt, daß die nachträgliche Einführung einer Flächendeckungsauflage schon aus diesem Grund mit erheblichen Schwierigkeiten verbunden ist. Gerade unter dem Aspekt des Vertrauensschutzes zugunsten der Lizenznehmer erscheint es höchst problematisch, diese im nachhinein durch zusätzliche Auflagen mit Infrastrukturinhalten zu belasten.

Als Resümee läßt sich daher festhalten, daß auch eine am Institut der Lizenz angelehnte Universaldienstauflage kein taugliches Instrument zur Gewährleistung des Universaldienstes darstellt.

C. Die „kleine Lösung": Verfassungskonforme Modifikation des bestehenden Universaldienstsystems

Vor dem Hintergrund der wettbewerbspolitischen Schwächen und juristischen Schwierigkeiten, die sowohl mit dem Access Charges Konzept, als auch mit einem System über Lizenzauflagen verbunden sind, wird nachfolgend ein alternatives System zur Sicherung und Finanzierung des Universaldienstes entworfen. Der gedankliche Ausgangspunkt dieses Systems ist dabei das geltende gesetzliche Modell.

---

[42] Vormals: Art. 59 EGV.

[43] Zur Rechtfertigung unterschiedslos geltenden Beschränkungen der Dienstleistungsfreiheit: *Bruhn*, Die Sicherstellung öffentlicher Aufgaben im Bereich der Telekommunikation unter Einfluß der europäischen Marktöffnung, S. 20 ff.

[44] Zur Parallelität des nationalen und europarechtlichen Verhältnismäßigkeitsprinzips, *Storck*, Nationale und europäische Subventionen an Unternehmen (Manuskript), 1. Teil, B I.; während die Anwendung des Erforderlichkeitsgrundsatzes unbestritten ist, ist die Anwendbarkeit und der Umfang einer darüber hinausgehenden Angemessenheitsprüfung noch weitgehend ungeklärt; zu diesem Aspekt, *Storck*, a. a. O..

I. Der identische Ausgangspunkt:
Das Universaldienstmodell als reaktives System

Ein besonderes Charakteristikum des bisher geltenden Universaldienstsystems liegt in seiner rein reaktiven Ausgestaltung. Ausgehend von der Vorstellung, daß ein freier Wettbewerb in einem zukunftsträchtigen und daher lukrativen Markt die flächendeckende Versorgung der Bevölkerung im wesentlichen von selbst sicherstellt, hat der Gesetzgeber darauf verzichtet, den Wettbewerbern bereits im voraus bestimmte Versorgungspflichten aufzuerlegen. Statt dessen hat er das Universaldienstkonzept als Mechanismus ausgestaltet, der nur dann zum Einsatz kommt, wenn regional ein bestimmtes Versorgungsniveau nicht schon durch das freie Spiel der Marktkräfte erreicht wird.[45]

Die bisherigen Erfahrungen mit dem Wettbewerb haben gezeigt, daß dieses wettbewerbskonforme ordnungspolitische Vorgehen unter Vertrauen auf die Marktkräfte den richtigen Weg darstellt. Obwohl de lege lata seit dem 1. 1. 1998 keine unmittelbare Verpflichtung der Deutschen Telekom AG besteht, ein bestimmtes Dienstleistungsangebot aufrecht zu erhalten, ist noch kein Unterversorgungstatbestand eingetreten, d. h. die relevante Grundversorgung wurde bisher ausnahmslos durch die freien Marktkräfte ohne staatlichen Regulierungszwang geleistet.[46] Auch wenn für die nähere Zukunft eine Konsolidierungsphase auf den Telekommunikationsmärkten zu erwarten ist, welche den Rückzug zahlreicher Anbieter zur Folge haben könnte und damit auch die Gefahr von Unterversorgungstatbeständen in weniger attraktiven Regionen mit sich bringen würde,[47] ist doch davon auszugehen, daß die Versorgung weiterhin primär durch die Marktkräfte erfolgt. Das Phänomen des regionalen Marktversagens wird daher auch langfristig nur einen Ausnahmefall darstellen.[48] Daraus folgt, daß ein modifiziertes Universaldienstkonzept dem Vorrang des Wettbewerbs Rechnung zu tragen hat und auf eine a priori Verpflichtung der Wettbewerber zur Leistung des Universaldienstes verzichtet werden kann. Das hier vorgeschlagene Modell sieht daher in Anlehnung an die Bestimmungen des TKG ebenfalls nur für den Fall der Unterversorgung oder der drohenden Unterversorgung konkrete Befugnisse der Regulierungsbehörde vor. Entsprechend dem bisherigen System sollen der Behörde das Verfahren der wettbewerblichen Ausschreibung von unterversorgten Regionen und die Zwangsverpflichtung bestimmter Unternehmen als mögliche Instrumente zur Verfügung gestellt werden.

---

[45] Vgl. dazu bereits oben, 3. Kapitel, B II 1 a.

[46] Dies wurde dem Verfasser auf mündliche Anfrage vom 9. November 2000 von einem Vertreter der Regulierungsbehörde bestätigt.

[47] Ausführlich zu dieser prognostizierten Entwicklung: manager-magazin, 9 / 1999, S. 182.

[48] Vgl. Wissenschaftlicher Beirat beim Bundesministerium für Wirtschaft, Orientierungen für eine Postreform III, Gutachten, S. 12, 17.

II. Verfassungsrechtlich und wettbewerbspolitisch bedingte Modifikationen

Ausgehend vom identischen Grundansatz unterscheidet sich die hier vorgeschlagene Neukonzeption vom gesetzlichen Modell in vier zentralen Punkten: Aufgrund wettbewerbspolitischer Überlegungen wird dem Verfahren der wettbewerblichen Ausschreibung von Regionen generelle Priorität vor dem Instrument der Zwangsverpflichtung eingeräumt (1.). Gleichzeitig wird die Möglichkeit der unmittelbaren Verpflichtung eines Unternehmens als Reserveinstrument auch auf den lizenzfreien Bereich ausgedehnt (2.). Als potentieller Verpflichtungsadressat wird statt des marktbeherrschenden das marktstärkste Unternehmen bestimmt (3.). Da sich die Finanzierung des unwirtschaftlichen Universaldienstes über eine Sonderabgabe als verfassungswidrig erwiesen hat, sollen diese Kosten zukünftig vom Bund getragen werden (4.).

1. Primat des Ausschreibungsverfahrens

Aufgrund des bereits fortgeschrittenen Wettbewerbs auf den Telekommunikationsmärkten ist es angebracht, bei Eintritt eines Unterversorgungstatbestandes in stärkerem Maße auf das Verfahren der wettbewerblichen Ausschreibung von Regionen zurückzugreifen. Insbesondere aus ökonomischer Perspektive erscheint das Ausschreibungsverfahren gegenüber dem Instrument der Zwangsverpflichtung eines Anbieters vorzugswürdig.

Wie bereits an anderer Stelle angesprochen[49], stellt das Ausschreibungsverfahren die marktkonformere Alternative dar, da mittels dieses Verfahrens ein Wettbewerb um die Zuteilung des Universaldienstes („*competition for the field*") initiiert wird und damit auch kleineren Anbietern die Chance eröffnet wird, sich in diesem Bereich zu betätigen und dadurch ihre Marktpräsenz zu steigern. Außerdem führt das Ausschreibungsverfahren – wie auch ausländische Erfahrungen zeigen –[50] mittel- bis langfristig zu einer erheblichen Reduzierung der Universaldienstkosten. Da nur der Anbieter mit dem preisgünstigsten Angebot den Zuschlag erhält und dadurch in den Genuß der Ausgleichszahlungen kommt, besteht für sämtliche Teilnehmer des Ausschreibungsverfahren der Anreiz, die Kosten möglichst niedrig anzusetzen. Ferner sei noch darauf hingewiesen, daß auch aus administrativer Sicht das Ausschreibungssystem erhebliche Vorteile gegenüber dem Verpflichtungsverfahren besitzt. Während die Regulierungsinstanz bei Anwendung des Verpflichtungsverfahrens dazu gezwungen ist, die Kalkulation des Dienstleisters zu überprüfen, um die Höhe des Defizitausgleichs festlegen zu können, erübrigt sich bei ei-

---

[49] Vgl. 3. Kapitel, B II 2.
[50] In diesem Zusammenhang sei insbesondere auf Australien hingewiesen, vgl. oben 3. Kapitel, B II 2.

nem Ausschreibungssystem dieses, zum Teil äußerst komplizierte Verfahren, da der Preis unmittelbar durch die Marktkräfte bestimmt wird.[51]

Die bisherige gesetzliche Regelung hat diesen Erkenntnissen nicht in ausreichendem Maße Rechnung getragen. Insbesondere konnte sich das vom Bundesrat innerhalb des Gesetzgebungsverfahrens vorgeschlagene abgestufte Verfahren nicht durchsetzen, welches die Möglichkeit der Zwangsverpflichtung eines Unternehmens nur bei Erfolglosigkeit des Ausschreibungsverfahrens vorsah.[52] Gerade im Bereich der lizenzpflichtigen Leistungen kommt dem Instrument der wettbewerblichen Ausschreibung von Regionen de lege lata eine zu geringe Bedeutung zu. Wie bereits an anderer Stelle dargelegt,[53] ist dieses Verfahren nur anwendbar, wenn ein bestimmtes Unternehmen gemäß § 19 Absatz 2 TKG zur unmittelbaren Leistungserbringung verpflichtet werden sollte und sich deren geltend gemachter Ausgleichsanspruch als unangemessen hoch erwies.[54] In Anbetracht der wettbewerbspolitischen Vorteile des Ausschreibungsverfahrens ist der aktuelle Anwendungsbereich aber zu eng.[55] Es erscheint sinnvoll, das Ausschreibungssystem als Regelinstrument zu implementieren und dessen Anwendung sowohl hinsichtlich der lizenzpflichtigen als auch hinsichtlich der lizenzfreien Dienstleistungen bei Eintritt eines Unterversorgungstatbestandes nicht nur in das Ermessen der Regulierungsbehörde zu stellen, sondern zwingend vorzuschreiben.[56] Gerade unter dem Gesichtspunkt, daß eine Versteinerung der Anbieterstruktur vermieden werden soll und auch den sonstigen Anbietern in höherem Maße die Möglichkeit eröffnet werden sollte, an den Ausgleichszahlungen zu partizipieren, ist eine derartige ordnungspolitische Vorgehensweise vorzugswürdig.

2. Verpflichtungsverfahren als ultima ratio im gesamten Universaldienstbereich

Die ausschließliche Anwendung des Verfahrens der wettbewerblichen Ausschreibung von Regionen vermag das Universaldienstproblem jedoch nicht ab-

---

[51] Zu den Vorteilen des Ausschreibungsverfahrens, vgl. bereits: 3. Kapitel, B II 2.

[52] Stellungnahme des Bundesrates, BT-Drucks. 13/4438, Anlage 2, S. 11.

[53] Vgl. oben, 3. Kapitel, B II 2.

[54] Vgl. nur *Etling-Ernst,* TKG-Kommentar, § 19 Rn. 9.

[55] Ebenfalls kritisch: *Klodt/Laaser/Lorz/Maurer,* Wettbewerb und Regulierung in der Telekommunikation, S. 86.

[56] Insofern kann auf den Gesetzesvorschlag des Bundesrates (Stellungnahme des Bundesrates, BT-Drucks. 13/4438, Anlage 2, S. 11) verwiesen werden:

§ 18 (2): „Hat sich nach Ablauf der (...) Frist kein Unternehmen, auch nicht nach Verhandlungen mit der Regulierungsbehörde, bereit erklärt, diese Universaldienstleistung ohne Ausgleich (...) zu erbringen, *hat* die Regulierungsbehörde die Universaldienstleistung öffentlich auszuschreiben." (Hervorhebung durch Verfasser)

§ 18 (3a): „Bleibt das Ausschreibungsverfahren nach Absatz 2 erfolglos, kann die Regulierungsbehörde nach Anhörung der in Betracht kommenden Anbieter ein Unternehmen verpflichten, die Universaldienstleistung zu erbringen.".

C. Die „kleine Lösung"

schließend zu lösen. Wie mittels der Szenarioanalyse im dritten Teil der Untersuchung ausführlich dargelegt wurde, ist ein reines Ausschreibungssystem nur bedingt geeignet, den in Art. 87 f Abs. 1 GG verankerten staatlichen Gewährleistungsauftrag zu erfüllen. Dies resultiert schon daraus, daß das Prinzip der wettbewerblichen Ausschreibung auf einem freiwilligen Leistungsangebot der Dienstleister basiert und daher zwangsläufig versagt, sofern sich kein Unternehmen am Ausschreibungsverfahren beteiligt oder die Angebote nach Auffassung der Regulierungsbehörde völlig inakzeptabel sind.[57]

Daraus folgt, daß auch in einem modifizierten Universaldienstkonzept nicht auf das Instrument der Zwangsverpflichtung verzichtet werden kann, sondern unter Infrastrukturgesichtspunkten mit dem System der wettbewerblichen Ausschreibung kombiniert werden muß. Parallel zum ursprünglichen Regelungsvorschlag des Bundesrates[58] und den aktuellen Universaldienstkonzepten in der *Schweiz*[59] und in *Österreich*[60] bietet sich hier ein abgestuftes Regelungsmodell an, in dem das Verpflichtungsverfahren als ultima ratio immer dann zum Tragen kommt, wenn das Ausschreibungssystem versagt. Mittels eines solchen Konzepts würde den ökonomischen Vorteilen des Ausschreibungssystems Rechnung getragen, ohne gleichzeitig die flächendeckende Grundversorgung zu gefährden.

Im Gegensatz zu der bestehenden gesetzlichen Regelung darf sich das Instrument der Zwangsverpflichtung aber nicht auf den lizenzpflichtigen Sektor beschränken, sondern muß auch die lizenzfreien Universaldienstleistungen umfassen. Durch die Extension des Anwendungsbereichs des Verpflichtungsverfahrens auf den lizenzfreien Sektor werden die im 3. Kapitel der Untersuchung aufgezeigten Gewährleistungslücken in diesem Bereich vermieden. Da der Regulierungsbehörde nach dem hier vorgeschlagenen abgestuften System selbst bei Versagen des Ausschreibungsverfahrens noch die Möglichkeit zur Zwangsverpflichtung eines Unternehmens zur Verfügung stünde, wären nicht zu behebende Versorgungsdefizite de facto[61] ausgeschlossen. Auch insoweit kann auf die Universaldienstregeln in der

---

[57] Vgl. oben, 3. Kapitel, C II 2 und 3.

[58] Vgl. Stellungnahme des Bundesrates, BT-Drucks. 13/4438, Anlage 2, S. 11.

[59] Zu beachten ist jedoch, daß der Universaldienst in der Schweiz nicht als rein reaktives System ausgestaltet ist, sondern die Erteilung einer sogenannten Grundversorgungskonzession vorsieht. Die Erteilung dieser Konzession erfolgt gemäß § 14 Abs. 2 sFMG durch ein Ausschreibungsverfahren. Bei Versagen dieses Systems sieht dann § 18 Abs. 2 sFMG das Instrument der Zwangsverpflichtung vor.

[60] § 28 (1) öTKG: „Die Erbringung des Universaldienstes und der besonderen Versorgungsaufgaben ist vom Bundesminister für Wissenschaft und Verkehr öffentlich auszuschreiben und nach den Vorschriften über die Vergabe von Leistungen zu vergeben. (...)."

(3): „Ist innerhalb der Bewerbungsfrist kein Angebot zur Erbringung der ausgeschriebenen Leistung gelegt worden, kann die Regulierungsbehörde den Erbringer eines öffentlichen Sprachtelefondienstes, der auf dem jeweiligen sachlich und räumlich relevanten Markt über den größten Marktanteil verfügt, dazu verpflichten, diese Leistungen nach Maßgabe der in diesem Gesetz festgelegten Bedingungen zu erbringen."

Schweiz und in *Österreich* verwiesen werden, die alle Universaldienste einer einheitlichen Regulierung unterwerfen, ohne zwischen den einzelnen Betätigungsfelder zu differenzieren.[62]

3. Das marktstärkste Unternehmen als Verpflichtungsadressat

Hinsichtlich der bestehenden gesetzlichen Regelung wurde ferner als problematisch erachtet, daß nur das marktbeherrschende Unternehmen unmittelbar zum Universaldienst verpflichtet werden kann. Sofern ein solches nicht existiert, scheidet ein Verpflichtungsverfahren als regulatorische Handlungsoption de lege lata folglich aus.[63] Obwohl es sich dabei nach der hier vertretenen Auffassung um eine Schutzlücke von eher theoretischer Natur handelt, erscheint es im Zuge einer stringenten und umfassenden Universaldienstreform durchaus möglich, auch diesen „Mangel" zu beheben. Dabei bietet es sich an, den Terminus des marktbeherrschenden Unternehmens durch den Begriff des marktstärksten Unternehmens zu ersetzen. Als legislatorisches Vorbild kann insoweit das Telekommunikationsgesetz von Österreich dienen, in dem, unabhängig von der Frage der Marktbeherrschung, allein der höchste Marktanteil das entscheidende Kriterium darstellt.[64] Diese simple Substitution hätte zur Folge, daß auch für den theoretischen Fall, daß auf dem relevanten Markt kein marktbeherrschendes Unternehmen existiert und das Ausschreibungsverfahren erfolglos verläuft, ein Verpflichtungsverfahren durchgeführt und damit der Versorgungstatbestand behoben werden kann. Insbesondere bereitet das Kriterium der Marktstärke auch keine besonderen Feststellungsschwierigkeiten, da gemäß § 22 TKG die Verpflichtung der Telekommunikationsunternehmen besteht, ihre Umsätze auf den jeweiligen Einzelmärkten zu melden und der Regulierungsbehörde damit die notwendigen Daten zur Verfügung stehen.

4. Finanzierung der Universaldienstkosten aus dem Staatshaushalt

Die letzte und wohl grundlegendste Modifikation der bestehenden gesetzlichen Regelung betrifft die Finanzierung des Universaldienstes. Die ausführliche Analyse innerhalb des vierten Teils der Untersuchung hat bewiesen, daß die Finanzierung der Universaldienstkosten über eine Sonderabgabe der Telekommunikationsunternehmen sowohl gegen geltendes Finanzverfassungsrecht als auch gegen bestimmte grundrechtliche Positionen der betroffenen Abgabeschuldner verstößt.[65]

---

[61] Zur Schließung der noch theoretisch denkbaren Versorgungslücken, sogleich 5. Kapitel, C II 3.
[62] Vgl. § 24 ff. öTKG; Art. 14 ff. sFMG.
[63] Vgl. 3. Kapitel, C II 2.
[64] § 28 (3) öTKG.

C. Die „kleine Lösung"

Da die Finanzierung der Grundversorgung mit Kommunikationsmitteln eine mit der Energieversorgung vergleichbare allgemeine Staatsaufgabe darstellt, die nicht in die Gruppenverantwortung der Telekommunikationsunternehmen fällt,[66] muß diese aus dem allgemeinen Staatshaushalt – d. h. mittels des Steueraufkommens – bestritten werden. Nach der hier vertretenen Auffassung müssen daher sowohl die Ausgleichsansprüche nach dem Ausschreibungsverfahren, als auch die Ansprüche des marktstärksten Unternehmens nach einer Zwangsverpflichtung durch staatliche Mittel finanziert werden. In Anbetracht leerer staatlicher Kassen und der fortschreitenden Verschuldung der öffentlichen Hand erscheint eine solche Forderung politisch zwar äußerst unpopulär,[67] jedoch ist dies die zwingende Konsequenz der Anwendung finanzverfassungsrechtlicher und individualverfassungsrechtlicher Prinzipien.

Bei genauerer Betrachtung zeigt sich aber, daß sich die Belastung des Staatshaushaltes als noch verträglich erweisen wird, da die zu erwartenden Universaldienstkosten im Telekommunikationsbereich eher als niedrig zu bewerten sind.[68] Dies folgt zum einen daraus, daß nach bisherigen Schätzungen und Prognosen dem Unterversorgungsfall eine eher exzeptionelle Bedeutung zukommen wird; zum anderen kann durch die effiziente Anwendung des Verfahrens der wettbewerblichen Ausschreibung von unterversorgten Regionen das erwartete Kostenvolumen deutlich gesenkt werden.[69] Ferner kann im Fall der Zwangsverpflichtung mittels einer strikten Kontrolle der vom verpflichteten Unternehmen geltend gemachten Kosten einem Mißbrauch des Systems und einer Explosion des Finanzbedarfs entgegengewirkt werden.[70]

Zusätzlich beweist ein Vergleich mit dem Eisenbahnrecht und dem Recht des Personennahverkehrs, daß die Finanzierung einer flächendeckenden Grundversorgung aus staatlichen Mitteln durchaus der gängigen Praxis entspricht. Der Vergleich mit dem Eisenbahnwesen drängt sich insbesondere deshalb auf, da auch diese Materie dem klassischen Infrastrukturbereich zugeordnet werden kann,[71] eine Netzbindung besteht und dieser ehemalige Monopolbereich ebenfalls schritt-

---

[65] Vgl. 4. Kapitel D.

[66] Vgl. 4. Kapitel D III 2 b.

[67] *Pohl*, Universaldienst in der Telekommunikation, S. 60, spricht in diesem Zusammenhang von einem „finanzpsychologischen" Nachteil einer solchen Lösung.

[68] Ebenso: *v. Wichert-Nick*, Wettbewerb im lokalen Telekommunikationsmarkt, S. 212; *Pohl*, Universaldienst in der Telekommunikation, S. 51 f.

[69] Zu den wettbewerbspolitischen Vorteilen des Ausschreibungssystems, vgl. oben, 3. Kapitel, B II 2 und 5. Kapitel, C II 1.

[70] Aus diesem Grund erweisen sich die Befürchtungen von *Gabrisch*, Universaldienst in Deutschland, S. 133, daß eine staatliche Universaldienstfinanzierung bei den anbietenden Unternehmen Anreize zur Ausweitung des Finanzierungsvolumens schaffen könnte, als unbegründet.

[71] Ausführlich zum Begriff Infrastruktur und den Gemeinsamkeiten von Eisenbahnwesen und Telekommunikationsbereich, *Hermes*, Staatliche Infrastrukturverantwortung, S. 164 ff.; *Hünnekens*, Rechtsfragen der wirtschaftlichen Infrastruktur, S. 7 ff.

weise dem Wettbewerb geöffnet wurde.[72] In diesem Rechtsgebiet hat der Gesetzgeber, im Gegensatz zum Telekommunikationsrecht, darauf verzichtet, unwirtschaftliche Dienste durch eine branchenspezifische Abgabe zu finanzieren und hat sich für das sogenannte Einkaufs- oder Bestellerprinzip und damit eine klassische Finanzierung aus Steuermitteln entschieden.[73] Auch vom rechtsvergleichenden Standpunkt ausgehend, bietet sich daher die Finanzierung des Universaldienstes aus dem allgemeinen Staatshaushalt an.

Zudem läßt sich anführen, daß die Finanzierung des unwirtschaftlichen Universaldienstes mittels öffentlicher Gelder auch aus wettbewerbspolitischer Perspektive eine durchaus vorteilhafte Alternative darstellt. Dies folgt aus der Tatsache, daß mit einem solchen System keine zusätzlichen Marktzugangsbarrieren für neue Anbieter errichtet werden und ein solches Finanzierungsmodell auch geringere allokativen Verzerrungen innerhalb des Telekommunikationssektors auslöst.[74] Da potentielle ausländische Telekommunikationsunternehmen nicht durch eine weitere Abgabeform abgeschreckt würden, ist ein solches Modell auch für die Attraktivität des Wirtschaftsstandorts Deutschland als positiv zu bewerten.[75]

Insgesamt stellt die staatliche Finanzierung der Universaldienstkosten eine marktkonforme und äußerst unternehmensfreundliche Alternative dar. Aufgrund dieser Erwägungen im Verbund mit verfassungsrechtlichen Bedenken hat auch die Monopolkommission[76] und der wissenschaftliche Beirat beim Bundesministerium für Wirtschaft[77] die Finanzierung über den öffentlichen Haushalt gegenüber sonstigen Modellen favorisiert. Auch innerhalb der neueren wirtschaftswissenschaftlichen Fachliteratur findet sich dieser Ansatz wieder.[78]

Aus verfassungsrechtlicher Perspektive erscheint diese Finanzierungsalternative unproblematisch. Die Finanzverfassung des Grundgesetzes wird ebensowenig berührt wie grundrechtliche Positionen der Telekommunikationsunternehmen. Auch das Europarecht steht einer solchen Finanzierungsalternative nicht entgegen. Wie

---

[72] Ausführlich zur Liberalisierung des Eisenbahnwesens: *Menges*, Die Rechtsgrundlagen für die Strukturreform der deutschen Bahnen; S. 3 ff.; *Burger*, Zuständigkeiten und Aufgaben des Bundes für den öffentlichen Personenverkehr nach Art. 87e GG, S. 31 ff.; *Schmidt-Aßmann/Röhl*, DÖV 1994, S. 577 ff.; *Hermes*, Staatliche Infrastrukturverantwortung, S. 174 ff.

[73] Ausführlich in diesem Zusammenhang, *Hermes*, Staatliche Infrastrukturverantwortung, S. 218 ff.

[74] Vgl. *Gabrisch*, Universaldienst in Deutschland, S. 132, m. w. N.

[75] Vgl. Wissenschaftlicher Beirat beim Bundesministerium für Wirtschaft, Orientierungen für eine Postreform III, Gutachten, S. 16.

[76] *Monopolkommission*, Sondergutachten 24: Die Telekommunikation im Wettbewerb, S. 18.

[77] Wissenschaftlicher Beirat beim Bundesministerium für Wirtschaft, Orientierungen für eine Postreform III, Gutachten, S. 16

[78] Insbesondere *v. Wickert-Nick*, Wettbewerb im lokalen Telekommunikationsmarkt, S. 212, vertritt in ihrer volkswirtschaftlichen Abhandlung diese Auffassung; vgl. bereits *Klodt/Laaser/Lorz/Maurer*, Wettbewerb und Regulierung in der Telekommunikation, S. 77.

C. Die „kleine Lösung"

an anderer Stelle bereits dargelegt, enthalten die sekundärrechtlichen Vorgaben kein Verbot der staatlichen Finanzierung des Universaldienstes.[79] Probleme könnten sich allenfalls hinsichtlich der Vereinbarkeit mit europäischem Primärrecht ergeben. Da es sich bei der Finanzierung des Universaldienstes durch den öffentlichen Haushalt um einen Mittelfluß vom Staat zu privaten Unternehmen handelt, könnte hier das Beihilfenverbot des Art. 87 (*ex Art. 92*) EGV einschlägig sein.

Obschon der europarechtliche Beihilfenbegriff sehr weit zu verstehen ist,[80] insbesondere extensiver als der deutsche Subventionsbegriff interpretiert wird[81], würde der hier vorgeschlagene Universaldienstausgleich jedoch nicht der Beihilfenkontrolle unterfallen. Essentielles Wesensmerkmal des Beihilfenbegriffs ist das sogenannte Begünstigungskriterium, d. h. dem Empfänger muß ein spezifischer Vorteil verschafft werden.[82] An dieser Begünstigungswirkung fehlt es aber dann, wenn das empfangene Unternehmen die zugeführten Mittel nicht unentgeltlich erhält, sondern zu einer konkreten Gegenleistung verpflichtet ist.[83] Vorliegend wird der Universaldienstausgleich nur gewährt, wenn das betroffene Unternehmen nach einem Ausschreibungsverfahren beziehungsweise nach einer Zwangsverpflichtung eine bestimmte Dienstleistung bereitstellt, die es aufgrund ökonomischer Überlegungen ansonsten nicht angeboten hätte. Da mittels des Universaldienstausgleichs nur die entstandenen Nettokosten ausgeglichen werden, darüber hinaus den betroffenen Unternehmen jedoch kein besonderer Vorteil gewährt wird, fehlt es an einer begünstigenden Wirkung. Der Universaldienstausgleich stellt bei wirtschaftlicher Betrachtungsweise nur das Entgelt für eine vom Staat nachgefragte Leistung dar, ohne eine besondere Förderungs- und Begünstigungswirkung zu erzeugen. Da der Universaldienstausgleich damit schon begrifflich keine Beihilfe im Sinne der europarechtlichen Terminologie darstellen kann, ist Art. 87 Abs. 1 EGV unanwendbar.

---

[79] Ausführlich zu den sekundärrechtlichen Vorgaben, 3. Kapitel, A IV.

[80] Für eine weite Auslegung des Begriffs spricht schon der Wortlaut des Vertrages, der von „Beihilfen gleich welcher Art" spricht; ausführlich zum Beihilfebegriff: vgl. *v. Wallenberg*, in: Grabitz/Hilf, EGV, Art. 92 Rn. 5; *Götz*, Subventionsrecht, in: Dauses (Hrsg.), Handbuch des EU-Wirtschaftsrechts, Bd. 2, H III, Rn. 21 ff.; *Müller-Graff*, ZHR 1988, S. 403 (411 ff.); *Bleckmann*, Europarecht, Rn. 2051 ff.

[81] Während der Begriff der Subvention nach herkömmlichem Verständnis nur positive Leistungen, also Geld- und Sachzuwendungen, die Unternehmen unmittelbar gewährt werden, erfaßt, unterfallen dem Beihilfebegriff alle Arten unmittelbarer oder mittelbarer wirtschaftlicher Förderung; vgl. nur *Oppermann*, Europarecht, Rn. 1110; *Bleckmann*, Europarecht, Rn. 2052.

[82] EuGH Rs. 310/85, „Deufil/Kommission" Slg. 1987, S. 901 (924); EuGH Rs. 173/73, „Italien/Kommission" Slg. 1974, S. 709 (718); *v. Wallenberg*, in: Grabitz/Hilf, EGV, Art. 92 Rn. 6; *Götz*, Subventionsrecht, in: Dauses (Hrsg.), Handbuch des EU-Wirtschaftsrechts, Bd. 2, H III, Rn. 24; *Müller-Graff*, ZHR 1988, S. 403 (417 ff.); ausführlich zum Beihilfenbegriff auch *Storck*, Nationale und Europäische Beschäftigungssubventionen (Manuskript), 4. Teil A II 1.

[83] *V. Wallenberg*, in: Grabitz/Hilf, EGV, Art. 92 Rn. 7; *Oppermann*, Europarecht, Rn. 1111; kritisch: *Müller-Graff*, ZHR 1988, S. 403 (418).

An der Europarechtskonformität des hier vorgeschlagenen Finanzierungssystems bestehen daher keine Bedenken.

D. Endergebnis des 5. Kapitels

Als alternative Systeme zur Sicherung und Finanzierung des Universaldienstes wurden zunächst das Modell der Access Charges und das Modell der Lizenzauflage beleuchtet. Beide Ansätze erwiesen sich aber als wettbewerbspolitisch nachteilig und auch aus juristischer Perspektive als nicht unbedenklich. Daher wurde ein alternatives Universaldienstkonzept entwickelt, das auf dem ausschließlich reaktiven Ansatz der bestehenden gesetzlichen Konzeption basiert, sich jedoch in zentralen Punkten von diesem System unterscheidet.

Es erschien aus wettbewerbspolitischen Gründen vorzugswürdig, in stärkerem Ausmaß auf das Verfahren der wettbewerblichen Ausschreibung von Regionen zurückzugreifen und diesem generelle Priorität gegenüber dem Instrument der Zwangsverpflichtung eines Unternehmens einzuräumen. Im Sinne eines abgestuften Regelungskonzepts soll eine unmittelbare Zwangsverpflichtung eines Anbieters erst bei Versagen des Ausschreibungsverfahrens möglich sein.

Die Möglichkeit zur Zwangsverpflichtung eines Unternehmens im Falle des Versagens des Ausschreibungsverfahrens darf – im Gegensatz zur bestehenden Regelung – jedoch nicht auf die lizenzpflichtigen Bereiche beschränkt werden, sondern muß de lege ferenda auch auf die lizenzfreien Leistungen ausgedehnt werden. Nur mittels einer solchen Extension des regulatorischen Instrumentariums kann auch in diesen Sektoren die flächendeckende Versorgung garantiert werden. Ferner bietet es sich an, statt des marktbeherrschenden das marktstärkste Unternehmen zum Universaldienst zu verpflichten, da dadurch die flächendeckende Versorgung in jeder denkbaren Marktkonstellation gewährleistet ist.

Da sich die Finanzierung des Universaldienstes über eine Sonderabgabe als verfassungswidrig erwiesen hat, soll diese in Zukunft aus dem allgemeinen Staatshaushalt erfolgen.

Zusammenfassende Thesen

1. Der heute vom Begriff der Telekommunikation umfaßte Sektor war von seiner Entstehung Mitte des 19. Jahrhunderts an geprägt durch die fast ausschließliche Leistungsbereitstellung durch den Staat. Auch das Grundgesetz sah in Art. 87 Abs. 1 a.F. ursprünglich vor, daß diese Materie in Form der bundeseigenen Verwaltung mit eigenem Verwaltungsunterbau zu führen sei. Die Norm enthielt neben der kompetenzrechtlichen Aussage auch zwingende organisationsrechtliche und aufgabenspezifische Vorgaben.

2. Das Handeln der Bundespost war als unmittelbare Leistungsverwaltung zu qualifizieren. Im Vordergrund der Tätigkeit stand die ausreichende Versorgung der Bevölkerung mit Dienstleistungen; Wirtschaftlichkeitserwägungen spielten nur eine untergeordnete Rolle. Aufgrund der umfassenden Monopole bestand die Möglichkeit, regionale Verluste im Wege einer internen Quersubventionierung durch Gewinne in anderen Bereichen auszugleichen.

3. Erste Schritte zur Liberalisierung der Märkte wurden mit der Postreform I aus dem Jahre 1989 vollzogen. Da die Reform jedoch nur in Randbereichen eine Entmonopolisierung herbeiführte und sowohl auf eine formelle, als auch auf eine materielle Privatisierung verzichtet wurde, muß sie aus heutiger Perspektive als halbherzig bezeichnet werden.

4. Entscheidende Veränderungen gingen von der Postreform II aus dem Jahr 1994 aus. Auf verfassungsrechtlicher Ebene wurde das Verwaltungsmodell durch ein Marktmodell substituiert. Auch die Deutsche Telekom AG wurde vom Gemeinwohlauftrag befreit und muß sich als Wirtschaftsunternehmen unter gleichberechtigten Bedingungen mit privaten Unternehmen in einem grundsätzlich liberalisierten Markt messen.

5. Die verbleibende staatliche Verantwortung im liberalisierten Markt resultiert aus Art. 87 f Abs. 1 GG, der den in Art. 87 Abs. 1 a.F. GG enthaltenen Gedanken der staatlichen Daseinsvorsorge in modifizierter Form fortführt. Die Vorschrift begründet eine unmittelbare Verpflichtungswirkung und normiert eine verbindliche Garantie zugunsten eines bestimmten Versorgungsniveaus. Subjektive Rechtspositionen werden nicht vermittelt.

6. Der Gewährleistungsauftrag wendet sich an alle Staatsgewalt des Bundes, wobei die Intensität dieser Bindungswirkung erheblich divergiert. Die primäre Umsetzungslast des Auftrages trifft den Gesetzgeber. Dieser ist dazu verpflichtet, Rahmenbedingungen für einen funktionierenden Wettbewerb zu schaffen und Regulierungsinstrumente bereitzustellen, die es im Falle eines partiellen

Marktversagens ermöglichen, die verfassungsrechtlich gebotene Versorgung sicherzustellen.

7. Der Infrastrukturgewährleistungsauftrag entfaltet keine Bindungswirkung für die Telekommunikationsunternehmen. Aus dem Gebot der Privatwirtschaftlichkeit folgt, daß die Unternehmen keine Verantwortlichkeit für ein flächendeckendes Dienstleistungsangebot trifft und daß der Bund bei regulierenden Eingriffen in vollem Umfang an die Grundrechte gebunden ist.

8. Der Gesetzgeber ist bei der Bestimmung des Universaldienstes zu einer Zweck- Mittel-Analyse angehalten. Den Bund trifft die Pflicht zur Gewährleistung einer Basisversorgung, nicht jedoch zur flächengleichen Optimalversorgung der Bevölkerung. Der Auftrag besitzt eine dynamische Komponente, aus dem ein permanenter Anpassungs- und Modifizierungszwang resultiert.

9. Als Instrumente zur Zielerreichung kommen ausschließlich externe Ansätze zur Steuerung des Wettbewerbs („*Regulierung*") in Betracht. Sowohl eine unmittelbare Erbringung der Dienstleistung, als auch eine Steuerung der Deutschen Telekom AG über gesellschaftsrechtliche Befugnisse ist ausgeschlossen. Dies folgt aus der in Art. 87 f Abs. 2 S. 1 GG postulierten Privatwirtschaftlichkeit der Dienstleistungserbringung und aus Sinn und Zweck der Postreformen. Zusätzlich wird dieses Ergebnis durch gesellschaftsrechtliche Aspekte untermauert.

10. Die Gewährleistung einer flächendeckenden Grundversorgung ist auch europarechtlich geboten. Der Wettbewerbsrichtlinie, der Zusammenschaltungsrichtlinie und der ONP-Richtlinie lassen sich in diesem Zusammenhang aber nur punktuelle (Mindest-) Vorgaben entnehmen. Darüber hinaus besteht ein umfassender (Umsetzungs-) Spielraum, der es dem nationalen Rechtssetzer erlaubt, den jeweiligen ökonomischen, technischen und rechtlichen Besonderheiten Rechnung zu tragen.

11. Das Telekommunikationsgesetz sieht in den §§ 17 ff. ein ausschließlich reaktives Universaldienstsystem vor. Als Instrumente zur Sicherstellung der flächendeckenden Versorgung beinhaltet das Gesetz die Zwangsverpflichtung des marktbeherrschenden Unternehmens und die kompetitive Ausschreibung von unterversorgten Regionen.

12. Zur Leistung der in § 21 TKG vorgesehenen Universaldienstabgabe ist auch das Unternehmen verpflichtet, welches den Universaldienst erbringt. Die Abgabe stellt für dieses Unternehmen damit kein alternatives Leistungsäquivalent dar, sondern eine Belastung, die neben die Pflicht zur Bereitstellung des Universaldienstes tritt.

13. Die Regulierungsbehörde kann die Universaldienstkosten hinsichtlich der lizenzfreien Leistungen nicht durch die Erhebung einer Abgabe nach § 21 TKG refinanzieren. Das gesetzliche System offenbart hier eine Finanzierungslücke,

die nur mittels Zuwendungen aus dem staatlichen Haushalt geschlossen werden kann.

14. Die Bestimmung der zum Universaldienst gehörenden Dienstleistungen ist sowohl aus europarechtlicher, als auch aus verfassungsrechtlicher Perspektive nicht zu beanstanden. Insbesondere besteht keine Verpflichtung des Gesetzgebers, innovative Dienste zum Universaldienst zu erklären. Ein „Internet-Grundversorgungsauftrag" des Bundes und eine Pflicht zur Gewährleistung eines flächendeckenden Mobilfunkangebots bestehen zur Zeit noch nicht. Aus Art. 87 f Abs. 1 GG läßt sich auch keine Pflicht zur Förderung öffentlicher Einrichtungen herleiten.

15. Das gesetzliche Modell zur Sicherung des Universaldienstes ist konzeptionell mißlungen. Bezüglich Unterversorgungstatbeständen in lizenzpflichtigen Sektoren ohne dominantem Anbieter und hinsichtlich sämtlicher Unterversorgungstatbestände im lizenzfreien Bereich sieht das TKG nur die Möglichkeit der wettbewerblichen Ausschreibung von Regionen vor. Dieses Instrument kann die Versorgung indes nicht garantieren. Die Stellung der Regulierungsbehörde ist unnötig schwach ausgestaltet.

16. Der Fall des Marktversagens im lizenzpflichtigen Bereich ohne dominantem Anbieter ist nur von theoretischer Bedeutung, so daß sich hiermit noch kein Verstoß gegen Art. 87 f Abs. 1 GG begründen läßt.

17. Ein regionales Marktversagen im lizenzfreien Bereich erscheint durchaus wahrscheinlich. Da das Universaldienstkonzept die Versorgung nicht garantiert, ist die gesetzliche Regelung vor dem Hintergrund der verfassungsrechtlichen Infrastrukturgarantie und den europarechtlichen Universaldienstvorgaben nachbesserungsbedürftig.

18. Hinsichtlich der Frage, ob die Auferlegung der Universaldienstpflicht und die Erhebung der Universaldienstabgabe mit den subjektiven Rechtspositionen der betroffenen Unternehmen vereinbar sind, ist das nationale Verfassungsrecht uneingeschränkt anwendbar.

19. Auch die Deutsche Telekom AG als gemischtwirtschaftliches Unternehmen kann sich auf Grundrechte berufen. Dies folgt jedoch noch nicht unmittelbar aus dem Gleichbehandlungsgebot des Art. 87 f Abs. 2 GG, sondern aus der Interpretation des Art. 19 Abs. 3 GG.

20. Die Verpflichtung eines Unternehmens, gemäß § 19 Abs. 2–4 TKG den Universaldienst erbringen zu müssen, stellt eine *Indienstnahme Privater"* dar. Konkrete Zulässigkeitsmaßstäbe lassen sich aus dieser Kategorisierung jedoch noch nicht ableiten.

21. Die Universaldienstpflicht ist nicht als verbotener Arbeitszwang im Sinne des Art. 12 Abs. 2 GG anzusehen. Entstehungsgeschichte und telos der Vorschrift stehen einer Anwendung auf betriebsspezifische Zwangsverpflichtungen entgegen.

22. Die Pflicht zur Leistung des Universaldienstes stellt einen gravierenden Eingriff in die unternehmerische Dispositionsfreiheit, die Vertragsfreiheit und die Wettbewerbsfreiheit dar. Dieser Eingriff ist verfassungsrechtlich aber in ausreichendem Maße legitimiert.

23. Das Instrument der Zwangsverpflichtung eines Unternehmens ist auch mit Art. 14 GG und Art. 3 GG vereinbar. Durch den in § 20 TKG vorgesehenen Defizitausgleich wird eine unverhältnismäßige Beschränkung des Eigentumsrechts und eine Verletzung des Grundsatzes der Belastungsgleichheit vermieden.

24. Die Universaldienstabgabe kann weder als Vorzugslast, Verbandslast noch als Steuer qualifiziert werden. Sie unterfällt der Gruppe der Sonderabgaben.

25. Die Abgabe ist entscheidend durch ihren Finanzierungszweck geprägt. Sie muß sich daher an den sogenannten „strengen Rechtfertigungskriterien" des Bundesverfassungsgerichts messen lassen. Eine privilegierte Behandlung, wie sie das Bundesverfassungsgericht für Sonderabgaben mit Lenkungs- und Ausgleichsfunktion und sog. Abschöpfungsabgaben vorsieht, kommt nicht in Frage.

26. Als materiell belastete Gruppe sind die im lizenzpflichtigen Bereich tätigen Telekommunikationsunternehmen anzusehen. Eine Differenzierung zwischen der Gruppe der formellen Abgabeschuldner und der Gruppe der materiell Endbelasteten analog der „Kohlepfennig-Entscheidung" ist nicht durchzuführen.

27. Die Abgabeschuldner stellen eine homogene Gruppe dar. Die Tatsache, daß das Institut der Lizenz und damit die Gruppe der Lizenznehmer erst mit dem Telekommunikationsgesetz entstanden ist, steht der Gruppenhomogenität der Belasteten nicht entgegen.

28. Die erforderliche Gruppenverantwortung der Lizenznehmer läßt sich entgegen der gesetzgeberischen Begründung nicht unmittelbar aus § 18 TKG herleiten.

29. Aus der Stellung als Anbieter einer bestimmten Leistung folgt noch keine besondere Verantwortung für eine flächendeckende Versorgung der Bevölkerung. Weder die in Art. 14 Abs. 2 GG verankerte Sozialpflichtigkeit des Eigentums, noch der Gedanke einer allgemeinen sozialen Verantwortlichkeit des Unternehmens sind dazu geeignet, konkrete Rechtspflichten und Verantwortlichkeiten zu begründen.

30. Die Sicherstellung der Grundversorgung mit Kommunikationsmitteln stellt, vergleichbar mit der flächendeckenden Stromversorgung, ein Interesse der Allgemeinheit dar und fällt daher in die staatliche Gesamtverantwortung. Bestätigt wird dieser Befund noch durch die Verfassungsnorm des Art. 87 f Abs. 1 GG, der dem Bund die Verantwortung für eine flächendeckende Kommunikationsversorgung explizit zuweist. Die Erhebung der Universaldienstabgabe ist mangels Gruppenverantwortung der Telekommunikationsunternehmen verfassungswidrig.

Zusammenfassende Thesen

31. Zudem fehlt es an der gruppennützigen Verwendung des Abgabenaufkommens. Dies folgt daraus, daß die zu finanzierende Aufgabe nicht im überwiegenden Interesse der Abgabeschuldner liegt. Besondere Umstände, die eine Kategorisierung der Universaldienstabgabe als ausnahmsweise zulässige, fremdnützige Sonderabgabe rechtfertigen könnten, bestehen nicht.

32. Die Verfassungswidrigkeit der Universaldienstabgabe läßt sich allerdings nicht damit begründen, daß sie gegen das Erfordernis der temporären Geltung verstößt. Die Erhebung der Abgabe ist zwar nicht zeitlich limitiert, jedoch folgt bereits aus dem Modus der Abgabenerhebung, daß diese nur bei tatsächlichem Bedarf erfolgt. Die Gefahr, daß trotz Wegfalls des Finanzierungszwecks weiter eine Belastung der Abgabeschuldner stattfindet, besteht damit nicht.

33. Die Erhebung der Universaldienstabgabe verstößt nicht gegen Art. 12 Abs. 1 GG, da der Schutzbereich dieses Grundrechts nicht betroffen ist.

34. Die Auferlegung von Geldleistungspflichten ist grundsätzlich an Art. 14 GG zu messen. Da die Universaldienstabgabe sowohl kompetenzrechtlichen, als auch haushaltsrechtlichen Prinzipien der Verfassung widerspricht, kann sie keine Basis für eine zulässige Beschränkung des Eigentumsrecht darstellen. Sie ist daher mit Art. 14 GG unvereinbar.

35. Zusätzlich verstößt die Erhebung der Universaldienstabgabe gegen den allgemeinen Gleichheitssatz. Diese Schlußfolgerung ergibt sich zwingend aus der Erkenntnis, daß die von der Rechtsprechung entwickelten Zulässigkeitskriterien hinsichtlich parafiskalischer Abgaben neben der haushalts- und kompetenzrechtlichen Dimension auch Konkretisierungen des allgemeinen Gleichheitssatzes darstellen.

36. Das von der europäischen Gemeinschaft vorgeschlagene und unter anderem in Frankreich praktizierte Access Charges Modell stellt aus wettbewerbspolitischen Gründen kein taugliches System zur Sicherstellung des Universaldienstes dar. Zudem erscheint die Vereinbarkeit eines solchen Konzepts mit dem deutschen Grundgesetz äußerst zweifelhaft, da es sich bei den Zugangsgebühren um sonderabgabenähnliche Geldleistungspflichten handelt.

37. Die Sicherstellung des Universaldienstes über ein Lizenzsystem mit Flächendeckungsauflagen ist aus wettbewerbspolitischer Sicht als negativ zu bewerten, da dadurch neue Marktzugangsbarrieren geschaffen und der Wettbewerb behindert wird. Aus juristischer Perspektive ist ein solches Modell höchst bedenklich, da es mit Art. 12 GG des Grundgesetzes und der europarechtlich verbürgten Dienstleistungsfreiheit nur schwerlich vereinbar wäre.

38. Ein zukünftiges System zur Sicherung des Universaldienstes muß dem Vorrang des Wettbewerbs Rechnung tragen. Entsprechend der bestehenden gesetzlichen Regelung kann auf eine ex ante Regulierung des Universaldienstes verzichtet werden.

39. Aus verfassungsrechtlichen und wettbewerbspolitischen Gründen muß das bestehende System in vier zentralen Punkten modifiziert werden:

- Die Ausschreibung von unterversorgten Regionen soll de lege ferenda nicht in das Ermessen der Regulierungsbehörde gestellt werden, sondern muß einer Zwangsverpflichtung *zwingend* vorgeschaltet sein.

- Die Möglichkeit zur Zwangsverpflichtung eines Unternehmens im Falle des Versagens des Ausschreibungsverfahrens darf nicht auf die lizenzpflichtigen Bereiche beschränkt werden, sondern muß in Zukunft auch auf die lizenzfreien Leistungen ausgedehnt werden. Nur mittels einer solchen Extension des regulatorischen Instrumentariums kann auch in diesen Sektoren die flächendeckende Versorgung garantiert werden

- Ferner bietet es sich an, statt des marktbeherrschenden das marktstärkste Unternehmen zum Universaldienst zu verpflichten, da dann die Versorgung bei allen denkbaren Marktverhältnissen gewährleistet ist.

- Da sich die Finanzierung des Universaldienstes über eine Sonderabgabe de lege lata als verfassungswidrig erwiesen hat, soll diese zukünftig aus dem Staatshaushalt erfolgen

Literaturverzeichnis

Agata, Koichiro: Perspektiven der japanischen und deutschen Telekommunikationspolitik, in: Berger, Heinz (Hrsg.), Wettbewerb und Infrastruktur in Post- und Telekommunikationsmärkten, ZögU Beiheft 19, Baden-Baden 1996, S. 7 ff.

Altrock, Martin: Subventionierende Preisregelungen – Die Förderung regenerativer Energieträger durch das Stromeinspeisungsgesetz, Manuskript, Heidelberg, 1999.

Amory, Bernhard: Telecommunications in the European Communities: The new regulatory framework, EuZW 1992, S. 75 ff.

Arnauld, Andreas von: Grundrechtsfragen im Bereich von Postwesen und Telekommunikation – Ein Beitrag zur Geltung der Grundrechte für und gegen gemischtwirtschaftliche Unternehmen und staatliche Eigengesellschaften, DÖV 1998, S. 437 ff.

Arndt, Hans-Wolfgang: Zur finanzverfassungsrechtlichen Zulässigkeit subventionierender Vergütungen nach dem Stromeinspeisungsgesetz vom 7. Dezember 1990, RdE 1995, S. 41 ff.

Arnim, Hans Herbert von: Besteuerung und Eigentum VVDStRL 39 (1981), S. 213 ff.

– Zur „Wesentlichkeitstheorie" des Bundesverfassungsgerichts, DVBl. 1987, S. 1241 ff.

Bachof, Otto: Die Freiheit des Berufs, in: Bettermann, Karl August / Nipperdey, Hans Carl / Scheuner, Ulrich (Hrsg.), Die Grundrechte. Handbuch der Theorie und Praxis der Grundrechte, Dritter Band, 1. Halbband, Bd. III 1, Berlin, 1958.

Backhaus, Klaus / *Stadie,* Ekkehard / *Voeth,* Markus: Was bringt der Wettbewerb im Telekommunikationsmarkt? Erste Erfahrungen aus dem liberalisierten Markt, Münster, 1998.

Badura, Peter: Anhörung vor dem Rechtsausschuß des Deutschen Bundestages und dem Ausschuß für Post und Telekommunikation des Deutschen Bundestages am 8. März 1994 zu dem Entwurf eines Gesetzes zur Änderung des Grundgesetzes, BT-Rechtsausschuß-Protokolle, 117 / 94, S. 3 ff., 31 ff.

– Das Verwaltungsmonopol, Berlin 1963.

– Grundpflichten als verfassungsrechtliche Dimension, DVBl. 1982, S. 861 ff.

– Grundprobleme des Wirtschaftsverfassungsrechts, JuS 1976, S. 205 ff.

– Kommentierung zu Art. 73 und Art. 87 f GG, in: Dolzer, Rudolf / Vogel, Klaus (Hrsg.), Kommentar zum Bonner Grundgesetz (Bonner Kommentar), Loseblattsammlung, Heidelberg, Stand der Ergänzungslieferungen: August 1999.

– Unternehmenswirtschaftlichkeit und Infrastrukturgewährleistung im Bereich des Postwesens – Ausgleichfonds, Exklusivlizenz und offener Netzzugang bei Universaldienstleistungen – Rechtsgutachten, Archiv PT 1997, S. 277 ff.

– Zur Unternehmensfreiheit der Handelsgesellschaften – Ein Problem des Grundrechtsschutzes juristischer Personen des Privatrechts, DÖV 1990, S. 353 ff.

Bauer, Hartmut: Privatisierung von Verwaltungsaufgaben, VVDStRL 54 (1995), S. 243 ff.

Bauer, Hartmut / *Kahl,* Wolfgang: Europäische Unionsbürger als Träger von Deutschen- Grundrechten, JZ 1995, S. 1077 ff.

Baumgartner, Gerhard: EU- Mitgliedschaft und Grundrechtsschutz, Wien, 1997.

Bechthold, Rainer: Kartellgesetz. Gesetz gegen Wettbewerbsbeschränkungen, 2. Auflage, München, 1999.

Becker, Ralph: Die Erfüllung öffentlicher Aufgaben durch gemischtwirtschaftliche Unternehmen, Baden-Baden, 1997.

Bender, Bernd / *Sparwasser,* Reinhard / *Engel,* Rüdiger: Umweltrecht. Grundzüge des öffentlichen Umweltschutzes, 3. Auflage, Heidelberg, 1995.

Benz, Angelika: Privatisierung und Deregulierung – Abbau von Staatsaufgaben?, Die Verwaltung 1995, S. 337 ff.

- Privatisierung und Regulierung im Post- und Fernmeldewesen, in: König, Klaus / Benz, Angelika, (Hrsg.), Privatisierung und staatliche Regulierung. Bahn, Post und Telekommunikation, Rundfunk, Baden-Baden, 1997, S. 262 ff.

Berger, Heinz: Die Grundzüge der Postreform II in der Bundesrepublik Deutschland, in: ders. (Hrsg.), Wettbewerb und Infrastruktur in Post- und Telekommunikationsmärkten, ZögU, Beiheft 19, Baden-Baden, 1996, S. 36 ff.

Bethge, Herbert: Die Grundrechtsberechtigung juristischer Personen nach Art. 19 Abs. 3 Grundgesetz, Passau, 1985.

- Grundpflichten als verfassungsrechtliche Dimension, NJW 1982, S. 2145 ff.

- Grundrechtsträgerschaft juristischer Personen- Zur Rechtsprechung des Bundesverfassungsgerichts, AöR 104 (1979), S. 54 ff.

Birk, Dieter: Kommentierung zu Art. 105 GG, in: Wassermann, Rudolf (Gesamthrsg.), Alternativkommentar zum Grundgesetz für die Bundesrepublik Deutschland in 2 Bänden, Neuwied / Frankfurt, 1989.

Björck, Ingrid / *Westin,* Jacob: Telecommunication Law in Sweden, MMR-Beilage 8/1999, S. 30 ff.

Blankart, Charles B. / *Knieps,* Günter: Infrastrukturfonds als Instrumente zur Realisierung politischer Ziele, in: Berger, Heinz (Hrsg.), Wettbewerb und Infrastruktur in Post- und Telekommunikationsmärkten, ZögU Beiheft 19, Baden-Baden,1996, S. 7 ff.

- Möglichkeiten und Grenzen eines Infrastrukturfonds im Bereich von Post und Telekommunikation, Gutachten für das BMPT, Bonn, 1993.

Blanke, Herrmann-Josef / *Peilert,* Andreas: Zur Verfassungsmäßigkeit energiewirtschaftlicher Subventionsregime. Vom „Kohlepfennig" über den „Windpfennig" zum „ostdeutschen Braunkohlepfennig", RdE 1999, S. 96 ff.

Blanke, Thomas / *Sterzel,* Dieter: Ab die Post ? Die Auseinandersetzung um die Privatisierung der Deutschen Bundespost, KJ 1993, S. 278 ff.

Blau, Andrew: Ein Drahtseilakt in einer hochgradig verdrahteten Welt – Universal Service und der Telecommunications Act von 1996, in: Kubicek, Herbert, u. a. (Hrsg.), Jahrbuch Telekommunikation und Gesellschaft 1997. Die Ware Information – Auf dem Wege zu einer Informationsökonomie, Heidelberg, 1997.

Bleckmann, Albert: Europarecht. Das Recht der Europäischen Union und der Europäischen Gemeinschaften, Köln / Berlin / Bonn / München, 6. Auflage 1997.

- Staatsrecht II- Die Grundrechte, 4. Auflage, Köln/Berlin/Bonn/München, 1997.

Bock, Matthias: Die Regulierung der britischen Telekommunikationsmärkte, Baden-Baden, 1995.

Bodenheim, Dieter: Der Zweck der Steuer. Verfassungsrechtliche Untersuchung zur dichotomischen Zweckformel fiskalisch – nichtfiskalisch, Baden-Baden, 1979.

Börnsen Arne: Zur Diskussion des neuen Telekommunikationsgesetzes – Liberalisierung und Universal Services: Widerspruch oder Zukunftsperspektive?, in: Kubicek, Herbert, u. a. (Hrsg.), Jahrbuch Telekommunikation und Gesellschaft 1996. Öffnung der Telekommunikation: Neue Spieler- Neue Regeln, Heidelberg, 1996, S. 223 ff.

Bothe, Michael: Kommentierung zu Art. 73 GG, in: Wassermann, Rudolf (Gesamthrsg.), Alternativkommentar zum GG für die Bundesrepublik Deutschland in 2 Bänden, 2. Auflage, Neuwied/Frankfurt, 1989.

Breuer, Rüdiger: Die staatliche Berufsregelung und Wirtschaftslenkung, in: Isensee, Josef/Kirchhof, Paul (Hrsg.), Handbuch des Staatsrechts der Bundesrepublik Deutschland, Band VI, Freiheitsrechte, § 148, Heidelberg, 1989.

- Freiheit des Berufs, in: Isensee, Josef Kirchhof, Paul (Hrsg.), Handbuch des Staatsrechts der Bundesrepublik Deutschland, Band VI, Freiheitsrechte, § 147, Heidelberg, 1989.

Bricard, Remy/*Urvoaz,* Hélène/*Cabanes,* Arnauld: Telecommunication Law in France, MMR-Beilage 8/1999, S. 15 ff.

Britz, Gabriele: Verfassungsmäßigkeit des Wasserpfennigs, JuS 1997, S. 404 ff.

Brockmeyer, Hans Bernhard: Kommentierung zu Art. 105 GG, in: Schmidt Bleibtreu, Bruno/Klein, Franz (Hrsg.), Kommentar zum Grundgesetz, 9. Auflage, Neuwied/Kriftel, 1999.

Bruhn, Dirk: Die Sicherstellung öffentlicher Aufgaben im Bereich der deutschen Telekommunikation unter dem Einfluß der europäischen Marktöffnung. Vom Monopol zum Universaldienst, Hamburg, 1999.

Bruning, Deonne L.: The Telecommunications Act of 1996: The challenge of competition, CrLR Vol. 30 (1996/97), S. 1255 ff.

Bryde, Brun-Otto: Kommentierung zu Art. 14 GG, in: von Münch, Ingo/Kunig, Philip (Hrsg.), Grundgesetz-Kommentar, Bd. 1, 4. Auflage, München, 1992.

Büchner, Lutz M.: Die Neugliederung der deutschen Bundespost – Strukturen und Konsequenzen, JA 1990, S. 194 ff.

- Liberalisierung und Regulierung im Post- und Telekommunikationssektor. Vom Monopol zum Wettbewerb, CR 1996, S. 581 ff.

Büdenbender, Ulrich: Energierecht. Eine systematische Darstellung des gesamten Rechts der öffentlichen Energieversorgung, München, 1982.

Bull, Hans Peter: Die Staatsaufgaben nach dem Grundgesetz, Hamburg, 1973.

Burger, Benedikt: Zuständigkeiten und Aufgaben des Bundes für den öffentlichen Personenverkehr nach Art. 87e GG, Baden-Baden, 1998.

Burgi, Martin: Funktionale Privatisierung und Verwaltungshilfe. Staatsaufgabendogmatik – Phänomenologie – Verfassungsrecht, Tübingen, 1999.

Burmeister, Joachim/*Röger,* Ralf: Kommentierung zu § 2 PostUmwG, in: Stern, Klaus (Hrsg.), Postrecht der Bundesrepublik Deutschland. Kommentar zum Postneuordnungsgesetz, Loseblattsammlung, Heidelberg, Stand der Ergänzungslieferungen: März 1999.

Busch, Rainer: Schulen an das Netz, in: Kubicek, Herbert u. a. (Hrsg.), Jahrbuch Telekommunikation und Gesellschaft 1996. Öffnung der Telekommunikation: Neue Spieler- Neue Regeln, Heidelberg, 1996, S. 262 ff.

Carter, Michael S.: French Telecommunications Regulation after the 1996 Reforms, The Independent Lawyer Vol. 31, 1997, S. 987 ff.

Chwolik-Lanfermann, Ellen: Grundrechtsschutz in der Europäischen Union: Bestand, Tendenzen und Entwicklung, Frankfurt a.M., 1994.

Claudi, Hubertus: Die Bindung der EWG an Grundrechte, München, 1996.

Däubler, Wolfgang: Privatisierung als Rechtsproblem, Neuwied / Darmstadt, 1980.

Degenhart, Christoph: Rentenreform, „Generationenvertrag" und Bestandsschutz sozialversicherungsrechtlicher Positionen, BayVBl 1984, S. 65 ff.

– Staatsrecht I: Staatszielbestimmungen, Staatsorgane, Staatsfunktionen, 13. Auflage, Heidelberg, 1997.

Depenheuer, Otto: Arbeitgeber als Zahlstelle des Sozialstaates. Zur Indienstnahme privater Arbeitgeber zur Auszahlung des Kindergeldes, BB 1996, S. 1218 ff.

Di Fabio, Udo: Die Verfassungskontrolle indirekter Umweltpolitik am Beispiel der Verpakkungsverordnung, NVwZ 1995, S. 1 ff.

– Privatisierung und Staatsvorbehalt. Zum dogmatischen Schlüsselbegriff der öffentlichen Aufgabe, JZ 1999, S. 585 ff.

– Richtlinienkonformität als ranghöchstes Normauslegungsprinzip. Überlegungen zum Einfluß des indirekten Gemeinschaftsrechts auf die nationale Rechtsordnung, NJW 1990, S. 947 ff.

Diez, Maite / *Junquera,* Xavier / *Balcells,* Joseph M.: Telecommunication Law in Spain, MMR-Beilage 8 / 1999, S. 35 ff.

Dittmann, Armin: Bundesverwaltung: Verfassungsgeschichtliche Grundlagen, grundgesetzliche Vorgaben und Staatspraxis ihrer Organisation, Tübingen, 1983.

Dordick, Herbert S.: The origins of universal service- History as a determinant of telecommunications policy, Telecommunications Policy 1990, S. 223 ff.

Dörr, Monika: Die Privatisierung der Deutschen Bundespost: Postreform I und II aus verfassungsrechtlicher Sicht, Würzburg, 1994.

Eberle, Carl-Eugen: Gesetzesvorbehalt und Parlamentsvorbehalt, DÖV 1984, S. 485 ff.

Ebsen, Ingwer: Öffentlich- rechtliche Rahmenbedingungen einer Informationsordnung, DVBl. 1997, S. 1039 ff.

Ehlermann, Claus-Dieter: Zur Diskussion um einen „Solange III" – Beschluß: Rechtspolitische Perspektiven aus der Sicht des Gemeinschaftsrechts, EuR 1991, Beiheft 1, S. 27 ff.

Ehlers, Dirk: Die wirtschaftliche Betätigung der öffentlichen Hand in der Bundesrepublik Deutschland, JZ 1990, S. 1089 ff.

– Interkommunale Zusammenarbeit in Gesellschaftsform, DVBl. 1997, S. 137 ff.

– Verwaltung in Privatrechtsform, Berlin, 1984.

Eifert, Martin: Grundversorgung mit Telekommunikationsleistungen im Gewährleistungsstaat, Baden-Baden, 1998.

Eijsvoogel, Peter V.: Telecommunications regulation in the Netherlands, Den Haag / London / Boston, 1997.

Elicker, Michael: Bedenken gegen die Infrastrukturabgabe nach § 16 des Entwurfes zum neuen Postgesetz aus finanzverfassungsrechtlicher Sicht, Archiv PT 1997, S. 288 ff.

– Die Abgabe des § 16 des neuen Postgesetzes als verfassungswidrige Sonderabgabe, Archiv PT 1998, S. 201 ff.

Ellger, Reinhard / *Kluth*, Thomas-Sönke: Das Wirtschaftsrecht der internationalen Telekommunikation in der Bundesrepublik Deutschland, Baden-Baden, 1992.

Emmerich, Volker: Kartellrecht, 8. Auflage, München, 1999.

– Kommentierung zu § 1 GmbHG, in: Scholz, Franz (Hrsg.), GmbH- Gesetz, Köln, 8. Auflage, 1993.

Erichsen, Hans-Uwe: Allgemeine Handlungsfreiheit, in: Isensee, Josef / Kirchhof, Paul (Hrsg.): Handbuch des Staatsrechts der Bundesrepublik Deutschland, Band VI, Freiheitsrechte, Heidelberg, 1989, § 152.

Erichsen, Hans-Uwe / *Ebber*, Bodo: Die Grundrechtsbindung des privatrechtlich handelnden Staates, Jura 1999, S. 373 ff.

Eriksson, Ross C. / *Kaserman*, David L. / *Mayo*, John W.: Targeted and untargeted subsidy schemes: Evidence from postdivestiture efforts to promote universal telephone service, Journal of Law and Economics 1998, S. 477 ff.

Eschenbach, Jürgen: Die ausgleichspflichtige Inhaltsbestimmung, Jura 1998, S. 401 ff.

Esser, Josef / *Boy*, Lüthje / *Noppe*, Ronald (Hrsg.): Europäische Telekommunikation im Zeitalter der Deregulierung – Infrastruktur im Umbruch, Münster, 1997.

Etling-Ernst, Martina: Telekommunikationsgesetz. Ein erläuternder juristischer Kommentar mit praxisnahem Aufbau, Ratingen, 1996.

Everling, Ulrich: Brauchen wir „Solange III" ? Zu den Forderungen nach Revision der Rechtsprechung des Bundesverfassungsgerichts, EuR 1990, S. 195 ff.

Faehling, Jürgen: Die Eigentumsgewährleistung des Art. 14 als Schranke der Besteuerung, München, 1965.

Fehling, Michael: Mitbenutzungsrechte Dritter bei Schienenwegen, Energieversorgungs- und Telekommunikationsleitungen vor dem Hintergrund staatlicher Infrastrukturverantwortung, AöR 121, 1996, S. 59 ff.

Fischer, Peter Christian: Staatszielbestimmungen in den Verfassungen und Verfassungsentwürfen der neuen Bundesländer, München, 1994.

Flume, Werner: Unternehmen und juristische Person, in: Sandrock, Otto (Hrsg.), Festschrift für Günther Beitzke zum 70. Geburtstag, Berlin / New York, 1979, S. 43 ff.

Forsthoff, Ernst: Die Verwaltung als Leistungsträger, Stuttgart / Berlin, 1938.

– Lehrbuch des Verwaltungsrechts, 7. Auflage, München / Berlin, 1958.

Friauf, Karl Heinrich: Die Bindung deutscher Verfassungsorgane an das Grundgesetz bei der Mitwirkung an europäischen Organakten, in: Friauf, Karl Heinrich / Scholz, Rupert, Europarecht und Grundgesetz. Betrachtungen zu materiell- und formalrechtlichen Problemen bei Schaffung und Umsetzung sekundären Gemeinschaftsrechts, Berlin, 1990.

- Die Finanzverfassung in der Rechtsprechung des Bundesverfassungsgerichts, in: Starck, Christian (Hrsg.), Bundesverfassungsgericht und Grundgesetz. Festgabe aus Anlaß des 25jährigen Bestehens des Bundesverfassungsgerichts, Zweiter Band, Verfassungsauslegung, Tübingen, 1976, S. 300 ff.
- Eigentumsgarantie und Steuerrecht – Zum zweiten Thema der Staatsrechtslehrertagung 1980, DÖV 1980, S. 480 ff.
- Öffentliche Sonderlasten und Gleichheit der Steuerbürger, in: Festschrift für Hermann Jahrreiß zum 80. Geburtstag, Köln / Berlin / Bonn / München 1974, S. 45 ff.
- Steuergesetzgebung und Eigentumsgarantie, Jura 1970, S. 300 ff.
- Verfassungsrechtliche Grenzen der Wirtschaftslenkung und Sozialgestaltung durch Steuergesetze, Tübingen, 1966.
- Zur Zulässigkeit von Sonderabgaben, JA 1981, S. 261 ff.
- Zur Zulässigkeit von außersteuerlichen Abgaben, in: Schmölders, Günther / Wöhe, Günther / Buchholz, Edwin H. (Hrsg.), Der Bürger als Objekt der staatlichen Finanzpolitik. Festschrift für Haubrichs, Bad Wörishofen, 2. Auflage 1977, S. 103 ff.

Frotscher, Werner: Wirtschaftsverfassungs- und Wirtschaftsverwaltungsrecht, 2. Auflage, München, 1994.

Frowein, Jochen Abraham: Das Maastricht- Urteil und die Grenzen der Verfassungsgerichtsbarkeit, ZaöRV 1994, S. 1 ff.

- Europäisches Gemeinschaftsrecht und Bundesverfassungsgericht, in: Starck, Christian (Hrsg.), Bundesverfassungsgericht und Grundgesetz. Festgabe aus Anlaß des 25jährigen Bestehens des Bundesverfassungsgerichts, Zweiter Band, Verfassungsauslegung, Tübingen, 1976, S. 187 ff.
- Kommentierung zu Art. 10 EMRK, in: Frowein, Jochen Abraham / Peukert, Wolfgang, Europäische Menschenrechtskonvention: EMRK- Kommentar, 2. Auflage, Kehl / Straßburg / Arlington, 1996.

Frowein, Jochen Abraham / *Hilf,* Meinhard / *Meesen,* Karl Matthias / *Rupp,* Hans Heinrich / *Zuleeg,* Manfred: Die Grundrechte der Europäischen Gemeinschaft, Baden-Baden, 1978.

Fuhr, Karl-Michael / *Kerkhoff,* Bärbel: Entbündelter Zugang: Vereinbarkeit mit der Eigentumsgarantie des Artikel 14 GG, MMR 1998, S. 6 ff.

Gabrisch, Christoph: Universaldienst in Deutschland, Neukonzeption für einen liberalisierten Telekommunikationsmarkt, Wiesbaden, 1996.

Gallwas, Hans-Ulrich: Die Erfüllung von Verwaltungsaufgaben durch Private, VVDStRL 29 (1971), S. 211 ff.

- Die Erfüllung von Verwaltungsaufgaben durch unentgeltliche Dienstleistung Privater, BayVBl 1971, S. 245 ff.

Garbe, Detlef: Konzept der Initiative „Schulen ans Netz", in: Kubicek, Herbert u. a. (Hrsg.), Jahrbuch Telekommunikation und Gesellschaft 1996. Öffnung der Telekommunikation: Neue Spieler- Neue Regeln, Heidelberg, 1996, S. 268 ff.

Gaumagias, Konstantinos: Die Stellung der Telekommunikation im Europäischen Vertrag, Münster, 1997.

Gause, Die öffentliche Indienststellung Privater als Rechtsinstitut der Staatsorganisation, Kiel, 1967.

Geppert, Martin / *Ruhle,* Ernst-Olav / *Schuster,* Fabian: Handbuch Recht und Praxis der Telekommunikation, München, 1998.

Gersdorf, Hubertus: Der Staat als Telekommunikationsunternehmer. Zur verfassungsrechtlichen Problematik der sog. Rückverstaatlichung im Telekommunikationssektor, AfP 1998, S. 470 ff.

- Der verfassungsrechtliche Rundfunkbegriff im Lichte der Digitalisierung der Telekommunikation. Ein Rechtsgutachten im Auftrag der Hamburgischen Anstalt für Neue Medien, Berlin, 1995.
- Regelungskompetenzen bei der Belegung digitaler Kabelnetze. Eine verfassungsrechtliche Untersuchung zur Abgrenzung von Bundes- und Länderzuständigkeiten und zu den Rechten der Rechten der Netzbetreiber bei der Zuweisung von Kabelkapazitäten für multimediale Dienste, Berlin, 1996.

Gerstner, Stephan / Goebel, Burkhart: Grundrechtsschutz in Europa, Jura 1993, S. 626 ff.

Giarda, Raffaele / *Brunelli,* Giulio: Telecommunication Law in Italy, MMR-Beilage 8 / 1999, S. 18 ff.

Gillies, David / *Marshall,* Roger: Telecommunications Law, London / u. a., 1997.

Gloy, Wolfgang: Handbuch des Wettbewerbsrechts, München, 1997.

Götz, Volkmar: Grundpflichten als verfassungsrechtliche Dimension, VVDStRL 41 (1983), S. 7 ff.

- Parafiskalische Abgaben im Europäischen Gemeinschaftsrecht, in: Wendt, Rudolf, u. a. (Hrsg.), Staat. Wirtschaft. Steuern, Festschrift für Karl Heinrich Friauf zum 65. Geburtstag, Heidelberg, 1996, S. 37 ff.
- Subventionsrecht, in: Dauses, Manfred A. (Hrsg.), Handbuch des EU- Wirtschaftsrechts, Band 2, München, 1998, H III.

Gramlich, Ludwig: Das Unternehmen Deutsche Bundespost POSTBANK, WM 1989, S. 973 ff.

- Entwicklungen der staatlichen Wirtschaftsaufsicht – Das Telekommunikationsrecht als Modell, Verwaltungsarchiv 1997, S. 598 ff.
- Kommunikations- Grundversorgung zwischen Markt und Staat, ZUM 1998, S. 365 ff.
- Ohne Regulierung kein Wettbewerb – Zum Start der Regulierungsbehörde für Post und Telekommunikation, CR 1998, S. 463 ff.
- Rechtliche Möglichkeiten der Finanzierung von Infrastrukturleistungen im Post- und Telekommunikationsbereich durch die Einrichtung eines Infrastrukturfonds, Archiv PT 1995, S. 189 ff.
- Rechtsfragen bei Zusammenschaltungsvereinbarungen, CR 1997, S. 65 ff.
- Von der Postreform zur Postneuordnung. Zur erneuten Novellierung des Post- und Telekommunikationswesens, NJW 1994, S. 2785 ff.

Grande, Edgar: Vom Monopol zum Wettbewerb? Die neokonservative Reform der Telekommunikation in Großbritanien und der Bundesrepublik Deutschland, Wiesbaden, 1989.

- Vom produzierenden zum gewährleistenden Staat: Möglichkeiten und Grenzen von Regulierung und Privatisierung, in: König, Klaus / Benz, Angelika: (Hrsg.), Privatisierung und staatliche Regulierung. Bahn, Post und Telekommunikation, Rundfunk, Baden-Baden, 1997, S. 576 ff.

Gröttrup, Hendrik: Die kommunale Leistungsverwaltung, Stuttgart/Berlin/Köln/Mainz, 1973.

Grzeszick, Bernd: Lizenzvergabe nach dem Telekommunikationsgesetz – Verwaltungsrechtliche Grundsätze und Rechtsschutz, ZUM 1997, S. 911 ff.

Gubelt, Manfred: Kommentierung zu Art. 12 GG, in: von Münch, Ingo/Kunig, Philip (Hrsg.), Grundgesetz- Kommentar, Bd. 1, 4. Auflage, München, 1992.

Gutermann, Arne: Telecommunication Law in Belgium, MMR-Beilage 8/1999, S. 10 ff.

- Telecommunications law in Belgium, in: Scherer, Joachim (Hrsg.): Telecommunications Laws in Europe, 3. Auflage, Den Haag/London/Boston 1995, S. 29 ff.

Haar, Brigitte: Marktöffnung in der Telekommunikation. Zum Verhältnis zwischen Wirtschaftsaufsicht und Normen gegen Wettbewerbsbeschränkungen im US-amerikanischen Recht, im europäischen Gemeinschaftsrecht und im deutschen Recht, Baden-Baden, 1995.

Habersack, Matthias: Private public Partnership: Gemeinschaftsunternehmen zwischen Privaten und der öffentlichen Hand – Gesellschaftsrechtliche Analyse, ZGR 25 (1996), S. 544 ff.

Hagemeister, Adrian von: Die Privatisierung öffentlicher Aufgaben: Eine verfassungs- und verwaltungsrechtliche Abhandlung unter Zugrundelegung des Verfassungs- und Verwaltungsrechts der Republik Österreich und der Bundesrepublik Deutschland, München, 1992.

Harbarth, Stephan: Anlegerschutz in öffentlichen Unternehmen, Berlin, 1998.

Hartung, Sven: Zur Grundrechtsfähigkeit der Betreiber von Kernkraftwerken, DÖV 1992, S. 393 ff.

Haußleiter, Peter: Zur Grundrechtsfähigkeit juristischer Personen, DÖV 1952, S. 496 ff.

Haverkate, Götz: Die Einheit der Verwaltung als Rechtsproblem, VVDStRL 46 (1988), S. 217 ff.

Hayek, Friedrich A. von: Der Wettbewerb als Entdeckungsverfahren, in: Hayek, Friedrich A. von, Freiburger Studien, Tübingen, 1969, S. 249 ff.

Hefekäuser, Hans-Willi: Die Deutsche Telekom AG – Von der öffentlich-rechtlichen zur privatrechtlichen Zielsetzung in Unternehmen der öffentlichen Hand, ZGR 25 (1996), S. 385 ff.

- Telekommunikationsmärkte zwischen Regulierung und Wettbewerb, MMR 1999, S. 144 ff.

Hefekäuser, Hans-Willi/*Wehner,* Andrea: Regulierungsrahmen in der Telekommunikation. Überlegungen aus Sicht der Unternehmen, CR 1996, S. 698 ff.

Heimburg, Sibylle von: Verwaltungsaufgaben und Private, Berlin, 1982.

Heimlich, Jörn: Die Abgabepflichten des Telekommunikationsgesetzes, NVwZ 1998, S. 122 ff.

Heinrichs, Helmut: Kommentierung Vorbemerkung zu § 249 BGB, in: Palandt, Bürgerliches Gesetzbuch, 52. Auflage, München 1993.

Hendler, Reinhard: Die Sonderabfallabgabe. Zur verfassungsrechtlichen Zulässigkeit eines umweltpolitischen Instruments unter besonderer Berücksichtigung der Rechtslage in Hessen, Stuttgart/u. a., 1996.

Hengstschläger, Johannes: Privatisierung von Verwaltungsaufgaben, VVDStRL 54 (1995), S. 165 ff.

Henseler, Paul: Begriffsmerkmale und Legitimation von Sonderabgaben, Baden-Baden, 1984.

Herdegen, Matthias: Die Regulierung des Postuniversaldienstes: Abschied vom Markt?, ZRP 1999, S. 63 ff.

Hermes, Georg: Staatliche Infrastrukturverantwortung. Rechtliche Grundstrukturen netzgebundener Transport- und Übertragungswege zwischen Daseinsvorsorge und Wettbewerbsregulierung am Beispiel der leitungsgebundenen Energieversorgung in Europa, Tübingen, 1998.

Herzog, Roman: Kommentierung zu Art. 20, in: Maunz, Theodor / Dürig Günter / Herzog, Roman / Scholz, Rupert (Hrsg.), Grundgesetz. Kommentar, Loseblattsammlung, München, Stand der Ergänzungslieferungen: Februar 1999.

- Ziele, Vorbehalte und Grenzen der Staatstätigkeit, in: Isensee, Josef / Kirchhof, Paul (Hrsg.), Handbuch des Staatsrechts der Bundesrepublik Deutschland, Band III, Das Handeln des Staates, 2. Auflage, Heidelberg, 1996, § 58.

Hesse, Konrad: Grundzüge des Verfassungsrechts der Bundesrepublik, 20. Auflage, Heidelberg, 1995.

Heun, Werner: Anhörung vor dem Rechtsausschuß des Deutschen Bundestages und dem Ausschuß für Post und Telekommunikation des Deutschen Bundestages am 8. März 1994 zu dem Entwurf eines Gesetzes zur Änderung des Grundgesetzes, BT- Rechtsausschuß- Protokolle, 117 / 94, S. 8 ff., 34 ff.

- Die Sonderabgaben als verfassungsrechtlicher Abgabentypus. Zur Sonderabgabenrechtsprechung des BVerfG, DVBl. 1990, S. 666 ff.

- Kommentierung zu Art. 3 GG, in: Dreier, Horst (Hrsg.), Grundgesetz-Kommentar, Band 1, Tübingen, 1996.

Hoffmann-Riem, Wolfgang: Öffentliches Wirtschaftsrecht der Kommunikation und Medien, in: Schmidt, Reiner (Hrsg.), Öffentliches Wirtschaftsrecht, Besonderer Teil 1, Berlin, 1995, § 6, S. 563 ff.

- Telekommunikationsrecht als europäisiertes Verwaltungsrecht, DVBl. 1999, S. 125 ff.

Hofmann, Hasso: Grundpflichten als verfassungsrechtliche Dimension, VVDStRL 41 (1983), S. 42 ff.

- Grundpflichten und Grundrechte, in: Isensee, Josef / Kirchhof, Paul (Hrsg.), Handbuch des Staatsrechts der Bundesrepublik Deutschland, Band V Allgemeine Grundrechtslehren, Heidelberg, 1992, § 114.

Hommelhoff, Peter: Die qualifizierte faktische Unternehmensverbindung: ihre Tatbestandsmerkmale nach dem TBB-Urteil und deren rechtsdogmatisches Fundament, ZGR 23 (1994), S. 395 ff.

Hommelhoff, Peter / *Schmidt-Aßmann,* Eberhard: Die Deutsche Bahn AG als Wirtschaftsunternehmen – Zur Interpretation des Art. 87e Abs. 3 GG, ZHR 160 (1996), S. 521 ff.

Huber, Ernst Rudolf: Vorsorge für das Dasein. Ein Grundbegriff der Staatslehre Hegels und Lorenz v. Steins, in: Schnur, Roman (Hrsg.), Festschrift für Forsthoff, München, 1972, S. 259 ff.

Hufen, Friedhelm: Verwaltungsprozeßrecht, München, 1994.

Hundt, Reed E.: Reform der Regulierung, in: Kubicek, Herbert u. a. (Hrsg.), Jahrbuch Telekommunikation und Gesellschaft 1996. Öffnung der Telekommunikation: Neue Spieler-Neue Regeln, Heidelberg, 1996, S. 230 ff.

Hünnekens, Georg: Rechtsfragen der wirtschaftlichen Infrastruktur, Köln / u. a., 1995.

Hunt, Adrian: Regulation of Telecommunications: the developing EU Regulatory Framework and its Impact on the United Kingdom, European Public Law ,Vol. 3, 1997, S. 94 ff.

Ickenroth, Bernd: Die Finanzierung des Universaldienstes im Wettbewerb- Erfahrungen im Ausland und Implikationen für Deutschland, WIK Diskussionsbeitrag Nr. 154, Bad Honnef, 1995.

Ipsen, Hans Peter: Die Bundesrepublik Deutschland in den Europäischen Gemeinschaften, in: Isensee, Josef / Kirchhof, Paul (Hrsg.), Handbuch des Staatsrechts der Bundesrepublik Deutschland, Band VII, Normativität und Schutz der Verfassung – Internationale Beziehungen, Heidelberg, 1992, § 181.

– Europäisches Gemeinschaftsrecht, Tübingen, 1972.

– Gesetzliche Bevorratungspflichten Privater. Erläutert am Modell des Gesetzes über Mindestvorräte an Erdölerzeugnissen vom 9. September 1965, AöR 90 (1965), S. 393 ff.

– Gesetzliche Indienstnahme Privater für Verwaltungsaufgaben, in: Jahrreiß, Hermann u. a. (Hrsg.), Um Recht und Gerechtigkeit. Festgabe für Erich Kaufmann zum 70. Geburtstag, Stuttgart / Köln, 1950, S. 141 ff.

Isensee, Josef: Anwendung der Grundrechte auf juristische Personen, in: Isensee, Josef / Kirchhof, Paul (Hrsg.), Handbuch des Staatsrechts der Bundesrepublik Deutschland, Band V, Allgemeine Grundrechtslehren, Heidelberg, 1992, § 118.

– Die verdrängten Grundpflichten des Bürgers- Ein grundgesetzliches Interpretationsvakuum, DÖV 1982, S. 609 ff.

– Gemeinwohl und Staatsaufgaben im Verfassungsstaat, in: Isensee, Josef / Kirchhof, Paul (Hrsg.), Handbuch des Staatsrechts der Bundesrepublik Deutschland, Band III, Das Handeln des Staates, Heidelberg, 2. Auflage 1996, § 57.

– Steuerstaat als Staatsform, in: Stödter, Rolf / Thieme, Werner (Hrsg.), Hamburg, Deutschland, Europa. Beiträge zum deutschen und europäischen Verfassungs-, Verwaltungs-, und Wirtschaftsrecht. Festschrift für Hans Peter Ipsen zum 70. Geburtstag, Tübingen, 1977, S. 409 ff.

– Vorrang des Europarechts und nationale Verfassungsvorbehalte – offener Dissens, in: Burmeister, Joachim (Hrsg.), Verfassungsstaatlichkeit. Festschrift für Klaus Stern zum 65. Geburtstag, München, 1997, S. 1239 ff.

Jäger, R. Bernd: Gemeinwohl, Gruppen- und Eigeninteresse: Die gradualistische Ordnungspolitik in der deutschen Telekommunikation. Eine Fallstudie im Lichte der Positiven Theorie staatlicher Regulierung und Deregulierung, Köln, 1993.

Jani, Michael: Die partielle verwaltungsrechtliche Inpflichtnahme Privater zu Handlungs- und Leistungspflicht. Eine Untersuchung von Aufgabenüberbürdungen insbesondere im Kommunalrecht unter besonderer Berücksichtigung der Rechtslage in Schleswig- Holstein, Pfaffenweiler, 1992.

Jarass, Hans D.: Kommentierung zu Art. 3 und 12, in: Jarass, Hans D. / Pieroth, Bodo (Hrsg.), Grundgesetz für die Bundesrepublik Deutschland, 4. Auflage, München, 1997.

– Konflikte zwischen EG- Recht und nationalem Recht vor den Gerichten der Mitgliedsstaaten, DVBl. 1995, S. 954 ff.

– Verfassungsrechtliche Grenzen für die Erhebung nichtsteuerlicher Abgaben, DÖV 1989, S. 1013 ff.

– Wirtschaftsverwaltungsrecht, 3. Auflage, Neuwied, 1997.

Jerónimo, Venilde: Telecommunications and competition in the European Union, in: Europäische Kommission (Hrsg.), The European Union in a changing world, Brüssel, 1998, S. 57 ff.

Jonas, Hans: Das Prinzip Verantwortung, Frankfurt/a.M., 1984.

Kahl, Wolfgang: Europarechtliche Grundlagen, in: Schmidt, Rainer (Hrsg.), Kompendium Öffentliches Wirtschaftsrecht, Berlin/u. a., 1998, § 1.

Kämmerer, Jörn Axel: Verfassungsstaat auf Diät? Typologie, Determinanten und Folgen der Privatisierung aus verfassungs- und gemeinschaftsrechtlicher Sicht, JZ 1996, S. 1042 ff.

Kemmler, Anne: Telekommunikationsgesetz (TKG), Einführung und Stand der Umsetzung, Archiv PT 1996, S. 321 ff.

Kempen, Bernhard: Die Formenwahlfreiheit der Verwaltung: Die öffentliche Verwaltung zwischen öffentlichem und privatem Recht, München, 1989.

Kim, Sung-Soo: Rechtfertigung von Sonderabgaben. Ein Beitrag zum Sonderabgabenrecht nach deutschem und koreanischem Recht, Tübingen, 1990.

Kiper, Manuel: Die Informationsgesellschaft ökologisch, sozial und demokratisch gestalten!, in Kubicek, Herbert u. a. (Hrsg.), Jahrbuch Telekommunikation und Gesellschaft 1996. Öffnung der Telekommunikation: Neue Spieler- Neue Regeln, Heidelberg, 1996, S. 227 ff.

Kirchhof, Ferdinand: Grundriß des Abgabenrechts. Steuern, Gebühren, Beiträge, EG- und Sonderabgaben, Heidelberg, 1991.

Kirchhof, Paul: Die Finanzierung des Leistungsstaates. Die verfassungsrechtlichen Grenzen staatlicher Abgabenhoheit, Jura 1983, S. 505 ff.

– Die Sonderabgaben, in: Wendt, Rudolf/u. a. (Hrsg.), Staat, Wirtschaft, Steuern. Festschrift für Karl Heinrich Friauf zum 65. Geburtstag, Heidelberg 1996, S. 669 ff.

– Staatliche Einnahmen, in: Isensee, Josef/Kirchhof, Paul (Hrsg.), Handbuch des Staatsrechts der Bundesrepublik Deutschland, Band IV, Finanzverfassung – Bundesstaatliche Ordnung, Heidelberg, 1989, § 88.

– Steuergerechtigkeit und sozialstaatliche Geldleistungen, JZ 1982, S. 305 ff.

– Verwalten durch „mittelbares" Einwirken, Köln/Berlin/Bonn/München, 1997

Kisker, Gunter: Neue Aspekte in dem Streit um den Vorbehalt des Gesetzes, NJW 1977, S. 1313 ff.

Klein, Eckart: Der Verfassungsstaat als Glied einer europäischen Gemeinschaft, VVDStRL 50 (1991), S. 56 ff.

Klein, Friedrich: Bodenwertzuwachssteuer und Art. 14 des Grundgesetzes, DÖV 1973, S. 433 ff.

Klein, Hans Hugo: Die Teilnahme des Staates am wirtschaftlichen Wettbewerb, Stuttgart/u. a., 1968.

– Staatsziele im Verfassungsgesetz- Empfiehlt es sich, ein Staatsziel Umweltschutz in das Grundgesetz aufzunehmen?, DVBl. 1991, S. 769 ff.

Kleindiek, Detlef: Strukturvielfalt im Personengesellschafts- Konzern, Köln/u. a., 1991.

Klodt, Henning/*Laaser,* Claus Friedrich/*Lorz,* Jens Oliver/*Maurer,* Rainer: Wettbewerb und Regulierung in der Telekommunikation, Tübingen, 1995.

Kloepfer, Michael: Der Vorbehalt des Gesetzes im Wandel, JZ 1984, S. 685 ff.

– Kommentierung zu Art. 20a GG, in: Dolzer, Rudolf/Vogel, Klaus (Hrsg.), Kommentar zum Bonner Grundgesetz (Bonner Kommentar), Loseblattsammlung, Heidelberg, Stand der Ergänzungslieferungen: August 1999.

Kluth, Winfried: Die verfassungsrechtlichen Anforderungen an die Erhebung von Sonderabgaben, JA 1996, S. 260 ff.

Knauth, Peter / *Husch,* Gertrud: Ordnungspolitische Neugestaltung des Postsektors, Archiv PT 1997, S. 5 ff.

Knieps, Günter: Entstaatlichung im Telekommunikationsbereich. Eine theoretische und empirische Analyse der technologischen, ökonomischen und institutionellen Einflußfaktoren, Tübingen, 1985.

– Entstaatlichung und Wettbewerb im nationalen Telekommunikationsbereich, in: Windisch, Rupert (Hrsg.), Privatisierung natürlicher Monopole im Bereich von Bahn, Post und Telekommunikationsbereich, Tübingen, 1987, S. 147 ff.

Knorr, Andreas: Wettbewerb bei den Postdiensten und öffentlicher Infrastrukturauftrag: ein Widerspruch?, in: Berger, Heinz (Hrsg.), Wettbewerb und Infrastruktur in Post- und Telekommunikationsmärkten, Baden-Baden, 1996, S. 68 ff.

Köbele, Bernd: Fernmeldewesen und Telematik in ihrer rechtlichen Wechselwirkung, Berlin, 1991.

Köck, Wolfgang: Die Sonderabgabe als Instrument des Umweltschutzes. Zugleich ein Beitrag zur Dogmatik des Abgabenrechts, Düsseldorf, 1991

Kommission der Europäischen Gemeinschaften: Auf dem Wege zu einer dynamischen europäischen Volkswirtschaft. Grünbuch über die Entwicklung des Gemeinsamen Marktes für Telekommunikationsdienstleistungen und Telekommunikationsendgeräte, KOM(87) 290 endg. vom 30. Juni 1987.

– Mitteilung der Kommission an den Rat und an das Europäische Parlament: Grünbuch über die Liberalisierung der Telekommunikationsinfrastruktur und der Kabelfernsehnetze (Teil 1), KOM(94) 440 endg. vom 25. Oktober 1994; abgedruckt unter BR-Drucks. 1075 / 94 vom 24. 11. 1994 (zitiert: Mitteilung der Kommission, BR-Drucks 1075 / 94).

– Mitteilung der Kommission an den Rat und das Europäische Parlament: Grünbuch über die Liberalisierung der Telekommunikationsinfrastruktur und der Kabelfernsehnetze (Teil 2); Ein gemeinsames Konzept zur Bereitstellung einer Infrastruktur für Telekommunikation in der Europäischen Union, KOM(94) 682 endg. vom 25. Januar 1995; abgedruckt unter BR-Drucks. 101 / 95, vom 14. 2. 1995 (zitiert: Mitteilung der Kommission, BR- Drucks. 101 / 95).

– Mitteilung der Kommission an den Rat, das Europäische Parlament, den Wirtschafts- und Sozialausschuß und den Ausschuß der Regionen: Erster Bericht über den Universaldienst in der Telekommunikation in der Europäischen Union, KOM(98) 101 endg. vom 25. Februar 1998; (zitiert: Mitteilung der Kommission, KOM(98) 101).

– Mitteilung der Kommission an den Rat, das Europäische Parlament, den Wirtschafts- und Sozialausschuß und den Ausschuß der Regionen: Der Universaldienst in der Telekommunikation im Hinblick auf ein vollständig liberalisiertes Umfeld – ein Grundpfeiler der Informationsgesellschaft, KOM(96) 73 endg. vom 13. 3. 1996; zugleich BR-Drucks. 278 / 96 vom 10. 4. 1996 (zitiert: Mitteilung der Kommission, BR-Drucks. 278 / 96).

– Mitteilung der Kommission an den Rat und das Europäische Parlament sowie an den Wirtschafts- und Sozialausschuß und den Ausschuß der Regionen: Europas Weg in die Informationsgesellschaft, KOM (94) 347 endg. vom 19 Juli 1994.

König, Klaus / *Benz,* Angelika: Rahmenbedingungen von Privatisierung und Regulierung, in: König, Klaus / Benz, Angelika (Hrsg.), Privatisierung und staatliche Regulierung. Bahn, Post und Telekommunikation, Rundfunk, Baden-Baden, 1997.

Koppensteiner, Hans-Georg: Zur Grundrechtsfähigkeit gemischtwirtschaftlicher Unternehmnungen, NJW 1990, S. 3105 ff.

Krause, Peter: Fremdlasten der Sozialversicherung, VSSR 8 (1980), S. 115 ff.

Krebs, Walter: Kommentierung zu Art. 19 GG, in: von Münch, Ingo / Kunig, Philip (Hrsg.), Grundgesetz-Kommentar, Bd. 1, 4. Auflage, München, 1992.

Kremser, Holger: Verfassungsrechtliche Fragen des Stromeinspeisungsgesetzes, AöR 121 (1996), S. 406 ff.

Krüger, Herbert: Die bundeseigene Verwaltung der Bundeseisenbahnen, DÖV 1949, S. 467 ff.

Kubicek, Herbert: Duale Informationsordnung als Sicherung des öffentlichen Zugangs zu Informationen. Was kann man von den aktuellen Konzepten und Politikprozessen in den USA lernen?, CR 1995, S. 370 ff.

– Universaldienstregelungen in den USA und in Deutschland, Diskussionsdefizite und Versäumnisse in Deutschland, CR 1997, S. 1 ff.

Kühne, Gunther: Anmerkung zum HEW- Beschluß des BVerfG – 1BvR 705 / 88, JZ 1990, S. 335 f.

Kunig, Philip: Kommentierung zu Art. 73, in: von Münch, Ingo / Kunig, Philip (Hrsg.), Grundgesetz-Kommentar, Bd. 3, Art. 70 – 146, München, 3. Auflage, 1996.

Kutscher, Hans / *Rogge,* Kersten / *Matscher,* Franz: Der Grundrechtsschutz im Europäischen Gemeinschaftsrecht. Vorträge, Aussprachen und Diskussionsbeiträge auf der europäischen Juristenkonferenz zum 25jährigen Bestehen der deutschen Sektion IJK vom 20. – 22. Juni 1980 in der Hansestadt Lübeck, Heidelberg, 1981.

Lake, William T.: Interconnection and other key issues for the liberalization of telecommunications markets: The US experience, in: Immenga, Ulrich / Lübben, Natalie / Schwintowski, Hans-Peter (Hrsg.), Telekommunikation: Vom Monopol zum Wettbewerb, Baden-Baden, 1998.

Lampert, Thomas: Der Begriff der Marktbeherrschung als geeignetes Kriterium zur Bestimmung der Normadressaten für das sektorspezifische Kartellrecht nach dem TKG, WuW 1998, S. 27 ff.

Lecheler, Helmut: Art. 12 GG – Freiheit des Berufs und Grundrecht der Arbeit, VVDStRL 43 (1985), S. 48 ff.

– Privatisierung von Verwaltungsaufgaben, BayVBl. 1994, S. 555 ff.

Leibholz, Gerhard / *Rinck,* Hans J. / *Hesselberger,* Dieter: Grundgesetz für die Bundesrepublik Deutschland. Kommentar an Hand der Rechtsprechung des Bundesverfassungsgerichts, Loseblattsammlung, Köln, Stand der Ergänzungslieferungen: August 1999.

Leisner, Walter: Der „Kohlepfennig" – eine zulässige Abgabe?, Gewerbearchiv 1990, S. 265 ff.

– Eigentum, in: Isensee, Josef / Kirchhof, Paul (Hrsg.), Handbuch des Staatsrechts der Bundesrepublik Deutschland, Band VI, Freiheitsrechte, Heidelberg, 1989, § 149.

Leo, Hubertus / *Schellenberg,* Martin: Die Regulierungsbehörde für Telekommunikation und Post – Aufgaben und Befugnisse, ZUM 1997, S. 189 ff.

Lerche, Peter: Einige Verfassungsfragen der Postreform II, in: Becker, Jürgen / Lerche, Peter / Mestmäcker, Ernst-Joachim (Hrsg.): Wanderer zwischen Musik, Politik und Recht. Festschrift für Reinhold Kreile zu seinem 65. Geburtstag, Baden-Baden 1994, S. 377 ff.

– Infrastrukturelle Verfassungsaufträge, in: Wendt, Rudolf / u. a. (Hrsg.): Staat, Wirtschaft, Steuern. Festschrift für Karl Heinz Friauf zum 65. Geburtstag, München, 1996, S. 251 ff.

– Kommentierung zu Art. 87 f, in: Maunz, Theodor / Dürig, Günther / Herzog, Roman / Scholz, Rupert (Hrsg.), Grundgesetz. Kommentar, Loseblattsammlung, München, Stand der Ergänzungslieferungen: Februar 1999.

– Verfassungsfragen zum Solidarfonds Abfallrückführung, DB, Beilage 10/95 zu Heft 30/ 1995, S. 1 ff.

Loesch, Achim von: Die gemeinwirtschaftliche Unternehmung, Köln, 1977.

– Privatisierung öffentlicher Unternehmen: ein Überblick über die Argumente, 2. Auflage, Baden-Baden, 1987.

Lücke, Jörg: Die Berufsfreiheit. Eine Rückbesinnung auf den Text des Art. 12 Abs. 1 GG, Heidelberg, 1994.

– Soziale Grundrechte als Staatszielbestimmungen und Gesetzgebungsaufträge, AöR 107 (1982), S. 15 ff.

Lutter, Marcus / *Hommelhoff,* Peter: GmbH- Gesetz, 14. Auflage, Köln, 1995.

Manssen, Gerrit: Kommentierung zu § 6 ff. und § 33 ff. TKG, in: Manssen, Gerrit (Hrsg.), Telekommunikations- und Multimediarecht. Kommentar, Berlin, 1999.

– Kommentierung zu Art. 12 GG, in: von Mangoldt, Hermann / Klein, Friedrich / Starck, Christian (Hrsg.), Das Bonner Grundgesetz. Kommentar, Band 1, 4. Auflage, München, 1999.

Märkl, Peter N.: Netzzusammenschaltung in der Telekommunikation, Baden-Baden / Berlin, 1998.

Martens, Wolfgang: Grundrechte im Leistungsstaat, VVDStRL 30 (1972), S. 7 ff.

Maser, Siegfried: Die Geltung der Grundrechte für juristische Personen und teilrechtsfähige Verbände, Bonn, 1964.

Maurer, Hartmut: Allgemeines Verwaltungsrecht, 10. Auflage, München, 1995.

Mayer, Barbara: Die Bundespost: Wirtschaftsunternehmen oder Leistungsbehörde, Berlin, 1990.

Mecklenburg, Wilhelm: Internetfreiheit, ZUM 1997, S. 525 ff.

Meesen, Karl Matthias: Vermögensbildungspläne und Eigentumsgarantie, DÖV 1973, S. 812 ff.

– Zur verfassungsrechtlichen Zulässigkeit von Sonderabgaben, BB 1971, S. 928 ff.

Menges, Eva: Die Rechtsgrundlagen für die Strukturreform der Deutschen Bahnen, Heidelberg, 1997.

Merten, Detlef: Über Staatsziele, DÖV 1993, S. 368 ff.

Michel, Lutz H: Staatszwecke, Staatsziele und Grundrechtsinterpretation unter besonderer Berücksichtigung der Positivierung des Umweltschutzes im Grundgesetz, Frankfurt a.M. / Bern / New York, 1986.

Miert, Karel van: Problem der wettbewerblichen Öffnung von Märkten mit Netzstrukturen aus europäischer Sicht- Das Beispiel Telekommunikation, WuW 1998, S. 7 ff.

Monopolkommission, Sondergutachten Nr. 24: Die Telekommunikation im Wettbewerb. Sondergutachten der Monopolkommission gemäß § 24 b Abs. 5 Satz 4 GWB, Baden-Baden, 1996.

Moritz, Hans-Werner: Schwächen der Telekommunikationsliberalisierung. Folgen der Übereignung des Festnetzes an die Deutsche Telekom AG, CR 1998, S. 13 ff.

– Vorfragen des Telekommunikationsrechts, in: Hoeren, Thomas / Sieber, Ulrich (Hrsg.), Handbuch Multimedia- Recht. Rechtsfragen des elektronischen Geschäftsverkehrs, München, 1999, Teil 3.

Möschel, Wernhard: Der Staat auf dem Rückzug, FAZ vom 30. 5. 1998, S. 15.

– Kommentierung zu § 22 GWB, in: Immenga, Ulrich / Mestmäcker, Ernst-Joachim (Hrsg.), Gesetz gegen Wettbewerbsbeschränkungen. Kommentar, 2. Auflage, München, 1992.

Mueller, Milton: Universal service in telephone history – A reconstruction, Telecommunications Policy 1993, S. 352 ff.

Müller, Martin: Zur verfassungsrechtlichen Problematik kommunaler Unternehmen auf dem Telekommunikationsmarkt, DVBl. 1997, S. 1256 ff.

Müller, Nikolaus: Rechtsformenwahl bei der Erfüllung öffentlicher Aufgaben (Institutional choice), Köln / u. a., 1993.

Müller, Ulf / *Schuster,* Fabian: 18 Monate Regulierungsbehörde – Eine kritische Bestandsaufnahme, MMR 1999, S. 507 ff.

Müller-Graff, Peter Christian: Unternehmensinvestitionen und Investitionssteuerung im Marktrecht. Zu Maßstäben für die überbetriebliche Steuerung von Produktionsinvestitionen aus dem Recht des wettbewerbsverfaßten Marktes, Tübingen, 1984.

– Die Erscheinungsformen der Leistungssubventionstatbestände aus wirtschaftsrechtlicher Sicht, ZHR 152 (1988), S. 403 ff.

Müller-Terpitz, Ralf: Die Regulierungsbehörde für den Telekommunikationsmarkt, ZG 1997, S. 257 ff.

Müller-Using, Detlev: Nochmals: Zu den verfassungsrechtlichen Aspekten der Postreform II – Eine Erwiderung, Archiv PT 1995, S. 46 f.

Murswiek, Dietrich: Kommentierung zu Art. 20 a GG, in: Sachs, Michael (Hrsg.), Grundgesetz, München, 1996.

Mußgnug, Reinhard: Die zweckgebundene öffentliche Abgabe, in: Schnur, Roman (Hrsg.), Festschrift für Forsthoff, München, 1972, S. 259 ff.

Mutius, Albert von: Kommentierung zu Art. 19 III, in: Dolzer, Rudolf / Vogel, Klaus (Hrsg.), Kommentar zum Bonner Grundgesetz (Bonner Kommentar), Loseblattsammlung, Heidelberg, Stand der Ergänzungslieferungen: August 1999.

Naftel, Mark: Countdown to 1998: Status of telecommunications competition in Europe and comparison with the United States, Journal of transnational law and policy, Vol. 7 (1997), S. 1 ff.

Neßler, Volker: Europäisches Gemeinschaftsrecht vor deutschen Gerichten, DVBl. 1993, S. 1240 ff.

Nicolaysen, Gert: Tabakrauch, Gemeinschaftsrecht und Grundgesetz. Zum BVerfG- Beschluß vom 12. 5. 1989 – 2 BvQ 3 / 89, EuR 1989, S. 215 ff.

Niepalla, Peter: Die Grundversorgung als Aufgabe des öffentlich-rechtlichen Rundfunks, München, 1991.

Nipperdey, Hans Carl: Soziale Marktwirtschaft und Grundgesetz, 3. Auflage, Köln / Berlin / München / Bonn, 1965.

– Wirtschaftsverfassung und Bundesverfassungsgericht, Köln / Berlin / München, 1960.

Noam, Eli M.: Zur Reform des Universaldienstes, in: Kubicek, Herbert u. a. (Hrsg.), Jahrbuch Telekommunikation und Gesellschaft 1996. Öffnung der Telekommunikation: Neue Spieler-Neue Regeln, Heidelberg, 1996, S. 236 ff.

Oettle, Karl: Zur angebots-, finanz- und organisationspolitischen Problematik „universeller" Post- und Telekommunikationsdienste, in: Berger, Heinz (Hrsg.), Wettbewerb und Infrastruktur in Post- und Telekommunikationsmärkten, S. 80 ff.

Ohliger, Ilja: Technische Grundlagen des Internet, in: Hoeren, Thomas / Sieber, Ulrich (Hrsg.), Handbuch Multimedia-Recht. Rechtsfragen des elektronischen Geschäftsverkehrs, München, 1999, Teil 1.

Oppermann, Thomas: Europarecht, 2. Auflage, München, 1999.

Ordemann, Klaus-Dieter: Schaffung der Rahmenbedingungen für einen liberalisierten Telekommunikationsmarkt in Europa ab 1998, Archiv PT 1997, S. 109 ff.

Ossenbühl, Fritz: Die Zustimmung des Bundesrates beim Erlaß von Bundesgesetzen, AöR 99 (1974), S. 369 ff.

– Vorrang und Vorbehalt des Gesetzes, in: Isensee, Josef / Kirchhof, Paul (Hrsg.), Handbuch des Staatsrechts der Bundesrepublik Deutschland, Band III, Das Handeln des Staates, Heidelberg, 2. Auflage 1996, § 62.

– Daseinsvorsorge und Verwaltungsprivatrecht, DÖV 1971, S. 513 ff.

– Die Erfüllung von Verwaltungsaufgaben durch Private, VVDStRL 29 (1971), S. 137 ff.

– Die Freiheit des Unternehmers nach dem Grundgesetz, AöR 115 (1990), S. 1 ff.

– Probleme der Verfassungsreform in der Bundesrepublik Deutschland, DVBl. 1992, S. 468 ff.

– Verfassungsrechtliche Fragen des Stromeinspeisungsgesetzes, ET 1996, S. 94 ff.

– Verfassungsrechtliche Fragen zum Solidarfonds Abfallrückführung, BB 1995, S. 1805 ff.

– Zumutbarkeit als Verfassungsmaßstab, in: Schröder, Meinhard, u. a. (Hrsg.), Fritz Ossenbühl: Freiheit. Verantwortung. Kompetenz. Ausgewählte Abhandlungen, Köln / Berlin / Bonn / München, 1993, S. 271 ff.

– Zur Verfassungswidrigkeit der Vergütungsregelung des Stromeinspeisungsgesetzes, RdE 1997, S. 46 ff.

Osterloh, Lerke: Kommentierung zu Art. 3 GG, in: Sachs, Michael (Hrsg.), Grundgesetz. Kommentar, 2. Auflage, München, 1999.

– Privatisierung von Verwaltungsaufgaben, VVDStRL Heft 54 (1995), S. 204 ff.

– Verfassungsfragen der Künstlersozialabgabe, NJW 1982, S. 1617 ff.

– Zur Zulässigkeit von Sonderabgaben – BVerfGE 55, 274, JuS 1982, S. 421 ff.

Papier, Hans Jürgen: Kommentierung zu Art. 14 GG, in: Maunz, Theodor / Dürig Günter / Herzog, Roman / Scholz, Rupert (Hrsg.), Grundgesetz. Kommentar, Loseblattsammlung, München, Stand der Ergänzungslieferungen: Februar 1999.

– Die Regelung von Durchleitungsrechten, Köln / Berlin / Bonn / München, 1997.

- Fälle zum Wahlfach Wirtschaftsverwaltungsrecht, 2. Auflage, München, 1984.
- Grundgesetz und Wirtschaftsordnung, in: Benda, Ernst / Maihofer, Werner / Vogel, Hans-Jochen (Hrsg.), Handbuch des Verfassungsrechts der Bundesrepublik Deutschland, 2. Auflage, Berlin / New York, 1994.

Pernice, Ingolf: Gemeinschaftsverfassung und Grundrechtsschutz- Grundlagen, Bestand und Perspektiven, NJW 1990, S. 2409 ff.
- Grundrechtsgehalte im Europäischen Gemeinschaftsrecht, Baden-Baden, 1979.

Pestalozza, Christian: Kommentierung zu Art. 73 GG, in: von Mangoldt, Hermann / Klein, Friedrich (Hrsg.), Das Bonner Grundgesetz, Kommentar, Bd. 8, 3. Auflage, München, 1996.

Piepenbrock, Hermann- Josef: Kommentierung zu § 33 ff. TKG, in: Büchner, Wolfgang u. a. (Hrsg.), Beck'scher TKG-Kommentar, München, 1997.

Pieper, Stefan Ulrich: Achtung der Grundrechte, in: Bleckmann, Albert, Europarecht. Das Recht der Europäischen Union und der Europäischen Gemeinschaften, 6. Auflage, Köln / u. a., 1997, Rn. 49 ff.

Pieroth, Bodo / *Schlink,* Bernhard: Grundrechte- Staatsrecht II, 13. Auflage, Heidelberg, 1997.

Pietzcker, Jost: Abgrenzungsproblem zwischen Benutzungsgebühr, Sonderabgabe und Steuer, DVBl. 1987, S. 774 ff.

Pitz, Dirk: Wettbewerb auf dem US-amerikanischen Telekommunikationsmarkt. Anbieterstrategien und Regulierungsphilosophie nach dem Telecommunications Act, Göttingen, 1999.

Plagemann, Jürgen / *Bachmann,* Ulrich: Die verfassungsrechtliche Zulässigkeit einer privatrechtlichen Organisation der Deutschen Bundespost, DÖV 1987, S. 807 ff.

Plewa, Dietrich: Verfassungsmäßigkeit der Indienstnahme Privater für Verwaltungsaufgaben am Beispiel des Gesetzes über Mindestvorräte an Erdölerzeugnissen, Speyer, 1970.

Pohl, Marcus: Universaldienst in der Telekommunikation – Zur Verfassungsmäßigkeit der Universaldienstabgabe, Frankfurt a.M., 1998.

Puhl, Thomas: Budgetflucht und Haushaltsverfassung, Tübingen, 1996.

Pohlmann, Mario: Der Streit um das Stromeinspeisungsgesetz vor dem Grundgesetz, NJW 1997, S. 545 ff.
- Rechtsprobleme der Stromeinspeisung nach dem Stromeinspeisungsgesetz, Köln / Berlin / Bonn / München, 1996.

Püttner, Günter: Die öffentlichen Unternehmen. Verfassungsfragen der wirtschaftlichen Betätigung der öffentlichen Hand, Bad Homburg, 1969.
- Gemeinwirtschaft im deutschen Verfassungsrecht, Köln, 1980.

Puwalla, Wolfgang: Qualifikation von Abgaben. Eine Untersuchung am Beispiel der Fehlbelegungsabgabe, Berlin 1987.

Raiser, Thomas: Konzernverflechtung unter Einschluß öffentlicher Unternehmen, ZGR 25 (1996), S. 458 ff.

Rat der Europäischen Gemeinschaften: Entschließung des Rates vom 7. Februar 1994 über die Grundsätze für den Universaldienst im Bereich der Telekommunikation, ABl. EG Nr. C 48 / 1 vom 16. 2. 1994.
- Entschließung des Rates vom 30. 6. 1988 über die Entwicklung des Gemeinsamen Marktes für Telekommunikationsdienste und -geräte bis 1992, ABl. EG Nr. C 257 / 1 vom 4. 10. 1988.

- Entschließung des Rates vom 18. 9. 1995 zur Entwicklung des zukünftigen ordnungspolitischen Rahmens für die Telekommunikation, ABl. EG Nr. C 258/2 vom 3. 10. 1995.
- Entschließung des Rates vom 22. 7. 1993 zur Prüfung der Lage im Bereich Telekommunikation und zu den notwendigen künftigen Entwicklungen in diesem Bereich, ABl. EG Nr. C 213/1 vom 6. 8. 1993.
- Gemeinsamer Standpunkt (EG) Nr. 27/97 vom Rat festgelegt am 9. Juni 1997 im Hinblick auf den Erlaß der Richtlinie 97/.../EG des Europäischen Parlaments und des Rates vom ... über die Anwendung des offenen Netzzugangs (ONP) beim Sprachtelefondienst und den Universaldienst im Telekommunikationsbereich in einem wettbewerbsorientierten Umfeld, ABl. EG Nr. C 234(87) vom 1. 8. 1997.

Redeker, Helmut: Neue Informations- und Kommunikationstechnologien und bundesstaatliche Kompetenzordnung, München, 1988.

Reinhardt, Michael: Die Überwachung durch Private im Umwelt- und Technikrecht, AöR 118 (1993), S. 617 ff.

Rengeling, Hans-Werner: Grundrechtsschutz in der Europäischen Gemeinschaft. Bestandsaufnahme und Analyse der Rechtsprechung des Europäischen Gerichtshofs zum Schutz der Grundrechte als allgemeine Rechtsgrundsätze, München, 1993.

Rengeling, Hans-Werner / *Middeke,* Andreas / *Gellermann,* Martin: Rechtsschutz in der Europäischen Union. Durchsetzung des Gemeinschaftsrechts vor europäischen und deutschen Gerichten, München, 1994.

Rexrodt, Günter: Erfolgreiche Öffnung des deutschen Telekommunikationsmarktes, MMR Heft 5, 1998, Editorial.

Richter, Wolfgang: Zur Verfassungsmäßigkeit von Sonderabgaben, Baden-Baden, 1977.

Ricker, Reinhart: Filmabgabe und Medienfreiheit. Zur Verfassungsmäßigkeit der Abgabe von Videofilmen nach dem Filmförderungsgesetz, München, 1988.

Ricker, Reinhart / *Schiwy,* Peter: Rundfunkverfassungsrecht, München, 1997.

Riegel, Reinhard: Zum Problem der allgemeinen Rechtsgrundsätze und Grundrechte im Gemeinschaftsrecht, NJW 1974, S. 1585 ff.

Röger, Ralf: Internet und Verfassungsrecht. Materielle und kompetenzielle Probleme eines neuen Mediums, ZRP 1997, S. 203 ff.

Röhl, Hans Christian: Verwaltungsverantwortung als dogmatischer Begriff?, Die Verwaltung 1999, Beiheft 2, S. 33 ff.

Roider, Claudia: Perspektiven einer europäischen Rundfunkordnung. Pluralismussicherung im Lichte der Digitalisierung der Medien, Manuskript, Heidelberg, 1999.

Roth, Günther H.: Handels und Gesellschaftsrecht. Das Recht des kaufmännischen Unternehmens, 4. Auflage, München, 1994.

Rottländer, Franz: Haushaltspolitische Bedeutung und Verfassungsmäßigkeit von Sonderabgaben, Baden-Baden, 1988.

Rottmann, Michael: Zu den verfassungsrechtlichen Aspekten der Postreform II, Archiv PT 1994, S. 193 ff.

Ruffert, Matthias: Regulierung im System des Verwaltungsrechts. Grundstrukturen des Privatisierungsfolgenrechts der Post und Telekommunikation, AöR 124 (1999), S. 237 ff.

Rüfner, Wolfgang: Daseinsvorsorge und soziale Sicherheit, in: Isensee, Josef / Kirchhof, Paul (Hrsg.), Handbuch des Staatsrechts der Bundesrepublik Deutschland, Band III, Das Handeln des Staates, , Heidelberg, 1989, § 80.

- Formen öffentlicher Verwaltung im Bereich der Wirtschaft. Untersuchungen zum Problem der leistenden Verwaltung, Berlin, 1967.

- Grundrechtsträger, in: Isensee, Josef / Kirchhof, Paul (Hrsg.), Handbuch des Staatsrechts der Bundesrepublik Deutschland, Band V, Allgemeine Grundrechtslehren, Heidelberg, 1992, § 116.

Ruppelt, Hans-Jürgen: Kommentierung zu § 22 GWB, in: Langen, Eugen / Bunte, Herrmann-Josef (Hrsg.), Kommentar zum deutschen und europäischen Kartellrecht, 7. Auflage, Neuwied / Kriftel / Berlin, 1994.

Rüssel, Ulrike: Faktische Beeinträchtigungen der Berufsfreiheit, JA 1998, S. 406 ff.

Sachs, Michael: Kommentierung zu Art. 87 GG, in: Sachs, Michael (Hrsg.), Grundgesetz. Kommentar, 2. Auflage, München 1999.

Saladin, Peter: Unternehmen und Unternehmer in der verfassungsrechtlichen Ordnung der Wirtschaft, VVDStRL 35 (1976), S. 7 ff.

- Verantwortung als Staatsprinzip. Ein neuer Schlüssel zur Lehre vom modernen Rechtsstaat, Bern / Stuttgart, 1984.

Scheidemann, Dieter: Der Begriff der Daseinsvorsorge, Göttingen / Zürich, 1991.

Scherer, Joachim: Das neue Telekommunikationsgesetz, NJW 1996, S. 2953 ff.

- Die Entwicklung des Telekommunikationsrechts in den Jahren 1996 und 1997, NJW 1998, S. 1607 ff.

- Postreform II: Privatisierung ohne Liberalisierung, CR 1994, S. 418 ff.

- Telecommunications Laws in Europe - Towards a Common Legal Framework, MMR-Beilage 8 / 1999, Editorial.

- Telekommunikationsrecht und Telekommunikationspolitik, Baden-Baden, 1985.

Scheuner, Ulrich: Staatszielbestimmungen in: Schnur, Roman (Hrsg.), Festschrift für Ernst Forsthoff zum 70. Geburtstag, München 1972, S. 325 ff.

Scheurle, Klaus-Dieter: Liberalisierungserfolge. Der deutsche Telekommunikationsmarkt wächst rasant, FAZ vom 24. August 1999, Nr. 195, Beilage, S. 14.

- Was versteht man zukünftig in Deutschland unter Universal Service und wie soll er von wem festgelegt werden?, in: Kubicek, Herbert u. a. (Hrsg.), Jahrbuch Telekommunikation und Gesellschaft 1996. Öffnung der Telekommunikation: Neue Spieler - Neue Regeln, Heidelberg, 1996, S. 217 ff.

Schlink, Bernhard: Abwägung im Verfassungsrecht, Berlin, 1976.

Schmidli, Patrick: Das Zeitalter der Telekommunikation. Historische und soziale Aspekte einer zukünftigen Telekommunikationsnutzung, Bern / u. a., 1997.

Schmidt, Karsten: Gesellschaftsrecht, 3. Auflage, Köln / Berlin / Bonn / München, 1997.

Schmidt, Reiner, Verfassungsrechtliche Grundlagen, in: Schmidt, Reiner (Hrsg.), Kompendium Öffentliches Wirtschaftsrecht, Berlin / Heidelberg / u. a., 1998, § 2.

- Der Übergang öffentlicher Aufgabenerfüllung in private Rechtsformen, ZGR 25 (1996), S. 345 ff.

- Öffentliches Wirtschaftsrecht. Allgemeiner Teil, München, 1990.

- Einführung in das Umweltrecht, 4. Auflage, München, 1995.

- Rechtliche Möglichkeiten für Privatisierungen im Bereich der Deutschen Bundespost, in: Badura, Peter / Scholz, Rupert (Hrsg.), Wege und Verfahren des Verfassungslebens, Festschrift für Peter Lerche zum 65. Geburtstag, München 1993, S. 965 ff.

- Staatliche Verantwortung für die Wirtschaft, in: Isensee, Josef / Kirchhof, Paul (Hrsg.), Handbuch des Staatsrechts der Bundesrepublik Deutschland, Band III, Das Handeln des Staates, Heidelberg, 2. Auflage 1996, § 83.

Schmidt-Aßmann, Eberhard: Der Grundrechtsschutz gemischt-wirtschaftlicher Unternehmen nach Art. 19 Abs. 3 GG, BB 1990, Beilage 34, S. 1 ff.

- Zur Bedeutung der Privatrechtsform für den Grundrechtsstatus gemischt-wirtschaftlicher Unternehmen, in Jayme, Erik u. a. (Hrsg.), Festschrift für Niederländer zum 70. Geburtstag, 1991, S. 383 ff.

- Zur Reform des Allgemeinen Verwaltungsrechts – Reformbedarf und Reformansätze, in: Hoffmann-Riem, Wolfgang / Schmidt-Aßmann, Eberhard / Schuppert, Gunnar Folke (Hrsg.), Reform des Allgemeinen Verwaltungsrechts. Grundfragen, Baden-Baden 1993, S. 11 ff.

Schmidt-Aßmann, Eberhard / *Fromm*, Günter: Aufgaben und Organisation der Deutschen Bundesbahn in verfassungsrechtlicher Sicht, Berlin, 1986.

Schmidt-Aßmann, Eberhard / *Röhl*, Hans-Chr.: Grundpositionen des neuen Eisenbahnverfassungsrechts (Artikel 87e GG), DÖV 1994, S. 577 ff.

Schmidt-Bleibtreu, Bruno: Kommentierung zu Art. 12 GG, in: Schmidt-Bleibtreu, Bruno / Klein, Franz, (Hrsg.), Kommentar zum Grundgesetz, 9. Auflage, Neuwied / Kriftel, 1999.

Schmidt-Bleibtreu, Bruno / *Schäfer*, Hans-Jürgen: Eigentumsgarantie und Steuerrecht, DÖV 1980, S. 585 ff.

Schmidt-Preuß, Matthias: Verwaltung und Verwaltungsrecht zwischen gesellschaftlicher Selbstregulierung und staatlicher Steuerung, VVDStRL 56 (1996), S. 160 ff.

Schmitz-Morkraner, Patrick W.: Internationale strategische Allianzen in der Telekommunikation: eine Untersuchung der Entscheidungspraxis der europäischen und US- amerikanischen Aufsichtsbehörden, sowie der sektorspezifischen Regulierung internationaler Telekommunikationsdienste, Heidelberg, 1999.

Schnapp, Friedrich E.: Kommentierung zu Art. 20 GG, in: von Münch, Ingo / Kunig, Philip (Hrsg.), Grundgesetz-Kommentar Band 1, 4. Auflage, München, 1992.

Schneider, Hans: Zur Verhältnismäßigkeitskontrolle insbesondere bei Gesetzen, in: Starck, Christian (Hrsg.), Bundesverfassungsgericht und Grundgesetz. Festgabe aus Anlaß des 25jährigen Bestehens des Bundesverfassungsgerichts, Zweiter Band, Verfassungsauslegung, Tübingen, 1976, S. 390 ff.

Schoch, Friedrich: Öffentlich-rechtliche Rahmenbedingungen einer Informationsordnung, VVDStRL 57 (1997), S. 158 ff.

- Privatisierung von Verwaltungsaufgaben, DVBl. 1994, S. 962 ff.

Scholz, Rupert: Anhörung vor dem Rechtsausschuß des Deutschen Bundestages und dem Ausschuß für Post und Telekommunikation des Deutschen Bundestages am 8. März 1994 zu dem Entwurf eines Gesetzes zur Änderung des Grundgesetzes, BT- Rechtsausschuß- Protokolle, 117/94, S. 18 ff.

– Europäisches Gemeinschaftsrecht und innerstaatlicher Verfassungsschutz, in: Friauf, Karl Heinrich / Scholz, Rupert, Europarecht und Grundgesetz. Betrachtungen zu materiell- und formalrechtlichen Problemen bei Schaffung und Umsetzung sekundären Gemeinschaftsrechts, Berlin, 1990.

– Grundrechtsschutz gemischt-wirtschaftlicher Unternehmen, in: Pfister, Bernhard / Will, Michael R. (Hrsg.), Festschrift für Werner Lorenz zum siebzigsten Geburtstag, Tübingen 1991, S. 213 ff.

– Kommentierung zu Art. 12 GG, in: Maunz, Theodor / Dürig Günter / Herzog, Roman / Scholz, Rupert (Hrsg.), Grundgesetz. Kommentar, Loseblattsammlung, München, Stand der Ergänzungslieferungen: Februar 1999.

– Unentgeltliche Durchleitungsrechte für Zwecke der Telekommunikation- Verfassungsgemäßes Korrelat zum Grundversorgungsauftrag, Archiv PT 1996, S. 95 ff.

– Wie lange bis Solange III ?, NJW 1990, S. 941 ff.

Scholz, Rupert / Aulehner, Josef: Postreform II und Verfassung- Zu Möglichkeiten und Grenzen einer materiellen oder formellen Privatisierung der Post, Archiv PT 1993, S. 221 ff.

Schön, Wolfgang: Der Einfluß öffentlich-rechtlicher Zielsetzungen auf das Statut privatrechtlicher Eigengesellschaften der öffentlichen Hand – Gesellschaftsrechtliche Analyse, ZGR 25 (1996), S. 429 ff.

Schulz, Gerhard: Das Eisenbahnwesen des Bundes und die Stellung der deutschen Bahnen auf dem Europäischen Binnenmarkt, Berlin, 1995.

Schulze-Fielitz, Helmuth: Staatsaufgabenentwicklung und Verfassung. Zur normativen Kraft der Verfassung für das Wachstum und die Begrenzung der Staatsaufgaben, in: Grimm, Dieter (Hrsg.), Wachsende Staatsaufgaben – sinkende Steuerungsfähigkeit des Rechts, Baden-Baden, 1990, S. 11 ff.

Schuppert, Gunnar Folke: Die Erfüllung öffentlicher Aufgaben durch Staat, kommunale Gebietskörperschaften und Private, in: Ipsen, Jörn (Hrsg.), Privatisierung öffentlicher Aufgaben -Private Finanzierung kommunaler Investitionen- 4. Bad Iburger Gespräche / Symposium des Instituts für Kommunalrecht der Universität Osnabrück am 15. September 1993, Köln / Berlin / Bonn / München, 1994, S. 17 ff.

– Rückzug des Staates? – Zur Rolle des Staates zwischen Legitimationskrise und politischer Neubestimmung, DÖV 1995, S. 761 ff.

– Stellungnahme zur öffentlichen Anhörung des Rechtsausschusses und des Ausschusses für Post und Telekommunikation des Deutschen Bundestages am 8. März 1994 zu dem Entwurf eines Gesetzes zur Änderung des Grundgesetzes, BT- Rechtsausschuß- Protokolle 117/94, S. 68 ff.

– Verfassungsrechtliche Prüfungsmaßstäbe bei der verfassungsgerichtlichen Überprüfung von Steuergesetzen. Ein Beitrag zu den verfassungsrechtlichen Bindungen des Steuerrechts, in: Fürst, Walther / Herzog, Roman / Umbach, Dieter C. (Hrsg.), Festschrift für Zeidler, Berlin / New York, 1987, S. 691 ff.

- Verwaltung zwischen staatlichem und privatem Sektor, in: König, Klaus / Siedentopf, Heinrich (Hrsg.), Öffentliche Verwaltung in Deutschland, Baden-Baden, 1996/97, S. 269 ff.
- Vom produzierenden zum gewährleistenden Staat: Privatisierung als Veränderung staatlicher Handlungsformen, in: König, Klaus / Benz, Angelika: (Hrsg.), Privatisierung und staatliche Regulierung. Bahn, Post und Telekommunikation, Rundfunk, Baden-Baden, 1997, S. 539 ff.

Schuster, Fabian: Kommentierung zu §§ 2 und 97 TKG, in: Büchner, Wolfgang u. a. (Hrsg.), Beck'scher TKG-Kommentar, München, 1997.

Schütz, Raimund: Kommentierung zu §§ 6–9, 17–22 TKG, in: Büchner, Wolfgang u. a. (Hrsg.), Beck'scher TKG-Kommentar, München, 1997.

Schütz, Raimund / Cornils, Matthias: Universaldienst und Telekommunikation, DVBl. 1997, S. 1146 ff.

Schütz, Raimund / *Esser-Wellié,* Michael: Wettbewerb in der Telekommunikation? Anmerkungen zum Entwurf eines Telekommunikationsgesetzes, AfP 1995, S. 580 ff.

Schütz, Raimund / *Nüsken,* Hans-Peter: Gebühr für Telekommunikationslizenz. Rechtswidrige Haushaltssanierung auf Kosten des Wettbewerbs?, MMR 1998, S. 523.

Schwintowski, Hans-Peter: Ordnung und Wettbewerb auf Telekommunikationsmärkten, CR 1997, S. 630 ff.

Seidel, Otto: Grundrechtsschutz juristischer Personen des öffentlichen Rechts in der Rechtsprechung des Bundesverfassungsgerichts, in: Fürst, Walter / Herzog, Roman / Umbach, Dieter C., Festschrift für Wolfgang Zeidler, Berlin / New York 1987, S. 1459 ff.

Selmer, Peter: Die Gewährleistung der unabdingbaren Grundrechtsstandards durch den EuGH. Zum „Kooperationsverhältnis zwischen BVerfG und EuGH am Beispiel des Rechtsschutzes gegen die Bananenmarkt-Verordnung, Baden-Baden, 1998.
- Sonderabfallabgaben und Verfassungsrecht: ein Beitrag zum Umweltschutz durch Sonderabgaben und Steuern, Berlin, 1996.
- Steuer und parafiskalische Sonderabgabe, Gewerbearchiv 1981, S. 41 ff.
- Steuerinterventionismus und Verfassungsrecht, Frankfurt a.M., 1972.

Sharkey, William: The Theory of Natural Monopoly, Cambridge (Mass.), 1982.

Siekmann, Helmut: Kommentierung zu vor Art. 104a und Art. 105 GG, in Sachs, Michael (Hrsg.), Grundgesetz. Kommentar, 2. Auflage, München, 1999.

Sommer, Ron: Perspektiven des Telekommunikationsstandortes Deutschland, MMR Heft 3, 1998, Editorial.

Sommermann, Karl-Peter: Staatsziele und Staatszielbestimmungen, Tübingen, 1997.

Spannowsky, Willy: Die Verantwortung der öffentlichen Hand für die Erfüllung öffentlicher Aufgaben und die Reichweite ihrer Einwirkungspflicht auf Beteiligungsunternehmen, DVBl. 1992, S. 1072 ff.
- Gemischt-wirtschaftliche Unternehmen, ZHR 160 (1996), S. 560 ff.

Spoerr, Wolfgang / *Deutsch,* Markus: Das Wirtschaftsverwaltungsrecht der Telekommunikation – Regulierung und Lizenzen als neue Schlüsselbegriffe des Verwaltungsrechts?, DVBl. 1997, S. 300 ff.

Stehmann, Oliver: Network Competition for European Telecommunications, Oxford, 1995.

Stein, Torsten: Umgekehrt! Bemerkungen zum „Solange II"- Beschluß des Bundesverfassungsgerichts, in Fürst, Walther / Herzog, Roman / Umbach, Dieter C. (Hrsg.), Festschrift für Zeidler, Band 2, Berlin / New York, 1987, S. 1711 ff.

Steinberg, Rudolf: Verfassungsrechtlicher Umweltschutz durch Grundrechte und Staatszielbestimmungen, NJW 1996, S. 1985 ff.

Steiner, Udo: Öffentliche Verwaltung durch Private, Hamburg, 1975.

– Verkehr und Post, in: Isensee, Josef / Kirchhof, Paul (Hrsg.), Handbuch des Staatsrechts der Bundesrepublik Deutschland, Band 3, Das Handeln des Staates, Heidelberg, 1988, § 81.

Stern, Klaus / *Bauer,* Martin: Kommentierung zu Art. 87 f GG, in: Stern, Klaus (Hrsg.), Postrecht der Bundesrepublik Deutschland. Kommentar zum Postneuordnungsgesetz, Loseblattsammlung, Heidelberg, Stand der Ergänzungslieferungen: März 1999.

Stern, Klaus / *Dietlein,* Johannes: Netzzugang im Telekommunikationsrecht – Zur verfassungsrechtlichen Problematik eines „entbündelten" Zugangs zu den Teilnehmeranschlußleitungen, Archiv PT 1998, S. 309 ff.

Stern, Klaus / *Dietlein,* Johannes: Netzzugang im Telekommunikationsrecht (Teil 2). Zur verfassungsrechtlichen Problematik eines „entbündelten" Zugangs zu den Teilnehmeranschlußleitungen, RTkom 1999, S. 2 ff.

Stern, Klaus: Das Staatsrecht der Bundesrepublik Deutschland. Band II. Staatsorgane, Staatsfunktionen, Finanz- und Haushaltsverfassung, München, 1980.

– Staatsrecht der Bundesrepublik Deutschland, Band III / 1. Allgemeine Lehren der Grundrechte, München, 1980.

– Rechtsgutachtliche Stellungnahme zu der Frage, ob es der Deutschen Telekom AG aus Rechtsgründen verwehrt ist, Anteile am Grundkapital der Deutschen Postbank AG zu erwerben, Archiv PT 1996, S. 148 ff.

– Postreform zwischen Privatisierung und Infrastrukturgewährleistung, DVBl. 1997, S. 309 ff.

Stober, Rolf: Grundpflichten und Grundgesetz, Berlin, 1979.

– Handbuch des Wirtschaftsverwaltungs- und Umweltrechts, Stuttgart / Köln / Berlin, 1989.

Storck, Christian: Nationale und Europäische Subventionen. Eine Untersuchung des Förderrechtsrahmens in den neuen Bundesländern am Maßstab der Zweck-Mittel-Analyse, Manuskript, Heidelberg, 1999.

Streinz, Rudolf: Bundesverfassungsgerichtliche Kontrolle über die deutsche Mitwirkung am Entscheidungsprozeß im Rat der Europäischen Gemeinschaften, Berlin, 1990.

– Der Vollzug des Europäischen Gemeinschaftsrechts durch deutsche Staatsorgane, in: Isensee, Josef / Kirchhof, Paul (Hrsg.), Handbuch des Staatsrechts der Bundesrepublik Deutschland, Band VII, Normativität und Schutz der Verfassung- Internationale Beziehungen, Band VII, Heidelberg, 1992, § 182.

Strivens, Peter: Telecommunications law in United Kingdom, in: Scherer, Joachim (Hrsg.), Telecommunications Laws in Europe, 3. Auflage, Den Haag / London / Boston 1995, S. 164 ff.

Strivens, Peter / *McKean,* Ross: Telecommunication Law in the United Kingdom, MMR-Beilage 8 / 1999, S. 10 ff.

Studenroth, Stefan: Verfassungswidrigkeit des Stromeinspeisungsgesetzes, DVBl. 1995, S. 1216 ff.

Tempelman, Jaap A. / *Gijrath,* Serge: Telecommunication Law in the Netherlands, MMR-Beilage 8 / 1999, S. 23 ff.

Tettinger, Peter J.: Das Grundrecht der Berufsfreiheit in der Rechtsprechung des Bundesverfassungsgerichts, AöR 108 (1983), S. 92 ff.

– Privatisierungskonzepte für die Abfallwirtschaft, in: Wendt, Rudolf, u. a. (Hrsg.), Staat. Wirtschaft. Steuern, Festschrift für Karl Heinrich Friauf zum 65. Geburtstag, Heidelberg, 1996, S. 569 ff.

– Verfassungsrecht und Wirtschaftsordnung. Gedanken zur Freiheitsentfaltung am Wirtschaftsstandort Deutschland, DVBl. 1999, S. 679 ff.

Theobald, Christian: Verfassungsmäßigkeit des Stromeinspeisungsgesetzes, NJW 1997, S. 550 ff.

Tomuschat, Christian: Aller guten Dinge sind III ? Zur Diskussion um die Solange-Rechtsprechung des BVerfG, EuR 1990, S. 340 ff.

– Die Europäische Union unter der Aufsicht des Bundesverfassungsgerichts, EuGRZ 1993, S. 489 ff.

Troberg, Peter: Kommentierung zu Art. 59 EGV, in: von der Groeben, Hans / Thiesing, Jochen / Ehlermann, Claus-Dieter (Hrsg.), Kommentar zum EU / EG- Vertrag, 5. Auflage, 1997.

Trott zu Solz, Jost von: Die staatlich beeinflußte Aktiengesellschaft als Instrument der öffentlichen Verwaltung, Berlin, 1975.

Ubber, Theo: Der Beitrag als Instrument der Finanzverfassung. Grundgesetzliche Direktiven für eine verfassungsgemäße Erhebung von nicht-steuerlichen Abgaben, Köln, 1993.

Uerpmann, Robert: Kommentierung zu Art. 87 f GG, in: Münch, Ingo von / Kunig, Philip (Hrsg.), Grundgesetz-Kommentar Band 3, 3. Auflage, München, 1996.

Ulmen, Winfried / *Gump,* Thomas, Klaus: Die neue Regulierungsbehörde für Telekommunikation und Post, CR 1997, S. 396 ff.

Ulmer, Peter: Kommentierung zu § 1 GmbHG, in: Hachenburg, Max / Ulmer, Peter: GmbH-Gesetz, 8. Auflage, Berlin / New York, 1992.

Vitzhum, Wolfgang Graf von: Auf der Suche nach einer sozio-ökonomischen Identität? – Staatszielbestimmungen und soziale Grundrechte in Verfassungsentwürfen der neuen Bundesländer, VBlBW 1991, S. 405 ff.

Vogel, Klaus: Der Finanz- und Steuerstaat, in: Isensee, Josef / Kirchhof, Paul (Hrsg.), Handbuch des Staatsrechts der Bundesrepublik Deutschland, Band I, Grundlagen von Staat und Verfassung, Heidelberg, 1987, § 27.

– Vorteil und Verantwortlichkeit. Der doppelgliedrige Gebührenbegriff des Grundgesetzes, in: Faller, Hans Joachim (Hrsg.), Verantwortlichkeit und Freiheit. Die Verfassung als wertbestimmende Ordnung, Festschrift für Willi Geiger zum 80. Geburtstag, Tübingen, 1989, S. 518 ff.

Waechter, Kay: Bereitstellungspflicht für Fernmeldeanlagenbetreiber, Verwaltungsarchiv 87 (1996), S. 68 ff.

Wallenberg, Gabriela von: Kommentierung zu Art. 92 EGV, in: Grabitz, Eberhard / Hilf, Meinhard (Hrsg.), Kommentar zur Europäischen Union. Vertrag über die Europäische Union, Vertrag zur Gründung der Europäischen Gemeinschaft, Loseblattsammlung, München, Stand der Ergänzungslieferung: Mai 1998.

Wallerath, Maximilian: Öffentliche Bedarfsdeckung und Verfassungsrecht. Beschaffung und Leistungserstellung im Staat der Gegenwart, Baden-Baden, 1988.

Weber, Albrecht: Rechtsfragen bei der Durchführung des Gemeinschaftsrechts in der Bundesrepublik, Köln / Berlin / Bonn / München, 1987.

Weber, Annette: Finanzierung der Wirtschaftsverwaltung durch Abgaben, Köln / Berlin / Bonn / München, 1990.

Weizsäcker, Carl-Chrisitian von: Wirtschaftspolitische Begründung und Abgrenzung des Fernmeldemonopols, in: Mestmäcker, Ernst Joachim (Hrsg.), Kommunikation ohne Monopole, Baden-Baden, 1980, S. 127 ff.

– Keine Angst vor Fusionen, FAZ Nr. 95 vom 24. 4. 1999, S. 15.

– Möglichkeiten und Grenzen des Wettbewerbs in der Telekommunikation, in: Neu, Werner / Neumann, Karl-Heinz (Hrsg.), Die Zukunft der Telekommunikation in Europa, Berlin, 1989, S. 21 ff.

Wendt, Rudolf: Besteuerung und Eigentum, NJW 1980, S. 2111 ff.

Werner, Horst / *Zacharias,* Erwin: Die Verfassungsmäßigkeit von Sonderabgaben als Finanzierungs, Ausgleichs- und Lenkungsabgaben – dargestellt am Beispiel von Abgaben auf Einwegverpackungen, DB 1984, S. 1283 ff.

Wessels, Johannes: Strafrecht- Allgemeiner Teil. Die Straftat und ihr Aufbau, 23. Auflage, 1993.

Wetter, Irmgard: Die Grundrechtscharta des Europäischen Gerichtshofes. Die Konkretisierung der gemeinschaftsrechtlichen Grundrechte durch die Rechtsprechung des EuGH zu den allgemeinen Rechtsgrundsätzen, Frankfurt a.M. / Berlin / Bern / New York / Paris / Wien, 1990.

Wichert-Nick, Dorothea von: Wettbewerb im lokalen Telekommunikationsmarkt. Zwischen sektorspezifischer Regulierung und allgemeinem Wettbewerbsrecht, Baden-Baden, 1999.

Wieland, Bernhard: Die ökonomische Theorie des natürlichen Monopols, Bad Honnef, 1983.

Wieland, Joachim: Der Wandel von Verwaltungsaufgaben als Folge der Postprivatisierung, Die Verwaltung 1995, S. 315 ff.

– Kommentierung zu Art. 12, in: Dreier, Horst (Hrsg.), Grundgesetz-Kommentar, Band 1, Tübingen, 1996.

– Rechtliche Probleme der Privatisierung und Regulierung im Bereich Post und Telekommunikation, in: König, Klaus / Benz, Angelika (Hrsg.), Privatisierung und staatliche Regulierung. Bahn, Post und Telekommunikation, Rundfunk, Baden-Baden, 1997, S. 235 ff.

Wieland, Joachim / *Enderle,* Bettina: Rechtsprobleme der Netzzusammenschaltung. Zum Spannungsverhältnis zwischen Gemeinschaftsrecht und Verfassungsrecht, MMR 1999, S. 379 ff.

Wilke, Dieter: Gebührenrecht und Grundgesetz, München, 1973.

Wilms, Heinrich: Das Recht der Sonderabgaben nach dem Grundgesetz – Dargestellt am Beispiel der geplanten hessischen Pendler und Großveranstaltungsabgabe, St. Ingbert, 1993

– Die abgabenrechtliche Qualifikation des „Kohlepfennigs", NVwZ 1995, S. 550 ff.

Windisch, Rupert: Privatisierung natürlicher Monopole: Theoretische Grundlagen und Kriterien, in: Windisch, Rupert (Hrsg.), Privatisierung natürlicher Monopole im Bereich von Bahn, Post und Telekommunikationsbereich, Tübingen, 1987, S. 1 ff.

Windthorst, Kay: Der Universaldienst im Bereich der Telekommunikation. Eine öffentlichrechtliche Betrachtung unter Einbezug des amerikanischen Rechts, München, 1997.

- Kommentierung zu Art. 87 f GG, in: Sachs, Michael (Hrsg.),Grundgesetz, Kommentar, 2. Auflage, München, 1999.
- Regulierungsansätze im deutschen und US-amerikanischen Telekommunikationsrecht (I),CR 1998, S. 281 ff.
- Regulierungsansätze im deutschen und US-amerikanischen Telekommunikationsrecht (II), CR 1998, S. 340 ff.

Wirth, Carsten: Die Grundrechtsberechtigung der Deutschen Post AG, JA 1998, S. 820 ff.

Witte, Eberhard: Bleibt das Gemeinwohl auf der Strecke? Zur Deregulierung der Telekommunikation, ZögU 1997, S. 434 ff.

Wittig, Peter: Bundesverfassungsgericht und Grundrechtssystematik, in: Rittersbach, Theo (Hrsg.), Festschrift für Gebhard Müller. Zum 70. Geburtstag des Präsidenten des Bundesverfassungsgerichts, Tübingen 1970, S. 575 ff.

Zimmermann, Norbert: Der grundrechtliche Schutzanspruch juristischer Personen des öffentlichen Rechts. Ein Beitrag zur Auslegung des Art. 19 Abs. 3 GG unter besonderer Berücksichtigung des Grundrechtsschutzes berufsständischer Einrichtungen, öffentlich-rechtlicher Stiftungen und gemischt-wirtschaftlicher Unternehmen, München, 1993.

- Zur Grundrechtssubjektivität kommunaler Energieversorgungsunternehmen, JuS 1991, S. 294 ff.

Zippelius, Reinhold: Verfassungskonforme Auslegung von Gesetzen, in: Starck, Christian (Hrsg.), Bundesverfassungsgericht und Grundgesetz. Festgabe aus Anlaß des 25jährigen Bestehens des Bundesverfassungsgerichts, Zweiter Band, Verfassungsauslegung, Tübingen, 1976, S. 108 ff.

Zuleeg, Manfred: Kommentierung zu Art. 1 EGV, in: von der Groeben, Hans / Thiesing, Jochen / Ehlermann, Claus-Dieter, Kommentar zum EU- / EG- Vertrag, 5. Auflage, Baden- Baden, 1997.

Zydorek, Christoph: Soziale Steuerung und Koordination in der Telekommunikation. Eine sozialwissenschaftliche Analyse, Baden-Baden, 1998.

Sachwortverzeichnis

Die Angaben beziehen sich auf die Seitenzahlen

access charges 89 f., 132, 253 ff.
Anlegerschutz 80, 142, 150
Annexleistungen 99
Anwendungsvorrang des Gemeinschaftsrechts 127 f. 129
Apothekenurteil 162 ff.
Ausschreibung von Märkten 100, 114 f., 116, 120 ff., 168, 264, 265 f.

Basisversorgung 64
Bedarfsmarktkonzept 100
Beherrschungsvertrag 148, 149
Beihilfe 271
Beleihung 154
Berufsausübungsregel 165, 262
Berufsfreiheit 158 ff., 240 ff., 257, 262
Berufswahlregel 165, 262
Breitbandkabel 108
bundeseigene Verwaltung 33
Bundespost 34,38

Call by Call 214
cream-skimming 224

Daseinsvorsorge 35,38,45,73,144, 227
Defizitausgleich 102, 105, 176, 181 f., 186 f., 265
Deutsche Telekom AG 61, 78 ff., 106, 118, 122 f., 131 ff., 142, 151, 169, 181, 213, 216
Dienstleistungsfreiheit 262
Dispositionsfreiheit 160, 178 f.
Drei-Stufentheorie 162 ff.
Durchgriffstheorie 137 f., 144 f.

economies of scale 36
economies of scope 36
Eigentum 178 ff., 224, 243, 257
Einheit der Verfassung 70

Energieversorgung 211, 213, 227
Erdölbevorratung 155 f., 158, 175
Erforderlichkeit 168, 262, 263
Etikettierungsrichtlinie 131

Fernmeldeanlagengesetz 31, 32, 35, 46, 47
Finanzierungsverantwortung siehe Gruppenverantwortung
Finanzverfassung 112, 188 ff., 248, 268, 270
Formenfreiheit der Verwaltung 138
Funktionswandel des Staates 50, 230

Garantenstellung 51, 52, 230
Gebühr 189 ff.
Geeignetheit 167
Gesellschaftliche Selbstregulierung 156
Gesellschaftszweck
– Begriff 76 f.
– der Deutschen Telekom AG 78 ff.
Gesetzgebungsauftrag 53
Gewährleistung siehe Infrastrukturgewährleistung
Gewährleistungsverantwortung 51
Gleichheitssatz 216, 218, 258
Grundpflichten 224
Grundrechtsfähigkeit 133 ff.
– von rein privaten Anbietern 133
– der Deutschen Telekom AG 134 ff.
– gemäß Art. 87 f. Abs. 2 GG 134 ff.
– staatlicher Eigengesellschaften 136 f.
– gemischtwirtschaftlicher Unternehmen 137 ff.
– juristischer Personen des öffentlichen Rechts 137 f
Grundsatz der Belastungsgleichheit 103, 177, 183 f., 200, 218, 221, 249
Grundversorgung 64, 220, 234
Gruppenhomogenität 200 f., 215 ff.
Gruppeninteresse 225

Gruppennützigkeit 200 f., 232 ff.
Gruppenverantwortung 200 f., 218 ff.

Härtefallregelung 212, 213, 216, 243
HEW-Beschluß 139 ff.
historische Entwicklung 30 ff.
- bis zum Inkrafttreten des GG 31 ff.
- Postverfassung des GG 32 ff.
- Postreform I 36 ff.
- Postreform II 40 ff., 50, 225, 236
- Regulierung durch TKG 46 ff.

Indienstnahme Privater 29, 154
Infrastrukturgewährleistung
- durch externe Steuerung 68 ff.
- durch Maßnahmen der Beteiligungsverwaltung 71 ff., 169
Infrastrukturgewährleistungsauftrag
- Begriff 49
- Verpflichtungsgehalt 49 ff.
- als objektive Garantie 55 f.
- und Legislative 56 f.
- und Exekutive 58 ff.
- und Judikative 60
- und TK-Unternehmen 61 f.
- Gewährleistungsmodus 68 ff.
innergesellschaftliche Steuerung 71 ff.
Institutsgarantie 247
Interconnection 253
Internet 65, 110

Lastengleichheit siehe Grundsatz der Belastungsgleichheit
Leistungsverwaltung 35
Lenkungsabgaben 201 f., 204 ff., 242
Liberalisierung 40
Lizenz 97 f., 104, 120, 186 f., 215, 217, 221, 258
Lizenzauflage 258

Marktbeherrschendes Unternehmen 94, 114 ff., 185
Marktversagen 96 f., 114, 115, 238, 264
- im lizenzpflichtigen Bereich 114 ff.
- im lizenzfreien Bereich 119 ff.
Mindestversorgung 65
Mobilfunk 65, 111

Monopol 35, 38, 39, 40, 43, 99, 212, 213, 214, 217, 254, 256
- natürliches Monopol 35, 116
Multimedia 108

Netzzusammenschaltung 214

Öffentliche Abgaben 188 ff.
Oftel 37
Organisationsfreiheit 161

praktische Konkordanz 59, 70
Privatisierung 43, 50, 74, 141, 151, 171, 229, 230
- materielle Privatisierung 39
- formelle Privatisierung 39
Privatisierungsfolgenverantwortung 51
Privatwirtschaftlichkeit 44 ff., 57, 61, 73, 135 ff., 169
Programmsatz 51 ff.

Quersubventionierung 26, 39, 76

Regulierung
- Begriff 68 f.
- verfassungsrechtliche Grenzen 69 ff.
Regulierungsbehörde 47 f., 123 f., 264, 266
Reichspostfinanzgesetz 31
Resale 214
Residualverantwortung 49, 51, 53, 230
Richtlinienumsetzung 127 ff.
Rosinenpicken 224, 260

Sachnähe 175, 218 ff.
Solange II 128
Sonderangabe 195, 242, 258
- Begriff 191 f.
- als Verfassungsproblem 198 ff.
- Rechtfertigungsdogmatik 200 ff.
Sozialpflichtigkeit 180 f., 222, 225, 231, 249
Sozialstaat 227
Sozialstaatsprinzip 63, 225
Staatsaufgaben 219, 228
Staatsziel 54, 55, 70
Steuer 188, 231, 240, 244
Steuerstaat 232
Subsidiaritätsprinzip 89, 132

Tarifeinheit im Raum 36, 67
Telegraphenwesen 31
temporärer Charakter 237

Umsetzungsspielraum 129, 130, 132
Universaldienst 26, 83 ff.
– Begriff 85 ff., 93 ff.
– europarechtliche Vorgaben 87 ff.
– Finanzierung 89 ff.
– Universaldienstfonds 89 f., 103, 132
– Konzept des TKG 93 ff.
– Universaldienst und öffentliche Einrichtungen 111 ff.
Universaldienstabgabe
– gesetzliche Ausgestaltung 103 ff.
– und Finanzverfassung 187 ff.
– und Berufsfreiheit 240 ff.
– und Eigentumsgarantie 243 ff.
– und allgemeine Handlungsfreiheit 249
– und Gleichheitssatz 249 ff.
Universaldienstverordnung 94 f.
Unternehmensfreiheit 158, 159
Unternehmensgegenstand
– Begriff 77 f.
– der Deutschen Telekom AG 78 f.
Unterversorgung siehe Marktversagen

Verantwortung siehe Gruppenverantwortung
Verantwortungsgemeinschaft 27, 105, 220
Verhältnismäßigkeit 166, 179, 263
Versorgungsniveau 57, 63 ff., 108 ff.
– angemessen und ausreichend 63 ff.
– flächendeckend 65 f.
Vertragsfreiheit 161
Verwaltungshelfer 154 f.
Vorbehalt des Gesetzes 58
Vorzugsaktien 148
Vorzugslast 189 ff., 193 ff.

Wesentlichkeitstheorie 59
Wettbewerbsfreiheit 159, 161
Wirtschaftsverfassung 223

Zumutbarkeit 166
Zusammenschaltungsgebühren siehe access charges
Zwangsverpflichtung von Unternehmen 114, 119, 154 ff., 267
– als Indienstnahme Privater 154
– als Arbeitszwang 156
– und Berufsfreiheit 158
– und Eigentumsgarantie 178
– und Gleichheitssatz 183
– und allgemeine Handlungsfreiheit 182

Lebenslauf

Name:	Klaus Werner Cannivé
Geburtsdatum:	21. 6. 1975
Geburtsort:	Bernkastel-Kues / Rheinland-Pfalz
Familienstand:	ledig
Schulausbildung:	1981-1985 Grundschule Lieser
	1985-1993 Nikolaus-von-Kues-Gymnasium, Bernkastel-Kues
	22. 6. 1993 Abitur
Juristische Ausbildung:	1993-1998 Studium der Rechtswissenschaft an der Universität Trier
	13. 1. 1998 Erstes Juristisches Staatsexamen
	3/1998-11/1999: Promotion im Rahmen des DFG-Graduiertenkollegs „Unternehmensorganisation und unternehmerisches Handeln nach deutschem, europäischem und internationalem Recht" an der Ruprecht-Karls-Universität Heidelberg
	seit 12/1999: Referendarausbildung am Landgericht Lübeck